王圻全集

顧宏義 黄純艷 張劍光 主編

# 謚法通考

【明】王圻 撰 高紀春 點校

上海書店出版社
SHANGHAI BOOKSTORE PUBLISHING HOUSE

# 《王圻全集》編纂出版工作委員會

主　任　祝學軍　闞寧輝　胡明華　温澤遠

副主任　周勝春　孫　瑜

委　員　李　斌　朱　奕　郁　青　楊英姿　史雪霏　解永健　李　晴　俞芝悦

# 《王圻全集》編纂委員會

主　編　顧宏義　黄純艷　張劍光

編　委（以姓氏筆畫爲序）

王嘉煒　包詩卿　朱學博　任莉莉　李　園　李慧玲　姜　浩　袁　方

原　康　高紀春　黄阿明　黄純艷　張　文　張超人　張劍光　張衛健

張　麗　彭　婷　雷　震　蘇　賢　顧宏義

中共上海市閔行區華漕鎮委員會、上海市閔行區華漕鎮人民政府資助出版，謹致謝忱

華東師範大學文化傳承創新研究專項專案（批准號 2022ECNU—WHCCYJ-14）

# 前言

習近平總書記在黨的二十大報告中指出：『推進文化自信自强，鑄就社會主義文化新輝煌。』守正創新，以敬畏之心守護好地方歷史文脈、鄉村文化肌理，推動優秀傳統文化創造性轉化和創新性發展、『活』起來更『火』起來，這正是我們與上海書店出版社合作出版《王圻全集》的初心。

王圻的故鄉，今屬閔行區華漕鎮。華漕鎮因水而名、伴水而興，它因吴淞江支流『華漕浦』而得名，人文底蕴深厚，悠悠歷史讓人流連。這裏政通人和，元代，紫隄村、紀王廟兩個集市初具規模；明代，華漕、諸翟、紀王三大集鎮相繼形成，漕運的繁盛帶動了經濟的發展，百姓安居，百藝俱興；清代，此地設立『三界司』衙門，轄上海、嘉定、青浦三個縣，更是成了商賈雲集、名士風流的樞紐要津。這裏文運燦爛，王圻在吴淞江畔所建『梅花源』勝景、所著《三才圖會》等鴻篇巨製傳世至今；侯艮暘、陶南望、侯孔鶴等書畫高手迭出，流派紛呈；汪永安、汪宜耀、沈葵等名家匯聚，詩文蔚然，享譽江南。這裏武衛壯烈，前有紫隄村侯峒曾家族一門忠烈，風骨棱棱，廣爲傳頌；後有抗日遊擊戰保家衛國，愛國鄉民甘灑熱血譜寫一曲曲慷慨壯歌……

古往今來，歷史風雲變幻，但不變的是吴淞江滋養孕育的這方水土、這方精神，對開放和發展的追求始終刻在華漕的基因中。今天的華漕，迎來了前所未有的歷史機遇，有虹橋國際開放樞紐建設、中國國際進口博覽會、長江三角洲區域一體化發展三大國家戰略支撑；西鄰虹橋綜合交通樞紐，有四條軌道交通賦能；有高度符合閔行『4＋4』産業導向的生物醫藥、總部經濟、數字智創三大支柱産業布局；更有多元教育資源、完備醫療養老機構體系、時尚活力商業服務配套爲國際化未來之城的騰飛插上羽翼。

文化是一個國家、一個民族的靈魂。在奮力建設高質量發展、高品質生活、高效能治理的國際化未來之城進程中，我們不忘過往歷史，深入挖掘和整理鄉土歷史中的文化名人資源。通過利用好前賢留下的古籍文獻，讓古籍活起來、傳下去，傳承好中華優秀傳統文化，爲虹橋前灣地區城市品質再提升營造濃厚的文化氛圍。

在閔行區委、區政府的正確領導下，在閔行區政協、區委宣傳部等部門的大力支持下，二〇二一年，我們與上海書店出版社簽約《王圻全集》新書出版專案；二〇二三年，『王圻故里·蘇州河第一村』展陳館在吴淞江畔的趙家村正式揭幕開館。如今，經由國内相關領域知名專家學者的共同努力，《王圻全集》首批整理成果正式面世；二〇二五年，《全集》將正式與讀者見面。書籍出版過程中，得到了社會各界的持續關注和傾力幫助，使得我們更有信心、智慧與力量，持續推動地方歷史文化的挖掘、傳承和弘揚，以期爲上海文化建設提供新樣本。

『文化興則國運興，文化强則民族强』。讓我們不懈努力，以高度的文化自覺、堅定的文化自信、强烈的文化擔當，聚焦推動文化繁榮、建設文化强國、建設中華民族現代文明這一新的文化使命，以時代精神啓動中華傳統文化生命力，彰顯城市品格，擦亮城市名片，全面提升城市軟實力，爲城市高質量發展注入强勁動力。

中共上海市閔行區華漕鎮委員會

上海市閔行區華漕鎮人民政府

二〇二三年十一月

# 序

王圻是明代中後期著述宏富、影響深遠的著名文獻學家、歷史學家，是德才出衆、頗有作爲的廉明官員，是對總結與弘揚中華優秀傳統文化作出重要貢獻的傑出士紳。

## 一、家世·求學·仕途

王圻（一五三〇—一六一五），初名堰，字公石，後改名圻，字元翰，號洪洲，明松江府上海縣（今上海市閔行區）人，嘉靖九年（一五三〇）正月二十一日生。

王氏在上海一族始祖本姓陳，爲嘉定巨族。元代嘉定爲州，陳氏有『半州公』之稱，言其家産居全州之半，可見氣象非凡。元滅明興，定鼎金陵，朱元璋强遷蘇州、松江一帶富民，充實雲貴地區，陳氏一族被迫遠徙。其中名士衡者，以幼子抱養於母族王仲華氏，得免於行，遂從王姓，占籍於上海西北境。不料王仲華此後竟絶嗣，士衡遂襲王氏一脈，再未復陳姓。士衡五傳至王圻，或耕或讀，家境略有起伏，但總體上相當殷實。

王圻天資穎異，四歲開始讀書，七歲學習《禮記》，由父親自課讀。十歲，遵父命負笈百里，拜同郡盛如川先生爲師。十四歲補邑庠生，成爲秀才。十六歲，廩於官學，獲得資助入官學内讀書。此後，多次參加鄉試，均名落孫山。直到嘉靖四十三年（一五六四），考中舉人，年已三十五歲。幸運的是，第二年聯捷考中進士。中舉以前，王圻曾應聘到松江府同知潘仲驂家裏擔任塾師。①

中進士後，王圻踏上仕途。嘉靖四十四年（一五六五），授江西清江（今江西樟樹市）知縣。隆慶元年（一五六七），調任同省萬安（今屬江西）縣令；二年，擢雲南道監察御史；四年三月，任福建按察使，同年十月，因官場傾軋，貶爲四川邛州判官；六年，遷江西進賢（今屬江西）縣令，同年，丁母憂，回籍守制三年。萬曆三年（一五七五），擢補曹縣（今屬山東）縣令，翌年擢開州（今河南濮陽市）知州；五年，任山東青州同知；八年，擢遷湖廣按察司兵備道，翌年改任湖廣按察司僉事；十年，改任提督湖廣學政；十三年，遷陝西布政司參議。王圻以父親年老爲名，上疏請辭，乞求回鄉奉養父親。萬曆十四年（一五八六），王圻致仕，回到上海。

王圻在嘉靖二十九年（一五五〇），娶妻陳氏（一五三三—一六〇七）②，其爲同知茶陵州南田公長女，後封贈宜人。王、陳生有四子、二女：長子思忠，南京鴻臚寺鳴贊；次子思義，太學生；三子思孝；四子早夭。有孫男七人，孫女十二人。據記載，王圻對待親人，『視從父如父，視從兄弟如兄弟，視從子如子』，悉心撫育無父母的族子，敬重寡嫂，行孝悌之道，熱愛鄉里

① 潘仲驂，字時乘，號天泉，烏程（今浙江湖州市）人。嘉靖二十年（一五四一）進士，授翰林院編修，歷任松江府同知、安慶知府等。

② 陳氏生於嘉靖壬辰十二月初七日，西曆爲一五三三年初。

父老，受到鄉人普遍敬重①。

王圻爲官首尾二十年，無論職司何事，身處何地，他均恪盡職守，盡心盡力，有上佳表現。他爲官行政有四個鮮明的特點：

一是公，忠心爲國，體恤民情。在監察御史任上，他恪盡職守，多次上疏，彈劾不法官員。所上疏奏有：《劾總兵官馬芳疏》，彈劾總兵官馬芳恃功黨私，無人臣禮。隆慶三年正月石州失事，總兵申維岳、副總兵田世威、參將劉寶等戰不利，將獲罪於朝廷。總兵馬芳上疏，請以軍功爲田、劉二人贖罪，以求戴罪立功。王圻上疏彈劾馬芳，認爲馬芳軍功渺小，不足以贖二人之罪，且朝廷法度不能因人而廢。《劾中官聟袒疏》，彈劾巡街宦官聟袒等違法亂紀、侵蝕錢財、仗勢欺人、打人致死等事。《劾欺蔽邊臣疏》，彈劾邊臣陳其學、李秋等獨報戰功，而隱匿敵方殘破寨堡、殺掠人畜等事，乞求皇上嚴究陳、李等欺國之事，以振國之積弱。王圻稱，他曾親自瞭解陳、李以往情況，知道二人都是尋常之輩，『皆繩趨尺步之才，並乏量敵籌邊之技』，如果委以國防重任，將會給國家帶來意想不到的損失②。

有不少奏疏是給朝廷提積極建議或改進措施的。其中：《薦舉邊材疏》，薦舉楊巍、石茂華等堪當邊疆大任；《覆編商人事宜疏》，條陳六項措施，緩解商人困苦；《請宥言官公疏》，

---

① （明）何爾復：《明故朝列大夫陝西布政使司右參議洪洲王公暨配誥封宜人陳氏行實》（以下簡稱《行實》），（明）王圻：《王侍御類稿》卷十六。

② （明）王圻：《劾欺蔽邊臣疏》，《王侍御類稿》卷一，頁二九。

鑒於朝廷對某些言官的處分，王圻上疏爲言官辯誣，指出言官爲朝廷耳目，負有巡視地方之責，其位置相當重要，建議朝廷對言官的處分務必慎重，要善待言官；《留楊太宰疏》，建議留用老臣，以示朝廷愛惜人才之心。

有些奏疏是直接給皇帝提建議的。其中：《請止廠衛暗訪公疏》，建議朝廷通過廷臣公開、正常的管道瞭解下情，瞭解社會情况，而不是通過廠衛這類秘密系統，因爲那樣做恐怕難免以是爲非，以無爲有，反而瞭解不到真實情况。再者，重用廠衛系統，則部院之地位名望日輕，這必然給國家政治帶來不利影響。他奏請皇上停止廠衛暗訪活動，以防天下妄生事端。《修政弭災疏》，因順天、直隸、湖廣、山東等地頻發地震、蝗災、水災等災害，他認爲這是天意示警，請求皇帝遵舊典、修實政，求直言以盡群情，商時政以圖興革，清囚繫以消陰沴，謹防禦以杜陰萌，『崇實念以答天心，幹實事以回神意』①，從而消弭災異。

王圻以敢言著稱，不避權貴，不懼宦官。在惡濁的官場氛圍中，體現了一股正氣。當時，文淵閣大學士趙貞吉執掌都察院，見王圻敢於直言上疏，極爲看重，曾對衆人説『臺中有王御史，方成衙門』②。

二是明，深入實際，親政廉政。任清江知縣時，有臨縣居民侵佔清江之田地，兩縣民衆相爭

① （明）王圻：《修政弭災疏》，《王侍御類稿》卷一。
② （明）何爾復：《行實》，《王侍御類稿》卷十六。

不下，歷年未決。王圻親到現場，據理力爭，盡奪被侵之田，歸還其民。清江民衆由是多感激王圻，贊爲『吾父母也』，並爲其立生祠祭祀①。任萬安令時，有兩件疑難獄訟案件：一爲殺人投屍垣外，而疑犯不伏。王圻以矮几下方血迹宛若兩手，使其認罪伏法。二爲徽商財物被盗，疑犯是一婦人一孩童，亦不伏。王圻搜其家，得一銅權藏於爨下積土中，乃商人之物，案遂破。邑人皆以爲奇。王圻由此獲得『循良第一』的贊譽②。他對當地一些有傷風化的風俗，用力整頓改良，效果明顯，受到上級表彰，被認爲此事可『比於西門豹之投巫』③。任開州知州，他一到任，便深入瞭解民間疾苦，然後對症施策，施行一條鞭法，減輕賦税，大力興學，設法資助貧困士子，深得民心。當地人也爲他建立生祠。

三是能，面對複雜的環境與事件，他不避艱險，處變不驚，沉著果斷。在清江縣，朝廷下令丈量田地，其事相當繁瑣複雜。他深入田間，瞭解實情，率領百姓行朝廷之法。他對丈量知識與技巧熟諳於心，具體丈量時，尺寸盈虧，瞭然於目。因此，縉紳里胥皆不敢有所隱瞞，王圻因而受到當地人民的一致好評。任職福建期間，所轄汀州之連城縣有村民聚衆數千焚劫鄉里，爲害百姓，歷時已久，難以剿滅。王圻先設法賑濟一些貧弱無助之人，對强盗進行分化，然後分兵

① （明）何爾復：《行實》，《王侍御類稿》卷十六。
② （明）顧秉謙：《明故朝列大夫陝西布政使司右參議洪洲王公暨配誥封宜人陳氏合葬墓志銘》，《王侍御類稿》卷十六。
③ （明）何爾復：《行實》，《王侍御類稿》卷十六。

四襲，殲滅首惡，擒獲千餘人。按照國家法令，這些被擒之人，皆當斬首。但是，王圻没有那麽做，而是區别對待，對脅從者從寬處理，『念赤子無知，偶淪反側』，而放歸於田間，使其復爲良民①。此舉受到當地人普遍贊譽，也得到朝廷的嘉獎。督學湖廣時，他制定制度，以身作則，當地文風日起，培育人才甚多。

四是耿，爲人處世一秉清朗正直之氣，不阿附權貴，不降志辱身。在監察御史任上，王圻曾因其議事剴切而爲趙貞吉所薦。後來，首輔張居正與趙貞吉交惡，想讓王圻上奏彈劾趙貞吉，王圻不應，這引起張居正不滿。文淵閣大學士高拱爲王圻會試座師，關係非同尋常，其時高拱與前一任首輔徐階有怨，按照當時官場權爭潛規則，王圻自應站在高拱一邊。但是，王圻愣是不願選邊站隊，反而特意上《上座師高中玄相公》，勸説恩師高拱與徐階修好。這也使高拱大爲不悦，稱王圻『私其鄉人』②，因爲王圻與徐階爲同鄉。王圻堅持了自己做人底綫，但在那權臣相互爭鬥不已的政治生態中，自然不會有很大的上升空間，時常左右不討好。

王圻爲官儘管不算暢達，但也不算過分蹇滯。他在被授陜西布政司參議以後，毅然急流勇退。他不願見風使舵，不屑於蠅營狗苟，行有底綫，心有堅守。朝中權臣之爭鬥，他無法左右，但任地方官時，還可以在一定程度上選擇做什麽與怎麽做。飽讀聖賢之書，嚴格要求自己，這

① （明）何爾復：《行實》，《王侍御類稿》卷十六。
② （明）何爾復：《行實》，《王侍御類稿》卷十六。

樣的學養與操守，使得他爲官一地，頌歌一方。他在清江、開州等地，都獲得建立生祠的隆重紀念。所謂建立生祠，就是地方官員離任以後，百姓自發爲其建立祠堂，以志感念，對其公德予以表彰。這是民衆對官員行政績效的最高評價，也是當時國家允許的。因爲百姓報答離任官員的恩德，實質上也是在報答國家恩德，同時，這也是對繼任官員的無聲期待。王圻在離開州、調青州以後，開、青兩州人對王圻的評價，開州人爲王圻建立生祠的情景，尤其感人。史料記載：

上海王公之爲開州守也，蓋堇堇一年所而擢拜青州丞以去。命下，開父老子弟皇皇奔走相告，曰：『吾父母也！獨奈何驟得之而驟失之哉？』謀所以枳其車者。而是時青州民已迎之界上矣，則聚訟界上。爲開者曰：『還我王公！』爲青者曰：『天子業以王公予青州，我王公也。』於是，開父老子弟惘然而失，愀然而思，群然而爲尸祝計。其小人躬埏瓦畚土，負木曳石，其君子競造酒饌，以食役人，不旬日而祠成。祠成若干月，而告於今守新添丘君，願有以詔來者，世世尸祝勿變也。①

## 二、藏書·著書·編書

王圻辭官回鄉以後，隱居吳淞江之濱。朝廷賜建十進九院府第及『文宗柱史』牌坊。他

①（明）莊履豐：《開州知州上海王公生祠記》，《王侍御類稿》卷十六。『枳其車』，原文如此。『謀所以枳其車者』，當指開州人曾想通過特別的辦法，阻止王圻的車子駛離開州。

從此以讀書著述爲娱。他在家鄉植梅萬株，謂之『梅花源』，自號『梅源居士』。

王圻世代富庶，藏書極多。他又愛書成癖，每到一處，總留意搜羅書籍，日積月累，終成藏書大家。萬曆年間，他與宋懋澄、施大經、俞汝楫並稱『松江府四大藏書家』。他學識淵博，撰述宏富，與蘇州王鼇、太倉王錫爵，並稱『蘇南三傑』。

在仲子王思義等人襄助下，王圻肆力著書，整理古籍。《明史》稱他『年逾耄耋，猶篝燈帳中，丙夜不輟』①。

王圻自嘉靖四十五年（一五六六）編輯《精選繩尺論》，開始著述生涯，直到萬曆四十三年（一六一五）去世前一個月，都在撰寫、編輯、刊刻書籍，一生共編刻書籍二十四種，八百餘卷，包括奏疏詩文合集《王侍御類稿》；獨立編纂的《洗冤集覽》《謚法通考》《續文獻通考》《雲間海防志》《稗史彙編》《東吴水利考》《吴淞江議》《吾從録》《古今詩話》；與他人合編的《精選繩尺論》《新刊禮記裒言》《萬曆青浦縣志》《三才圖會》；刊刻《重刻詩林廣記》《武學經傳句解》《讀書全録》《四書粹意》《黄庭内外景經洎五臟圖説》《古今考》《重修輟耕録》《王氏家乘》《續定周禮全經集注》《重修兩浙鹺志》。②其中特別有價值和影響的是《續

① （清）張廷玉等：《明史》卷六六《陸深傳》附，中華書局一九七四年版。

② 關於王圻著述，參見向燕南《王圻纂著考》，《文獻》一九九一年第四期；張玉婷《王圻著述出版活動研究》，山東大學二〇一七年碩士論文。

文獻通考》《三才圖會》與《稗史彙編》。

《續文獻通考》，二百五十四卷，體例略仿宋元之際著名歷史學家馬端臨（一二五四—一三四〇）的史學名著《文獻通考》，兼取鄭樵《通志》之長，收及人物。全書分三十考，較之《文獻通考》之分二十四考，新增『節義』『謚法』『六書』『道統』『氏族』『方外』六考。之所以要增此六考，在於王圻對『文獻通考』四字含義的理解與馬端臨有所不同。古時，『文』指的是典籍文字的記載，『獻』指聖賢的見聞和言論。馬端臨一方面明瞭『文』與『獻』的區别，另一方面仍將二者均視爲『載籍』之一環。與此不同，王圻遵從鄭玄（一二七—二〇〇）到朱熹（一一三〇—一二〇〇）的解釋，將『文』視爲『典籍』，『獻』則是『賢才』。王圻重視人物的活動，視其爲考察歷代禮制變化的重要部分，亦所謂『人能弘道，非道弘人』。在王圻看來，馬《考》詳於文而略於獻，爲了彌補此一缺憾，遂增此六考。這才是『續』的真正用意①。在一些考下，王圻還增加了一些新的子目，如：《田賦考》中增加了『黄河』『太湖』『三江』『河渠』四目；《國用考》中增加了『海運』的子目；《學校考》中增加了『書院』『義學』的子目。這些都體現了他在編書時努力展現新的時代内涵的自覺追求。此書記事年代與馬氏《文獻通考》相銜接，上起南宋嘉定年間，下至明萬曆初年。明代以前部分，多取材於宋、遼、

① 黄聖修：《道出於歧——王圻〈續文獻通考·道統考〉的多元道統論述》，第十八届明史國際學術研討會暨首届陽明文化國際論壇論文集（上），二〇一七年。

金、元四朝正史；明代部分輯録史料甚多，特别是經濟、社會、典章制度等方面，不少史料爲他書所不載。王圻對於明朝史料的搜集，有後代人所不具備的獨特優勢。他是一些歷史事件的參與者，如隆慶四年對於黄河的治理。書中有些内容得自他的實地考察，如一批地方官員關於治理黄河的討論；書中有些内容是他在訪問了一些親歷者或知情者以後寫下的，如使用福建船隻加强海防利弊的問題。他還從一些達官貴人後代那裏獲得數量可觀的明代官方檔案材料①。此類親歷、親見、親聞的資料，使得此書具有不可替代的價值。王圻自稱爲撰寫此書，搜集材料便花去四十年時間，可見其態度之嚴謹。此書體現了王圻經世致用的編纂思想。他對南宋以後典章制度有選擇地進行梳理、編纂，在以相當大篇幅記述明代典章的同時，敏鋭地注意到元明時期在水利、運輸、教育等方面出現的新情况，及時地將這些新情况補入《田賦》《學校》諸考中②。尤其值得指出的是，元代以前海運在南北交通中作用相當有限，但進入元朝後，隨著南北的統一，首都定在大都（今北京），經濟的發展，使得海運的作用日漸突出，與漕運並駕齊驅。到了明代，海運仍然在南北交通運輸中佔有重要地位。王圻將此内容列入書中，進行系統考察，很有現實意義③。該書是馬端臨之後至近代以前唯一一部私人撰述的典制通史，

① 李峰：《王圻〈續文獻通考〉史學成就探析》，《中國文化研究》二〇〇七年秋之卷。
② 李峰：《王圻〈續文獻通考〉史學成就探析》，《中國文化研究》二〇〇七年秋之卷。
③ 李峰：《王圻〈續文獻通考〉史學成就探析》，《中國文化研究》二〇〇七年秋之卷。

開創了續『三通』之先河。乾隆十二年（一七四七）官修的《續文獻通考》多取材於該書。對於王圻《續文獻通考》的學術地位，史學史學者評價：『王圻是一位知識淵博、興趣廣泛，而又有明確的治史目的的史學家。他的《續文獻通考》，以搜羅宏富，經世致用，成爲《通典》《通志》《文獻通考》諸多續作中的傑構佳制，代表了明代史學家在典制史撰述上的最高成就。』①

《三才圖會》，又名《三才圖説》，王圻與其子思義合編，在王圻去世以後才編定出版。此書以圖爲主，一〇六卷（實際應爲一〇七卷），分天文、地理、人物、時令、宮室、器用、身體、衣服、人事、儀制、珍寶、文史、鳥獸、草木十四門。左圖右書，圖書並重，本爲中國文化傳統，畫圖與文字處於同等重要地位。然至明代，書可汗牛充棟，而圖則寥寥無幾，特别是關於日常器物的圖畫，遠不足備。王圻清楚地認識到圖的重要性，認爲圖有益於成造化、助人倫、窮萬變、測幽微，不可以不存之，遂致力於編撰含圖書籍。他説：『余少年從事鉛槧，即艷慕圖史之學。凡璣衡、地域、人物諸象繪，靡不兼收；而季兒思義頗亦棲心往牒，廣加蒐輯，圖益大備。』②父子二人齊心協力，采摭群書，成此巨著，共載各類圖表六一二五幅，可謂明代圖譜百科全書，内容包羅萬象。③其書『上自天文，下至地理，中及人物，精而禮樂經史，粗而宮室舟車，幻而神仙鬼

① 韓進廉：《丹心碧玉　歷史學家的奉獻》，東方出版社一九九八年版，第二七四頁。
② （明）王圻：《三才圖會引》，《三才圖會》卷首。
③ 何立民：《王圻父子〈三才圖會〉的特點與價值》，《史林》二〇一四年第三期。

怪，遠而卉服鳥章，重而珍奇玩好，細而飛潛動植，悉假虎頭之手，效神姦之象，卷帙盈百，號爲圖海』。①各卷先以圖繪，次論説，間有編者按語，圖文互證，考核詳備。列於《地理》卷首的《山海輿地全圖》，是一張世界地圖，系傳教士利瑪竇所傳入中國的世界地圖《萬國輿圖》的中文標注版，成於萬曆十二年（一五八四）。此書出版後，影響深遠。清代陳夢雷等纂《古今圖書集成》一書，多採擷《三才圖會》。其中，《明倫》《博物》《理學》《方輿》《經濟》等彙編中『人事』『藝術』『山川』『邊裔』『神異』『禽蟲』『草木』『考工』『曆法』『歲功』『禮儀』『樂律』『戎政』『經籍』各典，多照録《三才圖會》原文、影寫《圖會》之圖。其借鑒部分，集中於《三才圖會》之《地理》《人物》《鳥獸》《草木》《身體》《儀制》《器用》《衣服》《人事》《時令》等。經初步統計，《古今圖書集成》引介《三才圖會》圖文部分，有近七百處。此書還遠播日本、朝鮮等地。日本寺島良安仿照王圻此書，使用古代漢語編纂《和漢三才圖會》一書，增入日本社會文化元素並輔以日文注解，在日本流傳廣泛，影響深遠。②

《三才圖會》所收圖畫有鮮明的民間取向。書中游戲圖譜，對於民間百戲，無所不收，如投壺、雙陸、擊壤、傀儡、角觝、高絚、鬥牛、鬥雞、鬥草、打彈、蹴踘、吞劍、走火、緣竿、鞦韆等，皆有插圖可觀，且勾描細緻逼真。所記捕魚捉蟹之法多達二十餘種，如塘網、注網、撒網、綽網、趕

① （明）周孔教：《三才圖會序》，《三才圖會》卷首。
② 何立民：《王圻父子〈三才圖會〉的特點與價值》，《史林》二〇一四年第三期。

綱、艙綱、扳罾、坐罾、提罾等，又有釣蟹、釣鱔、釣鱉、蟹籪等，皆有圖。既有圖能明其意，則省去文字説明；不能，則附加説明。兵器類雜器圖録，每件兵器都有精細圖畫，圖後附總括説明：『已上器用共二十四種，亦武備之不可缺者，如鈎鐮爲徐寧所用，鑑爲秦叔寶所用，龍吒爲馬操所用，梅吒爲黄山岳所用，鋼鞭爲尉遲敬德所用，混天戳爲李存孝所用，俱不可考，姑存之以爲留心於武事者之採擇云。』秦叔寶、尉遲敬德、徐寧、李存孝等英雄好漢，及其所使用的特殊兵器，見於小説、戲曲、傳説，小説中人物繡像也能見到。這些曾被批評爲無稽之談，不足爲據。其實，這恰恰説明《三才圖會》受通俗日用類書影響，重視從民間吸取新鮮素材。①世界著名中國科技史研究專家李約瑟在其主編的《中國科學技術史》中，把《三才圖會》稱爲『最有趣』的常用參考書，並在第四卷引用了《三才圖會·儀制》卷七中的《喪舉舊圖》來説明問題。②

《稗史彙編》，一百七十五卷，又名《稗史類編》，完成於萬曆三十五年（一六〇七）。本書以元代仇遠《稗史》、陶宗儀《説郛》等書爲本，删其繁蕪與詭異，兼采類書及典制體史書之體，彙編各類稗官野史小説，共分二十八綱，三百二十目，一萬一千八百條。王氏博獵群書，分類匯總，引書即達八百餘部。此書保存了許多民間傳説、故事資料，譬如，方外門道教

① 夏咸淳：《明代學術思潮與文學流變》，上海社會科學院出版社二〇一九年版，第二〇〇頁。
② 李秋芳：《〈三才圖會〉及其科技史價值》，《淮南師範學院學報》二〇〇九年第一期。

類的《老父賣藥》，仙類的《三老語年》《天台二女》《錢寶遇仙》，女仙類的《董永妻》，釋教雜紀類的《骨中如來》《六祖道場》《拙生感神》，奸僧類的《徐州村寺僧》《鹿苑寺僧》《野僧縛婦》，比丘尼類的《尼寺之禍》等。又如，祠祭門百神類的《屈原》《橋成神助》《著餌石人》《天妃救厄》，鬼物類的《鬼代試卷》《放生見録》《髑髏怪》《鬼不足畏》，巫覡類的《投巫》《巫祝殺人》等。此書所收條目，雖有一些標明出處，但大多未標出處，這使其史料價值大打折扣①。

王圻之所以搜集那麽多野史資料，悉心編撰《稗史彙編》，在於他對此類資料的史學價值、社會意義有獨到的理解。他説：『讀羅《水滸傳》，從空中放出許多罡煞，又從夢裏收拾一場怪誕；其與王實甫《西廂記》始以蒲東遘會，終以草橋揚靈，是二夢語，殆同機局。總之，惟虚故活耳。』② 文學評論界認爲，王圻的『惟虚故活』是個很重要的命題③。誠如謝肇淛所論：『小説野俚諸書，稗官所不載者，雖極幻妄無當，然亦有至理存焉。』④ 事可不真，然理必不謬。小説家以真爲正，以幻爲奇，將真與幻、正與奇作爲一對辯證關係，從而爲主題表達提供了廣闊的空間。《稗史彙編》呈現的是道聽途説的鬼怪故事，表達的或隱含的是禮義廉恥、彰善癉惡

① 祁連休：《中國民間文學史》故事卷，河北教育出版社二〇一九年版，第七二七頁。
② （明）王圻：《稗史彙編》卷一〇三。
③ 陳望衡：《中國古典美學史》下卷，江蘇人民出版社二〇一九年版，第九〇一頁。
④ （明）謝肇淛：《五雜組》卷十五，遼寧教育出版社二〇〇一年版，第三一三頁。

的大道。

王圻著述内容如此廣博，卷數之多，古來少有。這些著作多爲經世致用之學，涉及政治、刑獄、海防、水利、農桑、民俗、縣志等方面。《四庫全書總目》云：『圻所著述，如《續文獻通考》《三才圖會》《稗史類編》諸書，皆篇帙浩繁，動至一二百卷。雖龐雜割裂，利鈍互陳，其採輯編排，用力亦云勤篤。計其平日，殆無時不考古研今。』①

王圻雖飽讀儒家經典，但他並不株守儒家一派，而是胸襟開闊，廣收博覽，對於佛教、道教均有涉獵。這從他所編《稗史彙編》等書中便可看出。他曾從佛、道等典籍中汲取營養。他編過《長生寶籙》一書，自稱曾讀佛教、道教書籍，對於六境之説，即人境、神境、鬼境、仙境、夢境、佛境，有所知曉。他認爲六境之説中，道教仙境之説頗有可取之處，『滌除塵累，澡雪心神，積行樹功，乃至長生久視，斯於吾儒所謂存心養性、樂天知命之説頗相表裏』，故『遠稽仙傳，近考丹書，取其有益於養生者，别爲一帙，名曰《長生寶籙》，令後之有志學道者焚香展誦，或足爲卻疾延年之一助』②。還不到六十歲，他便從官場淡出，息影林泉，一邊著述，一邊養生，活到八十多歲高齡，當與他善於養生有關。進而爲儒，退而爲道，心靈與生活的天地都廣袤無涯。這也是王圻的大智大慧之處。

① （清）永瑢等：《四庫全書總目》卷一七八《洪洲類稿提要》。

② （明）王圻：《長生寶籙序》，《王侍御類稿》卷四。

## 三、關心鄉里，服務桑梓

王圻十分熱愛自己的家鄉，爲家鄉人文薈萃而倍感自豪，曾説：『吾松襟江帶海，匯以重湖，九峰跨峙，靈異天啓，雖幅員延廣不及吴郡之半，而人文挺秀，自二陸以來，賢良科甲之盛，略亦相埒』①。他熱情關心家鄉經濟、社會與文化事業，並努力奉獻自己的才華。他編撰的書籍中，有相當部分與家鄉直接有關，包括《雲間海防志》《東吴水利考》與《萬曆青浦縣志》。

《雲間海防志》，凡八卷，約於萬曆三十五年（一六〇七）成書。松江府瀕臨東南沿海地區，海防一事最爲切要。王圻纂輯此書，是受地方官員的委託，也是他爲地方政府謀劃抵禦倭寇之策的積極舉動。儘管此書今未見有傳，但從傳世的相關資訊，還是可以看出王圻的一片赤誠之心。

《東吴水利考》研究的是太湖地區水利問題，尤詳於蘇、松、常、鎮四郡，共十卷，前九卷爲圖並附説，後一卷爲歷代名臣奏議。這是王圻生前所編撰衆多書籍中的最後一部。他在自序中痛切地指出：東南地區在全國經濟生活中至關重要，貢獻極大，皇朝定鼎燕雲，一切供億仰給東南，每年所征漕糧，一半來自蘇、松、常、鎮、嘉、湖六郡。國家每年用於治理黄河的經費，動輒數百萬金，但是對於東南水利卻關心不夠，『東南水利最巨者，鹵及修濬，輒以帑藏空虚爲辭。若論田間水道，則益以爲不入耳之談。是經國者但知貢賦之所由入，而竟忘貢賦之所由

① （明）王圻：《雲間獻略序》，《王侍御類稿》卷五。

出，坐令浦港日漸湮淺，旱澇無由瀦泄，遂致霖雨數日，膏腴悉成巨浸；萬一經旬不雨，田疇立見龜坼。自萬曆戊子以來，災侵疊奏，逋課歲積，杼軸既空，催科愈急，無惑乎人愁鬼泣，禍亂之萌，將有不可勝言者。』他對東南人民所受水旱災害有切膚之痛，故有此著。書中對於疏通河道、蓄水洩洪的重要性以及具體措施，有詳細記述，堪稱東南地區的治水指南。誠如張宗衡在此書敘言中所云：『王公生長水鄉，目擊艱苦，故纂集斯編。膚絡源委，分合出入，無不賅具；而挈其大綱，責成守土。偉哉！經國之遠猷，寧直一隅之考鏡耶！』①

《萬曆青浦縣志》，萬曆二十五年（一五九七）成書，王圻總纂，署縣事華亭縣儒學教授李官校刊。青浦縣在歷史上曾兩次建撤，王圻與青浦縣的關係也比較特殊。王圻出生於嘉靖九年（一五三〇），那時青浦縣還没有建立，王圻出生地爲上海縣。嘉靖二十一年（一五四二），析華亭縣西北二鄉、上海縣西三鄉，置青浦縣，這是青浦建縣之始。王圻家鄉歸青浦縣（青浦縣境在歷史上屢有變動，據考，王圻家鄉在今閔行區境華漕一帶）。嘉靖三十二年（一五五三）廢青浦縣，王圻家鄉復歸上海縣。萬曆元年（一五七三）復置青浦縣，王圻家鄉又歸青浦縣。王圻在萬曆十三年（一五八五）致仕還鄉，其鄉已屬青浦縣。古代中國多有聘請在籍著名士紳撰修方志的傳統，這是王圻受聘主纂第一部《青浦縣志》的重要緣由。志凡八卷，包括圖、志、表、傳等，分沿革、分野、疆域、形勝、風俗、山川、土産、公署、學校、城池等目。在修志思想

①（明）張宗衡：《東吴水利考敘》，王圻：《東吴水利考》卷首。

方面，王圻也有貢獻。他認爲，志書應繁略得當，征名核實，『蒐羅放失，期於必盡，剔抉顯幽，期於必真，始稱爲志』①，過簡過繁，都不合適，褒貶不當，更不可取。《萬曆青浦縣志》正是秉持這一原則修成的。

王圻關心家鄉發展，也表現在他盡力爲家鄉人文集作序，爲地方品行高潔之人立傳、寫行狀、墓志銘等。包括：爲華亭人劉伯忠《雲間百詠》作序，爲唐純宇所編《唐氏族譜》、高文學所編《華亭高氏重修族譜》作序，爲松江人李芳洲所編《雲間獻略》作序，爲松江府學義田作記；爲華亭人陸從平、張近松作行狀，爲嘉定人嚴有威、李超然、華亭人金大遜、上海人張子雍、高伯慎等人作墓志銘。這些作品，記述了上海地區衆多人物的生平事蹟、懿行美德，豐富了上海地區的文化内涵。

其中，王圻向官府介紹余采生平，具有特別的意義。余采是明初方孝孺的後裔。方孝孺因拒絶爲燕王朱棣（後爲明成祖）推翻建文帝、奪取皇位起草詔書，被處以極刑，誅滅十族（親屬九族加學生一族）八百餘人。其一子得友人藏匿，流落到松江府，隱名埋姓，衍傳不絶。時過一百多年，萬曆年間，方孝孺案獲平反昭雪，其後裔申請復姓歸宗，朝廷要求核實上報。松江府同知毛一鷺詢問王圻此事原委。恰巧，方孝孺後裔余采曾與王圻同窗，於是，王圻據實以報。内稱：『正學（即方孝孺）幼子避居華亭，八傳而至教諭采（余采），實居上海，華亭庠生，余

① （明）王圻：《青浦縣志序》，《萬曆青浦縣志》卷首。

繼儒乃采之嗣孫。』①當時，關於方孝孺有無後裔、誰是真正後裔，有不同説法，王圻的證詞爲方孝孺後裔的確定，提供了重要依據。王圻還應余采後人之請，爲余采夫婦寫了墓志銘，介紹余采生平，歷述方孝孺後裔流落松江府的曲折經歷。這些資料，對於研究方孝孺後裔衍傳上海地區的歷史，具有不可替代的價值。

王圻的著述活動，得到了地方官紳的大力支持。王圻還鄉以後，所編撰著作動輒一二百卷，累計超過八百卷。如此大部頭著作絶非一人一家之力所能刊刻。據研究，王圻這些著述，僅《三才圖會》由南京書坊刊刻，其餘主要由兩浙鹽運司、松江府、華亭縣等地方官府、官員資助刊刻。其中，《謚法通考》由應天府巡撫趙可懷主持刊刻；《萬曆青浦縣志》由華亭縣教諭、代理青浦縣事李官主持刊刻；《續文獻通考》《雲間海防志》均由松江府刊刻；《續定周禮全經集注》《重修兩浙鹺志》均由兩浙鹽運使楊鶴主持刊刻；《東吴水利考》由松江知府張宗衡刊刻。②

王圻的著述活動，歸納起來，有四個鮮明的特點：一是宏，視野極其宏闊，上自天文，下至地理，中到人世，政治、海防、經濟、文化、民情、風俗、刑獄、武術，地上萬物，飛禽走獸，民間傳説，無所不涉。二是巨，品種之多，體量之大，當世無人可及。三是實，内容實在，特别是農學、

① （明）王圻：《答毛孺初》，《王侍御類稿》卷十。
② 張玉婷：《王圻著述出版活動研究》，山東大學二〇一七年碩士論文。

水利、醫學等民生日用的知識；來源切實，很多知識來自他的親歷、親見、親聞；作風踏實，考訂細實。四是特，眼光獨到，人無我有，人棄我取，人弱我强。重視圖册，編《三才圖會》，重視社會基層知識，搜集民間故事，均不同凡響。

王圻的著述活動，是明代上海地區重視實學、文風昌盛的重要表現。上海地區自唐代建立華亭縣以後，經濟、社會、文化穩定發展。南宋與元代，朝廷重視發展海運，上海地區發展更快。元末明初，戰事不斷，内地避難文人相繼涌入相對平静的松江府，諸如吴興趙孟頫、常熟黄公望、無錫倪瓚、天台陶宗儀、宣城貢師泰、會稽楊維楨等。松江地區由此文氣大盛。及至明代，松江已與蘇州並稱『蘇松』，爲全國經濟文化最爲發達的地區。據統計，弘治、正德的三十四年間，上海縣中進士者共四十六名，平均每次科考都有四、五人得中。至嘉靖、萬曆年間，上海地區文風更盛，科考成績再創新高，士紳眼界更顯開闊，風氣更加開明。隨著財富的積累，文人的彙聚，元末明初上海地區就開始出現彙編、刊刻大型圖書的現象，陶宗儀《南村輟耕録》三十卷和《説郛》一百卷，開其先河。此後，漸成風氣。嘉靖二十三年（一五四四），上海人陸楫彙編《古今説海》由儼山書院刻印，一百四十二卷，這是中國歷史上第一部小説彙編叢書；嘉靖三十五年（一五五六）之前，上海人張之象已編就《唐詩類苑》二百卷和《古詩類苑》一百三十卷，其後陸續刻行，這是現存最早、規模最大的分類唐詩總集與古詩總集。①王圻的著述、

① 賈雪飛：《明中後期上海地區的四次大型圖書編纂活動》，《中國出版史研究》二〇一八年第二期。

彙編、刊刻活動，便出現在張之象之後。再往後，則有徐光啓編撰的《農政全書》六十卷，陳子龍等人編輯的《皇明經世文編》五百零四卷。

包括王圻在内的上述衆多士紳搜集、彙編、刊刻大型文化典籍，是中華文化發展到一定階段的某種文化自覺。這種文化自覺，既是對以往文化成就的彙集、梳理與總結，也是對以後文化發展的推動與指引。參與此項活動的，並不只有上海地區的士紳，蘇州、杭州等地也所在多有，但是，上海地區士紳顯然起了至關重要的作用。在這個意義上，王圻彙集、編撰、刊刻的《續文獻通考》《三才圖會》《稗史彙編》等典籍，在中華文明傳承史上，具有無可替代的價值。

王圻是古代上海地區涌現出來的一位具有全國性影響的文化巨匠，重德崇文，關心民瘼，重視民本，廉明公正，每個方面都有非凡表現。他是上海地區，也是整個江南文化的傑出代表。深入發掘、整理、研究王圻的著述與史迹，有助於將江南文化名片擦得更加亮麗，讓江南文化更加熠熠生輝，對於全面、深入、系統總結中華優秀傳統文化，推動中華優秀傳統文化創造性轉化與創新性發展，也有一定意義。

熊月之

二〇二三年九月

# 整理説明

## 一

王圻（一五三〇—一六一五），初名堰，字公石，後改名圻，字元翰，號洪洲，爲明代著名文獻學家、史學家。王圻祖上原籍蘇州嘉定縣，明初其始祖士衡因避難於上海縣，遂爲上海縣人。《嘉慶松江府志》卷五三稱王圻居上海縣諸翟。

據載王圻四歲『輒善讀書，七歲受戴氏《禮》。十歲，負笈百里，從郡（盛）如川先生學。十四舉秀才，十六廩於庠』。①在學中考試『輒冠其伍』，然科場屢舉不第。至嘉靖四十四年（一五六五）始進士登第，釋褐除清江縣知縣。清江『邑田糧多欺隱，歲久弊積。圻躬歷阡陌，素精勾股法，丈量圖册既成，胥吏無敢作奸者。尤鋭意右文，置學田，增號舍，鑄祭器，刻《繩尺

① （明）顧秉謙：《明故朝列大夫陝西布政司右參議洪洲王公暨配誥封宜人陳氏合葬墓志銘》，（明）王圻：《王侍御類稿》卷十六。

論》以訓士，爲時所稱』。①隆慶元年（一五六七），調萬安縣知縣。在縣嘗勘察屠夫殺人及徽商失竊兩案，邑民『驚其神』。又重修雲興書院，革除民間不良習俗。據《雲間志略》卷十八載，萬安『俗故多婦女入市中，往往借汲泉爲東門之會』，王圻『下令嚴禁，而自是男女別於途矣』。由此上司稱譽其爲『循良第一』。隆慶二年九月，以『治行高等』、政績昭著，擢爲雲南道監察御史，以敢於直言聞名，彈劾不避權倖。起初王圻『以奏議爲趙貞吉所推』，時相張居正『與貞吉交惡，諷圻攻之，不應。高拱爲圻坐主，時方修隙徐階，又以圻爲私其鄉人不助己，不能無恚，遂摭拾之』，②於隆慶四年三月出爲福建按察僉事，隨即又於九月謫爲邛州判官。隆慶六年復爲進賢縣知縣，未及赴任，丁母憂。萬曆三年（一五七五）服闋，除曹縣知縣，『盡心勤職，爱民如子，定條鞭法，著爲令甲，賦役不擾，官民稱便』。③萬曆四年遷開州知州，『首變兩税爲四季條鞭，至冬季，積前三季所餘者，省一季十分之一，民大稱便』，並於開州城中重建明道書院，祀宋理學家程顥。④萬曆五年，遷爲青州同知，因知州有疾，不能視事，遂暫行太守之職。萬曆七年，提典己卯科山東武舉。萬曆八年，擢任湖廣按察司僉事。萬曆九年，『備武昌兵』，即改官湖廣武昌兵備僉事。據《明神宗實録》卷一二八，萬曆十年九月王圻改任湖廣提督學政。

①（清）謝旻等：《雍正江西通志》卷六十一，上海古籍出版社影印《文淵閣四庫全書》本。
②（清）張廷玉等：《明史》卷二八六《陸深傳》附，中華書局一九七四年版。
③（清）敕纂：《大清一統志》卷一四五，上海古籍出版社影印《文淵閣四庫全書》本。
④（清）李衛等：《雍正畿輔通志》卷二十九、卷七十，上海古籍出版社影印《文淵閣四庫全書》本。

萬曆十三年十月，陞爲陝西布政司參議。王圻因父年邁，遂引年『乞歸養』，於萬曆十四年致仕，歸居故里。是年王圻五十七歲，築室於吳淞江畔，『種梅萬樹，目曰梅花源』，著書其中。因自號『梅源居士』。萬曆四十三年閏八月十四日卒，享年八十六歲。①其事迹附《明史》卷二八六《陸深傳》。

王圻生平無他嗜好，獨嗜圖書，家中藏書甚富，爲其讀書、鉤輯史料提供莫大便利。其早年爲廪生時，已『讀書務根柢，凡經傳、子史、百家之言，及《性理》《綱目》諸書，經生、學士白首未嘗竟者，無所不淹貫』②。晚年退老鄉居以後，雖『年逾耄耋，猶篝燈帳中，丙夜不輟』，且『無時不考古研今』，故學識淵博，著述宏富，『世人皆服其博洽』，以學識廣博稱譽海内。

## 二

王圻一生筆耕不輟，著述宏富，據顧秉謙所撰《墓志銘》、清初黄虞稷《千頃堂書目》及《明史·藝文志》著録，其所編纂之書有屬經部之《續定周禮全經集注》十五卷、《新刊禮記

① 有關王圻行年事迹，參見常振鈺：《王圻年譜》，遼寧大學二〇一八年碩士論文。按，（清）李文耀修，（清）葉承纂：《乾隆上海縣志》（清乾隆十五年刻本）稱王圻『卒年八十五』。

② （明）顧秉謙：《明故朝列大夫陝西布政司右參議洪洲王公暨配誥封宜人陳氏合葬墓志銘》，《王侍御類稿》卷十六。

哀言》十六卷；史部有《續文獻通考》二五四卷、《謚法通考》十八卷、《東吴水利考》十卷、《吴淞江議》一卷、《重修兩浙鹺志》二十四卷、《萬曆青浦縣志》八卷，以及《海防志》《洗冤集覽》等；子部有《三才圖會》一〇六卷、《武學經傳句解》十卷、《稗史彙編》一七五卷；集部爲王圻之詩文集《王侍御類稿》十六卷。其中以《續文獻通考》《三才圖會》二書最爲著名。此下即據編撰時間爲序簡介王圻之著述。

《精選繩尺論》，王圻選編，據其自序云：『丙寅叨令清江，適吴内文宗巖泉徐老先生以名御史督學江藩，士經一校第，文輒入彀，然猶謂論之稍外于繩尺也。命余選是編，以課所進諸生。余乃乘案牘之暇，與學博吴君坤、唐君寵，選其文之易於模效、格之近於時製者若干篇，謀廣其傳，事未竟而改置萬安之報至矣。既又攜之行笥，以屬司教沈君鰲、蔣君聞禮、雄君濂重加校正，遂命諸梓。』按，丙寅乃嘉靖四十五年，王圻正在知清江縣任上，其改知萬安縣在隆慶元年，則知此書乃屬指導士子作文之書，撰成、刊印於隆慶初年。今佚。

《洗冤集覽》，王圻彙編各類案例以爲州縣官員斷案勘獄之用。其自序云：『余筮仕一十六載，爲邑者四，爲州者二，爲御史、爲臬僉者各一，然皆有刑章之寄焉。故嘗搜輯古今圖説及當代令甲，凡有裨於檢勘者，次第筆之。久而成帙，因標其端曰《洗冤集覽》。』按，王圻於嘉靖四十四年入仕，後十六年即爲萬曆八年，又因云其嘗『爲御史、爲臬僉者各一』，則此書當撰於是年改任湖廣按察僉事之前。又自序云其『嘗搜輯古今圖説』，則此書可能有圖有説，然因久佚，未得其詳。

《洪洲類稿》，王圻於萬曆十年至十三年爲湖廣提學時所編之詩文集，有郭正域、吴國倫二序。吴序撰於萬曆十三年。郭序云及『王先生來督楚學，……於是二三子從諸縉紳先生以請曰：「夫子之文章可得而聞也。」』故王圻始自編其詩文成一編。《四庫全書總目》卷一七八著録《洪洲類稿》四卷，云：『凡詩一卷、文三卷，乃其提學湖廣時所自編，其孫謨又爲重刻。……計其平日殆無時不考古研今，其於詩文殆以餘事視之，故寥寥如此，存而不論可矣。』其説不確，此四卷乃王圻彙編其提學之前所撰詩文，並非其一生之創作皆在此編。

《新刊禮記裒言》，十六卷。王圻自序云：『余起家固耑業禮，第於諸經傳尤樂窺一斑也。甲申秋杪，余奉新命校衡、永士，道出長沙。會臬副李沖涵公亦以《戴禮》成進士，往欲裒集群言，發明宗旨，未有屬也。間與余語，欣然當心，遂出所貯時説數十種，臚列示余，且屬之芟繁證謬，成一家言，俾學者定厥嚮往。余因選取學官博士弟子員分卷編輯，參互考訂，稿凡數易，始克成編。而課督校讎，則西蜀古見吾氏獨任之。尋沖涵公以參知去蜀，余乃間爲裁定，付之梓氏，用廣其傳。』並欲『業是經者無事蒐羅群説，而諸家指意灼然盈目，則是書不無小補，因名之曰《禮記裒言》云』。按，甲申乃萬曆十二年。

《道統考》，據王圻《魏水洲先生集序》云其『自楚歸里，以蕘牧之暇，輯《道統考》一書』。王圻於萬曆十四年致仕歸里，則此書當撰於是年稍後。按，《續文獻通考》中有《道統考》，當即此書經修訂後收録。

《吾從録》，王圻自序云：『歸農之暇，蒐檢故篋，得先哲遺文二百餘首，不矜于古雅，而讀之有蒼然之色；不蘄爲雋永，而翫之有淵然之味。雖近代經生、學士或藐之爲陳編，而余獨視之爲商彝周鼎、太羹玄酒。既彙之以課子若孫，又授之梓以公四方，而名之曰《吾從録》。……今余之刻是編，夫亦竊比于孔子從先進之遺意。此「吾從」之所由名也。』按，此屬課子孫及初學者讀書之詩文選本，王圻致仕以後所編撰。今佚。

《古今詩話》，王圻自序云：『余自楚歸農，鎡基之暇，蒐集累朝著述，爲之删繁就簡，凡有關于世道之升降，詩教之碱砭者，別成一帙，名曰《古今詩話》，即黄萬頃所著《筆苑》遺意也。編摩既就，因付之剞劂氏，以貽同志。』按，黄萬頃，福建同安人，南宋初紹興中進士及第，歷知雷、瓊二州，『著有詩文數百篇，又集古今詩話爲《筆苑》五卷』。①王圻此書編撰於歸里以後，嘗刊印，今佚。

《續文獻通考》二五四卷，乃王圻續元初馬端臨《文獻通考》而撰成。其書『凡例』云：『余嘗從臺臣之後，凡六曹文牒暨諸先賢奏牘，咸口誦手録，得什一於千百。』温純萬曆三十一年撰序有云：『元翰故同余舉進士，又同應召。余給事禁中，元翰爲西臺御史，日相與聚談今昔典故。乃元翰則慨仲尼説禮，憂杞宋無徵，由文獻不足，以不大用於世。益肆力搜羅且四十年，遂成此考。』按，王圻於隆慶二年應召任御史，至此三十一年，實三十四年有餘，温序稱『且四十年』者，乃舉其成數。則王圻於此年已爲撰作此書搜集資料。又趙可懷《謚法通考序》

① （清）郝玉麟等：《福建通志》卷五十一，上海古籍出版社影印《文淵閣四庫全書》本。

稱王圻『歸田後，日杜門著述，輯有《續文獻通考》凡若干卷，就其中抽《謚法》一種另梓』。趙序撰於萬曆二十四年，則是年此書已初成，此後又經多年修訂完善；又《續文獻通考》有周家棟序，題曰『萬曆三十年』，則至此已定稿，至萬曆三十一年付梓刊行，並再請温純撰序。《續文獻通考》體例乃仿馬端臨《文獻通考》，兼采南宋鄭樵《通志》之長，全書三十考，較《文獻通考》二十四考增多《節義》《謚法》《氏族》《六書》《道統》《方外》六考；各考下設子目，其子目設置也視史料、史實等情況而較《文獻通考》有所增加。不少史料爲他書所不載，具有頗高之文獻價值。

《謚法通考》，十八卷。此書乃從《續文獻通考》初編本中抽出《謚法考》，增補明代内容，於萬曆二十四年刊印別行。故王圻所撰『凡例』云：『余《續文獻通考》嘗益《謚法》一目，以補馬貴與之缺，例仍舊貫，未及皇朝。今據《實録》所書、野史所記，輯附其後，別爲一種，庶不至遠希上古，近遺昭代。』按，檢核《續文獻通考·謚法考》，較《謚法通考》多出一卷，且兩書於明代以前小目大略相同，明代部分則小有異同，則知《續文獻通考·謚法考》此後又曾據《謚法通考》再行修訂補充。

《萬曆青浦縣志》，八卷。王圻《青浦縣志序》撰於萬曆二十五年，云此志『爲圖、爲志、爲表、爲傳，凡八卷三十二目』。又云：『是役也，提調總裁則榮麓先生實司之，商榷質訂則學博錫山陳君文龍、吴陵楊君庭芳，分類讎校則文學諸君子，而削牘抽毫則不佞圻與有一日之勞云。』按，榮麓乃卓鈿之號，時爲青浦知縣。

《稗史彙編》，一百七十五卷。周孔教《稗史彙編序》稱：『上海王公元翰雅意著述，嘗續《文獻通考》……殺青甫畢，又泛濫諸家小説，簸揚淘汰，裒其可傳者，分門析目，彙爲成書，凡可百卷。』據王圻自序云：『元儒仇遠博采群書，著爲《稗史》，而陶九成氏又從而增益之，作爲《説郛》。二先生用心良亦苦矣。然覽者猶病其繁蕪穢雜，故迄今三百餘年，互相抄録，未有能付梓以傳示四方。余嘗讀而好之，至惓惓不能釋手，然猶懼其終於湮没也。遂即明農之暇，重加讎校。凡繁蕪之厭人耳目、詭異之蕩人心者，悉皆芟去勿録。若我朝諸君子所著小史諸書，有足闡發經傳、總領風教者，雖片言隻語，兼收並蓄。總之爲綱二十有八，列之爲目三百有二十，而命之曰《稗史彙編》。』署時『萬曆歲次丁未孟春朔日』，丁未即萬曆三十五年，知此書殺青於是年。此書乃因仇遠《稗史》、陶宗儀《説郛》及增補明人小史雜書，並加增删潤改而成，然因存有好奇誇博之傾向，故其引録文字時見駁雜之處。

《海防志》，亦名《雲間海防志》，八卷。王圻《與徐撫臺》有云『圻衰颯無聊，纂述防海遺事，彙成一編，不過消磨長日。乃海防朱二府命録之木，以備輶軒使者便覽。不肖所集者，皆三十五年前事，恐新舊條款不同，敢具一帙上之記室，乞賜删改擲下，以便遵守』。按，朱指松江府同知朱勳，於萬曆三十五年蒞任。此書當撰並刊印於其間。今佚。

《三才圖會》，又名《三才圖説》，一〇六卷（實際應爲一〇七卷）。王圻自述：『余少年從事鉛槧，即艷慕圖史之學，凡璣衡、地域、人物諸象繪，靡不兼收。而季兒思義頗亦棲心往牒，廣加蒐輯，圖益大備。友人李聞斯、何振之，皆博雅君子也，相與校讎成帙，交口請梓，而余因引其端。』顧秉謙撰序亦有云『前三圖皆出御史公手裁，而後則允明氏之所續』。則此書乃王圻、王思義父子合撰而成。因周孔教撰序在萬曆三十七年，故推知此書當刊行於是年或稍後。《三才圖會》全書分天文、地理、人物、時令、宮室、器用、身體、衣服、人事、儀制、珍寶、文史、鳥獸、草木十四門，每門之下分卷，條記事物，取材廣泛，包羅萬象，細大畢載。所記事物，先有繪圖，後有論説，圖文並茂，相爲印證。《四庫全書總目》卷一三八雖批評其書有『務廣貪多，冗雜特甚』缺點，然亦稱之曰『采摭浩博，亦有足資考核者』。

《王氏家乘》，乃王圻之家譜，卷帙未詳。今佚。王圻自序云：『余今春秋八十懸弧之旦，在王正二十有一日，……故即洪宇二弟所常手録，授之吾兒思忠、思義、思孝，重加訪葺，補其遺漏，正其謬訛，以付梓人。』按，此書撰於萬曆三十七年王圻八十歲時。

《長生寶籙》，王圻自序云：『（道教之術）於滌除塵累、澡雪心神、積行樹功，乃至長生久視，斯於吾儒所謂存心養性、樂天知命之説頗相表裏。余故遠稽仙傳，近考丹書，取其有益於養生者，別爲一帙，名曰《長生寶籙》，令後之有志學道者焚香展誦，或足爲卻疾延年之一助』。又曰『余八十餘年升沉榮辱』云云。則此書當撰於萬曆三十八年其八十一歲以後。今佚。

《續定周禮全經集注》，十五卷。清初黄虞稷《千頃堂書目》著録此書，云：『用柯尚遷之書而重爲更定，凡五官所載有關於工者四十有二則，擷而彙之爲冬官上卷，而《考工記》三十一條，皆造作營繕不係，仍附於冬官之後列爲下卷。』《行狀》載：『夫公注周禮官，序依注疏，章句仍本經訓，釋宗鄭、賈，且折衷諸儒，多所發明。復擷五官所載有關邦土者，彙爲冬官，列

《考工記》于其後。六典罔缺，此經始完。』故題曰『全經』。按，柯尚遷字喬可，明嘉靖時長樂人，所撰書曰《周禮全經釋原》。又據王圻《與何崑柱》云及『不肖虚度八十有五，他無足道，尚能篝燈搜閲殘編。邇來妄效王次仲諸君子，輯補《周禮》司空之闕，稍加注釋，以便後學誦讀。值臺使者楊弱水災之梨棗，并求正於有道』。則此書當撰成於萬曆四十一年。

《重修兩浙鹺志》，亦稱《兩浙鹽志》，二十四卷。王圻自序云：『兩浙舊有志，然創於嘉靖戊戌，至今七十餘禩。』序作萬曆四十二年。《四庫全書總目》卷八十四云其書『前有自序，謂武陵楊鶴巡按浙江，以《鹽規類略》《酉戌沿革》《行鹽事宜》三書並舊志授圻增訂』。

《東吴水利考》，亦稱《三吴水利考》，十卷。王圻自序署時『萬曆乙卯八月朔旦』，按《墓志銘》云其卒於是年閏八月十四日，則王圻著成此書並撰序後，僅一月有餘即逝世。故《墓志銘》稱《水利考》《明農稿》二書『藏於家』，即王圻生前未曾刊行。

《王侍御類稿》，十六卷。王思義《續刻先侍御類稿引》云：『（王圻）故楚中所梓有《洪洲類稿》，先奏議，次詩若文，業已膾炙人口矣。林居廿餘年，徵文之客踵至。風晨月夕，又與社中諸公更相倡和，故詩若文特多。往昔先侍御嘗自裒其稿彙爲帙，題曰《明農》，蓋四倍於前刻云，未付殺青，屬罹大故，竟爲無賴者匿，不得。義恐久益散佚，先侍御奚囊之業遂至漫漶，因搜故篋，尚存殘剩，命小史録出，鋟諸梨棗，併前《類稿》共爲一集，題曰《王侍御類稿》，爲卷凡十有六，比前稿多志狀、尺牘及雜著，十有六卷而末復附倡和集及志狀、行實。』按，《明農稿》乃王圻晚年所編纂，因『爲無賴者匿』，未及刊行，故其子王思義將王圻歸里以後所作詩文與

《洪洲類稿》合編，名曰《王侍御類稿》。王圻詩文，明代『後七子』之一吴國倫評曰『不落筌蹄，不涉蹊徑，惟意所適，一無所猥襲』。郭正域《王侍御類稿序》稱其詩文質樸無華，『大抵黜其佻巧者，而本之自然；謝其夸毗者，而歸之實際』。而清人以爲『其於詩文，殆以餘事視之』，故存詩文不多。①

王圻尚有數種著作，未詳其撰述年月，有：

《吴淞江議》，《千頃堂書目》卷八著録一卷。今佚。

《武學經傳句解》，《千頃堂書目》卷十三著録十卷。今佚。

《彝好録》，王圻自序云此書記録福州陳仲子妻林萊女之『獨行』，其『哀者輓，慨者歌，艷慕者頌，遍寓内如出一口，則是所爲彝好也。……而萊女之懿德烈行，亹亹騰播于謳吟諷記之間，君子有遺憾焉。余故叙其大略，以備它日太史氏之采擇云』。按，今佚。

《黄庭内外景經洎五臟圖説》，王圻自序云當時與《黄庭内外景經》『並行於世者，有《二景内譜》《中景經》《五臟圖》《五臟六腑圖》，凡三十部五十七卷，今皆不可得見。惟梁丘注尚存，而《五臟圖》又雜見于養生書中，余因表而出之，已備一家言。至于導引、補瀉諸法，固亦三十部中之一，然茹吸吐納易以惑人，往往害性而傷生，余則絀而不録』。按，此書編纂年月未詳，當在王圻晚年。今佚。

①（清）永瑢等：《四庫全書總目》卷一七八《洪洲類稿》，中華書局一九六五年版，第一六〇三頁。

此外，王圻尚有校勘、考訂、整理前人著述，並刊行於世者。

《詩林廣記》，王圻《重刻詩林廣記序》云：『戊辰春，余以計事覲新天子，奉璽諭令之復任。……凡兩越月，暇則坐風櫺下，展韻林一卷而讀焉。訛者訂之，失次者序之，入治境而繙閲周矣。博士弟子劉君子田多聞强記，蜚聲於時，畀之重加檢括。蓋至是而魯魚亥豕可十剗八九矣。劉君造而請曰：「舊刻仍訛踵陋，今兩經校正，庶幾其爲善本矣，弗寄諸木，悉普其傳？」余因鳩工梓之，而序次其始末如右云。』按，戊辰爲隆慶二年九月，王圻改任雲南道御史。此書校正於其赴任雲南途中，至雲南以後又屬劉子田再校，然後付梓刊行。《詩林廣記》，由宋末蔡正孫（自號蒙齋）編撰，前、後集各十卷；又《千頃堂書目》卷十五著録明人單宇撰《詩林廣記》；《雍正福建通志》卷六十八著録有明代程實《詩林廣記》。王圻所校刊者疑爲蔡正孫之著。

《讀書全録》，二十三卷，明薛瑄撰。萬曆七年，青州同知王圻主持山東武舉，受山東巡撫趙賢之命編刊薛瑄此書。

《四書粹意》，明賈肖泉編撰。萬曆九年，王圻於督楚學政時校刊此書，以便學子閲讀。

《古今考》，三十八卷，其中宋魏了翁撰一卷，元初方回續三十七卷。王圻撰序云：『顧其書自婺傳吴，自泰定以及今日，越兩朝三百禩，竟莫有爲廣其傳者，則此書不偶時好，固可槩見，乃予固授之梓，寧徒災木乎哉。』然泰定刊本今已不見。明萬曆間，王圻據泰定刊本，刻之楚中。而明刊諸本，以王圻校勘本最善，『王氏之於是編，功不可没也』。按，此書刊印於萬曆十二年，王圻湖廣提學學政任上。

《輟耕録》，元陶宗儀纂。王圻《重修輟耕録引》云此書『蓋自元至正之丙午，迄皇明萬曆之甲辰，幾二百五十餘禩，歲月既深，木受蠧而字磨滅者十蓋八九。余因訪求善本，重加考訂，新其蠧而補其缺，復爲全書』。據潘承弼、顧廷龍《明代版本圖録》卷八云明嘉靖中玉蘭草堂嘗據元版重刊，王圻於萬曆三十二年亦取版重刻，並附《秋江送别圖》、贈詩及序，故亦稱《增圖本輟耕録》。①

王圻雖壯年官宦四方，以學識廣博而稱譽海内，然其著述則大多成於萬曆十四年致仕鄉居以後，即其雖『年逾耄耋，猶篝燈帳中，丙夜不輟』，而惟以『著書爲事』，故其撰書之多、卷帙之富，當時罕有其匹。

## 三

世稱明代學風空疏，但至明晚期，陽明之學漸趨式微，風靡一時之束書不觀之學風亦稍得回轉。對於紫陽學與陽明學之異同，王圻之觀點則頗爲融通。其於《四書證義筆記合編序》

① 有關王圻著述考證，參見向燕南：《王圻纂著考》，《文獻》一九九一年第四期；張玉婷：《王圻著述出版活動研究》，山東大學二〇一七年碩士論文；常振鈺：《王圻年譜》，遼寧大學二〇一八年碩士論文。

中指出：『吾道之正脉，自羲、軒、孔、孟而下，無過宋室諸儒。而析毫剖芒，集諸儒之大成，又無過紫陽朱子，乃鵝湖辨論紛然，不能相下。至姚江王文成倡道東南，復與紫陽相水火，而排姚江者又或詆爲虚談飾行。彼亦一是非，此亦一是非，令學者終身顛倒於溟涬之中而靡所折衷，無爲貴言矣。然道本無二，惟其入門不同，故其見解亦異，猶之百川赴海，支分派别，而要其歸則一也。彼謂紫陽不必俱失也者，其見固未廣；謂姚江不必俱得也者，其心亦未融。蓋訓詁非溺於支離，超悟非淪於枯寂，均之足以證道。而淺學寡識之士，摩揣失真，恣行胸臆，不能爲二氏排難解紛，而反互相掊擊。吁！可慨已。』故王圻爲學頗重視文獻，一生筆耕不輟，著述宏豐，『如《續文獻通考》《三才圖會》《稗史類編》諸書，皆篇帙浩繁，動至一二百卷。雖麗雜割裂，利鈍互陳，其採輯編排，用力亦云勤篤。計其平日，殆無時不考古研今』，①而成就卓然。

王圻學問淵博，讀書渾融，不主一家，故其所採摭編纂之書涉及經史子集四部而又頗能體現其爲學特色。

其一，留心有用之學，以濟世用。與當時崇尚空談、好發議論之士風不同，王圻『留心有用之學』，以濟世用爲其治學、纂述之主旨。王圻以爲『先正云：「律爲法銓。」夫銓之言，量也。用量度情罪而致其平也。故國中無法，胡以懼暴止爭？法具而銓量弗審，則橈枉滋豐，其弊又

① 《四庫全書總目》卷一七八《洪洲類稿》，第一六〇三頁。

甚於無法』。而王圻爲宦十餘年，『爲邑者四，爲州者二，爲御史、爲臬僉者各一』，而『皆有刑章之寄焉』。因刑獄判決之『重辟出入全由檢驗，檢驗明則情罪當，情罪當則刑一人而千萬人懼』，且有鑒於相關『檢驗程式，其於《洗冤》《平冤》《無冤》諸録備矣，率多沿襲前代公規，而國朝憲典闕焉未載，且文義冗雜，字畫訛謬，讀者良或病之』，故『搜輯古今圖説及當代令甲，凡有裨於檢勘者，次第筆之』，即彙編各類刑獄案例纂成《洗冤集覽》，以爲州縣官員斷案勘獄之用。

王圻生活於江南水鄉，河網縱横，地勢低平，故水利建設事關重大。王圻晚年退居家鄉，尤爲關注水利事宜。萬曆二十六年，王圻撰成之《萬曆青浦縣志》，便以特重水利爲其書之特色。清人重修《青浦縣志》之『凡例』稱譽曰：『王公洪洲于《山川》之水亦只載其大者，其餘皆入《水利》卷中，可謂詳略得宜。』約同時或稍後，王圻又撰有《吴淞江議》。此後又傾力撰作《東吴水利考》。王圻自序云：『自漢迄元，英君察相何嘗頃刻忘東南水利哉。皇朝定鼎燕雲，一切供億仰給東南，歲漕天下四百萬石以充禄餉，而蘇、松、常、鎮、嘉、湖六郡，彈丸之地，所出殆居其半。然一顆一粒，何者不産于地，何者不資于水？而廟堂籌畫，諰諰於修治漕河，動費數百萬金，而東南水利棄焉若置，即如吴淞一江之通塞，係東南水利最巨者，齒及修濬，輒以帑藏空虚爲辭。若論田間水道，則益以爲不入耳之談。是經國者但知貢賦之所由入，而竟忘貢賦之所由出，坐令浦港日漸湮淺，旱澇無由潴泄，遂致霖雨數日，膏腴悉成巨浸；萬一經旬不雨，田疇立見龜坼。自萬曆戊子以來，災浸疊奏，逋課歲積，杼軸既空，催課愈急，無惑乎人愁鬼泣，禍亂之萌，將有不可胜言者。』王圻撰成《東吴水利考》以後不久即逝世，可見其始終關注東南水利之事。王圻撰作此書，實欲爲東南地區官府興修水利提供歷史經驗，以獲其利而避其害。

包括江浙在内之東南沿海，古來即多鹽利，王圻所撰《兩浙鹺志》，乃『武陵楊鶴巡按浙江，以《鹽規類略》《酉戍沿革》《行鹽事宜》三書並舊志授圻增訂，遂采其要約，綴入各款，令引票之損益，價值之低昂，課額之盈縮，徵解之緩急，商竈之疾苦，犁然具載，於浙中鹺務紀録頗詳』。①又明代中期以後，東南沿海地區『倭寇』之禍嚴重，王圻遂『纂述防海遺事』成《海防志》八卷，據其《與徐撫臺》云『以備輶軒使者便覽』。於此可見王圻學術之特色之一，即結合時政進行歷史研究、撰述，以『有用之學』濟世利民。

其二，研治典制，以通今古之變。通觀王圻著作，以史部撰述爲多，而以歷代典制之研討知名於世，如吴國倫《洪洲類稿序》稱其『嗤剽剥而尚探討，薄藻繪而崇典章』。其中尤以續元代馬端臨《文獻通考》而撰成之《續文獻通考》爲最著名。王圻此書體例仿《文獻通考》，而又兼採鄭樵《通志》之長，記事上起南宋嘉定年間，至明萬曆初年，明代以前内容多取材宋、遼、金、元正史，明代輯録各類文獻甚多，史料甚爲豐富。清代乾隆年間官修《續文獻通考》，多取材於此書。

① 《四庫全書總目》卷八十四《重修兩浙鹺志》，第七二三頁。

温純《續文獻通考序》言王圻平生留意典故制度，『益肆力搜羅且四十年，遂成此考』。而顧秉謙《墓志銘》稱其『七歲受戴氏《禮》』，王圻又自云其應科舉『以《戴禮》成進士』，而『於諸經傳尤樂窺一斑也』，尤用功於禮學，撰有《禮記哀言》《續定周禮全經集注》二書。諸經中，《禮記》《周禮》與典制關係最爲密切。王圻所撰其他史部諸書如《兩浙鹾志》《東吴水利考》《海防考》《萬曆青浦縣志》等，皆有涉及典制之篇章。至於王圻所撰之《道統考》，此後經修訂收録於《續文獻通考》。而《續文獻通考·謚法考》，被抽出單行並增補明代内容，成《謚法通考》，此後又據《謚法通考》修訂補充《續文獻通考·謚法考》。由此，王圻《續文獻通考》遂成爲馬端臨《文獻通考》後又一部私人所撰修之貫通歷代典制史籍，具有甚高的文獻價值。

其三，注重圖文相輔。古人讀書向有『左圖右書』之説，甚爲重視圖譜之獨特價值。時人即稱之曰『圖者，書之精神也』，『書與言之所不能盡者，不假之圖，將何以自見哉』，故王圻以爲『圖畫所以成造化，助人倫，窮萬變，測幽微，蓋甚哉』。其又自述：『余少年從事鉛槧，即艷慕圖史之學，凡璣衡、地域、人物諸象繪，靡不兼收。而季兒思義頗亦棲心往牒，廣加蒐輯，圖益大備。』因此，王圻所編輯書中多配録圖像，如《洗冤集覽》，王圻稱『嘗搜輯古今圖説』；《東吴水利考》十卷，『前九卷爲圖考，圖各繫以説』；①《兩浙鹾志》二十四卷，其中有圖説二

① 《四庫全書總目》卷七十五《東吴水利考》，第六五二頁。

卷。而以王圻與其子王思義合撰之《三才圖會》爲最著名。

明代尤其是明代中後期，因爲社會生産、生活需要，編纂出版不少注重通俗性與實用性之百科全書式圖書，其中著名者當爲宋應星《天工開物》、徐光啓《農政全書》以及王圻《三才圖會》。隨著版畫技藝發展，大量帶有插圖乃至圖譜書籍得以編纂、刊刻印行。有學者統計，現存歷代插畫古籍有四千餘種，明本即占其半。①清人評論曰：『明人圖譜之學，惟此編（章潢《圖書編》）與王圻《三才圖會》號爲巨帙。』②然《圖書編》僅收圖九百四十九幅，而《三才圖會》收圖達六千餘幅，③其體量遠非《圖書編》所能比擬。在王圻以前，亦有士人編撰了不少圖文文獻，但其圖像僅作爲相關文字資料之補充或佐證，直至王圻編撰《三才圖會》，圖像方得以成爲其書之主體。因此，《三才圖會》不僅以圖像繁富、内容浩博而包羅萬象，版刻精美而實用性强等特點爲世人所熟知，其編纂主旨、體例、結構等亦影響後代圖書編纂頗深且遠，甚至流傳海外，日本醫生寺島良安即於一七一二年仿效王圻此書體例編纂《和漢三才圖會》，增入日本社會文化元素並輔以日文注解，成爲古代日本著名百科全書式類書。

縱觀王圻著述，可見其大多以内容廣博取勝。明代後期，世人鑒於陽明後學束書不觀之

① 見江豐：《〈武林插圖選集〉代序》，載曹之：《中國古籍版本學》，武漢大學出版社一九九二年版，第三六六頁。

② 《四庫全書總目》卷一三六《圖書編》，第一一五六頁。

③ 參見何立民：《王圻父子〈三才圖會〉的特點與價值》，《史林》二〇一四年第三期。

弊，學術風氣有所回轉。明人李果《事物紀原序》云：『予惟醉經飫史，士子恒業，多聞多見，儒家所尚。然非格物致知以窮其理，廣求博採以資其學，將見聞見孤寡，遇事執迷，接談有及，未免左右言他，束手忸怩，不能爲世之有無也。』① 然其學風又趨向一端，出現好奇炫博之時尚，『以講章爲經學，以類書爲博聞』。②王圻所撰諸書亦不免此病。如清人嘗批評《稗史彙編》書前『所載引用書目凡八百八種，而輾轉稗販、虚列其名者居多』，③又云『圻所著述如《續文獻通考》《三才圖會》《稗史類編》諸書，皆篇帙浩繁，動至一二百卷』，而『龐雜割裂，利鈍互陳』，即其書『採摭浩博，亦有足資考核者，而務廣貪多，冗雜特甚』。④清朝四庫館臣因清人亦編成《續文獻通考》，由此將王圻之書『改隸類書』，且以爲『圻之舊笈竟以覆瓿可也』，則實非公允之論。

## 四

世稱明代學風空疏，而王圻著述中亦多有冗雜舛誤之處，但其學問廣博，重視文獻而著述

① （宋）高承撰，（明）李果訂：《事物紀原》卷首李果序，中華書局一九八九年版。
② （清）江藩：《漢學師承記》，上海書店出版社一九八三年版，第二頁。
③ 《四庫全書總目》卷一三二《稗史彙編》，第一一二四—一一二五頁。
④ 《四庫全書總目》卷一七八《洪洲類稿》，第一六〇三頁；卷一三八《三才圖會》，第一一七〇頁。

宏豐，其成就爲世人所知。然因多種原因，迄今對王圻之研究頗不充分，王圻著述亦未得全面系統之整理。爲此，編纂《王圻全集》，將對有關王圻及其著述、學術思想之研究，王圻家鄉上海乃至江南學術、文化風尚傳承，以及明代學術、制度等研究之深入，發揮積極作用。

《王圻全集》編纂整理之相關事項，説明如下。

一、《王圻全集》收録現存王圻所編撰之全部著述，計十種，六四二卷，其中經部《新刊禮記哀言》十六卷，《續定周禮全經集注》十五卷；史部《續文獻通考》二五四卷，《謚法通考》十八卷，《重修兩浙鹺志》二十四卷，《東吴水利考》十卷，《萬曆青浦縣志》八卷；子部《三才圖會》一〇六卷，《稗史彙編》一七五卷；集部《王侍御類稿》十六卷。王圻所校勘刊印之他人著作如《詩林廣記》《古今考》《輟耕録》等則不予收入。

二、《王圻全集》所收諸書，乃按四部分類法，以經、史、子、集之序編次。

三、《王圻全集》編纂、整理，所依據底本，一般選擇刊印時間較早、校刊較精善者，著眼於文字内容之正確與完整性，並選用若干版本用於對校與參校。諸書之具體版本情況，詳見該書之『點校説明』。

四、因王圻諸書多屬編撰性質，引用史籍資料甚多，故校勘時於對校、本校外，頗重他校，一般不采用理校。用於他校之書籍，注意版本之選擇。

五、校改原則：其一，底本文字可確定其爲訛、脱、衍、倒者，則改（補、删）字出校。改字掌握從嚴。其二，底本文字與他本有異，然文義俱通者，則出異同校。底本文字不誤而他本誤者，則不出異同校。其三，於傳抄刊印過程中出現之避諱字，如避清諱所改字，一律回改，並於首次校改時出校記説明。若著者避明代之諱，則一般不予更改，而於首次出現時出校記説明。其四，古今字、通假字一般不改，俗體字、版别字則徑改作通行之正體字，皆不出校記。

六、附録有兩種：其一爲各書之附録，包括該書歷代版本之序跋、書目題記等。其二爲全集之附録，包括王圻之各種傳記資料如碑志、傳記、年譜等。

七、因王圻諸書之著述體例差異頗大，故《王圻全集》所收諸書除需遵循編纂、整理總則外，尚視各書具體情況而擬其相關補充體例。其具體内容詳見各書之『點校説明』。

《王圻全集》之編纂、整理，獲上海市閔行區華漕鎮委、華東師範大學文化傳承創新研究專項項目資助。

顧宏義

二〇二三年十月

# 總目

# 謚法通考

# 點校說明

死後定謚，是中國古代對有身份有地位的已逝者作出的具有明確褒貶色彩的象徵性評價，一般由朝廷依正式程序討論頒定。這一傳統在中華文化圈内由來已久，是中國古代禮制文化的重要組成部分，對於砥礪名節、勸善懲惡、維持世教人心等曾起過不可磨滅的歷史功用。漢唐以來，歷代均有學者予以關注和探討，至明代而臻於高潮，誕生了如張志淳《謚法》、楊豫孫《謚纂》、王世貞《謚法通紀》《謚法考》、鄭汝璧《明臣謚類抄》、沈子木《名臣謚議》、鮑應鰲《明臣謚考》、郭良翰《明謚紀彙編》、孫能傳《謚法纂》、葉秉敬《明謚考》、朱睦㮮《謚苑》、何三省《帝后尊謚紀略》等一大批專門性著述。其中最具文獻價值者，則非晚明學者王圻的《謚法通考》《續文獻通考·謚法考》兩書莫屬。

《謚法通考》十八卷，初刊於萬曆二十四年，嗣後未見再版。此書原本是《續文獻通考》的《謚法考》部分，先期以『謚法通考』之名單獨刻梓行世。嗣後至萬曆三十、三十一年《續文獻通考》全書付梓的六七年間，作者又不斷對其進行調整和修改，遂使後來印行的《續文獻通考·謚法考》，從形式、文字到内容諸方面均與本書存在一定的差異。因此可以說，本書和《續文獻通考·謚法考》實際上應視作同一種書的初稿和修訂稿。遺憾的是，這個持續了六七年之久的修訂工作，並未能實現後出的《續文獻通考·謚法考》對本書質量的全面超越，而是在改進和提高的同時，又不斷産生新的缺陷和失誤，以至於不少時候，反而需要借助本書來彌補和糾正之。换言之，本書雖然總體上比《續文獻通考·謚法考》稍遜一籌，卻也自有其不可掩覆的優長，使之足以與後者並行而不廢。

這次整理本書，以上海圖書館藏萬曆二十四年刻本爲底本，取《續文獻通考·謚法考》的對應内容做全面校核。此外，本書明代部分的内容，以王世貞《弇山堂别集》的《謚法考》部分、郭良翰《明謚紀彙編》、鮑應鰲《明臣謚考》《明史》等爲主要參校文獻。明以前各代内容，以歷代正史爲主要參校文獻。書中引用文獻，凡注明出處者，或雖未注明而可以判斷出處者，儘量複核原書。其他參考歷代經、史、子、集文獻者，詳見諸校勘記，不復一一列舉。

# 目録

# 序

自古所稱至無私而不得不然者有兩，惟法無私，亦惟史無私。法之用，賞罰之所出也。史之用，是非之所出也。而史之有《春秋》也，則史而法者也。法之有謚也，則法而史者也。凡法之行，聖賢以至公至明之心與天下，一毫我不得而私焉。生人之類，亦何所不至，蓋棺事定，或以露敗而因以暴白也，可勝道哉？且夫愛憎恩讐，趨背踈狎，人之時有。人人有所賢，有所不肖，一旦意平於世異，論定於情忘，然後人品乃見。未必明於生者，必能明於死；未必公於前者，必能公於後。其必能明與必能公者，不能必之於法者，必能必之於謚。故賞罰者法也，是非者史也。賞之不足而是之，罰之不足而非之者，謚也。謚也者，兼法與史出，而其至公至明，又合於必能公者與必能明者而不得不然者也。學士闇於所聞，以謂是賞罰也，是非也，乃聖王勸懲天下之具。夫聖王之治天下，禮樂刑政，大經大法，要不可易，所謂勸懲天下者，天下自各以勸懲取焉，聖王非特爲勸懲設也。特爲勸懲而設，則聖王之賞罰是非亦細矣。不然者，假令天下盡已勸矣，盡已懲矣，而賞罰是非遂可已乎？抑或未之使能勸且懲者，而賞罰是非遂無益而不必庸乎？物之有勸懲，受變於賞罰是非，賞罰是非受常於天。天之於物，生於春，長於夏，收於秋，藏於冬，而天則以四時自正於上，豈其四時之候而狥物以肖爲？聖王之道猶天然，臣子之於君父，尚有不得已而南郊稱天以謚之典，抑將君親之不可少諱，而必以垂戒來世。蓋某也善之，善之如是止，某也不善，不善之如是止，善不得以私諸惡，惡不得以私諸善，善惡不得以溢於所私。美者自美，惡者自惡，謚之不得不然者。嗚呼！一字爲褒貶，謂何耳？古者謚美惡，通乎上下，後則天子無惡謚，獨人臣有之，後則人臣亦無惡謚矣，皆美謚云。人臣美謚，以三字謚不概見，於春秋時得貞惠文子一人，以四字謚，於我朝得二人，以六字謚者，亦於我朝三得之，皆非恒典云。褒貶者，取其義，政之體也；紀述者，備其事，辭之體也。雲間王元翰氏輯《謚法通考》，上自君后臣庶，以下及嬪寺外夷若干卷備矣。所謂古今得失之林，非耶？元翰于書無所不讀，以臺史歷楚督學使，歸田後，日杜門著述，輯有《續文獻通考》凡若干卷，就其中抽謚法一種另梓云。

萬曆二十四年丙申初夏，賜進士第、通議大夫、兵部右侍郎兼都察院右僉都御史、奉勅總理糧儲、提督軍務兼巡撫應天等府地方巴郡趙可懷譔

# 凡例

一、余續《文獻通考》，嘗益謚法一目，以補馬貴與之缺，例仍舊貫，未及皇朝。今據《實録》所書，野史所記，輯附其後，别爲一種，庶不至遠希上古，近遺昭代。

一、謚始周公，循至後世，遞有沿革輕重之變，顛末不詳，損益奚鑑？故首《總紀》。其有因人論列者，又即附其下，庶妍媸易省。

一、成周以前，謚法未肇，而黄帝、顓頊諸謚，雜見於《索隱》《通典》《通義》諸書者，雖若不經，然未敢盡以爲非也，故備録之，以示存疑之意。

一、歷代君后，録其謚而遺其號，宗室、公主，録其有謚者而遺其無謚者。惟我朝列聖暨聖母，則謚、號俱書，親王無謚者亦書，庶令草莽之臣，未探金匱石室之秘者，亦得以窺其盛。

一、先聖先賢，代加隆謚，混入諸臣，恐失褒崇之義，故别爲一目，而附以從祀諸儒。

一、易名大典，袞鉞攸存。私謚雖不可爲訓，然高山景行，亦有賴焉。余故備著於篇末。

一、歷代諸后，多從帝謚，故即系后於帝。其他淑媛，或以事而謚，以子而謚者，難以附見，故又别立一目。

一、是編本以紀謚，故自君后、名臣而下，雖異端、宦寺、夷狄、篡逆之黨，有謚亦書。

一、前朝暨皇明嘉、隆以前，俱經史傳而緯誌乘，即有所遺，十無一二。惟萬曆紀元以來，第據仕籍所睹記，尚多缺漏，端有望于博雅君子。

# 卷之一

雲間王　圻　編輯
巴郡趙可懷　　校正
平湖孫成泰　郢中朱一龍
龍江王應麟　西陵吴　化　參閱

## 謚法總紀

《周禮·春官》：太師掌大喪，帥瞽而廞，作柩謚。註云：廞，興也。興言王之行，謂瞽諷誦其治功之詩也。

諸侯薨，臣子跡累其行以赴告王，王遣大臣會其葬，因謚之。又太史掌小喪賜謚，小史掌卿大夫之喪賜謚讀誄。註云：小喪，卿大夫喪。

《儀禮·士冠禮》：生無爵，死無謚。卿大夫有爵，故有謚。

《大戴禮》曰：謚者，行之跡也；號者，功之表也。

《曲禮》曰：惟天子稱天以誄之。註云：《曾子問》曰：賤不誄貴，幼不誄長。天子至尊，故稱天以誄之。

又曰：已孤暴貴，不爲父作謚。

杜佑《通典》云：趙商問鄭志曰：『已孤暴貴，不爲父作謚。而武王即位，追王太王、王季、文王，改謚爵，何也？』答曰：『周道之業，興於二王之功德，由之王迹初焉。凡爲人父，豈能盡賢乎？若夏禹、殷湯，則不追謚矣。』

又曰：既葬言謚曰類。王肅曰：『謂類象其行，言於天子，以求謚也。』

《郊特牲》曰：死而謚之，今也。古者生無爵，死無謚。

《樂記》曰：聞其謚，知其行。

《表記》曰：先王謚以尊名，節以壹惠，耻名之浮於行也。

《白虎通》曰：號法天也，法日也，日未出而明。謚法地也，法月也，月已入有餘光。是以大行受大名，細行受小名。行生於己，名成於人。又曰：天子崩，諸侯至南郊謚之，以爲臣子莫不欲褒稱其君，掩惡揚善，故於郊，明不得欺天也。后夫人謚，臣子共於廟議之。註云：婦人本無外事，故不於郊。又曰：卿大夫老歸，死有謚者，别尊卑，彰有德也。卿大夫歸無過，猶有禄位，故有謚也。

桓王時，蔡侯卒，謚『桓』。《五經通義》曰：有德則善謚，無德則惡謚，故同也。

又曰：號者，所以表功德，號令天下也。謚之言列也，陳列所行，善有善謚，惡有惡謚也。

又曰：婦人以隨從爲義，夫貴於朝，婦貴於室，故得蒙夫之謚。又曰：夫人無爵，故無謚。或曰：夫人有謚。夫人一國之母，修閨門之内，則下亦化之，故設謚章其美惡。《公羊傳》曰：

葬宋共姬。稱其謚，賢之也。卿大夫妻，命婦也，無謚者，以賤也。妾無謚，亦以卑賤，無所能與。猶士卑小，不得謚也。

秦始皇既併天下，追尊莊襄王爲太上皇，制曰：『朕聞上古有號無謚，中古有號，死而以行爲謚，則子議父，臣議君也，甚無謂，朕弗取焉。自今以來，除謚法，朕爲始皇帝，後世以數計，二世、三世至于萬世，傳之無窮。』

致堂胡氏曰：子議父、臣議君而非其禮，罪不容誅矣。考德行之實，而稱天以誄之，臣子亦安得而私之哉？然後世謚法雖存，而公道不暢，爲臣子者往往加美謚於君親，使受所不當得者，取世訕笑，則又不若不謚之爲愈矣。

五峯胡氏曰：昔周公作謚法，豈使子議父、臣議君哉？合天下之公，奉君父以天道耳，孝愛不亦深乎？所以訓後世爲君父者以立身之本也。知本則身立、家齊、國治、天下平，不知本則縱慾恣暴，惡聞其過，入於滅亡，天下知之，而不自知也。不合天下之公，則爲子議父、臣議君。夫臣子也，君父有不善，所當陳善閉邪，引之當道。若生不能正，既亡而又黨之，是不以天道奉君父，而以人道事君父也，謂之忠孝，可乎？今夫以筆寫神者，必欲其肖。不肖吾父，則非吾父，不肖吾君，則非吾君。奈何以謚而不肖之乎？是故不正之謚，忠臣孝子所不忍爲也。

漢獻帝初平元年，省孝和以下廟號。初，孝和廟號穆宗，孝安號高宗，孝順號敬宗，孝桓號威宗。至是，蔡邕以爲宜省去，從之。

魏劉輔等論：『古者存有號則没有謚，必考行迹、論功業而爲之制。漢不修古制，大臣有寵，乃賜之謚。今國家因用未革。臣以爲，今諸侯薨於位者可有謚，宜定品秩之限。』尚書衛覬奏：『舊制，諸王及列侯薨，無少長皆賜謚。古之有謚，隨行美惡，非以優之。又以明識昭穆，使不亂也。臣以爲，諸侯王及王子諸公侯薨，可就行跡賜謚。其列侯，始有功勞，可一切賜謚；至於襲封者，則不賜謚。』尚書趙咨奏：『諸襲爵無殊才異勳於國，及未冠成人，皆不宜賜謚。』黄門侍郎荀攸議以爲〔一〕：『古之謚，紀功懲惡也，故有桓、文、靈、厲之謚。今侯始封，其以功美受爵土者，雖無官位，宜皆賜謚，以紀其功。其以功受爵，而身在本位，類皆比列侯〔二〕。自關内侯以下，及名號賜爵附庸，皆非謚所及。若列侯襲有官位，比大夫以上；其不莅官理事，則當宿衛中勤，或身死王事，皆宜加謚。其餘襲爵，既無功勞，官小善微，皆不足録。』八座議以爲：『太尉荀顗所定五等列侯以上〔三〕，嘗爲郡國太守、内史、郡尉、衙門將、騎督以上薨者，皆宜賜謚。』從之。

晉武帝太康六年，劉毅卒。時承漢魏舊制，爵非列侯，雖有高行，而不加謚。羽林左監北海王宫上疏言：『毅忠允匪躬，宜蒙謚號。』帝出其表，使八座議之，多同宫議。奏寢不報。

東晉元帝大興三年，詔：『古者謚皆名實相稱，頃來有爵乃謚，非聖賢本意。通議之。』

彭城國爲李太妃求謚，太常王彪之議曰：『服虔註聲子之謚「非禮也」。婦人無謚。泰始以來，藩國王妃無有謚者。中興敬后登祚，乃追謚耳。琅琊武王諸葛妃、恭王夏侯妃，元帝猶抑蒸蒸之至情，不追謚，彭城太妃豈宜追謚哉？』

唐制，太常博士掌凡王公以下擬謚，皆跡其功德而爲之褒貶。無爵稱子，養德丘園，聲實名著，則謚曰先生。大行則大名，小行則小名，告贈謚於柩。註云：諸謚職事官、三品以上散官，佐吏録行狀，申考功勘校，下太常擬謚記，申省議定奏聞。

玄宗天寶八載，加聖祖及諸帝后號謚。十三載，復加。吏部尚書顔真卿上言：『上元中，政在宫壼，始增祖宗之謚。玄宗末，姦臣竊命，有加至十一字者。按周之文、武，言文不稱武，言武不稱文，豈聖德所不優乎？蓋稱其至者也。請自中宗以上，皆從初謚，睿宗曰聖貞皇帝，玄宗曰孝明皇帝，肅宗曰宣皇帝，以省文尚質，正名敦本。』上命百官集議，儒學之士皆從真卿議。獨兵部侍郎袁傪官以兵進，奏言：『陵廟玉册、木主皆已刊勒，不可輕改。』事遂寢。

《綱目書法》云〔四〕：增謚之事，前古無有也，而始於唐人，其溢美無實，不經之甚。然當時臣子莫敢言之，獨一顔真卿抗論其失，而亦不能改。故書詔議省祖宗謚，以幸其有是議，而惜其卒莫之省，以譏之爾。范氏曰：堯、舜、禹、湯、文、武之君，謚號惟一而已。既稱天以誄之，則子孫不可得而改也。高宗不師古昔，始改祖宗舊謚。天寶以後，增加複重，至繁而不可紀。夫祖宗苟有高世之功德，則曰文曰武足矣。若其無功德，而子孫妄加之，則是誣之，而使天下後世以爲譏玩也。故孝子慈孫之欲顯其親，莫若使名副其實而不浮，則天下心服之矣。未聞以謚號繁多爲貴也。唐之典禮，不經甚矣。

杜佑曰：周制，《士冠禮》云：『天子之元子，士也。士無謚。』是知太子無謚。以未得有所施行，故不得設謚。

宋武夷胡氏曰：古者死而不謚，不以名爲諱。周人以謚易名，於是乎有諱禮。故諸侯薨，赴不以名。

程子曰：古之君子，相其君而能致天下於大治者，無他術，善惡明而勸懲之道至焉耳。勸得其道，而天下樂爲善；懲得其道，而天下懼爲惡。二者爲政之大權也。然行之必始于朝廷，而至要莫先于謚法。何則？刑罰雖嚴，可警于一時，爵賞雖重，不及于後世，惟美惡之謚一定，則榮辱之名不朽矣。故歷代聖君賢相，莫不持此以勵世風也。

《路史》曰：古之法，行于今者惟謚，然二千餘年而靡有定法。大戴氏曰：昔周公旦、太公望相嗣王以制謚法。《周書》之説亦然。故今《周書》有《謚法》一篇，頗爲簡要。至杜預取而納之《釋例》，而世遂重出之，謂《春秋謚法》，蓋不知也。異時有《廣謚》者，沈約、賀琛皆嘗本之。約又撰著《謚例》，事頗詳備。而琛之書特少去取，且復强爲君臣婦女之别，亦無取焉。太宗皇帝爰命扈蒙裁著新書，然而亦莫究明。蘇洵于是究定古今，斷以《書傳》，刊其重複以爲法，雖其或從或違，時亦有合聖人之意，然其必欲以堯、舜、禹、湯等入謚，而謂其法起于三皇五帝之時[五]，則大謬矣。夫謚者，原其號者也，其不出于周公之前，予嘗論之。彼號近古而好牽合者，無過漢儒，而漢儒亦謂堯、舜、禹、湯不入謚法，則其説可概見矣。且在《周書》，初無堯、舜、禹、湯、桀、紂之文，至預而後增之，以湯，益無所據，商之太宗、中宗、高宗本非謚法，特以其一時功烈，推而崇之耳。乃若甲、丙、庚、壬、乙、辛、丁、癸，何由而爲謚哉？若古論謚，爲法最簡，故賈山曰：『古聖作謚，不過三四十言。』

而蔡邕之書，纔四十六，然猶不及《世本》《大戴》之所載者。洵乃以二書邕不之見，見則無不載矣。《周書》之篇，乃周公之法，而《春秋》之謚出于此。今洵反謂周公者爲最繁褥，而《春秋》者爲簡而不亂，又謂《周書》謚法以鄙野不傳，則知二書洵亦未嘗見也。按洵書曰：匹夫之有謚，始東漢之隱者；婦人之有謚，始景王之穆后。夫婦人之典，周三后其著者也，而穆王之盛姬，亦有哀淑人之謚，見于《穆天子之傳》。匹夫之典，夷齊其著者也，而齊之黔婁已謚曰康，見于《高士傳》。二者其來久矣。比楊侃爲《職林》書，謂公主之有謚自唐之唐安始，乃不知世祖之平陽昭文公主，與齊高帝之女義興憲公主謚也〔六〕。邕之言漢母無謚，至明帝始建光烈之稱，于是請正和熹之號，而不知元帝之母許恭哀，高帝之母媪已有昭靈之號，又何耶？婦人無外行者也，生也姓配其國，没也謚從其夫，明有屬也。秦嬴、鄧曼、陳嬀、韓姞，以姓配國者也。秦穆姬、宋共姬、魯文嬴，與夫共莊宣之三姜，以謚從夫者也。惟死先夫則異其謚，景之穆后、桓之文姜、莊之哀姜之類是也。後死而殊謚，抑何典耶？今不知攷，而更請正和熹、光烈之稱，豈先王之典哉？嗟夫！顏閔至德，不聞有謚，而朱暉子穆，輒加父以貞宣，及穆之死，邕復以文忠被之。穆則廢典，邕亦不知禮耶？其貽譏于荀爽，而見誚于張璠也，宜矣。抑嘗言之，謚者，正先王之所謂名教也。然古之謚爲名教，而後世之謚爲辱典。東漢莎車，以蠻夷而膺茂典，此何爲耶？然則邕之違禮，豈惟邕之罪哉？德又下衰，其流及于藝術與緇黄矣。名教之失，孰甚于是，顧不謂辱典耶？

元世祖至元二十二年，制謚法。

武宗至大二年，詔内外百官三品以上者，許請謚。凡請謚者，許其家具本官平日勳勞、政績、德業、藝能，經由所在官司保勘，與本家所供相同，轉申吏部考覆，呈都省，都省擬準，令太常禮儀院驗事蹟定謚。若勳戚大臣奉旨賜謚者，不在此例。

順帝至元元年，命嚴謚法，以絶冒濫。

皇明謚法，凡皇帝十七字，皇后十三字，皇妃、東宫、東宫妃二字，親王用一字，郡王用二字，其文武大臣亦用二字與否，取自上裁。若官品未高而侍從有勞，或以死勤事，特恩賜謚者，不拘常例。夷王得特賜謚。洪武初議謚，俱禮部奉旨施行。弘治四年，令今後有乞恩贈謚者，禮部斟酌可否，務合公論，不許一概比例濫請。

成化中，駙馬都尉周景爲其父鴻臚卿顒乞贈謚，并乞母祭，憲宗不允，遣官諭祭其母。

弘治四年，户部尚書劉昭子綺奏乞贈謚，禮部覆奏：劉昭前被劾，削太子少保致仕，何可復與贈謚。此後有乞恩贈謚者，須酌其可否奏聞，務協公論，不許一概濫請，仍令禮科記之。

弘治十五年唐王彌鍗奏：『朝廷於親王，生封以爵，殁加以謚，親親之意，既深且厚。但其有爲惡未敗者，擬例上請，多獲美謚，是使善者怠，惡者肆也。今後王府請謚，宜勘覆實跡，庶彰旌善癉惡之公。』禮部覆奏：『今後親王請行撫按覆勘。郡王則行本府，并親王及承奉、長史等官覆實善惡賢否，據實跡陳奏，然後賜謚，使名與實副。』從之。

吏部尚書馬文升奏：『二品以上大臣卒，其子孫乞謚，有賜有不賜者，有謚及三品者，美者多，惡者少，與者少，不與者多。乞斷自今，凡二品以上大臣，及始立功所封公侯伯卒，無問見任、致仕，應與謚者，或三品有特賜者，宜令吏、兵二部備查勳業行實，仍下禮科給事中詳議等第，上請賜謚。若所議未公，許言官舉劾，禮部覆議。乞仍遵舊例，凡文武大臣謚，俱本部具奏，既得旨，移文吏、兵二部詳述勳業行實，等第送翰林院定擬上請。』從之。

弘治十五年，奏准：『凡親王薨逝，行巡按、巡撫等官覆勘，郡王病故，行本府親王及承奉、長史等官覆勘，善惡得實，明白結報，具奏定謚。』又奏：『文武大臣有請謚者，禮部照例上請得旨，行吏、兵二部備查實跡，本部定爲上中下三等，以行業俱優者爲上，行實頗可者爲中，行實無取者爲下，開送翰林院擬謚請旨。』

正德七年，吏部尚書楊一清等議覆給事中楊褫本：『自今兩京三品以上官，考滿復職，已給誥命者，本部查其歷履，詢其行實，果堪廕録，移咨禮部奏請。其曾被劾，或雖未被劾，而素譽有虧，及雜流出身者，俱不得與。至於身後卹恩，子孫陳乞者，贈官由本部查議，而其謚號葬祭，禮部亦須先會本部，議其人品資望，方與具奏。若庸碌無補，及屢被論劾者，俱已之。間有人品才望素著，雖嘗被劾，或因一事之失，或出一人之見，不致虧損名節者，該部各具實奏請定奪。見任官不許輒自陳乞。其被劾實去職及故久大臣，子孫違例妄奏者，罪之。』議上，既得俞旨，禮部尚書傅珪等奏駁之曰：『廕子入監、葬祭謚號，乃本部職掌。今欲預定恩廕於考滿到部之時，先議謚號葬祭於禮部具奏之始，與職掌會典并見行事例不合。又廕子不許自陳乞，與例亦不相同。即如其說，既經考滿復職，又已請給誥命，則其人之賢可知矣。旋又察其歷履，詢其行實，不免有高下其手之嫌。葬、祭、謚俱有定法，行之已久。今必先行吏部會議，方與查例，不免有往來移文之擾。況每遇前項事務，必待該司查報至日，然後具奏，吏部又未嘗不與知也。其陳乞之舉，固爲可厭，必欲一概禁之，似又難行。蓋春宫侍從者，多論功於既没之後，不得不陳；奉使海外者，多非三品之官，不得不陳。至於補廕之子，繼嗣之子，及三品以上應得恩典而没未久者，不得不陳。但當罪其違例陳乞者，其餘事宜仍舊歸之禮部。其稱間有才望人品素著，或因一事之失，或出一人之見，而被劾者，該部各具實奏請，此雖舊制所無，而處置得宜，則其可行者也。』乃從珪所議。既而一清又以諸司職掌廕叙列司封部下爲言，得仍前旨。適侍郎王瓊乞子入監，吏部爲覆請，珪復爭曰：『言官建白，吏部覆議，皆謂大臣不得自陳乞。瓊乃大臣自乞者，而吏部又爲之請，殊戾前奏。且禮部掌行廕叙已數十餘年，莫有非之者，何至今日改之？且職掌此條，特言廕官，非爲廕子入監言也。豈有國子監既屬禮部，而其事有不屬者乎？』竟令吏部掌行之。是時一清方秉用，珪卒爲所軋，然其是非，固自有在也。

王世貞《弇山别集》序曰：余嘗有《謚法通紀》三十卷，列其凡而序之，所以標先王制謚之本旨，與歷代沿革輕重之變略備矣。至明亦有紀而未甚詳，于是徧考金匱國史之藏，秘閣之籍，參以家乘，而後靡所不備。凡有釋義者，皆閣籍也。每故事，大臣卒，禮部以謚請報，俞矣，則内閣以兩字者三，請于上而自擇之，是以具釋義也。洪武之尚爲吴也，諸功臣死事及有勞而夭者，皆榮公侯之爵而傳之謚。終高帝世，文臣弗得也。武臣即都督，弗贈侯伯弗得也。至建文，而待制王禕得謚文節矣。文臣之有謚，自禕始也。其謚小臣者，亦自禕始。永樂制嚴矣。終太宗世，文臣之得者僅姚恭靖廣孝、胡文穆廣，而恭靖之爵則公也。文臣之有謚，僅文穆一也。洪熙初，始大合故臣，凡勞于國，誼于青宮，三品而上易名者十餘人，而後文臣之謚廣。然宣、英之代，猶斤斤焉持其柄而弗輕予。且夫魯王，愛子也，秦王，次嫡子也，高帝命之，曰荒曰愍，而登之册曰：『不敢以子故而廢天下公。』其于宗室諸子王，尚有靳也。文臣之有榮、愍也，則瑕弗掩也。『文榮』之以爵也，『文愍』之以事也，庶幾寓貶矣。婦人之有謚也，自后妃而外，則死節也。公主之有謚也，自仁宗之悼愛女始也。乳媼之有謚也，自宣宗始也。乳媼之夫之有謚也，亦自宣宗始也。方士之有謚也，自世宗始。謚而四字，淫矣。而使方士得之，則益淫也。世宗之季，吾又得二事焉。夏文愍之持秉，則同列皆中謚。及身以罪死，易世而後牽復，所得者中下謚也。繼而嚴氏之持秉，則其子爲市焉，非上所甚注懷者，必賄而後得，不賄不得也。即得之，不腆不上謚也。及身以罪竄削，弗謚也。夫謚者，人主之《春秋》也，尊則稱天以命之，不尊則與天下共隲之，而奈何爲大臣修怨賈利地也？然則如之何？其必略採唐、宋故事，遇大臣以謚請，有俞旨，則翰林之司篆者，爲議而定二謚焉，以授禮科，科詳之，復議而上之，閣臣復衷而取上裁。凡文臣二品而上及勳親王公必謚，侯伯之蒞軍府加保傅必謚〔七〕，謚兼美惡。二品以下，自卿佐以迨庶僚，有德行政術亦謚，謚則言官請之，禮部裁之，有美無惡可也。自國初以至先臣，勳臣若傅友德〔八〕、若徐輝祖之類，文臣若章溢、若唐鐸、若胡儼、若魏源之類，武臣若劉玉、馬永、王効之類，諫臣若楊瑄、黄鞏、王恩、楊爵之類，儒林若吴與弼、陳獻章、胡居仁之類，文苑若李夢陽〔九〕、何景明、楊慎、李攀龍之類，追之以謚可也。勳臣若李善長、馬勝、廖永忠、耿炳文、丘福之類，文臣若陳循、若徐有貞之類，追之以謚，謚而不盡蔽瑕可也。又若于謙者，易之以上謚可也，萬安、劉吉、汪鋐、張瓚者，易之以下謚可也。凡此數者，皆所謂與天下共隲之，操法于賞罰之外，而毋使人得而議其後者也。

按古謚法，文之釋義蓋不徒以詞章述作稱。故國初恩典，有非翰林而謚文者，若劉文成基、馬文簡京、姚文敏夔、唐文襄龍、葉文莊盛、魏文靖驥、儲文懿瓘、鄭文安賜、儀文簡智、楊文恪廉、邵文莊寶、李文通奎、何文肅喬新、何文簡孟春、黄文毅孔昭、蕭文昭維禎、吴文恪訥、王文成守仁是也。有官翰林而謚不以文者，如王毅愍文、陳莊靖文、袁榮襄宗皋、劉忠愍球、楊莊敏鼎盛、榮簡端明、朱恭靖希周是也。成、弘以後，則翰林專謚文，而他曹不與矣。

《弇山集》又曰：國家謚法，非三品以上兩京大臣不得與。然而亦有得之者，如楊恭惠信民以僉都御史，劉文恭鉉以少詹事，宋文恪訥、李文忠時勉、陳文定敬宗、鄒文莊守益以祭酒，李文通奎、劉文介儼以太常少卿，俱四品；朱文肅善、胡文穆廣、吕文懿原以翰林學士，張文僖益以侍讀學士，楊忠愍繼盛以兵部員外郎，朱忠定復、張恭僖景明以長史，俱五品；徐文肅善述以春坊中允，王文靖汝玉以贊善，王文忠禕以翰林待制〔一〇〕，劉忠愍球以侍講，羅文毅倫、舒文節芬，俱以修撰，羅文恭洪先以贊善，蔣恭靖用文以院判，俱六品；鍾恭愍同以御史，七品；陳恭愍選以布政，毛忠襄吉、周節愍憲、馮恪愍傑、許忠節逵以憲副，岳文肅正以知府，鄧恭毅顒以知縣，雖品秩不同，要皆無愧大典者。獨蔣以小伎獲之，殊爲幸耳。

按，楊豫孫所著《謚纂》，有日南知州何忠節忠、上蔡知縣霍愍節恩，《弇州集》以爲非謚，似亦無據。又謂院使袁宏謚襄敏，考之正史，有祭葬而無謚。鄭汝璧所編，袁襄敏寶亦由院使得謚，恐名字之誤耳。

張志淳論謚法曰：高皇帝跡行定謚，至謂不容私諸子，而謚以「荒」。文皇帝表章性理，以謚法係諸治道，且歷載宋儒之論。以今考之，古之用謚，美惡並也。近專美而無惡，豈人皆善，而惡謚無所于加，抑亦惡不復謚，而謚者得以掠美也。

丘文莊公謚議曰：臣謹按先正有言，國家所以馭臣下者，不過禍福榮辱而已。爲善者生享其福，死受其榮，不善者生遇其禍，死蒙其辱，天下雖欲不治安，不可得也。如有不令之臣，生則盗其禄位，死則盗其榮名，善者不知所勸，惡者不知所懼，臧否顛倒，不可復振，其爲害可勝道哉！臣惟生者之禍福，出於一時之蒙蔽，衆論之不公，人衆者勝天，固可僥倖而苟免。然而事久則論定，天定則勝人，至於蓋棺，事則定矣。然猶以偏愛之心，持不公之論，以愚而爲賢，當辱而反榮，是終無天道矣。是以三代明王，立爲謚法，以爲死後榮辱之典。善者予之以美謚，惡者予之以惡謚，孟子所謂孝子慈孫百世不改。而世之昏君僻臣，乃以一己之私，而掩天下之公，非惟得罪於世教，而實得罪於天帝也。三代以前，君之謚則請命乎天，臣之謚則請命於君。天不言而人代之言，人代天言而反天之道，天必殛之。君不自任而俾臣代之，臣承君命而負君之託，逆天之理，違國之法，雖一時逭於人刑，其如天道何？唐宋議謚，掌于太常博士，凡於法應得謚者，考其行狀，撰定謚文，移文吏部，考功郎中覆定之。本朝雖設太常博士，而不掌謚議。洪武初，惟武臣有謚。至永樂中，文臣始有謚，蓋自姚廣孝、胡廣始也。自後文臣亦多有之。然我朝之謚，皆出恩賜。臣竊謂九重之上，於臣下之賢否未易盡知。請自今以後，有應得謚者，未賜之先，先下有司考訂以聞，然後從中賜下，如此則得之者以爲榮，不當得者不因其親故之囑託，其當得者不爲朋黨之掩蔽，國家激勸臣子之大端，有在於是，其爲世教之助，夫豈細哉。

## 謚法釋義

**《周公謚法》釋義**

周公旦、太公望開嗣王業，建功於牧野。終將葬，乃制謚，遂叙謚法。

民無能名曰神。　善不可名。
靖民則法曰皇。　靖安也。
德象天地曰帝。　同於天地。
仁義所往曰王。　民所歸往。
立志及衆曰公。　志無私也。
執應八方曰侯。　所執行，八方應之。
慶賞刑威曰君。　能行四者。

從之成群曰君。　民皆從之。

教誨不倦曰長。

揚善賦簡曰聖。　衆善播揚，所賦得簡。

敬賓厚禮曰聖。　聖於禮也。

一德不懈曰簡。

平易不訾曰簡。　不信訾毁。　一云不疵。

尊賢貴義曰恭。　《會編》有『淵源流通曰恭』，無『尊賢貴義曰恭』。

敬事供上曰恭。　供，奉也。

尊賢敬讓曰恭。　敬有德，讓有功。

愛民長弟曰恭。　恤民字幼。

執禮御賓曰恭。　御，迎也。

既過能改曰恭。

執事堅固曰恭。　守正不移。

芘親之闕曰恭。　修德以益之。

尊賢讓善曰恭。　不專己善，推於人。

照臨四方曰明。　以明照之。

譖愬不行曰明。　逆知之，故不行。

經緯天地曰文。裁成其道。
道德博聞曰文。無所不知。
勤學好問曰文。敏而好學，不耻下問。
慈惠愛民曰文。惠以成政。
愍民惠禮曰文。惠而有禮。
錫民爵位曰文。與賢同升。
威儀悉備曰欽。
安民大慮曰定。以慮安民。
大慮靜民曰定。《會編》無。
純行不爽曰定。行一不傷。
安民法古曰定。不失舊憲。
辟地有德曰襄。取之以義。
甲胄有勞曰襄。有功征伐。
綏柔士民曰德。安民以居，安士以事。
執義揚善曰德。守己義，揚人善。
諫諍不威曰德。不以威拒諫。
剛彊直理曰武。剛强不屈，直人以理。

威强敵德曰武。　威强能勝以德。
克定禍亂曰武。　以勇往故能定。
刑民克服曰武。　法以正民使服。
夸志多窮曰武。　大志行兵，多所窮極。
小心畏忌曰僖。　思所當忌。《會編》有『慈惠愛親曰僖』。
質淵受諫曰釐。　深故能受。
有伐而還曰釐。　知難故退。
温柔賢善曰懿。　性純淑。
心能制義曰度。　制事得宜。
聰明睿哲曰獻。　事理皆通。
知質有聖曰獻。　有通無蔽。《會編》有『博聞多能曰獻』，無『知質有聖曰獻』。
安民立政曰成。　安靖其民，政可垂後。
淵源流通曰康。　往無所忌。《會編》作『淵源流通曰恭』。
温良好樂曰康。　性禀謙和。
安樂撫民曰康。　無四方之虞。
令民安樂曰康。　富而教之。　一云合民安樂。
五宗安之曰孝。　體親睦宗。

秉德不回曰孝。守德無邪。

慈惠愛親曰孝。

協時肇享曰孝。因時肇享。

大慮行節曰孝。

執心克莊曰齊。敬存于心。

資輔就共曰齊。資輔相而共成。

布德執義曰穆。

中情見貌曰穆。公而顯明。

甄心勤懼曰頃。

敏以敬慎曰頃。敏疾不縱。《會編》無。

容儀恭美曰昭。淑儀不愆。

明德有勞曰昭。布明其德，而有功勞。

聖聞周達曰昭。令名洋溢。

柔德安衆曰靖。兵以安民。

恭己鮮言曰靖。正容寡言。

寬樂令終曰靖。寬廣和樂，以善自終。

威德剛武曰圉。能禦禍亂。

治而無眚曰平。　無災患。

執事有制曰平。　稱物以施，不任己意。

布綱治紀曰平。　法度皆理。

由義而濟曰景。　以義成事。

耆意大慮曰景。　耆，强也。

布義行剛曰景。　守義不屈。

彌年壽考曰胡。　久也。

保民耆艾曰胡。　能壽也。

追補前過曰剛。　惟剛德能補過。　《會編》有『强毅果敢曰剛』。

强以剛果曰威。　强甚於剛。　一作『猛以剛果』。

清白守節曰貞。　行無虧，節無失。

大慮克就曰貞。　以天下爲度，而能成其功。

不隱無屈曰貞。　坦然無私無屈。

彊毅執正曰威。　義勇無邪。　《會編》有『猛以强果曰威』。

治典不殺曰祈。　秉常不衰。　《會編》無。　祈，一作祁。

治民克盡曰使。　嚴督無思。

好和不爭曰安。　與人無競。

道德純一曰思。精粹不襍。《會編》有『辟土兼國曰思』，無『道德純一曰思』。
大省兆民曰思。心常在民。
外内思索曰思。慮周于人己。
追悔前過曰思。思而能改。
行見中外曰慤。表裏如一。
辟土服遠曰桓。以威正人。
克敬勤民曰桓。敬以使民。一云動民。
辟土兼國曰桓。兼，并也。
能思辯衆曰元。別之，使各有次。
行義説民曰元。民悦其義。
始建國都曰元。非善之長，何以始之。
主義行德曰元。以義爲主，而行德政。
聖善周聞曰宣。周聞，謂廣聞也。
兵甲亟作曰莊。以數征爲嚴。
叡圉克服曰莊。通邊圉，使能服。
勝敵志强曰莊。不撓故勝。
死于原野曰莊。非嚴何以死難。

屢征殺伐曰莊。以嚴釐之。

武而不遂曰莊。武能持重。

柔質慈民曰惠。心性慈祥。

愛民好與曰惠。好於施予。《會編》有『柔質受諫曰惠』。

夙夜儆戒曰敬。心存儆惕。《會編》有『夙夜恭事曰敬』與『象方益平曰敬』。

善合法典曰敬。不敢違法。《史記》作『合善典法』。

狀古述今曰譽。立言之稱。

昭功寧民曰商。有安民之功。

克殺秉政曰夷。傷民不任賢。

安心好靜曰夷。不妄動。

慈仁短折曰懷。短未六十，折未二十。

述義不克曰丁。不能成義。《會編》有『述義不弟曰丁』。

有功安民曰烈。以武立功。

秉德遵業曰烈。《會編》無。

剛克爲伐曰翼。伐，功也。

思慮深遠曰翼。小心。

剛德克就曰肅。成其敬，使令終。

執心決斷曰肅。　嚴果。

外内貞復曰白。　外内皆正，終而復始。

不生其國曰聲。　生于外家。

未家短折曰殤。　未娶。

短折不成曰殤。　有知而夭。

愛民好治曰戴。

典禮不愆曰戴。

不勤成名曰靈。　任本性，不見賢思齊。

死而志成曰靈。　能成其志。

死見神能曰靈。　鬼不爲厲。

亂而不損曰靈。　不能以治損亂。

好祭鬼怪曰靈。　瀆于淫祀。　《會編》無。

極知鬼事曰靈。　知通幽微。

違拂不成曰隱。　有才不得盡施。

不顯尸國曰隱。　以闇主國。

見美堅長曰隱。　不言而美自著，堅且久也。

官人應實曰知。　以實求賢。

殺戮無辜曰厲。

愎狠遂過曰剌。不受人言，不改己非。

不思忘愛曰剌。忘其愛己者。

肆行勞祀曰悼。淫祀勞民。

恐懼徙處曰悼。處艱難之時，常懷恐懼。

年中早夭曰悼。年不稱志。

早孤短折曰哀。

恭仁短折曰哀。

好變動民曰躁。不能安靜。一云動靜〔一一〕。

不悔前過曰戾。乖戾反常。

怙威肆行曰醜。

壅遏不通曰幽。暗也。

早孤隕位曰幽。即位而卒。

動祭亂常曰幽。《易》神之。《班》不明也。

外内縱亂曰荒。家不正，國不理。

好樂怠政曰荒。

凶年無穀曰荒。不務耕稼。

在國遭憂曰愍。國多大喪。
在國遭艱曰愍。兵寇之事。一云逢囏。
禍亂方作曰愍。
使民悲傷曰愍。苛政害民。
質柔受諫曰慧。以虚受人。一云柔質。
貞心大度曰匡。心正量弘。
名實不爽曰質。
德正應和曰莫。德音清淨。
温良好樂曰良。其人可好可樂。
勤政無私曰類。無私，惟義所在。一云施勤無私。
慈和徧服曰順。能以慈和，使人皆服。
思慮果遠曰明。不惑于疑，不蔽于近。
博聞多能曰憲。有學有才。
嗇于賜予曰愛。貪吝。
滿志多窮曰惑。滿以招損，其心不明。
危身奉上曰忠。險不避難。
思慮不爽曰厚。不差所思，其功必多。

克威捷行曰魏。有威而敏行。
克威惠禮曰魏。威而順理。
去禮遠衆曰煬。不率禮不親民。
好内遠禮曰煬。淫不守正。　遠禮，《會編》作『怠政』。
内外賓服曰正。能以衆正。
肇敏行成曰直。始疾行成，言無所撓沮。
彰義掩過曰堅。彰人善，掩人過。堅，固人也。
疏遠繼位曰紹。非次得之。
華言無實曰夸。
好廉自克曰節。不侈情欲。
逆天虐民曰抗。
好更改舊曰易。變故改常。
名與實爽曰繆。
愛民任刑曰尅。愛民而齊之以法。　一作克。
擇善而從曰比。親比于善。
除殘去虐曰湯。

**《史記》**不載，**《會編》**續載者五謚，并存以備考

容儀恭美曰勝。

勝敵壯志曰勇。

凶年無穀曰穅。穅，虚也。

思慮深遠曰捍。

怠政交外曰携。

**蔡邕《獨斷》帝謚**

違拂不成曰隱。

靖民則法曰黄。

翼善傳聖曰堯。

仁聖盛明曰舜。

殘人多壘曰桀。

殘義損善曰紂。

慈惠愛親曰孝。

愛民好與曰惠。

聖善周聞曰宣。

聲聞宣遠曰昭。

剋定禍亂曰武。
聰明睿智曰獻。
温柔聖善曰懿。
布德執義曰穆。
仁義説民曰元。
安仁立政曰神。
布綱治紀曰平。
亂而不損曰靈。
保民耆艾曰明。
辟土有德曰襄。
貞心大度曰匡。
大慮慈民曰定。
知過能改曰恭。
不生其國曰聲。
一德不懈曰簡。
夙興夜寐曰敬。
清白自守曰貞。

柔德好衆曰靖。

安樂治民曰康。

小心畏忌曰僖。

中身早折曰悼。

慈仁和民曰順。

好勇致力曰莊。

恭仁短折曰哀。

在國逢難曰愍。

名實過爽曰繆。

壅遏不通曰幽。

暴虐無親曰厲。

致志大圖曰景。

辟土兼國曰桓。

經緯天地曰文。

執義揚善曰懷。

短折不成曰殤。

去禮遠衆曰煬。

怠政外交曰攜。

治典不敷曰祈。

**北魏元修謚議**

除僞寧真曰武。此釋義古不載，修議引以謚于忠者，恐亦有據。

**隋謚**

闇。此謚古不載，隋文帝以謚斛斯徵，宜補入下謚。

**張星謚議**

好功自是曰專。此謚古不載，唐臣星引以請謚宋慶禮，恐必有據。

**張瓌謚議**

貪而敗官曰墨。此謚古無釋義，唐張瓌引以請謚錢惟演〔一二〕，宜存備考。

**蘇洵《謚法》釋義**

**謚法上文五十六言**

文：經天緯地，勤學好問，修德來遠，慈惠愛民，忠信接禮，愍民惠禮，道德博聞，錫民爵位，剛柔相濟，修治班制，敏而好學，施而中禮。

武：克定戡亂，剛强直禮，保大定功，夸志多窮，威强敵德，剛强以順，闢土斥境，折衝禦侮，刑民克服。

成：禮樂明具，安民立政，持盈守滿，遂物之美，通遠强立。

康：撫民安樂，淵源流通，温良好樂，令民安樂。

獻：聰明睿智，嚮忠内德，智質自操。

懿：柔克有光，温柔聖善。

元：體仁長民，行義説民，始建國都，道德純一，思能辯衆，立義行德。

章：法度大明，敬慎高明，出言有文。

景：耆意大圖，由義而濟，布義行剛。

宣：施而不私，聖善周聞，善聞周達，誠意見外。

明：照臨四海，任賢致遠，招集殊異，獨見先識，譖愬不行，能揚側陋，察色見情。

昭：明德有功，容儀恭美，聖聞周達，昭德有勞，聖問達道。

正：内外賓服。

恭：卑以自牧，尊賢貴義，敬順事上，不懈爲德，尊賢敬讓，執事堅固，治典不易，愛民悌長，執禮御賓，責難于君，芘親之闕，尊賢讓美，既過能改，正德美俗。

莊：嚴敬臨民，威而不猛，履正志和。

憲：賞善罰惡，博聞多見，行善可紀。

敏：應事有功。

端：守禮執義。

介：執一不違。

通：物至能應，事起而辨。

靖：寬樂令終，恭己鮮言。

賢：行義合道，明德有誠。

孝：慈惠愛敬，能養能恭，繼志成事，協時肇享，幹蠱用譽，秉德不回，五宗安之，大慮行節。

忠：盛衰純固，危身奉上，臨患不忘國，推賢盡忠，廉方公正。

惠：愛民好與，柔質慈民，柔質受諫，勤施無私。

和：柔遠能邇，號令民悦，不剛不柔，推賢讓能。

安：好和不爭，兆民寧賴。

質：名實不爽，忠正無邪。

烈：安民有功，秉德導業。

威：賞勸刑懲，猛以剛果，以責服遠，强毅執正。

勇：率義共用。

義：制事合宜，見義能終，先君後已，取而不貪，除去天地之害。

剛：强毅果敢，追補前過，致果殺敵，强而能斷。

壯：勝敵克亂，共圉克服，死于原野，武而不遂，屢征殺伐。

節：好廉自克，謹行制度。
襄：闢土有德，因事有功，甲胄有勞。
愍：在國逢難。
勤：能修其官。
温：德性寬和。
良：中心敬事，温良好樂。
密：追補前過。
榮：寵禄光大。
順：慈和徧服，和比于理。
僖：質淵受諫，小心畏忌。
純：中正精粹。
修：勤其世業，好學近智。
恪：敬共官次，威容端嚴，温共朝夕。
敦：温仁忠厚，善行不怠，能記國善。
思：追悔前過，大省兆民，謀慮不僭，外内思索，念終如始。
容：寬裕温柔。
肅：剛德克就，執心決斷，正己攝下。

穆：布德執義，中情見貌。

清：避遠不義。

定：安民大慮，純行不爽，大慮慈仁，安民法古。

簡：治典不殺，平易不訾，正直無邪，一德不懈。

毅：致果殺敵，强而能斷。

## 謚法下文三十五言

友：睦于兄弟。

禮：奉義順則，恭儉莊敬。

達：質直好善，疏中通理。

懷：慈仁短折，執義拘善，失位而死。

理　康下，才敏審諦。

裕　昭下，强學好問。

素　正下，達禮蔽樂。

翼　恭下，思慮深遠，愛民好治。

潔　純下，不污不義。

齊　孝下，執心克莊。

隱：違拂不成，不顯尸國，懷情不盡。

確　忠下，執德不惑。
顯　忠下，行見中外。
果　忠下，好力致勇。
平　壯下，治而無眚，執事有制，布綱治紀。
悼　襄下，肆行勞祀，未中早夭，恐懼徙處。
懋　襄下，以德受官，以功受賞。
信　衷下，守命共時，出言可復。
靈　榮下，亂而不損，不勤成名，死見神能，好祭鬼神，極知鬼神。
易　榮下，好更故舊。
虚　榮下，凉德薄禮，華言無實。
愿　榮下，敗亂百度，忘德敗禮。
縱　榮下，弱而立志。
厲：殺戮無辜。
刺：狠愎遂過，不思妄受。
荒：外内縱亂，好樂怠政。
躁：好變動民。
戾：不悔前過。

醜：怙威肆行。

幽：壅遏不通，早孤隕位，動察亂常。

愛：嗇于賜予。

煬：好内違禮，好内怠政，去禮遠正，逆天虐民。

攜：怠政外交。

夸：華言無實。

謬：名與實爽。

**鄭夾漈謚法并雜論**

神 聖 賢 文 武 成 康 獻 懿 元 章 釐 景 宣 明 昭 正 敬 恭

莊 肅 穆 戴 翼 襄 烈 桓 威 勇 毅 克 壯 圉 魏 安 定 簡 貞 節

白 匡 質 靖 真 順 思 考 昜 顯 和 玄 高 光 大 英 睿 博 憲

堅〔一三〕 孝 忠 惠 德 仁 智 慎 禮 義 周 敏 信 達 寬 理 凱 清 直

欽 益 良 度 類 基 慈 齊 深 温 讓 密 厚 純 勤 謙 友 祁 廣 淑

儉 靈 榮 厲 比 潔 舒 賁 逸〔一四〕 退 訥 偲 逑 懋 宜 哲 察 通 儀

經 庇 協 端 休 悦 綽 容 確 恒 熙 洽 紹 世 果

右上謚百三十一，用之君親，用之君子。

懷 悼 愍亦作閔。 哀 隱 幽 冲 夷 懼 息 攜 鄙〔一五〕 愿 傲右中謚十四，用之閔傷，用之無後。

野 夸 躁 伐 荒 煬 戾 剌 虚 蕩 墨 僭 亢 干 褊 專 輕 苛 介
暴 虐 愎 悖 凶 慢 忍 毒 惡 殘 㬥 攘 頑 昏 驕 酗 湎 僥 狃 侈
惑 靡 溺 僞 妄 讟 諂 誣 詐 譎 訕 詭 姦 邪 慝 蠱 危 圮 懦 撓
覆 敗 戮 疵 饕 費

右下謚六十五，用之殲夷，用之小人。

鄭夾漈曰：天下有難行之道，雖曰古有是道，而後世終不可行者，非古有是道也，後之人設是道以實之耳。豈有可行於古，而不可行於今之道乎？若曰臣子可以議君父之得失，使有德則謚善，無德則謚惡，大行受大名，細行受細名，行生於己，名生於人。此真不可行之道也。自非伐無道，誅有罪，收其鯨鯢，以爲京觀，則安得有惡謚之稱乎？臣以爲立謚之意，本爲昭穆，命謚之義，取於尊隆。且生有惡，死無惡者，人之情也；生可簡，死不可簡者，禮之事也。生雖侯伯，死必稱公，生不踰等，死必加等，先王之通制也。豈有稱主之號有隆，而命死之名有虧乎？謚亦有惡，惡謚非所以加君父也。子曰：『父在，觀其志；父没，觀其行。三年無改於父之道，可謂孝矣。』不若是，是不當於人心。子議父，臣議君，秦人之所厭而削之也。今先儒之所謂謚者，正秦人之論耳，不合于古道。

又曰：謚法，惡謚莫如『桀』『紂』，其次莫如『桓』『靈』，其次莫如『幽』『厲』，此古今之所聞也。以臣所見，皆不然。桀、紂是名耳，非謚也。名者，生之所命，而非死之所加也。當夏之季，當殷之興，則未有謚。桀非謚也。當殷之季，當周之興，雖有謚法，然得謚爲榮，不得謚爲辱。名之以紂，辱莫大焉。桀之所名者取於木，猶高柴、公孫枝之所取云爾，豈有殘人多殺之名，而可以爲名乎？紂之所名者取於絲，猶臧紇、南宫縚之所取云爾，豈有殘義損善之名，而可以爲名乎？是名也，非己之所更，即父兄之所命也，安得有是義乎？『桓』於經典，並無惡義。如『公執桓圭』，桓乃圭璋之首稱；如『桓桓武王』，桓乃果毅之盛德。齊之桓公，用能霸業，周之桓王，元無累行，安得桓爲惡名乎？『靈』者，神聖之異名。周之東也，王綱不振，四方解體，迨乎靈王，周道始昌，諸侯服從。故《傳》曰：『惟有髭王，甚神聖。』以其生有神聖之德，死則謚之以『靈』，是爲名實允當。其曰請爲靈若厲者，荆蠻不根之論也，安得『靈』爲惡名乎？幽者，隱之並名也。周幽王喪於犬戎之禍，魯隱公卒於羽父之難，皆臣子所不忍言，故以『幽』『隱』命之，痛惻之甚也，豈有壅遏不通之義乎？《語》曰：『子温而厲，威而不猛，恭而安。』厲與安並德，故於厲言『而』。猛則異於是，故於猛言『不』。厲非惡也，豈有暴虐無親之義乎？厲王過矣，使厲王而有暴虐無親之名，則宣王不得爲孝子。幽王過矣，使幽王而受壅遏不通之責，則晉文侯、鄭武公不得爲良臣。成周之法，初無惡謚。謚之有惡者，後人之所立也，由有美刺之説行，然後人立惡謚。

又曰：法之爲謚者，取一文耳，非有他説也。謚法行，其説紛紛矣。書見于世者，有《周公謚法》，有《春秋謚法》，有《廣謚》，有《今文尚書》，有《大戴記》，有《世本》，有《獨斷》，有劉熙之書，有來奥之書，有沈約之書，有賀琛之書，有王彦威之書，有蘇冕之書，有扈蒙之書，有蘇洵之書，其實皆由漢魏以來儒生，取古人之書，而釋以己説，集而爲法也。故蘇洵曰：『周公之法，反取賀琛之新法載之書，是知世之謚法，名爲古者，實非古也。』今考周公之書，所用後人之語甚多，是皆爲謚法者展轉相因，言文雜糅，無足取也。惟沈約之書博采古今，詮次有紀，然亦無所建明。至蘇氏承詔編定六家謚法，乃取周公、《春秋》、《廣謚》、沈約、賀琛、扈蒙之書，斷然有所去取，其善惡有一定之論，實前人所不及也。皇也，帝也，王也，公也，侯也，君也，師也，長也，胥也，實尊卑之號，上下之稱。且生有爵，死有謚，以是爲謚，未之敢聞也。若皇帝可以爲謚，則天子亦可以爲謚矣。若公侯可以爲謚，則卿大夫亦可以爲謚矣。若師長可以爲謚，則父兄亦可以爲謚矣。無義之談，莫此爲甚，經幾百年間，而後蘇子闢之。堯取壘土以命名，舜取穠華以命名，禹取于獸，湯取于水，桀以喬木，紂以繹絲，是非己之所更，必父兄之所命也。且生有爵，死有謚，以是爲謚，未之前聞也。蘇氏未暇及，臣不敢後焉。謹修其可用者二百十謚，分爲三類，只以一文見義，無事乎文之廣，無事乎説之繁，庶乎表裏蘇氏之學，是亦典禮之大者。

又曰：凡蘇氏所取一百六十八謚，三百十一條，臣今只即一文以見義。即文可以見文，不必曰『施而中理曰文』，『經緯天地曰文』。即武可以見武，不必曰『克定禍亂曰武』，『保大定功曰武』。即孝可以見孝，不必曰『慈惠愛親曰孝』，『能養能恭曰孝』。即忠可以見忠，不必曰『盛衰純固曰忠』，『臨患不忘曰忠』。且即文以見義，則文簡而義顯，舍文而從説，則説多而義惑。蘇氏所削爲多矣。今復削去三百十一條之説，只從百六十八謚而增損焉，實得二百十謚，分而爲三。上謚百三十一，用于君親，用于君子。下謚六十五，用于殲夷，用于非君子。中謚十四，用于閔傷，用于無後者。其有堯、舜、禹、湯、桀、紂六文，乃人名，非謚法，所宜去也。陳胡公滿者，言其老也，有胡考之稱焉，『胡』非謚義。齊有丁公，名也，漢有丁公，姓也，『丁』非謚義。故去胡，去丁。曰商，曰使，曰軍，曰趩，曰鼎，曰莫，曰敵，曰震，曰攝，曰革，曰易，曰素，曰頃，凡十三文，雖有其謚，於辭義未安，故宜去也。曰原，曰愛，曰聲，曰聞，曰要，曰强，曰平，凡七文，文雖可用，于義不專，亦宜去。蘇氏所取者百六十八謚，今去其二十八。凡蘇氏所去者百九十八謚，今取其七十二。披沙得金，甄金去土，非相違也，而相從也。

又曰：蘇氏去其歷代所以爲尊卑之號者九，皇、帝、王、公、侯、君、師、長、胥是也。子曰：『左丘明耻之，丘亦耻之。』蘇氏去其義之不安者八，今取其『賁』，取其『逸』，所以待丘園也。蘇氏去其子孫不忍稱者九十四，今取其『暴』，取其『虐』，取其『愎』，取其『凶』，取其『悖』，取其『慢』，取其『忍』，取其『惡』，取其『毒』，取其『奰』，取其『攘』，取其『頑』，所以待暴戾。取其『昏』，取其『驕』，取其『酗』，取其『湎』，取其『僥』，取其『狃』，取其『侈』，取其『惑』，取其『靡』，取其『溺』，所以待淫侈。取其『諂』，取其『僞』，取其『讟』，取其『妄』，取其『誣』，取其『詐』，取其『譎』，取其『訕』，取其『詭』，取其『奸』，取其『邪』，取其『慝』，取其『蠱』，所以待奸回。取其『危』，取其『圮』，取其『撓』，取其『覆』，取其『敗』，取其『斁』，所以待覆亡。取其『懦』，取其『疵』，取其

『饕』，所以待貪鄙。蘇氏去其名之不能舉其人之要者八，今取其『退』，取其『訥』，所以待恬退之士。取其『修』，取其『訓』，所以待禮法之人。蘇氏去其鄙陋不足以訓者十有一，今取其『偲』，取其『逑』，爲靖專者備也。蘇氏去其泛濫不可指名善惡之狀者七，今取其『懋』，爲黽勉者備也。取其『宜』，爲中庸者備也。蘇氏去其重復而無益於用者五十七，今取其『哲』有異于智也；取其『察』，有異于明也；取其『通』，有異于敏也；取其『儀』，有異于穆也；取其『經』，有異于憲也；取其『協』，有異于順也；取其『端』，有異于直也；取其『費』，有異于誇也；取其『休』，取其『悦』，有異于覬也；取其『綽』，取其『容』，有異于寬也；取其『確』，取其『恒』，有異于介也；取其『熙』，取其『洽』，有異于和也。

又曰：蘇氏于百六十八謚之外，有七去，三百十一條之中，有六類。七去者削其文，六類者易其義。臣今此書，只用文顯，不可義説，故于六類，亦無所用。但第四類中『比』、『儉』二義于文未安，不得不爲之説。儉乃恭儉之儉，比乃協比之比，儉也，比也，古之美謚也。蘇氏引『儉則固』之義，而更之曰『菲薄廢禮曰儉』，引『君子周而不比』之義，而更之曰『事君有黨曰比』，以『比』、『儉』二謚内于惡德。此臣之所不取也。儉若爲惡德，則『夫子温良恭儉』之儉，其將何取？比若爲惡德，則『協比其鄰，婚姻孔云』之比，其將何爲？若之何以不中禮之儉爲儉，朋比之比爲比乎？臣今易置，從古道也。

又曰：《語》曰：『孔文子何以謂之文也？子曰：敏而好學，不恥下問，是以謂之文也。』然則文子之謚，初無謚法，仲尼第因問而即其人之行事以釋之，奈何先立其法，必使人之曲中也。規矩本爲方員設，而非豫爲小大劑量，使制器者範圍于此。況所作之法，只採經傳之言，其間有大不通理處。子曰：『敏而好學，不耻下問，是以謂之文。』而曰『敏而好學曰文』可也。孟子曰：『陳善閉邪謂之敬。』而云『陳善閉邪曰敬』可也。《易》之《益》曰：『君子見善則遷，有過則改。』而云『遷善改過曰益』可也。《左傳》曰：『共用之謂勇。』而云『率義共用曰勇』可也。奈何《詩》曰：『咨矣能言，巧言如流。』而曰『巧言如流曰咨』可乎？《書》曰：『賓于四門，四門穆穆。』而云『闢于四門曰穆』可乎？《傳》曰：『季子生而有文在其手曰「友」，遂命之。』而云『有文在手曰友』，何義也？《書》曰：『乃聖乃神，乃武乃文。』而云『乃聖乃神曰武』，何義也？《詩序》曰：『太平之君子，能持盈守成。』而云『持盈守滿曰成』，何義也？至于終始如一者則謂之終，爲人所渴望者則謂之渴，于義安乎？取『並后匹嫡』之義而爲『並』，取『牝雞之晨惟家之索』而爲『索』，是可用乎？千百載間，學者見之，博士、禮官行之，而斷無以爲非者，臣不知其解。

愚謂周公創謚之意，正欲美惡不相掩，使天下後世之爲君者，知善則生有顯名，没又有榮稱，不然，雖忠臣孝子亦不得而私之，庶幾以是不傲然肆志乎？豈第取於昭穆與尊隆爲也？夫昭穆何假於謚？謚而又釐取於尊隆，如幽如厲，俱之爲美謚，則雖秦王，亦欣然承之，無用除去矣。夾漈之論，有駁有醇，謹詳述之，以俟參訂。

## 皇明通用謚法釋義

文：經緯天地，修德來遠，勤學好問，道德博聞，慈惠愛民，敏而好學，愍民惠禮，剛柔相濟，忠信接禮，修治班制，施而中禮。

武：克定禍亂，保大定功，威强敵德，剛强直理，剛强以順，闢土斥境〔一六〕，折衝禦侮，刑民克服。

成：禮樂明具，持盈守滿，遂物之美，通遠强立，安民立政。

康：安樂撫民，温柔好樂，令民安樂，淵源流通。

獻：聰明睿智，嚮惠内德，智質有理。

懿：柔克有光，温柔賢善。

元：體仁長民，行義説民，道德純一，立建國都，思能辨衆，立義行德。

章：法度大明，敬慎高明，出言有文。

景：耆意大圖，由義而濟，布義行剛。

宣：施而不私，善聞周達，誠意見外，聖善周聞。

明：照臨四方，任賢致遠，獨見先識，譖愬不行，察色見情，招集殊異。

昭：明德有功，聖聞昭達，容儀恭美，昭德有勞。

正：内外賓服。

恭：卑以自牧，尊賢貴義，不懈爲德，敬事供上，愛民弟長，執禮御賓，尊賢讓善，執事堅固，敬順事上，正德美容，既過能改。

莊：嚴敬臨民，威而不猛，履正志和。

肅：剛德克就，執心決斷，正己攝下。
穆：布德執義，中情見貌。
清：避遠不義。
定：安民大慮，安民法古，純行不爽。
簡：治典不殺，平易不訾，正直無邪，一德不懈。
憲：賞善罰奸，博聞多能，行善可紀。
敏：應事有功。
端：守禮執義。
敬：夙夜儆戒，夙興恭事，合善典法。
介：執一不遷。
裕：强學好問。
通：物至能應，事起而辨。
白：外内貞復。
靖：寬樂令終，恭己鮮言，柔德安衆。
賢：行義合道，明德有成。
貞：清白守節，大慮克就，不隱無屈。
孝：慈惠愛親，五宗安之，大慮行節，能養能恭，繼志成事，協時肇享，秉德不回，幹蠱用譽。

忠：盛衰純固，危身奉上，推能盡忠，廣方公正，臨患不忘國。
惠：愛民好與，柔質慈民，施勤無私。
和：柔遠能邇，不剛不柔，號令民悦，推賢讓能〔一七〕。
安：和好不爭，兆民寧賴。
質：名實不爽，忠正無邪。
靜：柔德教衆。
烈：安民有功，秉德尊業。
禮：奉義順則，恭儉莊敬。
威：賞功刑懲，以刑服遠，猛以彊果，强義執正。
勇：率意共用。
義：制事合用，見義能忠，先君後己，取而不貪，除去天地之害。
剛：强毅果敢，追補前過，致果殺敵，强而能斷。
壯：勝敵志强，叡圉見服，死於原野，兵甲亟作，屢征殺伐，武而不遂。
潔：不污不義。
節：好廉自克，謹行制度。
襄：闢地有德，甲胄有勞，因事有功。
愍：在國逢難。

良：小心敬事，温良好樂。
勤：能修其官。
密：追補前過。
温：德性寬和。
榮：寵禄光大。
順：慈和徧服，和比於理，慈仁和民。
僖：小心畏忌，無過爲僖，質淵受諫，小心恭慎。
純：中正和粹。
果：好力致勇，好學近智。
修：勤其世業。
顯：行見中外。
恪：敬共官次，威容端嚴，温恭朝夕。
毅：善行不怠，温仁忠厚，能紀國善。
思：追悔前過，念終如始，謀慮不僭，外内思索。
容：寬裕温柔。
懷：慈仁短折，失位而死。
隱：威德剛武。此四字未協古義，恐有訛。

桓：辟土服遠，克敬動民，辟土兼國。

慧：質柔受諫。

已上六十八字，見于《類鈔》者似亦未詳，姑依原稿録之以備覽。

【校勘記】

〔一〕黄門侍郎荀攸議以爲　按荀攸卒於建安十九年，時曹操尚在，而此處所論乃曹丕踐阼以後之事。據中華書局點校本《通典》卷一〇四《禮六十四·諸侯卿大夫謚議》正文及校勘記，『荀攸』當爲『荀俁』之誤。荀俁係荀彧之子，見《三國志·魏書·荀彧傳》。

〔二〕類皆比列侯　『列侯』原作『例使』，據《續通考》卷一三四、《通典》卷一〇四《禮六十四·諸侯卿大夫謚議》改。

〔三〕太尉荀顗　『顗』原作『覬』，據《晉書》卷三九《荀顗傳》、中華書局點校本《通典》卷一〇四《禮六十四·諸侯卿大夫謚議》改。

〔四〕綱目書法云　《續通考》卷一三四作『尹起莘云』。按《資治通鑑綱目書法》乃元儒劉友益所纂，而此處所引文字實出自宋末尹起莘《資治通鑑綱目發明》一書，當從《續通考》作『尹起莘云』。

〔五〕三皇五帝　『皇』原作『王』，據《路史》卷三六《論謚法》改。

〔六〕乃不知世祖之平陽昭文公主與齊高帝之女義興憲公主謚也　『謚』原作『始』，據《路史》卷三六《論謚法》改。

〔七〕加保傅　『傅』原作『傳』，據《續通考》卷一三四、《弇山堂別集》卷七〇《謚法考序》改。

〔八〕傅友德　『傅』原作『傳』，據《續通考》卷一三四、《弇山堂別集》卷七〇《謚法考序》、《明史》卷一二九《傅友德傳》改。

〔九〕李夢陽　『陽』原作『暘』，據《續通考》卷一三四、《弇山堂別集》卷七〇《謚法考序》、《明史》卷一七四《李夢陽傳》改。

〔一〇〕王文忠禕以翰林待制　『待』原作『侍』，據《弇山堂別集》卷九《四品以下官得謚》、《明史》卷二八九《王禕傳》改。

〔一一〕一云動靜　『靜』原作『祭』，據《續通考》卷一三四改。

〔一二〕唐張瓌引以請謚錢惟演　『唐張瓌』，郭良翰《明謚紀彙編》卷三作『宋張瓌』。按張瓌、錢惟演俱北宋人，張瓌請謚錢惟演事在宋仁宗景祐元年，見《續資治通鑑長編》卷一一五景祐元年十月辛酉條、《宋史》卷三一七《錢惟演傳》，此處『唐』字誤。

〔一三〕堅　原作『監』，據《續通考》卷一三四、《通志》卷四六《謚略第一》改。

〔一四〕逸　原作『益』。按前文已有『益』字，此處不應重出，據《通志》卷四六《謚略第一》改。

〔一五〕鄙　《續通考》卷一三四、《通志》卷四六《謚略第一》作『鄙』。

〔一六〕闢土斥境　『土』原作『德』，據《續通考》卷一三四、《明臣謚考·通用謚法釋義》改。

〔一七〕推賢讓能　『讓』原作『推』，據《續通考》卷一三四、《明臣謚考·通用謚法釋義》改。

# 卷之二

雲間王　圻　編輯
巴郡趙可懷　校正
平湖孫成泰　郢中朱一龍
龍江王應麟　西陵吴　化　參閲

## 古帝王謚備考

黄帝，有熊氏，姬姓，名軒轅。又云：居軒轅之丘，故號軒轅氏。或曰：謚黄。

杜佑云：黄者，中和美色，帝承天德，最盛淳美，故以尊色爲謚。又按《白虎通》云：先黄後帝者，古者質，生死同稱，各將行，合而言之，美者在上。黄帝始制法度，得道之中，萬代不易。後代德與天同，亦得稱帝，不能制作，故不得復稱黄也。

顓頊，高陽氏，姬姓，黄帝孫，昌意子，代少昊爲帝。或云：謚顓頊。

杜佑曰：按《五經通義》云：顓猶專，頊猶愉，幼小而王，以致太平，常自愉。愉，謙約自小之意。故兩字爲謚。

帝堯，陶唐氏，伊祁姓，名放勳。或曰：謚堯。

帝舜，有虞氏，姚姓，名重華。　或曰：謚舜。

杜佑曰：帝堯、帝舜，先號後謚也。帝者德盛，與天同號。謚雖美，終不過天也。故如其次道之。

夏王禹，姒姓，名文命。　或曰：謚禹。

裴駰曰：按謚法，受禪成功曰禹。

羅泌曰：夷、益、棄、契，皆名也，而夷、棄獨以官稱。虞伯、后稷、司徒，皆官也，而契、伯益何獨以名著耶？古之人要不爲是拘也。予述《路史》，既推堯、舜、禹爲名矣，而或以爲謚。殊不知謚不出于古，《書傳》雖云謚出黄帝，然實出于周公。何以言之？予觀夏、商帝王皆非謚法，知之也。死謚，周道也。古者生無爵，死無謚，故始皇之制曰：朕聞上古有號無謚，中古有號，死而以行爲謚。是以秦秀謂：昔周公弔二季之陵遲，哀大道之不行，于是作謚以紀其終。而《穀梁》亦曰：武王崩，周公制謚法。世有謚法，輒悉文致堯、舜、禹、湯、桀、紂之類而羼入之。蓋始于白虎羣儒，斯最荒唐者也。夫堯、舜、禹之爲名，本自彰也。堯曰咨汝舜，舜曰咨汝禹、汝棄、汝契，是皆名也。若以爲謚，則契、稷、垂、益、夔、龍，一皆爲謚而後可。『有鯀在下曰虞舜』，豈鯀而在下，已有謚乎？

桀名履癸。　或云：謚桀。　《索隱》曰：桀，名也。

商成湯，姓子，名履，又名天乙。　或曰：謚成湯。

杜佑曰：質家兩言爲謚，成湯是也。文者一言爲謚，文、武是也。號無質文，謚有質文。注云：號者，始也。質以爲本，故不可變。周公以後尤文，以爲本生習善事，死有善謚，故合言文王、武王。

祖甲，亦曰大甲，或云謚。

杜佑曰：以名配者，德薄，因名配謚，祖甲是也。質家不連號謚，文家連號。注云：生則爲號，死則言謚。故不連號，成湯是也。欲但言謚，不忍死之，欲但言號，又是實死，故以號謚，文王、武王是也。

紂名辛，一名受。或曰：謚紂。

杜佑曰：桀、紂先號後謚者，别誅絶，不嫌也。

皇明鄭曉曰：謚法言起於周公，恐前此已有之，但至周公叙謚法增廣之耳。堯曰神宗，堯之先又有文祖、藝祖。湯曰成湯，又曰武湯、曰烈祖、曰高后、曰高祖、曰神后、曰武王。守成之主，太戊曰中宗，武丁曰高宗。由是觀之，謚與廟號，周公前固有之。

## 商臣謚

伯夷，孤竹君之長子，姓墨氏。一云墨台氏。《索隱》曰：名元，字公信，謚夷。元至順二年追封昭義清惠公。

叔齊，孤竹君之次子。《索隱》曰：名致，字公達，謚齊。元至順二年，追封崇讓仁惠公。

元一作允。致一作智。

## 周王及后謚

王昌，姬姓，裔出帝嚳，在商爲西伯，武王即位，追謚爲文。

王發，文王子，謚武。

王誦，武王子，謚成。

王釗，成王子，謚康。

王瑕，康王子，謚昭。

杜佑曰：文王、武王，先謚後號。注云：王者德薄，傳位與子，賢不肖同稱王。號者所共，謚者所專，故上謚下號，上其美者。

王滿，昭王子，謚穆。

王緊扈，穆王子，謚共。

王囏，共王子，謚懿。

王辟方，共王弟，謚孝。

王燮，孝王子，謚夷。

王胡，夷王子，謚厲。

王靖，厲王子，謚宣。

王涅，宣王子，謚幽。

王宜臼，幽王子，謚平。

王林，平王孫，謚桓。

王佗，桓王子，謚莊。

王胡齊，莊王子，謚釐。

王閬，釐王子，謚惠。

王鄭，惠王子，謚襄。

王壬臣，襄王子，謚頃。

王班，頃王子，謚匡。

王瑜，匡王弟，謚定。

王夷，定王子，謚簡。

王泄心，簡王子，謚靈。王生而有髭而神，故謚，其冢民祀之不絶。

王貴，靈王子，謚景。

王猛，景王子，謚悼。

王匄，景王子，謚敬。

王仁，敬王子，謚元。　一名赤。

王介，元王子，謚貞定。

王去疾，貞定王子，謚哀。

王叔襲，哀王弟，弑兄自立，謚思。

王巍，貞定王子，弑思王自立，謚考。

王午，考王子，謚威烈。

王驕，威烈王子，謚安。

王喜，安王子，謚烈。

王扁，安王次子，謚顯。

王定，顯王子，謚慎靚。

王延，慎靚王子，謚赧。　時東、西周分治。　考、赧二謚，周謚法無。皇甫謐云：以微弱慚愧，故號赧。

幽王次子伯服，謚攜。

按羅泌《路史》謂：天子之元子，士也。士無謚，故太子無謚。然幽王次子則謚攜矣。他如西周公之共太子〔一〕、陳之悼太子之類，又不止一人。則泌所謂太子無謚，殆未之考耳。

周時王后皆從王謚。《詩》云『亦右文母』，可見。然景王后獨謚穆。

## 周宗室謚

河南公名揭，貞定王子，考王所封，謚桓公。

桓公子謚威公。　失名。

威公子傑，謚惠公。　是時與赧王東、西分治。

惠公長子西周公，謚武公。　失名。《戰國策》作東周武公。

武公長子謚共太子。　失名。《索隱》又云：武公太子文公。

惠公少子東周公，名鞏，謚惠公。　父子同謚，恐訛。

## 周卿士謚

王子虎，謚文，爲王叔文公。　虎，名。叔，族。

王叔文公子謚桓，爲王叔桓公。　失其名。

周公黑肩，謚桓，爲周桓公。　周公旦次子之世。

劉夏，謚定，爲劉定公。　劉，采地。

劉定公子劉摯，謚獻，爲劉獻公。

劉獻公子劉伯蚠，謚文，爲劉文公。
單朝，謚襄，爲單襄公。
單襄公子謚頃。　失名。
單襄公五世孫單旗，謚穆，爲單穆公。
單伯輿，謚靖，爲單靖公。
尹圉，謚文，爲尹文公。
甘過，謚悼，爲甘悼公。
樊齊，謚頃，爲樊頃子。
甘鰌，謚平。
太叔帶，謚昭，爲甘昭公。　食采於甘。
仲山甫，謚穆，爲樊穆仲。

右十六人，謚與名皆可考者。外有密康公，即從王游於涇，有三女奔焉者也；榮夷公，即厲王時芮伯所謂好利者也；虢文公，即諫王不籍千畝者也。諸若詹桓伯、甘簡公、甘成公、甘景公、甘桓公、成肅公、成簡公、成桓公、單獻公、單成公、單武公、單平公、劉桓公、劉康公、尹武公、原莊公、原襄公、王叔簡公、鞏簡公、召武公、召戴公、召桓公、召莊公、蘇成公，系與名皆不可考。

# 周同姓列國君臣謚

## 魯君及夫人謚

周公，名旦。《索隱》曰：謚文，見《國語》。　唐武后追封爲褒德王，宋真宗追封爲文憲王。

文公子魯公伯禽，無謚。

魯公伯禽子酉，謚考公。《索隱》曰：酉，《系本》作就，鄒本作遒。

考公弟熙，謚煬公。《索隱》曰：熙，一作怡。

煬公子宰，謚幽公。《索隱》曰：宰，《系本》作圉。

幽公弟濆，弑兄而立，謚魏公。　徐廣曰：《系本》作微公。

魏公子擢，謚厲公。《索隱》曰：擢，《系本》作翟。

厲公弟具，謚獻公。

獻公子濞，謚真公。《索隱》曰：《系本》作慎公。濞，《系本》作摯，或作鼻，一作嚊。

真公弟敖，謚武公。

武公子戲，謚懿公。

懿公兄伯御，弑弟自立，宣王討其罪而誅之，故無謚。戲弟稱，謚孝公。

孝公子不湟，一云弗湟，謚惠公。　繼室謚聲子。　惠公元妃孟子無謚。先惠公死，不得從公謚也。繼室以聲子。聲，謚。子，氏也。

惠公子息姑，謚隱公。　《索隱》曰：名息，《系本》名息姑。

隱公弟軌，一名允，弒兄而立，謚桓公。　夫人謚文，爲文姜。

桓公子同，謚莊公。　夫人謚哀，爲哀姜。妾謚成，爲成風。

莊公子啓方，一名開，謚閔公。　一云湣公。　《索隱》曰：《系本》名啓。今作開，避漢景帝諱。

閔公弟申，謚僖公。　夫人謚聲，爲聲姜。

僖公子興，謚文公。　夫人謚哀，爲哀姜。妃謚敬，爲敬嬴。　《索隱》曰：哀非謚，蓋以哭而過市，魯人哀之，故謂之哀姜。

文公子俀，謚宣公。　夫人謚穆，爲穆姜。　俀，《史記》作倭，一又作接。

宣公子黑肱，謚成公。　夫人謚齊，爲齊姜。妾謚定，爲定姒。

成公子午，謚襄公。　夫人謚缺。妾謚齊，爲齊歸。其姊謚敬，爲敬歸。　歸，氏。

襄公子裯，謚昭公。　夫人謚缺。　裯，一作袑。　《春秋傳》：昭公薨，季孫問於榮成伯曰：『吾欲爲君謚，使子孫知之。』成伯曰：『生弗能事，死又惡之以自信也，將焉用之？』乃止。

昭公弟宋，謚定公。　夫人謚定，爲定姒。

定公子將，謚哀公。《索隱》曰：《系本》作蔣。
哀公子寧，謚悼公。
悼公子嘉，謚元公。
元公子不衍，一名顯，謚穆公。
穆公子奮，謚共公。
共公子屯，一名毛，謚康公。
康公子偃，謚景公。
景公子叔，一云旅，謚平公。
平公子賈，謚滑公。一作文。
滑公子讐，謚頃公。

自哀公而下，夫人謚皆無考。

按：古者婦人俱從夫之謚，然自桓文姜而下，抑何於此義戾也，豈其行有不盡於夫之謚乎？非止魯也。觀周景后之爲穆，則周固已特謚矣。又匹敵有戒，至妃、娣而皆加之謚[二]，如成風、敬嬴之類，抑又何説也，豈所謂母以子貴者耶？

**魯諸臣謚**

公子彄，謚僖，爲臧僖伯。
僖伯子臧孫達，謚哀，爲臧哀伯。

哀伯孫臧孫辰，謚文，爲臧文仲。

文仲子臧孫許，謚宣，爲臧宣叔。

宣叔子臧孫紇，謚武，爲臧武仲。

慶父，謚共，爲共仲。

共仲子公孫敖，謚穆，爲穆伯。

穆伯子公孫穀，謚文，爲文伯。

文伯子仲孫蔑，謚獻，爲孟獻子。

孟獻子子仲孫速，謚莊，爲孟莊子。

孟莊子子孟孫羯，謚孝，爲孟孝伯。

孟孝伯子子服椒，謚惠，爲子服惠伯。孟獻子之孫，故又曰孟椒。曰子服者，以王父字爲氏也。

子服惠伯子子服回，謚昭，爲子服昭伯。

子服昭伯子子服何，謚景，爲子服景伯。

穆伯子公孫難，謚惠，爲惠叔。

共仲弟叔牙，謚僖，爲僖叔。

僖叔子公孫兹，謚戴，爲叔孫戴伯。

僖叔孫叔仲彭生，謚惠，爲叔仲惠伯。

叔仲惠伯子叔仲帶，謚昭，爲叔仲昭伯。

叔仲昭伯子叔仲小，謚穆，爲叔仲穆子。

僖叔弟季友，謚成，爲成季。

成季子季孫行父，謚文，爲季文子。

季文子子季孫宿，謚武，爲季武子。

季武子庶子季孫紇，謚悼，爲季悼子。

季悼子子季孫意如，謚平，爲季平子。

季平子子季孫斯，謚桓，爲季桓子。

季桓子子季孫肥，謚康，爲季康子。

仲孫捷，謚敬，爲孟敬子。

仲孫貜，謚僖，爲孟僖子。

孟僖子子仲叔何忌，謚懿，爲孟懿子。

孟懿子子仲孫彘，謚武，爲孟武伯。

孟僖子子南宫适，謚敬，爲南宫敬叔。

叔孫僑如，謚宣，爲叔孫宣伯。

叔孫宣伯弟叔孫豹，謚穆，爲穆叔。

叔孫穆叔子叔孫婼，謚昭，爲叔孫昭子。

叔孫昭子子叔孫不敢，謚成，爲叔孫成子。
叔孫成子子叔孫州仇，謚武，爲叔孫武叔。
叔孫武叔子叔孫舒，謚文，爲叔孫文子。
叔孫得臣，謚莊，爲叔孫莊叔。
公子遂，謚襄，爲東門襄仲。
施叔，謚孝，爲施孝叔。　失名。
公孫嬰齊，謚聲，爲子叔聲伯。
展喜，謚莊，爲展莊叔。
榮駕鵞，謚成，爲榮成伯。
叔弓，謚敬，爲敬子。
子家羈，謚懿，爲子家懿伯。　一作子家駒。仲孫氏之族。
公父歜〔三〕，謚文，爲公父文伯。
公子展，謚夷，爲夷伯。
叔孫舍，謚昭，爲叔孫昭伯。
野洩，謚聲，爲野聲子。
臧孫賜，謚昭，爲臧昭伯。
季昭子。　失名。

厚痟，謚成，爲厚成叔。

郈惡，孝公之後，稱厚氏，謚昭，爲郈昭伯。　見《索隱》。

**衛君及夫人世子謚**

康叔，名封，武王同母弟。按《會編》：「食采於康，故曰康叔。」非謚。

康叔子牟，謚康伯。　《索隱》曰：《系本》康伯名髡。宋忠曰：即王孫牟也。譙周《古史考》無康伯，而云「子牟伯立」，蓋以不宜父子俱謚康，故因其名曰牟伯。

康伯子謚考伯。

考伯子謚嗣伯。

嗣伯子謚庛伯。　《系本》作摯伯。

庛伯子謚靖伯。

靖伯子謚貞伯。　《索隱》曰：《系本》作箕伯。

貞伯子謚頃侯。　頃侯賂周，始命爲侯。

頃侯子謚釐侯。

釐侯少子和，謚武公。

武公子揚，謚莊公。　夫人謚莊，爲莊姜。娶於陳，謚厲，爲厲嬀。其娣謚戴，爲戴嬀。

莊公子完，謚桓公。　桓公弟州吁，弒兄自立，無謚。

桓公弟晉，謚宣公。　夫人謚宣，爲宣姜。公之庶母謚夷，爲夷姜，即公所烝也，是生伋。

宣公子朔，謚惠公。

宣公子黔牟，無謚。　即伋之弟。

惠公子赤，謚懿公。

黔牟弟申，謚戴公。

戴公弟燬，謚文公。

文公弟鄭，謚成公。

成公子遬，謚穆公。

穆公子臧，謚定公。　夫人謚定，爲定姜。妾謚敬，爲敬姒。

定公子衎，謚獻公。　衎，《史記》作衎。

定公弟狄，以獻公出奔立，爲寧喜所弑，謚殤公。　狄，《史記》作秋。又班氏云：『獻公弟炎。』

獻公子惡，謚襄公。　夫人謚宣，爲宣姜。

襄公庶子元，謚靈公。　《左傳》靈公柩出城外，馬止不行，就葬焉。下有《石槨銘》曰：『不逢其子，靈公奪我里。』孔子曰：『靈公之爲靈，久矣哉。』

靈公子蒯聵，謚莊公。

莊公子輒，無謚，號出公。

衛有孝公，能以公養之禮待孔子，而《世家》不載。或者以爲出公輒也。然出公據國拒父，豈得爲孝乎？以輒爲孝，不經甚矣。

襄公孫班師，無謚。

公子起，無謚。　服虔曰：起，靈公之子。

出公季父黚，謚悼公。　《索隱》曰：《系本》名虔。

悼公子弗，謚敬公。　《世本》作敬公費。

敬公子糾，謚昭公。

亹弑昭公代立，謚懷公。

敬公孫頹，弑懷公自立，謚慎公。

慎公子訓，謚聲公。　《索隱》曰：訓亦作馴，《系本》又作聖公馳。

聲公子遬，貶號曰侯，謚成侯。　《索隱》曰：『《系本》作逝。』按上穆公名遬，不宜成侯更名，則《系本》是也。

成侯子，謚平侯。

平侯子，嗣君，貶號曰君。　《索隱》曰：樂資據《紀年》，以嗣君即孝襄侯。

嗣君子，謚懷君。

嗣君弟，謚元君。　徐廣曰：『班氏云：元君者，懷君之弟。』

元君子角，秦廢爲庶人，無謚。

鼄侯世子餘，謚共伯。　其妻謚共姜。

**衛諸臣謚**

宣公子頑，謚昭，爲昭伯。

成公弟叔武，謚夷，爲夷叔。

寧靜，謚穆，爲寧穆仲。

寧穆仲子速，謚莊，爲寧莊子。

寧莊子子俞，謚武，爲寧武子。

孫良夫，謚桓，爲孫桓子。

孫林父，謚文，爲孫文子。

石稷，謚成，爲石成子。

石成子子買，謚共，爲石共子。

石共子子惡，謚悼，爲石悼子。

寧殖，謚惠，爲寧惠子。

寧惠子子喜，謚悼，爲寧悼子。

北宫适，謚懿，爲北宫懿子。

北宫懿子孫佗，謚文，爲北宫文子。

太叔儀，謚文，爲太叔文子。

太叔疾之父，謚懿，爲太叔懿子。　失名。

太叔疾，謚悼，爲太叔悼子。

太叔遺，謚僖，爲太叔僖子。

王孫賈子齊，謚昭，爲昭子。

史狗，謚文，爲衛文子。

孔達，謚莊，爲孔莊叔。

孔莊叔孫烝鉏，謚成，爲孔成子。

孔成子曾孫圉，謚文，爲孔文子。

公孫枝〔四〕，謚文，爲公叔文子。《檀弓》云：公孫枝卒〔五〕，其子戍請於君曰：『日月有時，將葬矣，請所以易其名者。』衛君曰：『昔者衛國有饑，夫子爲粥以食貧者，可不謂惠乎？衛國有難，夫子以身衛寡人，可不謂貞乎？夫子脩其班制，以與隣國交，使衛之社稷不辱，可不謂文乎？』故謂夫子貞惠文子。

按：公孫枝既謚貞惠文矣，而單以文行者，豈其君謚之，而輿論未之從歟？抑古人尚質，雖三謚而止舉其一歟？

公孫彌牟，謚文，爲公孫文子。

公孫發，謚文，爲公叔文子。

公子要，謚懿，爲公叔懿子〔六〕。

褚師比父，謚定，爲褚師定子。　　失名。

褚師比，謚聲，爲褚師聲子。

鄢肹，謚武，爲鄢武子。

北宫喜，謚貞，爲北宫貞子。

析朱鉏，謚成，爲析成子。　《左傳》昭公二十年，衛靈公因齊豹之亂，出奔於外。既復國，賜北宫喜謚曰貞子，賜析朱鉏謚曰成子，而以齊氏墓予之，以北宫喜能滅齊豹，而朱鉏能宵從竇出以從公也。生謚始見此。

石祁子。　失名。

孫莊子。　失名。

中行敬子。　失名。

鍼莊子。　失名。

孫昭子。　失名。疑即王孫齊。

昭子。　失名。食采於戚。

**蔡君及太子謚**

蔡叔度，武王弟，以與管叔流言作亂，無謚。

叔度子蔡仲，名胡，無謚。

蔡仲子蔡伯名荒，無謚。

蔡伯子宫侯，無謚。

宫侯子，謚厲侯。

厲侯子，謚武侯。

武侯子，謚夷侯。

夷侯子所事，謚釐侯。

釐侯子興，謚共侯。

共侯子，謚戴侯。

戴侯子措父，謚宣侯。

宣侯子封人，謚桓侯。

桓侯弟獻舞，謚哀侯。

哀侯子肸，謚穆侯。穆，《史記》作繆。

穆侯子甲午，謚莊侯。

莊侯子申，謚文侯。

文侯子同，謚景侯。

景侯子般，謚靈侯。

靈侯少子廬，謚平侯。《系本》曰：平侯者，靈公之孫，太子友之子。

靈侯孫東國，謚悼侯。

悼侯弟申，謚昭侯。與文侯同名，可疑。

昭侯子朔，謚成侯。一謚景。
成侯子産，謚聲侯。
聲侯子，謚元侯。
元侯子齊，無謚。
靈侯太子友，謚隱，爲隱太子。友，《左傳》作有。

**蔡大夫之可考者一人**

歸生，謚聲，爲聲子。

**曹君謚**

振鐸，武王弟，無謚。
振鐸子太伯脾，無謚。
脾子仲君平，無謚。
平子宫伯侯，無謚。
侯子雲，謚孝伯。
孝伯子喜，謚夷伯。
夷伯弟彊，戴伯弑之，謚幽伯。
幽伯弟蘇，謚戴伯。一云名鮮。

戴伯子兕，謚惠伯。　《索隱》曰：按《年表》作惠公伯雉。

惠伯子武，弑兄石甫自立，謚繆公。

繆公子終生，謚桓公。　孫檢曰：一作終湦。

桓公子射姑，謚莊公。　一作夕姑。

莊公子赤，又名夷，謚釐公。

釐公子班，謚昭公。

昭公子襄，謚共公。

共公子壽，謚文公。

文公子廬，謚宣公。　廬，《史記》作彊。

宣公弟負芻，謚成公。

成公子勝，謚武公。

武公子頃，謚平公。　一名須。

平公子午，謚悼公。

悼公弟野，隱公弑之，謚聲公。　一謚襄。

平公弟通，謚隱公。

聲公弟露，謚靖公。　《索隱》曰：檢《系本》及《春秋傳》，悼伯卒，弟露立，謚靖公。實無聲公、隱公。

靖公子伯陽，滅於宋，無謚。

**晉君及夫人世子謚**

叔虞，字子于，成王弟，始封唐侯，無謚。

叔虞子燮，都於晉，爲晉侯，無謚。

燮子寧族，謚武侯。

武侯子服人，謚成侯。

成侯子福，謚厲侯。　福，《系本》作輻。

厲侯子宜臼，謚靖侯。

靖侯子司徒，謚僖侯。

僖侯子籍，謚獻侯。　籍，《系本》及譙周皆作蘇。

獻侯子費生，謚穆侯。　鄒誕本作弗生，或作潰王。

穆侯弟殤叔，謚殤侯。

穆侯子仇，謚文侯。

文侯子伯，爲大臣潘父所弑，謚昭侯。

昭侯子平，爲莊伯鱓所弑，謚孝侯。

孝侯子郄，爲鄂侯。　居於鄂，故曰鄂侯。

鄂侯子光，曲沃武公弑之，謚哀侯。

哀侯子爲小子侯，武公弑之，無謚。　昭侯至此始絶。

昭侯叔父成師，始封曲沃，謚桓叔。

桓叔子鱓，謚莊伯。　爲曲沃莊伯。

莊伯子稱，謚武公。　爲曲沃武公，代晉爲諸侯，二年卒。

據《史記》，曲沃武公已即位三十年矣，更號曰晉武公，則武似號。

武公子詭諸，謚獻公。

獻公子夷吾，謚惠公。

惠公子圉，爲文公所弑，謚懷。　初，公質於秦，以女妻之，是爲懷嬴。

獻公子重耳，謚文公。　納秦穆公之女，是爲文嬴。

文公子驩，謚襄公。　夫人謚穆，爲穆嬴。　驩，《史記》作歡。

襄公子夷皋，趙穿弑之，謚靈公。

襄公弟黑臀，謚成公。

成公子儒，一名據，謚景公。

景公子州蒲，一名壽曼，欒書、中行偃弑之，謚厲公。

襄公曾孫周，謚悼公。　周一作糾。

悼公子彪，謚平公。

平公子夷，謚昭公。

昭公子去疾，一名棄疾，謚頃公。

頃公子午，謚定公。

定公子鑿，又名錯，號出公，無謚。

昭公曾孫驕，謚哀公。

哀公子抑，爲盜所殺，謚幽公。　抑，《史記》作柳。

幽公子止，謚烈公。　《索隱》曰：『《系本》幽公生烈成公止。』又《年表》云：『魏誅幽公，立其弟止。』

烈公子頎，謚孝公。

孝公子俱酒，謚靜公。　《索隱》曰：《系本》云靜公俱。

獻公世子申生，謚共太子。

襄公少子捷，謚桓公。

桓公子談，謚惠伯。　即悼公周父。

昭公少子雍，謚戴子。　即哀公驕父。徐廣曰：『《系本》作桓子。』

**晉諸臣謚**

趙成子父，謚共，爲共孟。　失名。

趙衰，謚成，爲趙成子。

趙成子子盾，謚宣，爲趙宣子。

趙宣子子朔，謚莊，爲趙莊子。

趙莊子子武，謚文，爲趙文子。

趙文子子成，謚景，爲趙景子。

趙景子子鞅，謚簡，爲趙簡子。

趙簡子子無恤，謚襄，爲趙襄子。

趙襄子兄伯魯之子周，封爲代成君，成疑謚。

趙浣，謚獻，爲趙獻子。　即代成君之子，襄子立爲太子。

趙襄子弟嘉，謚桓，爲趙桓子。　《索隱》曰：《系本》作無恤之子。

欒枝，謚貞，爲欒貞子。

欒書，謚武，爲欒武子。

欒武子子黶，謚桓，爲欒桓子。

欒桓子子盈，謚懷，爲欒懷子。

欒成之，謚共，爲欒共叔。

郤缺，謚成，爲郤成子。

郤克，謚獻，爲郤獻子。

郤犨，謚成，爲苦成叔。　克從父兄弟，食采於苦。

荀林父，謚桓，爲中行桓子。　父逝遨，晉大夫。

中行桓子子庚，謚宣，爲宣伯。

宣伯子偃，謚獻，爲中行獻子。

中行獻子子吴，謚穆，爲中行穆子。

中行穆子子寅，謚文，爲中行文子。

宣伯弟首，謚莊，爲智莊子。

智莊子子罃，謚武，爲智武子。

智武子子盈，謚悼，爲智悼子。

智悼子子躒，謚文，爲中行文伯。

中行文伯子瑶〔七〕，謚襄，爲智襄子。

隨會，謚武，爲隨武子。

隨武子子士燮，謚文，爲范文子。　會食邑於范，因爲范氏。

范文子子士匄，謚宣，爲范宣子。

范宣子子士鞅，謚獻，爲范獻子。

范獻子子吉射，謚昭，爲范昭子。

范宣子孫士匄，謚文，爲士文伯。　與祖同名，恐史誤。

士文伯子彌牟，謚景，爲士景伯。

士渥濁，謚貞，爲士貞子。

士貞子子士弱，謚莊，爲士莊子。

鞏朔，謚莊，爲士莊伯。　未詳其世。

韓侯裔孫萬，事晉，謚武，爲韓武子。

韓武子孫簡，謚定，爲定伯。

定伯子輿，謚武，爲韓武子。

韓武子子厥，謚獻，爲韓獻子。

韓獻子子無忌，謚穆，爲公族穆子。

韓獻子子起，謚宣，爲韓宣子。

韓宣子子謚貞，爲韓貞子。　失名。　《索隱》曰：《系本》作平子，名頃，宣子之子也。又云景子。

韓貞子之子不佞，謚簡，爲韓簡子。

韓簡子子謚莊，爲韓莊子。　徐廣曰：《史記》多無簡子、莊子，而云貞子生康子。班氏亦同。　《索隱》曰：按《系本》有簡子，名不信，莊子，名庚。《趙世家》亦有簡子，名不佞也。

韓莊子子虎，謚康，爲韓康子。

韓康子子啓章，謚武，爲韓武子。

續鞠居，謚簡，爲續簡伯。

士魴，謚共，爲彘共子。

魏頡，謚文，爲令狐文子。

畢萬子魏犨，謚武，爲魏武子。

魏武子子謚悼，爲魏悼子。　失名。　《索隱》曰：《系本》云武仲生莊子絳，無悼子。

魏悼子子絳，謚莊，爲魏莊子。　《史記》云：謚昭。

魏莊子子舒，謚獻，爲魏獻子。　《史記》作絳子，魏嬴之子。　《索隱》曰：《系本》云獻子名荼，莊子之子，無魏嬴。

魏獻子子侈，謚簡，爲魏簡子。　《史記》侈無謚。　《索隱》曰：侈亦作哆。《系本》獻子生簡子取，取生襄子多。《左傳》曰魏曼多是也。則侈即多之訛。

魏簡子孫駒，謚桓，爲魏桓子。　《索隱》曰：《系本》云襄子生桓子。

魏錡，謚武，爲厨武子。

厨武子子呂相，謚宣，爲呂宣子。

欒王鮒，謚桓，爲欒桓子。

## 鄭君及夫人謚

厲王子友，初封於鄭，爲犬戎所殺，謚桓公。

桓公子掘突，謚武公。　夫人謚武姜。

武公子寤生，謚莊公。　夫人謚莊姜。

莊公子忽，爲高渠彌所弑，謚昭公。

昭公弟突，謚厲公。　與祖同名，史誤。

厲公弟子亹，無謚。

厲公子捷，謚文公。　捷，一作踕。

文公子蘭，謚繆公。

繆公子夷，謚靈公。

靈公弟堅，謚襄公。　《年表》作靈公庶兄。

襄公子費，謚悼公。　費，《史記》作濆。《索隱》曰：一作弗，一作沸。

悼公弟睔，謚成公。

悼公子惲，又名髡頑，爲子駟所弑，謚僖公。

僖公子嘉，謚簡公。

簡公子寧，謚定公。

定公子蠆，謚獻公。

獻公子勝，謚聲公。

聲公子易，謚哀公。

哀公弟丑，謚共公。

共公子巳，謚幽公。　《左傳》：鄭歸生弑幽公，鄭人討幽公之亂，斲子家之棺而逐其族，改葬幽公，謚之曰靈。

幽公弟駘，號繻公。　繻，或作繚。

繻公弟乙，謚康公。　《史記》作鄭君，無謚。

**鄭大夫謚之可考者六人**

公孫舍之，謚桓子。

公子發，即子産父，謚惠子。

國參，字子思，子産子，謚桓。

公父定叔，叔段之孫〔八〕，謚定。　失名。

皇武子。　失名。疑即武子賸。

共仲。　失名。

**燕君謚**

召公奭，謚康公。

康公九世孫，謚惠侯。

惠侯子，謚釐侯。

釐侯子，謚頃侯。

頃侯子，謚哀侯。

哀侯子，鄭侯。　《索隱》曰：鄭名。

鄭侯子，謚繆侯。

繆侯子，謚宣侯。

宣侯子，謚桓侯。

桓侯子，謚莊公。

莊公子，謚襄公。

桓公。《索隱》曰：譙周云，《系家》襄伯生宣公，無桓公。

宣公。

昭公。

武公。

文公。

懿公。

懿公子，謚惠公。

悼公。

共公。

平公。

簡公。

獻公。《索隱》曰：王邵按，《紀年》簡公後次孝公，無獻公。

孝公子載，謚成公。〔九〕。

閔公。《史記》作湣公。

釐公。《年表》作釐侯莊。徐廣曰：一無莊字。

桓公。

文公。徐廣曰：『《古史考》曰：《世家》自宣侯以下，不説其屬，以其難明也。』

文公子僭稱王，謚易王。

易王子噲，無謚。

噲子平，謚昭王。

昭王子，謚惠王。

惠王子，謚武成王。

武成王子，謚孝王。

孝王子喜，滅於秦，無謚。

按：《左傳》燕有南北。如昭三年書：『北燕伯款出奔齊。』莊二十年書：『執燕仲父。』注云：『南燕伯是也。』而《史記》乃共一《世家》，豈司馬氏别有據與？又《左傳》有召莊公奂之子簡公盈與北燕簡公款，而《世家》獨有一簡公，豈即《左傳》所謂北燕伯款與？又有召穆公虎，即《江漢》之詩所稱平淮南之夷者也，而《世家》亦無之，第有繆侯，豈繆即穆與？録以竢考古者。

**韓君謚**

韓之先，與周同姓。苗裔韓武子事晉，世爲晉卿，至九世孫虔，始分晉，列於諸侯。

武子啓章之子虔，謚景侯。

景侯子取，謚烈侯。　烈，《系本》作武，《史記》作列。

烈侯子，謚文侯。

文侯子，爲韓嚴所弑，謚哀侯。　《索隱》曰：『《紀年》魏武侯三十三年〔一〇〕，晉桓公邑哀侯於鄭。是韓既徙都，因改號曰鄭，故《戰國策》謂韓惠王爲鄭惠王。』

哀侯子，謚懿侯。　《索隱》曰：《年表》作莊侯。

懿侯子，謚昭侯。　昭侯，又曰鄭釐侯。

昭侯子僭稱王，謚宣惠王。　《索隱》曰：《紀年》鄭昭侯武薨，次威侯立，此《系家》即以爲宣惠王，則韓微國小，史失世代耳。

按《史記》昭侯十年，韓姬弑其君悼公。不知悼公何君。

宣惠王子倉，謚襄王。

襄王子咎，謚釐王。

釐王子，謚桓惠王　《戰國策》所稱鄭惠王，疑即此。

桓惠王子安，滅於秦，無謚。

**魏君謚**

魏之先，畢公高之後，周同姓。苗裔畢萬事晉獻公，世爲晉卿。至十世孫斯，始分晉，列於諸侯。

桓子駒之孫斯，謚文侯。　斯，《史記》作都。　《索隱》曰：《系本》桓子生文侯斯。

文侯子擊，謚武侯。

武侯子罃僭稱王，謚惠王。　《紀年》作惠成王。

余按荀勗曰：『和嶠云：《紀年》起自黄帝，終於魏之今王。今王者，魏惠成王子。《太史公書》惠成王，但言惠王。』據此則《紀年》或不誤。

惠王子赫，謚襄王。　赫，《系本》作嗣。

襄王子，謚哀王。　《索隱》曰：《系本》襄王生昭王，而無哀王，蓋脱一代耳。

哀王子，謚昭王。　《索隱》曰：《系本》名遫。

昭王子，謚安釐王。　《索隱》曰：《系本》名圉。

安釐王子增，謚景閔王。

景閔王子假，滅於秦，無謚。

**滕君謚**

滕侯嬰齊，文王子叔繡之後，謚宣公。

宣公子毛，謚昭公。

昭公子繡，謚文公。

文公子原，謚成公。

成公子寧，一名道，謚悼公。

悼公子結，謚頃公。

虞母，謚隱公。

定公　失名。

定公子，謚文公。　失名。

### 中山公謚

中山公，古鮮虞國，姬姓，謚武。　失名。　徐廣曰：西周桓公子。桓公者，貞定王子，考王弟也。

## 周異姓列國君臣謚

### 齊君及夫人謚

太公姓姜，從其封姓，故曰呂尚。始封於齊，無謚。　唐肅宗乾元三年，封爲武成王。宋真宗大中祥符元年，封爲昭烈武成王。　譙周曰：名牙。一作字牙、名尚。

太公子伋，謚丁公。　徐廣曰：伋，一作及。

丁公子乙公得。

乙公子癸公慈母。

太公子丁公，丁公子乙公，乙公子癸公，蓋猶用殷法，以生日名子。謚法乃後人依託，遂以述義不克曰丁耳。不然，何以無乙、癸之謚法乎？乃知丁、乙、癸皆非謚也。

癸公子不辰，謚哀公。　不辰，《系本》作不臣。

哀公弟靖，謚胡公。

哀公弟山，弑胡公立，謚獻公。

獻公子壽，謚武公。

武公子無忌，弑於國人，謚厲公。

厲公子赤，謚文公。

文公赤子説，謚成公〔一一〕。　説，《史記》作脱〔一二〕。

成公説子購，謚莊公。

莊公子禄父，謚釐公。

釐公子諸兒，謚襄公。　釐公弟之子無知，弑君，無謚。

襄公弟小白，謚桓公。　夫人謚共，爲共姬。

桓公子無詭，被弑，無謚。

桓公子昭，謚孝公。

桓公子潘，謚昭公。

昭公子舍，謚殤公。

桓公子商人，謚懿公。

桓公子元，謚惠公。

惠公子無野，謚頃公。

頃公子環，謚靈公。　夫人謚聲，爲聲孟子。　娶於魯，謚懿，爲懿姬。　其姪謚聲，爲聲姬。　又納魯叔孫宣伯之女，謚穆，爲穆孟姬。

靈公子光，爲崔杼所弑，謚莊公。

莊公弟杵臼，謚景公。

景公子荼，號晏孺子。

景公子陽生，謚悼公。

悼公子壬，陳成子弑之，謚簡公。　《年表》云：簡公，一作景公子。

簡公弟驁，謚平公。

平公子積，謚宣公。

宣公子貸，謚康公。

**齊諸臣謚**

田完，謚敬，爲陳敬仲。

陳敬仲孫滑，謚莊，爲孟莊子。

孟莊子子須無，謚文，爲陳文子。

陳文子子無宇，謚桓，爲陳桓子。

陳桓子子開，謚武，爲陳武子。

陳桓子子田乞，謚釐，爲田釐子。昭子莊，簡子齒，宣子夷，穆子安，廩丘子意兹，芒子盈，惠子得，七人俱成子兄弟。廩丘子意兹、芒子盈，《系本》作廩丘子尚暨兹、子芒盈。

田釐子子恒，謚成，爲陳成子。

陳成子子田盤，謚襄，爲田襄子。徐廣曰：盤，一作暨。《系本》作班。

田襄子子田白，謚莊，爲田莊子。《索隱》曰：《系本》名伯。

田莊子子，謚悼，爲田悼子。失名。

管仲，謚敬，爲管敬仲。

國歸父，謚莊，爲國莊子。

國佐，謚武，爲國武子。

國武子孫弱，謚景，爲國景子。

國夏，謚惠，爲國惠子。

晏弱，謚桓，爲晏桓子。

晏桓子子嬰，謚平，爲晏平仲。

鮑叔牙曾孫牽，謚莊，爲鮑莊子。

鮑莊子弟國，謚文，爲鮑文子。

高傒，謚敬，爲高敬仲。

高張，謚昭〔一三〕，爲高昭子。

高固，謚宣，爲高宣子。

樂桓子。　失名。

崔杼，謚武，爲崔武子。

析歸父，謚文，爲析文子。

**杞君謚號**

東樓公，姒姓，禹之後，周武王始封。　《索隱》曰：東樓公，謚號也。

東樓公子西樓公。

西樓公子題公。

題公子謀娶公。　四公無謚。

謀娶公子，謚武公。

武公子，謚靖公。

靖公子，謚共公。

共公子，謚德公。　徐廣曰：《系本》作惠公。

德公子，謚成公。《史記》無成公。五公，史皆失名。

德公弟姑容，謚桓公。徐廣曰：《系本》曰惠公生成公及桓公，則云弟誤。

桓公子句，謚孝公。

孝公弟益姑，謚文公。

文公弟郁釐，謚平公。譙周云：名鬱來。

平公子成，謚悼公。

悼公子乞，謚隱公。

隱公弟遂，弑隱公自立，謚釐公。

釐公子維，謚滑公。

滑公弟閼路，謚哀公。譙周云：謚懿。

滑公子敕，號出公。敕，一作遫。

出公子春，謚簡公。

**宋君謚**

微子開，一名啓，子姓，周武王始封於宋，以奉商祀，無謚。元至元六年，封仁靖公。

啓弟微仲衍，無謚。

宋公稽，無謚。

稽子申，謚丁公。

丁公子共，謚滑公。

滑公弟熙，爲鮒祀所弑，謚煬公。

煬公弟鮒祀，謚厲公。　徐廣曰：鮒，一作魴。

厲公子舉，謚釐公。

釐公子覸，謚惠公。

惠公子，謚哀公。　史失名。

哀公子，謚戴公。　史失名。

戴公子司空，謚武公。

武公子力，謚宣公。

宣公弟和，謚穆公。

穆公子馮，謚莊公。

宣公子與夷，華督弑之，謚殤公。

莊公子捷，南宫萬弑之，謚閔公。

新君游，遇弑，無謚。

閔公弟禦説，謚桓公。

桓公子兹甫，謚襄公。

襄公子王臣，謚成公。

成公子杵臼，衛伯弑之，謚昭公。《正義》曰：『《年表》云：杵臼，襄公子。』徐廣曰：『一云成公少子。』《索隱》曰：『此昭當爲武，前代雖已有武公，杵臼當亦謚武。不然，豈下五代公子特爲君，又謚昭乎？』

昭公弟鮑革，謚文公。

文公子瑕，謚共公。一名固。

共公少子成，謚平公。

平公子佐，謚元公。

元公子欒，謚景公。《史記》名頭曼。

元公庶曾孫特，弑景公太子自立，謚昭公。《索隱》曰：特，一作得。

按《左傳》：景公無子，取元公庶曾孫公孫周之子得及啓畜於公宫，景公卒，先立啓，後立得，是爲昭公，無殺太子事。

昭公子購由，謚悼公。

悼公子田，謚休公。

休公子辟兵，號爲辟公。徐廣曰：一云辟公兵。《索隱》曰：《紀年》作桓侯璧兵，則璧兵謚桓。

辟公子剔成，弟偃弑之。

剔成弟偃僭稱王，立四十七年而宋亡。《索隱》曰：《戰國策》《吕氏春秋》皆以偃謚康王。

宋夫人謚之可考者，惟共公夫人，爲共姬；襄公夫人，爲襄夫人；元公夫人曹氏，謚景。餘皆無可考。

**陳君及太子謚**

陳侯滿，嬀姓，周武王始封，謚胡。

胡公子犀，謚申公。

申公弟皋羊，謚相公。

申公子突，謚孝公。

孝公子圉戎，謚慎公。

慎公子寧，謚幽公。

幽公子孝，謚僖公。

僖公子靈，謚武公。

武公子説，謚夷公。

夷公弟燮，謚平公。

平公子圉，謚文公。

文公子鮑，謚桓公。

桓公弟佗，謚厲公。

桓公子躍，謚利公。《索隱》曰：按《左傳》桓公五年，文公子佗殺桓公太子免而代立。《經》六年，蔡人殺陳佗，立桓公子躍爲厲公。佗立未踰年，故無謚。《史記》以佗爲厲公，遂以躍爲利公，是馬遷錯耳。而譙周又以厲公爲桓公弟，又誤也。

利公弟林，謚莊公。

莊公弟杵臼，謚宣公。

宣公子款，謚穆公。

穆公子朔，謚共公。

共公子平國，爲徵舒所弑，謚靈公。

靈公子午，謚成公。

成公子弱，一名溺，謚哀公。

哀公孫吴，謚惠公。　即悼太子之子。

惠公子柳，謚懷公。

懷公子越，謚湣公。

哀公太子偃，謚悼。

按《左傳》，哀公元配鄭姬生悼太子偃師，則爲一人耳。《史記·世家》乃云哀公娶鄭長姬，生悼太子師，少姬生偃，則又爲二人矣。《史記》當誤。夫人謚無考。

**陳大夫謚之可考者三人**

轅濤塗，謚宣，爲轅宣仲。

公孫貞子，謚貞。　失名。

司城貞子。　即孟子所謂主司城貞子是也，以宋大夫而奔於陳者，亦失名。

**許君謚**

文叔，姜姓，四岳伯夷之後，武王始封。

德男。

伯封。

孝男。

靖男。

康男。

武公。

興父，謚文公。

文公弟，謚莊公。

鄭，謚桓公。

新臣，謚穆公。

業，謚僖公。

僖公子錫我，謚昭公。
昭公子寧，謚靈公。
靈公子買，謚悼公。
悼公子成，謚元公。

**薛君謚**

薛本任姓，黄帝之後。夏封奚仲于薛。
薛侯轂，謚獻公。
獻公子定，謚襄公。
襄公子夷，謚惠公。
成侯。

**郳君謚**

郳，顓頊後，周武王始封曹挾於郳。至克，見《春秋》。
郳子克，謚莊公。
莊公子瑣，無謚。
瑣子蘧蒢，謚文公。
文公子貜且，謚定公。

定公子榁，謚宣公。

宣公子華，謚悼公。

悼公子穿，謚莊公。

莊公子益，謚隱公。

隱公子革，謚桓公，一謚威公。

郳後改爲鄒。鄒有穆公，見《孟子》。

**郳臣謚之可考者一人**

茅夷鴻，謚成，爲茅成子。

**小郳君謚**

即郳之別封，故稱小。終春秋，有謚者僅見一君。

郳黎來，謚穆公。

**莒君謚號**

莒之先，少昊之後。周武王始封兹輿期於莒，十一世至兹丕公，見《春秋》。

兹丕公　莒夷，無謚，以號爲稱。此即時君之號也。

紀公庶其。

紀公子季佗，曰厲公。

渠丘公朱。

黎比公密州〔一四〕。　黎比，號也。

著丘公去疾，黎比子，弑父自立。

郊公任〔一五〕，著丘公子，國人攻之，奔齊。　任，一云任。

共公庚輿，著丘公弟，國人逐之，奔魯。

**萊君謚**

齊東國鄙邑，又謂之萊夷。

萊子浮柔，謚共公。

　右薛、邾、莒、萊，《春秋》或書其謚，或書其名，或書其號。號非謚也，今并載之，以備參考。至夫人與大夫謚，《春秋》蓋略之，無可録矣。

**趙君謚**

趙之先，與秦共祖。苗裔叔帶始事晉文侯，建趙氏於晉國。叔帶以下，五世而生趙夙。夙十二世孫籍始分晉，列於諸侯。

趙侯籍，趙獻子浣之子，謚烈侯。

烈侯弟，謚武侯。

烈侯子章，謚敬侯。

敬侯子種，謚成侯。

成侯子，謚肅侯。　《索隱》曰：《系本》肅侯名語。

肅侯子僭稱王，謚武靈王。　納吴廣之女娃嬴，是爲孟姚。孟姚有寵，卒謚惠后。《索隱》曰：武靈王名雍。《史記》作定。

按《史記》，王嘗夢見處女鼓琴而歌，異日，王飲酒樂，數言所夢，想見其狀。吴廣聞之，因夫人而納其女娃嬴，即孟姚也。孟姚甚有寵於王，是爲惠后。又曰：惠文王，惠后吴娃嬴子也。則惠后信爲孟姚矣。乃《索隱》又曰：謂武靈王之后，前太子章之母，惠文王之嫡母。惠后卒後，吴娃始當正室，至孝成二年，稱惠文后卒是也。則此惠后又非孟姚矣。

武靈王子何，謚惠文王。

惠文王子丹，謚孝成王。

孝成王子偃，謚悼襄王。

悼襄王子遷，謚幽繆王。　徐廣曰：「又云湣王。《世本》云孝成王丹生悼襄王偃，偃生今王遷〔一六〕。《年表》及《史考》趙遷皆無謚。」　《索隱》曰：「徐廣云王遷無謚。今唯此獨稱幽繆王者，蓋秦滅趙之後，人臣竊追謚之，太史公或別有所見而記也。」

幽穆王子嘉，爲代王，滅於秦，無謚。

**田齊君謚號**

齊侯和，田莊子之子，號太公。

太公子午，謚桓公。

桓公子因齊僭稱王，謚威王。

威王子辟疆，謚宣王。

宣王子地，謚湣王。　一名遂。

湣王子法章，謚襄王。

襄王子建，滅於秦，無謚。

**田齊宗臣謚**

威王少子田嬰，謚靖郭君。

靖郭君子田文，謚孟嘗君。　《索隱》曰：孟嘗襲父封薛，而號曰孟嘗君，此云謚非也。孟字，嘗邑名。　《正義》曰：四君封邑，檢皆不獲，惟平原有地，又非趙境，並皆號謚，而孟嘗是謚。

**楚君謚號**

楚自熊繹始封，至十七世武王而有謚。

熊通，弑兄蚡冒之子代立，謚武王。

按《史記》，楚武王三十五年，楚伐隨，謂隨：『請王室尊吾號。』王室不聽。熊通怒曰：『我自尊耳。』乃自立爲武王。則武似號。

武王子熊貲，謚文王。

文王子熊囏，是爲杜敖，無謚。

熊囏弟熊惲，謚成王。　《左傳》作熊頵。　《左傳》：商臣以宫甲圍成王，王請食熊蹯而死，不聽。丁未，王縊，謚之曰靈，不瞑。曰成，乃瞑。

成王子商臣，弑父代立，謚穆王。

穆王子侶，謚莊王。　侶，一作旅。

莊王子審，謚共王。　《左傳》：共王疾，告大夫曰：『不穀不德，少主社稷。生十年而喪先君，未及習師保之教訓，而膺受多福，是以不德。而亡師於鄢，以辱社稷，爲大夫憂，其弘多矣。若以大夫之靈，獲保首領，以殁於地。惟是春秋、窀穸之事，所以從先君於禰廟者，請爲「靈」若「厲」，大夫擇焉。』莫對。及五命，乃許。秋，共王卒，子囊謀謚。大夫曰：『君有命矣。』子囊曰：『君命以共，若之何毁之？赫赫楚國，而君臨之，撫有蠻夷，奄征南海，以屬諸夏，而知其過，可不謂共乎？請謚之「共」。』大夫從之。

共王子招，謚康王。

康王子員，是爲郟敖，無謚。

康王弟圍，謚靈王。　一名虔，餓死申亥之家。

康王子棄疾，改名熊居，謚平王。　平王以詐弑兩王自立。

平王子珍，謚昭王。　其母即前太子建所當娶也。

昭王子章，謚惠王。

惠王子中，謚簡王。

簡王子當，謚聲王。

聲王子類，謚悼王。　類，《史記》作熊疑。

悼王子臧，謚肅王。

肅王弟熊良夫，謚宣王。

宣王子熊商，謚威王。

威王子熊槐，謚懷王。

懷王子横，謚頃襄王。

頃襄王子熊元，謚考烈王。　《索隱》曰：《系本》作完。

考烈王子悍，謚幽王。

幽王弟猶，謚哀王。　猶，一作赫。

哀王庶兄負芻，滅於秦，無謚。

**楚屬國君謚**

鄧侯，曼姓，謚祁。　失名。

唐公，姬姓，侯爵，謚成。

唐公，謚惠。　二君世次與名皆失。

**秦君謚號**

秦自栢翳始封〔一七〕，歷非子、秦侯、公伯、秦仲，皆無謚。至莊公而謚。

秦仲子，謚莊公。

莊公子，謚襄公。

襄公子，謚文公。

文公孫，謚寧公。

寧公少子，被弒，是爲出子。

寧公長子，謚武公。

武公弟，謚德公。

德公子，謚宣公。

宣公弟，謚成公。

成公弟任好，謚穆公。　夫人謚穆姬。　穆，《史記》作繆。

穆姬，晉女也。在晉曰伯姬，伯謂長女也。在秦曰穆姬，從夫之謚也。嫁於小國，則不從夫之謚，如紀伯姬、郯伯姬、潞伯姬是也。次國亦不從夫之謚，如文姜、聲姜、出姜、齊姜、齊歸是也。其有叔姬者，各據本國次序也。

穆公子罃，謚康公。

康公子和，謚共公。　一名假。

共公子榮，謚桓公。　《史記》無名。

桓公子后，謚景公。　《史記》無名。　徐廣曰：《系本》云，名后伯車。

景公子，謚哀公。一作襄公。《始皇本紀》作斑公。

哀公孫，謚惠公。即哀公太子夷公之子。

惠公子，謚悼公。

悼公子，謚厲共公。

厲共公子，謚躁公。

躁公弟，被圍自殺，謚懷公。《索隱》曰：厲共公子也，生昭太子，未立而卒。太子之子，是爲靈公。

懷公孫，謚靈公。

懷公子悼子，謚簡公。《索隱》曰：『簡公，懷公子，靈公季父也。《始皇本紀》云靈公生簡公，誤。又《紀年》云簡公九年卒，次敬公立，十二年卒，乃立惠公。』

簡公子，謚惠公。

惠公子，立二年被殺，號出子。

靈公子，謚獻公。《索隱》曰：名師隰。

獻公子，謚孝公。《索隱》曰：名渠梁。

孝公子，謚惠文君。一又稱惠王。《索隱》曰：名駟。

惠文君子，謚武王。《索隱》曰：名蕩。

武王異母弟，謚昭襄王。《索隱》曰：名則，一名稷。

昭襄王子，謚孝文王。《索隱》曰：名柱。

孝文王子，謚莊襄王。《索隱》曰：名楚。

文公太子，謚竫公。

懷公太子，謚昭公。

哀公太子，謚夷公。

昭襄王太子，謚悼。

## 陳王勝謚

陳王勝，字涉，陽城人。秦二世元年，起蘄大澤中，立爲將軍，已立爲王，號張楚。後其御莊賈殺以降秦，葬於碭，謚隱王。

**【校勘記】**

〔一〕他如西周公之共太子　『西周公』，《續通考》卷一三五作『東周』。

〔二〕至妃娣而皆加之謚　『妃』原作『姪』，據《續通考》卷一三五改。

〔三〕公父歜　『父』原作『文』，據《續通考》卷一三五及下文改。

〔四〕公孫枝　『公』原作『叔』，據《續通考》卷一三五及下文改。

〔五〕檀弓云公孫枝卒　『弓』原作『公』，『卒』原作『率』，據《續通考》卷一三五、《禮記·檀弓》改。

〔六〕公叔懿子　『叔』原作『文』，據《續通考》卷一三五改。

〔七〕中行文伯子瑶　『瑶』原作『蹈』，據《續通考》卷一三五改。

〔八〕公父定叔叔段之孫　『段』原作『叚』，據《左傳》隱公元年、莊公十六年、《史記》卷四二《鄭世家》改。

〔九〕孝公子載謚成公　『子』字原闕，據《續通考》卷一三六、《史記》卷三四《燕召公世家》補。

〔一〇〕紀年魏武侯三十三年　『三十三年』，《續通考》卷一三六作『二十三年』。按《史記》卷四五《韓世家》注引《索引》作『二十二年』，二書皆誤。

〔一一〕文公赤子説謚成公　『謚成公』，『成』原作『文』，據《續通考》卷一三六、《史記》卷三二《齊太公世家》改。下條『成公説子購』，『成』字原亦作『文』，同改。

〔一二〕史記作脱　『記』字原脱，據《續通考》卷一三六補。

〔一三〕高张謚昭　『昭』原作『高』，據《續通考》卷一三六改。

〔一四〕黎比公密州　『黎』，《續通考》卷一三六作『犂』，《左傳》襄公十六年、三十一年兩見皆作『犂』。文獻中二字互見，作『犂』者多。

〔一五〕郊公狂　『狂』，《續通考》卷一三六作『狂』。

〔一六〕偃生今王遷　『遷』原作『先』，據《續通考》卷一三六、《史記》卷四三《趙世家》注引《集解》改。

〔一七〕秦自栢翳始封　『栢』原作『桓』，據《續通考》卷一三六、《史記》卷五《秦本紀》改。

# 卷之三

雲間王　圻　編輯
巴郡趙可懷　校正
平湖孫成泰　郢中朱一龍
龍江王應麟　西陵吴　化　參閲

## 西漢帝后太子謚

太祖高皇帝姓劉氏，名邦，字季，泗水郡沛縣豐邑中陽里人。父太公，母劉媪。媪嘗息大澤之陂，夢與神遇。是時雷電晦冥，太公往視，則見蛟龍於其上。已而有娠，遂産帝。帝以秦二世元年起兵，漢五年即帝位，十二年崩，謚高。　高皇后吕氏，名雉，字娥姁。父臨泗侯吕公，單父人。帝微時，吕公見而異之，因以后妻帝。爲人剛毅，佐帝定天下，稱制八年崩，合葬長陵，從帝謚曰高。

孝惠皇帝，名盈之，字滿，高皇帝次子，母吕后。帝以高祖崩之年即位，立七年崩，謚孝惠。張皇后，宣平侯敖女，母魯元公主。吕氏誅，后廢處北宫，孝文後元年薨。

漢家自孝惠後，皆以孝字加謚之上，蓋知所重矣。

太宗孝文皇帝，名恒之，字常。高帝第四子，母薄姬。帝以高后崩之年即位，立二十三年崩，謚孝文。竇皇后，趙之清河觀津人，孝文元年立爲后，建元六年崩，合葬霸陵。

孝景皇帝，名啓之，字開，文帝子。文帝後七年即位，立十六年崩，謚孝景。王皇后，槐里人，母曰臧兒，父王仲。后嘗嫁爲金王孫婦，生一女矣，臧兒卜筮當貴，因奪内太子宫，生武帝。帝即位，尊爲皇太后。元朔三年崩，合葬陽陵。

世宗孝武皇帝，名徹之，字通，景帝中子。景帝後三年即位，後元二年崩，立五十四年，謚孝武。衛皇后，字子夫，爲平陽主謳者。帝過平陽主，悦子夫，主因進之。生男據，立爲皇后。后立三十八年，遭巫蠱事起，自殺。宣帝立，乃改葬后，追謚思。

孝昭皇帝，名弗陵之，字不，武帝少子，母鉤弋夫人。帝以後元二年即位，元平元年崩，立十三年，謚孝昭。上官皇后，祖父桀，隴西上邽人，父安，封桑樂侯。后立時甫六歲，立四十七年，建昭二年崩，合葬平陵。

中宗孝宣皇帝，名詢之，字謀，初名病已。祖戾太子，父悼考，母悼后。帝以元平二年即位，黄龍元年十二月崩，謚孝宣。許皇后，字平君，父廣漢，昌邑人。后立三年，爲霍顯所弑，謚恭哀。

孝元皇帝名奭之，字盛，宣帝太子，母恭哀后。帝以黄龍元年即位，竟寧元年崩，立十六年，謚孝元。王皇后，字政君，莽之姑，父禁，母魏郡李氏女。莽篡漢，尊后爲新室文母。建國五年崩，合葬渭陵。

孝成皇帝，名驁之，字俊，元帝子。帝以竟寧元年六月即位，綏和二年崩，立二十六年，謚孝成。

孝哀皇帝，名欣之，字喜，元帝庶孫，定陶共王子。帝以元延五年立爲皇太子，綏和二年四月即位，元壽二年崩，立六年，謚孝哀。

孝平皇帝，名衎之，字樂，初名箕子，元帝庶孫，中山孝王子。帝以元壽二年九月即位，元始五年，莽毒弑之，謚孝平。王皇后，莽之女。后立歲餘，平帝崩，年甫十五。莽篡漢，欲更嫁之，號爲黄皇室主。后有節操，怒發病，不肯起。後漢兵誅莽，火未央宫，后謂無面目見漢家，投火中死。

高帝父，尊爲太上皇。母，尊爲昭靈后。

武帝太子據，謚戾。妃史良娣，謚戾夫人。

據子史皇孫，謚悼皇。妃王氏，名翁須，謚悼后。

《綱目書法》云：宣帝立，於是詔議故皇太子謚。有司請謚太子曰戾，史良娣曰戾夫人。漢初公議猶凛凛也，自帝始尊私親。其初猶曰考、曰后而已，未幾而尊曰皇考焉。自是以後，無不皇者矣。哀之共皇，桓之孝穆皇、孝崇皇，靈之孝元皇、孝仁皇，帝啓之也。

## 西漢宗室謚

高帝兄伯，以漢王五年追號武哀侯。是時漢興草創，謚法未立，故曰號，然實謚矣。

合陽侯仲，高帝兄，孝惠二年謚頃。徐廣曰：仲，一名嘉。

頃侯仲子德侯廣，謚哀。

廣子通，謚頃。

通子齕，謚康。

楚王交，字游，高帝少弟，孝惠時謚元。

元王子郢客，以上邳侯紹封，謚夷。

元王子禮，以平陸侯紹封，謚文。

禮子道，謚安。

道子經〔一〕，謚襄。

經子純，謚節。

按：《史記》以爲，地節二年，中人告王謀反，自殺。而徐廣以爲立十七年卒，謚節。不知廣何據。《索隱》謂反者是純之子延壽，則徐廣之言或不誣。

道子浮丘侯不害，謚節。

元王子休侯富，謚懿。

富子登，謚懷。

登子嘉，謚敬。

嘉子章，謚哀。

休懿侯孫城陽侯德，宣帝五鳳二年謚繆。

德子安民，永光五年謚節。

安民子慶忌，河平元年謚釐。

元王子沈猷侯歲，謚夷。

元王子棘樂侯調，謚敬。

調子應，謚恭。

燕王澤，高帝從祖昆弟，文帝三年謚敬。

澤子嘉，文帝十三年謚康。

齊王肥，高帝微時外婦之子，謚悼惠。

肥子襄，謚哀。

襄子則，謚文。

肥子將閭，以楊虚侯紹封，謚孝。

將閭子壽，謚懿。

壽子次昌，謚厲。

將閭子稻侯定，謚夷。

定子陽都，謚簡。

陽都子成，謚戴。

成子閎，謚頃。

將閭子被陽侯燕，謚敬。

燕子偃，謚康〔二〕。

偃子壽，謚頃。

壽子定，謚孝。

定子閎，謚節。

將閭子定侯越，謚敷。

越子德，謚思。

德子福，謚憲。

福子湯，謚恭。

湯子乘，謚定。

將閭子博陽侯就，謚頃。《史表》作謚康。

將閭子山侯國，謚原。

國子棄，謚康。

棄子守，謚安。

守孫外人，謚孝。

將閭子繁安侯忠，謚夷。

忠子守，謚安。

守子壽漢，謚節。

壽漢子嘉，謚頃。

嘉子光，謚孝。

將閭子柳侯楊已〔三〕，謚康。

楊已子罷師，謚敷。

罷師子自爲，謚于。

自爲子擕，謚安。

擕子軻，謚繆。

將閭子雲侯信，謚夷。

信孫遂，謚康。

遂子終古，謚釐。

將閭子牟平侯渫，謚共。

渫子奴，謚節。

奴子更生，謚敬。

更生子建，謚康。

建子齕，謚孝。

齕子威，謚僖〔四〕。

將閭子柴侯代，謚原。
代子勝之，謚節。
勝子賢，謚敬。
賢子齊，謚康。
齊子莫如，謚共。
將閭子安樂侯，謚康。　史失其名。
肥子城陽王章，謚景。
章子喜，謚共。
喜子延，謚頃。
延子義，謚敬。
義子武，謚惠。
武子順，謚荒。
順子恢，謚戴。
恢子景，謚孝。
景子雲，謚哀。
共王喜子騶丘侯寬，謚敬。
寬子報德，謚原。

共王喜子南城侯貞，謚節。

貞子猛，謚戴。

猛子尊，謚元。

尊子充國，謚僖。

充國子遂，謚頃。

共王喜子廣陵侯袠，謚虒。

共王喜子辟土侯壯，謚節。辟土，《史表》作辟。

共王喜子利鄉侯嬰，謚康。

頃王延子虖葭侯澤，謚康。虖葭，《史表》作雩殷。

澤子無，謚夷。

無子閣，謚頃。

延子挾侯昆景，謚術。

延子挾侯霸，謚釐。

霸子戚，謚夷。

戚子賢，謚節。

賢子思，謚頃。

思子衆，謚孝。

延子初侯讓，謚節。
延子挍侯雲，謚靖。
延子瓠侯息，謚節。
息子守，謚質。
延子虚水侯禹，謚康。
禹子爵，謚息。
惠王武子高鄉侯休，謚節。
休子興，謚頃。
荒王順子兹鄉侯弘，謚孝。
弘子昌，謚頃。
昌子應，謚節。
荒王順子都平侯丘，謚愛。
丘子訢，謚恭。
荒王順子棗侯山，謚原。
山子舠，謚節。
荒王順子箕侯文，謚愿。
文子疄，謚節。

荒王順子即來侯佼，謚節。

荒王順子高廣侯勳，謚節。

勳子賀，謚哀。

賀子福，謚質。

荒王順子庸侯談，謚僖〔五〕。

荒王順子昆山侯光，謚節。

荒王順子折泉侯根，謚節。

荒王順子博石侯淵，謚頃。

荒王順子要安侯勝，謚節。

勝子守，謚哀。

荒王順子式侯憲，謚節。

憲子霸，謚哀。

戴王恢子石山侯玄，謚戴。

玄子嘉，謚釐。

戴王恢子伊鄉侯遷，謚頃。

肥子淄川王志，謚懿。

志子建，謚靖。

建子遺，謚頃。

遺子終古，謚思。

終古子尚，謚考。

尚子横，謚孝。

横子友，謚懷。

横子廣侯便，謚釐。

便子護，謚節。

横子平侯服，謚節。

建子廣饒侯國，謚康。

國子坊，謚恭。

建子陸侯何，謚元。

何子賈，謚原。

建子缾侯成，謚敬。

成子龍，謚頃。

龍子融，謚原。

建子俞間侯毋害，謚煬。

毋害子况，謚原。

志子劇侯錯，謚原。

錯子廣昌，謚孝。

廣昌子肯，謚戴。

肯子吉，謚質。

吉子囂，謚節。

志子懷昌侯高遂，謚夷。

高遂子延年，謚胡。

延年子勝，謚節。

志子平望侯賞，謚夷。

賞子楚人，謚原。

楚人子光，謚敬。

光子起，謚頃。

起子均，謚孝。

志子臨衆侯始昌，謚敬。

昌子革生〔六〕，謚康。

革生子廣平，謚頃。

廣平子農，謚原。

農子理，謚節。
理子賢，謚釐。
志子益都侯胡，謚敬。
胡子廣，謚原。
志子平的侯强，謚戴。
强子中時，謚思。
中時子福，謚節。
福子鼻，謚頃。
鼻子利親，謚釐。
志子劇魁侯黑，謚夷。
黑子招，謚思。
招子德，謚康。
德子利親，謚孝。
利親子嬰，謚釐。
志子平度侯行，謚康。
行子慶忌，謚節。
慶忌子帥軍，謚質。

帥軍子欽，謚頃。
欽子宗，謚孝。
志子宜城侯偃，謚康。
志子臨朐侯奴，謚夷。　夷，《史表》作哀。
奴子乘，謚戴。
乘子賞，謚節。
賞子信，謚孝。
信子禕，謚安。
志子葛魁侯寬，謚節。　徐廣曰：葛，一作莒。
肥子管侯罷軍，謚共。
罷軍子戎奴，謚恭。
肥子營侯信都，謚平。
肥子氏丘侯寧國，謚共。
肥子楊丘侯安，謚共。
淮南王長，高帝子，謚厲。
長子濟北王勃，謚貞。
勃子胡，謚式。

胡子羽侯成，謚康。

成子係，謚恭。

勃子陰安侯不害，謚康。

不害子秦客〔七〕，謚哀。

勃子周望侯何，謚康。

勃子陪侯則，謚穆。　則，《史表》作明；穆，作繆。

勃孫安陽侯延年，謚穅。

延年子記，謚康。

記子戚，謚安。

戚子德〔八〕，謚哀。

長子東城侯良，謚哀。

趙王如意，高帝子，謚隱。

趙王恢，高帝子，謚共。

趙王友，高帝子，謚幽。

友子河間王辟彊，謚文。

辟彊子福，謚哀。

燕王建，高帝子，謚靈。

淮陽王强〔九〕，高后所名，孝惠子，謚懷。

恒山王不疑，高后所名，孝惠子，謚哀。

梁王揖，文帝子，謚懷。

代王參，文帝子，謚孝。

參子登，謚恭。

登子清河王義，謚剛。

義子陽，謚卿。

義子蒲領侯禄，謚煬。

禄子推，謚哀。

禄子不識，謚節。

義子南曲侯遷，謚煬。

遷子江，謚節。

義子修市侯寅，謚原。

寅子千秋，謚頃。

千秋子元，謚釐。

義子東昌侯成，謚趮。

成子親，謚頃。

親子霸，謚節。

義孫新鄉侯步可，謚釐。

步可子尊，謚煬。

義子東陽侯弘，謚節。

弘子縱，謚釐。

縱子迺始，謚頃。

迺始子封親，謚哀。

登子利昌侯嘉，謚康。

嘉子樂，謚戴。

樂子萬世，謚頃。

萬世子光禄，謚節。

光禄子殷，謚剌。

梁王武，文帝少子，謚孝。

武子買，謚共。

買子襄，謚平。

襄子毋傷，謚貞。

毋傷子定國，謚敬。

定國子遂，謚夷。

遂子嘉，謚荒。

嘉子曲鄉侯鳳，謚頃。

遂子祁鄉侯賢，謚節。

定國子鄭侯罷軍，謚頃。

罷軍子駿，謚節。

定國子黄侯順，謚節。

順子申，謚釐。

定國子平樂侯遷，謚節。

定國子菑鄉侯就，謚釐

定國子東鄉侯方，謚節。

定國子臨都侯未央，謚節。

定國子高柴侯發，謚節。

發子賢，謚釐。

定國子高侯舜，謚質。

舜子始，謚釐。

共王買子張梁侯仁，謚哀。《史表》作江都王非子。

孝王武子山陽王定，謚哀。

孝王武子濟陰王不識，謚哀。

河間王德，景帝子，謚獻。

德子不周，謚共。　不周，一作不害。

不周子基，謚剛。　基，一作堪。

基子緩，謚頃。

緩子慶，謚孝。

慶子良，謚惠。

慶子賓梁侯强〔一〇〕，謚懷。

慶子都安侯普，謚節。

慶子宜禾侯得，謚節。

得子阿武侯豫，謚戴。　《史表》作謚滑。

豫子宣，謚敬。

宣子信，謚節。

信子嬰齊，謚釐。

嬰齊子黄，謚頃。

德子參户侯免，謚節。

免子嚴，謚敬。
嚴子元，謚頃。
元子利親，謚孝。
德子州鄉侯禁，謚節。
禁子齊，謚思。
齊子惠，謚憲。
惠子商，謚釐。
商子伯，謚共。
德子距陽侯匄，謚憲。
德子蔞侯退，謚節。《史表》作蔞安侯；退，作邈。
退子嬰，謚釐。
嬰子益壽，謚原。
益壽子充世，謚安。
德子景成侯雍，謚原。
雍子歐，謚頃。
歐子禹，謚釐。
禹子福，謚節。

德子平隄侯招，謚嚴。
招子榮，謚繆。
榮子曾世，謚節。
曾世子商，謚釐。
德子樂鄉侯終，謚憲。
終子蒯，謚節。
蒯子鄧，謚頃。
鄧子勝，謚釐。
德子高郭侯嗑，謚節。
嗑子久長，謚孝。
久長子菲，謚頃。
菲子稱，謚共。
稱子霸，謚哀。
臨江王閼，景帝子，謚哀。
閼弟榮，謚閔。
魯王餘，景帝子，謚共。
餘子光，謚安。

光子慶忌，謚孝。

慶忌子昌慮侯弘，謚康。

弘子奉世，謚釐。

慶忌子山鄉侯綰，謚節。

慶忌子建陵侯遂，謚靖。

遂子魯，謚節。

慶忌子合陽侯平，謚節。

平子安，謚孝。

慶忌子東安侯强〔一一〕，謚孝。

慶忌子承鄉侯當，謚節。

慶忌子建陽侯咸，謚節。

咸子霸，謚孝。

慶忌子封，謚頃。　封，一作勁。

封子晙，謚文。

封子建鄉侯康，謚釐。

封子新陽侯永，謚頃。

光子蘭旗侯臨朝，謚頃。

臨朝子去疾，謚節。

去疾子嘉，謚釐。

光子容丘侯方山，謚戴。

方山子未央，謚頃。

光子良成侯文德，謚頃。

文德子舜，謚共。

舜子原，謚釐。

原子元，謚戴。

餘子廣戚侯將，謚節。將，《史表》作擇。

餘子寧陽侯恬，謚節。

恬子慶忌，謚安。

慶忌子信，謚康。

信子扈，謚孝。

餘子瑕丘侯政，謚節。政，《史表》作貞。

政子國，謚思。

國子湯，謚孝。

湯子奉義，謚煬。

奉義子遂成，謚釐。

餘子公丘侯順，謚夷。

順子置，謚康。

置子延壽，謚煬。

延壽子賞，謚思。

江都王非，景帝子，謚易。

非子丹陽侯敢，謚哀。

非子胡孰侯胥行，謚頃。　胡，《史表》作湖；胥行，止作胥。

非子秣陵侯纏，謚終。　《史表》作秩陽侯。

趙王彭祖，景帝子，謚敬肅。

彭祖子昌，謚頃。

昌子尊，謚懷。

昌子高，謚哀。

高子充，謚共。

充子襄鄉侯福，謚頃。

充子容鄉侯强〔一二〕，謚釐。

高子柏鄉侯買，謚戴。

買子雲，謚頃。
高子安鄉侯喜，謚孝。
喜子胡，謚釐。
昌子邯茾侯偃，謚節。
偃子勝，謚釐。
勝子度，謚頃。
昌子樂陽侯説，謚繆。
説子宗，謚孝。
宗子崇，謚頃。
昌子桑中侯廣漢，謚戴。
廣漢子縱，謚節。
縱子敬，謚頃。
彭祖子封斯侯胡傷，謚戴。《史表》作胡陽侯。
胡傷子如意，謚原。
如意子宫，謚孝。
彭祖子尉氏侯丙，謚節。
彭祖子易侯平，謚安。

平子種，謚康。

彭祖子邯會侯仁，謚衍。

仁子慧，謚哀。

慧子賀，謚勤。

賀子張，謚原。

張子康，謚釐。

仁六世孫重，謚節。

重子蒼，謚懷。

彭祖子朝侯義，謚節。

義子禄，謚戴。

彭祖子陰城侯蒼，謚思。

彭祖子烏氏侯賀，謚節。

賀子安意，謚思。　一作安德。

安意子千秋，謚康。

千秋子漢强，謚孝。

彭祖子平干王偃，謚頃。

偃子元，謚繆。

偃子曲梁侯敬，謚安。
敬子時光，謚節。
偃子廣鄉侯明，謚孝。
明子安，謚節。
安子周齊，謚釐。
偃子成鄉侯慶，謚質。
慶子霸，謚節。
偃子平鄉侯壬，謚孝。
壬子成，謚節。
偃子平利侯世，謚節。
世子嘉，謚質。
嘉子禹，謚釐。
偃子平纂侯梁，謚節。
偃子成陵侯光，謚節。
偃子陽城侯田，謚愍。
田子賢，謚節。
賢子說，謚釐。

彭祖子柏暢侯終古，謚戴。

彭祖子栗侯樂，謚節。

樂子忠，謚煬。

忠子終根，謚質。

彭祖子洨侯周舍，謚夷。

周舍子惠，謚孝。

惠子迺始，謚節。

迺始子勳，謚哀。

彭祖子虢侯起，謚節。

起子充國，謚夷。

充國子廣明，謚恭。

廣明子固，謚釐。

彭祖子揤裴侯道〔一三〕，謚戴。

道子尊，謚哀。

尊子章，謚頃。

章子景，謚釐。

長沙王發，景帝子，謚定。

發子廣，謚戴。　廣，一作庸。
廣子附朐，謚頃。
附朐子建德，謚剌。
建德子旦，謚煬。
建德子宗，謚孝。
宗子魯人，謚繆。
宗子安平侯習，謚釐。
宗子陽山侯宗，謚節。　父子同名，史誤。
附朐子高城侯梁，謚節。
梁子景，謚質。
景子諸士，謚頃。
附朐子復陽侯延年，謚嚴。
延年子漢，謚煬。
附朐子鍾武侯度，謚節。
度子宣，謚孝。
宣子霸，謚哀。
度子則，謚節。

定王發子荼陵侯訢，謚節。

訢子湯，謚哀。

發子安衆侯丹，謚康。

丹子山柎，謚節。

山柎子毋妨，謚繆。

毋妨子褒，謚釐。

發子葉侯喜，謚平。

發子葉侯嘉，謚康。

發子夫夷侯義，謚敬。

義子禹，謚節。

禹子奉宗，謚頃。

奉宗子慶，謚釐。

慶子福，謚懷。

發子舂陵侯買，謚節。

買子熊渠，謚戴。

熊渠子仁，謚孝。

發子都梁侯定，謚敬。　定，《史表》作遂。

定子傒，謚頃。
傒子弘，謚節。
弘子順懷，謚原。
順懷子容，謚煬。
發子洮陽侯狩燕，謚靖。
發子衆陵侯賢，謚節。　衆陵，《史表》作泉陵。
賢子真定，謚戴。
真定子慶，謚頃。
發子安成侯蒼，謚思。
蒼子自當，謚節。
發子句容侯黨，謚哀。
膠西王端，景帝子，謚于。
中山王勝，景帝子，謚靖。
勝子昌，謚哀。
昌子昆侈，謚康。
昆侈子輔，謚頃。
輔子福，謚憲。

福子修，謚懷。　修，一作循。
修從父弟子廣德王雲容，謚夷。
輔子利鄉侯安，謚孝。
安子遂，謚戴。
昆侈子成侯喜，謚獻。　成侯，一作高平侯。
喜子得疵，謚頃。
得疵子倗，謚煬。
倗子貴，謚哀。
昆侈子宣處侯章，謚節。
章子衆，謚原。
勝子廣望侯忠，謚節。
忠子中，謚頃。
中子何齊，謚思。
何齊子遂，謚恭。
勝子臨樂侯光，謚敦。
光子建，謚憲。
建子固，謚烈。

固子萬年，謚節。

勝子東野侯章，謚戴。

勝子乘丘侯將夜，謚節。　乘丘，一作桑丘。將夜，一作洋。

將夜子德，謚戴。

勝子高丘侯破胡，謚哀。

勝子柳宿侯蓋，謚夷。

勝子樊輿侯修，謚節。　修，《史表》作條。

修子過倫，謚煬。

過倫子異衆，謚思。

異衆子士生，謚頃。

勝子安郭侯傳富，謚于。

傳富子偃，謚釐。

臨江王榮，景帝子，謚愍。

廣川王越，景帝子，謚惠。

越子齊，謚穆。

齊子文，謚戴。

文子廣德王榆，謚靜。

文子西良侯闞兵，謚节。
闞兵子广，謚孝。
廣子宫，謚哀。
齊子新市侯吉，謚康。
吉子義，謚頃。
齊子東襄侯寬，謚愛。
齊子昌成侯元，謚節。
元子齒，謚頃。
齒子應，謚僖。
應子江，謚質。
齊子樂信侯强〔一四〕，謚頃。
强子何，謚孝。
何子賀，謚節。
齊子歷鄉侯必勝，謚康。
必勝子長壽，謚頃。
長壽子宫，謚繆。
齊子武陶侯朝，謚節。

朝子弘，謚孝。
弘子勳，謚節。
齊子桃侯良，謚煬。
良子敞，謚共。
膠東王寄，景帝子，謚康。
寄子賢，謚哀。
賢子通平，謚戴。
通平子音，謚頃。
音子授，謚恭。
授子堂鄉侯恢，謚哀。
音子羊石侯回，謚頃。
回子成，謚共。
音子石鄉侯理，謚煬。
音子新城侯根，謚節。
音子平城侯邑，謚釐。
邑子珍，謚節。
音子密鄉侯林，謚頃。

林子欽，謚孝。

音子樂都侯訢，謚煬。

訢子臨，謚繆。

通平子樂望侯光，謚孝。

光子林，謚釐。

通平子成侯鐃，謚康。

通平子柳泉侯强〔一五〕，謚節。

强子建，謚孝。

建子萬年，謚煬。

寄子六安王慶，謚恭。

慶子禄，謚夷。

禄子定，謚繆。

定子光，謚頃。

定子博鄉侯交，謚節。

慶子松滋侯霸，謚戴。

霸子始，謚共。

始子縺，謚頃。

寄子皋虞侯建，謚煬。

建子定，謚穅。

定子裒，謚節。

裒子勳，謚釐。

勳子顯，謚頃。

寄子魏其侯昌，謚煬。　煬，《史表》作暢。

昌子傳光，謚原。

傳光子禹，謚孝。

禹子蟜，謚貞。

清河王乘，景帝子，謚哀。

常山王舜，景帝子，謚憲。

舜子真定王平，謚頃。

平子偃，謚烈。

偃子由，謚孝。

由子雍，謚安。

雍子普，謚共。

舜子泗水王商，謚思。

商子安世，謚哀。
商子賀，謚戴。
賀子綜，謚勤。　綜，一作緩。
綜子駿，謚戾。
綜子于鄉侯定，謚節。
綜子就鄉侯瑋，謚節。
齊王閎，武帝子，謚懷。
燕王旦，武帝子，謚剌。
旦子廣陽王建，謚頃。
建子舜，謚穆。
舜子璜，謚惠。　惠，一作思。
建子西鄉侯容，謚頃。
建子臨鄉侯雲，謚頃。
建子陽鄉侯發，謚思。
建子益昌侯嬰，謚頃。
旦子新昌侯慶，謚節。
慶子稱，謚頃。

稱子未央，謚哀。
稱子嫋，謚釐。
旦子安定侯賢，謚戾。
賢子延年，謚頃。
廣陵王胥，武帝子，謚厲。
胥子霸，謚孝。
霸子意，謚共。
意子獲，謚哀。
霸子守，謚靖。
霸子蘭陵侯宜，謚節。
宜子譚，謚共。
霸子廣平侯德，謚節。
胥子高密王弘，謚哀。
弘子章，謚頃。
章子寬，謚懷。
章子成鄉侯安，謚釐。
章子麗兹侯賜，謚共。

弘子膠鄉侯漢，謚敬。
漢子成，謚節。
胥子朝陽侯聖，謚荒。
聖子廣德，謚思。
胥子平曲侯曾，謚節。
曾子臨，謚釐。
昌邑王髆，武帝子，謚哀。
髆孫海昏侯代宗，謚釐。
代宗子保世，謚原。
淮陽王欽，宣帝子，謚憲。
欽子玄，謚文。
東平王宇，宣帝子，謚思。
宇子雲，謚煬。
宇子桃鄉侯宣，謚頃。
宇子栗鄉侯護，謚頃。
宇子西陽侯並，謚頃。
楚王囂，宣帝子，謚孝。

囂子芳，謚懷。

囂子衍，以平陸侯封楚王，謚思。

囂子廣戚侯勳，謚煬。

囂子陰平侯回，謚釐。

中山王竟，宣帝子，謚哀。

定陶王康，元帝子，謚共。　後哀帝以所生父，尊爲共皇，妃爲共皇后。

中山王興，元帝子，謚孝。

## 西漢公主謚

高帝姊〔一六〕，初謚宣，吕后七年改謚昭哀。

高帝女魯元公主。　服虔曰：『元，長也。』韋昭曰：『元，謚也。』

## 西漢諸臣謚

長沙王吴芮〔一七〕，秦時番陽令，高帝初謚文。　元文宗天曆二年，加謚文惠。

芮子臣，謚成。

臣子回，謚哀。

回子右，謚共。

右子著，謚靖。

嗣成王子沅陵侯陽，孝文後二年謚頃。

陽子福，孝景中五年謚頃。

福子周，謚哀。

趙王張耳，大梁人，高帝五年謚景。

耳子宣平侯敖，高后二年謚武。

敖子偃，孝文十五年謚共。

偃子毆，孝景中三年謚哀。

貰侯合傅胡害，高帝八年謚齊〔一八〕。

胡害子方山，孝文元年謚共。

方山子赤，孝文十二年謚煬。

赤子遺，孝武元朔五年謚康。

陽河侯其石，高帝十年謚齊。　《史表》作齊哀侯。

石曾孫埤山侯其章，孝武元狩元年謚共〔一九〕。

彊侯留肹〔二〇〕，高帝十一年謚圉。　肹，《史表》作勝；圉，作簡。

肹子章復，孝文三年謚戴。　章復，《史表》止作章。

閼氏侯馮解散，高帝十二年謚節。　散，《史表》作敢。

解散子它，孝文二年謚共。　它，《史表》作它。

它子遺，孝文十六年謚文。

遺子勝之，孝景六年謚共。

開封侯陶舍，高帝十二年謚愍。

舍子青，孝景中三年謚夷。

青子偃，孝武元光五年謚節。

宋子侯許瘛，高帝十二年謚惠。　瘛，《史表》作瘈。

瘛子留，孝文十年謚共。

平侯工師喜，高帝十二年謚悼。　位次作聊城侯。工師喜，《史記表》作沛嘉。

喜子奴，孝文十六年謚靖。

成侯董渫，孝惠元年謚敬。

渫子節氏侯赤，孝武建元四年謚康。

赤子罷軍，孝武元光三年謚共。

清侯室中同，孝惠元年謚簡。　室中，《史表》作空中，一作室中。

同子聖，孝文八年謚頃。

聖子鮒，孝武元狩三年謚康。

鮒子古，孝武元鼎四年謚共。

高宛侯丙猜，孝惠元年謚制。

猜子得，孝文十六年謚簡。

得子武，孝武建元元年謚平。　平，《史表》作孝。

汲侯公上不害，孝惠二年謚紹。　紹，《史表》作終。

不害子武，孝文十四年謚夷。

武子通，建元二年謚康。

長修侯杜恬，孝惠三年謚平。　位次作信平侯。

恬子中，孝文五年謚懷。

海陽侯摇毋餘，孝惠三年謚齊信。

毋餘子昭襄，高后五年謚哀。

昭襄子建，孝景四年謚康。

建子省，孝景末謚哀。

安平侯鄂千秋，孝惠三年謚敬。　《漢表》作鄂秋。

千秋子嘉，高后八年謚簡。

嘉子應，孝文十四年謚頃。

應子寄，孝景後二年謚煬。

丞相、酇侯蕭何，沛豐人，孝惠三年謚文終。

何子禄，孝文元年謚哀。

禄子同，謚懿。

何少子築陽侯更封酇侯延，孝文三年謚定。

延子遺，孝文初謚煬。

遺弟武陽侯嘉，孝景初謚幽。

何曾孫酇侯慶，元狩六年謚共。　《史表》作何孫。

何玄孫建世，孝宣甘露元年謚安。

何六世孫輔，謚思。

何六世孫喜，孝成永始四年謚釐。

喜子尊，孝成綏和元年謚質。

尊子章，孺子嬰建國元年謚質〔二一〕。

汁防侯雍齒，汁防人，孝惠三年謚肅。　或作什方。

齒子鉅鹿，孝景三年謚荒。

齒曾孫桓，孝宣元康四年謚終。

城父侯尹恢，孝惠三年謚嚴。　城父，《史表》作故城。

武原侯衛胠，孝惠四年謚靖。

胠子寄，孝景三年謚共。

陽信侯吕青，孝惠四年謚胡。《史表》作新陽侯。

青子臣，孝文七年謚頃。臣，《史表》作世。

臣子義，孝文九年謚懷。

義子它，孝景五年謚惠。

趙相、汾陰侯周昌，沛人，孝惠四年謚悼。

昌子開方，孝文前五年謚哀。

陽陵侯傅寬，孝惠五年謚景。《史表》作謚靖。

寬子清，孝文十五年謚頃。

清子明，孝景四年謚共。明，《史表》作則。

平皋侯劉它，實項氏，賜姓劉，孝惠五年謚煬。

它子遠，孝景元年謚共。

遠子光，建元元年謚節。

平侯張瞻師，孝惠五年謚嚴。《史表》作繁侯；瞻師，作彊瞻〔二二〕。《漢表》避明帝諱，莊皆作嚴。後凡謚嚴者，俱莊也。

瞻師子惸，孝景四年謚慶。惸，《史表》作恂。

臨轅侯戚鰓，孝惠五年謚堅。

鰓子觸龍，孝景四年謚夷。

觸龍子中，建元四年謚共。

梁鄒侯武虎，孝惠五年謚孝。　虎，《史表》作儒。

虎孫嬰齊，元鼎四年謚頃。

土軍侯宣義，孝惠六年謚式。　式，《史表》作武。

義子莫如，孝景三年謚孝。

莫如子平，建元六年謚康。

昌武侯單究，孝惠六年謚靖信。　究，《史表》作甯。

究子如意，孝景中元四年謚惠。

如意子賈成，元光五年謚康。

舞陽侯樊噲，沛人，孝惠六年謚武。

噲子市人，孝景七年謚荒。

丞相、平陽侯曹參，沛人，孝惠六年謚懿。

參子窋，孝文後四年謚靖。

窋子奇，孝景四年謚簡。

奇子時，元光五年謚夷。

猗氏侯陳遬，孝惠七年謚敬。　位次作長陵公。

遬子支，孝景三年謚靖。

支子羌，孝景四年謚頃。　支，《史表》作交。羌，《史表》作差。

景侯王競，孝惠七年謚嚴。　《史表》作甘泉侯。競，作敬。

競子真粘，孝文十一年謚戴。　真粘，《史表》作莫摇。

臨泗侯吕公，單父人，高后父，高后元年追謚宣王。

高后長兄周吕侯澤，初謚令武侯，高后三年追謚悼武王。

澤長子吕王台，高后三年謚肅。

高后次兄建成侯釋之，初追謚康侯，高后八年子禄王趙，追謚昭王。

廣平侯薛歐，高后元年謚敬。

歐子山，孝文後三年謚靖。

歐子平棘侯澤，元朔四年謚節。

都昌侯朱軫，高后元年謚嚴。

軫子率，孝文八年謚剛。

率子詘，孝景元年謚夷。

詘子偃，孝景三年謚共。

堂陽侯孫赤，高后元年謚哀。

朝陽侯華寄，高后元年謚齊。

寄子要，孝文十四年謚文。

太子少傅、留侯張良，字子房，其先韓人，高后三年謚文成。

歷侯程黑，高后三年謚簡。　歷，《史表》作磨。

黑子釐，孝文後元年謚孝。

汾陽侯靳彊[二三]，高后三年謚嚴。

彊子解，孝景五年謚共。

戴侯祕彭祖，高后三年謚敬。

彭祖子悼，孝文八年謚共。　悼，《史表》作悼。

悼子安國，元朔五年謚夷。

安國子軫，元鼎四年謚安。

高陵侯王虞人，高后三年謚圉。　王虞人，《史表》作王周。

虞人子并弓，孝文十三年謚惠。　并，《漢表》作弄。

紀信侯陳倉，高后三年謚匡。

倉子開，孝文後二年謚夷。

傿陵侯朱濞，高后四年謚嚴。

濞子慶，孝文七年謚共。

博成侯馮無擇，高后四年謚敬。

衍侯翟盱，高后四年謚簡。

盱子山〔二四〕，高后六年謚祇。

山子嘉，建元二年謚節。

車騎將軍、信武侯靳歙，高后五年謚肅。

鹵侯張平，高后五年謚嚴。

堂邑侯陳嬰，東陽人，高后五年謚安。

嬰子禄，孝文三年謚共。

禄子午，元光六年謚夷。

柳丘侯戎賜，高后五年謚齊。

賜子安國，孝景四年謚定。

安國子嘉成，孝景後元年謚敬。

魏其侯周止，高后五年謚嚴。　止，《史表》作定。

杜衍侯王翥，高后六年謚嚴。

翥子福，孝文五年謚嚴。　《史表》曰謚共。

福子市臣，孝文十二年謚孝。

樂平侯衛無擇，高后六年謚簡。

無擇子勝，孝景後三年謚共。
陽都侯丁復，高后六年謚敬。
復子甯，孝文十年謚趮。　趮，古躁字。
東武侯郭蒙，高后六年謚貞。
武彊侯嚴不識〔二五〕，高后七年謚嚴。
不識子嬰，孝文後二年謚簡。
梧侯陽城延，高后七年謚齊。
延子去疾，孝景中三年謚敬。
去疾子偃，元光三年謚靖。
陽羨侯靈常，高后七年謚定。
常子賀，孝文七年謚共。
賀子勝，孝文十二年謚哀。
龍陽侯陳署，高后七年謚敬。　《史表》作龍侯；署，作暑。
安國侯王陵，沛人，高后八年謚武。
陵子忌，孝文元年謚哀。
忌子斿，建元元年謚終。
斿子辟方，元狩三年謚安。

右丞相、曲周侯酈商，高陽人，孝文元年謚景。

商子繆侯堅，元光四年謚靖。

堅子遂成，謚康。

遂成子世宗，元鼎二年謚懷。

柏至侯許盎，孝文元年謚靖。　盎，《史表》作温。

盎子禄，孝文十五年謚簡。

禄子昌，元光二年謚哀。

昌子如晏，元狩三年謚共。

戚侯季必，孝文元年謚圉。　《史表》作季班，謚齊。

必子長，孝文四年謚頃。

長子瑕，建元三年謚躁。

清河侯王吸，孝文元年謚定。

吸子彊〔二六〕，孝文八年謚哀。

彊子伉，孝景五年謚孝。

伉子不害，元光四年謚哀〔二七〕。

費侯陳賀，孝文元年謚圉。　徐廣曰：圉，一作幽。

賀子常，孝景二年謚共。

曲成侯蟲達，孝文元年謚圉。　位次作夜侯恒。

達子垣侯捷，孝景時謚恭。

河陽侯陳涓，孝文元年謚嚴。

薄太后父，吴人，孝文時追謚靈文侯。　失名。

丞相、曲逆侯陳平，陽武户牖鄉人，孝文二年謚獻。

平子買，孝文五年謚共。

買子悝，孝景五年謚簡。

平州侯昭涉掉尾，孝文二年謚共。

掉尾子種，孝文五年謚戴。　種，《史表》作福。

種子它人，孝文九年謚懷。

它人子馬童，孝景後二年謚孝。

煮棗侯革朱，孝文二年謚端。　朱，《史表》作赤。

朱子式，孝景中二年謚康。　式，《史表》作武。

平定侯齊受，孝文二年謚敬。

受子市人，孝文六年謚齊。

市人子應，元光二年謚共。

應子延居，元鼎四年謚康。

廣侯召歐，孝文二年謚嚴。

歐子勝，孝文十一年謚戴。

勝子嘉，孝文後七年謚共。

肥如侯蔡寅，孝文三年謚敬。

寅子戎，孝文後元年謚嚴。

御史大夫、廣阿侯任敖，沛人，孝文三年謚懿。

敖子敬，孝文四年謚夷。

敬子但，建元五年謚敬。

河陵侯郭亭，孝文三年謚頃。

亭子歐，孝景二年謚惠。

歐子客，謚勝。　《史表》作客勝，是名，非謚。

歐子南侯延，元光六年謚靖。

東茅侯劉到，孝文三年謚敬。　到，《史表》作釗。

彭侯秦同，孝文三年謚簡。

同子執，孝景三年謚戴。

下相侯泠耳，孝文三年謚嚴。

平都侯劉到，孝文三年謚孝。

臺侯戴野，孝文四年謚定。

辟陽侯審食其，沛人，孝文四年謚幽。

山都侯王恬啓，孝文四年謚貞。　啓，《史表》作開。

恬啓子中黄，孝景四年謚憲。　《史表》作謚惠。

中黄子觸龍，元狩五年謚敬。

終陵侯華毋害，孝文四年謚齊。　《史表》作絳陽侯。

毋害子勃，孝文後四年謚共。　《史表》作勃齊。

蒯城侯周緤，沛人，孝文五年謚貞。　《漢表》作謚制。

緤子鄲侯應，孝景中元年謚康。

丞相、潁陰侯灌嬰，睢陽人，孝文五年謚懿。

嬰子何，孝景中三年謚平。

樂成侯丁禮，孝文五年謚節。

禮子馬從，孝文後七年謚夷。

馬從子吾客，元鼎二年謚式。　《史表》止作客。式，作武。

涅陽侯吕騰，孝文五年謚嚴。　騰，《史表》作勝。

平棘侯林摯，孝文五年謚懿。　《史表》作中懿侯執。

禾成侯公孫昔，孝文五年謚孝。　昔，《史表》作耳。

昔子漸，孝文十三年謚懷。

祝阿侯高色，孝文五年謚孝。　色，《史表》作邑。

搙侯温疥，孝文六年謚頃。　搙，《史表》作栒。

疥子仁，孝文後七年謚文。

棘陽侯杜得臣，孝文六年謚嚴。

得臣子但，元光四年謚質。

但子武，元朔五年謚懷。

稾祖侯陳嬰，孝文七年謚懷。　《史表》作稾侯。

嬰子應，孝文後五年謚共。

應子安，元狩二年謚節。

共侯旅罷師，孝文七年謚嚴。　旅，《史表》作盧。

罷師子黨，孝文十五年謚惠。

黨子高，孝文時謚懷。　高，《史表》作商。

穀陽侯馮谿，孝文七年謚定。　穀陽，《史表》作穀陵。

谿子能，孝景二年謚共。　能，《史表》作熊。

能子卬，孝景五年謚隱。　卬，《史表》作卬。

卬子解中，建元四年謚懿。　《史表》止作解；懿，作獻。

祝茲侯徐厲，孝文七年謚夷。　祝茲，《史表》作松茲。

厲子悼，孝景中六年謚康。

太僕汝陰侯夏侯嬰，沛人，孝文八年謚文。

嬰子竈，孝文十六年謚夷。

竈子賜，元光三年謚共。

中牟侯單右車，孝文八年謚共。　單右車，《史表》作單父聖。

右車子繒，孝文十三年謚敬。

繒子終根，元光二年謚戴。

斥丘侯唐厲，孝文九年謚懿。

厲子朝，孝文後六年謚共。

博陽侯周聚，孝文九年謚節。

蓼侯孔藂，孝文九年謚夷。

南安侯宣虎，孝文九年謚嚴。

虎子戎，孝文後四年謚共。　戎，《史表》作成。

中水侯吕馬童，孝文十年謚嚴。

馬童子瑕，孝文十三年謚夷。　瑕，《史表》作假。

瑕子青眉，建元六年謚共。

青眉子德，元光元年謚靖。

桃侯劉襄，孝文十年謚安。

襄子舍，建元二年謚懿[二八]。　《史表》曰謚哀。

舍子由，元朔二年謚厲。　由，《史表》作申。

宣曲侯丁義，孝文十一年謚齊。

復陽侯陳胥，孝文十一年謚剛。

胥子嘉，孝景六年謚共。

甯陵侯吕臣，孝文十一年謚夷。

臣子謝，孝景四年謚戴。　謝，《史表》作射。

謝子始，建元四年謚惠[二九]。

成陽侯奚意，孝文十一年謚定。

張侯毛釋之，孝文十一年謚節。　釋之，《史表》作澤。

釋之子慶，孝文十三年謚夷。　慶，《漢表》作鹿。

丞相絳侯周勃，沛人，孝文十二年謚武。

勃子平曲侯堅，元朔五年謚共。

赤泉侯楊喜，孝文十二年謚嚴。

喜子敷，孝景四年謚定。　敷，《史表》作殷。

安丘侯張説，孝文十二年謚懿〔三〇〕。
説子奴，孝景三年謚共。
奴子執，孝景四年謚敬。
執子新，元狩元年謚康。　新，《史表》作訢。
邔侯黄極忠〔三一〕，孝文十二年謚嚴。
極忠子榮成，孝文後元五年謚夷。　《史表》作謚慶。
榮成子明，元朔五年謚共。
成陰侯周信，孝文十二年謚夷。　成陰，《史表》作成陶。
信子勃，謚孝。
祁侯繒賀，孝文十二年謚穀。
賀子胡，孝景六年謚頃。
吴房侯楊武，孝文十三年謚嚴。
期思侯賁赫，孝文十四年謚康。
昌侯旅卿，孝文十五年謚圉。
陽信侯劉揭，孝文十五年謚夷。
甯侯魏遬，孝文十六年謚嚴。　遬，《史表》作選。
東陽侯張相如，孝文十六年謚武。

相如子殷，孝文後五年謚共。

殷子安國，孝景四年謚戴。

安國子彊〔三二〕，建元元年謚哀。

須昌侯趙衍，孝文十六年謚貞。

衍子福，孝文後四年謚戴。

軑侯黎朱豨，孝文十六年謚孝。

泒陵侯魏泗，孝文中謚康。《史表》作波陵侯；泗，作駟。

棘蒲侯陳武，孝文後元年謚剛。

隆慮侯周竈，孝文後二年謚克。《史表》曰謚哀。

博陽侯陳濞，孝文後二年謚嚴。《史表》作壯侯。

中邑侯朱進，孝文後二年謚貞。

深澤侯趙將夕，孝文後二年謚齊。

將夕子頭，孝景三年謚戴。

頭子臾侯胡，元朔五年謚夷。

陸量侯須桑，孝文後三年謚共。陸量，《史表》作陸梁。

桑子慶忌，孝景元年謚康。

敬市侯閻無害，孝文後四年謚夷。

無害子續，孝景五年謚戴。

黎侯召奴，孝文後五年謚頃。

襄成侯韓嬰，孝文後七年謚哀。

便侯吴淺，孝文後七年謚頃。

淺子信，孝景六年謚恭。

高胡侯陳程，孝文時謚煬。　《史表》曰謚殤。

厭次侯元頃，孝文時謚中。　元頃，《漢書》作爰類。

按：項以謀反誅，安得有謚？《史表》誤。

弓高侯韓隤當，孝景初謚壯。

隤當孫按道侯説，元封元年爲衛太子所殺，謚愍。

説子龍頟侯曾，孝宣五鳳元年謚安。

曾子寶，孝成鴻嘉元年謚思。

寶從父昆弟共，紹封龍頟侯，謚節。

嚴侯許猜，孝景二年謚敬。　猜，《史表》作倩。

猜子恢，建元二年謚共。

恢子則，元光五年謚煬。　《史表》作謚殤。

則子周，元朔二年謚節。

丞相、故安侯申屠嘉，梁人，孝景三年謚節。

丞相、北平侯張蒼，陽武人，孝景五年謚文。

蒼子奉，孝景後元年謚康。

樊侯蔡容，孝景中二年謚康。

容子平，元朔二年謚共。

江陽侯蘇息，孝景中二年謚康。　《史表》作蘇嘉。

襄平侯紀相夫，孝景中三年謚康。

亞谷侯盧它之，故燕王盧綰子，孝景後元年謚簡。

它之子種，建元五年謚安。

種子漏，元光六年謚康。　漏，《史表》作偏。

章武侯竇廣國，清河觀津人，孝文后弟，孝景時謚景。

廣國子定，元光三年謚共。

廣國從孫南皮侯良，元光五年謚夷。

慎陽侯樂願，孝武建元元年謚靖。　樂，《史表》作欒；願，作願之。

丞相、建陵侯衛綰，代大陵人，建元初謚哀。

容城侯徐盧，以匈奴王降，建元二年謚攜。

盧子纏，元朔三年謚康。　纏，《史表》作綽。

御史大夫塞侯直不疑，南陽人，建元四年謚信。

不疑子相如，元朔四年謚康。

范陽侯范代，以匈奴王降，元光二年謚靖。《史表》作謚端。

代子德，元光五年謚懷。

建平侯程嘉，元光二年謚敬。敬，《史表》作哀。

高梁侯酈疥，元光三年謚共。

新市侯王始昌，元光四年謚煬。《史表》作謚殤。

蓋侯王信，槐里人，景帝后兄，元光中謚靖。

信子充謚頃。

武安侯田蚡，長陵人，孝景王皇后同母弟〔三三〕，元光中謚信。《漢表》及《史表》俱無謚。

周陽侯田勝，孝景后同母弟，元光末謚懿。

合陽侯梁喜，元朔元年謚愛。

丞相、牧丘侯石慶，河內溫人，元朔中謚恬〔三四〕。

潦侯王援訾，以匈奴趙王降，元狩二年謚悼。援，一作煖。

平津侯公孫弘，字次卿，菑川人，元狩三年謚獻。

冠軍侯霍去病，元狩六年謚景桓。

去病子南陽侯嬗，元封元年謚哀。

煇渠侯僕朋，故匈奴歸義侯，元鼎二年謚忠〔三五〕。　朋，一作多。

河綦侯烏黎，以匈奴王降，元鼎二年謚康〔三六〕。

臧馬侯雕延年，以匈奴王降，元鼎二年謚康〔三七〕。

濕陰侯昆邪，元鼎三年謚定。　濕，《史表》作漯；昆，作混。

昆邪子蘇，元封五年謚魏。

煇渠侯應疕，以匈奴王降，元鼎三年謚慎。　應疕，《史表》作扁訾；慎，作悼。

隨桃侯趙光，以南越蒼梧王降，元鼎五年謚頃。

衆利侯伊即軒，以匈奴歸義，元封五年謚質。

海常侯蘇弘，太初元年謚嚴。

蓹兒侯轅終古，太初元年謚嚴。

湼陽侯最，太初元年謚康。　《漢表》失姓。

常樂侯稠雕，以匈奴大當户降，太初三年謚肥。　《漢表》無。

長平侯衛青，字仲卿，平陽人，太初三年謚烈。

當塗侯魏不害，征和二年謚康。

不害子聖，謚愛。

聖子楊，謚剌。

楊子向，謚戴。

下摩侯謼毒伊即軒，孝武時謚煬。
昌武侯趙安稽，以匈奴王降，孝武時謚康。
光禄大夫秺侯金日磾，字翁叔，本匈奴休屠王太子，孝昭始元二年謚敬。
日磾姪侍中、都成侯安上，字子侯，神爵四年謚敬。
安上子常，五鳳三年謚夷。
常孫楊，謚戴。
丞相、富民侯車千秋，本姓田氏，其先以諸田徙長陵，元鳳四年謚定。
丞相、宜春侯王訢，濟南人，元鳳六年謚敬。
訢子譚，建始三年謚康。
譚子咸，元延元年謚孝。
咸子章，建平三年謚釐。
宜城侯燕倉，元鳳六年謚戴。
倉子安，建昭五年謚剌〔三八〕。
安子尊，陽朔元年謚釐。
尊子武，謚煬。
丞相、安平侯楊敞，華陰人，元平元年謚敬。
敞子忠，元康二年謚頃。

爰氏侯便樂成，孝宣本始二年謚肅。

樂成子輔，本始四年謚康。

輔子臨，地節二年謚哀〔三九〕。

成安侯郭忠，本始三年謚嚴。

忠子遷，地節二年謚愛。

遷子賞，陽朔三年謚刻。

賞子長，謚郢。　郢，謚法無。

長子萌，謚耋。

丞相、陽平侯蔡義，河内温人，本始四年謚節。

平昌侯王迺始，廣望人，孝宣外祖父，本始七年追謚思成〔四〇〕。

迺始子無故，五鳳元年謚節。

無故子接，永光三年謚考。

接子臨，鴻嘉元年謚耋。

無故子樂昌侯武，甘露二年謚共。

武子商，字子威，河平四年謚戾。

大司馬、大將軍、博陸侯霍光，字子孟，平陽人，去病異母弟，地節二年謚宣成。

大司馬、衛將軍、富平侯、領尚書事張安世，字子儒，杜陵人，元康四年謚敬。

安世子平原侯延壽，甘露三年謚愛。
延壽子散騎、諫大夫、平原侯敞，初元二年謚繆。
敞子臨，竟寧末謚共。
臨子放，元始四年謚思。
掖庭令張賀，安世兄，孝宣時追封陽都侯，謚哀。
丞相、扶陽侯韋賢，字長孺，魯國鄒人，元康四年謚節。
賢子玄成，字少翁，建昭初謚共。
玄成子寬，永始四年謚頃。
寬子育，謚釐。
育子沈，謚節。
丞相、高平侯魏相，字弱翁，濟陰定陶人，神爵三年謚憲。
博望侯許舜，昌邑人，孝宣后兄，神爵三年謚頃。
舜子敞，甘露三年謚康。
敞子黨，河平四年謚戾。
黨子並，元延時謚釐。
將陵侯史曾，魯國人，徙杜陵，悼皇舅子，神爵四年謚哀。
丞相、博陽侯丙吉，字少卿，魯國人，五鳳三年謚定。

御史大夫、建平侯杜延年，字幼公，南陽杜衍人，甘露元年謚敬。

延年子緩，竟寧元年謚孝。

緩子業，元始元年謚荒。

樂成侯許延壽，孝宣后兄，甘露元年謚敬。

延壽子湯，初元二年謚思。

湯子常，元延二年謚哀〔四一〕。

常弟恭，建昭元年謚節。

恭子去疾，鴻嘉三年謚康。

後將軍、營平侯趙充國，字翁孫，隴西上邽人，甘露二年謚壯。

充國子弘，建始三年謚質。

弘子欽，陽朔二年謚考。

爰戚侯趙長年，甘露三年謚靖。

長年子欣，謚節。

丞相、建成侯黄霸，淮陽陽夏人，甘露三年謚定。

霸子賞，陽朔四年謚思。

賞子輔，建國元年謚忠。

西域都護、安遠侯鄭吉，會稽人，黄龍元年謚繆。

右將軍、典屬國、長羅侯常惠，太原人，孝元初元二年謚壯武。

惠子威，謚嚴〔四二〕。

威子邯，謚愛。

弋陽侯任宮，初元二年謚節。

宮子千秋，河平三年謚剛。

千秋子惲，河平四年謚愿。

惲子岑，元壽二年謚孝。

高昌侯董忠，初元二年謚壯。

忠子宏，元壽元年謚煬。

邛成侯王奉光，長陵人，孝宣王皇后父，初元二年謚共。

奉光子安平侯舜，建昭三年謚夷。

舜子章，陽朔四年謚剛。

章子淵，元始五年謚釐。

淵子買，謚懷。

陽平侯王禁，字穉君，孝元皇后父，居長安，永光二年謚頃。

禁子鳳，陽朔三年謚敬成。

鳳子襄，建平四年謚釐。

襄子岑，建國四年謚康。

鳳弟新都侯曼，即莽父，孝成時追謚哀。

曼弟安成侯崇，建始三年謚共。

崇子奉世，建國二年謚靖。

崇弟平阿侯譚，永始元年謚安。

譚子仁，元始四年爲莽迫，自殺，謚刺。

譚弟成都侯商，元延二年謚景成。

商弟紅陽侯立，元始四年爲莽迫，自殺，謚荒。

立曾孫泓，謚武桓。

立弟曲陽侯根，建平元年謚煬。

根弟高平侯逢時，元延四年謚戴。

鳳從弟安陽侯音，永始二年謚敬。

大司馬、車騎將軍、樂陵侯史高，魯國人，徙杜陵，悼皇舅子，永光二年謚安。

高子術，建始二年謚嚴。

術子崇，河平元年謚康。

高子左將軍、光禄大夫、武陽侯丹，字君仲，永始末謚頃。

丹子邯，元壽二年謚煬。

丞相、西平侯于定國，字曼倩，東海郯人，永光四年謚安。

定國子永，鴻嘉元年謚頃。

平臺侯史玄，悼皇舅子，建昭元年謚康。

玄子恁，鴻嘉二年謚戴。

周承休侯姬延年，建昭中謚考。

延年子安，竟寧元年謚質。

安子世，永始二年謚釐。

歸德侯先賢撣，以匈奴單于從兄日逐王降，竟寧元年謚靖。

撣子富昌，建始二年謚煬。

大中大夫、關内侯孔霸，字次孺，孔子十三世孫，孝元時謚烈。

霸子博山侯光，字子夏，元始五年謚簡烈。

平恩侯許嘉，昌邑人，孝成后父，孝成河平二年謚共。

嘉子況，鴻嘉二年謚嚴。

況子旦，建國四年謚質。

西域都護、騎都尉、義成侯甘延壽，字君況，北地郁郅人，河平四年謚壯。

延壽子建，建平元年謚煬。

建子遷，莽居攝時謚節〔四三〕。

期侯駒崇，陽朔二年謚釐。

騳望侯冷廣，鴻嘉元年謚忠。

童鄉侯鍾祖，永始四年謚釐。

成陽侯趙臨，皇后父，元延二年謚節。

開陵侯成褒，元延時謚質。

褒弟級，謚釐。

丞相、高陵侯翟方進，汝南上蔡人，綏和二年謚恭。

丞相、安昌侯張禹，字子文，河内軹人，孝哀建平二年謚節。

延鄉侯李譚，建平三年謚節〔四四〕。

褒魯侯公子寬，以周公世封奉周祀，孝平元始元年謚節。

大司空、汜鄉侯何武，字君公，蜀郡郫縣人，元始三年爲王莽所殺，謚剌。

大司空、義陽侯師丹，字仲公，琅邪東武人，元始三年謚節。

丞相、新甫侯王嘉，字公仲，平陵人，元始四年追謚忠。

大司空、長平侯彭宣，字子佩，陽夏人，元始四年謚頃。

西域副校尉、關内侯陳湯，字子公，山陽瑕丘人，王莽秉政，追封破胡侯，謚壯。

汝昌侯傅□，河内温人，孝哀祖母定陶太后之父，謚哀。　史失其名。

大司馬、高武侯傅喜，字稚游，傅太后從父弟，王莽居攝初謚貞〔四五〕。

陽信侯鄭惲，傅太后同母弟，謚節。

## 王莽僞謚

莽妻王氏，謚孝睦皇后。

莽子臨，謚繆王。

莽孫宗，謚繆伯。

莽舅王根，謚直道讓公。　即睦后父〔四六〕。

莽臣更始將軍廉丹，與赤眉戰死，謚果。

瓜田儀，謚瓜寧殤男。　莽時盜賊麻起，有瓜田儀者，儲夏請於莽，得説下瓜田儀。亡何儀死，莽求屍葬之，爲起冢祠，謚曰瓜寧殤男，冀以招來其餘，然卒無降者。

【校勘記】

〔一〕道子經　『經』，《續通考》卷一三七作『注』。據《史記》卷一七《漢興以來諸侯王年表》、卷五〇《楚元王世家》、《漢書》卷一四《諸侯王表》，應作『注』是。

〔二〕燕子偃謚康　『康』，《續通考》卷一三七、《漢書》卷一五上《王子侯表上》皆作『穅』。

〔三〕將閭子柳侯楊已　『楊』，《史記》卷二一《建元已來王子侯者年表》、《漢書》卷一五上《王子侯表上》皆作『陽』。下文同。

〔四〕齕子威謚僖　『僖』，《漢書》卷一五下《王子侯表下》作『釐』。

〔五〕荒王順子庸侯談謚僖　『僖』，《漢書》卷一五下《王子侯表下》作『釐』。

〔六〕昌子革生　『生』字原脱，據《續通考》卷一三七、《漢書》卷一五上《王子侯表上》補。下文『革生子廣平』原作『革子廣平』，亦據上引二書校補。

〔七〕不害子秦客　『秦』原作『泰』，據《漢書》卷一五上《王子侯表上》、《文獻通考》卷二六六《封建考七》改。

〔八〕戚子德　『德』，《漢書》卷一五上《王子侯表上》、《文獻通考》卷二六六《封建考七》均作『得』。

〔九〕淮陽王强　『强』原作『疆』，據《史記》卷九《吕后本紀》、卷一七《漢興以來諸侯王年表》、《漢書》卷三《高后紀》改。

〔一〇〕竇梁侯强　『强』原作『疆』，據《漢書》卷一五下《王子侯表下》、《册府元龜》卷二六三改。

〔一一〕東安侯强　『强』原作『疆』，據《漢書》卷一五下《王子侯表下》、《文獻通考》卷二六六《封建考七》改。

〔一二〕容鄉侯强　『强』原作『疆』，據《漢書》卷一五下《王子侯表下》、《文獻通考》卷二六六《封建考七》改。

〔一三〕擲斐侯道　『斐』，《續通考》卷一三七同，《漢書》卷一五上《王子侯表上》、《文獻通考》卷二六六《封建考七》均作『裴』。

〔一四〕樂信侯强　『强』原作『疆』，據《漢書》卷一五下《王子侯表下》、《文獻通考》卷二六六《封建考七》改。下文同改。

〔一五〕柳泉侯强　『强』原作『疆』，據《漢書》卷一五下《王子侯表下》、《文獻通考》卷二六六《封建考七》改。下文同改。

〔一六〕高帝姊　『姊』原作『娣』，據《續通考》卷一三七、《漢書》卷三《高后紀》改。

〔一七〕吴芮　『芮』原作『苪』，據《續通考》卷一三七、《史記》卷八《高祖本紀》、《漢書》卷一下《高帝紀下》改。下文同改。

〔一八〕貰侯合傅胡害高帝八年謚齊　『貰侯合』，《續通考》卷一三七作『貰侯』，《漢書》卷一六《高惠高后文功臣表》作『貰齊合侯』。『高帝八年』，《續通考》卷一三七作『高后八年』。

〔一九〕石曾孫坤山侯其章孝武元狩元年謚共　據《漢書》卷一六《高惠高后文功臣表》，其章以元鼎四年自埤山侯改封陽河侯，後三年之元封元年，其子仁襲位。元狩在元鼎前，彼時其章尚在，不應便得賜謚。『元狩』疑爲『元封』之誤。

〔二〇〕彊侯留肹　『彊』原作『疆』，據《漢書》卷一六《高惠高后文功臣表》、《文獻通考》卷二六七《封建考八》改。

〔二一〕孺子嬰建國元年謚質　《續通考》卷一三七作『王莽居攝元年謚質』。據《漢書》卷一六《高惠高后文功臣表》，質侯章當薨於居攝元年。疑《續通考》是。

〔二二〕彊瞻　『彊』原作『疆』，據《史記》卷一八《高祖功臣侯者年表》改。

〔二三〕汾陽侯靳彊　『彊』原作『疆』，據《史記》卷一八《高祖功臣侯者年表》、《漢書》卷一六

《高惠高后文功臣表》、《文獻通考》卷二六七《封建考八》改。下文同改。

〔二四〕盱子山　『盱』原作『旰』，據上文及《續通考》卷一三七、《史記》卷一八《高祖功臣侯者年表》、《漢書》卷一六《高惠高后文功臣表》、《文獻通考》卷二六七《封建考八》改。

〔二五〕武彊侯嚴不識　『彊』原作『疆』，據《史記》卷一八《高祖功臣侯者年表》、《漢書》卷一六《高惠高后文功臣表》改。

〔二六〕吸子疆　下文『疆子伉』，兩『疆』字，《續通考》卷一三七、《漢書》卷一六《高惠高后文功臣表》、《文獻通考》卷二六七《封建考八》皆同，《史記》卷一八《高祖功臣侯者年表》作『彊』。

〔二七〕元光四年謚哀　『光』原作『康』，據《續通考》卷一三七、《史記》卷一八《高祖功臣侯者年表》、《漢書》卷一六《高惠高后文功臣表》、《文獻通考》卷二六七《封建考八》改。

〔二八〕襄子舍建元二年謚懿　『二年』，《續通考》卷一三七作『元年』。據《史記》卷一八《高祖功臣侯者年表》、《漢書》卷一六《高惠高后文功臣表》，舍當薨於建元元年。疑《續通考》是。

〔二九〕謝子始建元四年謚惠　『建元四年』，《續通考》卷一三七作『建元元年』。據《史記》卷一八《高祖功臣侯者年表》、《漢書》卷一六《高惠高后文功臣表》，吕始當薨於建元五年。二書皆誤。

〔三〇〕孝文十二年謚懿　『十二年』，《續通考》卷一三七作『十三年』。據《史記》卷一八《高祖功臣侯者年表》、《漢書》卷一六《高惠高后文功臣表》，安丘侯張説當薨於孝文十三年。《續通考》是。

〔三一〕邛侯黄極忠　『邛』原作『卭』，據《史記》卷一八《高祖功臣侯者年表》、《漢書》卷一六《高惠高后文功臣表》改。

〔三二〕安國子彊　『彊』原作『疆』，據《續通考》卷一三七、《史記》卷一八《高祖功臣侯者年表》、《漢書》卷一六《高惠高后文功臣表》改。

〔三三〕孝景王皇后同母弟　『景』原作『武』，據《史記》卷一〇七《魏其武安侯列傳》、《漢書》卷五二《田蚡傳》改。

〔三四〕元朔中謚恬　『元朔中』，《續通考》卷一三七作『太初三年』。據《史記》卷二〇《建元以來侯者年表》、《漢書》卷一八《外戚恩澤侯表》，石慶於元鼎五年封侯，太初三年薨。《續通考》是。

〔三五〕元鼎二年謚忠　『二年』，《續通考》卷一三七作『四年』。據《漢書》卷一七《景武昭宣元成功臣表》，僕朋當薨於元鼎四年。《續通考》是。

〔三六〕河綦侯烏黎以匈奴王降元鼎二年謚康　『二年』，《續通考》卷一三七作『三年』。據《史記》卷二〇《建元以來侯者年表》、《漢書》卷一七《景武昭宣元成功臣表》，烏黎當薨於元鼎三年。《續通考》是。

〔三七〕臧馬侯雕延年以匈奴王降元鼎二年謚康　『二年』，《續通考》卷一三七作『三年』。據《史記》卷二〇《建元以來侯者年表》、《漢書》卷一七《景武昭宣元成功臣表》，雕延年當薨於元鼎五年。二書皆誤。

〔三八〕倉子安建昭五年謚剌　『建昭五年』，《續通考》卷一三七作『竟寧元年』。據《漢書》卷一七

《景武昭宣元成功臣表》，倉子安當薨於竟寧元年。《續通考》是。

〔三九〕地節二年謚哀　此句下原衍「謚哀」二字，據《續通考》卷一三七刪。

〔四〇〕本始七年追謚思成　「本始七年」，《續通考》卷一三七作「地節三年」。《漢書》卷九七上《外戚傳上》載：「初，酒始以本始四年病死，後三歲，家乃富貴，追賜謚曰思成侯。」按本始止於四年，「後三歲」當爲地節三年。《續通考》是。

〔四一〕湯子常元延二年謚哀　按《漢書》卷一八《外戚恩澤侯表》載，「初元二年，哀侯常嗣，九年薨」，則其得謚似不在「元延二年」。疑此處因《表》文「元延二年節侯恭以常弟紹封」而致誤。《續通考》卷一三七作「永光四年」亦誤。

〔四二〕惠子威謚嚴　「威」，《漢書》卷一七《景武昭宣元成功臣表》作「成」。

〔四三〕建子遷莽居攝時謚節　「莽居攝時」，《續通考》卷一三七作「建國二年」。

〔四四〕延鄉侯李譚建平三年謚節　「建平三年」，《續通考》卷一三七作「元始元年」。據《漢書》卷一七《景武昭宣元成功臣表》，李譚當薨於元壽二年或元始元年，不應建平三年即賜謚。疑《續通考》是。

〔四五〕王莽居攝初謚貞　「王莽居攝初」，《續通考》卷一三七作「孺子嬰建國二年」。據《漢書》卷一八《外戚恩澤侯表》，傅喜當薨於建國二年。《續通考》是。

〔四六〕莽舅王根謚直道讓公即睦后父　按《漢書》卷六六《王訢傳》載，莽妻乃王訢孫王咸之女，卷九八《元后傳》載，王根乃王莽父王曼之弟。此稱王根爲「莽舅」、「睦后父」殊誤。

# 卷之四

雲間王　圻　編輯
巴郡趙可懷　校正
平湖孫成泰　郢中朱一龍
龍江王應麟　西陵吴　化　參閲

## 東漢帝后謚

世祖光武皇帝，名秀，字文叔，南陽蔡陽人，父南頓令欽。帝以莽地皇三年起兵，建武元年即位，中元二年崩，年六十二，謚光武。　陰皇后，諱麗華，南陽新野人，父陸，母鄧氏。后初爲貴人，以郭后廢而立，在位二十四年，年六十，謚光烈。

丘氏瓊山曰：自古后無謚，皆從其主之謚。後世后有謚始於此，然惟用烈之一字，所謂光者，仍用帝謚也。其後如明德、和熹之類皆然。後世乃用二字、四字者，始去其主之謚而專稱焉，失婦人從夫之義矣。

顯宗孝明皇帝，名莊，光武第四子，母光烈皇后。中元二年即位，永平十八年崩，年四十八，謚孝明。　馬皇后，伏波將軍小女，母藺夫人。后初爲貴人，後正位，在位二十三年，年四十，謚明德。

肅宗孝章皇帝，名炟〔一〕，顯宗第五子。永平十八年即位，章和二年崩，年三十三，謚孝章。

竇皇后，扶風平陵人，大司徒融之曾孫，父勳。初以選入掖庭，後正位，在位十八年，謚章德。

梁皇后，竦之女。初爲貴人，生和帝。後竇后忌梁氏，誅竦，貴人亦被禍。和帝立，追上尊謚曰恭懷皇后。　宋貴人，扶風平陵人，父楊。永平末，選入太子宫。建初三年，生清河王慶。七年，以竇后讒自殺。安帝建光元年，追謚敬隱后。

孝和皇帝，名肇，肅宗第四子。章和二年即位，元興元年崩，年二十七，謚孝和。　鄧皇后，諱綏，太傅禹之孫，父訓，母陰氏，光烈皇后從弟女。初以選入爲貴人，陰后以巫蠱事廢，正位中宫，在位二十年，年四十一，謚和熹。

孝殤皇帝，名隆，和帝少子。元興元年十二月即位，延平元年崩，年二歲，謚孝殤。

孝安皇帝，名祜，清河王慶子，肅宗孫。延平元年即位，延光四年崩，年三十二，謚孝安。

閻皇后，諱姬，河南滎陽人。父暢，謚文侯。母滎陽君宗。后元初元年立爲貴人，二年立爲皇后，在位十九年，年四十五，謚安思。　李皇后，初以宫人得幸，生順帝，爲安思所鴆。帝即位，更以禮殯，上尊謚曰恭愍皇后。

敬宗孝順皇帝，名保，安帝之子。延光四年即位，建康元年崩，年三十，謚孝順。　梁皇后，諱妠，大將軍商之女。永建時爲貴人，陽嘉元年立爲皇后，在位十九年，謚順烈。

孝冲皇帝，名炳，順帝子。建康元年八月即位，永嘉元年崩，年三歲，謚孝冲。

孝質皇帝，名纘，渤海孝王子。永嘉元年即位，本初元年，爲梁冀所鴆，年九歲，謚孝質。

孝桓皇帝，名志，蠡吾侯翼之子，肅宗曾孫。本初元年即位，永康元年十二月崩，年三十六，謚孝桓。　梁皇后，諱女瑩，順烈后之女弟，在位十三年崩，謚懿獻。　竇皇后，諱妙華，大將軍武之女，立爲后七年崩，謚桓思。

孝靈皇帝，名宏，解犢亭侯萇之子，肅宗玄孫。建寧元年即位，中平六年崩，年三十四，謚孝靈。　何皇后，南陽宛人，家本屠者，以選入掖庭。光和三年立爲皇后，在位十年，爲董卓酖弒，謚靈思。　王皇后，初爲美人，生獻帝，靈思酖殺之。帝即位，追尊爲靈懷皇后。

孝獻皇帝，名協，靈帝中子。中平六年九月即位，魏青龍二年崩，年五十四，謚孝獻。昭烈即位於蜀，傳言帝遇害，謚孝愍。　曹皇后，操之中女。初拜爲貴人，伏后遇弒，遂爲皇后。魏篡漢，廢帝爲山陽公，后爲山陽夫人。晉景初元年崩，謚獻穆。

少帝，名辯，靈帝子。中平六年四月即位，建元光熹，已改昭寧。是年，董卓廢爲弘農王。獻帝初平元年，復鴆殺之，葬王於故中常侍趙忠成壙中，謚懷。

孝德皇，名慶，章帝子。初封清河王，謚孝。安帝建光元年，以所生父，上尊號爲孝德皇。妣左氏，爲孝德后。

孝穆皇，名開，章帝子。初封河間王。桓帝以所生祖，上尊號爲孝穆皇。妣趙氏，爲孝穆后。

孝崇皇，名翼，桓帝之父。初封蠡吾侯。帝即位，追尊爲孝崇皇。后匽氏，爲孝崇皇后。

孝仁皇，名萇，靈帝之父。初封解犢亭侯。帝即位，追尊爲孝仁皇。后董氏，爲孝仁皇后。

范曄論曰：西漢世，皇后無謚，皆因帝謚以爲稱，雖吕氏專政，上官臨制，亦無殊號。中興，明帝始建光烈之稱。其後並以爲配，至於賢愚優劣，混同一貫。故馬、竇二后，俱稱德焉。其餘皇帝之庶母，及藩王承統，以追尊之重，特爲其號，如恭懷、孝崇之比是也。初平中，蔡邕始追正和熹之謚。其安思、順烈以下，皆因而加焉。

## 東漢宗室謚

趙王良，字次伯，光武叔父，建武十七年謚孝。

良子栩，謚節。

栩子商，謚頃。

商子宏，謚靖。

宏子乾，謚惠。

乾子豫，謚懷。

豫子赦，謚獻。

舂陵侯敞，光武叔父，建武二年追謚康。

敞子城陽王祉，字巨伯，建武十一年謚恭。

安成侯賜，字子琴，光武族兄，建武二十八年謚孝。

順陽侯嘉，字孝孫，光武族兄，父憲，敞同産弟，建武十五年謚懷。

成武侯順，字平仲，光武族兄，父慶，敞同産弟，建武十一年謚孝。

齊王縯，字伯升，光武兄，建武十五年追謚武。

縯子章，謚哀。

章子石，謚殤。

石之孫無忌，謚惠。

無忌子喜，謚頃。

縯子北海王興，出後魯哀王仲，顯宗時謚靖。

興子睦，謚敬。

睦子基，謚哀。

睦孫普，謚頃。

普子翼，謚恭。

翼子，謚康。　史失其名。

魯王仲，光武次兄，建武十五年追謚哀。

東海王彊，光武子，永平元年謚恭。

彊子政，謚靖。

政子肅，謚頃。
肅子臻，謚孝。
臻子祇，謚懿。
沛王輔，光武子，顯宗時謚獻。
輔子定，謚釐。
定子正，謚節。
正子廣，謚孝。
廣子榮，謚幽。
榮子琮，謚孝。
琮子曜，謚共。
楚王英，光武子，以謀反自殺。章帝元和三年，追謚厲。
濟南王康，光武子，謚安。
康子錯，謚簡。
錯子香，謚孝。
錯子阜陽侯顯，謚釐。
顯子廣，謚悼。
東平王蒼，光武子，永平八年謚憲。

蒼子忠，謚懷。
忠子敞，謚孝。
敞子端，謚頃。
蒼子任城王尚，謚孝。
尚子安，謚貞。
安子崇，謚節。
阜陵王延，光武子，謚質。
延子沖，謚殤。
沖兄魴，謚頃。
魴子恢，謚懷。
恢子代，謚節。
代兄勃遒亭侯便親，謚恭。
便親子統，謚孝。
廣陵王荆，光武子，顯宗時謚思。
臨淮公衡，光武子，謚懷。
中山王焉，光武子，永元二年謚簡。
焉子憲，謚夷。

憲子弘，謚孝。

弘子暢，謚穆。

暢子稚，謚節。

琅邪王京，光武子，謚孝。

京子宇，謚夷。

宇子壽，謚恭。

壽子尊，謚貞。

尊子據，謚安。

據子容，謚順。

千乘王建，明帝子，永平四年謚哀。

陳王羨，明帝子，謚敬。

羨子鈞，謚思。

鈞子竦，謚懷。

羨子崇，以安壽亭侯紹，謚頃。

崇子承，謚孝。

承子寵，謚愍。

彭城王恭，明帝子，謚靖。

恭子道，謚考。
道子定，謚頃。
定子和，謚孝。
樂城王黨，明帝子，謚靖。
黨子崇，謚哀。
崇兄巡，以脩侯嗣，謚釐。
巡子賓，謚隱。
安平王得，以河間孝王開子立爲樂誠靖王後，改國曰安平，謚孝。
下邳王衍，明帝子，謚惠。
衍子成，謚貞。
成子意，謚愍。
意子宜，謚哀。
梁王暢，明帝子，謚節。
暢子堅，謚恭。
堅子匡，謚懷。
匡弟成，以孝陽亭侯封梁王，謚夷。
成子元，謚敬。

常山王章，明帝子，以防子侯改封，謚靖。

章子儀，謚頃。

儀子豹，謚節。

淮陽王昞，明帝子，謚頃。

昞子側，謚殤。

濟陰王長，明帝子，謚悼。

千乘王伉，章帝子，謚貞。

伉子樂安王寵，謚夷。

寵子勃海王鴻，謚孝。

寵子延平，出後清河王，謚恭。

平春王全，章帝子，建初四年謚悼。

清河王虎威，章帝孫，慶之子，謚愍。

甘陵王理，以安平孝王子立爲孝德皇後，謚威。

理子定，謚貞。

定子忠，謚獻。

濟北王壽，章帝子，謚惠。

壽子登，謚節。

登子多，謚哀。
多嗣子安國，以戰鄉侯立爲濟北王，謚釐。
安國子次，謚孝。
河間王政，章帝孫，開之子，謚惠。
政子建，謚貞。
建子利，謚安。
城陽王淑，章帝子，永元五年謚懷。
廣宗王萬歲，章帝子，永元二年謚殤。
平原王勝，和帝長子，謚懷。
嗣子得，本樂安夷王寵子，謚哀。
驃騎將軍慎侯隆，字元伯，父禮。隆以光武中元二年卒，謚靖。

## 東漢公主謚

新野長公主元，光武姊，適鄧晨，齊武王縯初起兵，與莽將梁丘賜戰敗，公主亦遇害。建武二年謚節義。
平陽公主，明帝女，適馮順，謚昭文。

## 東漢諸臣謚

積弩將軍、昆陽侯傅俊，字子衛，潁川襄城人，光武建武七年謚威。
壽張侯樊重，字君雲，湖陽人，光武外祖，建武八年謚敬。
重子宏，字靡卿，建武二十七年謚恭。
宏子長水校尉、燕侯儵，字長魚，永平十年謚哀。
宣恩侯陰陸，南陽新野人，光武后父，先爲盗所殺，建武九年追謚哀。
陸之子宣義侯欣，與父同被劫，建武九年追謚恭。
征虜將軍、潁陽侯祭遵，字弟遜，潁陽人，建武九年謚成。
征西大將軍、陽夏侯馮異，字公孫，潁川父城人，建武十年謚節。
衛尉、安成侯銚期，字次況，潁川郟人，建武十年謚忠。
贈中郎將、征羌侯來歙，字君叔，新野人，建武十一年謚節。
征南大將軍、舞陽侯岑彭，字君然，南陽棘陽人，建武十一年謚壯。
横野大將軍、山桑侯王常，字顏卿，潁川武陽人，建武十二年謚節。
執金吾、雍奴侯寇恂，字子翼，上谷昌平人，建武十二年謚威。
牟平侯耿況，字俠游，茂陵人，建武十二年謚烈。
況子建威大將軍、好畤侯弇，字昭伯，永平元年謚愍。

弇子光禄勳、美陽侯秉，和帝永元三年謚桓。
東郡太守、東光侯耿純，字伯山，鉅鹿宋子人，建武十三年謚成。
大司徒、追封則鄉侯侯霸，字君房，河内人，建武十三年謚哀。
大司空、固始侯李通，字次元，宛人，建武十八年謚恭。
大司馬、廣平侯吴漢，字子顏，南陽宛人，建武二十年謚忠。
汝南太守、西華侯鄧晨，字偉卿，新野人，光武姊夫，建武二十五年謚惠。
贈安陽侯郭昌，真定藁人，光武后父，建武二十六年追謚思。
昌子特進、陽安侯況，永平二年謚節。
執金吾、特進、膠東侯賈復，字君文，南陽冠軍人，建武三十一年謚剛。
大司空、富平侯張純，字伯仁，京兆杜陵人，光武中元元年謚節。
太傅、高密侯鄧禹，字仲華，新野人，明帝永平元年謚元。
禹第六子護羌校尉、追封平壽侯訓，字平叔，和帝元興元年，以后父故，追謚敬。
禹孫太僕、位特進、夷安侯康，順帝陽嘉三年謚義。
城門校尉、朗陵侯臧宫，字君翁，潁川郟人，永平元年謚愍。
原鹿侯陰識，字次伯，光武后前母兄，永平二年謚貞。
大司空、衛尉、安豐侯竇融，字周公，扶風平陵人，永平五年謚戴。
伏波將軍、新息侯馬援，字文淵，扶風茂陵人，章帝建初三年追謚忠武。

援子順陽侯廖，字敬平，和帝永元四年謚哀。

太傅、録尚書事、節鄉侯趙熹，字伯陽，宛人，建初五年謚正。

關内侯陰興，字君陵，即識弟，建初五年追謚翼。

追封安成侯竇勳，平陵人，章帝后父，建初七年追謚思。

衛尉、顯親侯竇固，字孟孫，融弟友之子，章帝章和二年謚文。

褒親侯梁竦，安定烏氏人，和帝外祖父，和帝永元九年追謚愍。

竦孫大將軍、乘氏侯商，順帝后父，順帝永和六年謚忠。

議郎、追封當陽侯宋楊，章帝貴人父，安帝時追謚穆。

北宜春侯閻暢，滎陽人，安帝后父，和帝元初四年謚文。

廷尉、定潁侯郭鎮，字桓鍾，陽翟人，順帝時追謚昭武。

鎮子賀，順帝時謚成。

司空、贈車騎將軍、邟鄉侯黄瓊，字世英，安陸人，桓帝延熹七年謚忠。

長樂少府、衛尉、厨亭侯趙典，字仲經，蜀郡成都人，桓帝時謚獻。

太尉、安國亭侯袁湯，字仲河，安之孫，汝陽人，桓帝時謚康。

湯子執金吾、安國亭侯逢，字周陽，靈帝時謚宣文。

太傅、安樂鄉侯胡廣，字伯始，南郡華容人，靈帝熹平元年謚文恭。

舞陽侯何真，宛人，靈帝后父，光和四年追謚宣德。

太傅、司徒、臨晉侯楊賜，字伯獻，華陰人，中平二年謚文烈。

光禄勳、逯鄉侯劉寬，字文饒，華陰人，中平三年謚昭烈。

漢陽太守傅燮，字南容，北地靈州人，中平四年與金城賊戰殁，謚壯節。

青冀二州刺史、溧陽侯史崇，杜陵人，謚壯。　失謚年。

## 蜀漢帝后謚

昭烈皇帝，名備，字玄德，涿郡涿縣人。以建安二十五年即位於蜀，章武三年崩，年六十三，謚昭烈。　甘皇后，沛人，以未即位先卒，初追謚皇思夫人，後丞相亮議上尊謚曰照烈皇后。

丞相亮與太常賴恭等上謚議曰：《春秋》之義，母以子貴。昔高帝追尊太上昭靈夫人爲昭靈皇后，孝和皇帝改葬其母梁貴人，尊號曰恭懷皇后，孝愍皇帝亦改葬其母王夫人曰靈懷皇后。今皇思夫人宜有尊號，以慰寒泉之思。按謚法，宜曰昭烈皇后，與大行皇帝合葬。制可。

後帝名禪，字公嗣，昭烈子。章武三年即位，炎興冬，降於魏，封爲安樂公，太始七年薨，謚思。　張皇后，謚敬。

## 蜀漢宗室謚

安平王理，字奉孝，昭烈子，延熙七年謚悼。

理子胤，延熙十九年謚哀。

胤子承，延熙二十年謚殤。

## 蜀漢臣謚

尚書令、護軍將軍法正，字孝直，扶風郿人，建安二十五年謚翼。

丞相、武鄉侯諸葛亮，字孔明，琅琊陽都人，後主建興十二年謚忠武。

盪寇將軍、都督荆州事、漢壽亭侯關羽，字雲長，河東解人，後主時追謚壯繆。

車騎將軍、司隸校尉、新亭侯張飛，字翼德，涿郡人，後主時追謚桓。

驃騎將軍、凉州牧、斄鄉侯馬超，字孟起，右扶風茂陵人，後主時追謚威。

後將軍、關内侯黄忠，字漢升，南陽人，建安二十五年卒，後主時追謚剛。

鎮軍將軍、永昌亭侯趙雲，字子龍，真定人，後主時追謚順平。

史臣曰：先主時，惟法正得謚。後主時，諸葛亮功德蓋世，蔣琬、費禕荷國之重，亦見謚。陳祗寵待，特加殊奬，夏侯霸遠來歸國，故復得謚。於是關羽、張飛、馬超、龐統及雲乃追謚，時論以爲榮。

中郎將、關内侯龐統，字士元，襄陽人，後主時追謚靖。侍中、守尚書令、鎮軍大將軍陳祗，謚忠。

車騎將軍、儀同三司黄權，字公衡，閬中人，延熙三年謚景。

大將軍、録尚書事、安陽亭侯蔣琬，字公琰，湘鄉人，建興九年謚恭。

大將軍、録尚書事、成鄉侯費禕，字文偉，鄳人，延熙十一年謚敬。

## 魏帝后謚

大皇帝，本姓夏侯，名嵩，沛國譙人，後漢太尉、大長秋曹騰養爲子，因姓曹氏，文帝受禪，尊曰大皇帝。

太祖武皇帝，名操，字孟德，嵩子，脅天子以令天下三十年，薨謚武王，丕篡位，尊爲帝。卞皇后，琅琊開陽人。本倡家，初納爲妾，建安初，丁夫人廢，遂爲繼室。丕踐祚，尊曰皇太后。太和四年殂，謚武宣。

文帝，名丕，字子桓，武帝太子。以漢延康元年篡位，黄初七年崩，年四十六，謚文。甄皇后，中山無極人。先爲袁熙妻，熙敗，丕遂納之。生明帝，後以失意有怨言，賜死。明帝即位，上尊謚曰文昭。郭皇后，安平廣宗人，字女玉，永之女。黄初三年立爲后，青龍三年爲明帝逼死，謚文德。

明帝，名叡，字元仲，文帝太子，黄初七年即位，景初三年崩，謚明。毛皇后，河内人，嘉之女。初以選入東宫，太和元年立爲皇后，景初元年賜死，謚悼。郭皇后，西平人。黄初中，后父滿以本郡反，因没入宫。後見幸，立爲皇后。景元四年崩，謚明元。

魏主叡景初元年，有司奏，以武帝爲太祖，文帝爲高祖，今上爲烈祖，萬世不毁。詔從之。孫盛斷曰：『夫謚以表行，廟以存容。未有當年而遂制祖宗，未終而豫自尊君。魏之羣司，於是乎失正矣。』

齊王，名芳，字蘭卿，明帝養子，莫知其所由來。景初三年即位，嘉平六年，大將軍司馬師廢爲齊王。晉有天下，改爲邵陵公。太始十年薨，謚厲。

陳留王，名奂，武帝孫燕王宇子。甘露四年即位，咸熙二年禪於晉，封爲陳留王。太安元年薨，謚元皇帝。

## 魏宗室謚

陳侯熾，操從父，謚穆。

熾子仁，字子孝，文帝黄初四年謚忠。

仁弟高陵侯純，文帝即位，追謚威。

都陽侯洪，字子廉，操從弟，明帝太和六年謚恭。
長平侯休，字文烈，操族子，太和二年謚壯。
東鄉侯真，字子丹，操族子，明帝時謚元。
任城王彰，字子文，操子，黄初四年謚威。
陳王植，字子建，操子，太和六年謚思。
蕭王熊，操子，黄初二年追謚懷。
熊子炳，青龍六年謚哀。
豐王昂，字子修，操子，黄初二年追謚悼，太和三年更謚愍。
昂子琬，本樊安公均之子，謚恭。
相王鑠，操子，早薨，太和三年追謚殤。
鑠子潛，謚愍。
潛子偃，青龍四年謚懷。
鄧王沖，字倉舒，操子，黄初二年追謚哀。
沛王林，操子，魏末謚穆。
中山王衮，操子。　王極賢，青龍三年謚恭。
濟陽王玹，操子，太和四年追謚懷。
玹子西鄉侯贊，本沛王林子，以後濟陽王，太和六年追謚哀。

贊弟濟陽公壹，謚悼。

陳留王峻，字子安，操子，甘露四年謚恭。

范陽王矩，操子，黄初三年追謚閔。

矩子琅邪王敏，本樊安公均子，以後閔王，咸熙時謚原。

臨邑公子上，操子，太和五年追謚殤。

剛公子勤，操子，早卒，太和五年追謚殤。

穀城公子乘，操子，早薨，太和五年追謚殤。

郿公子整，操子，奉從叔父紹後，黄初二年謚戴。

整子成武公，本彭城王據子，以後戴公，青龍三年謚悼。

靈公子京，操子，早薨，太和五年追謚殤。

樊公均，操子，奉叔父薊恭公彬後，黄初二年謚安。

均子屯留公抗，景初元年謚定。

廣宗公子棘，操子，早卒，太和五年追謚殤。

東平王徽，操子，奉叔父朗陵哀侯玉後，正始三年謚靈。

贊王協，文帝子，太和五年追封謚曰經殤公，青龍二年更謚哀。

協子尋，正始九年謚殤。

北海王蕤，文帝子，青龍元年謚悼。

東武陽王鑒，文帝子，黄初六年薨，青龍三年謚懷。
東海王霖，文帝子，嘉平元年謚定。
元城王禮，文帝子，太和三年謚哀。
邯鄲王邕，文帝子，太和三年謚懷。
清河王貢，文帝子，黄初四年謚悼。
廣平王儼，文帝子，黄初四年謚哀。
安平王殷，明帝子，太和六年謚哀。
薊公彬，即樊安公均所後父，謚恭。
朗陵侯玉，即東平靈王所後父，謚哀。

## 魏公主謚

平原公主淑，明帝女，謚懿。

## 魏諸臣謚

萬歲亭侯荀彧，字文若，潁陰人，建安十七年謚敬。

彧，漢帝謚也，而入魏者何？以素爲操謀。君子曰：亦操之人耳。

中領軍、贈驃騎將軍荀霬，彧孫，謚貞。

尚書令、陵壽亭侯荀攸，字公達，彧從子，齊王芳正始中追謚敬。

右將軍、廣昌亭侯樂進，字文謙，衛國人，建安二十三年謚威。

揚州刺史、贈衛尉樂綝〔一〕，進子，諸葛誕反，襲殺之，謚愍。

大將軍、高安鄉侯夏侯惇，字元讓，沛國譙人，建安二十四年，操謚爲忠〔二〕。

征西將軍、博昌亭侯夏侯淵，字妙才，惇族弟，建安二十四年，操謚爲愍。

征南大將軍、昌陵鄉侯夏侯尚，字伯仁，淵從子，文帝黄初三年謚悼。

司空、軍祭酒、洧陽侯郭嘉，字奉孝，陽翟人，建安時，操表謚貞。

鎮南將軍、閬中侯張魯，字公祺，豐人，建安末，操謚爲原。

破羌將軍、宣威侯張繡，武威祖厲人，建安末，操謚爲定。

太尉、魏壽鄉侯賈詡，字文和，姑臧人，文帝踐祚初謚肅。

少傅、成陽亭侯何夔，字叔龍，陽夏人，文帝踐祚初謚靖。

車騎將軍、安鄉侯程昱，字仲德，東阿人，文帝黄初初謚肅。

尚書僕射、贈太僕、豐樂亭侯杜畿，字伯侯，杜陵人，黄初初謚戴。

前將軍、晉陽侯張遼，字文遠，馬邑人，黄初二年謚剛。

護羌校尉、都亭侯蘇則，字文師，武功人，黄初四年謚剛。

破虜將軍、都亭侯李典，字曼成，鉅野人，文帝初追謚愍。
征南將軍、都亭侯李通，字文達，平春人，文帝初謚剛。
尚書、陽吉亭侯衛覬，字伯儒，安邑人，黄初時謚敬。
後將軍、新野侯文聘，字仲業，宛人，文帝時謚壯。
尚書令、安樂鄉侯桓階，字伯緒，臨湘人，文帝時謚貞。
安樂太守桓嘉，階子，與吴戰於東關，敗没，謚壯。
典農中郎將、長水校尉、都亭侯任峻，字伯達，中牟人，文帝時追謚成。
立義將軍、關門亭侯龐德，字令明，南安狄道人，不屈於關羽而死，謚壯。
安遠將軍、益壽亭侯于禁，字文則，鉅平人，文帝時謚厲。
追封魏昌侯甄逸，中山無極人，文帝后父，明帝太和元年追謚敬。
魏昌侯甄嚴，后兄，明帝青龍二年追謚穆。
魏昌侯甄像，逸孫，青龍三年謚貞。
贈車騎將軍、魏昌侯甄暢，像之子，芳嘉平三年謚恭。
右將軍、平陽侯徐晃，字公明，河東楊人，太和元年謚壯。
司徒、蘭陵侯王朗，字景興，東海郯人，太和二年謚成。
贈衛將軍、蘭陵侯王肅，字子雍，朗子，高貴鄉公髦甘露元年謚景。
建威將軍、陽里亭侯賈逵，字良道，襄陵人，太和二年謚肅。

執金吾、位特進、都亭侯臧霸，字宣高，泰山華人，明帝初謚威。

青州刺史、少府臧艾，霸子，謚恭。　謚時未詳。

開陽侯卞廣，瑯琊開陽人，太祖后祖父，太和四年追謚恭。

開陽侯卞遠，廣之子，太和四年謚敬。

安陽鄉侯郭永，廣宗人，文帝后父，太和四年謚敬。

追封梁里亭侯郭浮，永子，明帝青龍四年追謚戴。

追封武城亭侯郭都，永子，青龍四年追謚孝。

追封新樂亭侯郭成，永子，青龍四年追謚定。

侍中吴質，字季重，濟陰人，太和四年卒，以怙威肆行謚醜。子應訟枉，至正元中，改謚威。

博平侯華歆，字子魚，高唐人，太和五年謚敬。

大中大夫、東亭侯劉曄，字子陽，成德人，太和六年謚景。

司徒、樂平侯董昭，字公仁，定陶人，太和六年謚定。

衛尉、廣平亭侯辛毗，字佐治，陽翟人，明帝青龍二年謚肅。

贈光禄大夫、安國侯毛嘉，河内人，明帝后父，青龍三年謚節。

侍中、光禄大夫、左僕射、贈車騎將軍、陽亭侯徐宣，字寶堅，海西人，青龍四年謚貞。

司空、録尚書事、潁陰侯陳羣，字長文，許昌人，青龍四年謚靖。

尚書左僕射、贈司空、潁陰侯陳泰，字玄伯，東陽人，謚穆。

侍中、光禄大夫、司徒、東鄉侯陳矯，字季弼，泰子，明帝景初元年謚貞。

司徒、直城亭侯韓暨，字公至，堵陽人，景初二年謚恭。

京兆尹司馬防，字建公，河内温人，即懿之父，景初二年，追封舞陽侯，謚成。

太傅、定陵侯鍾繇，字元常，潁川長社人，明帝時謚成。

荆州都督鍾毓，字稺叔，繇之子，芳時謚惠。

凉州刺史、西鄉侯張既，字德容，高陵人，明帝時追謚肅。

左將軍、鄚侯張郃，字儁乂，鄚人，明帝時謚壯。

武衛將軍、萬歲亭侯許褚，字仲康，譙國譙人，明帝時謚壯。

太常、西陵鄉侯和洽，字陽士，西平人，明帝時謚簡。

光禄大夫、贈車騎將軍、樂陽亭侯常林，字伯槐，河内温人，明帝時謚貞。

大將軍、軍師、武平亭侯杜襲，字子緒，定陵人，明帝時謚定。

司空、都鄉侯趙儼，字伯然，陽翟人，明帝時謚穆。

太尉、昌陵侯、進封都鄉侯蔣濟，字子通，平阿人，齊王芳正始初謚景〔四〕。

太尉、昌邑侯滿寵，字伯陽，昌邑人，正始三年謚景。

光禄大夫、贈太常、清陽亭侯裴潛，字文行，聞喜人，正始五年謚貞。

司徒、安陽亭侯崔林，字德儒，東武城人，正始五年謚孝。

司空、都亭侯徐邈，字景山，薊人，芳嘉平元年謚穆。

征東將軍、陵陽亭侯胡質，字文德，楚國壽春人，嘉平二年謚貞。

光禄大夫、儀同三司、西鄉侯劉放，字子棄，涿郡人，嘉平二年謚敬。

司空、大利亭侯孫禮，字德達，容城人，嘉平二年謚景。

驃騎將軍、特進、陽亭侯孫資，字彦龍，太原人，嘉平三年謚貞。

贈征北將軍、建成侯劉靖，嘉平六年謚景。

西都侯郭滿，西平人，明帝后父，高貴鄉公髦正元初追謚定。

司空、陽鄉侯王觀，字偉臺，廪丘人，正元初謚肅。

車騎將軍、儀同三司、贈大將軍、陽曲侯郭淮，字伯濟，陽曲人，正元二年謚貞。

尚書僕射、贈太常、陽鄉侯傅嘏，字蘭石，北地宜陽人，正元二年謚元。

光禄大夫、僕射、高樂亭侯盧毓，字子家，涿郡涿人，髦甘露二年謚成。

司空、京陵侯王昶，字文舒，晉陽人，甘露四年謚穆。

征東將軍、贈司空、長樂亭侯王基，字伯輿，曲城人，陳留王奂景元二年謚景。

征虜將軍、贈衛將軍州泰，南陽人，景元二年謚壯。

太尉、安國侯高柔，字文惠，圉人，景元四年謚景。

高唐亭侯朱靈，字文傅，清河人，謚威。

司徒、贈太尉、長垣侯衛臻，字公振，襄邑人，謚敬。

二人謚時未詳。

## 吴帝后太子親王謚

武烈皇帝，名堅，字文臺，吴郡富春人，孫武之裔。漢初平三年，爲黄祖軍士射死。權稱尊號，追謚爲武烈皇帝。

大皇帝名權，字仲謀，堅次子，黄武元年稱尊號，神鳳二年薨，年七十一，謚大。王夫人，生和，和生皓，皓立，追謚大懿皇后。又王夫人，生休，休即位，追謚敬懷皇后。

景皇帝名休，字子烈，權第六子，初封瑯琊王。太平二年，會稽王亮廢，迎即位。永安七年薨，年三十，謚景。

大帝太子登，字子高，赤烏四年謚宣。

大帝太子和，字子孝，歸命侯即位之元年，追謚文皇帝，後又謚昭獻皇帝。養母何姬，謚昭獻皇后。

長沙王策，字伯符，堅長子，建安五年，爲故吴郡太守許貢客所殺，權稱尊號，追謚桓。

## 吴臣謚

輔吴將軍、婁侯張昭，字子布，彭城人，大帝嘉禾五年謚文。

奮威將軍、都鄉侯張承，字仲嗣，昭子，赤烏七年謚定。

丞相、醴陵侯顧雍，字元歎，吴郡人，赤烏六年謚肅。

丞相、江陵侯陸遜，字伯言，吴郡人，景帝時追謚昭。

## 晉帝后太子太孫謚

宣皇帝，名懿，字仲達，河内温人。仕魏爲相國，封安平郡公，以嘉平三年薨，謚文貞，後改謚文宣。晉國初建，追尊爲宣王。武帝受禪，尊爲宣皇帝。張皇后，名春華，河内平皋人。父汪，母山，司徒濤之從祖姑也。后以魏正始八年薨，咸熙元年，追號宣穆妃，武帝受禪，追尊爲皇后。

景皇帝，名師，字子元，宣皇長子。仕魏爲相國，封長平鄉侯。正元二年薨，初謚武。子昭以謚與二祖同，表讓，改謚忠武。晉國既建，追尊曰景王。武帝受禪，上尊號曰景皇帝。夏侯皇后，名徽，字媛容，沛國譙人。父尚，母曹氏、德陽鄉主。后以魏氏之甥，爲景皇所忌，死於鴆。泰始二年，追謚景懷皇后。羊皇后，名徽瑜，泰山南城人。父道，母蔡氏，邕之女。咸寧四年崩，謚景獻。

文皇帝，名昭，字子上，景皇母弟。仕魏爲相國，封晉王，咸熙二年薨，謚文王。武帝受禪，追尊號曰文皇帝。王皇后，名元姬，東海郯人，父肅，母羊氏。武帝受禪，尊爲皇太后，以泰始四年崩，謚文明。

武皇帝，名炎，字安世，文皇長子。咸熙二年，立爲晉王太子，其冬受魏禪。太熙元年崩，謚武。楊皇后，名艷，字瓊芝，弘農華陰人，父文宗，母趙氏。后崩於泰始十年，謚元。楊皇后，名芷，字季蘭，小字男胤，元皇后從妹。後爲賈后所廢，絶膳而崩。永嘉元年，追復尊號，謚悼。

孝惠皇帝，名衷，字正度，武帝第二子，光熙元年崩，謚孝惠。后賈氏，淫凶，爲趙王倫所殺。羊后，没於劉曜。

孝懷皇帝，名熾，字豐度，武帝第二十五子，以光熙元年冬即位。永嘉五年，劉聰入寇，蒙塵于平陽。七年遇害，謚孝懷。

孝愍皇帝，名鄴，字彦旗，武帝孫，吴孝王晏之子。建興四年，蒙塵于平陽，五年遇害，謚孝愍。

元皇帝，名睿，字景文，宣帝曾孫，琅邪恭王覲之子。初以安東將軍假節鎮建鄴，建武元年即晉王位，太興元年即帝位，永熙元年崩，謚元。虞皇后，名孟母，濟陽外黄人，父豫。后以永嘉六年薨於琅邪王妃，帝踐位，追贈皇后，謚敬。鄭后，名阿春，河南滎陽人，父愷。先適渤海田氏，生一男而寡。以建武元年納爲琅邪王夫人，生悼王簡文。簡文即位，未及追尊。孝武述遵先志，上尊號曰簡文太后，謚宣。

明皇帝，名紹，字道畿，元帝長子，永熙元年即位，太寧三年崩，謚明。庾皇后，名文君，潁川鄢陵人，父琛。蘇峻作逆，后見逼奪，以憂崩，謚穆。

成皇帝，名衍，字世根，明帝長子，太寧三年閏三月即位，咸康八年崩，謚成。　杜皇后，名陵陽，京兆人，當陽侯預之曾孫，咸康七年崩，謚恭。

康皇帝，名岳，字世同，成帝母弟，咸康八年六月即位，建元二年崩，謚康。　褚皇后，名蒜子，河南陽翟人，父裒。后太元九年崩，謚獻。

穆皇帝，名聃〔五〕，字彭子，康帝子，建元二年九月即位，升平五年崩，謚穆。　何皇后，名法倪，廬江灊人，父準。后永興三年崩，謚章。

哀皇帝，名丕，字千齡，成帝長子，升平五年五月即位，興寧二年崩，謚哀。　王皇后，名穆之，太原晉陽人，司徒、左長史濛之女，興寧二年崩，謚靖。

廢帝，名奕，字延齡，哀帝之母弟，興寧三年二月以琅邪王即帝位。太和六年，桓温廢爲海西公，太元十一年薨。　庾后，名道憐，潁川鄢陵人，父冰。后太和六年崩，謚孝。

簡文皇帝，名昱，字道萬，元帝少子，咸安元年冬十月即位，二年崩，謚簡文。　王皇后，名簡姬，太原晉陽人，父遐。后初爲會稽王妃，以憂薨，孝武即位，追謚順皇后。　李后，名陵容，本出微賤，孝武以所生，尊爲皇太后，隆安四年崩，謚文。

孝武皇帝，名曜，字昌明，簡文帝第三子，咸安二年即位，太元二十一年崩，謚孝武。　王皇后，名法慧，父藴。后嗜酒驕妬〔六〕，以太元五年崩，謚定。　陳后，名歸女，松滋尋陽人〔七〕。父廣，以倡進，仕至平昌太守。后生安、恭二帝，太元十五年薨，追尊爲皇太后，謚德。

安皇帝，名德宗，字德宗，孝武長子，太元二十一年即位，義熙十四年崩，謚安。　王皇后，名神愛，琅邪臨沂人，父獻之，母新安愍公主。后義熙八年崩，謚僖。

恭皇帝，名德文，字德文，安帝母弟，義熙十四年即位，元熙二年禪位於宋。宋永初二年，裕遣人弒之，謚恭。　褚皇后，名靈媛，河南陽翟人，父爽。后崩於宋元嘉十三年，謚思。

惠帝太子遹，字熙祖，爲賈庶人所殺。永康元年，賈庶人死，追謚愍懷。

太孫臧，字敬文，遹子，爲趙王倫所弒。太安初，追謚哀。

太孫尚，字敬仁，遹子，太安元年謚冲。　元帝琅琊世子，未周而卒。大司農表：『世子降君一等，宜謚哀愍。』太常賀循曰：『謚者所以表行，功之目也。故古者未居成人之年，及名位未備者，皆不立謚。是以周靈王太子聰哲明智，年過成童，亡猶無謚。春秋諸侯即位之年稱君[八]，稱子而卒，皆無謚，名未成也。惟晉之申生以仁孝遭命，年邁成人，晉人悼之，故特爲謚。諸國無例也。乃至漢代，殤、冲二君皆已踰年，方立謚。按哀、冲太孫，各以幼齡立謚，皆正名承重。琅琊世子，雖正體乎上，生而全貴，適可明嫡統之義，未足定爲謚之證也。』從之。

## 晉宗室謚

安平王孚，字叔達，宣帝弟，太始八年謚獻。

孚子邕，字子魁，咸寧三年謚穆。

邕弟義陽王望，字子初，太始七年謚成。

望子河間王洪，字孔業，咸寧二年謚平。

洪弟隨王整，謚穆。

整弟太原王輔，太康五年謚成。

輔弟下邳王晃，字子明，咸寧六年謚獻。

晃弟太原王瓌，字子泉，太始十年謚烈。

瓌弟高陽王珪，字子璋，太始十年謚元。

珪嗣子高陽王緝，咸寧四年謚哀。

珪弟常山王衡，字子平，太始二年謚孝。

衡弟沛王景，字子文，咸寧元年謚順。

彭城王權，字子輿，宣帝弟，咸寧元年謚穆。

權子植，謚元。

植子釋，謚康。

高密王泰，字子舒，權之弟，永嘉三年謚文獻。

泰第二子新蔡王騰，字元邁，出後叔父，永嘉後謚武哀。

騰子確，字嗣安，永嘉末謚壯。

泰次子東海王越，字元超，爲石勒所害，元帝時追謚孝獻。

泰第三子略，字元簡，永嘉三年謚孝。
略嗣子俊，字道度，本彭城康王子，謚恭。
俊子純之，謚敬。
略兄模之子南陽王保，字景度，謚元。
范陽王綏，字子都，權弟，惠帝永興三年謚康。
濟南王遂，字子伯，宣帝弟，咸寧三年謚惠。
譙王遜，字子悌，宣帝弟，太始二年謚剛。
遜子譙王隨，謚定。
遜次子承，死於王敦之難，謚閔。
承子無忌，字公壽，永和六年謚烈。
無忌子恬，字元瑜，太玄十五年謚敬。
恬子尚之，字伯道，爲桓玄所害，謚忠。
任城王陵，字子山，宣帝弟，咸寧五年謚景。
陵子西河王斌，字子政，咸寧四年謚繆。
琅邪王伷，字子將，宣帝子，太康四年謚武。
伷子覲，字思祖，元帝父，永熙元年謚恭。
伷次子武陵王澹，字思弘，永嘉末爲石勒所害，謚莊。

澮子喆，字景林，亦爲石勒所害，謚哀。

仙子淮陵王漼，字思冲，謚元。

漼子融，謚貞。

扶風王駿，字子臧，宣帝子，太康時謚武。

駿子新野王歆，字弘舒，惠帝時謚壯。

梁王彤，字子徽，永康二年謚孝。　梁王卒，博士蔡克議謚曰：『彤位爲宰相，責深任重，屬尊親近，且爲宗師，朝所仰望，下所具瞻。而臨大節，無不可奪之志；當危事，不能舍生取義。此而不貶，法將安施？謹按不勤成名曰靈。彤見義不爲，不可謂勤，宜謚曰靈。』彤親黨訴枉，臺乃下符曰：『賈氏專權，趙王倫篡逆，皆力制朝野，彤势不得去，而責其不能引身去朝，義何所據？』克重議曰：『彤爲宗臣，而國亂不能匡，主顛不能扶，非所以爲相。故《春秋》書華元、樂舉，謂之不臣。且賈氏之酷烈不甚于吕后，而王陵猶得杜門；趙王倫之無道不甚于殷紂，而微子猶得去之。近者太尉陳準，異姓之人，加弟徽有射鈎之隙，亦能托疾辭位，不涉僞朝。何至于彤，親倫之兄，而獨不得去乎？趙盾入諫不從，出亡不遠，猶不免于責，况彤不能去位，北面事僞主乎？宜如前議，加其貶責，以廣爲臣之節，明事君之道。』於是朝廷從克議。彤故吏復追訴不已，乃改曰孝。

彤嗣子禧，本武陵王澹子，没于石勒，謚懷。

禧子翹，謚聲。

彤嗣子悝，本西陽王羕子，早薨，謚殤。

汝南王亮，字子翼，宣帝子，爲楚王瑋所害。元康元年，瑋殺，追謚文成。

亮子矩，字延明，與父同被害，追謚懷。

矩子汝南王祐，字永猷，成帝咸和元年謚威。

祐子統，成帝時謚恭。

攸子冏，字景治，懷帝永嘉中追謚武閔。

齊王攸，字大猷，文帝子，太康四年謚獻。

城陽王兆，字千秋，文帝子，十歲卒，太始初追謚哀。

遼東王定國，文帝子，三歲卒，咸寧初追謚悼惠。

廣漢王廣德，文帝子，二歲卒，咸寧初追謚殤。

廣德嗣子贊，字景期，本齊獻王子，太康元年謚冲。

樂安王鑒，字大明，文帝子，元康七年謚平。

鑒子籍，謚殤。

毗陵王軌，字正則，武帝子，年二歲卒，武帝太康十年追謚悼。

秦王柬，字弘度，武帝子，惠帝元康元年謚獻。

柬嗣子郁，本淮南王允子，與兄俱被害，惠帝永寧二年追謚悼。

城陽王景，字景度，武帝子，出繼叔父城陽哀王兆，泰始六年謚懷。

東海王祗，字敬度，武帝子，泰始九年薨，年三歲，謚冲。

楚王瑋，字彦度，武帝第五子，賈后以計殺之，惠帝永寧元年謚隱。

長沙王乂，字士度，武帝第六子，永嘉中謚厲。

始平王裕，字濬度，武帝子，咸寧三年薨，年七歲，謚哀。

淮南王允，字欽度，武帝子，爲趙王倫子虔所害，永寧元年，倫誅，追謚忠壯。

代王寅，字宏度，武帝子，惠帝時謚哀。

清河王遐，字深度，武帝子，永康元年謚康。

汝陰王謨，字令度，武帝子，太康七年謚哀。

吴王晏，字平度，武帝子，洛京傾覆，遇害，愍帝即位，謚敬，一謚孝。

勃海王恢，字思度，武帝子，太康五年薨，年二歲，謚殤。

琅琊王裒，字道成，元帝子，建武元年謚孝。

裒子安國，太興元年謚哀。

東海王冲，字道讓，元帝子，出後東海王越子毗，成帝咸康七年謚哀。

武陵王晞，字道叔，元帝子，出後武陵王喆，孝武太元六年謚威。

晞子遵，字茂遠，安帝義熙四年謚忠敬。

遵子季度，謚定。

琊琊王焕，字耀祖，元帝子，出後恭王，年二歲薨，謚悼。

會稽世子道生，字延長，簡文子，謚思。

臨川王郁，字深仁，簡文子，咸安時謚獻。

會稽王道子，字道子，簡文子，爲桓玄所害，義熙初謚文孝。

道子之子元顯，爲桓玄所害，義熙元年追謚忠。

元顯嗣子脩之，本臨川王寶子，謚悼。

## 晉公主謚

惠帝女，賈后所生，未適人，謚哀獻。

簡文帝女新安公主，適王獻之，謚愍。

### 【校勘記】

〔一〕肅宗孝章皇帝名炟　『炟』原作『烜』，據《後漢書》卷二《明帝紀》、卷三《章帝紀》、《資治通鑑》卷四四改。

〔二〕樂綝　『綝』原作『琳』，據《續通考》卷一三八、《三國志》卷一七《樂進傳》改。

〔三〕建安二十四年操謚爲忠　據《三國志》卷一《武帝紀》、卷二《文帝紀》載，建安二十五年正月，曹操卒，曹丕嗣王位，改建安二十五年爲延康元年，同年三月己卯，『以前將軍夏侯惇爲大將軍』。

該書卷九《夏侯惇傳》亦載：『文帝即王位，拜惇大將軍，數月薨。』則夏侯惇之謚當在曹操去世之後的建安二十五年（即延康元年），此處『建安二十四年』誤，『操』亦誤。

〔四〕齊王芳正始初謚景　按《三國志》卷四《齊王芳紀》，齊王芳正始十年四月乙丑，改元嘉平，後十二日『丙子，太尉蔣濟薨』，則其賜謚應在齊王芳嘉平初，此稱『正始初』誤。

〔五〕穆皇帝名聃　『聃』原作『聃』，據《晉書》卷八《穆帝紀》改。

〔六〕后嗜酒驕妒　『驕』原作『嬌』，據《續通考》卷一三八、《晉書》卷三二《孝武定王皇后傳》改。

〔七〕松滋尋陽人　『陽』字原脱，據《續通考》卷一三八、《晉書》卷三二《安德陳太后傳》補。

〔八〕春秋諸侯即位之年稱君　此句有誤。《通典》卷一〇四《太子無謚議》作：『春秋諸侯即位之年稱子，踰年稱君。』

# 卷之五

雲間王　圻　編輯
巴郡趙可懷　校正
平湖孫成泰　郢中朱一龍
龍江王應麟　西陵吴　化　參閲

## 晉諸臣謚

驃騎將軍、録尚書事、散騎常侍、博陵縣公王沉，字處道，太原晉陽人，武帝泰始二年謚元。

太保、睢陵公王祥，字體徵，琅邪臨沂人，世祖泰始六年謚元。

上洛太守、睢陵侯王馥，祥之子，武帝咸寧初謚孝。

光禄大夫、即丘子王覽，字玄通，祥弟，咸寧四年謚貞。丞相、始興郡公王導，字茂弘，覽之孫。成帝咸和五年謚文獻。

晉自漢魏以來，賜謚多由封爵，雖位通德重，先無爵者，例不加謚。導乃疏言：武官有爵必謚，卿校常伯，無爵不謚，甚非制度之本意。自後公卿無爵而謚，導所議也。

中書侍郎王悦，字長豫，導子，先導卒，謚貞。

散騎常侍、贈中軍將軍、即丘子王恬，字敬豫，導次子，謚憲。

建威將軍、吴國内史、贈車騎將軍王劭，字敬倫，導子，謚簡。

揚州刺史〔一〕録尚書事、贈侍中、司徒王謐，字稚遠，本劭子，以後協，義熙三年謚文恭。

散騎常侍、贈車騎將軍、開府王珣，字元琳，導孫，洽子，謚獻穆。

撫軍將軍、會稽内史、贈車騎大將軍、儀同三司、彭澤侯王舒，字處明，導從弟，謚穆。

衛將軍、會稽内史、番禺縣侯王允之，字深猷，舒子，咸康末謚忠。

輔國將軍、散騎常侍、贈侍中、驃騎將軍、武陵縣侯王廙，字世將，導從弟，明帝時謚康。

尚書右僕射、贈特進、衛將軍、散騎常侍、關内侯王彬，字世儒，廙弟，謚肅。

護軍將軍、散騎常侍、贈光禄大夫、儀同三司王彪之，字叔虎，彬次子，太元二年謚簡。

中書令、贈侍中、特進、光禄大夫、太宰王獻之，字子敬，導族孫，安僖皇后父，謚憲。

陵江將軍、贈使持節、安南將軍、武陵太守、追封西鄂侯羅憲，字令則，襄陽人，泰始六年謚烈。

司空、鉅鹿郡公裴秀，字季彦，聞喜人，泰始七年謚元。

尚書左僕射、侍中裴頠，字逸民，秀第二子，惠帝時謚成。

中書令、侍中、光禄大夫、開府儀同三司、臨海侯裴楷，字叔則，謚元。

散騎常侍、臨海侯裴輿，字祖明，楷子，謚簡。

司徒、樂陵侯石苞，字仲容，南皮人，泰始八年謚武。

司空、儀同三司、安成鄉侯鄭袤，字林叔，滎陽開封人，泰始九年謚元。

光禄勳鄭默，字思玄，袤子，武帝太康元年謚成。

贈金紫光禄大夫、平壽公鄭球，字子瑜，默子，永嘉二年謚元。

太傅、壽光公鄭冲，字文和，開封人，泰始十年謚成。

侍中、太尉、臨淮公荀顗，字景倩，潁川人，魏太尉彧之第六子，泰始十年謚康。

尚書令、贈司徒、濟北郡公荀勗，字公曾，潁川潁陰人，漢司徒爽曾孫，太康十年謚成。

衛尉荀輯，勗子，謚簡。　輯子畯，謚烈。

留臺太尉、贈太保荀藩，字公堅，勗第二子，愍帝建興元年謚成。

尚書、贈光禄大夫荀邃，字道玄，藩子，謚靖。

侍中、尚書、射陽公、贈衛尉荀闓，字道明，藩子，太寧二年謚定。

太尉、領太子太保荀組，字大章，勗第三子，永熙初謚元。

散騎常侍、侍中、贈太僕荀奕，字玄欣，組子，咸和七年謚定。

太常卿、觀陽伯華表，字偉容，平原高唐人，咸寧元年謚康。

光禄大夫、開府儀同三司、觀陽伯華廙，字長駿，表長子，惠帝時謚元。

太常、贈左光禄大夫、開府、苑陵縣侯華恒，字敬則，廙子，成帝時謚敬。

秘書監、加散騎常侍、贈少府、樂鄉侯華嶠，字叔駿，表第三子，元康三年謚簡。

司隸校尉、追封清泉侯傅玄，字休奕，北地宜陽人，咸寧四年謚剛。

贈司隸校尉、清泉侯傅咸，字長虞，玄子，元康四年謚貞。

衛將軍、開府儀同三司、大梁侯盧欽，字子若，范陽涿人，咸寧四年謚元。

司空、朗陵公何曾，字穎考，陽夏人。咸寧四年，禮官議謚謬醜，帝賜謚孝。太康末，子劭自表，改謚元。　博士秦秀議：『太宰何曾，雖階世族之胤〔二〕，而少以高亮嚴肅，顯登王朝。事親有色養之名，在官奏科尹之模，此二者，寔得臣子事上之概。然資性驕奢，不循軌則。暨乎耳順之年，身兼三公之位，食大國之租，荷保傅之貴，執司徒之均。二子皆金貂卿校，列于帝側。方之古人，責深負重，雖舉門盡死，猶不稱位。而乃驕奢過度，名被九域，行不履道，而享位非常，穢皇代之美，壞人倫之教，生天下之醜，示後世之傲，莫大于此。自近世以來，宰相輔臣，未有受垢辱之聲，被有司之劾，父子塵累，而蒙恩貸若曾者也。按謚法，名與寔爽曰謬，怙亂肆行曰醜。曾之行也，並與此同，宜謚謬醜公。』帝不從，謚曰孝。

特進、尚書左僕射、贈司徒何劭〔三〕，字敬祖，曾之子，惠帝永寧元年謚康。

太傅、鉅平侯羊祜，字叔子，南城人，咸寧時謚成。

前將軍、監青州諸軍事、青州刺史、贈使持節、都督青州諸軍事、鎮東將軍、平春侯胡威，字伯武，一名貔，淮南壽春人，太康元年謚烈。

司徒、廣陵侯李胤，字宣伯，襄平人，太康三年謚成。

使持節、都督秦凉二州諸軍事、侍中、車騎將軍、魯公賈充，字公閭，平陽人，太康三年謚武。充老病，自憂謚傳。從子模曰：『是非久自見，不可掩也。』卒後無嗣，妻郭槐以外孫韓謐爲世孫。及太常議謚，博士秦季曰：『充悖禮溺情，以亂大倫。昔鄫養外孫莒公子爲後，《春秋》書莒人滅鄫。絶父祖之血食，開朝廷之亂源。按謚法，昏亂紀度曰荒，請謚荒公。』晉主更曰武。

侍中、光禄大夫、贈車騎將軍、開府儀同三司賈模，字思範，充從子，賈后時憂譏而卒，謚成。

司徒、侍中、新沓伯山濤，字巨源，河内懷人，太康四年謚康。

撫軍大將軍、開府儀同三司、加特進、襄陽侯王濬，字士治，弘農湖人，太康六年謚武。

尚書、平陵男郭奕，字大業，陽曲人，太康八年謚簡。 初，有司議郭奕謚景，與景帝同，請改謚曰穆。詔賜謚曰簡。孝武太元四年，光禄勳王欣之援周制，謂郭奕不宜改謚。徐邈奏：『郭奕改謚，不以犯嫌。武帝永平元年詔書，貴賤不嫌同謚。周公謚文，君父同稱。名行不殊，謚何得異？』尚書奏：『文武舉其一致，聖賢有時而同，宜如王欣之所陳。』詔可。

安南將軍、廣州牧、武當侯滕脩，字顯先，西鄂人，太康九年謚忠。 初，太常謚脩曰聲。脩之子疏言：『亡父脩羈紲吴壤，爲所驅馳。幸逢開通，沐浴至化，得從俘虜，握戎馬之要。未覲聖顔，委南藩之重，實由勳勞少聞天聽故也。年衰疾篤，屢乞骸骨，未蒙垂哀，奄至薨隕。臣承遺意，輿櫬還都〔四〕，瞻望雲闕，寔懷痛裂。竊聞博士謚脩曰聲，直彰流播，不稱行蹟。不勝愚情，冒昧聞訴。』帝乃賜謚忠。

平南將軍、廣州刺史、夏陽縣開國侯滕含，脩孫，謚戴。

散騎常侍、鄄城公曹志，字元恭，故魏陳思王庶子，太康九年謚定。

司隸校尉、特進、贈征南大將軍、開府儀同三司、當陽侯杜預，字元凱，杜陵人，太康時謚成。

丹陽丞、當陽侯杜乂〔五〕，字弘理，預孫，成恭皇后父，咸康初謚穆。

侍中、尚書、太常劉智，字子房，高唐人，太康末謚成。

特進、光禄大夫、開府儀同三司、太尉、循陽侯劉寔，字子真，智兄，永嘉中謚元。

特進、散騎常侍、輔國大將軍、開府儀同三司、甘露亭侯羊琇，字稺舒，景獻皇后從父弟，泰山南城人，武帝時謚威。

特進、光禄大夫、贈太保、祁侯李憙〔六〕，字季和，銅鞮人，武帝時謚成。

左僕射、左光禄大夫、開府儀同三司、薛縣侯武陔，字元夏，沛國竹邑人，武帝時謚定。

右光禄大夫、儀同三司、司徒、劇陽子魏舒，字陽元，樊人，惠帝永熙元年謚康。

大司馬、贈太傅、高平公陳騫，東陽人，惠帝元康二年謚武。

尚書左僕射、領軍、持節、西戎校尉、録尚書事、雍州刺史麴允，金城人。愍帝爲劉聰幽辱，允發憤自殺。聰嘉其忠烈，僞謚節愍。

太尉、昌安縣侯石監，字林伯，厭次人，元康初謚元。

太保、蘭陵公衛瓘，字伯王，安邑人，元康元年謚成。　瓘與太宰亮等俱爲賈后所殺，瓘女與國人書曰：『先公名謚未顯，一國無言，《春秋》之責，其咎安在？』劉繇撾登聞鼓訟瓘冤，乃復瓘爵位，謚曰成。

黄門郎、贈長水校尉、蘭陵世子衛恒，字巨山，瓘之子，謚貞。

太子少傅、散騎常侍、光禄大夫、贈金紫、上蔡伯和嶠，字長輿，汝南西平人，元康二年謚簡。

前將軍、上庸縣侯唐彬，字儒宗，魯國鄒人，元康四年謚襄。

侍中、司徒、録尚書事、京陵公王渾，字玄冲，太原晉陽人，元康七年謚元。

司徒、安豐侯王戎，字濬冲，渾子，永興二年謚元。

軍諮祭酒王澄，字平子，戎弟，爲敦所害，明帝時，敦平，追謚憲。

散騎常侍、尚書令、征虜將軍、贈侍中、驃騎將軍、開府、藍田縣侯王述，字懷祖，渾從孫，太和五年謚穆。避穆帝諱，改謚簡。

中書令、都督、徐兖青三州刺史、贈安北將軍、藍田侯王坦之，字文度，述子，謚獻。

建武將軍、荆州刺史、贈右將軍王忱，字元達，坦之子，謚穆。

廬陵太守王嶠，字開山，述族子，咸和時謚穆。

行討虜護軍、平陽太守、贈散騎常侍李重，字茂曾，鍾武人，永康初謚成。

左僕射、鎮東大將軍、開府儀同三司、贈車騎將軍、夏陽子胡奮，字玄威，臨涇人，惠帝時謚壯。

後將軍王愷，字君夫，文明皇后弟，東海郯人，惠帝時謚醜。

光禄大夫劉頌，字子雅，廣陵人，惠帝時謚貞。

游擊將軍、贈司空、安樂亭侯索靖，字幼安，敦煌人，永安末謚壯。

左光禄大夫、開府、領司徒、大陵縣公温羨，字長卿，太原祁人，懷帝時謚元。

驃騎將軍、開府儀同三司、贈侍中、始安郡公温嶠，字太真，羨弟之子，明帝時謚忠武。

侍中、贈太尉、光禄大夫、弋陽侯嵇紹，字延祖，魏中散大夫康之子，元帝時謚忠穆。紹爲博士時，太尉廣陵公陳準薨，太常奏謚，紹駁曰：『謚號所以垂之不朽，大行受大名，細行受細名，文、武顯於功德，幽、厲表於闇蔽。自頃禮官協情〔七〕，謚不依本。準謚爲過，宜謚爲謬。』事下太常，時雖不從，朝廷憚焉。後紹死蕩陰之難，故以忠穆爲謚。

平越中郎將、廣州刺史嵇含，字君道，紹從子，爲劉弘司馬郭勵所害，懷帝初謚憲。

贈平西將軍周處，字子隱，義興陽羨人，元帝爲晉王時謚孝。處死于萬年之亂。元帝時，將加處策謚，太常賀循議曰：『處履德清方，才量蓋世。歷守四郡，安人立政；入司百僚，貞節不撓；在戎致身，見危授命。此皆忠賢之茂實，烈士之遠節。按謚法，執德不回曰孝。』遂以爲謚。

建武將軍、軍諮祭酒、贈輔國將軍、烏程公周玘，字宣佩，處子，謚忠烈。

左光禄大夫、開府儀同三司、贈司空賀循，字彦先，山陰人，太興二年謚穆。

梁州刺史、贈征西將軍、尋陽縣侯周訪，字士達，本汝南安成人，後家尋陽，太興三年謚壯。

鎮西將軍、贈征西將軍、建城公周撫〔八〕，字道和，訪子，哀帝興寧三年謚襄。

冠軍將軍、建城公周楚，字元孫，撫子，廢帝太和中謚定。

少府、丹陽尹、侍中、中護軍、贈金紫光禄大夫、西平侯周謨，汝南安成人，謚貞。

太子少傅、吏部尚書、護軍將軍、贈左光禄大夫、儀同三司周顗，字伯仁，謨兄，爲王敦所害，謚康。

護軍、領秘書監，贈金紫光禄大夫周閔，字子騫，顗子，謚烈。

散騎常侍、贈侍中、驃騎將軍、開府儀同三司、嘉興公顧榮，字彦先，吴郡人，元帝時謚元。

領軍將軍、贈特進、光禄大夫、鄱陽縣伯顧衆，字長始，榮族弟，永和二年謚靖。

左光禄大夫、儀同三司、散騎常侍、尚書令、贈侍中、司空顧和，字君孝，衆之族子，永和七年謚穆。

武昌太守、贈征虜將軍、秦州刺史、平阿縣侯趙誘，字元孫，淮南人，元帝時謚敬。

侍中、太尉、廣武侯劉琨，字越石，中山魏昌人，爲段匹磾所害，元帝時謚閔。

秘書監、贈光禄大夫、散騎常侍、都亭侯華譚，字令思，廣陵人，元帝時謚胡。

贈驃騎將軍、定襄侯劉輿，字慶孫，琨兄，洛陽未敗時卒，謚貞。

國子祭酒、贈大鴻臚杜夷，字行齊，廬江灊人，明帝太寧元年謚貞。

鎮南大將軍、侍中、都督、贈驃騎將軍、于湖侯甘卓，字季思，丹陽人，太寧中追謚敬。

長史、贈太常、咸亭侯謝鯤，字幼輿，陽夏人，明帝時謚康。

鎮西將軍、散騎常侍、衛將軍、贈開府儀同三司、咸亭侯謝尚，字仁祖，鯤之子，升平初謚簡。

太保、贈太傅、廬陵郡公謝安，字安石，尚從弟，謚文靖。

會稽内史、贈侍中、司空、望蔡公謝琰，字瑗度，安子，與二子肇、峻俱死孫恩之難，安帝時謚忠肅。

散騎常侍、左將軍、會稽内史、贈車騎將軍、開府儀同三司、康樂縣公謝玄，字幼度，安兄奕子，謚獻武。

散騎常侍、衛將軍、贈司空、南康郡公謝石，字石奴，安弟，謚襄。

石無他才望，直以宰相弟，遂居清顯，而聚斂無厭，取譏當世。詔追贈司空，范弘之極論其貪黷，請謚曰襄墨。朝議不從，單謚曰襄。

驃騎將軍、常侍、贈開府儀同三司、臨湘縣侯紀瞻，字思遠，秣陵人，明帝末謚穆。

尚書右僕射、散騎常侍、銀青光禄大夫、贈左光禄大夫、儀同三司、建安伯諸葛恢，字道明，瑯琊陽都人，成帝初謚敬。

護軍將軍、安樂伯陶回，丹陽人，咸和二年謚威。

右光禄大夫、開府儀同三司、録尚書事、秘書監、贈侍中、平樂伯荀崧，字景猷，臨潁人，咸和三年謚敬。

平南將軍、江州刺史、贈觀陽縣侯、征南大將軍、儀同三司應詹，字思遠，汝南南頓人，咸和六年謚烈。

都督江荆豫益梁雍六州諸軍事、領豫荆江三州刺史、儀同三司、贈太尉、永昌公庾亮，字元規，明穆皇后之兄，鄢陵人，咸康六年謚文康。

輔國將軍、豫州刺史、西中郎將、贈衛將軍、廣饒男庾懌，字叔豫，亮弟，穆帝時謚簡。

車騎將軍、贈侍中、司空庾冰，字季堅，懌弟，穆帝時謚忠成。

征西將軍、領南蠻校尉、贈車騎將軍、都亭侯庾翼，字穉恭，冰弟，永和元年謚肅。

左光禄大夫、開府儀同三司、衛將軍、贈侍中、車騎大將軍、江陵公陸曄，字士光，吴郡人，咸和中謚穆。

侍中、司空、興平伯陸玩，字士瑶，曄弟，謚康。

侍中、太尉、贈大司馬、長沙郡公陶侃，字士行，本鄱陽人，徙家尋陽，咸和七年謚桓。

散騎常侍、贈大鴻臚、都亭侯陶瞻，字道真，侃子，爲蘇峻所害，謚愍悼。

南郡太守、贈平南將軍、當陽亭侯陶臻，字彦遐，侃兄子，謚肅。

護軍將軍、散騎常侍、贈衛將軍、長平縣伯褚翜，字謀遠，陽翟人，咸康七年謚穆。

征北大將軍、贈侍中、太傅、都鄉亭侯褚裒，字季野，康獻皇后父，翜從父弟，永和五年謚元穆。

領軍將軍、給事中、贈侍中、驃騎將軍、開府儀同三司、咸陽公卞壼，字望之，冤句人，死於蘇峻之難，咸康時謚忠貞。

尚書、贈光禄大夫、少府、散騎常侍、安陵亭侯卞敦，字仲仁，壼從兄，謚敬。

侍中、右衛將軍、贈衛尉、原鄉亭侯劉超，字世瑜，琅邪臨沂人，爲蘇峻所害，咸康時謚忠。

國子祭酒、散騎常侍、贈左光禄大夫、長合鄉侯袁瓌，字山甫，襄陽人，成帝時謚恭。

龍驤將軍、江夏相、贈益州刺史、湘西伯袁喬，字彦叔，瓌子，謚簡。

驃騎將軍、贈右光禄大夫、儀同三司戴淵，字若思，廣陵人，爲王敦所害，謚簡。

尚書僕射、贈衛將軍戴邈，字望之，淵弟，謚穆。

鎮軍將軍、會稽内史、散騎常侍、贈車騎將軍、開府儀同三司、餘不亭侯孔愉，字敬康，會稽山陰人，咸康八年謚貞。

永安伯孔沉，字德度，愉從子，謚簡。

散騎常侍、贈光禄勳、晉安男孔坦，字君平，愉從子，謚簡。

右光禄大夫、開府儀同三司、侍中、衛將軍、贈左光禄大夫、武昌侯虞潭，字思奥，餘姚人，康帝時謚孝烈。

左光禄大夫、國子祭酒、散騎常侍、贈侍中、永安伯丁潭，字世康，會稽山陰人，康帝時謚簡。

驃騎將軍、録尚書事、贈司空、都鄉侯何充，字次道，廬江灊人，永和二年謚文穆。

散騎常侍、贈太常、萬寧縣男桓彝，字茂倫，龍亢人，死蘇峻之難，賊平，謚簡。

都督司豫二州軍事、領鎮蠻護軍、西陽太守、贈平南將軍、萬寧男桓雲，字雲子，彝子，穆帝升平四年謚貞。

車騎將軍、侍中、太尉、豐城公桓冲，字幼子，彝子，謚宣穆。

征西大將軍、贈司空桓豁，字朗子〔九〕，雲弟，謚敬。

建威將軍、江州刺史、江夏相、贈南中郎將桓嗣，字恭祖，冲子，謚靖。

光禄勳、贈特進、光禄大夫、散騎常侍王遐，字桓子，簡順皇后父，太原晉陽人，孝武寧康初謚靖。

侍中、太尉、贈南昌縣公郄鑒，字道徽，高平金鄉人，謚文成。

冠軍將軍、會稽内史、贈侍中、司空、南昌公郄愔，字方回，鑒長子，太元九年謚文穆。

建威將軍、贈北中郎將、東安縣開國伯郄曇，字重熙，鑒次子，謚簡。

侍中庾珉，字子琚，潁川鄢陵人，太元末謚貞。

給事中、領著作庾闡，字仲初，潁川鄢陵人，謚貞。

平北將軍、兗青二州刺史、贈侍中、太保王恭，字孝伯，以反死，桓玄執政，表謚忠簡。

都督江荆等八郡軍事、鎮南將軍、安城郡公、贈侍中、司空何無忌，東海郯人，義熙初謚忠肅。　盧循之亂，無忌握節而死。

輔國將軍、兗青二州刺史、領南蠻校尉、贈太常、散騎常侍、江陵縣公魏詠之，字長道，任城人，義熙時謚桓。

荆州都督、贈新城郡公劉弘，字和季，沛國相人，元熙元年謚元。

安北將軍、徐兗二州刺史、贈散騎常侍、都鄉侯范汪，字玄平，南昌順陽人，謚穆。

冠軍侯郭彰，字叔武，太原人，謚烈。

侍中、國子祭酒、西平侯顔含，字弘都，瑯琊莘人，謚靖。

太常、昌國縣侯任愷，字元褒，樂安人，謚元。

左光禄大夫、開府儀同三司、贈侍中、司空、濟陽男蔡謨，字道明，陳留考城人，謚文穆。博士曹耽定謚曰穆。司徒、左長史孔嚴與王彪之書曰：『穆誠美謚。然蔡公德業既重，又先帝師傅，居總録任，則是參二宰相也。考行定名，不可不詳。』彪之答曰：『按謚法，布德執義曰穆，名目殊爲不輕。泰始張皇后、太寧庾皇后並謚曰穆。魏司空陳泰、王昹、賀循，皆名士也，亦謚曰穆。又中朝及中興曾居師傅及録臺事者，亦皆不複謚。如山、李二司徒，吾族父安豐侯戎，近賀司空循，荀太尉顗，周光録顗是已。吾謂此謚弘美，不宜翻改。』遂止。

散騎常侍、安南將軍、南夷校尉、寧州刺史、褒中縣公王遜，字邵伯，魏興人，謚壯。

護軍將軍、贈右將軍、散騎常侍、永修縣侯桓伊，字叔夏，譙國銍人，謚烈。

右將軍、西蠻校尉、益州刺史、領建平太守、贈中軍將軍、建安侯毛穆之，字憲祖，陽武人，謚烈。

贈車騎將軍、務亭侯楊文宗，武元皇后父，弘農華陰人，謚穆。

自安北將軍至此，謚時未詳。

尚書右僕射、冀州刺史、安邑公薛興，謚壯。

梁州刺史薛濤，興子，謚忠惠。

地與謚時俱未詳。

## 晉異姓王謚

前涼西平郡公張軌，字士彦，安定烏氏人，張耳十七代孫，謚武。

軌子實，字安遜，太興三年卒，私謚昭，元帝賜謚元。

實弟茂，字成遜，咸和初卒，私謚成。

實子駿，字公庭，永和時卒，私謚文，穆帝追謚忠成。

駿子重華，字泰臨，永和二年始自稱持節、大都督、太尉、護羌校尉、涼州牧、河西公、假涼王，升平初卒，私謚昭，又改桓，穆帝賜謚敬烈。

重華子曜靈，字元舒，爲伯父祚所弑，私謚哀。

重華庶子玄靚，字元安，寧康初卒，年十四，私謚沖，孝武賜謚哀。

後涼公李暠，字玄盛，小字長生，隴西成紀人，昶之子，李廣十六世孫。在位十三年薨，國人私謚武昭。唐天寶二載，追號興聖皇帝。

暠子讓，字士遜，謚穆。

暠孫寶，字懷素，晉太安五年謚宣。

暠祖前涼天水太守、衛將軍、贈武衛將軍、安西亭侯弇，暠建初中追謚景。弇本名良，以妻姓梁，張駿謂子孫當避嫌名，故改。

弇子昶，字仲堅，建初中追謚簡。

右西平公稱前涼，涼公稱後涼，二涼累世脩藩臣禮，故晉史著於列傳，而貴與《通考》亦列於宗室王之後爲異姓王，余今因之。

## 群胡君臣僞謚

後涼呂光，字世明，略陽氐人。仕苻堅〔一〇〕，封都亭侯。堅死，自稱涼州牧。晉太元二十一年，僭即天王位。隆安三年死，謚懿武皇帝，廟號太祖。

光庶長子纂，字永緒，晉隆安四年僭號，元興元年，爲吕超所殺。吕隆纂位，謚爲靈皇帝。

光子紹，嗣位未幾，爲纂所奪，以纂咸寧元年謚隱王。

光弟寶，以隆神鼎元年追謚文皇帝。

光高祖，以光麟嘉時追謚敬公。

光祖，以麟嘉時追謚宣公。

光父婆樓，以麟嘉時追謚景昭王。母曰昭烈妃。

南凉秃髪烏孤，鮮卑人。晉隆安元年，自稱大都督、大將軍、大單于、西平王。段業僭號，拜凉州牧，尋死。在王位三年，謚武，廟號烈祖。

烏孤弟利鹿孤，以隆安三年即位，居三年死，謚康。

利鹿孤弟傉檀，以晉元興元年嗣位，在位十三年死，謚景。

北凉沮渠蒙遜，臨松盧水胡人。晉義熙八年，僭即河西王位。魏泰武時，拜凉州牧、凉王。在位二十三年死，謚武宣王，廟號太祖。

蒙遜諸子牧犍，爲魏太武所殺，葬以王禮，謚哀。

前趙劉淵，字元海，新興匈奴人，冒頓之後。咸熙初，爲任子於洛陽。太康末，拜北部都尉，成都王穎拜爲大單于。永興元年，僭即漢王位。永嘉二年僭號，四年死，謚光文皇帝，廟號高祖。

淵子聰，字玄明，殺其兄和襲位。晉太興元年死，謚昭武皇帝，廟號烈宗。　妻劉娥，謚武宣皇后。　姊英〔一一〕，謚武德皇后。

淵族子曜，字永明，晉太興元年僭號，改元光初，十年而死。　前妻卜氏，謚元悼皇后。劉氏，謚獻烈皇后。　羊氏，謚獻文皇后。　羊氏即晉惠后也。

曜高祖亮，光初元年謚景皇帝。

曜曾祖廣，光初元年謚獻皇帝。

曜祖防，光初元年謚懿皇帝。

曜父考，光初元年謚宣成皇帝。　母胡氏，謚宣明皇太后。

後趙石勒，字世龍，上黨武鄉羯人。晉太興二年，僞稱趙王。咸和五年僭號，改元建平。咸和七年死，謚明皇帝，廟號高祖。

勒從子虎，字季龍，弑勒子弘而自立，稱居攝趙天王。晉永和五年僭號，太和六年死。石遵篡位，謚爲武皇帝，廟號太祖。

勒高祖，以建平元年追謚順皇。

勒曾祖，以建平元年追謚威皇。

勒祖邪，以建平元年追謚宣皇。

勒父周，以建平元年追謚元皇帝，廟號世宗。　妣，追謚元昭皇太后。

虎祖匐邪，以即僞天王元年追謚武皇帝。

虎父寇覓，以即僞天王元年追謚孝皇帝，廟號太宗。

僞右長史、大執法、濮陽侯、贈散騎常侍、右光禄大夫張賓，字孟孫，趙郡中丘人，石勒時謚景。

魏冉閔，字永曾，魏郡内黄人。初爲石虎養孫，姓石。晉永和六年，盡殺石氏子孫，僭號改國曰大魏，復姓冉。後爲慕容儁所殺。太和八年，儁復謚爲武悼天王。

閔祖隆，以永興元年追謚元皇帝。

閔父瞻，以永興元年追謚高皇帝，廟號烈祖。

夏赫連勃勃，匈奴右賢王去卑之後，而劉淵之族子，僭號十四年，以宋元嘉二年死，謚武烈皇帝，廟號世祖。

勃勃高祖訓兒，以真興元年追謚元皇帝。

勃勃曾祖武，以真興元年追謚景皇帝。

勃勃祖豹子，以真興元年追謚宣皇帝。

勃勃父衛辰，以真興元年追謚桓皇帝，廟號太祖。

母苻氏〔一二〕，謚桓文皇后。

後蜀李特，字玄休，巴蜀宕渠人，初以流人入蜀。益州刺史趙廞之反，特討而誅之，拜宣威將軍，封長樂鄉侯。太安元年，自稱益州牧。後與羅尚戰敗，殺之。雄僭號，追謚景皇帝，廟號始祖。

特子雄，字仲儁，晉永興初僭號，咸和八年死，謚武皇帝，廟號太宗。

雄子期，字世運。初，雄死，兄子班嗣。班爲雄子越所弑，因踐位。後李壽廢爲卬都縣公，幽之别宫。以晉咸康三年自縊死，謚幽。

特弟流，字玄通。始，朝廷以討趙廞功，拜奮威將軍，封武陽侯。特死，流自稱益州牧。後病死。雄僭號，追封秦王，謚文。

雄曾祖武，以建興元年追封巴郡公，謚桓。

雄祖慕，以建興元年追封隴西王，謚襄。

李驤，以漢興元年追謚獻皇帝。

驤子壽，字武考，晉咸康四年僭號，八年死，謚昭文帝，廟號中宗。

前燕慕容廆，字奕洛，棘城鮮卑人，晉武帝時，拜爲鮮卑都督。元帝時，拜監平州諸軍事、安北將軍、平州刺史，尋加使持節、都督幽州東夷諸軍事、車騎將軍、平州牧、遼東公。咸和八年卒，贈大將軍、開府儀同三司，謚襄。儁僭號，追謚武宣皇帝，廟號高祖。

廆子皝，字元真，廆第三子。太寧末，封朝鮮公，已嗣廆位。成帝時，拜大將軍，封燕王。永和四年卒。儁僭號，追謚文明皇帝，廟號太祖。妻蘭氏，慕容垂之母，垂僞建興元年追謚文昭皇后。

皝子儁，字宣英，永和五年即燕王位，八年僭號，升平四年死，謚景昭皇帝，廟號烈祖。昭儀段氏，慕容垂時謚景德后。

儁子暐，字景茂，升平四年即位，後爲苻堅所殺。慕容德僭號，謚幽皇帝。

儁太子曄，以儁元璽時死，謚獻懷。

後燕慕容垂，字道明，皝第五子。儁僭號時，封吳王。奔苻堅，爲冠軍將軍，佳賓都侯。晉太元十一年即位，二十一年死，謚成武皇帝，廟號世祖。

垂子寶，字道祐，垂死之年嗣位，隆安三年爲蘭汗所弒，謚惠愍皇帝，廟號烈祖。

寶子盛，字道運，寶死，嗣位。隆安五年死，謚昭武皇帝，廟號中宗。

垂少子熙，字道文，盛死，嗣位。六年，爲高雲所弒，謚昭文皇帝。　昭儀苻氏〔一三〕，以僞光始時死，謚愍皇后。

寶養子雲，字子雨，本姓高氏，既弒熙，僭即天王位，爲幸臣離班等所弒，謚惠懿皇帝。

盛伯父全，以僞建平時追謚獻莊皇帝。　妻丁氏，謚獻莊皇后。

盛太子策，以僞建平時追謚獻哀。

贈太宰苻謨，苻氏父〔一四〕，僞光始時謚文獻。

南燕慕容德，字玄明。皝之少子儁僭號，封爲梁公，後遂僭即皇帝位。以晉義熙元年死，謚獻武皇帝。

德兄納，晉義熙三年，子超僭號，追謚穆皇帝。

北燕馮跋，字文起，長樂信都人。以晉義熙五年僭稱天王，至宋元嘉七年，因中山公弘之變，驚遽而死，謚文成皇帝，廟號太祖。

跋少弟弘，字文通，初封中山公，殺僞太子翼自立。宋元嘉十五年，爲高麗所殺，謚昭成皇帝。

跋祖和，以僞太平元年追謚元皇帝。

跋父安，以僞太平元年追謚宣皇帝。

前秦苻洪〔一五〕，字廣世，略陽臨渭氐人。永和六年，拜征北大將軍、冀州刺史、廣川郡公，已自稱大將軍、大單于、三秦王。爲麻秋所鴆。健僭號，謚惠武帝。

洪子健，字建業，永和八年僭號，十二年死〔一六〕，謚明皇帝。

健子生，字長生，永和十二年僭號〔一七〕。二年，苻堅廢爲越王，殺之，謚厲王。

洪子雄，字元才，堅僞永興元年，追謚文桓皇帝。

雄子堅，字永固，升平元年僭號，太元十年爲姚萇縊死。丕僭號，謚宣昭皇帝，廟號世祖。呂光又謚爲文昭皇帝。

堅子丕，字永叙，太元十年僭號，二年死，謚哀平皇帝。

堅族孫登，字文高，太元十一年僭號，十九年爲姚興所殺。子崇僭號，謚爲高皇帝，廟號太宗。

使持節、侍中、都督中外諸軍事、丞相、録尚書苻法〔一八〕，堅異母兄，堅母忌而殺之，謚哀。

征南大將軍、開府儀同三司、贈大司馬苻融〔一九〕，字博休，堅之弟，謚哀。

司徒、贈丞相、侍中、清河縣侯王猛，字景略，北海劇人，謚武。

始平郡太守、贈車騎大將軍、儀同三司徐嵩，字元高，苻登時謚忠武〔二〇〕。

贈太師王嘉，善卜，堅謚文。

後秦姚弋仲，南安赤亭羌人。永和七年，拜使持節、六夷大都督、都督江淮諸軍事、車騎大將軍、儀同三司、大單于、高陵郡公，八年卒。萇僭號，追謚景元皇帝，廟號始祖。

弋仲子萇，字景茂，以太元十一年僭號，十八年死，謚昭武皇帝，廟號太祖。

萇子興，字子略，太元十九年僭號，義熙十二年死，謚文桓皇帝，廟號高祖。

弋仲子襄，字景國，自稱大將軍、大單于，晉升平元年戰敗，爲苻堅所殺。萇僭號，追封魏王，謚武。

輔國將軍、司隸校尉、尚書右僕射、清河侯尹緯，字景亮，天水人，興時謚忠成。

右光禄大夫、左户尚書薛彊〔一一〕，謚宣。

西秦乞伏國仁，隴西鮮卑人，以晉武太元十年自稱大都督、大將軍、大單于、領秦河二州牧，十三年死，謚宣烈王，廟號烈祖。

國仁弟乾歸，嗣國仁爲大都督、大將軍、大單于、河南王。晉義熙三年，僭稱秦王六年，爲兄子公府所弑，謚武元王。

仇池公楊定，謚武。

定子盛，謚惠文。

盛子玄，謚孝昭。

## 逆臣僞謚

桓温，字元子，萬寧簡男彝之子，仕晉爲大司馬，封南郡公，孝武時卒。玄僞永始元年，追謚宣武皇帝，廟號太祖。　妻南康公主，謚宣皇后。

桓玄，字靈寶，温之子。　義熙初，益州督護馮遷殺之，逆徒謚爲武悼皇帝。

## 宋帝后謚

孝穆皇帝，彭城綏輿里人，姓劉氏，名翹，漢楚元王交二十一世孫，晉時爲郡公曹。　子裕受禪，追謚孝穆皇帝。　蕭皇后，名文壽，蘭陵人，父卓，晉洮陽令。　后爲孝穆繼室，景平元年崩，謚孝懿。

高祖，名裕，永初元年崩，謚武皇帝。　臧皇后，名愛親，東莞人，父儁，郡功曹。　后以義熙四年崩，武帝踐祚，追謚敬皇后。　胡婕妤，太祖生母，元嘉元年追尊爲皇太后，謚章。

太祖，名義隆，武帝第三子。　元嘉元年，皇太后廢少帝爲營陽王，奉迎入嗣。　元嘉三十年崩，謚文皇帝。　袁皇后，名齊嬀，陳郡陽夏人，光禄大夫湛之庶女。　元嘉十七年薨，有司奏謚宣，特詔謚元。　路后，名惠男，丹陽建康人。　生孝武，拜爲淑媛。　明帝踐祚，號崇德太后。　薨，謚昭。　沈后，名容姬，爲文帝美人，生明帝，拜婕妤。　明帝即位，尊爲皇太后。　薨，謚宣。

世祖皇帝，名駿，文帝第三子，大明八年崩，謚孝武。　王皇后，名憲嫄，琅邪臨沂人。　初拜武陵王妃，即位，立爲后。　廢帝時崩，謚文穆。　殷淑妃，謚宣。

孝武最愛淑妃。　淑妃卒，吏部尚書江智淵謚爲懷。　孝武以爲不盡美，憾之。　嘗詣淑妃墓，指石柱曰：『此上不容有懷字。』智淵以憂卒。後進貴妃，改謚宣。

廢帝，名子業，孝武長子，永光二年廢，被弑。　何皇后，名令婉，廬江灊人，孝建三年納爲太子妃，大明五年薨於東宫，謚獻。

太宗皇帝，名彧，文帝第十一子，泰豫元年崩，謚明。　王皇后，名貞風，臨沂人。初拜淮陽王妃，即位，立爲后。順帝禪位，同遜東邸，薨於齊建元元年，謚恭。

汝陰王，名準，明帝第三子。廢帝昱遇弑，蕭道成迎立爲帝。昇明三年禪位道成〔三〕，封汝陰王，監人殺之，謚順。

## 宋宗室謚

長沙王道憐，武帝中弟，永初三年謚景。

道憐子義欣，謚成。

義欣子瑾，謚悼。

義欣弟桂陽侯義融，謚恭。

義融子覬，謚孝。

覬弟臨灃侯襲，謚忠。

道憐子新渝侯義宗，字伯奴，謚惠。

義宗子玠，謚懷。

道憐子興安侯義賓，謚肅。

義賓子綜，謚惠。

道憐子營道侯義綦，謚僖。

臨川王道規，字道則，武帝少弟，義熙八年謚烈武。

道規嗣子義慶，本長沙景王子，元嘉二十一年謚康。

義慶子曅，爲元凶所誅，謚哀。

南城縣侯懷慎，武帝從弟，少帝景平元年謚肅。

懷慎從孫順陽縣侯亮，明帝時謚剛。

營浦侯遵考，武帝族弟，廢帝元徽元年謚元。

盧陵王義真，武帝子，爲徐羨之所殺，元嘉元年追復先封，謚孝獻。

義真嗣子敬先，本南平王鑠子，景和二年爲前廢帝所害，謚恭。

義真嗣子曷，字淵華，本臨灃忠王子，順帝昇明元年謚元。

江夏王義恭，武帝子，爲廢帝所害，太宗定亂後，謚文獻。

義恭子叡，字元秀，世祖大明二年追謚宣。

叡弟新吴侯韶，字元和，謚烈。

韶弟平都侯坦，字元度，謚懷。

坦弟江安侯元諒，謚愍。

元諒弟興平侯元粹，謚悼。

元粹弟伯禽，初謚哀世子，後改謚愍。

伯禽弟永脩侯仲容，謚殤。

仲容弟永陽侯叔子，謚殤。

衡陽王義季，武帝子，元嘉二十四年，追贈侍中、司空，謚文。

義季子嶷，字子岐，大明七年謚恭。

臨武侯悰，南郡王義宣子，武帝孫，謚悼。

南平王鑠，字休玄〔一三〕，文帝第四子，爲世祖所毒，贈侍中、司徒，謚穆。

鑠長子敬猷，爲前廢帝所殺，太宗即位，贈侍中，謚懷。

鑠次子安南侯敬淵，爲前廢帝所殺，太宗贈黄門侍郎，謚悼。

建平王宏，字休度，文帝第七子，孝武大明二年，贈侍中、司徒，謚宣簡。

晉平王休祐，文帝第十三子，明帝忌其剛戾，以泰始七年令人殺之，贈司空，謚剌。

鄱陽王休業，文帝第十五子，孝武孝建三年贈太常，謚哀。

臨慶王休倩，文帝第十六子，孝建元年謚冲。

新野王休文，文帝第十七子，明帝泰始五年謚懷。

巴陵王休若，文帝第十九子，泰始七年，明帝忌而殺之，贈侍中、司空，謚哀。

始平王子鸞，字孝羽，孝武第八子，前廢帝忌而殺之，明帝泰始初謚孝敬。

子鸞嗣子延年，字德冲，本建平王景子，泰始四年薨，年四歲，謚冲。

齊王子羽，字孝英，孝武第十四子，大明二年生，三年卒，追謚敬。

晉陵王子雲，字孝舉，孝武第十九子，大明六年卒，四歲，謚孝。

南海王子師，字孝友，孝武第二十二子，景和元年爲前廢帝所害，明帝即位，追謚哀。

淮陽王子霄，字孝雲，孝武第二十七子，泰始二年賜死，年四歲，謚思。

邵陵王友，字仲賢，明帝第七子，昇明三年薨，謚殤。

## 宋公主謚

會稽公主，武帝女，適徐逵之，謚宣。

宣城公主，武帝女，適周嶠，謚德。

始安公主，武帝女，適褚湛之，謚哀。

吴郡公主，武帝女，爲褚湛之繼室，謚宣。

臨淮公主，武帝女，謚康哀。

東陽公主，文帝女，適王僧綽，謚獻。

南郡公主，文帝女，適褚淵，謚獻。

## 宋諸臣謚

侍中、司徒、南康郡公劉穆之，字道和，東莞莒人，義熙十三年卒，武帝永初時謚文宣。

左衛將軍、吴都太守、贈征虜將軍、德陽縣侯劉式之，字延叔，穆之中子，謚恭。

吴興太守劉瑀，字茂琳，式之之子，大明二年謚剛。

使持節、散騎常侍、都督雍梁南北秦四州郢州之竟陵隨二郡諸軍事、安北將軍、寧蠻校尉、雍州刺史、贈侍中、司空、康樂郡侯劉秀之，字道寶，東莞莒人，穆之從父兄子，大明八年卒，謚忠成。

領軍將軍、散騎常侍、西昌縣侯檀祗，字恭叔，高平金鄉人，武帝永初初謚威。

安西司馬、征虜將軍、贈左將軍、青州刺史、龍陽縣侯王鎮惡，北海劇人，猛之孫，武帝受命，謚壯。

太子左衛率、侍中、太尉袁淑，陽夏人，武帝初，以死難謚忠憲。

會稽太守褚淡之，字仲原，河南陽翟人，少帝景平二年謚質。

尚書左僕射、都鄉侯褚湛之，字休玄，淡之兄子，大明四年謚敬。

尚書右僕射、贈侍中、左光禄大夫、開府儀同三司、晉寧縣男袁湛，字士深，陳郡陽夏人，文帝元嘉初謚敬。　輔國將軍、吴郡太守袁洵，湛弟豹之子，謚貞。

領軍將軍、霄城縣侯趙倫之，字幼成，下邳僮人，孝穆皇后弟，元嘉五年謚元。

丹陽尹、關中縣五等侯趙伯符，宁潤遠，倫之子，元嘉中，戲以手擊主，離婚，慙懼而卒，謚肅。

特進、侍中、左光禄大夫、國子祭酒、贈車騎將軍、遂鄉侯范泰，字伯倫，順陽人，元嘉五年謚宣。

侍中、中書監、太保、録尚書事、揚州刺史、華容縣公王弘，字休元，導曾孫，文帝元嘉九年謚文昭。

太子詹事、侍中、贈左光禄大夫、散騎常侍王曇首，太保弘之弟，元嘉九年，以豫議誅徐羨之功，追封豫章侯，謚文。

吏部尚書、贈金紫光禄大夫、豫章縣侯王僧綽，曇首子，孝武泰始初謚愍。

右光禄大夫、開府儀同三司王偃，字子游，弘從子，謚恭。

侍中、護軍將軍王華，字子陵，弘從弟，元嘉九年，以誅徐羨之功追封新建侯，謚宣。

尚書右僕射、贈開府儀同三司王僧朗，弘從子，明帝后父，泰始初謚元。

散騎常侍、中書監、揚州刺史、贈車騎將軍、開府儀同三司、江安侯王彧，字景文，僧朗子，泰豫元年賜死，謚懿。

秘書丞王絢，字長素，景文子，謚恭。

豫州刺史、建昌縣公到彦之，字道豫，彭城武原人，元嘉十年謚忠。

鎮北大將軍、徐兖二州刺史、新淦縣侯王懿，字仲德，太原祁人，元嘉十五年謚桓。

特進、右光禄大夫、始興王師殷穆，陳郡長平人，元嘉中謚元。

揚州刺史、贈侍中、司空殷景仁，穆之姪，元嘉末謚文成。

太子左衛率、陽山縣男胡藩，字道序，豫章南昌人，元嘉中謚壯。

會稽大守張裕，字茂度，吴郡吴人，元嘉十八年謚恭。

吴興太守、臨沮伯張邵，字茂宗，裕弟，元嘉時謚簡。

會稽太守、夷道縣侯張暢，字少微，邵兄禕之子〔二四〕，孝建二年謚宣。

建威將軍、河東太守、贈征虜將軍沈林子，字敬士，吴興武康人，永初三年卒，元嘉二十五年謚懷。

左軍將軍、贈新康縣男劉康祖，彭城吕人，元嘉二十七年，爲魏軍射死，謚壯。

持節、督雝梁南秦三州荆州之南陽竟陵順陽襄陽新野隨六郡諸軍事、輔國將軍、寧蠻校尉、雝州刺史、襄陽太守、晉安侯劉道産，康祖從兄弟，謚襄。

侍中、尚書左僕射、領護軍劉延孫，道産子，大明五年謚忠穆，又改爲文穆。

益州刺史陸徽，字休猷，吴郡吴人，元嘉二十九年謚簡。

吏部尚書、太子右衛率、贈散騎常侍、金紫光禄大夫沈演之，字臺真，吴興武康人，元嘉末謚貞。

廣威將軍、贈龍驤將軍、益州刺史卜天與，吴興餘杭人，爲元凶黨所殺。孝武即位，贈官，謚壯。

中書令、領太子詹事、前軍將軍、丹陽尹、贈司空、枝江縣侯徐湛之，字孝源，爲元凶所害。

孝武即位，謚忠烈。

金紫光禄大夫、贈特進顔延之，字延年，琅邪臨沂人，孝武孝建三年謚憲。

散騎常侍、僕射、領丹陽尹、平都縣子顔師伯，字長深，延之族子，泰始初追謚荒。

南兖州刺史、贈左將軍檀和之，高平金鄉人，孝建時謚襄。

左光禄大夫、開府儀同三司、侍中、贈司空、都鄉侯何尚之，字彦德，廬江灊人，孝武大明四年謚簡穆。

吏部尚書何偃，字仲弘，尚之子，孝武時謚靖。

大中大夫垣護之，字彦宗，略陽桓道人〔二五〕，大明八年謚壯。

建武將軍、兖州刺史夏侯祖權，譙人，大明末謚烈。

散騎常侍、特進羊玄保，泰山南城人，大明末謚定。

贈侍中、金紫光禄大夫路興之，建康人，路太后父，廢帝景和中追謚孝。

贈光禄大夫、開府儀同三司路道慶，路太后弟，景和中追謚敬。

侍中、太尉、南昌縣公沈慶之，字弘先，吴興武康人，爲廢帝賜死，謚忠武，太宗改謚襄。

都督、雍州刺史、贈征西將軍、洮陽侯宗慤，字元幹，南陽人，廢帝景和時謚肅。

撫軍將軍、兖州刺史、建安縣侯殷孝祖，陳郡長平人，明帝泰始二年卒于陣，四年謚忠。

吏部尚書、贈左光禄大夫、開府儀同三司江湛，字徽深，濟陽考城人，泰始初謚忠簡。

侍中、尚書令、驃騎大將軍、巴東郡開國公柳元景，字孝仁，河東解人，泰始初謚忠烈。

散騎常侍、左將軍、相州刺史顧覬之〔二六〕，字偉仁，吴郡吴人，泰始三年謚簡。

郢州刺史、都督、贈征西將軍、開府儀同三司蕭思話，南蘭陵人，孝懿皇后弟子，泰始時謚穆。

散騎常侍、金紫右光禄大夫謝莊，字希逸，陳郡陽夏人，明帝時謚憲。

左光禄大夫、開府儀同三司、都督、南豫州刺史、曲江縣公王玄謨，字彦德，太原祁人，明帝時謚莊。

中書監、樂安公蔡興宗，字興宗，濟陽考城人，泰豫元年謚宣穆。

使持節、鎮軍將軍、守尚書右僕射、中領軍、鄱陽縣侯劉勔，字伯猷，彭城人，死于陣，後廢帝元徽初謚忠昭。

寧朔將軍、交州刺史、都鄉侯劉斅，勔弟，謚質。

侍中、左光禄大夫、開府儀同三司王裕之，字敬弘，琅邪臨沂人，順帝昇明二年追謚文貞。

吏部尚書、金紫光禄大夫王瓚之，裕之子，謚貞。

侍中、安成公何勗，晉安成郡公無忌子，追謚荒。　謚時未詳。

特進、金紫光禄大夫、南昌縣侯朱脩之，字恭祖，義陽平氏人，謚貞。

寧朔將軍、右軍、平陽侯蔡那，南陽冠軍人，謚平。

通直散騎常侍、征虜將軍、孱陵侯任農夫，謚貞肅。

御史中丞、會稽太守、廣州刺史王翼之，謚肅。

吴興太守、石陽縣子、贈前將軍王謙之，謚肅。

三人地與謚時俱未詳。

## 南齊帝后太子謚

宣皇帝，東海蘭陵郡人，姓蕭氏，名承之，字嗣伯，漢蕭何二十三世孫。仕晉爲泰山太守，遷右將軍，贈散騎常侍、金紫光禄大夫，封晉興縣五等男。高帝受禪，追謚宣皇帝。　陳皇后，名道止，臨淮東陽人，魏司徒矯之後。建元元年，追尊爲皇后，謚宣孝。

太祖皇帝，名道成，承之之子，建元元年受宋禪，四年崩，謚高。　劉皇后，名智容，廣陵人，父壽之，母桓氏。建元元年謚昭。

世祖皇帝，名賾，高帝長子，永明十一年崩，謚武。　裴皇后，名惠昭，河東聞喜人，左軍參軍璣之之女。建元元年薨，謚穆妃。帝即位，追尊爲后。

海陵王，名昭文，文惠太子長懋第二子，廢帝鬱林王昭業之弟。文惠太子薨，鬱林遇弒，西昌侯鸞迎入即位。延興元年廢，暴殞，謚恭。

高宗皇帝，名鸞，始安貞王道生之子，初封宣城王。海陵廢，以鸞入纂。建武三年崩，謚明。劉皇后，名惠端，彭城人，光禄大夫道弘孫，永明七年卒於西昌侯夫人。明帝即位，追謚敬皇后。

和帝，名寶融，明帝第八子，嗣廢帝東昏侯寶卷爲帝。中興二年，遜位於梁，謚和。

太子長懋，字雲喬，武帝長子，永明十一年謚文惠。妃王氏，梁天監十一年謚安。

## 南齊宗室謚

衡陽王道度，高帝長兄，建元元年追謚元。

始安王道生，字孝伯，高帝次兄，建元初追謚貞，明帝建武元年，以所生父，追謚景皇帝。妃江氏，謚懿皇后。

道生長子鳳，字景慈，建武元年贈侍中、驃騎將軍、開府儀同三司，謚靖。

鳳次子曲江公遥欣，字重暉，出繼宣帝兄西平太守奉之後，永元元年謚康。

遥欣弟豐城公遥昌，字季暉，明帝永泰元年謚憲。

道生第三子安陸王緬〔二七〕，字景業，武帝永明九年，贈侍中、衛將軍，謚昭。

新安侯景先，高帝從子，永明五年謚忠。

南豐伯赤斧，高祖從祖弟，永明三年謚懿。

豫章王嶷，字宣儼，高帝第二子，永明十年謚文獻。

嶷子永新侯子廉，字景靄，永明十一年贈侍中，謚哀。

臨川王映，字宣光，高帝第三子，永明七年謚獻。

長沙王晃，字宣明，高帝第四子，永明時謚威。

武陵王曅，字宣昭，高帝第五子，廢帝隆昌元年謚昭。

安城王暠，字宣曜，高帝第六子，永明元年謚恭。

始興王鑑，字宣徹，高帝第十子，永明九年謚簡。
竟陵王子良，字雲英，武帝第二子，隆昌元年謚文宣。
巴陵王寶義，字智勇，明帝長子，天監中謚隱。

## 南齊公主謚

義興公主，高帝女，適沈文和，謚獻。

## 南齊諸臣謚

贈金紫光禄大夫陳肇之，臨淮東陽人，高祖外祖父，建元元年追謚敬。
黄門郎、領射聲校尉、新建縣侯蘇侃，字休烈，武邑人，建元元年謚質。
宣城太守、贈左將軍、豫州刺史、新淦伯劉善明，平原人，建元二年謚烈。
左衛將軍、給事中、贈雍州刺史、胥城侯劉懷珍，字道玉，善明族兄，建元四年謚敬。
左衛將軍、吴興太守、贈侍中、右光禄大夫何戢，字慧景，廬江灊人，建元四年謚懿。
侍中、領驍騎將軍、贈太常何昌寓〔二八〕，字儼望，戢從叔，建武四年謚簡。
司空、驃騎將軍、侍中、録尚書事、贈太宰、南康郡公褚淵，字彦回，河南陽翟人，武帝永明初謚文簡。

太子詹事、度支尚書、前將軍、贈太常、巴東郡侯褚蓁，字茂緒，淵子，永明元年謚穆。

散騎常侍、領安成王師、贈太常褚炫，字彦緒，淵從父弟，永明時謚貞。

尚書左僕射王延之，字希季，臨沂人，永明二年謚簡。

吴興太守王秀之，字伯奮，延之從父兄，隆昌元年謚簡。

散騎常侍、吴興太守張岱，字景山，吴郡吴人，永明初謚貞。

國子祭酒、贈散騎常侍、特進、光禄大夫張緒，字思曼，岱從子，永明中謚簡。

侍中、特進、光禄大夫、贈司空王僧虔，宋侍中曇首子，瑯琊臨沂人，永明三年謚簡穆。

東海太守、贈太常王慈，字伯寶，僧虔子，永明九年謚懿。

太尉、太子少傅、領中書監、贈南昌縣公王儉，字仲寶，僧虔兄僧綽之子，永明七年謚文憲。

初，禮官欲謚爲文獻。王晏與儉不平，啓齊主曰：『此謚自宋氏以來不加異姓。』出謂人曰：『平頭憲事已行矣。』

侍中、贈太常王思遠，琅邪臨沂人，明帝時謚貞。

尚書左僕射、康樂侯李安人，一名安民，蘭陵承人，永明四年謚肅。

兖州刺史、鄂縣子王玄載，字彦休，太原祁人，永明四年謚烈。

中護軍、贈雍州刺史、河陽縣侯王玄邈，字彦遠，玄載弟，建武中謚壯。

金紫光禄大夫、樂鄉縣男垣閎，字叔通，略陽桓道人，永明五年謚定。

五兵尚書、贈太常沈仲，字景綽，吴興武康人，永明中謚恭。

散騎常侍、金紫光禄大夫、湘鄉侯吕安國，廣陵人，永明八年謚肅。

左光禄大夫侍中、贈貞陽縣侯柳世隆，字彦緒，河東解人，永明九年謚忠武。

中書郎柳悦，字文殊，世隆子，謚恭。

吏部郎、太子右衛率、加通直常侍庾杲之，字景行，新野人，永明九年謚貞。

度支尚書、領衛尉胡諧之，豫章南昌人，永明十一年謚肅。

廬陵王内史、高平太守、征虜將軍、建昌縣侯戴僧靜，會稽永興人，永明末謚壯。

侍中袁彖，字偉才〔二九〕，陳郡陽夏人，湛之曾孫，齊王昭業隆昌元年謚靖。

國子祭酒陸澄，字彦深，吴郡人，隆昌元年謚靖。

侍中、領晉安王師、贈散騎常侍、太常卿江斆，字叔文，考城人，明帝建武二年謚敬。

侍中、鎮軍將軍、贈車騎將軍、寧都縣侯王廣之，字士林，一字林之，沛郡相人，建武四年謚壯，一謚莊。

太子詹事、贈金紫光禄大夫謝瀹，字義潔，陳郡陽夏人，永泰元年謚簡。

散騎常侍、領驍騎將軍、五兵尚書、駙馬都尉、贈太常劉悛，字士操，彭城安上里人，東昏侯永元初謚敬。

散騎常侍、太常卿王績，字叔素，臨沂人，永元元年謚靖。

散騎常侍、右衛將軍、贈安北將軍、監利縣侯曹虎，和帝中興元年謚壯。　虎，一作武。

侍中、左僕射、鎮軍將軍、贈司空、西豐縣侯沈文季，字仲達〔三〇〕，吴興武康人，中興元年謚忠憲。

中軍大將軍、丹陽尹、贈太尉、餘干縣公徐孝嗣，字始昌，東海郯人，中興二年謚文忠。

汝陰太守，贈徐州刺史、隨縣子崔文仲，清河東武城人，謚襄。

【校勘記】

〔一〕揚州刺史　『揚』原作『楊』，據《續通考》卷一三九、《晉書》卷六五《王謐傳》改。

〔二〕雖階世族之胤　『階』原作『皆』，據《晉書》卷五〇《秦秀傳》改。

〔三〕何劭　『劭』原作『邵』，據《晉書》卷三三《何劭傳》改。

〔四〕輿櫬還都　『櫬』原作『襯』，據《續通考》卷一三九、《晉書》卷五七《滕脩傳》改。

〔五〕杜乂　『乂』原作『义』，據《續通考》卷一三九、《晉書》卷九三《杜乂傳》改。

〔六〕李憙　『憙』原作『熹』，據《晉書》卷四一《李憙傳》改。

〔七〕自頃禮官協情　『情』原作『請』，據《晉書》卷八九《嵇紹傳》改。

〔八〕建城公周撫　『城』原作『成』，據《續通考》卷一三九、《晉書》卷五八《周撫傳》改。

〔九〕桓豁字朗子　『朗子』原作『子朗』，據《晉書》卷七四《桓豁傳》乙。

〔一〇〕苻堅　『苻』原作『符』，據《晉書》卷一一三《苻堅傳》、卷一二二《吕光傳》改。下文慕容暐、慕容垂、苻生、姚襄諸條之『苻堅』同誤，亦據《晉書》校改。

〔一一〕姊英　『姊』原作『娣』，據《續通考》卷一三九、《晉書》卷九六《劉聰妻劉氏傳》改。

〔一二〕母苻氏　『苻』原作『符』，據《晉書》卷一三〇《赫連勃勃傳》改。

〔一三〕昭儀苻氏　『苻』原作『符』，據《晉書》卷一二四《慕容熙傳》改。

〔一四〕贈太宰苻謨苻氏父　兩『苻』字原皆作『符』，據《晉書》卷一二四《慕容熙傳》改。

〔一五〕前秦苻洪　『苻』原作『符』，據《晉書》卷一一二《苻洪傳》改。

〔一六〕永和八年僭號十二年死　按《晉書》卷七《穆帝紀》、卷一一二《苻健傳》、《太平御覽》卷一二一引《前秦録》，苻健之死及苻生之嗣位，皆應在永和十一年六月，此稱『十二年』誤。

〔一七〕永和十二年僭號　『十二年』，蓋承《晉書》卷一一二《苻生傳》之誤，當從《續通考》卷一三九作『十一年』是。參考上條校勘記。

〔一八〕苻法　『苻』原作『符』，據《晉書》卷一一二《苻生傳》、卷一一三《苻堅傳》改。

〔一九〕苻融　『苻』原作『符』，據《晉書》卷一一三《苻堅傳》、卷一一四《苻融傳》改。

〔二〇〕苻登　『苻』原作『符』，據《晉書》卷一一五《苻登傳》改。

〔二一〕薛彊　『彊』原作『疆』，據《北史》卷三六《薛辯傳》、《魏書》卷四二《薛辯傳》改。

〔二二〕昇明三年禪位道成　『明』原作『平』，據《宋書》卷一〇《順帝紀》、《南史》卷三《宋本紀下》改。

〔二三〕南平王鑠字休玄　『休玄』原作『休元』，按『玄』乃宋代諱字，疑此處所據文獻避宋諱作『元』，據《宋書》卷七二《南平王鑠傳》、《南史》卷一四《南平王鑠傳》、《册府元龜》卷二六四改。

〔二四〕邵兄禕之子　『禕』，《續通考》卷一三九作『偉』。按《晉書》卷八九《張禕傳》、《宋書》卷五九《張暢傳》、《南史》卷三二《張暢傳》作「禕」，然《宋書》卷四六《張暢傳》、《資治通鑑》卷一一九永初二年七月條作「偉」。

〔二五〕略陽桓道人　「桓」原作「垣」，據《宋書》卷三七《州郡志》、卷五〇《垣護之傳》改。

〔二六〕顧覬之　「覬」，《宋書》卷八一《顧覬之傳》、《南史》卷三五《顧覬之傳》同，《續通考》卷一三九作「顗」。今見文獻多作「顗」，亦有作「覬」、「愷」、「凱」者。以其字「偉仁」推之，似作「顗」是。

〔二七〕安陸王緈　「緈」原作「緈」，據《南史》卷四一《安陸昭王緈傳》改。按《南齊書》卷四五《安陸昭王緬傳》作「緬」。

〔二八〕何昌寓　「寓」原作「寓」，據《南齊書》卷四三《何昌寓傳》、《南史》卷三〇《何昌寓傳》改。

〔二九〕袁彖字偉才　「偉」原作「緯」，據《南齊書》卷四八《袁彖傳》、《南史》卷二六《袁彖傳》改。

〔三〇〕沈文季字仲達　「季」原作「孝」，「仲」原作「文」，據《南史》卷三七《沈文季傳》、《建康實録》卷一六、《太平御覽》卷七五四引《南齊書》、《册府元龜》卷二一〇、卷九一八改。

# 卷之六

雲間王　圻　編輯
巴郡趙可懷
平湖孫成泰　郢中朱　校正
龍江王應麟　西陵吴　參閲

## 梁帝后太子謚

太祖文皇帝，姓蕭氏，名順之，蘭陵人，漢蕭何之後。初仕齊爲鎮北將軍，謚懿。武衍即位，追謚文皇帝。　張皇后，名尚柔，范陽方城人。父穆之，母即文皇從姑也。天監元年，追謚獻。

高祖皇帝，名衍，順之之子，天監元年受齊禪，太清三年崩，謚武。　郗皇后名徽，高平金鄉人。父曄，宋太子舍人。母宋文帝女尋陽公主。后先帝殂，追謚德。　丁貴嬪，名令光，譙國人，生昭明，以普通七年薨，謚穆。　阮脩容，名令嬴，會稽餘姚人，本姓石。天監六年，生元帝於宫中，拜脩容，賜姓阮。大同六年薨，謚宣。元帝即位，追崇爲文宣太后。　吴淑妃，謚敬。

太宗皇帝，名綱，武帝第三子，大寶二年崩，謚簡文〔一〕。　王皇后，名靈賓，瑯琊臨沂人，父騫，南昌安侯。太清三年，以太子妃薨。帝即位，追謚簡皇后。

世祖皇帝，名繹，武帝第七子，承聖二年爲魏人所戕，謚元。　徐妃，酷妬，有穢行，投井死，以屍還徐，謂之出妻，無謚。

敬皇帝，名方智，元帝子。太平二年禪於陳，陳奉爲江陰王。薨，謚敬。　王皇后，無謚。

太子統，字德施，武帝長子，大通二年謚昭明〔二〕。　妃蔡氏，謚敬。子詧立爲後梁主，又謚爲昭德皇后。

太子大器，字仁宗，簡文嫡長子，大寶二年爲侯景所殺，承聖元年追謚哀。

太子方矩，字元良，江陵喪亡，遇害，敬帝承制追謚愍懷。

## 後梁帝后謚

宣皇帝，名詧，字理孫，昭明第三子。爲張纘搆於元帝，奔魏，魏人命主梁祀，國於江陵，號大定。以大定八年殂，謚宣皇帝。

孝明帝，名巋，字仁遠，詧之第三子，在位二十三年，以隋開皇五年薨，謚孝明皇帝。

巋祖母龔太后，以即位之元年薨，謚元。

巋嫡母王太后，以即位之二年薨，謚宣靖。　巋生母曹太妃，以即位之元年薨，謚孝。

## 梁宗室謚

步兵校尉、吴平侯尚之，字茂先，文帝兄，天監初謚文宣。

故齊東陽太守、東昌侯崇之，字茂敬，尚之弟，天監初追謚忠簡。

崇之子吴平侯景，字子昭，普通四年，贈侍中、中撫軍、開府儀同三司，謚忠。

景子勵，字文約，武帝時謚元。

景弟湘陰侯昂，字子明，大同元年謚恭。

昂弟晉陵太守、贈湘州刺史昱，字子真，武帝時謚恭。

長沙王懿，字元達，文帝長子，天監元年追謚宣武。

懿子業，字静曠，普通七年謚元。

業子孝儼，字希莊，普通七年謚章。

業弟臨汝侯猷，爲吴興郡守，與楚王廟神交，因謚靈。

猷弟貞陽侯淵明，字靖通，承聖四年稱尊號，已復爲太傅、建安王。後北齊文宣納永嘉王莊主梁祀，追謚閔皇帝。　莊，貞陽侯子也。

永陽王敷，字仲達，文帝第二子，天監初追謚昭。

敷子伯遊，字士仁，天監五年謚恭。

衡陽王暢，文帝第四子，天監元年追謚宣。

暢子元簡，字熙遠，天監十八年謚孝。

桂陽王融，文帝第五子，天監元年追謚簡。

融嗣子象，字世翼，本長沙宣武王第九子，大同三年謚敦。

臨川王宏，字宣達，文帝第六子，普通七年謚靖惠。

宏子吳興太守正仁，字公業，天監十年謚哀。

正仁弟建安侯正立，字公山，謚敏。

安成王秀，字彦達，文帝第七子，天監十七年謚康。

秀子機，字智通，大通二年謚煬。

南平王偉，字文達，文帝第八子，普通五年謚元襄。

偉子衡山侯恭，字敬範，元帝時贈侍中、左衛將軍，謚僖。

鄱陽王恢，字弘達，文帝第十子，普通七年謚忠烈。

始興王憺，字僧達，文帝第十一子，天監十八年謚忠武。

憺子廣信侯暎，字文明，謚寬。

暎弟上黄侯曄，字通明，以言行相違，謚替。

南康王績[三]，字世謹，武帝第四子，大通三年謚簡。

廬陵王續，字世訢，武帝第五子，大同元年謚威。

邵陵王綸，字世調，武帝第六子，爲魏人所殺，後梁主詧贈太宰，謚安。元帝時劉毅議，怠政交外，謚攜。

晉王歡，字孟孫，武帝孫，昭明子，謚安。

世子方等，字實相，元帝長子，承聖時謚忠壯，又改謚武烈。

世子方諸，字智相，元帝第二子，爲侯景所害，承聖時追謚貞惠。

贈丞相河東王譽，詧之兄，大定元年追謚武桓。

梁王世子嶚，詧長子，詧稱帝，追謚孝惠太子。

侍中、中衛將軍岌，詧第六子，巋之五年，贈司空，謚孝。

## 梁諸臣謚

南豐伯蕭穎胄，字雲長，故齊南豐伯赤斧子，天監元年追封巴東郡公，謚獻武。

通直散騎常侍、衛將軍、唐縣開國侯蕭穎達，赤斧第五子，天監九年謚康。

寧遠將軍、吴郡太守蕭子恪，字景冲，故齊豫章文獻王子，普通二年謚恭。

大中大夫、秘書監、贈金紫光禄大夫蕭子範，字敬則，子恪第五弟，元帝時謚文。

仁威將軍、吴興太守蕭子顯，字景陽，子範弟，大同三年手勅：以恃才傲物，謚驕。

金紫光禄大夫、醴陵侯江淹，字文通，濟陽考城人，天監元年謚憲。

衛尉卿，贈散騎常侍、車騎大將軍、洮陽縣侯張弘策，字真簡〔四〕，范陽方城人，爲東昏黨孫文明所害，天監初謚愍。

使持節、都督雍梁北秦東益郢州之竟陵司州之隨郡諸軍事、平北將軍、寧蠻校尉張纘，字伯緒，弘策子，出後弘籍，爲詧所害，元帝承制謚簡獻。

散騎常侍、尚書右僕射、霄城侯范雲，字彦龍，南鄉舞陰人，天監二年謚文。

初，禮官請謚曰宣，勑賜謚文。

衛尉卿、散騎常侍、寧都縣侯楊公則，字君翼，天水西縣人，天監四年謚烈。

尚書左僕射、金紫光禄大夫、豐城縣公夏侯詳，字叔業，譙郡人，天監六年謚景。

使持節、都督豫州緣淮南豫霍義定五州軍事、平北將軍、豫南豫二州刺史、豐城縣公夏侯亶，字世龍，詳子，中大通元年謚襄。

使持節、都督豫淮陳穎建霍義七州諸軍事、豫州刺史、保城侯夏侯夔，字季龍，亶弟，大同四年謚桓。

通直散騎常侍、右衛將軍、贈散騎常侍、護軍將軍、東興縣侯鄭紹叔，字仲明，滎陽開封人〔五〕，天監六年謚忠。

使持節、安南將軍、湘州刺史、曲江縣侯柳惔，字文通，河東解人，天監六年謚穆。

給事中、光禄大夫、州陵伯柳忱，字文深，惔弟，天監十年謚穆。

使持節、都督雍梁南北秦四州諸軍事、安北將軍、寧蠻校尉、雍州刺史、雲杜侯柳慶遠，字文和，忱從父，天監十年謚忠惠。

寧朔將軍、新安太守、贈太常任昉，字彦升，樂安博昌人，天監七年謚敬。

右衛將軍、開府儀同三司、湘西縣侯曹景宗，字子震，新野人，天監七年謚壯。

中書監、司徒、衛將軍謝朏，字敬冲，陳郡陽夏人，天監八年謚靖孝，一單謚靖。

中書監、散騎常侍、豫章縣公王亮，字奉叔，瑯琊臨沂人，天監九年謚煬。

左光禄大夫、開府儀同三司、建城縣公王瑩，字奉光，亮從父兄，天監十五年謚靜恭。

散騎常侍、領軍將軍、贈驃騎將軍、開府儀同三司、平固縣侯吕僧珍，字元瑜，東海范陽人，天監十年謚忠敬。

特進、光禄大夫、侍中、太子少傅、建昌縣侯沈約，字休文，吴興武康人，天監十二年謚隱。

初，有司謚曰文，武帝曰：懷情不盡曰隱。改謚隱。

南康内史沈旋，字士規，約子，謚恭。

侍中、太尉王茂，字休遠，太原祁人，天監十二年謚忠烈。

散騎常侍、國子祭酒，贈侍中、護軍將軍張充，字延符，吴郡人，天監十三年謚穆。

通直散騎常侍、丹陽尹、宜陽縣侯王珍國，字德重，沛郡相人，天監十四年謚威。

信武將軍、豫州刺史、南汝陰太守、贈左衛將軍、洽涯縣侯馬仙琕〔六〕，字靈馥，扶風郿人，天監十四年謚剛。

東陽太守、湘西侯席闡文，安定臨涇人，武帝天監中謚威。

左衛將軍、通直散騎常侍、石陽縣侯張惠紹，字德繼，義陽人，天監十八年謚忠。

衛尉卿、太子左衛率張澄，惠紹子，謚愍。

散騎常侍、領左軍將軍、豫寧伯馮道根，字巨基，廣平酇人，普通元年謚威。

侍中、車騎將軍、梁都侯韋叡，字懷文，京兆杜陵人，普通元年謚嚴。

持節、督北徐州諸軍事、信武將軍、北徐州刺史、永昌縣侯韋放，字元直，叡子，大通二年謚宣。

散騎常侍、贈護軍將軍韋粲，字長倩，叡之孫，與侯景戰死，賊平，簡文追謚忠貞。

持節、督豫州北豫霍三州諸軍事、豫州刺史、宣毅將軍、贈侍中、左衛將軍、夷陵縣子裴邃，字深明，河東聞喜人，普通五年謚烈。

少府卿裴之禮，字子義，邃子，謚壯。

特進、金紫光禄大夫、都城縣男裴之高，字如山，邃姪，元帝承制謚恭。

使持節、鎮北將軍、徐州刺史、都督衆軍、贈侍中、司空、豫章侯裴之横，字如嶽，之高弟，没於陣，晉安王承制謚忠壯。

侍中王峻，字茂遠，瑯琊臨沂人，普通三年謚惠。

散騎常侍、金紫光禄大夫王志，字次道，瑯琊臨沂人，齊侍中僧虔子，普通四年謚安。

散騎常侍、左驍衛將軍王泰，字仲通，志兄慈之子，天監時謚夷。

秘書監王彬，字思文，志弟，天監時謚惠。

度支尚書、贈侍中、金紫光禄大夫、南昌侯王騫，字思寂，本名玄成，志從子儉之子，普通三年謚安。

左民尚書、贈散騎常侍、光禄大夫、南昌侯王規，字威明，騫之子，大同二年謚章，一謚文。

尚書左僕射、領國子祭酒王暕，字思晦，騫弟，普通四年謚靖。

戎昭將軍、東陵太守王承，字安期，暕子，大同時謚章。

侍中王訓，字懷範，承弟，謚温。

侍中、尚書王贍，字思饒，志從父兄，武帝時謚康。

永寧太守、安昌侯張齊，字子嚮，馮翊郡人，普通四年謚壯。

護軍將軍、營道侯昌義之，歷陽烏江人，普通四年謚烈。

宣毅將軍、吴郡太守蔡樽，字景節，濟陽考城人，普通四年謚康。

侍中、特進、左光禄大夫王份，字秀文，瑯琊臨沂人，普通五年謚胡。

吏部郎中、贈侍中王錫，字公嘏，份之孫，大通六年謚貞。

太子中庶子、贈侍中王僉，字公會，錫弟，承聖三年，以賢而不伐，追謚恭。

右驍衛將軍、知詹事、贈侍中、護軍將軍周捨，字昇逸，汝南安城人，普通五年謚簡。

使持節、散騎常侍、爪牙將軍、南城縣侯王神念，太原祁人，普通六年謚壯，元帝時改謚忠。

西陽武昌二郡太守、贈左衛將軍吉士瞻，字梁容，馮翊蓮勺人，普通七年謚胡。

衛尉卿、南陽縣男康詢，字長明，華山藍田人，普通七年謚壯。

光禄大夫江蒨，字彦標，濟陽考城人，大通元年謚肅。

散騎常侍、兼國子祭酒、贈侍中明山賓，字孝若，平原鬲人，大通元年謚質。

潯陽太守、贈侍中到洽，字仲度，彭城武原人，大通元年謚理。

散騎常侍、金紫光禄大夫、本州大中正傅昭，字茂遠，北地靈州人，大通二年謚貞。

光禄大夫、領步兵校尉、南北兗二州大中正江革，字休映，濟陽考城人，大通二年謚彊。

宣惠將軍、金紫光禄大夫、監揚州事孔休源，字慶緒，會稽山陰人，大通四年謚貞。

金紫光禄大夫、特進、揚州大中正陸杲，字明霞，吴郡人，大通四年謚質，一謚靖。

侍中、特進、金紫光禄大夫、贈本官、加雲麾將軍蕭琛，字彦瑜，蘭陵人，中大通元年謚平。

鴻臚卿、領步兵校尉、贈散騎常侍裴子野，字幾原，河東聞喜人，中大通二年謚貞。

先是，五等君及侍中以上乃有謚，子野特以令望見嘉，故賜謚焉。

國子祭酒、散騎常侍殷鈞，字季和，陳郡長平人，中大通四年謚貞。

特進、右光禄大夫、侍中、中衛將軍徐勉，字脩仁，東海郯人，大同元年謚簡肅。

持節、都督南北司西豫豫四州諸軍事、仁威將軍、南北司二州刺史、永興縣侯陳慶之，字子雲，義興人，大同五年謚武。

秦州刺史杜懷寶，京兆杜陵人，大同五年謚桓。

散騎常侍、江州刺史、枝江縣公杜崱，懷寶子，承聖時謚武。

侍中、司空袁昂，字千里，陳郡陽夏人，大同六年謚穆正。

吏部尚書劉孺，字孝稚，彭城人，大同八年謚孝。

領軍將軍臧盾，字宣卿，東莞莒人，大同八年謚忠。
鴻臚卿、贈散騎常侍顧協，字正禮，吴郡人，大同八年謚温。
太尉、宋王元法僧，魏氏支屬，明帝孝昌元年南奔，武帝時謚襄厲。
太子左衛率、贈侍中徐摛，字士秀，東海郯人，太宗被侯景幽閉，感疾卒，謚貞。
吴興太守、贈侍中、中衛將軍、開府儀同三司張嵊，字四山，吴郡人，爲侯景所害，元帝時謚忠貞。
戎昭將軍、通直散騎常侍、南津校尉、贈侍中江子一，字元貞，濟陽考城人，元帝時謚義。
尚書左丞、贈黄門侍郎江子四，子一弟，元帝時謚毅。
東宫直殿主帥，贈中書侍郎江子五，子四弟，兄弟俱死侯景之難，元帝時謚烈。
湘州刺史、贈十五州諸軍事、揚州刺史、侍中、特進、開府、録尚書事、巴陵郡王王琳，字子珩，會稽山陰人，爲陳將吴明徹所害，敬帝時謚忠武。
贈侍中、太常卿陳道巨，即陳高祖霸先之祖，太平二年謚孝。
北豫州刺史成景儁，字超，范陽人，能爲父復讐，謚忠烈。
右衛將軍、當陽縣侯鄧元起，字仲居，南郡當陽人，謚忠。

## 後梁主詧之臣謚

中書監、中權大將軍、領吏部尚書、贈司徒、安豐公蔡大寶，字敬位，濟陽考城人，歸之三年謚文凱。

散騎常侍、衛尉卿、都官尚書、太常卿、贈金紫光禄大夫蔡大業，字敬道，大寶弟，謚簡。

侍中、中衛將軍、尚書令、開府儀同三司、領荆州刺史、贈司空、新康公王操，字子高，其先太原晉陽人，詧母龔氏之外弟，巋謚爲康節。

柱國、車騎將軍、贈司空、上黄縣侯魏益德，襄陽人，巋即位初，謚忠壯。

大將軍、贈太尉、建興縣公李廣，會稽人，爲吴明徹所禽，不屈被害，謚忠武。

散騎常侍、起部尚書、贈太常卿岑善方，字思義，南陽棘陽人，謚敬。

度支尚書、贈太常卿傅准，北地人，巋之七年謚敬康。

護軍將軍、新野侯尹正，天水人，謚剛。

## 陳帝后世子謚

太祖皇帝，姓陳氏，名文讚，吴興長城下若里人。梁敬帝太平元年，追贈侍中、光禄大夫，封義興郡公，謚恭。永定元年，霸先受禪，追謚景。董皇后，追謚安。文帝天嘉元年，改謚景文。張氏，太平二年，追封義興國太夫人，謚宣。張氏，高祖前母，故不加尊號。

高祖皇帝，名霸先，文讚子，太平二年受梁禪，永定三年薨，謚武。章皇后，名要兒，吴興烏程人。本姓鈕，父景明，爲章氏所養，因姓焉。母蘇。初，帝爲長城縣公，拜夫人。後立爲皇后，薨謚武宣。　帝先娶同郡錢仲方女，早卒，後追尊爲皇后，謚昭。

世祖皇帝，名蒨，武帝兄始興昭烈王之長子，天康元年崩，謚文。　沈皇后，無謚。

高宗皇帝，名頊，始興昭烈王次子，光大二年嗣廢帝即位，大建十三年崩，謚孝宣。　柳皇后，無謚。

後主名叔寶，宣帝子，隋文帝謚爲煬。

武帝世子克，永定元年，追號爲太子，謚孝懷。

## 陳宗室謚

始興王道談，高祖兄，梁敬帝太平二年，贈南兗州刺史、長城縣公，謚忠烈。　一謚昭烈。

南康王休光，高祖弟，太平二年，贈侍中、南徐州刺史、武康縣侯，謚忠壯。

休光子曇朗，爲齊人所害，天嘉二年，贈侍中、安東將軍、開府儀同三司、南徐州刺史，謚愍。

永修侯擬，字公正，高祖踈屬，天嘉元年謚定。

豫章王立，高祖子，永定二年追謚獻。

長沙王權，高祖子，永定二年追謚思。

衡陽王昌，字敬業，高祖第六子，世祖天嘉元年溺于江，謚獻。

河東王叔獻，字子恭，高宗第九子，大建十二年謚康簡。

## 陳公主謚

永世公主，高祖長女，永定二年追謚懿。

## 陳諸臣謚

使持節、通直散騎常侍、平北將軍、南兗州刺史、臨江縣侯杜僧明，字弘照，廣陵潭人，高祖初謚威。

使持節、散騎常侍、鎮南將軍、開府儀同三司、贈侍中、司空、壽昌縣公周文育，字景德，義興陽羨人，爲熊曇朗所害，高祖時謚忠愍。

廣德侯章景明，吴興武康人，宣皇后父，永定三年追謚温。

贈光禄大夫、建成侯沈法深，吴興武康人，文帝后父，帝即位，追謚恭。

安左將軍、散騎常侍、北江州刺史、彭澤縣侯魯悉達，字志通，扶風郿人，文帝初謚孝。

散騎常侍、吴興太守、漢陽縣侯胡穎，字方秀，吴興東遷人，文帝天嘉元年謚壯。

使持節、都督湘桂郢巴武元六州諸軍事、湘州刺史、贈侍中、驃騎大將軍、大司馬、零陵郡公侯瑱，字伯玉，巴西充國人，天嘉二年謚壯肅。

員外散騎侍郎侯敦，始興曲江人，天嘉二年墮馬卒，追謚愍。

太子中庶子、領大著作、揚州大中正、贈侍中虞荔，字山披，會稽餘姚人，天嘉二年謚德。

明威將軍、通直散騎常侍、贈侍中、原鄉侯沈烱，字禮明，吴興武康人，天嘉時謚恭。

員外散騎常侍、中書舍人、贈司農卿顔晃，字元明，琅琊臨沂人，天嘉三年謚貞。

散騎常侍、都督衡州諸軍事、開府儀同三司、征南將軍、陽山郡公歐陽頠，字靖世，長沙臨湘人，天嘉四年謚穆。

安前將軍、右光禄大夫、魚復縣侯徐世譜，字興宗，巴東魚復人，天嘉四年謚桓。

員外散騎常侍、安遠將軍、贈直散騎常侍徐世休，世譜弟，光大二年謚壯。

使持節、散騎常侍、都督南豫州緣江諸軍事、南豫州刺史、西豐縣侯周敷，字仲遠，臨川人，爲周迪所害，天嘉五年謚脱。

使持節、安北將軍、散騎常侍、都督霍晉合三州諸軍事、合州刺史、興寧縣侯荀朗，字深明，潁陰人，天嘉六年謚壯。

右衛將軍、領前將軍、贈侍中、始平縣伯趙知禮，字齊旦，天水隴西人，天嘉六年謚忠。

散騎常侍、右衛將軍、贈仁威將軍、光禄大夫裴之平，河東聞喜人，文帝天康元年謚僖。

左衛將軍、領衛尉卿、壽昌縣公周寶安，字安民，文育子，天康元年謚成。

雲旗將軍、西陽武昌二郡太守陸山才，字孔章，吴郡人，天康元年謚簡。

散騎常侍、中書令、領前將軍謝哲，字穎豫，陳郡陽夏人，廢帝臨海王光大元年謚康。

五兵尚書蕭乾，字思惕，蘭陵人，光大元年謚靜。

特進、左光禄大夫、領丹陽尹、贈侍中、司空、東安亭侯王冲，字長深，琅琊臨沂人，光大元年謚元簡。

侍中、尚書左僕射王瑒，字子瑛，冲子，大建六年謚光。

侍中王瑜，字子珪，瑒弟，天嘉二年謚貞。

尚書左僕射袁樞，字踐言，陳郡陽夏人，光大元年謚簡懿。

雲旗將軍、司徒、左長史、贈金紫光禄大夫袁泌，字文洋，樞從父，光大元年謚質。

太常卿、散騎常侍、特進、金紫光禄大夫袁敬，字子恭，泌之兄，後主至德三年謚靖德。

使持節、都督郢巴武三州諸軍事、安西將軍、郢州刺史、重安公程靈洗，字玄滌，新安海寧人，光大二年謚忠壯。

司空、使持節、車騎將軍、贈太尉、湘東郡公徐度，字孝節，安陸人，光大二年謚忠肅。

持節、都督安元潼三州諸軍事、壯武將軍、安州刺史、湘東郡公徐敬成，度之子，大建七年謚思。

都官尚書、領羽林監、豫州大中正、贈侍中、中書令謝嘏，字含茂，陳郡陽夏人，宣帝大建元年謚光。

雲麾將軍、義興太守、建城侯沈欽〔七〕，法深子，大建元年，贈侍中、特進、翊左將軍，謚成。

都督、荆州刺史、益陽縣侯陸子隆，字興世，吴郡吴人，大建元年謚威。

使持節、都督郢巴武三州諸軍事、雲麾將軍、郢州刺史、永安縣侯錢道戢，字子韜，吴興長城人，大建二年謚肅。

太府卿、都官尚書王質，字子貞，臨沂人，大建二年謚安。

尚書右僕射、領右軍將軍王勱，字公濟，質之兄，大建四年謚温。

特進、左光禄大夫、侍中、安右將軍王通，字公達，濟兄，宣帝大建六年謚成。

太中大夫、太常卿、南徐州大中正王固，字子堅，通弟，至德二年謚恭。

中書令、驍騎將軍、揚東揚二州大中正、金紫光禄大夫張種，字士苗，吴郡吴人，大建五年謚元。

金紫光禄大夫、贈侍中、領軍將軍沈巡，吴興人，謚敬。

侍中、尚書右僕射，贈翊左將軍、開府儀同三司、望蔡縣侯沈君理，字仲倫，巡之子，大建五年謚貞憲。

衛尉卿、平越中郎將、都督、廣州刺史沈君高，字季高，君理第六弟，大建十年謚祁。

尚書右僕射、贈侍中、中書監周弘正，字思行，汝南安城人，大建六年謚簡。

持節西道、都督安蘄江衡司定六州諸軍事、平北將軍、定州刺史、龍源侯周炅，字文昭，汝南安城人，大建八年謚壯。

侍中、散騎常侍、持節、都督豫建光朔合北徐六州諸軍事、征西大將軍、豫州刺史、儀同三司、義陽郡公黄法氍，字仲昭，巴山新建人，大建八年謚威。

少府卿、贈廷尉卿陸見賢，吴郡吴人，大建十年謚平。

尚書左僕射、贈特進陸繕，字士儒，見賢從父，大建十二年謚安。

侍中、光禄大夫、永成縣侯杜稜〔八〕，字雄盛，吴郡錢塘人，大建十三年謚成。

忠毅將軍、散騎常侍、桂州刺史、汝南侯、贈廣州刺史吴超，秦郡人，謚節。

侍中、安右將軍、左光禄大夫、太子少傅、南徐州大中正、贈鎮右將軍、特進、建昌侯徐陵，字孝穆，東海郯人，至德元年謚章僞。

散騎常侍、特進、金紫光禄大夫、東興侯沈恪，字子恭，吴興武康人，至德初謚元。

散騎常侍、右衛舍人、贈侍中、護衛將軍、文招侯司馬申，字季和，河内温人，至德四年謚忠。

中善爲佞倖，嘗晝寢尚書下省〔九〕，有烏啄其口流血。

五兵尚書、富陽侯孫瑒，字德璉，吴郡吴人，禎明元年謚桓。

度支尚書、贈侍中、撫軍將軍、新豐縣侯蔡景歷，字茂世，濟陽考城人，初謚敬，禎明三年謚忠敬。

## 北魏帝后謚

成皇帝，名毛，世爲代北鮮卑君長，姓拓跋氏，後改氏元，追謚成。

節皇帝，名貸，追謚節。

莊皇帝，名觀，追謚莊。

明皇帝，名樓，追謚明。
安皇帝，名越，追謚安。
宣皇帝，名推寅，追謚宣。
景皇帝，名利，追謚景。
元皇帝，名俟，追謚元。
和皇帝，名肆，追謚和。
定皇帝，名機，追謚定。
僖皇帝，名蓋，追謚僖。
威皇帝，名潧，追謚威。
獻皇帝，名憐，追謚獻。
聖武帝，名詰汾，獻皇子，追謚聖武。
始祖神元皇帝，名力微，聖武子，年一百四歲，平文即位，尊爲始祖，謚神元。
文皇帝，名沙漠汗，神元子，謚文。
章皇帝，名悉鹿，神元子，謚章。
平皇帝，名綽，章帝弟，謚平。
思皇帝，名弗，文帝少子，謚思。
昭皇帝，名禄官，神元子，謚昭。

桓皇帝，名綺㐌，文帝長子，謚桓。

穆皇帝，名綺盧，桓帝弟，謚穆。

太祖平文皇帝，名鬱律，思帝子，謚平文，廟號太祖。

惠皇帝，名賀傉，桓帝仲子，謚惠。

煬皇帝，名紇那，惠帝弟，謚煬。

烈皇帝，名翳槐，平文長子，謚烈。

高祖昭成皇帝，名什翼犍，平文次子，謚昭成，廟號高祖。

獻明皇帝，名寔，昭成子，謚獻明。

太祖道武皇帝，名珪，獻明子，以登國元年即代王位，天興元年即帝位，天賜六年爲拓跋紹所弑，永興二年謚宣武，泰常六年改謚道武。　劉皇后，登國初爲夫人，明元即位，追尊爲太后，謚宣穆。

太宗明元皇帝，名嗣，道武長子，天賜六年冬十月即位，泰常八年崩，謚明元。　姚皇后，父興。　初爲夫人，泰恒五年追尊爲皇后，謚昭哀。　杜皇后，魏郡鄴人，陽平王超之妹也，初爲貴嬪，泰恒五年，太武追尊爲皇后，謚密。

世祖太武皇帝，名燾，明元長子，泰常八年十月即位，正平二年爲宗愛所弑，謚太武。　賀皇后，代人，初爲夫人，神䴥元年薨，後追尊爲皇后，謚敬哀。

高宗文成皇帝，名濬，太武嫡孫，景穆太子之子，正平二年十月即位，和平六年崩，謚文成。

馮皇后，長樂信都人，父朗，母樂浪王氏。后太和十四年崩，謚文明。

顯祖獻文皇帝，名弘，文成長子，和平六年五月即位，皇興五年崩，謚獻文。李皇后，中山安喜人，南郡王惠之女，初拜夫人，承明元年追尊爲皇后，謚思。

高祖孝文皇帝，名宏，獻文長子，皇興五年即位，太和二十三年崩，謚孝文。林皇后，平涼人，父勝，平原太守。后以太和七年薨，謚貞。馮皇后，父熙，太師，母常氏。后有寵於孝文，孝文死，遺詔殺之，以有媢行也。謚幽。高皇后，司徒公肇之妹，父颺，母蓋氏。后薨，謚文昭貴人，宣武以所生，追尊爲后。

世宗宣武皇帝，名恪，孝文第二子，太和二十三年即位，延昌四年崩，謚宣武。于皇后，以十四爲貴人，甚見寵，立爲皇后，後暴崩，謚順。胡皇后，安定臨涇人，父國珍，母皇甫氏。初誕明帝，進位充華嬪。明帝踐祚，尊爲皇后。爾朱榮亂，沉於河。孝武時追謚曰靈。

肅宗孝明皇帝，名詡，宣武第二子，延昌四年正月即位，武泰元年崩，謚孝明。胡皇后，即靈太后從兄盛之女，武泰初入道，出居瑶光寺。

敬宗孝莊皇帝，名子攸，彭城王勰第三子，武泰元年四月即位，永安三年爲爾朱榮之黨所殺，中興二年謚武懷，大昌元年又謚孝莊。

節閔帝，名恭，字脩業，廣陵惠王羽之子，普泰元年即位，二年爲高歡所弑，西魏追謚節愍。

孝武皇帝，名脩，字孝則，廣平王懷之子，以後廢帝。中興二年即位，永熙三年爲宇文泰鴆弑，謚孝武。

孝靜皇帝，名善見，清河王亶之子，永熙三年十月即位，是爲東魏。武定八年遜位於齊，封爲中山王。齊天保二年殂，三年，謚孝靜。后高氏，齊獻武王第二女，受禪後，復爲楊遵彦妻。

文皇帝，名寶炬，孝文之孫，京兆王愉之子，大統元年即位，是爲西魏。十七年崩，謚文。乙弗皇后，洛陽人，父瑗，儀同三司、兖州刺史，母淮陽長公主，孝文之第四女。后以郁久閭悼后故出家爲尼，尋賜死，帝追念不已，謚文皇后。郁久閭皇后，蠕蠕主阿那瓌之長女，年十六，以産而崩，謚悼。

恭皇帝，名廓，文皇第四子，廢帝三年正月即位，在位三年，遜位於周，封爲宋公，尋殂，謚恭。

恭宗皇帝，名晃，太武長子，延和元年立爲皇太子，正平元年薨，謚景穆，興安元年追尊爲皇帝。妃郁久閭氏，謚恭皇后。

文穆皇帝，名勰，字彦和，獻文子。初封彭城王，永平元年爲高肇所殺，謚武宣。後莊帝以所生父，追謚文穆皇帝。妃李氏，謚文穆皇后。

孝宣皇帝，名劭，字子納，勰之子，初襲封彭城王，遇害河陰，莊帝追謚孝宣皇帝。妃李氏，謚文恭皇后。

孝穆皇帝，名懷，孝文子。初封廣平王，熙平二年薨，謚文穆。孝武以祖故，追謚武穆皇帝。妃馮氏，謚武穆皇后。

文景皇帝，名愉，字宣德，孝文子，初封京兆王，大統元年，文皇以所生父，追謚文景皇帝。

## 北魏宗室謚

順陽王郁，桓帝後，獻文追謚簡。

高涼王孤，平文帝子，道武時謚神武。

孤之孫禮，謚懿。

孤六世孫松滋侯萇，謚成。

孤六世孫上黨王天穆，節閔帝時謚武昭。

贈河間公興都，烈帝孫，獻文時謚宣。

興都子樂成侯丕，宣武景明四年謚平。

淮陵侯、贈高平公大頭，烈帝曾孫，謚烈。

河間公齊，烈帝玄孫，謚敬。

秦王翰，昭成第三子，建國十年謚明。

翰子陰平王烈，以迎立太宗功封，謚僖。

烈弟秦王觚，爲慕容驎所害，太祖追謚愍。

翰孫中山王纂，謚簡。

纂子新蔡公幹，文成時謚昭。

幹子沛郡公禎，謚簡。

常山王素，昭成孫，明元時謚康。

素子城陽公忠，孝文太和四年謚宜。

忠子贈豫州刺史秉，字壽興，爲王顯讒死，胡太后臨朝，追謚莊。

忠弟平城鎮將淑，孝文時謚静。

淑子馮翊王季海，字元泉，謚穆。

忠弟德之子光州刺史悝，謚恭。

悝子尚書左僕射、贈使持節、都督中外諸軍事、司空公暉〔一〇〕，字景襲，明帝神龜元年謚文憲。

悝子瀛州刺史、贈司徒公嶷，字子仲，孝静時謚靖懿。

素孫陳郡王玄，孝武時謚平。

秉弟盛之子北平王懋，字伯邕，孝武時謚貞慧。

秉弟益生子魏郡王毗，字休弼，謚景。

陳留王虔，昭成子紇根之子，太祖時謚桓。

虔之子崇，太祖時謚景。

虔兄顗之子隴西公綸，文成時謚定。

武遂子拔干，昭成孫意烈之子，謚靈。

臨淮王他，道武孫，太和十二年謚靖。

他子平北將軍、幽州刺史篤，字阿戎〔一一〕，謚貞。
他孫臨淮王顥，謚僖。
顥子世遵，孝昌元年謚康。
世遵弟均之子安康伯忻之，爲反賊樊子鵠所害，以死王事謚文貞。
武昌王提，道武孫獻文大安元年謚成。
提子平原，太和十二年謚簡。
平原次子鑒，字紹達，謚悼。
南平王霄，道武曾孫，太和十七年謚安。
霄孫伯和，宣武永平八年謚哀。
霄子江陽王繼，字世仁，以後江陽王根，莊帝永安二年謚武烈。
繼子給事黄門侍郎、金紫光禄大夫、贈使持節、都督涇岐秦三州諸軍事、衛將軍、尚書左僕射、秦州刺史爽，孝武永熙二年謚懿。
樂平王丕，明元子，謚戾。
安定王彌，明元子，謚殤。
永昌王健，明元子，謚莊。
樂安王良，明元孫，文成時謚簡。
臨淮王譚，太武子，謚宣。

譚子長鄉侯提，宣武時謚懿。

提子臨淮王昌，字法顯，宣武時謚康。

昌子彧，字文若，永熙末謚文穆。

昌弟萬年鄉男孚，字秀和，謚文簡。

廣陽王建閭，太武子，謚簡。

建閭子石侯，謚哀。

石侯子遺興，謚定。

石侯弟嘉，宣武時謚懿烈。

嘉子深，字智遠，爲葛榮所害，莊帝時謚忠武。

深子湛，字士淵，謚文獻。

南安王余，太武子。太武崩，宦者宗愛迎立爲帝，復爲愛所殺〔一三〕。文成葬以王禮，謚隱。

陽平王新成，太武長子晃之子，謚幽。

新成長子頤，宣武景明六年謚莊。

頤弟廣陵侯衍，字安樂，謚康。

濟陰王小新成，晃子，謚惠。

小新成子弼，字邕明，初奪爵，建義元年，子暉業訴復。永安三年追謚文獻。

弼子衛將軍、右光禄大夫昭業，謚文。

小新成子麗，字寶掌，宣武時謚威。
小新成孫誕，字曇首，謚靜。
汝陰王天賜，晃子，孝文時謚靈。
天賜子齊州刺史逞，字萬安，謚威。
天賜子雍州刺史、贈司空脩義，字壽安，謚文。
安昌王均，脩義子，西魏謚爲平。
樂良王萬壽，晃子，文成時謚厲。
萬壽子樂平，謚康。
廣平王洛侯，晃子，文成時謚殤。
洛侯嗣子濟南王匡，字建扶，本陽平幽王子，孝昌初謚文貞。
任城王雲，晃子，太和五年謚康。
雲子澄，字道鎮，神龜二年謚文宣。
澄子彝，字子倫，莊帝初，河陰遇害，謚文。
彝兄東阿縣開國公順，字子和，河陰遇害，莊帝謚爲文烈。
澄弟高平侯嵩，字道岳，文成時謚剛。
嵩次子世儁，孝靜興和中謚躁戾。
南安王楨，晃子，太和二十年謚惠。

楨子中山王英，字虎兒，宣武永平三年謚獻武。
英子熙，字貞興，延昌二年，爲長史柳元章等所害，謚文莊。
熙弟右將軍、南徐州刺史、贈儀同三司、都昌縣開國伯誘，字惠興，謚恭。
誘弟東平王略，字儁興，河陰遇害，謚文貞。
城陽王長壽，晃子，孝文延興五年謚康。
長壽子鸞，字宣明，宣武正始二年謚懷。
鸞子徽，字顯順，永熙初謚文獻。
章武王太洛，晃子，獻文皇興二年謚敬。
樂陵王胡兒，晃子，文成和平四年謚康。
胡兒嗣子思譽，本汝陰王天賜子，正始四年謚密。
思譽子景略，字世彦，明帝熙平元年謚惠。
安定王休，晃子，太和十八年謚靖。
休孫宋安王琰，字伏寶，謚懿。
晃孫饒陽男遥，字太原，靈太后時謚宣。
遥弟侍中恒，字景安，死於河陰之難，謚宣穆。
晃玄孫京兆王悰，字魏慶，孝静時卒於司州刺史，謚文。
安樂王長樂，文成子，孝文時謚厲。

長樂子詮，字搜賢，謚武康。
詮子尚書令、贈太尉斌之〔一三〕，字子爽，文帝末謚武襄。
廣川王略，文成子，太和四年謚莊。
略子諧，字仲和，太和十九年謚剛。
諧子靈道，謚悼。
齊郡王簡，字叔亮，文成子，太和二十三年謚靈，宣武時改謚順。
簡子祐，字伯授，謚敬。
河間王若，字叔儒，文成子，未封而薨，追謚孝。
安豐王猛，字季烈，文成子，太和中謚匡。
猛子延明，永熙初謚文宣。
趙郡王幹，字思直，獻文子，太和二十二年謚靈。
幹子謐，孝明正光五年謚貞景。
謐子毓，字子春，河陰遇害，謚宣恭。
謐兄諶，字伯興，孝靜天平三年謚孝懿。
廣陵王羽，字叔翻，獻文子，宣武時謚惠。
羽子欣，字慶樂，恭帝初謚容。
高陽王雍，字思穆，獻文子，河陰遇害，謚文穆。

雍子泰，字伯昌，謚文孝，一單謚文。

泰弟新陽縣開國伯誕，字文發，天平三年謚文獻。

北海王詳，字季豫，獻文子，宣武永平元年謚平。

始平王子正，勰之子，遇害河陰，莊帝時謚貞。

汝南王悦，孝文子，孝武忌而殺之，謚文。

清河王懌，字宣仁，孝文子，爲元義所害，神龜二年追封爲范陽王，謚文獻。

【校勘記】

〔一〕謚簡文　自卷首至此，爲原刻首葉内容，底本全闕，據《續修四庫全書》本補。

〔二〕大通二年謚昭明　按《梁書》卷三《武帝紀下》、卷八《昭明太子傳》、卷二七《陸襄傳》、《南史》卷七《梁本紀中》、卷八《梁本紀下》、卷五三《昭明太子傳》均稱蕭統卒於中大通三年四月，此稱「大通二年」，年號、年數皆誤。

〔三〕南康王績字世謹　「績」原作「續」，據《續通考》卷一四〇、《梁書》卷二九《南康王績傳》改。

〔四〕張弘策字真簡　「真」原作「貞」，據《梁書》卷一一《張弘策傳》、《南史》卷五六《張弘策傳》、《建康實録》卷一八改。

〔五〕滎陽開封人　「滎」原作「榮」，據《梁書》卷一一《鄭紹叔傳》、《南史》卷五六《鄭紹叔傳》、《建康實録》卷一八改。

〔六〕洽洭縣侯馬仙琕　『洽』原作『滄』，《梁書》卷一七《馬仙琕傳》、《南史》卷二六《馬仙琕傳》改。按時無滄洭縣，洽洭爲廣州屬縣。

〔七〕建城侯沈欽　『城』原作『成』，據《陳書》卷七《世祖沈皇后傳》、《南史》卷一二《文沈皇后傳》改。

〔八〕永成縣侯杜稜　《續通考》卷一四〇同。《陳書》卷一二《杜稜傳》、《南史》卷六七《杜稜傳》載其侯邑皆作『永城縣』，《册府元龜》卷三八〇、《咸淳臨安志》卷六三《杜稜傳》、《文獻通考》卷二六七亦作『永城縣』。按《晉書》卷一五《地理志下》臨川郡有永成縣，又《元和郡縣圖志》卷七、《太平寰宇記》卷一二載，隋大業六年始於亳州置永城縣，則南朝陳時似有永成縣而無永城縣。

〔九〕嘗晝寢尚書下省　『下省』原作『省下』，據《陳書》卷七七《司馬申傳》、《通志》卷一八四《司馬申傳》乙。按，尚書下省爲南北朝時官署名。

〔一〇〕悝子尚書左僕射贈使持節都督中外諸軍事司空公暉　『暉』原作『惲』，據《魏書》卷一五《元暉傳》、《北史》卷一五《元暉傳》、《漢魏南北朝墓誌集釋》卷三《元暉墓誌》改。又據上引《北史》載，元暉乃元德之子、元悝之弟，此稱『悝子』亦誤。

〔一一〕篤字阿戎　據《魏書》卷一六《陽平王熙傳》附傳，『戎』似當作『成』。

〔一二〕復爲愛所殺　『復』，《續通考》卷一四〇作『後』。

〔一三〕詮子尚書令贈太尉斌之　『詮』原作『銓』，據上文及《魏書》卷二〇《安樂王長樂傳》、《北史》卷一九《安樂王長樂傳》改。

# 卷之七

雲間王　圻　編輯

巴郡趙可懷　校正

平湖孫成泰　郢中朱一龍

龍江王應麟　西陵吴　化　參閲

## 北魏諸臣謚上

安遠將軍、贈左光禄大夫、幽州刺史高陽公許謙，字元遜，代人，太祖道武皇始元年謚文。

明壘鎮將、北地公許洛陽，謙子，太武時謚恭。

揚威將軍、廣甯滄水二郡太守、東光侯許安都，洛陽弟，天安初謚烈。

太尉、豫州刺史、宜都公穆崇，代人，太祖天賜三年謚丁。

衛王議謀逆，崇與焉，道武惜其功而秘之。及有司奏謚，道武親覽謚法，至述義不克曰丁，曰：『此當矣。』乃謚丁公。

太尉、駙馬都尉、贈宜都王穆觀，字闥拔，崇子，明元時謚文成。

侍中、富城公穆乙九，崇孫，謚靜。

侍中、北部尚書，贈司空穆忸頭，乙九弟，謚敬。

南部尚書、侍中穆真，乙九子，謚宣。

虞曹尚書、征虜將軍、涇州刺史，贈征西將軍、雍州刺史穆蒲坂，乙九子，謚昭。

員外散騎侍郎、代郡太守、征東將軍、金紫光禄大夫穆韶，字文興，蒲坂子，謚文。

侍中、中書監、南部尚書、征東大將軍、駙馬都尉，贈太尉、宜都王穆壽，觀子，太武太平真君八年謚文宣。

司衛監、長寧子穆多侯，壽弟，謚烈。

駙馬都尉、宜都王穆伏干，觀孫，和平二年謚康。

尚書令、司空公，贈太尉、頓丘縣公穆亮，字幼輔，觀孫，景明三年謚匡。

驃騎大將軍、開府、青州刺史、加都督、駙馬，贈大將軍、尚書令、太保穆紹，字永業，亮子，孝明普泰元年謚文獻。

内都大官，贈征西大將軍、建安王穆顗，觀弟，天安元年謚康。

華州刺史穆弼，觀弟翰之孫，宣武時謚懿。

平北將軍、并州刺史、金紫光禄大夫穆鑽，崇族人，孝明時謚安。

兖州刺史、藍田侯長孫肥，代人，道武天賜五年謚武。

平南將軍、平陽王長孫翰，肥之子，神䴥三年謚威。

駕部尚書、吴郡公，贈散騎常侍、吴郡王長孫陵，一名陳，翰之弟，文成興光五年謚恭。

樂部尚書、寧西將軍、臨淮公長孫石洛，肥弟亦干子，神䴥中謚簡。

聊城侯、贈冀州刺史薛達頭[一]，代人，道武時謚悼。

并太二州刺史、河東公薛野䐗，達頭子，和平末謚簡。

徐州刺史薛彪子，野䐗子，太和十五年謚文。

天部大人、白馬公、贈司空崔宏，字玄伯，清河東武城人，太宗明元泰常三年謚文貞[二]。

平西將軍、副將、行樂安王傅、濟南公崔徽，字玄猷，宏弟，太平真君四年謚元。

贈涼州刺史、武陵公崔剖，字伯宗，文成時謚元。

秦州刺史、贈冀州刺史、齊郡公崔衡，字伯玉，剖孫，太和十二年謚惠。

龍驤將軍、平州刺史、贈本將軍、南青州刺史、臨淄子崔景徽，字文叡，清河崔道固之子，謚定。

衛將軍、安成公、贈司空、安成王叔孫俊，字醜歸，建子，泰常元年謚孝元。

醫令、位特進、成德侯周澹，京兆鄠人，善醫，泰常四年謚恭。

散騎常侍、宣城公車路頭，代人，泰常六年，贈侍中、左衛大將軍、太師、宣城王，謚忠貞。

贈征西大將軍、右光禄大夫、始平公司馬休之，字季豫，河内温人，明元時謚聲。

假節、侍中、鎮西大將軍、開府儀同三司、雲中鎮大將、朔州刺史、瑯琊王司馬楚之，字德秀，文成和平五年謚貞。

侍中、鎮西大將軍、朔州刺史、吏部尚書司馬金龍，字榮則，楚之子，太和八年謚康。

司州治中別駕、河内邑中正，贈鎮遠將軍、南青州刺史司馬纂，字茂宗，金龍子，永平元年謚肅。

豫州刺史，贈青州刺史、漁陽子司馬悦，字慶宗，金龍第三子，宣武時謚莊。

陳郡太守，贈懷州刺史、温縣侯司馬靈壽，太和元年謚靖。

行人許剛，不知何許人，世祖太武初出使車師，道病死，謚貞。

白道守將，贈安北將軍、顯美侯段進〔三〕，不知何許人，太武初爲蠕蠕所殺，謚莊。

相州刺史〔四〕，贈平東將軍、廣平公張蒲，字玄則，河内修武人，本名謨，太武始光三年謚文恭。

冀青二州刺史、高陽公，贈高陽王安同，遼東胡人，其先本安息國人〔五〕，太武神麚二年謚恭惠。

援軍將軍、西平王安頡，同子，神麚四年謚襄。

内都大官，贈定州刺史、中山公李先，字容仁，中山盧奴人，神麚二年謚文懿。

鎮西大將軍、安定公莫雲，鴈門繁時人，太武神麚中謚敬。

征東將軍、定州刺史、永安公劉羅辰，代人，宣穆皇后兄，謚敬。

武衛將軍劉求引，羅辰孫，謚貞。

衛將軍、西兖州刺史，贈衛大將軍、吏部尚書、青州刺史劉仁之，字山静，羅辰玄孫，武定二年謚敬。

侍中、儀曹尚書、濮陽公谷渾，字元冲，昌黎人，太武延和二年謚文宣。
外都大官、濮陽公谷闡，字崇基，渾子，延興四年謚簡。
太府少卿、贈營州刺史谷穎，闡孫，神龜二年謚貞。
中書侍郎、兼散騎常侍、下博侯鄧穎，安定人，延和三年謚文恭。
黄門侍郎、兼尚書、假散騎常侍、安陽縣開國子鄧羨，穎玄孫，神龜初謚恭。
司空長史鄧述，穎之孫，謚貞。
大將軍、西秦王吐谷渾慕璝，遼東鮮卑人，太武太延二年謚惠。
外都大官、南郡公毛修之，字敬文，陽武人，太延二年謚恭〔六〕。
殿中尚書、贈征東大將軍、南郡王毛法仁，修之子，和平六年謚威。
散騎常侍、贈豫州刺史、南郡公毛猛虎，法仁子，太和初謚康。
征南大將軍、丹陽王叔孫建，代人，太延三年謚襄。
安東將軍、相州刺史、武昌公許彦，字道謨，高陽新城人，太武太平真君二年謚宣。
中書郎、贈安東將軍、冀州刺史、武昌公許安仁，彦孫，謚簡。
廷尉少卿、贈征虜將軍、營州刺史、武昌公許元康，安仁子，謚肅。
太保、録尚書事、襄城公、贈襄城王盧魯元，昌黎徒河人，太平真君三年謚孝。
襄城王盧統，魯元子，興安二年謚景。
襄城王盧彌娥，統弟，謚恭。

盧陵公、贈司空來大千，代人，太武時謚莊。

相曹都典奉事、贈寧南將軍、陳留公來丘頽，大千子，獻文皇興四年謚簡。

太常卿、贈雍州刺史、隴西王姚黄眉，明元昭哀皇后之弟，太武時謚獻。

長樂太守、信都侯屈須，昌黎徒河人，謚恭。

尚書右僕射、侍中、濟北公屈恒，字長生，須子，太平真君四年謚成。

尚書右僕射、加侍中屈道賜，恒次子，太武時謚哀。

東陽鎮將、贈青州刺史屈車渠，須孫，孝文時謚莊。

征南大將軍、太宰、駙馬都尉、陽平王杜超，字祖仁，魏郡鄴人，密皇后之兄，太平真君五年爲帳下所害，謚威。

内都大官、贈太傅、廣平王杜遺，超從弟，謚宣。

司空、贈散騎常侍、安南將軍、南康公杜道儁，超子，謚昭。

内都大官、贈鎮西將軍、秦雍二州刺史、涪陵郡公薛謹，字法順，河東汾陰人，太平真君五年以從駕後期見殺，謚元。

鎮西大將軍、開府儀同三司、贈左光禄大夫、河東公薛洪祚，賜名初古拔，謹之子，太和八年謚康。

立忠將軍、河北太守、河東公薛胤，字寧宗，洪祚子，太和二十三年謚敬。

中書博士、贈河東太守薛驎駒，洪祚從子，太和十年謚宣。

都督、齊州刺史、贈車騎大將軍、儀同三司、延州刺史薛聰，字延智，洪祚從子，太武時謚簡懿。

侍郎、行司徒校尉宋宣〔七〕，字道茂，廣平列人人，太平真君七年贈司隸，謚簡。

廣平太守、贈安遠將軍、相州刺史、列人子宋愔，道茂姪，興安五年謚惠。

右衛將軍、領黄門、兼祠部尚書、攝七兵事、贈瀛州刺史宋弁，字義和，愔孫，太和末謚貞順。

司徒左長史、河南尹、贈驃騎大將軍、儀同三司、尚書左僕射、雍州刺史宋翻，字飛鳥〔八〕，弁族弟，莊帝永安三年謚貞烈。

贈安西將軍、秦州刺史、馮翊公寇修之，字延期，上谷人，太武時追謚哀。

南雍州刺史、河南公寇讚，字奉國，修之子，太平真君九年謚宣穆。

萬騎大將軍、弘農王奚斤，代人，太平真君九年謚昭。

澄成縣開國侯、贈征遠將軍、洛州刺史奚遵，斤玄孫，謚哀。

尚書、贈廣陽侯公孫質，字元直，燕郡廣陽人，太平真君九年謚恭。

南部尚書、陽平公公孫叡，字文叔，質之姪，謚宣。

光禄勳、廣陵王婁伏連，代人，太平真君十年謚恭。

散騎常侍、尚書、安北將軍、湘東公婁真，伏連子，從征凉州卒，謚莊。

中都大官、贈平東將軍、定州刺史婁大拔，真弟，文成時謚康。

霸城男〔九〕、贈安東將軍、冀州刺史、陽平公婁安文，伏連兄孫，文成興安初，以其子毅貴，追謚定。

梁城戍將、贈洛陵太守、潁川公晁清，遼東人，太武時謚忠。

故姚泓安定護軍、魏贈振威將軍、秦州刺史、石安縣子孫瓚，咸陽石安人，太武時，以子小爲宦者，陳請，謚戴。

奮武將軍、幽州刺史、臨渭侯、贈太保張袞，字洪龍，上谷沮陽人，太武時謚文康。

中都大官、贈征東大將軍、冀州刺史張度，袞次子，謚康。

大中大夫、平皋侯張恂，字洪讓，袞弟，神瑞三年謚宣。

常山太守張代，字定燕，恂子，謚惠。

散騎常侍、殿中尚書、贈相州刺史〔一〇〕、廣平公張白澤，袞之孫，太和五年謚簡。

中書侍郎、贈定州刺史邢潁，字宗敬，河間鄚人，太武時謚康。

殿中尚書、撫軍將軍、贈車騎大將軍、瀛州刺史邢巒，字洪賓，潁孫，延昌三年謚文定。

滄州刺史、贈尚書左僕射、瀛州刺史邢晏，字幼年，巒弟，孝昌中謚文貞。

通直散騎常侍、中軍將軍、贈車騎將軍、都官尚書、冀州刺史邢昕，字子明，巒弟偉之子，謚文。

中書侍郎、太子中庶子、贈建威將軍、平州刺史、樂成子邢産，字神寶，巒從叔，謚定。

光禄少卿、贈幽州刺史邢虯，字神虎，巒從叔，謚威。

濮陽太守、安東將軍、贈鎮北將軍、定州刺史邢臧，字子良，虯子，謚文。

庫部尚書、加散騎常侍、贈中領軍、燕郡公尉地干，代人，太武時謚惠。

侍中、太尉、贈大將軍、漁陽王尉眷，地干兄，文成和平四年謚莊。

寧南將軍、虎牢鎮都副將、贈安南將軍、荆州刺史、長社侯王慧龍，太原晉陽人，太武時謚穆。

太尉、柱國、大將軍、北平王長孫嵩，代人，太武時謚宣。

北平王長孫頽，嵩之子，謚安。

北鎮都將、北平公長孫敦，字孝友，頽之子，孝文時謚簡。

右衛將軍長孫道，字念僧，敦子，謚慎。

司空、侍中、上黨王、贈太尉長孫道生，嵩從子，謚靖。

征南大將軍、上黨王長孫觀，道生之孫，謚定。

征南大將軍、上黨王長孫幼，初名冀歸，孝文以其幼承家業，賜名幼，字承業，觀子，文帝大統元年謚文宣。

侍中、外都大官，贈寧東將軍、幽州刺史、屈蛇侯羅結，代人，年一百二十歲卒，太武時謚貞。

柔玄鎮都大將軍、帶方公羅斤，結子，謚靜。

散騎常侍、庫部尚書，贈安東將軍、幽州刺史、帶方公羅敦，斤子，謚恭。

司農卿、光禄大夫，贈征北將軍、燕州刺史、帶方公羅伊利，敦子，宣武景明初謚靜。

征西將軍、吏部尚書，贈寧東將軍、定州刺史、趙郡公羅拔歷，敦弟，謚康。

寧西將軍、凉州鎮都大將，贈鎮西將軍、秦州刺史、東阿侯高湖，字太淵，渤海蓨人，即齊神武之曾祖，太武時謚敬。

治書御史，贈使持節、侍中、都督壽徐等五州諸軍事、驃騎大將軍、太尉公、青州刺史高謐，字安平，湖第三子，太昌初謚武貞。

大都督，贈使持節、都督冀相等六州諸軍事〔一一〕、大將軍、太師、録尚書事、冀州刺史、渤海王高樹〔一二〕，謐子，太昌初謚文穆。

侍御中散，贈使持節、侍中、都督冀定洛瀛等十州諸軍事、大將軍、太傅、太尉公、録尚書事、冀州刺史高飜，字飛雀，樹弟，孝静元象中謚孝宣。

龍驤將軍、涇州刺史、帶金城太守，贈使持節、侍中、都督定相殷三州諸軍事、驃騎大將軍、儀同三司、定州刺史高真，謚兄，太昌元年謚武穆。

河州别駕，贈使持節、侍中、都督青徐濟三州諸軍事、儀同三司、青州刺史高仁，真子，太昌初謚明穆。

假平西將軍、員外散騎常侍，贈使持節、侍中、都督冀定相瀛滄五州諸軍事〔一三〕、司徒公、冀州刺史高徽，字榮顯，永熙中謚文宣。

龍驤將軍、中散大夫、征西都督，贈侍中、驃騎大將軍、儀同三司、雍州刺史高歸義，徽子，太昌初謚孝貞。

龍驤將軍、鉅鹿太守，贈安東將軍、幽州刺史、涇縣侯高恒，字叔宗，湖弟，道武時謚惠。

鎮南將軍、相州刺史高道，字始愔，恒子，謚莊。

白水太守、贈使持節、都督秦雍二州諸軍事、車騎大將軍、司空公、雍州刺史高幹，字干奴，道子，太昌初謚孝穆。

南秦州長史、贈輔國將軍、涼州刺史高偘，字伯欣，幹子，謚宣。

奉朝請、員外散騎侍郎、贈侍中、都督青徐光三州諸軍事、驃騎大將軍、儀同三司、青州刺史高呑，字明珍，永熙中謚文景。

宋兵將軍、交趾侯周幾，代人，太武時贈交趾公，謚桓。

洛州刺史、贈定州刺史、鉅鹿公李靈，字虎符，趙郡平棘人，高宗文成興安初謚簡。

長安鎮副將、鉅鹿公李恢，靈子，皇興元年爲東平王道符所害，謚貞。

河南太守、贈安州刺史、平棘子李顯甫，恢次子，謚威。

侍中、衛尉卿、贈使持節、督定冀殷幽四州諸軍事、大將軍、司徒、定州刺史李元忠，顯甫子，武定三年謚敬惠。

征東府司馬、贈征虜將軍、幽州刺史李道，恢弟綜之子，爲京兆王愉所害，謚簡。

兖州刺史、始豐侯李璨〔一四〕，字世顯，靈弟均之子，延興元年謚懿。

司徒司馬、彭城鎮副將李元茂，璨子，太和二十年謚順。

幽州刺史李宣茂，璨子，延昌二年謚惠。

南趙郡太守李叔胤，宣茂弟，景明三年謚惠。

尚書左丞、贈鎮遠將軍、光州刺史李仲胤，叔胤弟，謚恭。

寧西將軍〔一五〕、贈侍中、鎮西大將軍、太尉公、高平王李順，字德正，靈從父弟，崔浩譖而誅之。皇興初，以子敷等貴盛，謚宣。

征東將軍、揚州刺史、淮南大都督、贈使持節、都督定冀相殷四州諸軍事、驃騎大將軍、儀同三司、尚書令、定州刺史李憲，字仲規，順之孫，永熙中謚文靜。

李憲身爲降虜，已經賜死，乃復贈爵贈謚，謬矣。

上黨太守、贈使持節、都督定冀滄瀛殷五州諸軍事、驃騎大將軍、司空公、殷州刺史李希宗，字景玄，憲子，興和二年謚文簡。

趙郡太守、贈荆州刺史、栢人子李曾，順從父，道武時謚懿。

使持節、散騎常侍、秦州刺史、宣城公李孝伯，曾之子，太安五年謚文昭。

中書侍郎、贈定州刺史、平棘子李祥，字元善，孝伯兄，文成時謚憲。

侍郎、中壘將軍、元氏子李熙，字仲熙，順族弟，神麚中與高允俱被徵，後卒，謚莊。

贈青州刺史、元氏子李季玉，熙子，謚貞。

征東將軍、金紫光禄大夫、贈驃騎大將軍、都官尚書、定州刺史、趙郡公李育，字仲遠，順族孫，天平四年謚貞。

廷尉少卿、贈平東將軍、齊州刺史李瞰，字景林，育族弟，孝昌二年謚宣。

梁州刺史、贈征虜將軍、幽州刺史、容城伯李渙，字仲文，順之族，謚昭。

中書侍郎、兼通直散騎常侍、贈瀛州刺史李同軌，熙族孫，武定四年謚康。

上將軍、前部王、贈鎮西大將軍、秦州刺史車伊洛，焉耆胡，興安二年謚康。

長廣公，贈長廣王豆代田，代人，興安中謚恭。

吏部尚書、贈征北大將軍、長廣王豆求周〔一六〕，代田子，皇興二年謚簡。

龍驤將軍、恒山太守、贈涇州刺史、安武侯韓耆，字黄耇，安定安武人，謚成。

尚書令、侍中、征南大將軍、太子少師、贈涇州刺史、安定王韓茂，字元興，耆子，高宗文成太安二年謚桓。

散騎常侍、征南大將軍、贈雍州刺史、安定公韓備，字延德，茂子，謚簡。

定州刺史、安定公韓均，字天德，備之弟，延興五年謚康。

外都大官、東平王陸俟，代人，太安四年謚成。

太保、建安王陸馛，俟子，延興四年謚貞。

正平太守、贈龍驤將軍、南青州刺史陸凱，字智君，馛子，正始初謚惠。

東荆州刺史、贈吏部尚書陸恭之，字季順，凱子，天平四年謚懿。

侍中、撫軍大將軍、司徒公、平原王陸麗，馛弟，獻文初謚簡。

侍中、鎮南將軍、秦益二州刺史、東郡王陸定國，麗長子，太和八年謚莊。

安北將軍、相州刺史陸昕之〔一七〕，字慶始，定國子，永平四年謚惠。

中書監、贈開府儀同三司、濮陽郡王陸子彰，字明遠，昕之從兄希道子，孝静武定八年謚文宣。

太常卿、衛大將軍、都官尚書，贈驃騎大將軍、中書監、青州刺史陸希質，字幼成，定國從子，武定七年謚文。

陸儁，俟族子，謚貞。　此一簡偶失爵與年，無查。

前將軍、廣牧子陸清都，麗弟頽之子，謚順。

夏州刺史，贈太僕卿陸珍，馛從子，謚靜。

秘書監，贈相州刺史〔一八〕、廣平侯游雅，字伯度，廣平任人，高宗文成和平二年謚宣。

大鴻臚卿，贈光禄大夫、新泰伯游明根，字志遠，雅從祖弟，太和二十三年謚靖。

尚書右僕射，贈使持節、散騎常侍、驃騎大將軍、儀同三司、冀州刺史游肇，字伯始，明根子，正光元年謚文貞。

國子博士、領尚書郎，贈給事黄門侍郎、幽州刺史、高邑縣侯游祥，字宗良，肇子，孝昌元年謚文。

侍中、鎮東將軍、幽州刺史、魯郡公孔昭，魏郡鄴人，以密皇后親賜爵，和平二年謚康。

散騎常侍、彭城鎮將、都督、東海公，贈鎮東大將軍、東海王孔伯恭，昭子，皇興二年謚桓。

閭延，代人，本蠕蠕人，恭后祖，和平二年追謚襄康。

閭辰定，延之子，恭后父，和平二年追謚襄懿。

内都大官、新安侯，贈淮陽王皮豹子，漁陽人，和平五年謚襄。

散騎常侍、安南將軍、豫州刺史、南康侯皮懷喜，豹子之子，太和七年謚恭。
西道都將、西平公乙瓌，代人，和平中謚恭。
駙馬都尉、秦州刺史、中道都將、西平公乙乾歸，瓌子，尚景穆女安樂公主，延興五年謚康。
散騎侍郎乙海，字懷仁，乾歸子，謚孝。
外都大官楊難當，氐人，高宗時謚忠。
鎮南將軍、都督寧湘等五州諸軍事、贈車騎大將軍、開府儀同三司楊集始，難當族，謚安。
故宋洛陽令、魏贈平南將軍、洛州刺史、鞏縣侯張孟舒，河南鞏人，高宗文成時，以子宗之爲宦者有寵，謚貞。
殿中給事、中常侍、贈涇州刺史、涇陽侯張鸞旗，孟舒子，謚靖。
并州刺史、安南將軍、北海公王憲，字顯則，北海劇人，猛之後，獻文帝天安初謚康。
南兖州刺史、贈豫州刺史王雲，字羅漢，憲孫，熙平二年謚文昭。
陽夏子、贈豫州刺史袁式，字季祖，陳郡陽夏人，天安二年謚肅。
中書侍郎、贈秦州刺史、聞喜侯裴駿〔一九〕，字神駒，河東聞喜人，皇興二年謚康。
中大夫、贈東秦州刺史裴脩，字元寄，駿子，太和十六年謚恭。
七兵尚書、贈司徒公裴詢，字敬叔，脩子，武泰初河陰遇害，謚貞烈。
征虜將軍、南秦州刺史、贈豫州刺史裴宣，字叔令，脩弟，永平四年謚定，尋改爲穆。
參軍、贈通直散騎侍郎裴莊伯，字孝夏，宣子，永安三年謚獻。

太學博士、贈中書侍郎裴敬憲，字孝虞，宣第二子，永興三年謚文。

河東太守、贈雍州刺史裴雙彪，謚順。

衛大將軍、太府卿、贈侍中、尚書僕射裴良，字元賓，天平二年謚貞。

司徒主簿、贈河東太守裴仲規，没于陳，謚貞。

司徒從事中郎、贈東秦州刺史裴叔義，仲規弟，正光五年謚宣。

中軍大將軍、贈吏部尚書裴伯茂，叔義子，天平時謚文。

華州刺史裴宣明，謚簡。

中庶子、陽都子、贈冀州刺史、武邑公賈秀，本武威姑臧人，後家幽州，獻文帝皇興三年謚簡。

京兆王府外兵參軍、贈河東太守賈景雋，秀之宗人，永平中謚貞。

定州刺史、平昌王和其奴，代人，皇興三年謚宣。

鎮南大將軍、徐州刺史、贈秦州刺史、河東王薛安都，字休達，河東汾陰人，皇興三年謚康。

金紫光禄大夫、散騎常侍、贈左光禄大夫、敷西縣伯薛真度，安都弟，永平中謚莊。

假節、都督秦涇梁益雍五州諸軍事、開府王度，廣甯人，謚莊。

濟州刺史、贈征西大將軍、酒泉王唐和，字穉起，晉昌宜安人，皇興中謚宣。

平南將軍、北豫州刺史、贈冠軍將軍、安成侯尉撥，代人，獻文時謚敬。

吏部尚書、贈太原王宿石，朔方人，高祖孝文延興元年謚康。

散騎常侍、贈平東將軍、幽州刺史、固安侯盧玄，字子真，范陽涿人，謚宣。
散騎侍郎盧度世，字子遷，玄子，延興元年謚惠。
秘書監、固安伯盧淵，字伯源，度世子，宣武景明二年謚懿。
司徒、司馬、贈太常卿盧道將，字祖業，淵子，謚獻。
左將軍、涇州刺史盧道裕，字寧祖，道將弟，神龜二年謚文。
衛大將軍、幽州刺史盧道虔，字慶祖，道裕弟，天平時謚恭文。
儀曹郎、贈威遠將軍、范陽太守盧敏，字仲通，淵弟，太和時謚靖。
都官尚書、驃騎大將軍、左光禄大夫、贈大將軍、儀同三司、瀛州刺史盧義熙，字遠慶，敏子，興和中謚孝簡。
鎮西將軍、散騎常侍盧晁，字叔達，小字師顏，敏弟，熙平元年謚穆。
輔國將軍、司徒、司馬、贈散騎常侍、都督幽瀛二州諸軍事、驃騎大將軍、吏部尚書盧元緝，字幼緒，晁子，謚宣。
侍中、驃騎將軍、左光禄大夫、儀同三司、贈侍中、都督冀滄瀛三州諸軍事、驃騎大將軍、司空公、冀州刺史、彰武縣開國伯盧同，字叔倫，玄族孫，永熙初謚孝穆。
青州刺史、贈司徒公、尚書右僕射盧文偉，字休族，玄族子，謚孝威。
范陽太守、贈度支尚書盧恭道，文偉子，謚定。
長安鎮將、河南公陸真，代人，延興二年謚烈。

東徐州刺史、贈青州刺史、平陸侯張讜，字處言，清河東武城人，延興四年謚康。

龍驤將軍、滎陽太守、贈使持節、大將軍、雍州刺史李承，字伯業，隴西人，延興五年謚穆。

定州刺史、散騎常侍、贈使持節、散騎常侍、車騎大將軍、司空公、雍州刺史李韶，字元伯，承子，正光五年謚文恭。

撫軍將軍、秦州刺史、贈侍中、驃騎大將軍、司徒公、雍州刺史李彦，字次仲，韶弟，正光五年爲州民所害，永安中謚孝貞。

特進、驃騎大將軍、開府儀同三司、贈侍中、驃騎大將軍、太尉公、都督冀宣瀛三州諸軍事、冀州刺史、高平男李虔，字叔恭，彦弟，永安三年謚宣景。

西兖州刺史、鎮西將軍、燉煌侯李茂，字仲宗，承弟，景明三年謚恭。

鎮遠將軍、潁川太守、贈征虜將軍、秦州刺史李輔，字督真，茂弟，太和六年謚襄武。

輔國將軍、荆州刺史、贈秦州刺史李佐，字季翼，輔弟，景明二年謚莊。

尚書左僕射、贈司空公、清泉侯李冲，字思順，承少弟，孝文時謚文穆。

使持節、侍中、太傅、録尚書事、青州刺史、贈使持節、侍中、太師、太尉公、録尚書事、都督、雍州刺史李延實，字禧，冲之子，出帝初謚孝懿。

營州刺史、贈衛將軍、中書監、左光禄大夫李思穆，字叔仁，韶從父，永安中謚宣惠，一謚宣武。

侍中、車騎大將軍、左光禄大夫、儀同三司、贈侍中、驃騎大將軍、司徒公、雍州刺史李琰之，字景珍，韶族弟，永熙二年謚文簡。

侍御中散、贈平遠將軍、凉州刺史、顯美侯王橋，字法生，太原晉陽人，天安初謚敬，孝文以子叡故，復追贈侍中、征西將軍、左光禄大夫、儀同三司、武威王，改謚定。

尚書令、中山王、鎮東將軍、贈衛大將軍、太宰、并州牧王叡，字洛誠，橋之子，佞幸人，太和四年謚宣。

并州刺史、贈豫州刺史王襲，字元孫，叡長子，景明二年謚質。

汝南王記室參軍、贈散騎常侍、安北將軍、肆州刺史、武威王王忻，襲子，建義初河陰遇害，謚穆。

瀛州刺史、真定縣子、贈尚書左僕射、太尉公、冀州刺史王椿，字元壽，叡次子，興和二年謚文恭。

給事中、龍驤將軍、贈安南將軍、冀州刺史、中都侯王魏誠，叡弟，謚恭。

兼廷尉卿、行定州事、贈撫軍將軍、并州刺史、中都伯王静，字元安，魏誠之子，孝昌二年謚貞。

冠軍將軍、姑臧侯、贈安東將軍、并州刺史、鉅鹿公王隆保、虧叔，謚靖。

平西將軍、北幽州刺史、固安侯李崇，范陽人，謚襄。

成周太守、贈幽州刺史、容城侯李恭，字元順，崇子謚簡。

營丘太守、平西將軍、贈兖州刺史、固安侯李瓘，字元衡，恭弟，謚康。

左將軍、長安副將、太常卿、宜陽侯李璞，字季真，瓘弟，高祖孝文承明元年謚穆。

尚書左丞、中堅將軍、贈平遠將軍、南青州刺史李藴，字宗令，璞子，延昌三年謚敬。

太尉、贈侍中、太尉、隴西王源賀，西平樂都人，高祖孝文太和三年謚宣。

侍御中散、贈涼州刺史、廣武侯源延，賀子，謚簡。

車騎大將軍、馮翊公源懷，延子，正始三年謚惠。　初，太常議謚曰：『懷體尚寬柔，器操平正。依謚法，柔直考終曰靖，宜謚靖公。』司徒府議：『懷作牧陜西，民餘惠化；入總端揆，朝列歸仁。依謚法，布德執義曰穆，宜謚穆公。』二謚不同。詔曰：『府寺所執，並不克允。愛民好與曰惠，可謚惠公。』

冀州刺史、贈司空、楊平縣公源子雍，字靈和，懷子，永安中謚莊穆。

直閤將軍、贈洛州刺史源徽，字靈祚，懷子，謚質。

中書監、魏尹、贈司空公源子恭，字靈順，子雍弟，興和二年謚文獻。

光禄大夫、贈度支尚書、冀州刺史、隴西郡公源紹，懷曾孫，謚文。

上黨太守、贈豫州刺史、野王侯吕温，字晞陽，本東平壽張人，後家幽州，謚敬。

内都大官、山陽公吕羅漢，温子，太和六年謚莊。

徐州刺史、東安伯刁廱，字叔和，渤海饒安人，太和八年謚簡。

洛州刺史刁遵，字奉國，廱子，熙平元年謚惠。

車騎將軍、右光禄大夫、贈司空刁整，字景智，遵子，天平四年謚文獻。

都官尚書、衛大將軍、合州刺史、贈太尉、高城縣侯刁宣，字季達，整弟，謚武。

驍衛大將軍、左光禄大夫、贈車騎大將軍、曲成鄉男刁雙，字子山，廱族孫，興和三年謚清穆。

秘書令、贈兗州刺史、曲安侯程駿，字驎駒，其先廣平曲安人，後家凉州，太和九年謚憲。

虎牢鎮將、零陵公仇儼，中山人，宦者洛齊養子，太和九年謚靖。

秘書令、贈平東將軍、幽州刺史、都昌侯平恒，字繼叔，燕國薊人，太和十年謚康。

鎮軍大將軍、贈侍中、司空、冀州刺史、咸陽公高允，字伯恭，渤海人，太和十一年謚文。

并州刺史高綽，字僧裕，允孫，正光三年謚簡，一謚文簡。

散騎常侍、贈臨邑子高推，字仲讓，允弟，謚恭。

滄水太守、浮陽子高濟，字叔民，允從叔，太武時謚宣。

尚書郎、贈樂陵太守高當，允族孫，謚恭。

假散騎常侍、脩縣侯，贈冀州刺史、假滄水公高讜，允從父，謚康。

光禄大夫、贈太常高祐，字子集，讜子，太和二十三年，太常議謚惕，詔以不遵上命，謚爲靈。

征虜將軍、中散大夫、贈平東將軍、滄州刺史、建康子高顥，字明賢，祐孫，宣武時謚惠。

驍騎將軍、徐州行臺高諒，字修賢，顥弟，正光中爲元法僧所害，謚忠。

齊州刺史、贈散騎常侍、燕郡公韓麒麟，昌黎棘城人，太和十二年謚康。

征北大將軍、司空、河東王苟頹，代人，太和十三年謚僖。

後將軍、贈平北將軍、并州刺史苟資，穎子，延昌末謚愍。
下邳太守、晉陽侯辛紹先，隴西狄道人，太和十三年謚惠。
征虜將軍、太中大夫、贈後將軍、幽州刺史辛穆，字叔宗，紹先子，孝昌二年謚貞。
秘書監鄭羲，字幼驎，滎陽開封人，太和十六年謚文靈。 初，尚書奏謚宣。 詔曰：『蓋棺定謚，先典成式； 激揚清濁，政道明範。 羲雖夙有文業，而政缺廉清，尚書何乃情遺至公，愆違明典？依謚法，博聞多見曰文，不勤成名曰靈。 可贈以本官，加謚文靈。』
齊州刺史、贈兗州刺史、滎陽伯鄭懿，字景明，羲子，永平三年謚穆。
秘書監鄭道昭，字僖伯，懿之弟，熙平元年謚文恭。
滎陽太守、贈冠軍將軍、豫州刺史、開封侯鄭穎考，羲從兄子，孝文時謚惠。
濟州刺史、輔國將軍、贈本將軍、豫州刺史鄭尚，羲從子，謚惠。
衛將軍、右光禄大夫、贈尚書右僕射鄭士恭，羲弟，永熙中謚貞。
鴻臚少卿鄭胤伯，羲兄子，謚簡。
司州别駕、贈散騎常侍、兗州刺史鄭幼儒，胤伯子，謚景。
司徒、山陽郡公尉元，字苟仁，代人，太和十七年謚景桓。
恒州刺史、博陵郡公尉翊，元子，謚順。
尚書左民郎中、贈鎮軍將軍、洛州刺史尉靜寬，翊弟，謚敬。
車騎大將軍、開府、都督、洛州刺史、贈假黄鉞、侍中、都督十州諸軍事、大司馬、太尉、冀州刺史、京兆郡公馮熙，字晉昌，朗之子，太和十九年謚武。

司徒、車騎大將軍、太子太師、贈假黄鉞、使持節、大司馬、領司徒、侍中、都督、太師、駙馬都尉、長樂郡公馮誕，字思政，熙之子，太和十九年謚元懿。時有司奏謚，詔曰：『按謚法，善行仁德曰元，柔克有光曰懿。昔貞惠兼美，受三謚之榮；忠武雙徽，錫兩號之茂。式準前迹，宜契具瞻。既自少綢繆，知之惟朕，按行定名，謚曰元懿。』

太子中庶子、贈散騎常侍、營州刺史高道悦，字文欣，遼東新昌人，太和二十年爲子恂所殺，謚貞。

尚書左外兵郎、贈通直散騎侍郎高觀，道悦弟，謚閔。

使持節、都督吴越楚彭城諸軍事、大將軍、贈假黄鉞、太傅、領揚州刺史、宋王劉昶，字休道，南宋義隆子，太和二十一年謚明。

平遠將軍、贈青州刺史、壯武侯房法壽，清河繹幕人，太和中謚敬。

步兵校尉、領尚書郎、齊州中正、贈洛州刺史房景先，字光胄，法壽族子，神龜元年謚文。

濟南太守、攝洛州事、贈平東將軍、齊州刺史房士達，法壽從祖弟，永熙二年謚武。

司空諮議、立忠將軍、贈南青州刺史房堅，字千秋，宣武時謚懿。

平東將軍、青州刺史、范陽公酈範，字世則，范陽涿鹿人，孝文時謚穆。

太中大夫、贈秦州刺史抱睹生，安定石唐人，孝文時，以子嶷爲宦官有寵，謚靖。

寧南將軍、肆州刺史、贈太師、司徒公、録尚書事、梁郡公爾朱代勤，北秀容人，孝文時謚莊。

散騎常侍、平北將軍、贈太師、相國、西河郡王爾朱新興，代勤子，正光中謚簡。

使持節、侍中、都督河北諸軍事、天柱大將軍、大丞相、太師、贈假黄鉞、相國、録尚書事、司州牧、晉王爾朱榮，字天寶，新興子，莊帝永安三年謚武。

此賊臣也，而謚，魏謚益無經矣。

太常卿、開府儀同三司、侍中、特進、贈司徒爾朱菩提，榮長子，前廢帝初謚惠。

東徐州刺史、桐廬縣子、贈青州刺史、安平侯崔鑒，字神具，博陵安平人，孝文時謚康。

驃騎大將軍、儀同三司、贈尚書令、司徒公崔秉，鑒子，天平四年謚靖穆。

中軍將軍、光禄大夫、贈車騎將軍、尚書右僕射、定州刺史、蒲陰男崔季良，秉之小子，謚簡。

平遠將軍、武邑太守崔辨，字神通，鑒從祖弟，謚恭。

昭武將軍、光州刺史、贈輔國將軍、幽州刺史崔挺，字雙根，辨從父弟，景明四年謚景。

龍驤將軍、河東太守、贈本將軍、南兖州刺史崔振，字延根，挺弟，宣武永平中謚定。

趙郡太守崔孝暐，字敬業，挺子，莊帝時謚簡。

廣平太守、贈平東將軍、高邑男崔孟舒，字長才，挺從弟瑜之子，謚康。

太中大夫、贈濟州刺史、臨淄男崔敬邕，挺從祖弟，神龜中謚恭。

協律中郎、都昌子劉休賓，都昌人，孝文時謚貞。

【校勘記】

〔一〕聊城侯贈冀州刺史薛達頭　『城』原作『成』，據《魏書》卷四四《薛野䐗傳》、《北史》卷二五《薛彪子傳》改。

〔二〕太宗明元泰常三年　『泰』原作『太』，據《續通考》卷一四一、《魏書》卷三《太宗紀》、卷二四《崔玄伯傳》、《北史》卷二一《崔宏傳》改。

〔三〕顯美侯段進　『段』原作『叚』，據《魏書》卷八七《段進傳》、《北史》卷八五《段進傳》、《文獻通考》卷二七三《封建考十四》改。

〔四〕相州刺史　『相』原作『湘』，據《魏書》卷三三《張蒲傳》、《北史》卷二七《張蒲傳》改。

〔五〕其先本安息國人　『人』字原脱，據《續通考》卷一四一補。

〔六〕太延二年　『太』原作『泰』，據本卷上文吐谷渾慕璝條、下文叔孫建條及《魏書》卷四上《世祖紀上》、卷四三《毛脩之傳》、《北史》卷二《魏本紀二》改。

〔七〕行司徒校尉宋宣　按漢、魏職官，有司隸校尉而無司徒校尉，此處『徒』字蓋承舊本《北史》卷二六《宋宣傳》之誤，當從《魏書》卷三三《宋宣傳》作『隸』。

〔八〕宋翻字飛烏　『烏』，《魏書》卷七七《宋翻傳》作『烏』。

〔九〕霸城男　『城』原作『成』，據《魏書》卷三〇《婁安文傳》改。

〔一〇〕贈相州刺史　『相』原作『湘』，據《魏書》卷二四《張袞傳附張白澤傳》改。

〔一一〕都督冀相等六州諸軍事　『相』原作『湘』，據《魏書》卷三二《高湖傳附高樹生傳》改。

〔一二〕高樹　此人乃北齊高祖神武帝高歡之父。據《魏書》卷三二《高湖傳附高樹生傳》、《北史》

卷六《齊本紀上》、《北齊書》卷二四《杜弼傳》，高歡之父當名樹生。此脱「生」字，蓋承《北齊書》卷一《神武紀上》之誤。

〔一三〕都督冀定相瀛滄五州諸軍事　「相」原作「湘」，據《魏書》卷三二《高湖傳附高徽傳》改。

〔一四〕李璨　「璨」原作「燦」，據下文及《魏書》卷四九《李璨傳》、《北史》卷三三《李璨傳》改。

〔一五〕寧西將軍　「寧」原作「安」，據《魏書》卷三六《李順傳》、《北史》卷三三《李順傳》改。

〔一六〕長廣王豆求周　此蓋據《魏書》卷三〇《豆代田傳》附傳。《北史》卷二五《豆代田傳》附傳「求周」作「周求」。

〔一七〕安北將軍相州刺史陸昕之　「相」原作「湘」，據《魏書》卷四〇《陸昕之傳》、《北史》卷二八《陸昕之傳》改。

〔一八〕贈相州刺史　「相」原作「湘」，據《魏書》卷五四《游雅傳》、《北史》卷三四《游雅傳》改。

〔一九〕裴駿　「裴」原作「斐」，據下文及《續通考》卷一四一、《魏書》卷四五《裴駿傳》、《北史》卷三八《裴駿傳》改。

# 卷之八

雲間王　圻　編輯
巴郡趙可懷
平湖孫成泰　郢中朱一龍　校正
龍江王應麟　西陵吴　化　參閲

## 北魏諸臣謚下

征虜將軍、河東太守、贈本將軍、華州刺史、尋陽伯趙超宗，天水人，世宗宣武時謚成。

平西將軍、汾州刺史、贈安南將軍、豫州刺史趙遐，超宗族，孝明時謚襄。

使持節、散騎常侍、都督、豫州刺史、征南將軍、贈驃騎大將軍、開府儀同三司、蘭陵郡公裴叔業，河東聞喜人，世宗景明元年，謚忠武。

輔國將軍、中散大夫、贈平南將軍、豫州刺史裴譚，叔業子，謚敬。

渤海相、雍丘縣子裴彦先，叔業兄子，延昌中謚惠恭。

渤海太守、贈平南將軍、豫州刺史、觀津子裴瑜，字文琬，叔業弟之子，謚定。

東郡太守、贈散騎常侍、高城侯裴烱，字休光，叔業從孫，孝昌三年謚簡。

通直散騎常侍、贈汾州刺史李彪，字道固，頓丘衛國人，景明二年謚剛憲。

都水使者、將作大匠、贈龍驤將軍、青州刺史蔣少游，樂安博昌人，性機巧，能刻畫制器，景明二年謚質。

揚州刺史、贈侍中、司空公、昌國縣侯王肅，字恭懿，琅琊臨沂人。景明二年，有司奏肅貞心大度，宜謚匡。詔謚宣簡。

散騎常侍、光禄大夫、右將軍、幽州刺史、兼秘書監、給事黄門侍郎、贈尚書左僕射、司空公王誦，字國章，肅兄融之子，孝莊初河陰遇害，謚文宣。

侍中、贈尚書令、司徒公王衍，字文舒，誦弟，天平三年謚文獻。

太常卿、光禄大夫高閭，字閻士，漁陽雍奴人，景明三年謚文貞，一单謚文。

贈梁州刺史、追封安平縣子江悦之，字彦和，濟陽考城人，正始二年謚莊。

平陽太守、贈光州刺史成淹，字季文，上谷居庸人，正始時謚定。

侍中、駙馬都尉、殿中都官尚書、左僕射、贈征南大將軍、定州刺史、中山王李蓋，中山人，謚莊。

雍州刺史、征南大將軍、長安鎮大將、贈使持節、驃騎將軍、開府儀同三司、定州刺史、中山公李惠，蓋之子，思皇后之父，爲文明太后所忌見殺，正始初贈官，追謚壯。

厲威將軍、贈左光禄大夫、渤海公高颺，渤海蓨人，文昭皇后之父，宣武時追謚敬。

贈安東將軍、都督、青州刺史高偃，字仲游，颺孫，宣武后父，正始中謚莊。

假節、行華州事、贈南青州刺史李叔彪，渤海蓨人，永平四年謚穆。

齊王開府諮議參軍、征東將軍、兼散騎常侍、贈驃騎大將軍、儀同三司、冀州刺史李象，字孟則，叔彪族，興和三年謚文簡。

太中大夫、贈幽州刺史、雲陽伯鄭演，開封滎陽人，謚懿。

通直散騎常侍、雲陽伯鄭長猷，演子，永平五年謚貞。

光禄大夫、平北將軍、贈安東將軍、齊州刺史徐謇，字成伯，丹陽人，善醫，延昌初謚靖。

太常卿、贈鎮東將軍、徐州刺史劉芳，字伯文，彭城人，世宗延昌二年謚文貞。

安南將軍、大司農卿〔一〕、贈徐州刺史劉懌，字祖忻，芳子，謚簡。

太尉司馬、贈持節、前將軍、南秦州刺史劉懋，字仲華，芳從子，熙平二年謚宣簡。

選部給事中、贈安南將軍、洛州刺史、弘農公楊懿，弘農華陰人，謚簡。

贈鎮西將軍、雍州刺史、華陰伯楊播，字延慶，懿子，延昌二年謚壯。

司空、侍中、尚書令、贈大將軍、太傅楊津，字延祚，播弟，太昌初謚孝穆。

尚書左丞、金紫光禄大夫、贈車騎大將軍、儀同三司、幽州刺史楊逌，字山才，津長子，太昌初謚恭定。

光州刺史、贈都督豫郢二州刺史、華陰男楊逸，字遵道，津次子，太昌初謚貞。

洛州刺史、贈弘農公楊暉，播族祖，謚簡。

七兵尚書、北道大行臺、恒州刺史、懷朔鎮將軍、臨貞縣伯楊鈞，播族弟，謚恭。

都督東雍華二州諸軍事、驃騎大將軍、開府儀同三司、華州刺史、陽夏侯楊儉，鈞子，謚靜。

齊州刺史、贈兖州刺史、汶陽縣伯孟表，字武達，濟北蛇丘人，延昌四年謚恭。

高陽太守、贈平遠將軍、光州刺史劉文暈，本平原人，後家北海之都昌，延昌中謚貞。

都水使者、贈洛州刺史韋雋，字穎超，京兆杜陵人，肅宗孝明熙平元年謚貞。

豫州刺史、西㓶縣男韋子粲，字暉茂〔二〕，雋子，謚忠。

贈兖州刺史、高密侯韋道福，閬從叔，謚簡。

太中大夫、行幽州事、贈南兖州刺史、杜縣侯韋欣宗，道福子，謚簡。

鎮遠將軍、太尉諮議參軍、贈青州刺史、霸城侯韋珍〔三〕，字靈智，閬族弟，永平元年謚懿。

長史、兼尚書、贈撫軍將軍、雍州刺史、陰盤縣男韋彧，字遵慶，珍子，孝昌元年謚文。

侍中、雍州刺史、杜縣子韋朏，字遵顯，彧弟，永安三年謚宣。

冠軍將軍、尚書左丞、贈安南將軍、并州刺史、高都公慕容琚，謚簡。

都督、朔州刺史、定陶男慕容契，琚孫，熙平元年謚克。

寧朔將軍、步兵校尉、贈龍驤將軍、朔州刺史劉社生，代人，熙平初謚克。

光禄大夫、贈平西將軍、秦州刺史、乘氏伯席法友，安定人，熙平二年謚襄。

征南將軍、金紫光禄大夫、散騎常侍、贈征東大將軍、鄂州刺史、曲陽縣伯田益宗，光城蠻，熙平二年謚莊。

散騎常侍、安東將軍、瀛州刺史、贈撫軍將軍、雍州刺史、濮陽縣侯夏侯道遷，譙國人，熙平年謚明。

尚書右僕射、侍中、車騎大將軍、贈司空、靈壽縣公于忠，字思賢，本字千年，代人，肅宗神龜元年謚武敬。　忠卒，有司奏：『太常少卿元端議：「案謚法，剛强正直曰武，怙威肆行曰醜，宜謚武醜公。」太常卿元修義議：「忠盡心奉上，剪除凶逆。依謚法，除僞寧真曰武，夙夜恭事曰敬，宜謚武敬公。」二卿不同。』靈太后令依正卿議。

征北將軍、定州刺史、贈司空于勁，字鍾葵，忠從父，謚恭莊。

鎮南將軍、肆州刺史于須，勁弟，謚武。

征東將軍、贈都督冀定二州諸軍事、衛將軍、尚書僕射、儀同三司于昕，忠從父敦之子，天平中謚文恭。

通直散騎常侍、贈右將軍、洛州刺史于礫，忠從父果之子，謚哀。

司徒掾、贈鎮遠將軍、朔州刺史于祗，礫弟，謚悼。

光禄大夫、贈瀛州刺史孫惠蔚，字叔炳，武邑武遂人，神龜元年謚戴。

司徒公、侍中、贈假黄鉞、使持節、侍中、相國、都督中外諸軍事、太師、領太尉公、司州牧、太上秦公胡國珍，字世玉，安定臨涇人，靈太后父，神龜元年謚文宣。

殿中尚書、中書監、侍中、贈開府儀同三司、雍州刺史、東平郡公胡祥，字元吉，國珍子，謚孝景。

中書監、侍中、贈太師、太尉公、録尚書事、雍州刺史、濮陽公胡僧洸，字湛輝，國珍兄子，天平四年謚孝真。

岐涇二州刺史、贈太師、太尉公、録尚書事、臨涇公胡寧，字惠歸，僧洸子，初謚孝穆，後以女爲清河王亶妃，改謚孝昭。

司空公、贈太傅、太尉公、尚書僕射、徐州刺史、安陽侯胡虔，字僧敬，寧之子，興和三年謚宣。

冀州刺史、贈司徒公、録尚書事、定州刺史、陽平郡公胡盛，字歸興，寧弟，謚懿穆。

光禄大夫、征西將軍、贈使持節、衛將軍、冀州刺史、平陸侯張彝，字慶賓，清河東武城人，神龜二年，爲其子仲瑀欲排抑武人，羽林軍士捶辱之，因卒，謚文。

尚書郎、贈樂陵太守張始均，字子衡，彝子，神龜二年，爲羽林軍士投於火卒，謚孝。

中山内史、加平北將軍、贈豫州刺史、愼縣伯王世弼，京兆霸城人，肅宗正光元年謚康。

光禄大夫、贈撫軍將軍、青州刺史高聰，字僧智，本渤海蓨人，後家北海之劇縣，正光元年謚獻。

殿中尚書、贈尚書右僕射崔休，字惠盛，正光四年謚文貞。

岐州刺史、贈平東將軍、濟州刺史劉道斌，武邑灌津人，正光四年謚康。

前將軍、贈輔國將軍、太常少卿楊固，字敬安，北平無終人，正光四年謚文。

司徒、侍中、國子祭酒、贈太傅、尚書令、驃騎大將軍、開府、冀州刺史、平恩縣侯崔光，本名孝伯，字長仁，孝文賜今名，東清河鄃人，正光五年謚文宣。

征虜將軍、平州刺史、贈使持節、征東將軍、齊州刺史崔長文，字景翰，光從祖弟，天平初謚貞。

尚書僕射、贈車騎大將軍、儀同三司崔亮，字敬儒，清河東武城人，明帝時謚貞烈。

龍驤將軍、贈都督、青州刺史、五等男崔士泰，亮子，建義初河陰遇害，謚文肅。

侍中、贈司徒公、尚書左僕射甄琛，字思伯，中山無極人，正光五年謚孝穆。　初，琛謚文穆，吏部郎袁翻駁奏改爲孝穆："『案禮，謚者行之迹也。故闔棺然後定謚，皆累其生時美惡，所以爲將來勸戒，身雖死，使名常存也。凡薨亡者，屬所即言，大鴻臚移本郡大中正，條其行跡功過，承中正移言公府，下太常部博士評議，爲謚列上。謚不應法者，博士坐如選舉不以實論。若行狀失實，中正坐如博士。自古帝王，莫不殷勤重慎，以爲褒貶之實也。今之行狀，皆出自其家，任其臣子自言君父之行，無復相是非之事。臣子之欲光揚君父，但苦跡之不高，行之不美，是以極詞肆意，無復限量。觀其狀也，則周孔聯鑣，伊顔接袵；論其謚也，雖窮文盡武，罔或加焉。然今之博士與古不同，惟知依其行狀，又先問其家人之意，臣子所求，便爲議上，都不復斟酌與奪，商量是非。致謚號之加，與汎階莫異，專以極美爲稱，無復貶降之名。禮官之失，一至于此。按甄司徒行狀，至德與聖人齊蹤，鴻名共大賢比迹，「文穆」之謚，何足加焉？但比來贈謚，於例頗重。如甄琛之流，無不複謚。謂宜依謚法，慈惠愛民曰孝，布德執義曰穆，宜謚曰孝穆公。自今以後，明勅太常、司徒，有行狀如此，言辭流宕、無復節限者，悉請裁量，不聽爲受。必準人立謚，不得甚加優越。復仍踵前來之失者，付法司科罪。』從之。時孝明帝正光五年也。

車騎將軍、北徐州刺史，贈驃騎大將軍、儀同三司、瀛州刺史甄密，字叔雍，琛從父弟，興和四年謚靖。

開府、徐州大都督，贈太尉公、魏昌縣伯李崇，字繼長，頓丘人，肅宗孝昌元年謚武康。

武衛將軍、給事黄門侍郎、領中書舍人，贈侍中、司空公、相州刺史李神軌〔四〕，崇子，河陰遇害，建義初謚烈。

尚書右僕射、加散騎常侍，贈侍中、驃騎大將軍、儀同三司、冀州刺史、武邑郡公李平，字曇定，崇從弟，熙平元年謚文烈。

高陽王友，贈洛州刺史李邕，字脩穆，平之子，謚文。

光禄大夫、右丞、持節、西道行臺，贈平北將軍、幽州刺史張普惠，字洪振，常山九門人，孝昌元年謚宣恭。

侍講、中書舍人，贈尚書左僕射賈思伯，字士休，齊郡益都人，孝昌元年謚文貞。

侍中，贈尚書右僕射、司徒公、營陵縣男賈思同，字士明，思伯弟，興和二年謚文獻。

使持節、平南將軍、兖州刺史、假彭城公，贈撫軍將軍、衛尉卿畢元賓，東平須昌人，謚平。

贈冠軍將軍、徐州刺史、鉅平侯畢衆愛，元賓從父，謚康。

軍司馬，贈散騎常侍、兖州刺史鉅平伯畢聞慰，字子安，衆愛子，孝昌元年謚恭。

使持節、征西將軍，贈車騎大將軍、開府儀同三司、定州刺史、新豐子崔延伯，博陵人，没於陣，肅宗孝明時謚武烈。

懷朔鎮將宇文福，河南洛陽人，其先南單于之遠屬，孝明時謚貞惠。

寧陵令石祖興，常山九門人，靈太后朝以李韶奏，謚恭。

使持節、散騎常侍、都督、揚州刺史、征西將軍、贈使持節、車騎將軍、儀同三司、雍州刺史、東光伯郭祚，字季祐，太原晉陽人，爲于忠所害，靈太后臨朝，謚文貞。

平北將軍羊祉，字靈祐，太山鉅平人，靈太后朝謚景。　初，太常少卿元端、博士劉臺龍議謚曰：「祉志存埋輪，不避强禦，及贊戎律，熊武斯裁。仗節撫藩，邊夷識德，化沾殊類，襁負懷仁。謹依謚法，布德行剛曰景，宜謚爲景。」侍中侯剛、給事黄門侍郎元纂等駁曰：「臣聞惟名與器，弗可妄假，定謚準行，必當其迹。按祉志性急酷，所在過威，布德罕聞，暴聲屢發。而禮官虚述，謚之爲景，非直失於一人，實毁朝則。請還付外，準行更量虚實。」靈太后從之。於是端、臺龍上言：「竊惟謚者行之迹，狀者迹之稱。然尚書銓衡是司，釐品庶物，若狀與迹乖，應抑而不受，録其實狀，然後下寺，依謚法準狀科上。豈有舍其行迹，外有所求？去狀去稱，將何所準？檢祉以母老辭藩，乃降手詔云：「卿綏撫有年，聲實兼著，安邊寧境，實稱朝望。」及其殁也，又加顯贈，言祉誠著累朝，效彰内外，作牧岷區，字氓之績驟聞。詔册褒美，無替倫望。然君子使人器之義，無求備德。有數德優劣不同，剛而能克亦爲德焉。謹依謚法，布德行剛曰景，前議爲允。」司徒右長史張烈、尚書李韶等又列奏，靈太后乃從前議。

京兆王長史、贈平東將軍、兖州刺史羊靈引，祉弟，謚威。

廣平太守、贈衛大將軍、吏部尚書、兖州刺史羊敦，字元禮，祉弟子，興和初謚貞。

鎮北大將軍、内外三都大官、贈幽州刺史、長進侯奚直，河南洛陽人，其先代人，謚簡。

撫軍大將軍、河南尹、贈都督冀瀛滄三州諸軍事、驃騎大將軍、司空、冀州刺史、追封壽張縣侯奚康生，直之子，爲元乂所害，靈太后反政，追謚武貞。

殿中尚書、右光禄大夫、贈司空封回，渤海蓨人，河陰遇害，敬宗莊帝初謚孝宣。

平北府長史、贈殿中尚書封興之，字祖胄，回之子，孝昌中謚孝。

齋州刺史、贈太保封隆之，字祖裔，回之子，武定三年謚宣懿。

青州刺史、贈使持節、都督冀殷瀛三州軍事、驃騎大將軍、尚書左僕射、司徒、冀州刺史封延之，字祖業，隆之弟，興和二年謚文恭。

侍御長、贈定州刺史、章武侯封涅，代人，謚隱。

通直散騎常侍、冠軍將軍、西南道慰勞大使、贈使持節、都督梁益巴東梁四州諸軍事、車騎大將軍、儀同三司、梁州刺史、河陽縣侯李苗，字子宣，梓潼涪人，莊帝時爾朱世隆之亂，浮河而殁，謚忠烈。

東梁州刺史、贈益州刺史淳于誕，字靈遠，其先泰山博人，後居蜀漢或安國之桓陵，敬宗永安二年謚莊。

洛陽令、贈滄州刺史、陽關男高崇，字積善，渤海蓨人，永安二年謚成。

國子博士、贈營州刺史、陽關男高謙之，字道讓，崇之子，爲李神軌構陷，賜死，靈太后時謚康。

右將軍、南幽州刺史、贈司空、冀州刺史韋旭，京兆杜陵人，永安時謚文惠。

使持節、侍中、車騎將軍、假儀同三司、前鋒大都督、趙平郡開國公費穆，字朗興，代人。元顥以河陰酷濫事起於穆，殺之。莊帝贈侍中、司徒公，謚武宣。

滄州大中正、兼尚書左僕射、西道大行臺、贈開府儀同三司、青州刺史、樂陵郡公朱瑞，字元龍，代郡桑乾人，普泰元年爲爾朱世隆所殺，太昌初謚恭穆。

太傅、贈大司馬、録尚書、三十州諸軍事、侍中、恒州刺史、恒山郡王斛斯椿，字法壽，廣牧富昌人，孝武時謚文宣。

豫州刺史、贈司空公、桑乾縣公斛斯元壽，椿弟，孝武西巡時爲部下所殺，謚景〔五〕。

司農少卿、光禄大夫董徵，字文發，頓丘衛國人，孝武永熙二年謚文烈。

幽屏營安四州行臺〔六〕、燕郡公、贈尚書左僕射、儀同三司、幽州刺史劉靈助，燕郡人，善卜筮，永熙二年謚恭。

右光禄大夫、贈尚書左僕射、新昌子孫紹，字世慶，昌黎人，永熙二年謚宣。

左光禄大夫、散騎常侍、驃騎大將軍、贈儀同三司、定州刺史魏子建，字敬宗，鉅鹿下曲陽人，永熙三年謚文靜。

光州刺史魏鸞，字雙和，子建族父，謚夷。

開府儀同三司、贈司空、雍州刺史、華陰男楊騰，弘農人，文帝之舅，謚貞襄。

隴右府長史、壽張縣子張軌，字元軌，濟北臨邑人，恭帝時謚質。

秘書監、車騎大將軍、儀同三司、美陽縣男柳蚪，字仲盤，河東解人，恭帝元年謚孝。

并州司會、并州總管府長史、康成縣公柳帶韋，字孝孫，蚪弟鷟之子，謚愷。

宜州刺史、贈鄜綏丹三州刺史柳慶，字更興，蚪弟，謚景。

御史中尉、肆州大中正、開府、西道行臺僕射、贈太保、太尉公、録尚書事、冀州刺史劉貴，秀容陽曲人，東魏孝靜帝興和元年謚忠武。

領軍將軍、贈太師、大司馬、太尉、録尚書事万俟洛〔七〕，太平人，其先匈奴之別種，興和初謚武。

衛大將軍、東徐州刺史、贈驃騎大將軍、司空公、兖州刺史張燿，一名熠，字景世，自云南陽西鄂人，興和三年謚懿。

驃騎大將軍、儀同三司、豫州刺史、贈司徒堯雄，字休武，上黨長子人，興和四年謚武恭，一單謚恭。

安州刺史、贈使持節、督滄瀛二州諸軍事、尚書右僕射、滄州刺史、樂城郡公堯傑，字永壽〔八〕，雄從父兄，謚缺〔九〕。

臨洮太守、贈龍驤將軍堯遵，雄從父，謚思。

主書郎、贈建武將軍、定州刺史、高邑子堯方生，謚敬。

衛大將軍、中書令、贈驃騎大將軍、開府儀同三司、都督、幽州刺史山偉，字仲才，河南洛陽人，其先代人，孝靜時謚文貞。

滎陽中山太守、贈衛大將軍、都官尚書、瀛州刺史蘇淑，字仲和，武邑人，孝静武定初謚懿。

侍中、太子太保、開府儀同三司，贈司空、蘭陵郡王蕭正表，字公儀，梁武帝弟，武定七年奔魏，其冬卒，謚昭烈。

徐州刺史、贈青齊二州軍事、司空、青州刺史王則，字元軌，太原人，武定時謚烈懿。

北海太守、贈驃騎大將軍、洛州刺史辛珍之，隴西狄道人，武定時謚恭。

秦雍二州刺史、遼西郡公、贈假黄鉞、太宰、燕王馮朗，遼西人，文明太后之父，太后臨朝，追謚宣。

儀同三司、雍州刺史、右衛大將軍，贈侍中、司空公、涇陽縣公皇甫集，謚静。

金紫光禄大夫、贈中書監、幽州刺史祖慎，範陽人，謚惠。

扶風太守、贈鎮西將軍、遼西公常亥，遼西人，高宗乳母常太后曾祖，謚簡。

渤海太守、贈侍中、征東大將軍、太宰、遼西王常澄，亥子，謚獻。

平州刺史、遼西王常英，澄子，謚平。

河中太守、贈岐州刺史柳崇，字僧生，河東解人，謚穆。

安東將軍、光禄大夫、贈衛大將軍、雍州刺史柳暢，字叔智，崇族子，謚穆。

殷州刺史、贈司空、彰武伯綦儁，字擲顯，河南洛陽人，其先代人，謚文貞。

平東將軍、營州刺史、贈平南將軍、并州刺史、建安公張偉，字仲業，太原中都人，謚康。

衛將軍、本州大中正、兼廷尉卿、贈太僕卿、濟州刺史竇瑗，字世珍，遼西遼陽人，謚明。

中書侍郎、新豐侯、贈相州刺史、魏縣侯杜銓，字士衡，京兆杜陵人，謚宣。

河東太守、贈都官尚書、豫州刺史杜遇，字慶忌，銓子，謚惠。

河西王、右丞相、清水公宋繇，字體業，敦煌人，謚恭。

扶風太守、贈涼州刺史索敞，字巨振，敦煌人，謚獻。

敞曾爲助教，故舊、同學生等爲之請謚。

燕郡太守、贈徐州刺史崔隆宗，清河東武城人，謚孝。

河間王長史、贈左將軍、安州刺史路恃慶，字伯瑞，陽平清淵人，謚襄。

## 北齊帝后謚

高祖神武皇帝，姓高，名歡，字賀六渾，渤海蓨人。仕魏爲相國，封齊王，武定五年薨，謚獻武王。天統元年，改謚神武皇帝。　婁皇后，名昭君，武成大寧二年崩，謚明。

世宗文襄皇帝，名澄，字子惠，神武長子。仕魏爲相國，封齊王。武定七年，爲梁將蘭欽子京所殺。八年，謚文襄王。天保元年，追尊爲文襄皇帝。　元皇后，魏孝靜帝之妹。文宣受禪，尊爲文襄皇后。後文宣又淫於后。武成中卒，謚敬。

顯祖文宣皇帝，名洋，字子進，神武次子。以天保元年受魏禪，十年暴崩於晉陽，廢帝乾明元年謚文宣。天統初，詔改謚景烈，廟號威宗。武平初，復本謚，號顯祖。　后李氏，爲武成所亂，後爲尼。

孝昭皇帝，名演，字延安，神武第六子。乾明元年，少主被廢，遂即帝位。皇建二年崩於晉陽宫，大寧元年謚孝昭。　初，孝昭崩，魏收議謚爲恭烈。裴澤抗論曰：『魏收死後，亦不肯爲「恭烈」之謚，何容以擬大行？且比皇太后不豫，先帝殞寢失常，聖躬貶損。今者易名，必須加孝。』遂改爲孝昭。

世祖武成皇帝，名湛，神武第九子，以皇建二年即位，河清四年傳位太子，天統四年崩，謚武成。

## 北齊宗室謚

清河王岳，字洪略，神武從父弟，魏侍御中散飜之子，天保六年謚昭武。

趙郡王琛，字元寶，神武弟，以亂神武後庭，杖而卒。天平時謚貞，一謚貞平。

陳留王惠寶，琛母弟，天統三年謚文恭。

長樂太守、贈大將軍、司空靈山，字景高，神武族弟，謚文宣。

陽州公永樂，神武從祖兄子，謚武昭。

永安王浚，字定樂，神武第三子，以直諫爲文襄所誅，乾明元年謚簡平。

平陽王淹，字子邃，神武第四子，河清三年謚靖翼。

彭城王浟，字子深，神武第五子，河清二年爲盜所害，謚景思。

上黨王渙，字敬壽，神武第七子，與永安王同被殺，乾明元年謚剛肅。

襄城王清，一名淯，神武第八子，乾明二年謚景。

高陽王湜，神武第十一子，乾明初謚康穆。

博陵王濟，神武第十二子，天統五年，以言語不倫，後主陰使人殺之，謚文簡。

漢陽王洽，字敬延，神武第十五子，乾明元年謚敬懷。

河南王孝愉，字正德，文襄長子，爲武成所毒，謚康獻，一謚康舒。

蘭陵王長恭，一名孝瓘，文襄第四子，謚武。

瑯琊王儼，字仁威，武成第三子，後主忌而殺之，謚恭哀帝。

## 北齊諸臣謚

尚書太僕射、兼侍中，贈太保、冀州刺史、藍田縣公高德正，渤海人，故魏征虜將軍顥之子，宣武初以讒見殺，神武執政時謚康。

御史中尉，贈大司馬、太尉、録尚書事、定州刺史竇泰，字世寧，太安捍殊人。神武西征，以中尉從，爲周文所襲，自殺，謚武貞。

定州刺史，贈假黄鉞、太師、太尉、太原王婁昭，代郡平城人，神武執政時謚武。

揚州刺史、贈尚書令、司空公蔡儁，字景彦，廣寧石門人，神武執政時謚威武。

幽州刺史、贈司空尉長命，太安狄那人，神武時謚武壯。

常山公府參軍、贈涇岐豳三州軍事、集中縣侯尉興，字興敬，長命子，從神武攻周文帝於邙山，中流矢卒，謚閔莊。

山東大行臺、大都督、贈太尉段榮〔一〇〕，字子茂，武威姑臧人，神武秉政，贈謚昭景。

左丞相、贈假黄鉞、相國、太尉、録尚書事、朔州刺史、廣平郡公段韶，字孝先，榮子，武平二年謚忠武。

征虜將軍、散騎常侍李系，趙郡柏人人，武定八年卒，齊初贈平東將軍、北徐州刺史，謚文。

司徒右長史、贈青州刺史李繪，字敬文〔一一〕，系族，謚景。

太子家令、贈北徐州刺史李緯，字乾景〔一二〕，繪弟，謚文。

尚書右僕射、開府儀同三司、贈司徒公、鉅鹿侯魏蘭根，字蘭根，鉅鹿下曲陽人，神武執政時謚文宣。

左光禄大夫、齊州刺史、贈司空、尚書左僕射魏收，字伯起，小字佛助，蘭根族姪，武平三年謚文貞〔一三〕。

太傅、贈太師、開府、録尚書事孫騰，字龍雀，咸陽石安人，神武執政時謚文。

晉州刺史、驃騎大將軍、贈司空房謨，字敬放，河南洛陽人，文襄時謚文惠。

魏濟陰内史、齊贈度支尚書陳終德，廣宗人，以子元康貴，追謚貞。

散騎常侍、贈司空陳元康，字長猷，終德子，文襄之難被害，謚文穆。

尚書右僕射、贈開府儀同三司、尚書左僕射、青州刺史薛琡，字曇珍，代人，魏徐州刺史彪子之子，顯祖文宣天保初謚威恭。

兖州刺史、開府儀同三司叱列平，代郡西部人，天保初謚莊惠。

故魏征南將軍、給事黄門侍郎、齊贈使持節、侍中、都督殷滄二州諸軍事、車騎大將軍、儀同三司、仍殷州刺史李騫，字希義，趙郡平棘人，天保初謚文惠。

太宰、章武郡王庫狄干，無善人，天保中謚景烈。

太常卿、都督，贈侍中、開府儀同三司、冀州刺史、乘氏縣子高季式，字子通，渤海蓨人，魏樂城侯翼之子，天保四年謚恭穆。

大司馬、贈假黄鉞、相國、太宰、太師、朔州刺史、安德郡王韓軌，字伯年，太安狄那人，文宣時謚肅武。

太尉、贈太師、太尉、懷州刺史、須昌縣公司馬子如，字遵業，河内温人，文宣時謚文明。

祠部尚書、贈開府儀同三司、中書監、温縣伯司馬子瑞，子如兄纂之子，謚文節。

尚書右僕射、儀同三司、贈開府儀同三司、尚書左僕射、定州刺史崔暹，字季倫，博陵安平人，天保十年謚貞節。

七兵尚書、贈都督、滄州刺史、昌陽縣伯可朱渾元，字通元，遼東人，謚恭武。

南汾州刺史、贈大司馬、司徒公、尚書令劉豐，字豐生，普樂人，謚忠武，一单謚忠。

滄州刺史、贈尚書令、司徒公、太傅、廣川縣公破六韓常，字保年，單于之裔，謚忠武。

儀同三司、右僕射封子繪，字仲藻，魏太保封隆之子，世祖武成河清三年謚簡。

太子少保、左光禄大夫、儀同三司、兗州刺史、贈開府儀同三司、中書監、北豫州刺史鄭述祖，字恭文，滎陽開封人，後主天統元年謚平簡。

秘書監、贈右僕射張曜，字靈光，上谷昌平人，天統初謚貞簡。

太師、左丞相、贈假黄鉞、相國、太尉公、咸陽郡王斛律金，朔州敕勒部人，天統二年謚武。

右丞相、録尚書事、贈假黄鉞、相國、太尉、録尚書、十二州諸軍事、朔州刺史、安定郡王賀拔仁，字天惠，無善人，後主武平元年謚武。

膠州刺史、贈使持節、揚郢二州軍事、開府儀同三司、尚書右僕射、揚州刺史杜弼，字輔玄，中山曲陽人，武平元年謚文肅。

銀青光禄大夫、贈大理卿、濟州刺史、武成公崔贍，字彦通，清河東武城人，武平初謚文。

書侍御史、兼太府卿，贈儀同三司宋游道，廣平人，武平中，以子士素久典機密，謚貞惠。

給事黄門侍郎、儀州刺史、贈司空公、尚書左僕射、冀州刺史和安，信都臨漳人，以子士開貴幸，謚文貞。

侍中、左僕射，贈假黄鉞、十州諸軍事、右丞相、太宰、司徒公、録尚書事和士開，字彦通，以佞見幸，武平時爲琅琊王儼等所誅，謚文定。

趙州刺史、贈司空公、尚書左僕射、瀛州刺史胡長粲，安定臨涇人，魏安陽宣侯虔之子，後主時謚文貞。

贈特進、開府儀同三司、中書監元晞，魏昭成帝五世孫，以子文遥貴，且有孝行，追謚孝。

北恒雍二州刺史、贈司空、當亭縣侯賀若統，河南洛陽人，其先漠北人，謚哀。

殿中尚書、監瀛州事、儀同三司、贈中書監、北豫州刺史陽斐，字叔鸞，右北平無終人，謚簡，一謚敬簡。

侍中、太子太師、贈司徒公、録尚書事徐之才，丹陽人，善醫術，謚文明。

揚州刺史、贈司空、冀州刺史盧勇，字季禮，范陽涿人，謚武貞。

南鉅鹿太守、贈南兖州刺史崔伯謙，字士遜，博陵安平人，謚懿。

都官尚書、贈司空平鑒，字明遠，燕郡薊人，謚文。

廷尉少卿、贈光州刺史宋世軌，西河介休人，謚平。

中書令、開府、待詔文林館、贈齊州刺史、尚書左僕射崔劼，字彦玄，故魏司徒光之子，謚文貞。

給事黄門侍郎、侍中、散騎常侍、兼御史中丞、贈吏部尚書、并州刺史王松年，太原晉陽人，魏寧南將軍慧龍之元孫，謚平。

吏部郎中陸卬，字雲駒，代人，魏安北將軍、相州刺史子彰之子，謚文。

鄭州刺史、贈驃騎大將軍、和州刺史郎基〔一四〕，字世業，中山人，謚惠。

東南道行臺、開府、燕國公、贈太尉慕容紹宗，慕容晃第四子，謚景惠。

## 後周帝后謚

德皇帝，姓宇文，名肱，代郡武川人，其先世爲鮮卑君長，肱以武成初追謚德皇帝。

太祖文皇帝，名泰，肱之少子。魏恭帝元年，位太師、大冢宰，其年薨，謚文公。孝閔受禪，追尊爲文王。武成元年，追尊爲文皇帝。　叱奴皇后，代人，武帝建德三年崩，謚宣。

孝閔皇帝，名覺，文帝第三子，魏恭帝之三年冬受禪，明年爲宇文護所弑，謚孝閔。

世宗明皇帝，名毓，文帝長子，以孝閔元年九月即位，武成二年崩，謚明。　獨孤皇后，太保、衛公信之長女，謚敬。

高祖武皇帝，名邕，文帝第四子，武成二年即位，宣政元年崩，謚武。　阿史那皇后，突厥木杵可汗俟斤之女，隋開皇二年殂，謚成。

宣皇帝，名贇，字乾伯，武帝長子，宣政元年六月即位，尋傳位於静帝，二年崩，謚宣。　楊皇后，名麗華，隋文帝之長女，隋興，欲奪其志，誓不許。

静皇帝，名衍，宣帝長子，大定元年二月遜於隋，隋開皇元年遇害，謚静。

## 後周宗室謚

邵公顥，太祖長兄，保定初追謚惠。

惠王子什肥，保定初謚景。

惠王子都督、晉公護，天和六年以專權見殺，建德三年追謚蕩。

惠王子大將軍、大都督、豳國公導，魏恭帝元年謚孝。

導子陜州總管、太保、豳國公廣，字乾歸，武帝時謚文。

廣弟西陽郡公翼，字乾宜，謚昭。

杞公連，太祖次兄，保定初追謚簡。

連子杞國公光寶，保定初追謚烈。

莒公洛生，太祖第三兄，保定初追謚莊。

洛生子莒公菩提，保定初追謚穆。

虞公興，太祖從弟，天和二年謚靖。

廣川公測，字澄鏡，太祖族子，大統十年太祖執政，謚靖。

安化公深，測弟，保定時謚成康。

宋公震，太祖子，保定元年追謚獻。

衛王直，太祖子，武帝時以反誅，謚剌〔一五〕。

齊王憲，太祖第五子，大象初以忌見縊，追謚煬。

趙王招，太祖子，以謀誅隋文見殺，謚僭。

譙王儉，太祖子，爲隋文所害，謚孝。

陳王純，太祖子，大象二年爲隋文所害，謚惑。

越王盛，太祖子，大象二年爲隋文所害，謚野。

代王達，太祖子，大象二年爲隋文所害，謚奰。

冀王通，太祖子，大定中爲隋文所害，謚康。

滕王逌，太祖子，大象二年爲隋文所害，謚聞。

紀王康，字乾安，孝閔子，建德五年以有異謀賜死，謚厲。

畢王賢，字乾陽，大象二年謀除隋文，見害，謚剌〔一六〕。

## 後周諸臣謚

前軍大都督、贈定冀等十州諸軍事、定州刺史、太宰、録尚書事、瑯琊公賀拔勝，字破胡，神武尖山人，大統十年文帝執政，謚貞獻。

都督二雍二岐四梁三益巴三夏蔚寧涇二十州諸軍事、贈侍中、太傅、録尚書事、都督關中三十州諸軍事、大將軍、雍州刺史、霍國公賀拔岳，勝弟，永熙二年爲齊神武所害，謚武壯。

都督秦渭原涇四州諸軍事、秦州刺史念賢，字蓋盧，屯留人，謚昭定。

東雍州刺史、贈太尉、尚書令、雍州刺史、廣平郡公梁御，字善通，其先安定人，後家武川，大統四年文帝執政，謚武昭。

贈驃騎大將軍、太尉、尚書令、松陽郡公寇洛，上谷昌平人，大統五年文帝執政，謚武。

雍州刺史、扶風郡公、贈太尉、都督相冀等十州刺史王羆，京兆霸城人，大統七年謚忠。

太傅、開府儀同三司、蔡郡公王盟，其先樂浪人，後家武川，明德皇后之兄，大統十一年，謚孝定。

都督、贈使持節、太尉、尚書令、十州諸軍事、雍州刺史、追封咸陽郡王王勱，盟子，文帝執政時謚忠武。

開府、侍中、涇州刺史、河間郡公王德，字天恩，代武川人，大統十四年謚獻。

驃騎大將軍、開府儀同三司、固安公韋祐，字法保，京兆山北人，大統末歿于陣，謚莊。

宜州刺史、贈柱國、大將軍、原州都督、懷寧郡公蔡祐，字承先，高平人，文帝時謚莊。

東雍州刺史、贈長廣郡公、太尉劉亮，中山人，文帝執政，謚襄。

司空、贈秦州刺史、長樂郡公若干惠，字惠保，代郡武川人，文帝執政，謚武烈。

東西北三夏州諸軍事、夏州刺史、贈華州刺史、樂陵郡公怡峯，字景阜，遼西人，文帝執政，謚襄威。

太子少傅、車騎大將軍、儀同三司、散騎常侍、贈冀州刺史孟信，字修仁，廣川索盧人，文帝時謚戴。

使持節、太保、柱國、大將軍、大都督、大宗伯、趙郡公李弼，字景和，遼東襄平人，明帝初謚武。

戶部中大夫、驃騎大將軍、開府儀同三司、贈太子少師、蒲州刺史、清河縣公裴俠，字嵩和，河東解人，明帝武成元年謚貞。

都督金興等六州諸軍事、金州刺史、贈大將軍、華洛等三州刺史、上洛郡公泉仲遵，上洛豐陽人，武成初謚莊。

贈柱國、大將軍、太傅、長樂郡公尉遲俟兜，代人，武成初追謚定。

大司空、贈太保、吴國公尉遲綱，俟兜子，天和四年謚武。

秦州總管、贈太僕丞、七州諸軍事、盧國公尉遲運，綱子，大象元年謚忠。

大將軍、宜州刺史、范陽郡公盧辨，字景宣，范陽涿人，明帝時謚獻。

虞州刺史、行陝州總管府長史、燕郡公盧光，字景仁，辨弟，武帝時謚簡。

柱國、夏州總管、贈涼瓜等十州諸軍事、涼州刺史、追封鄖國公長孫儉，其先代人，魏北平王嵩五世孫，明帝時謚文。

侍中、驃騎大將軍、開府儀同三司、贈岐宜二州刺史、平齊縣公韋瑱，字世珍，京兆杜陵人，明帝時謚惠。

驃騎大將軍、開府儀同三司、平陽縣公達奚寔，河南洛陽人，高祖武帝保定初謚恭。

總管梁興等十九州諸軍事、梁州刺史、贈虞陝華上潞五州刺史楊寬，字蒙仁，弘農華陰人，保定初謚元。

大將軍、贈成文等八州刺史、冠軍縣公楊紹，字子安，弘農華陰人，保定二年謚信。

驃騎、開府儀同三司、贈定瀛冀三州諸軍事、冀州刺史、西安縣子寇儁，字祖儁，上谷昌平人，保定三年謚元。

魏樓煩郡守、周贈散騎常侍、征西大將軍、凉州刺史史遵，建康袁氏人，以子寧貴，追謚貞。

荆州刺史、荆襄淅郢等五十二州江陵鎮防諸軍事史寧，字永和，保定三年謚烈。

使持節、柱國、大將軍、大都督、少傅、彭城公侯莫陳崇，字尚樂，代郡武川人，保定三年爲晉公護所殺，初謚躁，護誅，改謚莊閔。

使持節、大將軍、大都督、岐州諸軍事、岐州刺史、武威郡公王雄，太原人，保定四年謚忠。

使持節、驃騎大將軍、開府儀同三司、大都督、昌歸憲三州諸軍事、昌州刺史、贈大將軍、五州刺史、靜安郡公席固，字子堅，其先安定人，保定四年謚肅。

使持節、大將軍、大都督、荆州諸軍事、荆州刺史、博陵公賀蘭祥，字盛樂，其先與魏俱起，後家武川，保定四年謚景。

岐州刺史、贈太保、同鄜等十州諸軍事、同州刺史、楚國公豆盧寧，字永安，昌黎徒河人〔一七〕，保定五年謚昭。

隴右總管府長史、贈少保、幽冀等五州諸軍事、幽州刺史、沃野縣公豆盧永恩，寧弟，保定時謚敬。

使持節、大將軍、大都督、雍七州諸軍事、雍州刺史、高陽侯達奚武，字成興，代人，保定五年謚桓。

大將軍、贈都督、揚州刺史、清寧郡公梁椿，字千年，代人，保定時謚烈。

安應等十二州諸軍事、安州刺史、樂昌縣公郭賢，字道因，趙興陽州人，高祖天和元年謚節。

眉復二州刺史、持節、驃騎大將軍、開府儀同三司、贈絳晉建州刺史、冠軍公裴果，字戎昭，河東聞喜人，天和二年謚質。

太保、贈太傅、許國公宇文貴，字永貴，其先昌黎大棘人，天和二年謚穆。

都督、中州刺史、贈大將軍、五州諸軍事、新義郡公韓雄，字木蘭，河南東垣人，天和三年謚威。

使持節、柱國、大將軍、大都督、大司空、常山公于謹，字思敬，其先代人，天和三年謚文。

贈使持節、柱國、大將軍、大都督、十州諸軍事、原州刺史、西河郡公李賢，字賢和，隴西成紀人，天和四年謚桓。

開府儀同三司、贈上大將軍、襄陽公李端，字永貴，賢子，高祖時鄴城戰殁，謚果。

使持節、大將軍、大都督、陽平公李遠，字萬歲，賢弟，建德元年謚忠，隋開皇初改謚懷。

右二軍總管、贈使持節、柱國、大將軍、同華等五州刺史、廣城郡公段永〔一八〕，字永賓，其先遼西石城人，天和四年謚基。

大將軍、西寧州刺史、贈四州刺史、琅琊公司馬裔，字遵胤，河内温人，天和五年謚定。

兖州刺史、贈豫州刺史司馬侃，字道遷，裔子，天和時謚惠。

使持節、成州諸軍事、成州刺史、贈大將軍、揚州刺史劉志，弘農華陰人，天和五年謚文。

少師、安豐郡公庫狄峙，其先遼東人，天和五年謚定。

小宗伯、博平縣侯申徽，字世儀，魏郡人，天和時謚章。

華州刺史、贈少傅、都督司豫洛相冀五州諸軍事、司州刺史鄭偉，字子直，滎陽開封人，天和六年謚肅。

柱國、江陵副總管、贈五州諸軍事、冀州刺史、犍爲郡公高琳，字季珉，其先高句麗人，天和六年謚襄。

少保、贈涇岐燕三州刺史、三水縣侯韓褒，字弘業，其先潁川潁陽人，後家昌黎，天和七年謚貞。

左僕射、兼侍中、監著作、領太子詹事、贈大將軍、大都督、岐宜寧豳四州諸軍事〔一九〕、岐州刺史趙善，字僧慶，天水南安人，大統九年從戰芒山，爲敵所獲，卒於東魏。高祖建德初，以子詢表請，謚敬。

中州刺史、贈大將軍、武都郡公賀若敦，河南洛陽人，爲晉公護所殺，建德初追謚烈。

大將軍、贈四州諸軍事、鄜州刺史、彭城縣公令狐整，字延保，敦煌人，建德二年謚襄。

大將軍、贈金州總管、安康郡公李遷哲，字孝彦，安康人，建德三年謚莊武。

使持節、熊和中三州崇德等十三防諸軍事〔二〇〕、大將軍、贈鄜延等五州刺史〔二一〕、安平縣公崔説，博陵安平人，建德四年謚壯。

崔説本名士約，賜姓宇文，名説。

隨州刺史、贈交渭二州刺史、長樂縣子皇甫璠，字景瑜，安定三水人，建德時謚恭。

荆州刺史、總管十七州諸軍事、贈河渭鄯三州刺史、千金郡公權景宜，字暉遠，天水顯親人，

高祖武帝時謚恭。

陜州總管府長史、襄城縣伯梁昕，字元明，安定烏氏人，武帝時謚貞。

計部下大夫、開府儀同三司、贈涇寧豳三州刺史、朝那縣伯梁榮，昕弟，謚靜。

汾州刺史、贈使持節、大將軍、譙廣復三州刺史、臨貞公楊敷，字文衍，弘農華陰人，在州爲

齊將段孝先所禽〔二二〕，以憂卒，武帝時，以子素陳請，益忠壯。

少司空、贈鄭梁北豫三州刺史鄭道邕，字孝穆，一名孝穆，字道和，滎陽開封人，武帝時謚

貞，隋改謚文。

少傅、蔡陽郡公蕭撝，字智遐，蘭陵人，梁武弟之子，武帝時謚襄。

基州刺史、贈大將軍、封文城郡公薛端，字仁直，河東汾陰人，謚質。

武威少府、贈三司刺史、博平縣公薛善，字仲良，端族曾孫，武帝以善告齊執事，謚謬。

小宗伯、贈柱國、大將軍長孫紹遠，字士師，代人，武帝時謚獻。

玉壁總管、贈柱國、義門郡公長孫澄，字士亮，紹遠弟，謚簡。

江州刺史、贈使持節、上開府儀同、大將軍、曹徐譙三州刺史、燉煌郡公李基，字幼和，遠子，

宣帝宣政元年謚孝。

大司空、涇州總管、贈太尉、上庸郡公陸騰，字顯聖，代人，宣政元年謚定。

贈柱國、太保、都督徐兖等十州諸軍事、徐州刺史、隋國公楊烈，弘農華陰人，即隋高祖之曾祖，靜帝時謚康。

贈柱國、太傅、都督陝蒲等十三州諸軍事、同州刺史、隋國公楊禎，即隋高祖之祖，靜帝時謚獻。

徐兖等十一州五鎮諸軍事、徐州總管、行軍元帥、贈太傅、十二州諸軍事、雍州牧韋孝寬，字叔裕，京兆杜陵人，魏右將軍旭之子，靜帝時謚襄。

驃騎大將軍、開府儀同三司、納言、京兆尹、贈柱國、五州刺史、追封河南郡公韋總，字善會，孝寬子，武帝時東征戰殁，謚貞。

上柱國、涇州總管、贈七州諸軍事、河州刺史、追封鄂國公王傑，金城人，靜帝大象元年謚威。

江陵總管、魯陽郡公陽雄，字元略，上洛邑陽人，大象元年謚懷。

驃騎大將軍、開府儀同三司、隋贈禮部尚書、武陽公高賓，渤海蓨人，隋開皇中，以子熲佐命功，謚簡〔一三〕。

御伯中大夫、贈虞絳二州刺史、昌國縣伯趙玨〔一四〕，天水西人，謚貞。

太僕衛尉卿、汾北華瀛三州刺史、驃騎大將軍、開府儀同三司、永富縣公竇善，扶風平陵人，謚忠。

司宗中大夫、兼内史、贈小宗伯唐瑾，字附璘，姑臧人，謚方。

驃騎大將軍、開府儀同三司、淅州刺史〔二五〕、贈虞州刺史、郃陽伯薛寘，河東汾陰人，謚理。渠州刺史、贈中淅涿三州刺史〔二六〕、浮陽郡公趙剛，字僧慶，河南洛陽人，謚成。驃騎大將軍、開府儀同三司、贈大將軍、平州刺史、肥城公侯植，字仁幹，其先上谷人，謚節。軍司馬、平陽縣伯李彦，字彦士，梁郡下邑人，謚敬。

## 隋帝后太子謚

太祖武元皇帝，弘農華陰人，姓楊，名忠，仕周爲涇州總管，封陳留郡開國公，薨謚桓公，開皇元年追謚爲武元皇帝。　吕皇后，字苦桃，開皇元年追謚元明。

高祖文皇帝，名堅，武元子，仕周位相國，封隋王，以大定元年受周禪，仁壽四年爲廣所弑，謚文。　獨孤皇后，名伽羅，河南洛陽人，周大司馬、衛公信之女，仁壽二年崩，謚獻。

煬皇帝，名廣，文皇第二子，以仁壽四年弑父自立，大業十三年被弑江都，謚煬。　蕭皇后，後梁明帝巋之女，煬帝敗，没於竇建德，後義成公主在突厥，遣使相迎，又入虜廷。貞觀四年歸，二十一年崩，葬煬帝陵，謚愍。

恭帝，名侑，元德太子之子，大業十三年即位，改元義寧，二年遜於唐，封爲酅國公。武德二年崩，謚恭。

煬帝太子昭，大業二年謚元德。子侗立，追尊爲孝成皇帝。

## 隋宗室謚

義成公處綱，文帝族父，卒於秦州總管，謚恭。

蔡王整，文帝次弟，受禪後追謚景。

滕王瓚，字恒生，文帝弟，開皇十一年以鴆薨，謚穆。

道王嵩，文帝弟，受禪後追謚宣。

嵩嗣子静，本滕穆王子，謚悼。

衛王爽，字師仁，文帝弟，文帝時謚昭。

秦王俊，文帝子，謚孝。

## 隋諸臣謚

上柱國、大左輔、贈燕國公于寔，字賓實，河南洛陽人，其先代人，後周常山公謹之子，文帝開皇元年謚安。

太尉、贈六州諸軍事、蒲州刺史于翼，字文若，寔弟，開皇三年謚穆。

熊州刺史、黎陽郡公于璽，字伯符，翼子，謚静。

上柱國、漳州總管、贈豫州刺史于義，字慈恭，翼弟，謚剛。

上柱國、大將軍、贈司徒李和，朔方人，開皇二年謚肅。

周上柱國、太安郡公、隋贈司空、七州諸軍事、荆州刺史閻慶，字仁度，河陰人，開皇二年謚成。

上柱國、隴西郡公李詢，字孝詢，隴西成紀人，開皇初謚襄。

太師、申國公李穆，字顯慶，詢從父，開皇六年謚明。

幽州總管、廣宗縣公李崇，字永隆，詢弟，開皇初與突厥戰，没于陣，謚壯。

大將軍、曹州刺史柳裘，字茂和，河東解人，開皇初謚安。

廣州總管、贈上柱國、襄陽郡公韋洸，字世穆，世康兄，開皇初與番禺夷戰，陣歿，謚敬。

營州總管、魏興郡公韋藝，字世文，洸弟，文帝時謚懷。

汴州刺史、井陘侯韋師，字公穎，京兆杜陵人，文帝時謚定。

冀州刺史、贈大將軍、青州刺史、建安郡公柳機，字匡時，河東解人，文帝時謚簡。

贈上柱國、太尉、八州諸軍事、青州刺史、齊郡公吕雙，周文帝外祖，其族微，不知何許人，開皇初追謚敬。

贈使持節、太尉、上柱國、六州諸軍事、定州刺史、越國公獨孤庫，雲中人，開皇初追謚恭。

使持節、柱國、贈太師〔二七〕、上柱國、十州諸軍事、冀州刺史、趙國公獨孤信，庫之子，開皇初追謚景。

上柱國、左武衛大將軍、蜀國公獨孤羅，字羅仁，雲中人，獨孤后異母兄，大業初謚恭。

大將軍、汲郡公崔猷，字宣猷，博陵安平人，開皇四年謚明。
太傅、贈八州諸軍事、冀州刺史、樂陵縣公竇熾，字光成，扶風平陵人，開皇四年謚恭。
定州總管、贈襄陽等六州刺史竇毅，字天武，熾兄子，開皇二年謚肅。
故魏太學博士、鎮遠將軍、隋贈定州刺史、安平公李敬族，博陵安平人，開皇五年以子德林貴，追謚孝。
懷州刺史、贈大將軍、廉州刺史、安平郡公李德林，字公輔，開皇時謚文。
右武衛大將軍、贈冀州刺史、陳國公竇榮定，扶風平陵人，開皇六年謚懿。
衛州刺史元亨，一名孝才，字德良，故魏宗室，開皇八年謚宣。
上柱國、夏州總管、楚國公豆盧勣，字定東，昌黎徒河人，開皇十年謚襄。
漢王府主簿、儀同三司、贈大將軍、正義縣公豆盧毓，字道生，勣次子，爲漢王諒所害，大業初謚愍。
洪州總管、南陳郡公豆盧通，字平東，勣弟，文帝時謚安。
上柱國、岐州刺史、沛國公鄭譯，字正義，滎陽開封人，開皇十一年謚達。
洛州刺史辛彦之，隴西狄道人，開皇十一年謚宣。
相州刺史、贈亳州刺史樊叔略〔二八〕，陳留人，開皇十四年暴卒，謚襄。
左光禄大夫、東都留守、贈開府儀同三司、濟公樊子蓋，字華宗，廬江人，開皇中謚景。
上柱國、益州總管、蔣國公梁睿，字持德，安定烏氏人，周東雍州刺史禦之子，開皇十六年謚襄。

晉王府長史、贈大將軍、安成郡公袁憲，字德章，陳郡陽夏人，陳僕射樞之弟，開皇十八年謚簡。

荊州總管、贈大將軍、上庸郡公韋世康，京兆杜陵人，開皇時謚文。

信州總管、義陽郡公皇甫績，字功明，安定朝那人，開皇時謚安。

柱國、延州總管、贈上柱國、平昌郡公王慶，字興慶，太原祁人，開皇時謚壯。

行軍總管、長廣郡公杜整，字皇育，京兆杜陵人，開皇時謚襄。

鎮南大將軍、廣州都督、贈上開府儀同三司、歸仁縣公王猛，本名勇，字世雄，瑯琊臨沂人，

文帝仁壽元年謚成。

潭州總管、文安縣子張奫，字文懿，清河東武城人，仁壽中謚莊。

周司成中大夫、典國史、虞鄉公、隋贈滄州刺史張羡，河間鄚人，文帝時謚定。

國子祭酒何妥，字棲鳳，西城人，後家蜀之郫縣，文帝時謚肅。

吏部尚書、襄陽公長孫平，字處均，其先代人，文帝時謚康。

行軍總管、贈上柱國、冀州刺史王述，字長述，京兆霸城人，文帝時謚莊。

毛恒二州刺史、滑國公韋壽，字世齡，京兆杜陵人，周徐州總管孝寬之子，文帝時謚定。

左武衛大將軍〔二九〕、贈司空、觀國公田仁恭，字長貴，高平人，文帝時謚敬。

太子太傅、岐國公斛斯徵，字士亮，廣牧富昌人，魏太傅文宣公之子，謚闇。

初，隋文爲大司馬，有外姻喪，徵就弔，久而不出，徵怒去之。隋文以此懷恨，至是，詔所司謚曰闇。

相州刺史、贈冀定瀛青四州刺史梁彦光，字脩芝，安定烏氏人，文帝時謚襄。

魏州刺史元暉，字叔平，故魏宗室，文帝時謚元。

涇州刺史、洵陽郡王元矩，字孝矩，故魏宗室，謚簡。

行軍總管、贈梁州總管元景山，字寶岳，故魏宗室，文帝時謚襄。

原州總管、比陽公龐晃，字元顯〔三〇〕，榆林人，文帝時謚敬。

柱國、寧州刺史、趙郡公李安，字玄德，隴西狄道人，文帝時謚懷。

蒲州刺史、高都公楊尚希，弘農人，文帝時謚平。

雲州總管、贈懷魏等四州刺史、鉅鹿郡公賀婁子幹，字萬壽，代人，文帝時謚懷。

上柱國、壽襄二州總管、濟北郡公周揺，字世安，河南洛陽人，文帝時謚恭。

户部尚書、右光禄大夫、正平郡公楊文恩，字温仁，弘農華陰人，煬帝大業初謚定。

荆州總管、上明郡公楊紀，字温範，文恩弟，謚恭。

檢校左翊衛大將軍、贈司徒、襄國等十郡太守、觀王楊雄，弘農華陰人，大業初謚德。

雄卒，有司請謚曰懿。煬帝曰：『王道高雅俗，德冠生靈。』乃謚曰德。

右武衛將軍、左光禄大夫、贈吏部尚書、始安侯楊達，字士達，雄弟，煬帝時謚恭。

淄州刺史公孫景茂，字元蔚，河間阜城人，大業初謚康。

石州刺史趙仲卿，河南洛陽人，周浮陽剛公子，大業初謚肅。

并州總管司馬、贈柱國、弘義公皇甫誕，字玄慮，安定三水人，大業初，漢王諒謀反，抗節遇害，謚明。

右武候大將軍、贈柱國、右翊衛大將軍、義寧郡公周羅㬋，字公布，九江潯陽人，大業初謚壯。

司徒、楚公楊素，字處道，弘農華陰人，大業二年謚景武。

東都居守、攝左候衛將軍、饒陽縣子長孫熾，字仲光，其先代人，大業六年謚靜。

上大將軍、右光禄大夫、奇章公牛弘，字里仁，安定鶉觚人，大業六年謚憲。

光禄大夫、贈左衛大將軍、真定侯郭衍，字彦文，太原介休人，大業七年謚襄。

左候衛大將軍、贈光禄大夫、尚書右僕射、北平公段文振〔三一〕，北海期原人，大業七年謚襄。

右光禄大夫、兼左翊衛將軍、贈尚書右僕射、光禄大夫、儀隴縣侯元壽，字長壽，河南洛陽人，大業七年謚景。

金紫光禄大夫、安平郡公宇文愷，字安樂，其先昌黎大棘人，徙居夏州，大業中謚康。

右領軍大將軍、贈大將軍、安陽縣公崔彭，字子彭，博陵安平人，大業時謚肅。

南海太守、昇平郡公侯莫陳穎，字遵道，代武川人，周大司徒崇之子，大業時謚定。

長平太守、汝陽郡公獨孤楷，字脩則，不知何許人，本姓李氏，大業時謚恭。

左屯衛大將軍、贈光禄大夫、武安侯張定和，字處謐，京兆萬年人，大業時謚壯武。

右光禄大夫、贈武衛大將軍〔三二〕、譙郡公周法尚，字道邁〔三三〕，汝南安成人，大業末謚僖。

右候衛大將軍〔三四〕、贈兵部尚書、蒲城郡公郭榮，字長榮，太原人，大業末謚恭。

秘書監、贈大將軍、漢南縣公柳䛒〔三五〕，字顧言，河東人，大業時從幸揚州卒，謚康。

左屯衛大將軍、贈光禄大夫、宿國公麥鉄杖，始興人，大業時，遼東之役戰而死，謚武烈。

虎賁郎將、贈左光禄大夫、右屯衛將軍、武彊侯錢士雄，與麥武烈同死，謚剛。

右衛大將軍、開府儀同三司、贈司徒、尚書令、十郡太守、許國公宇文述，字伯通，代郡武川人，大業時謚恭。

朝請大夫、尚書兵部郎、贈柱國、户部尚書、黎陽郡公馮慈明，字無佚，信都人，大業十三年，爲賊黨翟讓所害，越王侗謚壯武。

右屯衛將軍獨孤盛，本姓李，仕周賜今姓，不知何許人，宇文化及之亂，爲亂兵所害，越王承制贈光禄大夫、紀國公，謚武節。

通議大夫、給事郎、贈光禄大夫、高陽縣公許善心，字務本，高陽北新城人，謚文節。

善心在陳朝，對策高第，陳亡，號泣盡哀。後仕隋，爲宇文化及所殺，越王承制贈官加謚。

上柱國、荊州總管三十六州諸軍事、成安郡公達奚長孺，字富仁，代人，謚威。

左光禄大夫、贈驃騎大將軍、光禄勳、齊州刺史、清泉侯李彬，謚獻。

千乘縣尹蕭琅，謚信公。

## 【校勘記】

〔一〕大司農卿　『卿』原作『鄉』，據《續通考》卷一四一、《魏書》卷五五《劉懌傳》改。

〔二〕韋子粲字暉茂　『茂』原作『穆』，據《北齊書》卷二七《韋子粲傳》、《北史》卷二六《韋子粲傳》、《册府元龜》卷九四三改。

〔三〕霸城侯韋珍　『城』原作『成』，據《魏書》卷四五《韋閬傳》附傳、《北史》卷二六《韋閬傳》附傳改。

〔四〕相州刺史李神軌　『相』原作『湘』，據《魏書》卷六六《李神軌傳》、《北史》卷四三《李神軌傳》改。

〔五〕謚景　《續通考》卷一四一、《通志》卷一五一《斛斯元壽傳》同。據《北史》卷四九《斛斯元壽傳》，當作『謚景莊』。

〔六〕幽屏營安四州行臺　『屏』，《續通考》卷一四一、《北史》卷八九《劉靈助傳》作『并』，《魏書》卷九一《劉靈助傳》、《資治通鑑》卷一五三作『平』。疑作『平』是。

〔七〕万俟洛　『俟』原作『侯』，據《北齊書》卷二七《萬俟洛傳》、《北史》卷五三《萬俟洛傳》改。

〔八〕堯傑字永壽　『永』字原脱，據《續通考》卷一四一、《北史》卷二七《堯傑傳》補。

〔九〕謚缺　《續通考》卷一四一作『謚實』。

〔一〇〕贈太尉段榮　『段』原作『叚』，據《北齊書》卷一六《段榮傳》、《北史》卷五四《段榮傳》改。下文『段韶』處同改。

〔一一〕李繪字敬文　『敬』原作『景』，據《魏書》卷四九《李繪傳》、《北齊書》卷二九《李繪傳》、

《北史》卷三三《李繪傳》改。

〔一二〕李緯字乾景　按《北史》卷三三《李繪傳》稱「繪弟緯字乾經」。

〔一三〕武平三年謚文貞　「三」原作「二」，據《續通考》卷一四二、《北齊書》卷三七《魏收傳》、《北史》卷五六《魏收傳》改。

〔一四〕郎基　原作「朗基」，據《續通考》卷一四二、《北齊書》卷四六《郎基傳》、《北史》卷五五《郎基傳》改。

〔一五〕謚剌　「剌」原作「刺」，據《續通考》卷一四二、《周書》卷一三《衛剌王直傳》改。

〔一六〕謚剌　「剌」原作「刺」，據《續通考》卷一四二、《周書》卷一三《畢剌王賢傳》改。

〔一七〕昌黎徒河人　「河」原作「何」，據《續通考》卷一四二、《漢書》卷二八下《地理志下·遼西郡》改。

〔一八〕廣城郡公段永　「段」原作「叚」，據《周書》卷三六《段永傳》、《北史》卷六七《段永傳》改。

〔一九〕岐宜寧豳四州諸軍事　「州」原作「川」，據《續通考》卷一四二、《周書》卷三四《趙善傳》改。

〔二〇〕熊和中三州　「熊」原作「能」，蓋承舊本《北史》卷三二《崔説傳》之誤，據《周書》卷三五《崔説傳》、《隋書》卷三〇《地理志中》改。「中」原作「忠」，亦承舊本《北史》本傳之誤，據上引《周書》、《隋書》及《文苑英華》卷九〇《崔説神道碑》改。

〔二一〕贈鄜延等五州刺史　「鄜」原作「廓」，蓋承舊本《北史》卷三二《崔説傳》之誤，據《周書》

卷二《文帝紀》、卷三五《崔説傳》、《隋書》卷二九《地理志上》、《文苑英華》卷九〇《崔説神道碑》改。

〔二二〕齊將段孝先　『段』原作『叚』，據《北史》卷四一《楊敷傳》、卷五四《段榮傳》、《北齊書》卷八《後主紀》、一六《段榮傳》改。參考本卷校勘記〔一〇〕。

〔二三〕隋開皇中以子熲佐命功謚簡　『熲』原作『顥』，據《隋書》卷四一《高熲傳》、《北史》卷七二《高熲傳》改。

〔二四〕趙玒　此人乃趙文表之父，《北史》卷六九《趙文表傳》載其名作『玒』，《周書》卷三三《趙文表傳》作『江』。

〔二五〕淅州刺史　『淅』原作『浙』，據《周書》卷三八《薛寘傳》、《北史》卷三六《薛寘傳》改。

〔二六〕贈中淅豖三州刺史　『中淅』原作『忠浙』，蓋承舊本《周書》卷三三《趙剛傳》之誤，據《北史》卷六九《趙剛傳》、《隋書》卷三〇《地理志中》改。按，『豖』疑應作『豫』。

〔二七〕贈太師　『贈』字原脱，據《續通考》卷一四二、《北史》卷六一《獨孤信傳》補。

〔二八〕贈亳州刺史　『亳』原作『毫』，據《續通考》卷一四二、《隋書》卷七三《樊叔略傳》、《北史》卷八六《樊叔略傳》改。

〔二九〕左武衛大將軍　『武衛』二字原倒，據《續通考》卷一四二、《隋書》卷五四《田仁恭傳》乙。又『左』，疑應從《隋書》本傳作『右』。

〔三〇〕龐晃字元顯　『元』字原脱，《隋書》卷五〇《龐晃傳》、《北史》卷七五《龐晃傳》補。

〔三一〕北平公段文振　『段』原作『叚』，據《隋書》卷六〇《段文振傳》、《北史》卷四一《段文振傳》改。

〔三二〕贈武衛大將軍　『衛』原作『威』，據《續通考》卷一四二、《隋書》卷六五《周法尚傳》、《北史》卷七六《周法尚傳》改。

〔三三〕周法尚字道邁　《續通考》卷一四二、《通志》卷一六三《周法尚傳》同，《隋書》卷六五《周法尚傳》、《北史》卷七六《周法尚傳》均稱其『字德邁』。

〔三四〕右候衛大將軍　『候』原作『侯』，據《續通考》卷一四二、《隋書》卷五〇《郭榮傳》、《北史》卷七五《郭榮傳》改。按，『侯』舊通『候』。

〔三五〕柳䛒　『䛒』原作『誓』，據《北史》卷八三《柳䛒傳》改。按，『䛒』係古字，北齊所造，爲『辯』之本字。

# 卷之九

雲間王　圻　編輯
巴郡趙可懷　校正
平湖孫成泰　郢中朱一龍
龍江王應麟　西陵吳　化　參閱

## 唐帝后太子謚

獻祖，隴西成紀人，姓李氏，名熙，魏弘農太守重耳之子，仕爲金門鎮將。武德元年，追謚爲宣簡公，高宗上元元年，尊爲宣皇帝。玄宗開元十一年，號曰獻祖。　妣張氏，謚宣莊皇后。

懿祖，名天賜，熙子，在魏爲幢主〔一〕，武德元年，追謚懿王。上元元年，謚爲光皇帝。開元十一年，號爲懿祖。　妣賈氏，謚光懿皇后。

烈祖名虎，天賜子，仕周封唐公，薨謚襄公。隋恭帝義寧元年，謚爲景王。武德元年，謚爲景皇帝，廟號太祖。　妣梁氏，謚景烈皇后。

世祖名昞，景皇子，仕隋襲封唐公，薨謚仁公。武德元年，追謚元皇帝，廟號世祖。　妣獨孤氏，謚元貞皇后。

高祖名淵，字叔德，元皇子，以隋義寧二年受禪，武德元年崩，謚太武。上元元年，改謚神堯。天寶十三載，增謚大聖大光孝皇帝，廟號太祖。　竇皇后，京兆平陵人，父毅，仕周爲上柱國，尚武帝姊襄陽公主，生后。后早崩，義寧元年謚穆妃，武德元年謚穆皇后，上元中益謚太穆神皇后。天寶八載，增謚太穆順聖皇后。

太宗名世民，高祖第二子，武德九年誅建成，立爲皇太子，未幾内禪。貞觀二十三年崩，謚文。上元元年，改謚文武聖皇帝。天寶八載，謚文武大聖大廣孝皇帝。廟號太宗。　長孫皇后，河南洛陽人。父晟，仕隋爲右驍騎將軍。后極賢，貞觀十年崩，謚文德。上元中，益謚文德聖皇后。天寶八載，益謚文德順聖皇后。

高宗名治，字爲善，太宗第九子。貞觀二十三年即位，弘道元年崩，謚天皇大帝。天寶八載，改謚天皇大聖。十三載，增謚天皇大聖大弘孝皇帝。廟號高宗。　武皇后，并州汾水人，父士彠，母楊氏。后崩於神龍元年，謚則天大聖。天寶八載，改謚則天順聖皇后。

中宗名顯，高宗第七子。弘道元年即位，嗣聖元年廢爲太子，神龍元年復位。景隆四年，爲韋后所毒，崩，謚孝和。天寶十三年，加謚大和大聖大昭孝皇帝。廟號中宗。　趙皇后，京兆長安人。父瓌，尚高祖女長樂公主，生后。后爲武后幽死，神龍元年追謚恭。天寶八載，謚和思順聖皇后。　昭容上官氏，名婉兒，父庭芝，母鄭氏。昭容有文才，黨于韋后，韋后之敗，斬闕下。景雲中，追謚文惠。

睿宗名旦，高宗第八子，以相王迎即位。先天元年傳位太子，開元四年崩，謚大聖真皇帝。

天寶十三載，增謚玄真大聖大興孝皇帝。廟號睿宗。　劉皇后，爲武氏所殺，景雲元年追謚肅明。　竇皇后，父孝湛。帝爲相王，納爲孺人，生玄宗，薨。景雲元年，追謚昭成。天寶八載，與劉皇后俱加謚順聖。　初，太常加謚竇后曰『大昭成』。或言：『法宜引「聖」、「真」冠謚，而曰「大昭成」非也。以單言配之，應曰「聖昭」若「睿成」；以復言配之，應曰「大聖昭成」、「聖真昭成」。』又引泰穆皇后始謚穆，及高祖崩，合帝謚曰泰穆，追增泰穆神皇后；文德皇后始謚文德，及太宗崩，合謚文德順聖皇后。又援范曄著漢光烈等爲比。太常謂：『曄以帝號標后謚，是史家記事體，婦非必與夫同也。入廟稱后，繫夫；在朝稱太，繫子。「文母」，生號也；「文王」，既没謚也。周公豈以婦從夫乎？漢法不可爲據。』制曰可。天寶八載，詔自泰穆而下皇后〔二〕，并增上『順聖』二字云。

玄宗名隆基，睿宗第三子，先天元年即位，天寶十五載傳位太子，後七年崩，謚至道大聖大明孝皇帝，廟號玄宗。　武皇后，父攸止，封恒安王。后初爲惠妃，有寵，幾欲爲后，以諫而止。開元時薨，贈皇后，謚貞順。　楊皇后，華州華陰人，父知慶，位太尉。后初爲貴嬪，生肅宗，薨。至德二載，謚元獻皇后。　麗妃趙，以倡幸，開元十四年謚和。

肅宗名亨，玄宗第三子，天寶十五載即位靈武，寶應元年崩，謚文明武德大宣孝皇帝，廟號肅宗。　吴皇后，濮州濮陽人，父令珪。后幼入掖庭，以選入太子宫，生代宗，年十八薨。代宗即位，追尊爲皇后，謚章敬。

代宗名俶，肅宗長子，寶應元年即位，大曆十四年崩，謚睿文孝武皇帝，廟號代宗。　獨孤后，不知何所人，父穎，左威衛録事參軍。后初爲貴嬪，大曆十年薨，追號爲皇后，謚貞懿。沈皇后，吴興人，開元末，以良家子入東宫，遂以賜廣平王，生德宗。遭禄山之亂，失后所在。元和初，追尊爲太皇太后，謚睿真。

德宗名适，代宗長子，大曆十四年即位，貞元二十一年崩，謚神武聖文皇帝，廟號德宗。王皇后，本仕家，帝爲魯王時納爲貴嬪，生順宗。貞元三年，將册爲后，崩，乃謚昭德皇后。

順宗名誦，德宗長子，貞元二十一年即位，元和元年崩，謚至德大聖大安孝皇帝。大中三年，加謚至德弘道大聖大安孝皇帝。廟號順宗。王皇后，瑯琊人，帝在東宫，册爲良娣。將立爲后，會帝病棘而止。后性仁順，宫中化其德。生憲宗。元和十一年崩，謚莊憲皇后。

憲宗名純，順宗長子，永貞元年受内禪，元和十五年崩，謚聖神章武孝皇帝。大中三年，加謚昭文章武大聖至仁孝皇帝。廟號憲宗〔三〕。郭皇后，汾陽忠武王之孫女，父曖〔四〕，母昇平公主。元和元年册爲貴妃，生穆宗。穆宗立，尊爲皇太后。宣宗之母孝明皇后，故后侍兒，有釁怨，后因暴崩，謚懿安。鄭皇后，丹陽人，初爲李錡侍人。李錡友，没入掖庭，侍懿安。帝幸之，生宣宗。宣宗立，尊爲皇太后。咸通六年崩，謚孝明。

穆宗名恒，憲宗第三子，元和十五年即位，長慶四年崩，謚睿聖文惠孝皇帝，廟號穆宗。王皇后，越州人，本仕家子。幼侍帝東宫，生敬宗。敬宗立，尊爲皇太后。會昌五年崩，謚恭僖。

蕭皇后，閩人。帝爲建安王，后得侍，生文帝。文帝立〔五〕，尊爲皇太后。大中元年崩，謚貞獻。韋皇后，失其先世。帝爲太子，后得侍，生武宗。長慶時，册爲妃，薨。武宗立，追尊爲皇太后，謚宣穆。

敬宗名湛，穆宗長子，長慶四年即位，寶曆二年崩，謚睿武昭愍孝皇帝，廟號敬宗。　郭貴妃，無謚。

文宗名昂，穆宗第二子，寶曆二年即位，開成五年崩，謚元聖昭獻孝皇帝，廟號文宗。　楊、王二妃，無謚。

武宗名炎，穆宗第五子，開成五年即位，會昌六年崩，謚至道昭肅孝皇帝，廟號武宗。　王賢妃，無謚。

宣宗名忱，憲宗第十三子，會昌六年即位，大中十三年崩，謚元聖至明成武獻文睿智章仁神聰懿道大孝皇帝，廟號宣宗。　晁皇后，不詳其世。初爲美人，生懿宗。大中中薨，追册爲皇太后，謚元昭。

懿宗名漼，宣宗長子，大中十三年即位，咸通十四年崩，謚昭聖恭惠孝皇帝，廟號懿宗。
王皇后，亦失所來。咸通中爲貴妃，生僖宗，七年薨。十四年追尊爲皇太后，謚惠安。

僖宗名儇，懿宗第五子，咸通十四年即位，文德元年崩，謚惠聖恭定孝皇帝，廟號僖宗。
王皇后，其出至微。咸通中得幸，生昭宗，薨。昭宗立，追號爲皇太后，謚恭憲。

昭宗名曄，懿宗第七子，文德元年即位，天祐元年爲朱全忠所殺，謚聖穆景文孝皇帝，廟號昭宗。　何皇后，因被弑無謚害〔六〕。　昭宗時，蘇循子楷因覆試不舉，有憾于帝。及帝被弑，政出于梁，楷與張廷範等相結，因謂廷範曰：『夫謚者，所以易名而責實也。前有司謚先帝曰昭，名實不稱。公爲太常，予史官也，不可以不言。』乃上疏駁議。廷範議曰：『臣聞執事堅固之謂恭，亂而不損之謂靈，武而不遂之謂莊，在國逢難之謂閔，因事有功之謂襄。請改謚昭宗皇帝曰恭靈莊閔皇帝，廟號襄宗。』及後唐明宗時，大臣欲理其駁謚之罪，以憂死。

哀宗名柷，昭宗第九子，天祐元年即位，四年，爲朱全忠所篡，降封濟陰王。梁開平二年遇弑，謚哀。後唐明宗追謚昭宣光烈孝皇帝，廟號景宗。

太子建成，高祖子，貞觀時謚隱。

太子承乾，太宗子，開元中謚愍。

太子弘，高宗子，中宗時謚孝敬皇帝。　妃裴氏，謚哀皇后。

太子重俊，中宗子，睿宗時謚節愍。　時中書舍人韋湊上言：『王者發號施令，必法天道，善善著，惡惡明也。賞罰所不加，則考行立謚，以褒貶之。臣議其君，子議其父，曰靈曰厲者，不敢以私廢公也。臣伏覩故太子與多祚等擁北軍犯宸居，破扉斬關，兵指黄屋，騎騰紫微。先帝御玄武門，親諭順逆，太子據鞍自若，督衆不止。逆黨悔非，回兵執賊，多祚伏誅，太子乃遁去。明日，帝見群臣，淚數行下曰：「幾不與公等相見。」其爲危甚矣。昔漢成帝爲太子，行不敢絶馳道。推此則太子稱兵宫中，爲悖已甚。以斬三思父子而嘉之乎？則弄兵討逆，以安君父可也。因欲自立，則是爲逆，又奚可褒？此時韋氏逆未著，義未絶于太子母也，子無廢母之理。以中宗命廢之，則又劫父廢母。且君或不君，臣安可不臣？父或不父，子安可不子？晉太子申生謚曰恭，衛太子據謚曰戾。今太子乃謚節愍，臣所未諭。』帝矍然稱允。而大臣重改，竟不從。

太子寧，憲宗子，貞元中謚惠昭。

太子永，文宗子，文宗時謚莊恪。

## 唐宗室謚

劍南節度按察使、贈户部尚書濬，懿祖之裔，開元中謚成。

濬子太子少傅、贈太子太傅、褒國公麟，乾元初謚德。

蔡王蔚，烈祖子，周朔方總管，武德中封王，謚烈。

蔚子西平王安，武德中謚懷。

蔚子河間王孝恭，貞觀中謚元。

鄭王亮，烈祖子，隋海州刺史，武德中封王，謚孝。

亮子襄邑王神符，永徽中謚恭。

亮曾孫鄭滑節度使、檢校尚書右僕射、贈司空復，貞元中謚昭。

神符孫太子賓客、贈太子太保模，肅、代間謚敬。

神符五世孫彭原郡公程，武宗時謚繆。

永安王孝基，烈祖孫，武德初謚壯。

淮南王道玄，烈祖孫，武德初謚壯。

長平王叔良，烈祖孫，武德中謚肅。
隴西王博義，世祖孫，高宗時謚恭。
渤海王奉慈，博義弟，高宗時謚敬。
衛王玄霸，高祖子，武德中追謚懷。
巢王元吉，高祖子，貞觀初追謚剌。
楚王智雲，高祖子，武德元年追謚哀。
酆王元亨，高祖子，貞觀中謚悼。
徐王元禮，高祖子，高宗時謚康。
彭王元則，高祖子，貞觀中謚思。
鄭王元懿，高祖子，高宗時謚惠。
懿五世孫汧國公勉，德宗時謚貞簡。
虢王鳳，高祖子，謚莊。
道王元慶，高祖子，高宗時謚孝。
鄧王元裕，高祖子，謚康。
江王元祥，高祖子，謚安。
密王元曉，高祖子，貞觀中謚貞。
濮王泰，太宗子，高宗時謚恭。

蜀王愔，太宗子，咸亨初謚悼。

瑯琊王沖，太宗孫，謚敬。　父貞，討武氏不克，與沖俱死，削爵。開元四年，復爵土。有司議死不忘君，宜謚敬，從之。

江王囂，太宗子，謚殤。

曹王皋，明曾孫，太宗玄孫，憲宗時謚成。

旅王孝，高宗子，神龍初追謚悼。

贈皇太子賢，高宗子，睿宗初追謚章懷。

贈皇太子重潤，中宗子，神德初追謚懿德。

襄王重茂，中宗子，開元中謚殤帝。

寧王憲，睿宗長子，開元中謚讓皇帝。　妃元氏，謚恭皇后。

憲子蓬州長史、贈太子太師瑀，肅宗時謚宣。

恒王、贈太子撝，睿宗子，開元八年謚惠莊。

鄭王、贈太子範，睿宗子，開元十四年謚惠文。

薛王、贈太子業，睿宗子，開元二十二年謚惠宣。

許昌郡王、贈太子琮，玄宗子，天寶中謚靖德。　肅宗立，進謚奉天皇帝。　妃竇氏，謚恭應皇后。

榮王、贈太子琬，玄宗子，天寶末謚靖恭。

夏王一，玄宗子，以母寵，故名。未免懷薨，謚悼。

懷王敃，玄宗子，甫晬薨，謚思。

盛王琦，玄宗子，廣德二年薨，謚宣。

汴王璥，玄宗子，開元二十四年薨，謚哀。

建寧王倓，肅宗子，天曆中謚承天皇帝。以興信公主女張冥配，謚恭順皇后。

興王、贈皇太子佋，肅宗子，上元元年謚恭懿。

鄭王、贈皇太子邈，代宗子，上元中謚昭靖。

贈太子源，順宗子，貞元中謚文敬。源見愛於德宗，嘗命爲子。本傳列在德宗之系，今正之。

漳王、贈太子湊，穆宗子，開成中謚懷懿。

晉王、贈太子普，敬宗子，太和中謚悼懷。

雍王、贈太子渼，宣宗子，大中時謚靖懷。

睦王、贈太子倚，懿宗子，天復初追謚恭哀。

## 唐公主謚

平陽公主，高祖女，適柴紹，謚昭。

安興公主，睿宗女，早卒，謚昭懷。

齊國公主，代宗女，適郭曖〔七〕，謚昭懿。

趙國公主，代宗女，初適封武清，再適田緒，謚莊懿。

韓國公主，德宗女，許嫁韋宥，未婚而薨，謚貞穆。

魏國公主，德宗女，適王士平，謚憲穆。

鄭國公主，德宗女，適張茂宗，謚莊穆。

燕國公主，德宗女，適回紇武義成功可汗，謚襄穆。

梁國公主，順宗女，適鄭何，謚恭靖。

梁國公主，憲宗女，適于季友〔八〕，謚惠康。

鄭國公主，憲宗女，適韋讓，謚温儀。

岐陽公主〔九〕，憲宗女，適杜悰，謚莊淑。

齊國公主，宣宗女，適嚴祁，謚恭懷。

許昌公主，宣宗女，適柳陟，謚莊肅。

衛國公主，懿宗女，適韋保衡，謚文懿。

壽安公主，憲宗子絳王悟女，適王元逵，謚章惠。

郜國公主，女爲德宗太子妃，謚惠。　太子，史不著其名，應是順宗耳。

## 唐諸臣謚

驃騎將軍、贈瀛州刺史、平原公劉感，鳳翔人，高祖時謚忠壯。

嘉州刺史、安樂郡公、贈洪州都督李思行，趙州人，助唐興師，謚襄。

右武衛大將軍、贈左衛大將軍、幽州總管、永安縣公姜寶誼，上邽人，高祖時謚剛。

夏州都督、成紀縣侯姜協寶，誼子，謚威。

絳州總管、郯公羅士信，歷城人，高祖時謚勇。

綿州刺史、贈工部尚書張道源，祁人，高祖時謚節。

兵部侍郎、華州刺史、贈秦州刺史、開化公趙慈景，謚忠。

慈景初與隋將堯君素戰，被執。

吏部尚書、贈陜東道大行臺右僕射、司空、鄖國公殷開山，鄠人，高祖時謚節。

内史令、贈同州刺史、延安郡公竇威，平陸人，高祖時謚靜。

檢校晉州總管、贈左衛大將軍、譙國公竇琮，威之弟，高祖時謚敬。

左武候大將軍、贈司徒竇抗，威從兄子，高祖時謚密。《通典》作謚博。

民部尚書、信都男竇靜，抗子，太宗時謚肅。

光禄大夫、贈工部尚書、荆州刺史、莘國公竇誕，太宗時謚安。

將作大匠、贈禮部尚書、鄧國公竇璡，抗弟，太宗時謚安。

檢校左相、贈光禄大夫、幽州都督、鉅鹿男竇德玄，威從孫，太宗時謚恭。

大理卿、常山郡公郎穎，新樂人，武德時謚平。

太僕卿、盧國公權弘壽，萬年人，高祖時謚恭。

吴王長史、贈齊州都督、武都郡公權萬紀，弘壽族兄弟〔一〇〕，太宗時謚敏。

光禄大夫、贈原州都督裴仁基，聞喜人，高祖時謚忠。

金牙道大總管、贈幽州都督、聞喜縣公裴行儉，仁基子，高宗時謚獻。

侍中、兼吏部尚書、弘文館學士、贈太師、正平縣男裴光庭，行儉子，玄宗時謚忠憲。

初，博士孫婉以光庭在吏部，用循資格，非獎勸之義，謚曰克平。光庭與蕭嵩不合，時以婉爲希嵩意。玄宗聞之，特賜謚忠憲。

度支郎中裴倩，光庭子，謚節。

左監門大將軍、應國公李燦，萬年人，高祖時謚明。

殿中監、同鳳閣鸞臺平章事、贈秦州都督、金城侯李道廣，燦孫，武后時謚成。

太子詹事、贈太子少傅、清水縣男李元紘，道廣子，開元中謚文忠。

隋榆林太守張衡，字建平，河内人，大業八年賜死。唐武德初，以死非其罪，贈大將軍、南陽郡公，謚忠。

衡，與弑文皇者，臨死大言：『我爲人作何物事，而望久活？』監刑者塞其口，促殺之。

冠軍大將軍、贈代州都督許洛仁，并州人，太宗時謚勇。

隋右驍騎將軍長孫晟，字季晟，即無忌之父，大業五年卒。貞觀中，追贈司空、齊國公，謚獻。

杞州刺史、平原郡公長孫敞，晟從弟，太宗時謚良。

澤州刺史、贈荆州都督、薛國公長孫順德，敞弟，太宗時謚襄。

陜州刺史、贈吏部尚書、樂壽縣男長孫操，順德姪，高宗時謚安。

户部尚書、贈幽州都督楊纂，弘農華陰人，太宗時謚恭。

太府卿、贈蘭州都督、清河郡公楊弘禮，纂同族，高宗永徽中謚質。

西臺侍郎、同東西臺三品、贈汴州刺史楊弘武，弘禮弟，高宗時謚恭。

始州刺史、襄武郡公劉師立，虞城人，太宗時謚肅。

眉州刺史、贈左武衛大將軍、潭州都督、巢國公錢九隴，長興人，太宗時謚勇。

右武衛大將軍、贈荆州都督、東萊公公孫武達，櫟陽人，太宗時謚壯。

懷州刺史、贈涼州都督、追封遂安公李安遠，夏州人，太宗時謚安。

左光禄大夫、贈尚書左僕射、司空、蔣國公屈突通，長安人，貞觀中謚忠。

檢校岐州刺史、贈禮部尚書、幽州都督、壽陵縣男柳亨，蒲州解縣人，太宗時謚恭。

代州都督、贈左驍騎大將軍、荆州都督、郯國公張公謹，繁水人，貞觀中謚襄。

鎮軍大將軍、華州刺史、贈荆州都督、譙國公柴紹，臨汾人，太宗時謚襄。

左驍衛大將軍〔一一〕、新興縣公馬三寶，柴紹家僮，太宗時謚忠。

秘書監、弘文館學士顏師古，臨沂人，太宗時謚戴。

太子賓客、襄陽男羅珦，會稽人，謚夷。

左武衛大將軍、胡國公秦叔寶，謚失。

朔方道總管、贈右衛大將軍、東平郡公程名振，洺州平恩人，太宗時謚烈。

鎮軍大將軍、贈輔國大將軍、揚州都督、褒國公段志玄，臨淄人，貞觀中謚壯肅。

前軍大總管、贈開府儀同三司、并州都督、夔國公劉弘基，池陽人，貞觀中謚襄。

洪州都督、贈民部尚書、邢國公劉政會，胙城人，貞觀中謚襄。

特進、贈荆州總管、譚國公丘和，洛陽人，貞觀中謚襄。

大將軍、冀陜二州刺史、贈荆州刺史、天水郡公丘行恭，和子，高宗時謚襄。

禮部侍郎、贈尚書右僕射、黎國公温大雅，并州祁人，太宗時謚孝。

尚書右僕射、贈特進、虞國公温彦博，大雅弟，高宗時謚恭。

中書侍郎、贈鴻臚卿、清河郡公温大有，彦博弟，武德中謚敬。

益州大都督府長史、贈禮部尚書皇甫無逸，萬年人，太宗時謚良。

初謚孝。王珪駁曰：『無逸入蜀，不能與母俱，留卒京師，子道未足稱，不可謂孝。』乃更謚良。

隴州刺史、贈岷州都督姜謩，上邽人，太宗時謚安。

行軍副總管、贈左衛大將軍、郕國公姜確，謩子，太宗時謚襄。

秦州刺史、贈刑部尚書、清河縣公崔善爲，武城人，太宗時謚忠。

歙州總管、贈左驍衛大將軍、越州都督、宜春郡公王雄誕，濟陰人，太宗時謚忠。

檢校特進、西海道行軍大總管、開府儀同三司、贈司徒、并州都督、衛國公李靖，三原人，太宗時謚景武。

開府儀同三司、同中書門下三品、贈司徒、并州都督、許國公高儉，字士廉，齊清河王後，太宗時謚文獻。

隋涇陽令、唐贈徐州都督、臨淄縣公房彦謙，字孝沖，清河東武城人。貞觀初，以子玄齡著勳庸，謚定。

司空、贈太尉、并州都督、梁國公房玄齡，臨淄人，太宗時謚文昭。

尚書右僕射、贈開府儀同三司、司空、蔡國公杜如晦，杜陵人，太宗時謚成。

檢校吏部尚書、贈尚書右僕射、安吉郡公杜淹，如晦叔，太宗時謚襄。

尚書左僕射、領河中忠武節度使、贈太子太師、襄陽郡公杜審權，如晦六世孫，懿宗時謚德。

國子祭酒、贈太常卿、曲阜縣子孔穎達，衡水人，太宗時謚憲。

特進、知門下省事、贈司空、相州都督、鄭國公魏徵，曲城人，太宗時謚文貞。

禮部尚書、贈吏部、永寧郡公王珪，郿人，太宗時謚懿。

少師、贈開府儀同三司、新昌縣公李綱，蓨人，太宗時謚貞。

右衛大將軍、兼太子右衛率、工部尚書、武陽公李大亮，涇陽人，太宗時謚懿。

檢校吏部尚書、贈尚書右僕射、道國公戴胄，安陽人，太宗時謚忠。

尚書右僕射、贈開府儀同三司、并州大都督戴至德，胄兄子，儀鳳中謚恭。

禮部尚書、贈户部尚書、漢東郡公陳叔達，陳宣帝子，太宗時謚忠。

叔達閨薄汙漫，爲有司所劾，謚曰繆。久之，改謚爲忠。

洛州都督、特進、贈潭州都督、觀國公楊恭仁，隋觀王雄子，太宗時謚孝。

太常卿、贈吏部尚書、并州都督、安德郡公楊師道，恭仁弟，太宗時謚懿。

尚書右僕射、密國公封倫，字德彝，蓨人，太宗時謚謬。

德彝初謚曰明，然素有爲建成意，卒後，事浸聞。民部尚書唐儉等議〔一二〕：『倫寵極生前，而罪暴身後，所歷官不可盡奪，請還贈改謚，以懲僉壬。』有詔奪司空，削實封，改謚曰謬。

民部尚書、安邑公裴矩，聞喜人，太宗時謚敬。

右衛大將軍、贈左衛大將軍、凉州都督、郢國公宇文士及，長安人，太宗時謚縱。

士及始謚曰恭。黄門侍郎劉洎曰〔一三〕：『士及居家侈肆，不可謂恭。』乃改曰縱。

宜州刺史、贈幽州刺史鄭元璹，滎澤人，太宗時謚簡。

禮部尚書、左衛大將軍、贈特進、并州都督、芮國公豆盧寬〔一四〕，雍州萬年人，貞觀中謚定。

開府儀同三司、檢校相王府長史、贈司空、并州大都督豆盧欽望，寬子，中宗時謚元。

商州刺史、贈司空、荆州都督、宋國公蕭瑀，後梁明帝子，太宗時謚貞褊。

初，太常謚曰肅。太宗以其性忌，改謚貞褊。

中書令、贈侍中、廣州都督、江陵縣子岑文本，棘陽人，太宗時謚憲。

銀青光禄大夫、弘文館學士、贈禮部尚書、永興公虞世南，餘姚人，太宗時謚文懿。

銀青光禄大夫、洪廣二州都督謝叔方，萬年人，太宗時謚勤。

宗正卿、安平縣子李百藥，安平人，太宗時謚康。

荆州大都督府長史李安期，百藥子，高宗時謚烈。

散騎常侍、贈太常卿、陽翟縣侯褚亮，錢塘人，太宗時謚康。

散騎常侍、贈太常卿、豐城縣男姚思廉，萬年人，太宗時謚康。

地官尚書、贈越州都督姚璹，思廉孫，武后時謚成。

金紫光禄大夫、彭城縣公令狐德棻，華原人，高宗時謚憲。

左光禄大夫、太子太師、幽州都督、燕國公于志寧，高陵人，高宗時謚定。

工部尚書、贈尚書左僕射、東海郡公于休烈，志寧曾孫，代宗時謚元。

光禄大夫、侍中、兼太子少保、贈開府儀同三司、荆州都督、蓨縣公高馮，字季輔，蓨人，高宗時謚憲。

尚書左僕射、太子少傅、贈開府儀同三司、并州都督、北平縣公張行成，義豐人，高宗時謚定。

工部尚書、贈吏部尚書、并州都督、大安縣公閻讓，字立德，萬年人，高宗永徽中謚康。

中書令、博陵縣男閻立本，讓弟，高宗咸亨中謚文貞。

禮部尚書、贈開府儀同三司、揚州大都督、高陽縣男許敬宗，杭州新城人，高宗時謚恭。

太常博士袁思古議：『敬宗棄子于荒徼，嫁女于蠻落，宜謚謬。』其孫彦伯訴思古有嫌，詔更議。博士王福畤曰：『何曾忠而孝，以日食萬錢謚謬醜。况敬宗忠孝兩棄，飲食男女之累過之。』執不改。有詔尚書省雜議，更謚曰恭。

中書令、贈幽州大都督崔知温，鄢陵人，高宗永隆中謚忠。

右散騎常侍、贈越州都督高智周，晉陵人，高宗時謚定。

國子祭酒、兼弘文館學士趙弘智，河南新安人，高宗時謚宣。

太子少師、同中書門下三品、贈開府儀同三司、并州大都督、固安縣公崔敦禮，由博陵徙咸陽，高宗時謚昭。

金紫光禄大夫、贈幽州都督盧承慶，涿人，高宗時謚定。

金紫光禄大夫、贈幽州都督、廣平郡公劉祥道，觀城人，高宗乾封中謚宣。

同州刺史、贈禮部尚書、幽州都督、彭城縣公劉德威，彭城人，永徽中謚襄。

工部尚書、檢校左衛大將軍、彭城縣公劉審禮，德威子，高宗儀鳳中謚僖。

揚州長史、贈兖州刺史、趙國公李敬玄，譙人，高宗時謚文憲。

檢校右僕射、平章事、淮南節度使、贈太尉、趙國公李紳，敬玄曾孫，武宗時謚文肅。

右衛將軍田仁會，長安人，永徽中謚威。

殿中少監、右金吾衛將軍、贈輔國大將軍、原國公田歸道，仁會子，中宗時謚烈。

銀青光禄大夫、荆州大都督長史薛大鼎，汾陰人，永徽中謚恭。

蒲州刺史、高邑縣侯李素立，高邑人，高宗時謚平。

太府卿、趙郡公李從遠，素立孫，中宗神龍中謚懿。

鄜夏二州都督、開府儀同三司、贈司徒、并州都督、鄂國公尉遲敬德，善陽人，高宗時謚忠武。

右中護、太子詹事、贈秦州都督韋琨，萬年人，高宗時謚貞。

光禄大夫、特進、贈開府儀同三司、并州都督、莒國公唐儉，晉陽人，高宗顯慶中謚襄。

户部尚書、贈幽州都督許圉師，安陸人，高宗時謚簡。

隴山軍討擊副使、贈蘄州刺史許欽寂，圉師姪孫，武后時謚忠。

太子少詹事、贈尚書右僕射孫逖，博州武水人，高宗上元中謚文。

太子太師、贈太尉、揚州大都督、舒國公李勣，曹州離狐人，高宗時謚貞武。

秘書少監、銀青光禄大夫、贈太常卿蕭德言，系出蘭陵，高宗時謚博。

散騎常侍、金紫光禄大夫、贈禮部尚書張後胤，崐山人，永徽中謚康。

後胤乃太宗少時之師。

東都留守張齊丘，後胤孫，謚貞獻。

絳州刺史、武昌縣子孔禎，山陰人，高宗時謚温。

衛州刺史、銀青光禄大夫、梁郡公孔若思，禎從姪，開元中謚惠。

蒲州刺史、贈幽州都督、清丘縣公崔義玄，武城人，高宗時謚貞。

右衛大將軍、贈輔國大將軍、并州都督、畢國公阿史那杜尒，突厥處羅可汗次子，永徽中謚元。

右驍衛大將軍、贈鎮軍大將軍、薛國公阿史那忠，突厥左賢王，高宗時謚貞。

忠宿衛四十八年，無纖隙，人比金日磾。

歸州刺史、贈勝州都督、駙馬都尉、安國公執失思力，突厥酋長，高宗時謚景。

鎮軍大將軍、贈輔國大將軍、并州都督、凉國公契苾何力，鐵勒部人，高宗時謚毅。

左鷹楊衛大將軍、贈凉州刺史、漁陽縣公契苾明，何力子，武后時謚靖。

右衛大將軍、贈并州大都督、汴國公泉男生，高麗盖蘇文子，高宗時謚襄。

金紫光禄大夫、皖城郡公張儉，新豐人，永徽中謚密。

左衛大將軍、贈荆州刺史、范陽郡公張延師，儉弟，謚敬。

凉州安集大使、贈左驍騎大將軍、幽州都督、臨清縣公蘇烈，冀州武邑人，高宗乾封中謚壯。

魏州刺史張知泰，方城人〔一五〕，中宗時謚定。

贈太師、雍州牧、益州大都督、酆王韋玄貞，韋后父，中宗時謚文獻。

東都留守、同中書門下三品、贈侍中、趙公李懷遠〔一六〕，栢人人，中宗神龍時謚成。

秘書員外少監、兼脩國史、贈禮部尚書、扶陽縣子韋承慶，鄭州武陽人，中宗時謚温。

陳州刺史、贈兵部尚書韋嗣立，承慶弟，開元中謚孝。

工部尚書、東京留守、贈揚州大都督、南皮郡子韋虚心，萬年人，中宗景龍中謚正。

太原尹、贈幽州都督〔一七〕、彭城公韋湊，虚心同宗，玄宗時謚文。

太子太師、贈司徒、豳國公韋見素，湊子，肅宗寶應初謚忠貞。

檢校太子詹事、贈兗州都督、河内郡公蘇珦，藍田人，中宗時謚文。

國子司業、贈衛州刺史、清河縣子崔融，齊州全節人，中宗時謚文。

中書舍人、贈定州刺史崔禹錫，融子，開元中謚貞。

禮部尚書、贈荆州大都督崔翹，融子，開元中謚成。

檢校尚書左僕射、淮南節度副大使崔從，融曾孫，文宗太和六年謚貞。

太子太保、分司東京、贈司空崔慎由，從子，懿宗咸通中謚貞。

太子太傅、贈太子太師崔安潛，從子，僖宗時謚貞孝。

趙州刺史、平昌子高叡，京兆萬年人，武后時謚節。

天兵軍大總管、贈幽州都督、譙縣子婁師德，原武人，武后聖曆中謚貞。

尚書左僕射、同中書門下三品、贈特進、并州大都督、鄭國公楊再思，原武人，武后時謚恭。

鸞臺侍郎、同鳳閣鸞臺平章事、贈司空、梁公狄仁傑，并州太原人，武后聖曆中謚文惠。

左庶子、贈吏部尚書、石泉縣公王琳，字方慶，晉王導之裔，徙咸陽，武后長安二年謚貞。

太子少師、贈開府儀同三司王璵，琳六世孫，肅宗時謚簡懷。

左羽林大將軍、贈營州都督、薊郡公李楷洛，本契丹酋長，歸唐爲營州柳城人，武后時謚忠烈。

太尉、河東節度使、贈太保、臨淮郡王李光弼，楷洛子，代宗廣德中謚武穆。

潞州刺史、贈齊州刺史、常山縣子李嗣真，邢州栢人人，武后時謚昭。

文昌左相、同鳳閣鸞臺三品〔一八〕、贈益州大都督、邢國公王及善，洺州邯鄲人〔一九〕，武后時謚貞。

特進、朔方行軍大總管、贈荆州大都督、宋國公唐璿，京兆始平人，睿宗延和元年謚忠。

中書令、贈太尉、益州大都督、河東侯裴炎，聞喜人，睿宗時追謚忠。

盧州刺史、贈秘書監朱敬則，永城人，睿宗時追謚元。

尚書左僕射、贈特進、荆州大都督韋巨源，睿宗時謚昭。

博士李處直謚巨源爲昭。户部員外郎李邕以巨源附武三思爲相、託韋后親屬謚昭爲非，處直執不改。邕列陳其惡，不見用。然世皆直邕。

太子少傅、贈司空、荆州大都督、許國公蘇瓌，武功人，睿宗景雲中謚文貞。

紫薇侍郎、同紫薇黄門平章事、右丞相、許國公蘇頲，瓌子，開元中謚文憲。

侍中、特進、贈司徒、譙國公桓彦範，丹陽人，睿宗時追謚忠烈。

國子祭酒、北平縣伯陽嶠，洛陽人，睿宗時謚敬。

侍中、特進、贈秦州都督、平陽王敬暉，絳州平陽人，睿宗時追謚肅愍。

中書令、博陵王崔玄暉，博陵安平人，睿宗時謚文獻。

道州刺史、贈太子太傅崔渙，玄暉孫，代宗時謚元。

太常卿、贈吏部尚書、常山公崔縱，渙子，貞元中謚忠。

特進、襄州刺史、贈中書令、濮陽王張柬之，襄陽人，景雲元年謚文貞。

中書令、特進、南陽王袁恕己，滄州東光人〔二〇〕，睿宗時追謚貞烈。

光禄卿、駙馬都尉、琅琊公王同皎，相州安陽人，睿宗時謚忠。

同皎欲誅三思、廢韋后，見殺。

禮部尚書、贈荆州大都督王丘，同皎從子，天寶二年謚文。

郴州刺史〔二一〕、贈司徒、徐國公劉幽求，冀州武彊人，玄宗開元中謚文獻。

汝州刺史、贈吏部尚書、荆州大都督、齊國公崔日用，滑州靈昌人，開元中謚昭。

潞州長史、中山公崔日知，日用從兄，開元中謚襄。

務州尉、贈尚書左僕射、宋州刺史〔二二〕、齊公魏元忠，宋州宋城人，開元中謚貞。

汚州別駕、贈左僕射、郇國公韋安石，萬年人，天寶中謚文貞。

吏部尚書、贈尚書左僕射、郇國公韋陟，安石子，永泰元年謚忠孝。

太常博士程皓議謚忠孝。顔真卿以爲許國、養親不兩立，不當合二行爲謚。主客員外郎歸崇敬亦駁正之。右僕射郭英乂無學術〔二三〕，卒用太常議云。

國子祭酒、贈兖州都督、脩文館學士、沛國公韋叔夏，安石兄，中宗時謚文。

刑部尚書、贈太子少傅韋抗，叔夏從父子，玄宗時謚貞。

朔方行軍大總管唐休璟，始平人，謚忠。

秘書監、贈潤州刺史、常山縣公馬懷素，丹徒人，謚文。

太子賓客、弘文館學士、禮部尚書元澹，字行冲，元魏後裔，開元中謚獻。

秘書閣、贈禮部尚書陸堅，洛陽人，開元中謚懿。

左散騎常侍、兼國子祭酒、贈禮部尚書、舒國公褚無量，鹽官人，開元中謚文。

紫微令、開府儀同三司、贈揚州大都督、梁國公姚崇，硤石人，開元中謚文獻。

尚書右丞相、贈太尉、廣平郡公宋璟，南和人，開元中謚文貞。

右丞相、開府儀同三司、贈太師、燕國公張説，洛陽人，開元中謚文貞。

時楊伯成駁有瑕玷，不從。

工部尚書、贈幽州都督、梁國公魏知古，陸澤人，開元中謚忠。

太子賓客、長山伯韓思復，京兆長安人，玄宗時謚文。

刑部尚書、贈黄門監、中山公李乂，房子人，開元中謚貞。

太子賓客、魏公楊元琰，閿鄉人，開元中謚忠。

將作大匠、開府儀同三司、贈太尉、益州大都督、祁國公王仁皎，玄宗廢后父，開元中謚昭宣。

禮部尚書、贈尚書右丞相、魏縣侯杜暹，濮陽人，開元中謚貞孝。

初謚貞肅。劉同昇等以暹行忠孝，謚有未盡，其子又列訴，乃更敕有司考定，謚貞孝。

荆州長史、贈荆州大都督、始興縣伯張九齡，曲江人，開元中謚文獻。
秘書監、贈禮部尚書、曲江縣伯張仲方，抗之子，九齡從曾孫，文宗時謚成。
太子少師、贈揚州大都督、太子太師、宜陽縣子韓休，長安人，開元中謚文忠。
鎮海軍節度使、加檢校左僕射、同中書門下三品、贈太傅、鄭國公韓滉，休子，貞元中謚忠肅。
東都留守、贈太子太保韓皋，滉子，長慶中謚貞。
工部尚書、定州刺史、知平北軍事、贈益州大都督、河東侯張嘉貞，蒲州猗氏人，開元中謚恭肅。
中書侍郎、同中書門下平章事、贈太保張延賞，嘉貞子，德宗時謚成肅。
江陵大都督長史、贈禮部尚書源乾曜，相州臨漳人，天寶中謚懿。
岐王府長史裴子餘，絳州稷山人，開元中謚孝。

時程行諶謚貞，中書令張説歎曰：『裴、程二謚可無媿矣。』

尚書右射僕、贈太子太傅、趙城侯裴耀卿，子餘弟，天寶中謚文獻。
國子祭酒、工部尚書、贈吏部尚書裴佶，耀卿孫，德宗時謚貞。
工部尚書、贈黄門監、天水郡公尹思貞，長安人，開元中謚簡。
太子詹事、贈黄門監畢搆，偃師人，玄宗時謚景。
廣平太守畢炕，搆子，謚忠。

炕拒禄山，城陷，覆其家。

禮部尚書、贈江陵大都督、襄陽子席豫，襄陽人，天寶中謚文。

文昌左相、同鳳閣鸞臺三品、贈開府儀同三司、并州大都督、樂城縣男劉仁軌，尉氏人，開元中追謚文獻。

集賢院學士、光禄大夫、贈太子少保徐堅，長興人，玄宗時謚文。

邠王傅、固安縣侯盧燦，范陽人，玄宗時謚景。

左驍衛大將軍、朔方副大使、酒泉郡公、贈撥川郡王論弓仁，吐蕃族，玄宗時謚忠。

隋州刺史、開府儀同三司王裕，并州祁人，謚文。

散騎常侍、贈户部尚書王瑨，裕曾孫，玄宗時謚孝。

朔方行軍大總管、贈太常卿、平陽郡公薛訥，龍門人，仁貴子，開元中謚昭定。

户部尚書、朔方軍節度使、贈尚書左丞相、中山郡公王晙，洛陽人，玄宗時謚忠烈。

侍中、兼太子賓客、贈幽州都督張文瓘，貝州武城人，玄宗時謚懿。

太子少保、贈尚書左丞、兖國公陸象先，吴郡人，開元中謚文貞。

太子詹事、廣平公陸餘慶，象先從父，開元中謚莊。

太子少師、贈尚書左僕射陸希聲，象先四世從孫，昭宗時謚文。

太子詹事、贈工部尚書、范陽男張廷珪，濟源人，開元中謚貞穆。

太子賓客、贈禮部尚書崔沔〔一一四〕，長安人，開元中謚孝。

吏部尚書、贈益州大都督盧從願，臨漳人，開元中謚文。
御史大夫、贈禮部尚書、金城伯李朝隱，三原人，開元中謚貞。
太子賓客、贈禮部尚書裴漼，聞喜人，開元中謚懿。
江西觀察使、贈尚書右僕射裴胄，漼從姪，德宗時謚成。
河北度支營田使、兼營州都督、贈工部尚書宋慶禮，永平人，玄宗時謚敬。

太常博士張星，以慶禮好功自是，謚曰專。禮部員外郎張九齡申駁曰：『慶禮在邊三十年。往城營州，士纔數千，無甲兵捍衛。指期而往，不失所慮，遂罷海運，收歲儲，邊亭晏然。其功可推，不當醜謚。』慶禮兄子辭玉亦自詣闕訴。改謚曰敬。

左散騎常侍、贈户部尚書楊瑒，華陰人，玄宗時謚貞。
東都留守、贈益州大都督、清河郡公崔隱甫，武城人，玄宗時謚忠。
太子賓客、高邑伯李尚隱，萬年人，開元中謚貞。
安州別駕、贈工部尚書、居巢侯劉知幾，彭城人，玄宗時追謚文。
吏部尚書、贈陜州大都督劉滋，知幾孫，貞元中謚貞。
宣州刺史、都團練觀察使、贈吏部尚書劉贊，知幾孫，德宗時謚敬。
尚書左僕射、同中書門下平章事、贈太尉、西平王哥舒翰，其先突騎施酋長，天寶中謚武愍。
工部尚書、同中書門下三品、知門下事、領河東節度副大使、左相、贈尚書右丞相、豳國公牛仙客，涇州鶉觚人，玄宗時謚貞簡。

禮部尚書、東京留守、酒泉縣侯李憕，文水人，禄山陷東京，憕與子十人皆死，肅宗時謚忠懿。

東都留守、贈禮部尚書盧奕，懷慎少子，肅宗時死于安禄山，謚貞烈。

滎陽太守、贈禮部尚書崔無詖，博陵人，肅宗時死于安禄山，謚毅勇。

驃騎大將軍、虢國公、贈武威郡王李嗣業，高陵人，肅宗時謚忠勇。

河東節度副大使、司空、贈太尉王思禮，高麗人，肅宗上元中謚武烈。

尉衛卿、兼御史中丞、贈司徒顔杲卿，臨沂人，肅宗時謚忠節。

初，博士裴郁以杲卿不執政，但謚曰忠。議者不平，故以二字謚焉。

太子太師、贈司徒、魯國公顔真卿，杲卿弟，德宗時謚文忠。元文宗時，加謚正烈文忠。

左散騎常侍、贈禮部尚書、渤海縣侯高適，渤海人，代宗永泰中謚忠。

檢校左僕射、知省事、贈司空、扶風郡王馬璘，扶風人，大曆中謚武。

山南西道副元帥、兼節度使、贈太保、凉國公李抱玉，河西人，大曆中謚昭武。

檢校左僕射、知省事、贈太子太師、趙國公崔圓，武城人，大曆中謚昭襄。

太保、贈太師、韓國公苗晉卿，壺關人，永泰初謚文貞。

初謚懿獻。元載未顯時，爲晉卿所遇，故諷有司改之。

荆州刺史、贈吏部尚書、須昌縣伯吕諲，河東人，永泰中謚肅。嚴郢以諲故吏，請謚有司，博士獨孤及謚曰肅。郢以故事宰相謚皆二名，請謚曰忠肅。及執奏謂：『謚在義美惡，不在多名。文王伐崇，周公殺三監、淮夷，重耳一戰而霸，而謚曰文。冀缺之恪，寧俞之忠，隨會不忘其君，而謚曰武。故知稱其大、略其細也。且二名謚非古也。漢興，蕭何、張良、霍去病、霍光以文武大略，佐漢致太平，一名不盡其美，乃有文終、文成、景桓、宣成之謚。唐興，參周、漢制〔二五〕，魏徵以王道佐時近文，愛君忘身近貞，二者並優，廢一莫可，故曰文貞。蕭瑀端直近貞，性多猜近褊，言褊則失貞，稱貞則遺褊，故曰貞褊。蓋有爲爲之也。若跡無異稱，則易以一字。故杜如晦曰成，封德彝曰明，王珪曰懿，陳叔達曰忠，温彦博曰恭，岑文本曰憲，韋巨源曰昭，皆當時赫赫居宰相位，不過一名。而言故事宰相必以二名，固所未聞。宜如前謚。』遂不改。

左散騎常侍、信都縣伯賈至，洛陽人，大曆中謚文。

太原尹、南陽公鄧景山，曹州人，代宗時謚敬。

中書侍郎、同中書門下平章事、贈司徒楊綰，華陰人，代宗時謚文簡。

初，太常謚文貞。比部郎中蘇端，險人也，持異議，宰相常衮陰助之。代宗以其言醜險不實，貶端巴州員外司馬，賜綰謚曰文簡。

太子賓客、贈工部尚書、武邑縣男崔倫，安平人，代宗時謚敬。

宣歙池觀察使、贈工部尚書崔衍，倫子，元和元年謚懿。

右驍衛大將軍、贈兵部尚書、代國公安金藏，長安人，大曆中追謚忠。

門下侍郎、贈太尉、衛國公杜鴻漸，濮州人，大曆中謚文憲。

左武衛大將軍、贈涼州都督、介休縣公郭知運，晋昌人，代宗永泰初謚威。

山南東道節度使、贈户部尚書王翊，晋陽人，代宗時謚忠。

東都留守、贈尚書右僕射王翃，翊弟，貞元中謚肅。

宣歙池觀察使、贈吏部尚書王凝，翊曾孫，僖宗時謚貞。

吏部侍郎韋肇，萬年人，代宗時謚貞。

河南尹、贈尚書右僕射韋貫之，肇之子，穆宗時謚貞，後改謚文。

秘書監、分司東都、贈户部尚書韋澳，貫之子，懿宗時謚貞。

宣歙觀察使、贈工部尚書韋温，貫之從子，武宗時謚孝。

御史大夫、贈吏部尚書、贊皇縣子李栖筠，贊皇人，代宗時謚文獻。

中書侍郎、同中書門下平章事、贈司空、趙國公李吉甫，栖筠子，謚忠懿。　吉甫卒，太常謚恭懿，博士尉遲汾請謚敬憲。　集賢校理張仲方與吉甫有隙，因上議曰：『古之謚，考大節，略細行，善善惡惡，一言而足。　按吉甫雖多才多藝，而側媚取容，疊致台衮，寡信易謀，事無成功。　且兵凶器，不可從我始，至以伐罪，則邀必成功。　今内有賊輔臣之盗，外有懷毒蠆之臣，師徒暴野，農不得在畝，婦不得在桑，耗賦殫畜，屍僵血流，胔骼成岳。　毒痡之痛，訴天無辜。　階禍之發，實始吉甫。』　又言吉甫平易柔寬，名不配行，請俟蔡平然後議之。　憲宗方用兵，疾其言醜訐，貶仲方遂州司馬，更賜吉甫謚忠懿。

太子少傅、贈太子太保李鄘，邕從孫，憲宗時謚肅。

太子少師、贈司徒李磎，鄘孫，昭宗時謚文。

檢校右僕射、同中書門下平章事、贈太尉、金城郡王辛雲京，蘭州金城人，大曆中謚忠獻。

幽州守、贈太尉賈循，華原人，德宗建中二年謚忠。

右龍武統軍、贈揚州大都督張伯儀，魏州人，德宗時謚恭。

初，伯儀卒，請謚。博士李吉甫以中興三十年，而兵未戢者，將帥養寇藩身也。若以亡敗爲戒，則總干戈者必圖萬全而不決戰。若伯儀，雖敗而其忠可録。遂謚曰恭。

兵部尚書、贈左僕射、餘姚郡公歸崇敬，吴人，德宗時謚宣。

工部尚書、贈太子少師、長洲縣男歸登，崇敬子，憲宗時謚憲。

太子少師、贈揚州都督、郢國公韋倫，京兆人，德宗時謚肅。

中書侍郎、許昌縣子元載，鳳翔岐山人，德宗興元元年謚荒，後改謚成縱。

太子賓客、贈户部尚書齊抗，義豐人，德宗時謚成。

尚父、太尉、中書令、贈太師、汾陽王郭子儀，華州人，建中二年謚忠武。

《綱目書法》曰：號官爵謚具，前乎此未有也。終《綱目》千三百六十二年，一人而已。

太子詹事、贈太子太傅、代國公郭曜，子儀子，建中三年謚孝。

中書侍郎、同中書門下平章事、贈太傅崔祐甫，博陵人，德宗時謚文貞。

户部尚書、贈太子少保崔俊，祐甫從子，穆宗時謚肅。

恒州長史、檢校太尉、兼中書令、贈太師、瑯琊郡王王武俊，契丹人，初謚威烈，貞元中更謚忠烈。

恒冀節度使、同中書門下平章事、贈司徒、清河郡公王士真，武俊子，元和中謚襄。

檢校吏部尚書、東都留守、贈太子少傅杜亞，京兆人，貞元中謚肅。

兵部侍郎、贈禮部尚書劉迺，伊闕人，不從朱泚反，不食卒，德宗時謚貞惠。

北庭副元帥、檢校司徒、贈太傅劉玄佐，匡城人，德宗時謚壯武。

司農卿、贈太尉段秀實〔二六〕，汧陽人，興元元年謚忠烈。

《朱子綱目書法》曰：贈書謚〔二七〕，重死節也。故杲卿書謚忠節，秀實書謚忠烈，真卿書謚文忠，皆死節者也。《綱目》書贈官十二，而書謚曰某者，三人而已。

太子太傅、冀國公李叔明，閬州新政人〔二八〕，貞元中謚襄。

昭義節度使、檢校工部尚書、贈尚書左僕射、同昌郡王王虔休，汝州梁人，德宗時謚敬。

檢校司空、贈太師、上谷郡王張孝忠，奚種，貞元中謚貞武。

檢校太尉、兼中書令、贈太師、延德郡王張茂昭，孝忠子，元和中謚獻武。

太尉、中書令、贈太師、西平王李晟，臨潭人，貞元中謚忠武。

太子少保、贈太尉、凉公李愬，晟子，憲宗時謚武。

司徒、兼侍中、贈太傅、北平王馬燧，郟城人，貞元中謚莊武〔二九〕。

少府監、贈工部尚書馬暢，燧子，順宗時謚縱。

檢校司徒、兼中書令、贈太師、咸寧王渾瑊，鐵勒部人，貞元中謚忠武。

《綱目斷》曰：《唐書》渾瑊與李晟同謚忠武，《通鑑》於瑊獨不著謚，何也？夫瑊解奉天之圍，晟收復京城，且晟破賊時，瑊亦進取咸陽，其功固不相下。瑊嘗謂晟秉義執志，臨事不可奪。雖知晟莫若瑊，然瑊之秉義執志，亦可知也。虜尚結贊曰：『唐之名將，李晟與渾瑊耳。』兩王名播戎狄，俱謚忠武，誠非虚美。分注補書，輝映史册，宜哉！

檢校尚書、左僕射、鎮國軍節度使、贈司空、武康王李元諒，安息人，貞元中謚莊威。

右龍武統軍韓游瓌〔三〇〕，靈武人，貞元中謚襄。

尚書左僕射楊炎，鳳翔天興人，德宗時謚肅愍，左丞孔戣駁之，更謚平厲〔三一〕。

檢校司封郎中獨孤及，洛陽人，德宗時謚憲。

檢校尚書左僕射、同中書門下平章事、贈太保、馮翊郡王嚴震，鹽亭人，貞元中謚忠穆。

鄜坊節度使、贈尚書右僕射王栖曜，濮陽人，貞元中謚成。

將作監、河南節度使、贈司徒、濮陽郡公王茂元，栖曜子，憲宗時謚威。

京兆尹、兼户部尚書、贈尚書右僕射吴湊，濮州人，章敬皇后弟，貞元中謚成。

金吾衛大將軍、贈太子太保吴溆，湊弟，爲朱泚所害，德宗時謚忠。

吏部尚書、吴縣男顧少連，吴人，德宗時謚敬。

彭王傅、贈太子少師、會稽郡公徐浩，越州人，德宗時謚定。

尚書左僕射、贈司空李揆，隴西人，德宗時謚恭。

中書侍郎、同中書門下平章事、贈太子太傅趙璟，隴西人，德宗時謚貞憲。

江西觀察使、贈禮部尚書、河間縣男齊映，瀛州高陽人，貞元中謚忠。

檢校尚書左僕射、同中書門下平章事、宣武節度副大使、知節度事、贈太傅董晉，虞鄉人，貞元中謚恭惠。

給事中、御史大夫、魏博宣慰使、贈尚書左僕射孔巢父，孔子三十七世孫，爲李懷光軍士所害，德宗時謚忠。

禮部尚書、贈兵部尚書孔戣，巢父子〔三二〕，穆宗時謚貞。

尚書右僕射、贈太子太保姚南仲，下邽人，貞元中謚貞。

門下侍郎、同中書門下平章事、贈太子太傅崔損，系本博陵，貞元中謚靖。

太常卿、贈刑部尚書韋渠牟，萬年人，貞元中謚忠。

兵部尚書、判户部、贈右僕射王紹，萬年人，順宗時謚敬。

忠州别駕、贈兵部尚書陸贄，嘉興人，順宗時謚宣。

檢校司徒、兼中書令、贈太師、南康郡王韋皋，萬年人，順宗時謚忠武。

工部尚書、贈禮部尚書張薦，深州陸澤人，順宗時謚憲。

尚書右僕射、贈太子太保高郢，衛州人，順宗時謚貞。

檢校司空、左僕射、贈太傅賈眈，滄州南皮人，順宗時謚元靖。

吏部尚書、贈尚書左僕射鄭珣瑜，滎澤人，順宗時謚文獻。　太常博士徐復謚珣瑜文獻。兵部侍郎李巽言：『文者，經緯天地。用二謚，非《春秋》之正。請更謚。』復謂：『二謚，周漢以來有之。威烈、慎靚，周也。文成、文終，漢也。况珣瑜名臣，二謚不嫌。』巽曰：『謚一，正也，堯舜是也。二謚非古也，法所不載。』詔從復議。

檢校司空、同中書門下平章事、河中節度使、贈司徒、邠國公杜黄裳，萬年人，憲宗元和三年謚宣獻。

太子詹事、贈户部尚書李藩，趙州人，憲宗時謚貞簡。

工部侍郎、同中書門下平章事、領鹽鐵使、贈尚書左僕射程异，長安人，憲宗時謚恭。

光禄大夫、守太保、贈太傅、岐國公杜佑，萬年人，元和七年謚安簡。

同中書門下平章事、邠寧節度使、贈司徒、南平王高崇文，自渤海徙幽州，憲宗時謚威武。

右金吾衛大將軍、邠寧節度使、贈司空高承簡，崇文子，憲宗時謚敬。

户部尚書、贈太子太傅、上柱國裴延齡，河東人，元和中謚謬。

檢校右僕射、兼右衛上將軍、贈太子太保、南兗郡王伊慎，兖州人，憲宗時謚壯繆。

涇源節度使、贈尚書右僕射、東陽郡王朱忠亮，浚儀人，憲宗時謚靈。

太子太保、贈太子太師范希朝，虞鄉人，憲宗時謚忠武，改謚宣武。

檢校尚書左僕射、兼左龍武統軍、贈潞州大都督、彭城郡公劉昌裔，曲陽人，憲宗時謚威。

檢校司徒、兼太子太傅、河東節度使、贈太尉王鍔，太原人，憲宗時謚魏。

西南道節度使、贈尚書左僕射、忠義郡王裴玢，疏勒部人，憲宗元和中謚節。

秘書監、贈禮部尚書、義興縣公蔣乂，河南人，憲宗時謚懿。

臨清尉、贈秘書少監權皋，丹徒人，元和中謚貞孝。

左散騎常侍、襄陽王路應，三原人，元和六年謚靖。

宣歙觀察使、贈左散騎常侍房式，河南人，憲宗時謚傾。　吏部尚書崔乾度曰：『始式刺蜀，劉闢搆難，即謂闢曰：「向萝公爲上相，儀衛甚盛，幸無相忘。」闢喜，以爲祥。後闢發兵署牒，首曰闢，副曰式，參謀曰符載。大節已虧，不宜得謚。』博士李虞仲曰：『始闢反，如式不能去，又不能死，可謂求生害仁者也。暨闢走西山，召所疑畏者盡殺之，式在其間，會救得免。而曰大節已虧，近於溢言。』謚乃定。

昭義軍節度使、贈尚書左僕射辛秘，隴西人，憲宗時謚肅，後更謚懿。

忠武軍節度使、贈尚書左僕射、高平郡公郄士美，兖州金鄉人，憲宗時謚景。

檢校吏部尚書、兼門下侍郎、同平章事、贈司徒、臨淮郡公武元衡，則天皇后族裔，憲宗時謚忠愍。

太子少保、贈揚州大都督趙昌，天水人，憲宗時謚成。

太子賓客、贈刑部尚書任迪簡，萬年人，憲宗時謚襄。

工部尚書、贈右僕射杜羔，正倫五世孫，憲宗時謚敬。

幽州節度副大使、贈兵部尚書、彭城郡公劉怦，昌平人，憲宗時謚恭。

幽州節度副使、檢校尚書左僕射、同中書門下平章事、贈太師劉濟，怦子，爲子總毒死，憲宗時謚莊武。

秦州刺史、贈尚書左僕射、彭城郡公劉澭，怦次子，憲宗時謚景。

左散騎常侍、贈工部尚書、河東郡公薛苹，寶鼎人，憲宗時謚宣。

檢校工部尚書、淮南節度使、贈太子少傅衛次公，河東人，憲宗時謚敬。

司徒、中書令、贈太尉、許國公韓弘，匡城人，憲宗時謚隱。

右驍騎大將軍、贈户部尚書韓公武，弘子，憲宗時謚恭。

檢校司空、宣武節度使，贈司徒韓克〔三三〕，弘弟，穆宗時謚肅。

工部尚書嚴濟美，史失地，憲宗時謚温。

左散騎常侍、兵部尚書潘孟陽，史失地，元和中謚康。

東都留守、贈太子少保許孟容，長安人，憲宗時謚憲。

太常卿、贈吏部尚書崔邠，武城人，憲宗時謚文簡。

檢校禮部尚書、贈吏部尚書崔酆，邠弟，敬宗時謚德。

檢校吏部尚書、山南西道節度使、贈尚書左僕射權德輿，天水略陽人，憲宗時謚文。

兵部侍郎、贈户部尚書裴潾，絳州聞喜人，穆宗時謚敬。

檢校司徒、同中書門下平章事、兼侍中、中書令、魏博節度使田弘正，北平盧龍人，穆宗長慶元年謚忠愍。

檢校工部尚書、贈尚書右僕射、魏博節度使田布，弘正子，穆宗時謚孝。

檢校户部尚書、山南西道節度使、贈尚書右僕射韋綬，萬年人，穆宗時謚通醜。

故吏以爲言，欲改繆醜，卒報罷。

太子賓客、贈太保于頔，隋于謹七世孫，謚思。

頔初謚厲，子季友尚憲宗女永昌公主，拜駙馬都尉，從穆宗獵苑中，求改頔謚。會徐泗節度使李愬亦爲請，乃更謚曰思。尚書右丞張正甫封還詔書，右補闕高鉞〔三四〕、博士王彦威持不可〔三五〕，謂：『頔文吏，倔彊犯命，擅軍襄鄧，欲脅制朝廷。殺不辜，留制囚，遮使者〔三六〕，僭正樂。勢迫而朝，非其宿心。得全腰領而没，猶以爲幸，不宜更謚。』帝不從。

江西觀察使、贈左散騎常侍王仲舒，祁人，穆宗時謚成。

刑部尚書、贈尚書右僕射李遜，客居荆州，長慶中謚貞。

户部尚書、贈右僕射馬總，系出扶風，穆宗時謚懿。

江西觀察使薛戎，寶鼎人，穆宗時謚簡。

太子少師、檢校司徒、贈太保、滎陽公鄭餘慶，滎陽人，穆宗時謚貞。

山南西道節度使、贈尚書右僕射鄭澣，餘慶子，文宗時謚宣。

左僕射、贈太尉、太原郡公王播，太原人，後爲揚州人，太和中謚敬。

檢校司空、贈太尉、魏郡公王起，播弟，宣宗時謚文懿。

山南西道節度使、贈司空、彭陽郡公令狐楚，華原人，開成中謚文。

中書令、贈太師、晋國公裴度，聞喜人，文宗開成中謚文忠。

檢校尚書右僕射、贈司空、晋國公裴識，度子，宣宗時謚昭。

東川節度使、贈吏部尚書、長樂縣公馮宿，東陽人，文宗時謚懿。

宿爲博士時，王士真死，子承宗阻命，不得謚。宿謂世勞不可遺，乃上佳謚，示不忘忠。

左散騎常侍、贈工部尚書馮定，宿弟，文宗時謚節。　時太常博士李虞仲建言：『謚者，所以表德徵惡，《春秋》褒貶法也。茅土爵禄，戮辱流放，皆緣一時，非以明示百代。然而後之所以知其行者，惟謚是觀。古者將葬請謚，今近或二三年，遠或數十年，然後請謚。人没已久，風績湮歇，採諸傳聞，不可考信。誄狀雖在，言與事浮。臣請凡得謚者，前葬一月，請考功刺太常定議。其不請與請而過時者，聽御史劾舉，居京師不得過半期，居外一期。若善惡著而不請，許考功察行謚之。節行卓然，雖無官及官卑者，在所以聞。』詔可。

禮部尚書、贈吏部尚書許康佐，史失地，文宗時謚懿。

東京留守判官、贈禮部侍郎蔣清，萊州膠水人，文宗時追謚忠。

清與李憕同死禄山之亂，以秩卑不及謚。文宗太和中，吏部郎中王高言之朝，故及之。

檢校尚書右僕射、同中書門下平章事、鎮海節度使、贈太保路隋，陽平人，文宗時謚貞。

司空、贈司徒趙忠儒，鄧州穰人，文宗時謚昭。

檢校司空、鳳翔節度使、贈司徒、晉陽郡公竇易直，京兆始平人，文宗時謚恭惠。

兵部尚書、贈太子太保柳公綽，華原人，文宗太和中謚元。

尚書左僕射、贈司空、弘農郡公楊於陵，漢楊震之裔，華陰人，太和中謚貞孝。

江州刺史、贈尚書左僕射楊嗣復，於陵子，宣宗時謚孝穆。

檢校禮部尚書、宣武節度使、北海縣子、贈尚書右僕射王彦威，文宗時謚靖〔三七〕。

檢校司空、山南西道節度使、贈司徒、趙郡公李絳，贊皇人，文宗時謚貞。
司徒、山南西道節度使、贈太尉、郊國公烏重胤，張掖人，文宗時謚懿穆。
司僕少卿、贈越州都督徐有功，文遠孫，武宗會昌中追謚忠正。
右丞、同中書門下平章事、贈兵部尚書宋申錫，史失地，會昌二年謚貞。
宣歙觀察使、贈左散騎常侍王質，隋時通之裔，武宗時謚定。
刑部尚書、馮翊縣侯白居易，下邽人，會昌中謚文。
居易遺命薄葬，毋請謚。後從弟敏中爲相，因請而謚之。
太傅、太原郡公白敏中，懿宗咸通中謚醜。
敏中卒，議謚。博士曹鄴責其病不堅退，且逐諫臣，謚法怙威肆行曰醜，遂以謚之。
太子賓客敬晦，河東人，武宗大中時謚肅。
魏博節度使、檢校司徒、同中書門下平章事、贈太傅何進滔，靈武人，武宗時謚定。
成德節度使、檢校司徒、同中書門下三品、兼太傅、贈太師、太原郡公王元逵，回紇庭湊子〔三八〕，武宗時謚忠。
成德節度使、檢校太傅、贈太傅王景崇，元逵孫，懿宗時謚忠穆。
盧龍節度副大使、檢校司徒、同中書門下平章事、蘭陵郡公張仲武，范陽人，武宗時謚莊。
門下侍郎、同中書門下平章事、兼户部尚書、贈司空崔元式，博州人，宣宗時謚莊。
太子少師、贈太尉牛僧孺，宣宗時謚文簡。

檢校尚書右僕射、淮南節度使、贈太尉、贊皇男李珏，趙郡人，宣宗時謚貞穆。

荆南節度使、贈司空鄭肅，滎陽人，宣宗時謚文簡。

太保、贈太傅、范陽郡公盧鈞，系出范陽，徙藍田，懿宗時謚元。

中書侍郎、門下平章事、贈司空高璩，渤海人，懿宗時謚刺。

太常博士曹璞建言：『璩爲宰相，交遊醜雜，進取多蹊徑。謚法不思妄愛曰刺，請以爲謚。』遂從之。

盧龍節度使、檢校司徒、兼太傅、同中書門下平章事、燕國公張允伸，范陽人，咸通中謚忠烈。

檢校司徒、太子太保、贈太傅鄭畋，系出滎陽，昭宗時謚文昭。

吏部尚書、右僕射、贈司空、琅琊侯王徽，京兆人，昭宗大順元年謚貞。

魏博節度使、檢校太師、侍中、贈太師、北平王羅弘信，貴鄉人，昭宗光化元年謚莊肅。

侍中、檢校太尉、贈太子太師王處存，萬年人，昭宗時謚忠肅。

騎士馬景，昭宗時謚忠莊。

景誘李茂貞開城門，而朱全忠敗之，昭宗得返長安，故賜謚。

檢校禮部尚書、贈太子少保、東海郡公徐申，京兆人，初從曹王臯討李希烈，謚平。

刑部尚書、判度支、贈尚書右僕射、蕭國公班宏，衛州汲人，謚敬。

太子少保、贈尚書左僕射韋夏卿，萬年人，謚獻。

山南東道節度使李翺，元魏李冲十世孫，謚文。

工部尚書楊昉，謚恪。

定州刺史、定襄郡公于匡濟，謚果。

二人謚，出杜氏《通典》，不知何所人。

營州都督、檢校右驍騎將軍周道務，母即臨川公主，謚襄。

## 武氏僞七廟謚

太原靖王武克己，武氏五世祖，謚成皇帝，廟號嚴祖。　妣裴氏，謚成莊皇后。

趙肅恭王武居常，武氏高祖，謚章敬皇帝，廟號肅祖。　妣劉氏，謚章敬皇后。

魏義康王武儉，武氏曾祖，謚混元昭安皇帝，廟號烈祖。　妣宋氏，謚昭安皇后。

周安成王武華，武氏祖，謚立極文穆皇帝，廟號顯祖。　妣劉氏，謚文穆皇后。

忠孝大王武士彠，武氏父，謚無上孝明高皇帝，廟號太祖。　妣楊氏，初謚忠烈，後謚孝明高皇后。

楚王武士讓，武氏從父，謚僖。

蜀王武士逸，武氏從父，謚節。

士逸曾孫湖州刺史、潁川王載德，武氏時謚武烈。

梁王武元慶，武氏從兄，謚憲。

元慶子三思，中宗復位時謚宣。

三思子魯王崇訓，中宗時謚忠。　玄宗時皆削。

魏王武元爽，武氏從兄，謚德。

元爽子承嗣，謚宣。

定王武攸暨，武氏從父士稜之子，中宗時謚忠簡，玄宗時削。

## 【校勘記】

〔一〕在魏爲幢主　「在」，《續通考》卷一四三作「仕」。「幢」原作「憧」，據《舊唐書》卷一《高祖紀》、《新唐書》卷一《高祖紀》改。

〔二〕詔自泰穆而下皇后　「皇后」，《續通考》卷一四三作「天皇后」。據《新唐書》卷七六《睿宗昭成順聖皇后傳》、《文獻通考》卷二五四《帝系考五》，《續通考》「天」當爲「六」之形誤，此處亦脱「六」字。

〔三〕廟號憲宗　「憲」原作「順」，據本條上文及《舊唐書》卷一五《憲宗紀下》改。

〔四〕父曖　「曖」原作「暧」，據《舊唐書》卷五二《懿安郭皇后傳》、《新唐書》卷七七《懿安郭太后傳》、卷一三七《郭曖傳》改。

〔五〕生文帝文帝立　兩「文帝」皆應作「文宗」。

〔六〕因被弒無謚害　《續通考》卷一四三作「爲朱全忠所害無謚」。此處「害」字疑衍，或爲「號」之音誤。

〔七〕適郭曖　「曖」原作「瞹」，據《新唐書》卷八三《齊國昭懿公主傳》、卷一三七《郭曖傳》改。

〔八〕適于季友　「友」字原脱，據《續通考》卷一四三、《新唐書》卷八三《梁國惠康公主傳》補。

〔九〕岐陽公主　「岐陽」原作「岐國」，據《續通考》卷一四三、《舊唐書》卷一四七《杜悰傳》、《新唐書》八三《岐陽莊淑公主傳》、卷一六六《杜悰傳》改。

〔一〇〕權萬紀弘壽族兄弟　「弘」原作「萬」，據上文權弘壽條及《續通考》卷一四三、《新唐書》卷一〇〇《權懷恩傳》改。

〔一一〕左驍衛大將軍　「左」原作「右」，據《續通考》卷一四三、《舊唐書》卷五八《柴紹傳》、《新唐書》卷八八《馬三寶傳》改。

〔一二〕民部尚書唐儉　「儉」原作「倫」，據《舊唐書》卷六三《封倫傳》、《新唐書》卷一〇〇《封倫傳》改。

〔一三〕黄門侍郎劉洎　「洎」原作「泊」，據《續通考》卷一四三、《舊唐書》卷七四《劉洎傳》、《新唐書》卷九九《劉洎傳》、卷一〇〇《宇文士及傳》改。

〔一四〕芮國公豆盧寬　「芮」原作「芮」，據《舊唐書》卷九〇《豆盧欽望傳》、《新唐書》卷一一四《豆盧欽望傳》改。

〔一五〕張知泰方城人　「城」原作「成」，據《續通考》卷一四三、《新唐書》卷一〇〇《張知謇傳》改。

〔一六〕贈侍中趙公李懷遠　按《舊唐書》卷九〇《李懷遠傳》、《新唐書》卷一一六《李懷遠傳》，李懷遠生封「趙郡公」，死後贈侍中。

〔一七〕贈幽州都督　「督」下原衍「都」字，據《續通考》卷一四三、《舊唐書》卷一〇一《韋湊傳》、《新唐書》卷一一八《韋湊傳》删。

〔一八〕同鳳閣鸞臺三品　「同」原作「司」，據《新唐書》卷一一六《王及善傳》改。

〔一九〕洺州邯鄲人　「洺」原作「洛」，據《舊唐書》卷九〇《王及善傳》、《新唐書》卷一一六《王及善傳》改。

〔二〇〕滄州東光人　「州」原作「洲」，據《舊唐書》卷九一《袁恕己傳》、《新唐書》卷一二〇《袁恕己傳》改。

〔二一〕郴州刺史　「郴」原作「彬」，據《新唐書》卷一二一《劉幽求傳》改。按，《舊唐書》卷九七《劉幽求傳》稱其爲「桂陽郡刺史」，桂陽郡即郴州。

〔二二〕宋州刺史　《續通考》作「尉州刺史」。

〔二三〕右僕射郭英乂　「乂」原作「文」，據《舊唐書》卷九二《韋陟傳》、卷一一七《郭英乂傳》、《新唐書》卷一二二《韋陟傳》、卷一三三《郭英乂傳》改。

〔二四〕崔沔　「沔」原作「沔」，據《舊唐書》卷一八八《崔沔傳》、《新唐書》卷一二九《崔沔傳》改。

〔二五〕參周漢制　《續通考》卷一四三、《新唐書》卷一四〇《吕諲傳》、《白孔六帖》卷六六引《吕諲傳》皆作「參用漢制」。

〔二六〕段秀實　『段』原作『叚』，據《舊唐書》卷一二八《段秀實傳》、《新唐書》卷一五三《段秀實傳》改。

〔二七〕贈書謚　《續通考》卷一四三作『書贈書謚』。

〔二八〕閬州新政人　『政』原作『鄭』，據《續通考》卷一四三、《舊唐書》卷一二二《李叔明傳》、《新唐書》卷一四七《李叔明傳》改。按，唐時閬州有新政縣而無新鄭縣。

〔二九〕貞元中謚莊武　『莊』原作『壯』，據《舊唐書》卷一三四《馬燧傳》、《新唐書》卷一五五《馬燧傳》、《唐會要》卷八〇《謚法下》改。

〔三〇〕韓游瓌　『瓌』原作『環』，據《舊唐書》卷一四四《韓遊瓌傳》、《新唐書》卷一五六《韓游瓌傳》改。

〔三一〕德宗時謚肅愍左丞孔戣駁之更謚平厲　『左丞』原作『右丞』，據《新唐書》卷一四五《楊炎傳》、《唐會要》卷八〇《謚法下》改。按新、舊《唐書》載，孔戣曾兩除尚書左丞，一在憲宗元和六至九年間，一在穆宗長慶二年，據知楊炎議謚必在憲宗元和六年以後，此稱『德宗時』亦誤。

〔三二〕孔戣巢父子　按《舊唐書》卷一五四《孔巢父傳》、《新唐書》卷一六三《孔巢父傳》，均稱孔戣爲巢父從子，此處『子』字誤。

〔三三〕韓克　『克』，《舊唐書》卷一五六《韓充傳》、《新唐書》卷一五八《韓充傳》、《唐會要》卷七九《謚法上》均作『充』。

〔三四〕右補闕高鉞　『鉞』，《舊唐書》卷一六八《高釴傳》、《新唐書》卷一七二《于頔傳》、卷一七七《高釴傳》均作『釴』。

〔三五〕博士王彦威　『王』原作『壬』，據《續通考》卷一四三、《舊唐書》卷一五六《于頔傳》、《新唐書》卷一七二《于頔傳》改。

〔三六〕留制囚遮使者　『囚遮』原作『遮囚』，據《新唐書》卷一七二《于頔傳》乙。

〔三七〕文宗時謚靖　『靖』原作『清』，據《舊唐書》卷一五七《王彦威傳》、《新唐書》卷一六四《王彦威傳》改。按，《唐會要》卷七九《謚法上》稱王彦威謚憲。

〔三八〕王元逵回紇庭湊子　『庭湊』，《續通考》卷一四三、《舊唐書》卷一四二《王廷湊傳》、《新唐書》卷二一一《王廷湊傳》均作『廷湊』。

# 卷之十

雲間王　圻　編輯
巴郡趙可懷　校正
平湖孫成泰　郢中朱一龍
龍江王應麟　西陵吴　化　參閲

## 後梁帝后謚

肅祖，姓朱氏，名黯，宋州碭山午溝里人，開平元年追謚宣元皇帝，廟號肅祖。　妣范氏，謚宣熙皇后。

敬祖，名茂林，黯子，開平元年追謚光獻皇帝，廟號敬祖。　妣楊氏，謚光孝皇后。

憲祖，名信，茂林子，開平元年追謚昭武皇帝，廟號憲祖。　妣劉氏，謚昭懿皇后。

烈祖，名誠，信子，開平元年追謚文穆皇帝，廟號烈祖。　妣王氏，單州單父人，少寡，携其三子傭食蕭縣劉崇家。温鎮宣武時，載以歸，封晉國太夫人。温未即位，先卒，追謚文惠皇后。

太祖，名晃，誠第三子，初從黄巢爲盜，已降唐，拜宣武軍節度使，賜名全忠，累兼數鎮，封梁王。開平元年，遂篡唐而有天下。乾化二年，爲子友珪所弑，謚神武元聖孝皇帝，廟號太祖。

張皇后，碭山縣渠亭里富家子，生末帝。天福元年卒。末帝即位，追謚元貞皇后。

## 後梁臣謚

太師、兼中書令、贈尚書令羅紹威，貴鄉人，梁時謚忠壯〔一〕。

保義節度使、潞州東北面招討使、同中書門下平章事、贈太師、瑯琊郡王王檀，京兆人，始終爲梁臣，貞明中謚忠毅〔二〕。

司空、贈太傅、長樂郡王馮行襲，均州人，梁時謚忠敬。

## 後唐帝后謚

懿祖，名執誼，本姓朱邪，唐賜姓李氏，其先沙陀人。同光元年謚昭烈皇帝，廟號懿祖。妣崔氏，謚昭烈皇后。

獻祖，本名赤心，執誼子，唐懿宗賜姓名李國昌，仕至雁門以北行營節度使，廣明二年卒。同光元年謚文景皇帝，廟號獻祖。　妣秦氏，謚文景皇后。

太祖，名克用，國昌子，仕唐封晉王，以仍稱天祐四年卒，同光元年追謚武皇帝，廟號太祖。次妃曹氏〔三〕，生莊宗。莊宗即位，尊爲皇太后〔四〕。同光三年薨，謚貞簡。

莊宗，名存勗，克用長子，以仍稱天祐五年即晉王位，十九年滅梁，即帝位，是爲同光元年。四年，爲伶人所弒，謚昭宣光烈皇帝。　劉皇后，魏州成安人。父劉叟，善卜。后位次在三，特以寵立。有穢行，明宗賜死。晉天福五年，追謚神閔敬皇后。

明宗，本夷狄邈佶烈氏，一云代北金鳳城人，姓李氏，名亶。克用養以爲子，賜名嗣源。莊宗時，爲馬步軍總管，鎮成德。同光四年，莊宗崩，入即位。長興四年崩，謚聖德和武欽孝皇帝。　曹皇后，不見其世家，謚和武憲皇后。　夏皇后，不見其世家，長興元年追册爲皇后，謚昭懿。魏皇后，鎮州平山人，初適平山民王氏，生子十歲矣，是爲從珂。明宗掠平山，得其子母以歸，居數年卒。清泰三年，追尊爲皇太后，謚宣憲。

愍帝，名從厚，明宗第五子，長興四年即位，尋爲從珂所弒。晉天福初謚愍。　孔皇后，父循，横海軍節度使。后有賢行，生四子。廢帝從珂篡位，后及四子皆見殺。晉高祖追謚哀。

## 明宗所生祖考謚

高祖聿，謚孝恭皇帝，廟號惠祖。　妣劉氏，謚孝恭昭皇后。

曾祖敖，謚孝質皇帝，廟號毅祖。　妣張氏，謚孝質順皇后。

祖琰，謚孝靖皇帝，廟號烈祖。　妣何氏，謚孝靖穆皇后。

考失名，謚孝成皇帝，廟號德祖。　妣劉氏，謚孝成懿皇后。　俱天成二年謚。

## 後唐宗室謚〔五〕

明宗姪從敏，謚恭惠。

## 後唐臣謚

唐鳳翔節度使、秦王李茂貞，稱臣于後唐，莊宗時謚忠敬。

中書令、天下兵馬副元帥、太師、尚書令、濟王張全義，濮州人，明宗時謚忠肅。

平盧節度使、贈太師霍彦威，曲周人，明宗時謚忠武。

## 後晉帝后謚

靖祖，名璟，姓石氏，太原汾陽里人，本出於西夷，天福元年追謚孝安皇帝，廟號靖祖。　妣秦氏，謚孝安皇后。

肅祖，名彬，璟子，天福元年追謚孝簡皇帝，廟號肅祖。　妣安氏，謚孝簡恭皇后。

睿祖，名昱，彬子，天福元年追謚孝平皇帝，廟號睿祖。　妣來氏，謚孝平獻皇后。

獻祖，名紹雍，昱子，天福元年追謚孝元皇帝，廟號獻祖。　妣何氏，謚孝元懿皇后。

高祖，名敬瑭，紹雍子，明宗婿，仕唐爲河東節度使、蕃漢馬步軍總管，末帝三年簒位，天福七年崩，謚聖文章武明德孝皇帝，廟號高祖。　李皇后，即唐明宗女，無謚。

## 後晉臣謚

太子少保、贈太子少傅朱漢賓，譙人，高祖時謚貞惠。

河東節度使、贈太師康福，蔚州人，高祖時謚武安。

太子太保、贈太子太師盧質，河南人，高祖時謚文忠。

## 後漢帝后謚

文祖，姓劉氏，名湍，太原人，其先沙陀部人，以仍稱天福十二年追謚明元皇帝，廟號文祖。妣李氏，謚明貞皇后。

德祖，名昂，天福十二年追謚恭僖皇帝，廟號德祖。　妣楊氏，謚恭惠皇后。

翼祖，名僎，天福十二年追謚昭憲皇帝，廟號翼祖。　妣李氏，謚昭穆皇后。

顯祖，名琠，天福十二年追謚章聖皇帝，廟號顯祖。　妣安氏，謚章懿皇后。

高祖，名暠，初名知遠，仕晉拜北面行營都統，封北平王，以開運四年仍稱天福十二年即帝位，乾祐元年崩，謚睿文聖武昭肅孝皇帝，廟號高祖。　李皇后，無謚。

隱皇帝，名承祐，高祖第二子，乾祐元年封周王，是日即登帝位。三年，郭威犯闕，遇弒，謚隱。

## 周帝后謚

信祖，邢州堯山人，姓郭氏，名璟，廣順元年追謚睿和皇帝，廟號信祖。　妣張氏，謚睿恭皇后。

僖祖，名諶，廣順元年追謚明憲皇帝，廟號僖祖。　妣申氏，謚明孝皇后。

義祖，名藴，廣順元年追謚翼順皇帝，廟號義祖。　妣韓氏，謚翼敬皇后。

慶祖，名簡，事晉爲順州刺史，爲劉仁恭所殺。廣順元年追謚章肅皇帝，廟號慶祖。　妣王氏，謚章德皇后。

太祖，名威，簡之子，仕漢爲鄴都留守、天雄軍節度使，乾祐三年弑隱帝，廣順元年即位，顯德元年崩，謚聖神恭肅文武孝皇帝，廟號太祖。　柴皇后，同郡里人，太祖即位，后已先卒，追册爲皇后，謚聖穆。

世宗，姓柴氏，后兄守禮之子，名榮，太祖養以爲子，遂襲帝位。顯德七年崩，謚睿武孝文皇帝，廟號世宗。　劉皇后，不知其世家，蓋微時所娶也。太祖舉兵，漢誅其家屬，后見殺。顯德四年追册爲皇后，謚貞惠。　符皇后，父彦卿。初適李崇訓。崇訓以反誅，世宗遂納爲繼室。即位，册爲皇后，未幾崩，謚宣懿。

恭帝，名宗訓，世宗子，禪於宋，封鄭王，開寶六年薨，謚恭。

## 周臣謚

東都留守、贈中書令、韓國公鄭仁誨〔六〕，晉陽人，始終爲周臣，世宗時謚忠正。

河東行營副都部署、贈侍中劉詞，元城人，世宗時謚忠惠。

太師、兼中書令、瀛王馮道，景城人，世宗時謚文懿。

道歷事五朝，而列在周者，以周所謚也。

## 五代僭國謚

吴王楊行密，字化源，廬州合肥人，唐天祐二年卒，私謚武忠。隆演武義元年，追尊爲孝武王。溥僭號，尊爲太祖武皇帝。

渥字承天，行密長子，天祐二年立。五年，徐温遣人縊殺之，謚景。溥僭號，追尊爲烈祖景皇帝。

隆演字鴻源，行密第二子，武義元年即吴王位，二年卒，謚宣。弟溥僭號，追尊爲高祖宣皇帝。

溥，行密第四子，武義二年襲爲王，改元順義，五年僭號，改天祚。三年，禪位於齊，尋卒，謚睿。

東海郡王徐温，字敦美，海州朐山人，行密起合肥，以隸帳下，後累官至大丞相、都督中外軍事，封王。以吴順義十年卒，追封齊王，謚忠武。養子李昪昪元元年僭號〔七〕，追尊爲武皇帝。明年，號爲義祖。

南唐李恪，本唐憲宗子，封建王。昪元二年，昪推爲四世祖，謚孝静皇帝，廟號定宗。

超，恪子，昪元二年追謚孝平皇帝，廟號成宗。

志，超子，昪元二年追謚孝安皇帝，廟號惠宗。

榮，志子，昪元二年追謚孝德皇帝，廟號慶宗。

昪，榮子，爲徐温養子，名知誥，徐州人，仕吴封齊王。吴天祚三年受禪，國號齊，改元昪元。二年，更號唐，復姓李氏，名昪。七年殂，謚光文肅武孝高皇帝，廟號烈祖。后宋氏，不知其世家，曾在徐温帳下，後以賜昪。昪受禪，册爲皇后。保大三年殂，謚元恭。

元宗名璟，字伯玉，昪長子，昪殂，嗣位，改元保大。十六年改交泰元年，尋奉周正朔，稱顯德六年，貶號爲江南國主。以宋建隆元年薨，乞追復帝號，乃謚明道崇德文宣孝皇帝，廟號元宗。妃鍾氏，虔州刺史太章之女，昪元中封齊王妃。嗣主即位，册爲皇后。乾德三年卒，謚光穆。

後主名煜，字重光，璟第六子，以宋建隆二年即位，開寶九年納土，封違命侯。太平興國三年薨，追封吴王。　妃周氏，小字娥皇，善音律，尤工琵琶，後主即位，册爲國后。年二十九殂，實宋乾德二年，謚昭惠。

江西道兵馬大元帥、贈太弟、晉王景遂，昇第三子，顯德五年謚文成。

太師、尚書令、贈太弟、齊王景達，昇第四子，開寶四年謚孝昭。

侍中、贈中書令、江王景逷，昇第五子，開寶元年謚昭順。

太子冀，璟之子，交泰元年謚文獻。

初，有司以其靖難功，謚宣武。句容尉張洎上書，以太子之德，承順孝愛而已，不當標顯武功以垂後世。璟善之，遂改謚。

宣城公、贈岐王仲宣，後主子，乾德二年卒，年四歲，謚悼獻。　史臣馬令曰：《春秋》魯君未踰年而卒者，書子卒，以其不全乎君也；先君未葬而嗣君卒者，書子某卒，猶云父前子名也。皆不作謚。太子冀有謚，固非《春秋》之法，至於仲宣幼殤，則又甚矣。東晉瑯琊世子卒，而賀循以爲不可作謚，君子謂其知禮。

中書侍郎、光政殿學士、贈左僕射、平章事韓熙載，字叔言，北海人，開寶三年謚文靖。

中書令劉崇進，字德脩，楚州山陽人，謚威。

康化節度使、追封弘農王楊璉，吴王溥子，謚靖。

洪州節度使宋齊丘〔八〕，豫章人，謚醜繆。　俱南唐臣。

蜀王王建，字光圖，許州舞陽人。僖宗光啓二年，帝幸興元，以爲清道使。昭宗天復四年，封蜀王。七年，僭號。僞光天元年薨，子衍立，謚爲神武聖文孝德明惠皇帝，廟號高祖。

後蜀王孟知祥，字保胤，邢州龍岡人，莊宗初，授成都尹、劍南西川節度使。明宗長興四年封蜀王，明年僭號。以僞明德元年薨，謚文武聖德英烈明孝皇帝，廟號高祖。

孟昶，知祥第三子，明德元年立。改廣政二十五年爲宋乾德三年，降於宋，封秦國公，七日而卒，贈楚王，謚恭孝。

太師、中書令、宋王趙崇韜，太原人，謚忠武。　蜀臣。

南漢劉安仁，上蔡人，龔祖，僞乾亨元年追謚文皇帝。

謙，安仁子，唐乾符五年爲封州刺史，乾亨元年追謚聖武皇帝。

隱，謙長子，謙卒，代爲封州。梁開平三年封南平王，乾化元年進封南海王，乾亨元年追謚襄皇帝。

龑，初名巖，謙庶子，梁末帝初襲封南海王，貞明三年僭號，改元乾亨。以改大有之十五年卒，謚天皇大帝，廟號高祖。

玢，初名洪度，龑子，初封秦王，已襲位，改元光天。二年，爲弟晟所弑，謚殤。

晟，初名洪熙，玢弟，初封晉王，弑兄自立，改元應乾。以改乾和之十六年卒，謚文武光聖明孝皇帝，廟號中宗。

楚馬𣪌，許州鄢陵人，後唐天成二年，曾孫殷初建楚國，因謚爲文肅。

正，𣪌子，天成二年謚莊穆。

元豐，正子，天成二年謚景莊。

楚國王殷，字霸圖，元豐子。殷起裨將，唐僖宗時，授馬步軍都指揮使。昭宗乾寧四年，拜武安軍節度使。梁太祖即位，封楚王。後唐天成二年，封楚國王。長興元年卒，詔官爵俱高，無以爲贈，惟謚武穆。

希範，字寶軌，殷第四子。兄希聲，立三年卒，範嗣立。以晉開運四年卒，謚文昭。

吴越王錢鏐，字具美，杭州臨安人。唐僖宗乾符二年，始爲董昌都指揮使。昭宗乾寧時，拜鎮海、鎮東節度使。哀宗天祐元年，封吴王。梁太祖即位，進封吴越王。後唐明宗長興三年卒，謚武肅。

元瓘，字明寶，鏐子，以鏐卒之年襲位，天福六年，大火燒其宫室，發狂卒，謚文穆。

佐，字祐立，元瓘子，立七年，襲封吴越國王。開運四年卒，謚忠獻。

俶，字文德，佐弟。佐卒，弟倧以次立，大將胡進思廢之而立俶。宋太平興國三年納土，端拱元年更封許王，其年卒，謚忠懿。

丞相林鼎，慈谿人，謚貞獻。

丞相沈崧，閩人，謚文獻。

威武軍節度使吴程，山陰人，謚忠烈。

檢校太尉、兼侍中鮑君福，餘姚人，謚忠壯。

丞相、鄖國公杜建徽，新城人，謚威烈。

鎮國都指揮使、睦州刺史薛温，錢塘人，謚正顯。

丞相曹仲達，仁和人，謚安成。　俱吴越王臣。

閩王王審知，字信通，光州固始人。唐僖宗光啓二年，兄潮爲泉州刺史。卒，代立，是爲昭宗乾寧四年。尋拜威武軍節度使〔九〕，封琅琊王。梁太祖封爲閩王。後唐同光三年卒，謚忠懿。鏻僭號之元年，追謚昭武孝皇帝，廟號太祖。

鏻，初名延鈞，審知次子。先，延翰嗣位，鏻弑而自立，尋僭號。以僞永和七年，爲子昶與皇城使李倣所弑，謚惠皇帝，廟號太宗。

昶，初名繼鵬，鏻長子，弑父自立。僞通文三年，延羲令子繼業弑之，謚康宗。

曦，初名延羲，審知少子，僞永隆六年爲連重遇所弑，謚景宗。

南平王高季興，字貽孫，陝州硤石人。本姓季，後爲朱友讓養子，又姓朱，已復姓高。唐天復三年，始拜宋州刺史。梁末帝時，封爲渤海王。後唐同光三年，封南平王。天成三年卒，長興元年追封楚王，謚武信。

從誨，字遵聖，季興長子，長興三年封渤海王，應順三年封南平王，乾祐元年卒，贈尚書令，謚文獻。

保融，字德長，從誨第三子，從誨卒，拜節度使。周顯德元年〔一〇〕，封南平王。宋建隆元年卒，贈太尉，謚貞懿。

## 宋帝后太子謚

僖祖〔一一〕，姓趙氏，諱朓，涿郡人。建隆元年立四親廟，追謚文獻皇帝。　崔皇后，謚文懿。

順祖，諱珽，建隆元年追謚惠元皇帝。　桑皇后，謚惠明。

翼祖，諱敬，建隆元年追謚恭簡皇帝。　劉皇后，謚簡穆。

宣祖，諱弘殷，周龍捷左廂都指揮使〔一二〕，始遷居洛陽。建隆元年追謚武昭皇帝。　杜皇后，安喜人，謚昭憲。

太祖，名匡胤，宣祖長子，謚啓運立極英武睿文神德聖功至明大孝皇帝。　賀皇后，開封人，謚孝惠。　王皇后，新平人，謚孝明。　宋皇后，洛陽人，謚孝章。

太宗，名炅，初名光義，太祖弟，謚至仁應道神功聖德文武大明廣孝皇帝。　尹皇后，鄴人，謚淑德。　符皇后，宛丘人，謚懿德。　李皇后，上黨人，謚明德。　李皇后，真定人，謚元德。

真宗，名恒，太宗第三子，謚應符稽古神功讓德文明武定章聖元孝皇帝〔一三〕。　潘皇后，大名人，謚章懷。　郭皇后，太原人，謚章穆。　劉皇后，華陽人，謚章獻明肅。　李宸妃，杭州人，謚章懿。　楊淑妃，郫人，謚章惠。　沈貴妃，倫之孫，謚昭靜。

舊制皇后二謚，惟劉后以稱制加爲四謚。

初，真宗謚號稱文。翰林學士錢惟演曰：『真宗幸澶淵禦契丹，盟而服之，宜兼謚武。』下有司議，乃加謚武定。又初真宗后妃謚皆用莊字，禮官呂公綽言：『孝字連太祖謚，德字連太宗謚，婦人從夫之謚。真宗謚章聖，而曰莊，非禮也。』遂改莊爲章，以連真宗謚云。《路史》曰：國朝四祖暨太祖、太宗六后，俱同廟謚，獨章聖三后，曰節、曰惠、曰莊。呂公綽以爲非，謂：『古者婦人無謚，漢、晉以來，后謚多因子帝。今與謚典不合，乞追正前失。』從之。此非也。魯惠繼室號聲子，聲子謚也。豈惟後世哉？

仁宗，名禎，真宗子，謚體天法道極功全德神武聖文睿哲明孝皇帝。曹皇后，彬之孫女，謚慈聖光獻。張貴妃，永安人，謚温成。苗貴妃，開封人，謚昭節。周貴妃，開封人，謚昭淑。

初，帝崩，翰林學士王珪議曰：『謹按《曾子問》曰：「賤不誄貴，幼不誄長，禮也。惟天子稱天以誄之。」《春秋公羊》説：「讀誄制謚于南郊，若云受之于天然。」乾興元年夏，既定真宗皇帝謚，其秋始告天于圜丘。史臣以爲，天子之謚，當集中書、門下、御史臺五品以上，尚書省四品以上，諸司三品以上，于南郊告天議定，然後連奏以聞。近制，惟詞臣撰議，即降詔，庶僚不得參聞，頗違稱天之議。臣今議上先帝尊謚，欲望明詔有司，詳稽舊典，先之郊，而後下臣之議，庶先帝之茂德休烈，有以信萬世之傳。』

英宗，名曙，初名宗實，本濮安懿王允讓之子，仁宗立以爲後，謚體乾應曆隆功盛德憲文肅武睿聖宣孝皇帝〔一四〕。高皇后，濠州蒙城人，瓊之女孫，謚宣仁聖烈。

時禮部侍郎范祖禹請易聖烈曰聖獻，不從。

神宗，名頊，英宗子，謚紹天法古運德建功英文烈武欽仁聖孝皇帝。　向皇后，敏中孫女，河内人，謚欽聖憲肅。　朱皇后，開封人，謚欽成。　陳皇后，開封人，謚欽慈。　武賢妃，不知何所人，謚惠穆。

哲宗，名煦，神宗子，謚體元繼道顯德定功欽文睿武齊聖昭孝皇帝。　孟皇后，洛州人〔一五〕，謚昭慈聖獻。　劉皇后，以御侍進，不知何所人，謚昭懷。

孟后始謚昭慈獻烈，以翰林學士綦崈禮言〔一六〕，改謚昭慈聖獻。

徽宗，名佶，神宗第十一子，謚體仁合道駿烈遜功聖文神德憲慈顯孝皇帝。　王皇后，開封人，始謚靜和，紹興中改謚恭顯〔一七〕。　鄭皇后，開封人，崩於五國城，紹興七年始聞其喪，追謚顯肅。　王貴妃，不知何所人，謚肅懿。　韋賢妃，開封人，高宗母，後尊爲太后，謚顯仁。　劉貴妃，不知何所人，謚明達。

貴妃薨，徽宗甚悲惋，特加四字謚曰明達懿文。　後贈爲皇后，止謚明達。

劉貴妃，本酒保家女，謚明節。

貴妃尤徽宗所寵，特謚明節懿文。　後用明達例贈爲皇后，止謚明節。

欽宗，名桓，徽宗子，謚恭文順德仁孝皇帝。　朱皇后，開封人。　后北遷，不知崩問。　慶元三年，上尊號，謚仁懷，祔于太廟。

諸帝謚，惟太祖初謚十六字。　太宗、真宗皆止六字，慶曆七年加十六字。　仁宗至哲宗亦止六字，崇寧四年加十六字。　徽宗謚，乃其生時尊號，因而謚之。　欽宗謚則止仍六字，無加也。

高宗，名構，徽宗第九子，謚受命中興全功至德聖神武文昭仁憲孝皇帝。　邢皇后，開封人，崩于沙漠，始謚懿節，淳熙末改謚憲節。　吴皇后，開封人，謚憲聖慈烈。

孝宗，名昚，初名瑗，太祖之裔，高宗立爲後，受内禪即位，謚紹統同道冠德昭功哲文神武明聖仁孝皇帝。　郭皇后，開封人，初謚恭懷，尋改安穆，又改成穆。　夏皇后，袁州人，初謚恭安，寧宗時改謚成恭。　謝皇后，丹陽人，謚成肅。

高宗初謚聖神武文憲孝，紹熙二年加十六字。孝宗初謚哲文神武成孝，慶元三年加十六字。孝宗之謚孝，從詹體仁議也。

光宗，名惇，孝宗第三子，謚循道憲仁明功茂德温文順武聖哲慈孝皇帝。　李皇后，安陽人，謚慈懿。

初，帝謚憲仁聖哲慈孝，嘉泰三年加十六字。

寧宗，名擴，光宗第二子，謚法天備道純德茂功仁文哲武聖睿恭孝皇帝。　韓皇后，相州人，琦之曾孫女，謚恭淑。　楊皇后，或云會稽人，謚恭聖仁烈。

初，帝謚仁文哲武恭孝，寶慶三年加十六字。

理宗，名昀〔一八〕，初名貴誠，太祖之裔，沂靖惠王繼子，史彌遠立爲寧宗後，謚建道備德大功復興烈文仁武聖明安孝皇帝〔一九〕。　謝皇后，天台人，深甫孫女，崩于北地，無謚。

度宗，名禥〔二〇〕，福王與芮之子，理宗姪。　理宗無子，立爲後，在位十年崩，謚端文明武景孝皇帝。全皇后，會稽人，崩于北地，無謚。

恭帝，名㬎，度宗次子，降于元，封瀛國公。益王立于閩，遥上尊號曰孝恭懿聖皇帝，故稱恭帝。后全氏，爲尼于元，無謚。

端宗，名昰，度宗長子，母楊淑妃。恭帝立，封爲吉王。元俘恭帝以去，陸秀夫、蘇劉義等立帝于福州，建元景炎，二年而崩，時年十歲，謚裕文昭武愍孝皇帝。

帝昺，度宗少子，母俞修容。始封信王，又封衛王。端宗崩，群臣立帝于廣州，建元祥興，二年溺于海死，國亡，無謚。

太子祐，真宗子，明道二年追謚悼獻。

太子旉，高宗子，謚元懿。

太子愭，孝宗子，謚莊文。

太子詢，藝祖十一世孫，德昭之後，寧宗立爲太子，謚景獻。

## 宋宗室謚

涪陵縣公，累贈太師、尚書令、魏王廷美，太祖弟，雍熙中謚悼。

廷美長子、衛州防禦使、樂平郡公，累贈護國軍節度、兼侍中、追封高密郡王德恭，明道中謚慈惠。

廷美第三子、保信軍節度觀察留後、贈信安軍節度招討使〔二一〕、追封信都郡王德彝，祥符中謚安簡。

廷美第四子、天平軍觀察留後、咸寧郡公、贈宣德軍節度、同中書門下平章事、追封廣陵郡王德雍，謚康簡。

追封王爵在明道中，賜謚在其前。

廷美第五子、侍中、東平郡王、贈太尉、中書令、申王德文，仁宗時謚恭裕。

廷美孫、保康軍留後、徐國公、贈彰化軍節度使、安定郡王承簡，英宗時謚和懿。

廷美孫、秦國公、贈樂平郡王承亮，熙寧中謚恭靖。

德恭孫、定武軍節度使、贈開府儀同三司、建國公克繼，元祐中謚章靖。

德恭曾孫、唐州防禦使、贈崇信軍節度使、尹國公叔充，仁宗時謚孝齊。

廷美五世孫、贈朝散郎、直秘閣訓之，謚忠果。

檢校太尉、贈中書令、追封燕王德昭，太祖子，太平興國三年謚懿。

德昭子、建寧軍節度使、贈侍中、追封同安郡王惟正，天聖中謚僖靖。

德昭子、感德軍節度使、贈中書令、追封南陽郡侯惟吉，大中祥符三年謚康孝。

德昭孫、同知大宗正寺、贈鎮江軍節度使、追封丹陽郡王守節，謚僖穆。

德昭孫、雄州防禦使、贈保寧軍節度使、楚國公從信，謚安僖。

德昭曾孫、保信軍留後、會稽郡王、贈安化軍節度使、開府儀同三司、號王世清，元豐中謚恭安〔一二二〕。

德昭曾孫、奉國軍留後、贈開府儀同三司、追封信王世開，神宗時謚獻敏〔一二三〕。

德昭曾孫、知大宗正事、贈太尉、追封淄王世雄，崇寧四年謚恭憲。

德昭曾孫、鎮南軍留後、贈昭信軍節度使、南康郡王世永，熙寧元年謚修孝。

德昭玄孫、贈徽猷閣待制令㞕，爲金人所獲，罵而死，高宗時謚愍忠。

德昭八世孫、少傅、贈太師、追封奉化郡王與懽，謚清敏。

從信孫、保平軍節度使、贈少師、追封惠王令廣，紹興中謚襄靖。

令廣玄孫、贈資政殿大學士、越國公希言，嘉定十七年謚忠憲。

檢校太尉、贈太師、秦王德芳，太祖子，太平興國六年謚康惠。

德芳孫、保康軍節度使、贈同中書門下平章事、榮王從式，神宗時謚安僖。

德芳孫、延州觀察使、贈保靜軍節度使、同中書門下平章事、楚國公從古，仁宗時謚惠恪。

從式子、楚州防禦使、贈奉國軍節度使〔一二四〕、楚國公世恩，哲宗時謚良僖。

德芳六世孫、左朝奉大夫、加贈太師、中書令、秀王子偁〔一二五〕，高宗時謚安僖。

德芳生惟憲，惟憲生從郁，從郁生世將，世將生令懀，令懀生子偁，子偁生孝宗。

子偁子、崇信軍節度使、追封崇王伯圭，高宗時謚憲靖。

伯圭子、檢校太保、開府儀同三司、充萬壽觀使、崇王、追封澧王師揆〔一二六〕，嘉定七年謚恭惠。

伯圭子、保康軍節度使、開府儀同三司、崇王、贈太傅、和王師禹，嘉定十七年謚端肅。

提舉洞霄宫，贈少師趙與篙，太祖十世孫，自青田徙居慈谿，謚忠憲。

天策上將軍、江陵牧、贈河中鳳翔牧、追封齊王元佐，太宗長子，仁宗時謚恭憲。

元佐子，安國軍節度使、贈太尉、平陽郡王允升，景祐二年謚懿恭。

允升子，大宗正、開府儀同三司、華陰郡王、贈太尉、滕王宗旦，元豐中謚恭孝。

允升子，明州觀察使，贈保寧軍節度使、東陽郡王宗悌，謚孝憲。

元佐七世孫，資政殿學士、太中大夫、贈太師、福王汝愚，徙居餘干，理宗時追謚忠定。

開封尹，兼侍中、許王、贈皇太子元僖，太宗第二子，淳化三年謚恭孝，乾興初改謚昭成。

元僖嗣子，代州防禦使、燕國公，贈靖難軍節度使、新平郡王宗保，本允升弟允成之子，謚恭靖。

宗保子，忠州團練使仲恕，謚純熙。

東京留守，贈太師、尚書令、商王元份，太宗第四子，真宗時謚恭靖。

元份子，定武軍節度使，贈太尉、信安王允寧，景祐中謚僖簡。

允寧子，集慶軍節度使、豫章王、贈太尉、韓王宗諤，元豐中謚榮恭，僕射王珪駁之，謚榮孝。

元份子，汝南郡王，追封濮王允讓，嘉祐中謚安懿。

允讓子，彰德軍節度使，同平章事，兼侍中、濮陽郡王、贈太師、中書令、定王宗樸，神宗時謚僖穆。

允讓子，嗣濮王、昭化軍節度使、同中書門下平章事、贈太師、中書令、廣陵郡王宗誼，謚莊孝。

允讓子、嗣濮王、鎮南節度使、檢校司徒、贈太師、懷王宗暉，紹聖中謚榮穆。

允讓子、武安軍節度使、判大宗正事、檢校司徒、嗣濮王、贈太師、昌王宗晟，紹聖中謚端孝。

宗晟子、檢校少傅、泰寧軍節度使、嗣濮王、贈太傅、鄆王仲御，宣和四年謚康孝。

允讓子、鎮安節度使、開府儀同三司、檢校司徒、嗣濮王、贈太師、襄王宗愈，紹聖中謚恭憲。

允讓子、嗣濮王、河陽三城節度使、檢校司徒、贈太師、榮王宗綽，紹聖三年謚孝靖。

允讓子、檢校司徒、武昌節度使、嗣濮王、贈太師、惠王宗楚，紹聖四年謚僖節。

允讓子、清海軍節度使、開府儀同三司、封乘城郡王、檢校司徒、嗣濮王、贈太師、欽王宗祐，元符元年謚穆恪。

允讓子、寧江保平泰寧節度使〔二七〕、開府儀同三司、檢校司空、嗣濮王、判大宗正事、檢校司徒、太保、太尉、贈太師、景王宗漢，大觀三年謚孝簡。

宗漢子、濟州防禦使、檢校少保、向德軍節度使、嗣濮王、追封瓊王仲儡，紹興九年謚恭惠。

允讓孫、常州防禦使、贈武康軍節度使、洋國公仲鸞，謚良。

允讓孫、彰德軍節度使、開府儀同三司、嗣濮王、贈少師、簡王仲增，政和五年謚穆孝。

允讓孫、知大宗正事、嗣濮王、開府儀同三司、檢校少傅、儀王仲湜，紹興中謚恭孝。

允讓曾孫、崇慶軍節度使、嗣濮王、追封思王士㒟，紹興中謚温恭。

允讓曾孫、知宗正事、贈少師、和義郡王士晤，淳熙中謚忠靖。

允讓曾孫、贈保寧軍節度使士跋，紹興末謚忠果。

靖康末，金人驅宗室北行，士跋得間道遁去，居邢州，結土豪，將舉義，金人覺而殺之。事聞，故加贈謚。

檢校太尉、兼中書令、徐州大都督、武寧等軍節度使、贈太尉、尚書令、越王元傑，太宗第五子，咸平六年謚文惠。

元傑曾孫、陳州觀察使、陳國公仲郜，謚良僖。

太尉、兼尚書令、贈太師、尚書令、鎮王元偓〔二八〕，太宗第六子，天禧二年謚恭懿。

元偓子、太保、鳳翔軍節度使、贈太師、尚書令、相王允弼，熙寧二年謚孝定。

允弼子、韓國公、贈南康郡王宗績，謚良孝。

允弼子、彰德軍節度使、濟陰郡王、贈太師、循王宗景，紹聖中謚思。

太保、贈太尉、尚書令、楚王元偁，太宗第七子，真宗時謚恭惠。

太師、荆淮節度大使、贈天策上將軍、徐兖二州牧、周王元儼，太宗第八子，慶曆中謚恭肅。

元儼子、同中書門下平章事、太保、尚書令、贈定王允良，徽宗時謚榮易。

允良好酣寢，以日爲夜，一宫之人，皆晝卧夕興。有司以其反易晦明，故謚榮易。

淮南荆南節度使、贈尚書令、兼中書令、揚荆冀三州牧、吴王顥，英宗子，謚榮。

太尉、贈太師、尚書令、荆徐二州牧、益王頵，英宗子，謚端獻。

唐王俊，神宗第三子，謚哀獻。

豫王价，神宗第七子，謚悼惠。

徐王僩，神宗第八子，謚冲惠。

太師、京兆真定尹、荆揚太原興元牧、贈侍中、吴王佖，神宗第九子，謚榮穆。

荆南武寧節度使、贈太師、尚書令、兼中書令、冀州牧、楚王似，神宗第十三子，謚榮憲。

越王茂，哲宗子，三月而夭，初謚冲獻，崇寧元年改謚獻愍。

永興成德軍節度使、揚州牧、贈淮南武寧軍節度使、揚州牧、兼徐州牧、魏王愷，孝宗子，謚惠獻。

愷子、昭慶軍節度使、贈太保沂王抦〔二九〕，謚靖惠。

抦嗣子、贈少師、保靜鎮潼軍節度使、鎮王竑，本宗室希瞿子，爲彌遠所誣，以非命死，德祐中追謚昭肅。

華王怛，寧宗子，早薨，謚冲穆。

申王憴，寧宗子，早薨，謚冲懿。

順王忻，寧宗子，早薨，謚冲懷。

肅王恂，寧宗子，早薨，謚冲昭。

## 宋公主謚

秦國大長公主，太祖妹，初適米福德，再適高懷德，開寶中謚恭穆。政和四年，改封大長帝姬，謚恭懿。

荆國大長公主，太祖妹，未笄而夭。政和中，改封大長帝姬，謚恭獻。

魏國大長公主，太祖女，適王承衍，大中祥符元年謚賢肅。

魯國大長公主，太祖女，適石保吉，大中祥符二年謚賢靖。

陳國大長公主，太祖女，適魏咸信，咸平二年謚貞惠，後改謚恭惠。

魏國大長公主，太宗女，適吴元扆，淳化元年謚英惠。

揚國大長公主，太宗女，適柴宗慶，明道二年謚和靖。

雍國大長公主，太宗女，適王貽永，景德元年謚懿順。

衛國大長公主，太宗女，號報慈正覺大師，不適人，天聖二年謚慈明。

荆國大長公主，太宗女，適李遵勗，皇祐三年謚獻穆。

昇國大長公主，真宗女，號清虚靈昭大師，不適人，慶曆七年謚昭懷。

周陳國大長公主，仁宗女，適李瑋，熙寧三年謚莊孝，後改莊孝明懿。

秦魯國大長公主，仁宗女，適錢景臻，紹興中謚賢穆，加謚明懿。

兖國大長公主，仁宗女，適曹詩，元豐六年謚賢懿，徽宗改賢懿恭穆。

燕舒國大長公主，仁宗女，適郭獻卿，政和二年謚純穆，改懿穆。

魏楚國大長公主，英宗女，適王師約，元豐八年謚惠和。

魏國大長公主，英宗女，適王詵，元豐三年謚賢惠。

潭國長公主，神宗女，適王遇，大觀二年謚賢孝。

秦國長公主，哲宗女，適潘正夫〔三〇〕，隆興二年謚康懿。

徽宗政和三年，改公主號爲帝姬，國號易以美名。共三十四帝姬，早亡者十四人，餘皆北遷，獨恭福帝姬生纔周晬，得存耳。今並不録。

周漢國公主，理宗女，適楊鎮，謚端孝。

主病時，有九首鳥大如箕，集主家擣衣石上，遂薨，帝哭之甚哀，謚端孝。

【校勘記】

〔一〕梁時謚忠壯　『忠壯』，《新五代史》卷三九《羅紹威傳》、《唐會要》卷八〇《謚法下》作『貞壯』，《五代會要》卷一二《謚》又作『正懿』。

〔二〕貞明中謚忠毅　『明』原作『元』，據《舊五代史》卷二二《王檀傳》、《新五代史》卷二三《王檀傳》改。

〔三〕次妃曹氏　『妃』原作『妣』，據《續通考》卷一四四、《新五代史》卷一三《唐家人傳》改。

〔四〕莊宗即位尊爲皇太后　『太』字原脱，據《續通考》卷一四四、《新五代史》卷一三《唐家人傳》補。

〔五〕後唐宗室謚　『後』上原衍『俱天』二字，據本書體例及《續通考》卷一四四删。

〔六〕鄭仁誨　『誨』原作『海』，據《舊五代史》卷一二三《鄭仁誨傳》、《新五代史》卷三一《鄭仁誨傳》改。

〔七〕養子李昪昪元年僭號　『昪』原作『昇』，據《舊五代史》卷一三四《李昪傳》、《新五代史》卷六二《南唐世家》改。按，此人即南唐烈祖，名昪，本書皆誤作『昇』，今一併改正，不復一一出校。

〔八〕洪州節度使宋齊丘　『洪』原作『宏』，據《馬氏南唐書》卷二〇《宋齊丘傳》、《陸氏南唐書》卷四《宋齊丘傳》改。

〔九〕威武軍節度使　『威武軍』原作『武威軍』，據《舊五代史》卷一三四《王審知傳》、《新五代史》卷六八《閩世家》乙。

〔一〇〕周顯德元年　『顯德』原作『乾德』，據《舊五代史》卷一一三《周太祖紀四》、《新五代史》卷六九《南平世家》改。

〔一一〕僖祖　原作『熙祖』，據《宋史》卷一《太祖紀一》、卷一〇六《禮志九》改。

〔一二〕周龍捷左廂都指揮使　『捷』原作『揵』，據《續通考》卷一四四、《宋會要》帝系一之二、《舊五代史》卷一一四《周書五·世宗紀一》顯德元年三月庚子條改。

〔一三〕真宗應符稽古神功讓德文明武定章圣元孝皇帝　此處所稱乃慶曆七年最後加上之謚，『應符』、『神功』，蓋沿舊本《宋史》卷六《真宗紀》之誤。據《宋史》卷一〇八《禮志十一》、《續資治通鑑長編》卷一六慶曆七年八月丙辰條、《東都事略》卷四、《皇宋十朝綱要》卷三、《宋大詔令集》卷一四《真宗增謚奏》、《宋會要》禮五八之二九至三三載，『應符』應作『膺符』，『神功』應作『成功』。

〔一四〕謚體乾應曆隆功盛德憲文肅武睿聖宣孝皇帝　此處所載乃元豐六年最后加上謚號。『應曆』、『睿聖』當沿舊本《宋史》卷一三《英宗紀》之誤。據《宋史》卷一〇八《禮志十一》、《長編》三三六元豐六年閏六月庚子條、《宋大詔令集》卷一四一《英宗加上徽號體乾膺曆隆功盛德憲文肅武睿神宣孝皇帝議》、《宋會要》禮五八之四〇至四二，『應曆』應作『膺曆』，『睿聖』應作『睿神』。

〔一五〕孟皇后洛州人　『洺』原作『洛』，據《宋史》卷二四三《昭慈聖獻孟皇后傳》、《東都事略》卷一四《昭慈聖獻孟皇后世家》改。

〔一六〕翰林學士綦密禮　『崈』原作『宗』，據《宋史》卷三七八《綦崈禮傳》、《繫年要録》卷六六紹興三年六月甲辰條改。

〔一七〕紹興中改謚恭顯　『恭顯』，當沿舊本《宋史》卷二三《欽宗紀》之誤。據《宋史》卷二八《高宗紀五》紹興七年六月辛卯條、卷一二三《禮志二十六》、卷二四三《顯恭王皇后傳》、《宋會要》后妃一之五、《皇宋十朝綱要》卷一五，『恭顯』應作『顯恭』。

〔一八〕理宗名昀　『昀』原作『昫』，據《宋史》卷四一《理宗紀一》改。

〔一九〕謚建道備德大功復興烈文仁武聖明安孝皇帝　『備德』原作『脩德』，『聖明』原作『明聖』，據《宋史》卷四一《理宗紀一》、卷四五《理宗紀五》、卷四六《度宗紀》、卷一〇八《禮志十一》改、乙。

〔二〇〕度宗名禥　『禥』原作『叡』，據《宋史》卷四三《理宗紀三》、卷四六《度宗紀》改。

〔二一〕贈信安軍節度招討使　『信安軍』誤。《宋史》卷二四四《趙德彝傳》作『昭信軍』，亦誤。當從《續資治通鑑長編》卷八四大中祥符八年四月戊辰條及《宋會要》帝系一之二五、一之五三、三之一、三之一六所載作『昭德軍』是。

〔二二〕元豐中謚恭安　『豐』原作『封』，據《續通考》卷一四四、《宋史》卷二四四《世清傳》改。

〔二三〕神宗時謚獻敏　據《續資治通鑑長編》卷四九七元符元年四月庚辰條、《宋會要》禮四一之二〇、四一之四一、四四之一七，世開卒於哲宗元符元年四月，賜謚亦應在哲宗時。此作『神宗時』，蓋因《宋史》卷二四四本傳未明言其卒年及賜謚年月，致作者據上下文而誤判。

〔二四〕贈奉國軍節度使　『奉』原作『固』，據《宋史》卷二四四《世恩傳》、《宋會要》帝系三之二三、《禮》五八之一〇六改。按宋代無固國軍節鎮名。

〔二五〕秀王子偁　『子』字原無，據《宋史》卷三三《孝宗紀一》、卷二四四《秀王子偁傳》補。下文同補。

〔二六〕追封澧王師揆　『澧』原作『灃』，據《宋史》卷二四四《師揆傳》、《宋會要》禮五八之八四、《文獻通考》卷二七七《封建考十八》改。

〔二七〕寧江保平泰寧節度使　『寧江』原作『江寧』，據《宋史》卷二四五《宗漢傳》、《續資治通鑑長編》卷五二〇元符三年正月戊子條乙。

〔二八〕贈太師尚書令鎮王元偓　『令』字原脱，據《宋史》卷二四五《鎮王元偓傳》、《東都事略》卷一五《鎮王元偓傳》、《宋會要》帝系三三之一一補。

〔二九〕沂王㮙　『㮙』原作『柄』，據《宋史》卷二四六《魏惠憲王愷傳》、《朝野雜記》甲集卷一《孝宗諸孫》、《文獻通考》卷二七七《封建考十八》改。下文同改。

〔三〇〕潘正夫　『正』原作『王』，據《續通考》卷一四四、《宋史》卷二四八《秦國康懿長公主傳》、《文獻通考》卷二五八《帝系考九》改。

# 卷之十一

雲間王　圻　編輯
巴郡趙可懷　校正
平湖孫成泰　郢中朱一龍
龍江王應麟　西陵吴　化　參閱

## 宋諸臣謚上

鳳翔節度使、西面緣邊都部署、贈太傅、岐王王景，萊州掖縣人，太祖建隆四年謚元靖。

檢校侍衛步軍司事、贈太師、中書令杜審瓊，安喜人，昭憲太后兄，乾德中謚恭僖。

右驍衛上將軍、贈太傅杜審肇，審瓊弟，開寶中謚温肅。

静江軍節度使、開府儀同三司、贈中書令杜審進，審肇弟，端拱中謚恭惠。

太子太師、祁國公、贈侍中王溥，并州祁人，太宗太平興國中謚文獻。

仁宗時，議改文忠。楊揆曰：『溥於周亡，不能死，安得忠？』乃改謚文康。

尚書令、右僕射、檢校太師、兼侍中、景靈宫使〔一〕、贈太師、中書令王貽永，溥之孫，至和中謚康靖。

周蕭國公、宋魯國公范質，大名人，臨終，戒其子旻勿請謚，故無謚。

范質身事二姓，其戒勿請謚者，慮謚之弗善耳。陳橋時何不及也？信死生之際難言哉！

鎮陳州、守中書令、贈尚書令、追封武威郡王石守信，浚儀人，太平興國中謚武烈。

檢校太師、贈中書令石保吉，守信子，大中祥符中謚莊武。

武勝軍節度使、贈中書令、追封渤海郡王高懷德，真定人，太平興國中謚武穆。

尚書右僕射、贈侍中石熙載，洛陽人，太平興國九年謚元懿。

少師、贈太子太傅石中立，熙載子，景祐中謚文定。

司空、贈太尉、中書令薛居正，浚儀人，太平興國中謚文惠。

檢校太師、都部署、判并州、同平章事、贈中書令、韓國公潘美，大名人，太宗雍熙中謚武惠。

寧武軍節度、同平章事、岐國公、贈中書令陳洪進，仙游人，雍熙中謚忠順。

左僕射、贈侍中沈倫，太康人，雍熙四年謚恭惠。　倫子繼宗上言：『伏見故相薛居正謚文惠，王溥謚文獻，臣父嘗歷集賢、脩史之職，伏請改謚曰文。』太常趙昂等駁曰：『沈倫逮事兩朝，有祇畏謹守之美，有矜恤周濟之心。　按謚法，不懈于位，與夫謹事奉上、執政堅固、執禮御賓、率事以信、接下不驕、能遠恥辱、賢而不伐、尊賢貴讓、愛民長悌、不懈爲德、既過能改，數者皆謂之恭；　慈民好與，與夫柔質慈民、愛民好柔、寬裕不苛、和質受諫，數者皆謂之惠。　由漢以來，皆爲美謚。　如唐温彥博之出納明允，止謚曰恭；　竇易直之公舉無避，乃謚曰恭惠。　而沈倫徒能謹飭，以自保全，以恭配惠，厥美居多。昔張説之謚文正，楊綰之謚文簡，人不謂然。蓋行義有所未充，雖蒙特賜，誠非至公。若夫大臣子孫，許其爲父陳情，則曲臺考功之司爲虚器，而彰善癉惡之義微矣。薛居正、王溥皆奮跡辭場，歷典誥命，以文爲謚，允合國章。沈倫謚伏望如故。」從之。

知霸州、贈侍中、邢國公宋偓，洛陽人，太宗端拱中謚莊惠。

判右金吾衛仗、兼六軍司事、贈太尉李崇矩，上黨人，端拱中謚元靖。

鎮國軍節度使、知許州、贈中書令李遵勗，崇矩孫，仁宗時謚和文。

寧遠軍節度使、知澶州、贈感德軍節度使李端懿，遵勗子，神宗時謚良定。

蔡州觀察使、贈昭德軍節度使李端愨，遵勗子，元祐中謚恭敏。

開府儀同三司、贈中書令李繼隆，明德太后兄，上黨人，真宗時謚忠武。

昭德軍節度使、贈中書令李昭亮，繼隆子，謚良僖。

左驍衛上將軍張美，清河人，太宗淳化初謚恭惠。

邠王錢惟濬，俶子，淳化中謚安僖。

侍中錢惟演，俶子，慶曆中謚文僖。

太常張瓌謂：「謚法，敏而好學曰文，貪而敗官曰墨，請謚文墨。」其家訴於朝，詔章得象等覆議，以惟演無貪黷狀，而晚節率職自新，有惶懼自憐之意，謚法追悔前過曰思，宜改謚思。慶曆間，二太后始升祔真宗廟室，子曖復訴前議，乃改謚文僖。

保静軍留後、贈平江節度使錢惟濟，俶子，仁宗時謚宣惠。
翰林院學士、知永興軍、贈禮部尚書錢明逸，惟演從子，熙寧四年謚脩懿。
龍圖閣學士、正奉大夫、贈金紫光禄大夫錢即，俶孫，徙家宜興，徽宗時謚忠定。
右僕射、贈司空宋琪，幽州薊人，太宗至道二年謚惠安。
特進、司空、贈司徒李昉，深州饒陽人，至道二年謚文正。
尚書右丞、贈禮部尚書李昭述，昉孫，仁宗時謚恪。
周滁州軍事判官、宋太師、魏國公、贈尚書令、韓王趙普，幽州薊人，太宗時謚忠獻。
樞密使、贈中書令、周王曹彬，靈壽人，仁宗后祖父，真宗咸平中謚武惠。
河陽節度使、同平章事、贈中書令曹璨，彬長子，真宗天禧中謚武懿〔二〕。
彰武軍節度使、贈侍中曹瑋，彬第三子，天僖中謚武穆〔三〕。
吴王曹玘，彬第五子，仁宗后父，謚安僖。
馬軍副都指揮使、贈安化軍節度使、兼侍中曹琮，彬第七子，仁宗時謚忠恪。
滎州刺史曹傳，玘子，仁宗后兄，謚恭懷。
安德軍節度使、醴泉觀使、贈開府儀同三司曹誘，佾子〔四〕，仁宗皇后姪，大觀中謚忠定。
右千牛衛上將軍、贈太尉曹翰，大名人，咸平元年謚武毅。
河中尹、護國軍節度使、檢校太尉、贈中書令王承衍，洛陽人，咸平中謚恭肅。
右僕射、贈侍中魏仁溥，汲人，景德中以子咸信請，謚宣懿。

司空、贈司徒張齊賢，曹州人，徙洛陽，真宗時謚文定。

禮部尚書、贈左僕射郭贄，開封人，謚文懿。

判昭文館大學士、贈左僕射温仲舒，河南人，真宗時謚恭肅。

禮部尚書、贈右僕射王化基，真定人，真宗時謚惠獻。

太子少傅、贈太子太保王舉正，化基子，仁宗時謚安簡。

户部侍郎、贈吏部尚書趙昌言，汾州人，真宗時謚景肅。

知樞密院事、贈侍中周瑩，景城人，真宗時謚忠穆。一云謚元惠。

特進、檢校太師、贈太尉、侍中王繼英，祥符人，真宗時謚恭懿。

知天雄軍、贈中書令王顯，開封人，真宗時謚忠肅。

知河陽軍、贈太尉王昭遠，阜城人，咸平中謚惠和。

彰德軍留後、知貝州、兼部署、贈侍中馬知節，幽州薊人，真宗時謚正惠。

建雄軍節度使、知青州、贈尚書令、魯國公王超，趙州人，真宗時謚武康。

樞密使、冀國公、贈太尉、中書令王德用，超子，仁宗時謚武恭。

吏部尚書、贈左僕射宋白，大名人，初謚文憲，真宗言其素無檢，改謚文安。

右僕射、贈侍中陳堯叟，閬中人，天禧初謚文忠。

太子太師、贈司空、兼侍中陳堯佐，堯叟弟，仁宗時謚文惠。

武信軍節度使、知天雄軍、贈太尉陳堯咨，堯佐弟，仁宗時謚康肅。

禮部侍郎、贈兵部尚書魯宗道，亳州譙人，真宗時謚肅簡。

初，太常議宗道謚剛簡，後改肅簡。議者以爲，肅不若剛得其實云。

樞密副使、贈刑部尚書宋湜，長安人，真宗時謚忠定。

左屯衛上將軍、檢校太尉、贈侍中王嗣宗，汾州人，真宗時謚景莊。

參知政事、贈吏部尚書趙安仁，洛陽人，真宗時謚文定。

兵部侍郎、贈右僕射陳彭年，南城人，真宗時謚文僖。

翰林學士楊億，浦城人，真宗時謚文。

工部尚書、知陳州、贈右僕射張詠，鄄城人，真宗時謚忠定。

永興軍節度使、兼中書令、贈太師、尚書令劉通，并州人，真宗后父，天禧中謚武懿。

恩州兵馬都總管、贈保寧軍節度使、榮國公劉從德，真宗后兄〔五〕，真宗時謚康懷。

真定府路馬步軍副都總管、贈昭慶軍節度使劉從廣，真宗后弟〔六〕，仁宗時謚良惠。

邕州觀察使、步軍副都指揮使、贈崇信軍節度使劉永年〔七〕，從德子，英宗時謚莊恪〔八〕。

太子太師、贈中書令、許國公呂蒙正，河南壽州人，真宗時謚文穆。

太尉、贈太師、中書令、許國公呂夷簡，蒙正姪，仁宗時謚文靖。

司空、同平章軍國事、贈太師、申國公呂公著，夷簡子，元祐中謚正獻。

觀文殿學士、西太乙宮使、贈太尉呂公弼，夷簡子，神宗時謚惠穆。

太常寺丞呂祖儉，夷簡五世孫，徙家金華，寧宗時謚忠。

中書舍人、兼侍講、權直學士院、提舉太平觀呂本中，公著曾孫，紹興中謚文靖。
殿前都指揮使、贈侍中許均，開封人，真宗時謚榮毅。
太子太保、贈司空呂端，幽州人，真宗時謚正惠。
吏部尚書、平章事、贈太傅、中書令畢士安，代州人，真宗時謚文簡。
檢校太傅、領山南東道、贈中書令吴元扆，太原人，尚太宗女，真宗大中祥符四年謚忠惠。
門下侍郎、尚書右僕射、平章事、贈太尉、中書令李沆，肥鄉人，景德中謚文靖。
司空、太尉、兼侍中、贈太師、尚書令、魏國公王旦，莘縣人，真宗時謚文正。
工部尚書王素，旦子，熙寧中謚懿敏。
端明殿學士、簽書樞密院事、贈通議大夫王倫，旦從玄孫，金人欲污以僞命，不屈而死，淳熙中追謚愍節。
左僕射、昭文館大學士、贈太尉、中書令、燕王向敏中，開封人，真宗時謚文簡。
密州觀察使、贈昭德節度使向傳範，敏中子，神宗時謚惠節。
定國軍留後、贈侍中、追封吴王向經，敏中孫，神宗后父，神宗時謚康懿。
太子少保、贈檢校少師向宗回，經子，徽宗時謚榮縱。
尚書左僕射、兼中書侍郎、同平章事、司空、冀國公、贈太師、中書令王欽若，新喻人，仁宗時謚文穆。
武寧軍節度使、鄭國公、贈太師、中書令夏竦，德安人，仁宗時謚文莊。　始，竦謚文正。　知太常禮院司馬光上奏曰：『臣聞《大戴禮》曰：「謚者，行之迹也。行出於己，名生于人，所以勸善沮惡，不可私也。」謹按令文，諸謚王公及執事官三品以上，皆録行狀，申省議定奏聞，所以重名實，示至公也。陛下聖德涵容，如天如地，哀憫舊臣，恩厚無已。知竦平生不協衆望，不欲委之有司，槩以公議，且將掩護其短，推見所長。故定謚于中，而後宣示於外。臣等謂猶宜擇中流之謚，使與行實粗相應者，亦非羣臣所敢議也。今乃謚以文正，二者謚之至美，無以復加，雖以周公之才，不可兼取，况如竦者，豈所克當？所謂名與實爽，謚與行違，傳之永久，何以爲法？』光又上奏略曰：『臣等切跡謚法本意，所謂道德博聞曰文者，非聞見博雅之謂也，蓋以所行所學不離于道德也；靖共其位曰正者，非柔懦苟媮之謂也，蓋詩云「靖共爾位，正直是與」也。今竦奢侈無度，聚斂無厭，内則不能制義于閨門，外則不能立效于邊鄙，言不副行，貌不應心，語其道德則貪淫矣，語其正直則回邪矣。此皆天下所共聞，非臣等所敢誣加也。陛下乃以「文正」謚之，臣等顓愚，不達大體，不知將以何謚待天下正人君子哉？且陛下所以念竦如此厚者，以竦嘗爲東宫臣也。向者東宫之臣，死而得謚者非一，陛下未嘗親有所定，至于竦獨不然，豈非知竦所爲不合衆心耶？陛下必以竦爲正直無疑，則何不委之有司，付之公議？然則陛下掩護其短，適所以彰之也。陛下念竦不已，則莫若厚撫其家，至於謚者，先王所以勸善沮惡，非供恩澤之具也。凡國家所以馭臣下者，不過禍福榮辱而已。爲善者生享其福，死受其榮，爲不善者生遇其禍，死蒙其辱，天下雖欲不治安，何可得也？如有不令之臣，生則盗其禄，死則盗其榮名，善者不知所勸，惡者不知所懼，臧否顛倒，不可復振，此其爲害，可勝道哉？且謚法所以信于後世者，爲其無私也。今以一臣故敗之，使蒙美謚者，後世皆疑，謚法將安所用哉？臣等所以冒犯天威，與人父子爲怨者，誠惜國家勸沮大法，不可因循虧廢也。伏惟陛下哀憐，依前所奏，改賜竦謚，天下幸甚！』乃改謚文莊。

太子少傅、贈左僕射孫奭，博平人，仁宗時謚宣。

兩浙轉運使孫瑜，奭子，謚忠。

司徒、岐國公、贈太師、兼侍中陳執中，南昌人，恕子，仁宗時謚恭。　時禮官韓維曰：『執中以公卿之子，遭世承平，因緣一言，遂至貴顯。天子以後宮之喪，問所以葬祭之禮，執中位上相，不能總率羣司，考正儀典，知治喪凰儀非嬪御之禮，追册位號于宫闈有嫌，建廟用樂踰祖宗舊制，皆白而行之，此不忠之大者。閨門之内，禮分不明，夫人正室，疏薄自绌，庶妾賤人，得逸不制，其治家無足言者。宰相不能率禮秉道，正身齊家，方杜門深居，謝絶賓客曰：「我無私也，我不黨也。」豈不陋哉？謚法，寵禄光大曰榮，不勤成名曰靈。執中出入將相，以一品就第，寵禄光大矣。得位行政，賢士大夫無述焉，不勤成名矣。請謚曰榮靈。』不聽。改謚曰恭襄，詔謚曰恭。維復兩上疏爭之，終不聽。

武勝軍節度使、檢校太尉、兼侍中、判河南府、贈太師、中書令、魏國公馮拯，河陽人，仁宗時謚文懿。

左僕射、觀文殿大學士、判尚書都省、魏國公賈昌朝，獲鹿人，英宗時謚文元。

太子太傅、贈司空、兼侍中梁適，東平人，熙寧中謚莊肅。

資政殿學士、判尚書都省、贈兵部尚書薛奎，絳州人，仁宗時謚簡肅。

同中書門下平章事、贈太保、中書令王曙，河南人，仁宗時謚文康。

户部侍郎、知潁州、贈兵部尚書蔡齊，膠水人，仁宗時謚文忠。

吏部尚書孫冲，平棘人，謚康簡。

禮部尚書、贈尚書右僕射任中正，濟陰人，仁宗時謚康懿。

太子少師、贈太子太傅任中師，中正弟，仁宗時謚安惠。

樞密副使、贈禮部尚書周起，鄒平人，仁宗時謚安惠。

鎮安軍節度使、贈中書令程琳，博野人，仁宗時謚文簡。

禮部尚書、贈太子太師范雍，河南人，仁宗時謚忠獻。

太子少傅、贈太子太保趙稹，宣城人，仁宗時謚僖質。

太子少保、贈太子太傅任布，河南人，仁宗時謚恭惠。

觀文殿學士、兼翰林院侍讀學士、尚書左丞、同群牧制置使〔九〕、判尚書都省、贈右僕射高若訥，并州榆次人，仁宗時謚文莊。

涇原路副都總管、兼招討經略安撫副使、贈鎮戎軍節度使、兼太尉葛懷敏，真定人，仁宗時謚忠隱。

武寧軍節度、兼侍中、贈太傅曹利用，趙州寧晉人，仁宗時謚襄悼。

太子太師、贈太師、兼侍中、鄧國公張耆，開封人，仁宗時謚榮僖。

簽書樞密院事、贈開府儀同三司張叔夜，耆孫，建炎中謚忠文。

守汾州、贈延康殿學士張克戩，耆曾孫，紹興中，爲金人所攻，力屈而死〔一〇〕，謚忠確。

太子太保、贈太尉楊崇勳，薊州人，仁宗時謚恭密，尋改謚恭毅。

高陽關都總管、贈太尉夏守贇，并州榆次人，仁宗時謚忠僖。

陝西副都總管、兼緣邊招討副使、贈昭信軍節度使夏隨，守贇子，仁宗時謚莊恪。

知封州曹覲，修禮子〔一一〕，與妻妹同死儂智高之難，仁宗時謚忠肅。

太尉、贈節度使王正倫，擊儂智高被害，仁宗時謚忠顯。

同中書門下平章事、判陳州、贈中書令狄青，西河人，仁宗時謚武襄。

資政殿大學士、尚書左丞、知河南府、贈吏部尚書吴育，建安人，仁宗時謚正肅。

觀文殿大學士、西太乙宫使、贈司空、兼侍中吴充，育弟，神宗朝謚正憲。

兵部尚書、參知政事、贈司徒、兼侍中宋綬，趙州平棘人，仁宗時謚宣獻。

太子少傅、贈太子太傅李若谷，徐州豐縣人，仁宗時謚康靖。

樞密副使、贈兵部尚書王疇，濟陰人，英宗時謚忠簡。

同知樞密院事、贈户部尚書王醆，趙州臨城人，仁宗時謚忠穆。

户部侍郎、知諫院事、贈右僕射李諮，新喻人，仁宗時謚憲成。

安武軍節度使、贈太尉程戡，陽翟人，英宗時謚康穆。

太子少傅、贈太子太保盛度，餘杭人，仁宗時謚文肅。

尚書左丞、贈吏部尚書丁度，祥符人，仁宗時謚文簡。

尚書左丞、贈吏部尚書張觀，絳縣人，仁宗時謚文孝。

奉國軍節度使、贈太尉鄭戩，吳縣人，仁宗時謚文肅。

參知政事明鎬，安丘人，仁宗時謚文烈。

參知政事、贈太子太保孫忭，眉山人，英宗時謚文懿。

侍講學士王洙，虞城人，仁宗時謚文。　御史吳中復言洙官不應得謚，乃革罷之。初，夏竦卒，賜謚文獻，洙當草制，封還其目曰：『臣下不當與僖祖同謚。』因言前有司謚王溥爲文獻，章得象爲文憲，字雖異而音同，皆當改。於是太常更謚竦文莊，而溥、得象皆易謚。

吏部侍郎、贈尚書左僕射王堯臣，洙兄子，仁宗時謚文安。元豐三年，子同老追訟父請立英宗功，加贈太師、中書令，改謚文忠。

鄜延路副總管劉平，開封人，與元昊戰，死于興州，仁宗時謚壯武。

殿前都指揮使、贈侍中許懷德，開封人，仁宗時謚榮毅。

户部侍郎、贈户部尚書馮元，南海人，仁宗時謚章靖。

户部侍郎、充三司使、贈禮部尚書楊察，合肥人，仁宗時謚宣懿。

御史中丞、贈禮部尚書李及，新鄭人，仁宗時謚恭惠。

太子少保、贈尚書右僕射馬亮，合肥人，仁宗時謚忠肅。

亮女爲吕夷簡妻，夷簡居相位，謚之，頗不厭衆論。

太子少傅、贈太子太保晁迥，澶州人，仁宗時謚文元。

資政殿學士、給事中、贈工部尚書晁宗慤，迥子，仁宗時謚文莊。

禮部尚書、集賢院學士、贈右僕射薛映，成都人，仁宗時謚文恭。

太子太傅、贈司空、侍中李迪，濮鄄城人，仁宗時謚文定。

金壇知縣、贈朝散大夫、直秘閣李成大，迪之從子，德祐時不屈於元而死，謚忠節。

右僕射、平章事、集賢院大學士、贈中書令、沂國公王曾，益都人，仁宗時謚文正。

工部尚書、同中書門下平章事、會靈觀使、集賢殿大學士、贈太傅、中書令張知白，滄州清池人，仁宗時謚文節。

禮官謝絳初議文節，御史王嘉言：『知白守道狥公，當官不撓，可謂正矣，請謚文正。』王曾曰：『文節美謚矣。』遂不改。

太子太師、贈司徒、兼侍中、祁國公杜衍，山陰人，仁宗時謚正獻。

兵部尚書、贈司空、兼侍中晏殊，臨川人，仁宗時謚元獻。

太子太保、贈司空、侍中、穎國公龐籍，武城人，仁宗時謚莊敏。

彰信軍節度使、同平章事、判河陽、贈中書令王隨，河南人，仁宗時謚章惠，後改謚文惠。

鎮安軍節度使、同平章事、郇國公、判河南府、守司空、贈太尉、侍中章得象，浦城人，初謚文憲，皇祐中改謚文簡。

參知政事、贈兵部尚書、楚國公范仲淹，平江人，仁宗時謚文正。

觀文殿大學士、中太乙宫使、贈開府儀同三司范純仁，仲淹子，徽宗時謚忠宣。

龍圖閣學士范純禮，仲淹子，謚恭獻。

太子少傅、贈太子太保韓億，靈壽人，仁宗時謚忠獻。

司空、檢校太尉、贈太傅、康國公韓絳，億子，元祐三年謚獻肅。

太子太保、贈司空、崇國公韓縝，億子，紹聖四年謚莊敏。

彰信軍節度使、同中書門下平章事、景靈宫使、兼侍中、贈太師、中書令、隴西郡王李用和，杭州人，章懿皇太后弟，仁宗時謚恭僖。

振武軍節度使、知鄂州、贈太尉李璋，用和子，仁宗時謚良惠。

提舉在京諸司庫務、贈武安軍節度使、兼太尉楊景宗，郫縣人，章惠皇太后從父弟，仁宗時謚章定。

石州推官、贈中書令、清河郡王張堯封，永安人，温成皇后父，仁宗時謚景思。

太子太傅、贈中書令、萊國公寇準，下邽人，仁宗時追謚忠愍。

太傅、贈太師、中書令、鄧國公張士遜，陰城人，仁宗時謚文懿。

太子少傅田況，信都人，仁宗時謚宣簡。

右屯衛上將軍、贈太尉高化，真定人，仁宗時謚恭壯。

馬軍副都指揮使、贈忠武軍節度使周美，靈州人，仁宗時謚忠毅。

工部尚書、贈刑部尚書余靖，曲江人，仁宗時謚襄靖。

禮部尚書張存，冀州人，仁宗時謚恭安。

禮部侍郎、贈禮部尚書包拯，合肥人，仁宗時謚孝肅。

資政殿學士、知青州、贈兵部尚書吴奎，北海濰州人，仁宗時謚文肅。

武勝軍節度觀察留後、侍衛親軍馬軍副都指揮使〔一二〕、贈彰武軍節度使王凱，太原人，仁宗時謚莊恪。

同中書門下平章事、武成軍節度使、判濟州、贈中書令柴宗慶，大名人，仁宗時謚榮密。

知鄭州、贈太尉郭承祐，沙陁部人，仁宗時謚密。

北面行營都部署、兼鎮定高陽關兩路排陣使、贈侍中、譙王郭守文，太原人，仁宗后父，謚忠武。

太子少師、贈太子太傅胡宿，晉陵人，英宗治平中謚文恭。

知鎮江府、贈徽猷閣直學士胡唐老，宿曾孫，建炎初，爲建康潰卒所害，謚定愍。

吏部尚書胡宗愈，宿之姪，謚修簡。

司空、贈太尉、兼侍中、莒國公宋庠，雍丘人，英宗時謚元獻。　庠初名郊。譖者以郊，交也，宋交爲不祥。仁宗令改名。

翰林學士、贈尚書宋祁，庠弟，謚景文。　祁卒，遺令勿請謚，其子從之。久而無謚，學士承旨張方平言：『祁法應得謚，何待于請。』乃謚曰景文。祁之令勿請謚者，避榮名也。然當時又有自知所行不善，必無美謚，而勿請者。集賢院王皥上奏曰：『謚者，行之表也。善行有善謚，惡行有惡謚，蓋聞謚知行，以爲勸戒。舊典，太常博士掌王公以下擬謚，皆跡其功德，爲之褒貶。

近者臣僚薨卒，雖官該擬謚，其家自知父祖别無善政，慮定謚之際，斥其謬戾，皆不請謚。竊惟謚法自周公以來，垂爲不刊之典，蓋以彰善癉惡，激濁揚清，使其身没之後，是非昭然，用爲勸懲。今若任其匿避，則爲惡者肆志而不悛。乞自今後，不必俟其請謚，兼令有司舉行，如此則隱慝無行之人，有所勸沮。若須行狀申乞，方行議謚，考諸方册，别無明證。惟衛公叔文子卒，其子戌請謚。臣謂春秋之時，禮壞樂崩，公叔之卒，有司不能明舉舊典，故至將葬，始請謚于君。且周制，太史掌小喪賜謚，小史掌卿大夫之家賜謚讀誄，以此知有司之職，自當舉行明矣。』詔下有司詳定，如暐請焉。

保靖軍節度副使、知陳州宋喬年，庠之孫，政和三年謚忠文。

正議大夫、殿中監、贈金紫光禄大夫、延康殿學士宋昇〔一三〕，喬年子，徽宗時謚恭敏。昇黨於蔡京。

太子少師、贈太子太師歐陽脩，廬陵人，神宗熙寧五年謚文忠。

李清臣以脩變士習爲古文，又勸早立皇子，兩與定策謀故也。

太子太師、贈司徒、兼侍中張昪〔一四〕，韓城人，熙寧五年謚康節。

太子少師、贈太子太師趙槩，虞城人，神宗時謚康靖。

司徒、兼侍中、永興軍節度使、贈尚書令、魏國公韓琦，安陽人，神宗時謚忠獻。

資政殿學士、知紹興府韓肖胄，琦曾孫，紹興中謚元穆。

慶遠軍節度使、太尉韓同卿，琦五世孫，寧宗后父，寧宗時謚恭靖。

刑部侍郎、金紫光禄大夫竇舜卿，安陽人，熙寧中謚康敏。

太保、贈太師、中書令、魯國公曾公亮，晉江人，元豐元年謚宣靖。

鎮江軍節度使、同平章事、判揚州、贈太保、中書令、秀國公陳升之，建陽人，神宗時謚成肅。

建雄軍節度使、贈太師、尚書令、兼中書令、康王高繼勳，蒙城人，宣仁太后祖，神宗時追謚穆武。

安德軍節度使、贈開府儀同三司高誘，宣仁后姪〔一五〕，徽宗時謚忠定。

集慶留後、贈感德軍節度使、新興郡王高公紀，宣仁后姪，哲宗時謚懷僖。

感德軍節度使、開府儀同三司、少保、贈少傅高世則，公紀子，高宗時謚忠節。

僕射、判汝州、司徒、贈太尉、韓國公富弼，河南人，神宗時謚文忠。

嘉州刺史、贈崇信軍節度使任澤，英宗母僊遊夫人弟，神宗時謚恭僖。

工部尚書、知陳州劉沆，永新人，謚文安。

知邕州、贈奉國軍節度使蘇緘，晉江人，神宗時謚忠勇。　皇朝賜謚忠壯。

緘禦交趾，無援，一門死者三十六人，神宗嗟歎。

工部尚書李兑，臨潁人，神宗時謚莊。

給事中、贈光禄大夫、吏部尚書徐禧，分寧人，相視永樂城，爲夏兵所殺，神宗時謚忠愍。

資政殿學士、判南京留司御史臺、贈工部尚書蔡挺，宋城人，元豐二年謚敏肅。

觀文殿學士、贈吏部尚書王陶，萬年人，元豐三年謚文恪。

樞密副使、知洪州、贈金紫光禄大夫王韶，德安人，元豐四年謚襄敏。

武勝軍節度觀察留後、提舉醴泉觀、贈寧遠軍節度使王厚，韶子，元符中謚莊敏。

殿前都指揮使、贈侍中郝質，介休人，元豐中謚武莊。

建武軍節度使、殿前都指揮使、贈侍中賈逵，藁城人，元豐中謚武恪。

參知政事、太子少保、贈太子少師趙抃，西安人，元豐七年謚清獻。

參知政事、贈禮部尚書唐介，江陵人，神宗時謚質肅。

資政殿學士、贈吏部尚書邵亢，丹陽人，神宗時謚安簡。

威武軍留後、贈安武軍節度使宋守約，開封人，神宗時謚勤毅。

殿前副都指揮使楊燧，開封人，神宗時謚莊敏。

太子少師、贈司徒馮京，江夏人，哲宗時謚文簡。

太子少師、加太子太保、贈司空張方平，宋城人，哲宗元祐中謚文定。

方平遺令勿請謚，尚書右丞蘇轍爲請，乃謚之。

彰德軍節度使、檢校太師、贈開府儀同三司王拱辰，咸平人，哲宗時謚懿恪。

同知樞密院薛向，萬泉人〔一六〕，元祐時追謚恭敏。

銀青光禄大夫、蜀國公、贈金紫光禄大夫范鎮，華陽人，元祐中謚忠文。

資政殿大學士、知河南府、贈銀青光禄大夫范百禄，鎮兄子，謚文簡。

右光禄大夫、贈開府儀同三司孫固，管城人，元祐中謚温靖。

同知樞密院事、贈銀青光禄大夫趙瞻，盩厔人，元祐中謚懿簡。

中書侍郎、贈銀青光禄大夫傅堯俞，濟源人，元祐中謚獻簡。

資政殿學士、兼侍讀、贈銀青光禄大夫孫永，常社人，元祐中謚康簡。

殿前副都指揮使、贈開府儀同三司苗綬，潞州人，元祐中謚莊敏。

左僕射、觀文殿大學士、特進、司空、贈太傅、舒王王安石，臨川人，紹聖中謚文。

資政殿大學士、知揚州、贈右銀青光禄大夫張璪，全椒人，哲宗時謚簡翼。

尚書左僕射、兼門下侍郎、贈太師、温國公司馬光，夏縣人，元祐中謚文正。

兵部尚書司馬朴，光從孫，謚忠潔。

靖康初，以兵部侍郎使金，握節而死。

正議大夫、贈太師蔡確，晉江人，哲宗時謚忠懷。

尚書左丞、贈開府儀同三司鄧潤甫，新城人〔一七〕，哲宗時謚安惠。

武康軍節度使、贈開府儀同三司劉昌祚，真定人，哲宗時謚毅肅。

武信軍節度使、贈開府儀同三司燕達，開封人，哲宗時謚毅敏。

檢校司空、奉寧軍節度使、贈開府儀同三司姚雄，五原人，哲宗時謚武憲。

步軍副都指揮使、贈奉國軍節度使劉舜卿，開封人，哲宗時謚毅敏。

龍圖閣學士、知揚州、贈左銀青光禄大夫滕元發，東陽人，哲宗時謚章敏。　滕元發即滕甫。

金紫光禄大夫、尚書左僕射、兼門下侍郎、贈太師、岐國公王珪，華陽人，哲宗時謚文恭。

起居舍人黄庭堅，分寧人，謚文節。　太常寺謚議略曰：『夫子曰：「有德者必有言。」蓋行者文也，德者實也，德稱乎文，則文之著乃實之形也。無其實而有其文，抑末矣。黄公以文名世，世人知其磊磊軒天地者此也。不知其真履實踐，卓乎不可企及，非吾夫子所謂有德者必有言乎？紫陽朱夫子稱公爲孝友，周文忠公記分寧祠，非徒曰瓌瑋之文妙絶當世，而又曰孝友之行追配古人。則公之平生，凡性分所當盡者，真無毫髮遺憾矣。其爲元祐史官也，王荆公「勿令上知」之語，陸左丞隱而不書，公爭辯甚苦，辭氣壯厲，至目爲佞史。紹聖間，羣小用事，追仇元祐史官，詔拘畿縣以報所聞，衆悚惕失據，公隨問隨答，弗惕弗隱。而謫黔徙戎〔一八〕，委頓萬狀，略無幾微見顔面。其爲《承天塔記》也，部使者阿順風旨，萬千交煽，遂有宜州之行，人不堪其憂，而公處之裕如也。公之所學如此，守道守官如此，公之處生死禍福如此，信乎其爲有德有言之士，其可與操觚翰、咏聲音、警采色者例之乎？謹按謚法曰：道德博聞曰文，能固所守曰節。公之文名愈久愈著，如皦日之行天，終古不滅，非道德博聞不及此。公之氣節愈挫愈勁，如精金之在冶，百鍊不磨，非能固所守不及此。請以文節謚公，宜無歉。』

右丞相、贈光禄大夫朱諤，華亭人，徽宗大觀元年謚忠靖。

太中大夫、贈觀文殿大學士曾布，南豐人，大觀中謚文肅。

尚書左丞梁燾，須城人，謚忠肅。

太子少保、贈太子少師元絳，錢塘人，政和初謚章簡。

觀文殿學士、奉國軍節度使、佑神觀使、贈開府儀同三司許將，閩縣人，政和中謚文定。

知舒州、資政殿學士林希，福州人，蔡京之黨，徽宗時謚文節。

知衢州事、贈龍圖閣直學士、通議大夫彭汝方，鄱陽人，死於方臘，謚忠毅。

權參知政事程克俊，浮梁人，謚章靖。

尚書左丞、贈太傅蔡卞，仙遊人，政和中謚文正。

瀘川軍節度使〔一九〕、贈檢校少保劉仲武，成紀人，徽宗時謚威肅。

江淮浙西制置使、贈開府儀同三司劉錡〔二〇〕，仲武第九子，孝宗時謚武穆。

馬步軍副總管、贈感德軍節度使張藴，開封人，徽宗時謚榮毅。

定州真定大名副都總管、贈昭化軍節度使楊應詢，郫人，章惠皇后族孫，徽宗時謚康理。

觀文殿大學士、佑神觀使、贈司徒趙挺之，密州人，徽宗時謚清憲。

安靜軍節度使〔二一〕、康國公、贈太保劉正夫，西安人，徽宗時謚文憲。

太傅、贈太師、追封清源郡王何執中，龍泉人，徽宗時謚正獻。

太保、贈太師、華源郡王鄭居中，開封人，徽宗時謚文正。

知樞密院事、贈開府儀同三司張康國，揚州人，徽宗時謚文簡。

資政殿學士、知東平府、贈開府儀同三司侯蒙，高密人，徽宗時謚文穆。

尚書左丞、贈龍圖閣直學士李邦彦，懷州人，宣和三年謚宣簡〔二二〕。

吏部侍郎閭丘訢，麗水人，徽宗時謚清簡。

龍圖閣直學士李浦，浙人，徽宗時謚宣簡。

太子少保、太師、潞國公文彦博，汾州人，初以元祐黨籍，無贈謚。後徽宗特命出籍，追復太師，謚忠烈。

資政殿學士、中太乙宫使、贈右銀青光禄大夫章楶，浦城人，徽宗時謚章簡。

端明殿學士、江南東路安撫大使、知建康府、兼行宫留守章誼，浦城人，紹興中謚忠恪。

江東轉運使薛良顯，瑞安人，謚忠愍。

良顯，崇寧中進士。江寧軍校周德作亂，良顯率衆與戰，死之。

顯謨閣直學士、通議大夫、贈光禄大夫鄭僅，彭城人，徽宗時謚修敏。

禮部尚書、提舉上清寶籙宫、贈特進姚祐，長興人，徽宗時謚文僖。

右正言、贈中大夫陳禾，鄞人，徽宗時謚文介。

太僕寺卿陳槩，鄞人，禾之曾孫，寧宗時謚文定。

寶謨閣待制、贈光禄大夫李伯宗，河陽人，徽宗時謚榮。

少保、莘國公、贈太傅鄧洵武，汝陰人〔一三〕，宣和中謚文簡。

延康殿學士、提舉醴泉觀、兼侍讀、監修國史、贈資政殿學士强淵明，錢塘人，蔡京黨，徽宗時謚文憲。

吏部員外郎、贈徽猷閣待制傅察，濟源人，宣和七年使金，不屈死，乾道中謚忠肅。

龍圖閣學士、提舉鴻慶宫、贈開府儀同三司傅伯成，察之孫，端平三年謚忠簡。

河北制置使、贈少師种師中，洛陽人，欽宗靖康中謚莊愍。

檢校少師、太尉、贈少保种師道，師中兄，高宗建炎中謚忠憲。

寶謨閣待制、知單州、贈銀青光禄大夫孫馨，江都人，靖康中謚通靖。

榮州團練使、贈明州觀察使程迪，開封人，靖康中，與金人力戰而死，謚恭愍。

吏部尚書、贈觀文殿學士李若水，曲周人〔二四〕，高宗時謚忠愍。

京城四壁守禦使、贈資政殿學士劉韐，建陽人，高宗時謚忠顯。

徽猷閣待制、提舉太平觀劉子羽，韐之子，謚忠定。

觀文殿學士、光禄大夫劉珙，子羽子，淳熙中謚忠肅。

劉之先又有名頜，謚忠簡；純，謚忠烈。故世號五忠劉氏。

禮部侍郎、贈端明殿學士譚世勣，長沙人，高宗時，以不受張拜昌僞命，謚端潔。

知晉寧軍、贈彰化軍節度使徐徽言，西安人，高宗時爲金將婁宿所執，不屈而死，謚忠壯。

淮寧太守、贈通議大夫向子韶，開封人，神宗后再從姪。高宗時，金兵陷淮寧，不屈而死，謚忠毅。

建康通判、贈徽猷閣待制楊邦乂，吉水人，高宗時謚忠襄。

直龍圖閣、知鄧州、贈太中大夫劉汲，丹稜人，高宗時死於金寇，謚忠介。

直秘閣、知同州、贈樞密直學士鄭驤，玉山人。高宗時，金寇入，赴井死，謚威愍。

提點河東刑獄、贈中大夫、資政殿學士郭永，元城人，高宗時爲金師所因，不屈死，謚勇節。

楊宗閔，代州人，爲契丹亡將所殺，高宗建炎二年，以孫存中請，追謚忠介。

知麟州、贈武經郎楊震，宗閔子，爲契丹亡將所殺，以子存中請，追謚忠毅。

檢校少保、同安郡王楊存中，震子，乾道中謚武恭。

徐州觀察使、泗州漣水軍鎮撫使、兼知楚州、贈奉國節度使、開府儀同三司趙立，徐州人，高宗時被金人飛砲中首卒，謚忠烈。

龍圖閣待制、知徐州、贈資政殿學士王復，不知何所人，建炎三年，金師破徐州，闔門百口皆被殺，謚壯節。

延康殿學士、知青州、贈光禄大夫曾孝序，晉江人，因將官王定爲亂，與其子同遇害，謚威愍。

同知樞密院事、贈觀文殿大學士聶昌，臨川人，建炎中使金遇害，謚忠愍〔二五〕。

資政殿學士、京城留守、贈觀文殿學士、通議大夫宗澤，義烏人，謚忠簡。

觀文殿大學士、提舉洞霄宫李綱，邵武人，高宗時謚忠定。

少傅、贈開府儀同三司孫傅，海州人，建炎中謚忠定〔二六〕。

中書侍郎、贈開府儀同三司陳過庭，山陰人，建炎中謚忠顯，一謚忠肅。

樞密直學士豐稷，鄞縣人，建炎中追謚清敏。

文彦博嘗評稷爲人似趙抃，及賜謚，皆以清名。

尚書右僕射、兼知樞密院事朱勝非，蔡州人，謚忠靖。

江東按撫制置大使、贈太師、秦國公吕頤浩，齊州人，謚忠穆。

右丞相、贈少師汪伯彦，祁門人，建炎中謚忠定〔二七〕。

資政殿大學士、提舉洞霄宮許景衡，瑞安人，高宗時謚忠簡。

同知樞密院事張慤，樂壽人，高宗時謚忠穆。

四川宣撫使鄭剛中，金華人，初忤秦檜，謫封州，檜死，高宗復其官，謚忠愍。

左光禄大夫魏良臣，宣城人，高宗時謚敏肅。

國子祭酒、知湖州葛勝仲〔二八〕，丹陽人，紹興中謚文康。少保、贈少師葛邲，勝仲孫，寧宗時謚文定。

四川宣撫使〔二九〕、贈少師、涪王吴玠，隴西人，紹興中謚武安。

太師、贈申王秦檜，江寧人，紹興中謚忠獻。

開禧二年，追奪王爵，改謚謬醜。嘉定元年，史彌遠奏，復王爵、贈謚。

尚書右僕射、同中書門下平章事、金紫光禄大夫万俟卨〔三〇〕，陽武人，紹興中謚忠靖。

知金州〔三一〕、樞密院都統制、檢校少保、贈檢校少師郭浩，隴干人，紹興十五年謚恭毅。

太尉、贈開府儀同三司楊政，臨涇人，謚襄毅。

知廬州、總帥事、贈保静軍節度使張宗顔，延安人，紹興九年謚壯敏。

太保、三京招撫處置使、贈太師、鄜王劉光世，保寧人，紹興中謚武僖。

宣州觀察使曲端，鎮戎人，紹興中爲張浚所殺〔三二〕。浚罷，追復端官爵，謚壯愍。

資政殿大學士、贈左光禄大夫王綸，建康人，紹興三十一年謚章敏。

知樞密院事、贈左銀青光禄大夫沈與求，德清人，紹興中謚忠敏。

宣奉大夫、贈少師王師心，金華人，謚莊敏。

徽猷閣學士洪皓，鄱陽人，紹興中謚忠宣。

觀文殿學士、浙東安撫使、奉祠洪适，皓子，淳熙中謚文惠。

資政殿學士、提舉洞霄宫洪遵，皓次子，淳熙中謚文安。

端明殿學士、贈光禄大夫洪邁，皓季子，淳熙中謚文敏。

資政殿學士、知紹興府、奉祠張守，晉陵人，紹興中謚文靖。

寶謨閣直學士、知湖州、提舉江州太平觀常同，臨邛人，紹興中謚忠毅。

慶遠軍節度使、提舉洞霄宫、贈少師、嘉國公邢焕，開封人，高宗邢后父，紹興中謚恭簡。

簽書樞密院事、兼權參政、知廣州樓炤，永嘉人，紹興中謚襄靖。

吏部尚書、提舉亳州明道宫洪擬，丹陽人，紹興中謚文憲。

廣西轉運判官黄灝，都昌人，謚文簡。

寶文閣待制、贈寶文閣直學士鄒浩，常州人，紹興時追謚忠。

右正言、贈直徽猷閣張庭堅〔三三〕，廣安人，紹興時追謚節閔。

右正言、贈諫議大夫陳瓘，南劍州人，謚忠肅。　高宗謂輔臣曰：『陳瓘昔爲諫官，甚有讜議。近覽所著《尊堯集》，明君臣之大分，合于《易》天尊地卑及《春秋》尊王之法。王安石號通經術，而其言乃謂：「道隆德峻者，天子當北面而問焉。」其背經悖理甚矣。宜特賜謚以表之。』謚曰忠肅。

龍圖閣直學士曾肇，建昌南豐人，紹興時追謚文昭。

朝奉郎、提舉玉局觀、贈太師蘇軾，眉山人，紹興時追謚文忠。

太中大夫、端明殿學士蘇轍，軾弟，淳熙時追謚文定。

觀文殿學士、贈太師、宣國公吕大防，藍田人，紹興時追謚正愍。

觀文殿大學士、太中大夫、贈少師劉摯，東光人，紹興時追謚忠肅。

崇信軍節度副使、累贈太保張商英，新津人，紹興時追謚文忠。

殿中侍御史、贈右諫議龔夬，瀛州人，紹興中追謚節肅。

知真定府、贈昭化軍節度使李邈，清江人，使金不屈而死〔三四〕，紹興中追謚忠壯。

資政殿學士、提舉臨安府洞霄宫蕭燧，臨江人，紹興中謚正肅。

觀文殿學士、贈少保李彦穎，德清人，紹興中謚忠文。

京兆路經略制置使、贈資政殿學士唐重，眉州人，高宗時爲金人所攻，城陷而死，謚恭敏。

華文閣直學士陳居仁，鄞人，紹興中進士，謚文懿。

翰林學士、贈少師高閌，鄞人，紹興元年進士，謚憲敏。

忠州刺史、贈保寧軍節度使魏勝，宿遷人，孝宗隆興時與金人戰，墜馬死，謚忠壯。

檢校少保、淮東宣撫使、贈太尉張子蓋，成紀人，隆興中謚恭莊。

資政殿大學士、提舉萬壽觀、兼侍讀張燾，德興人，隆興中謚忠定。

湖北副總管〔三五〕、贈太尉、楚王李道，安陽人，隆興中謚忠毅。

福建安撫使、贈金紫光禄大夫汪澈，浮梁人，隆興中謚莊敏。

知樞密院事葉義問，壽昌人，乾道六年謚忠簡。

簽書樞密院事、兼都統制、贈開府儀同三司、少保王淵，熙州人，爲苗傅、劉正彦所害，乾道中謚襄敏。

資政殿學士胡銓，廬陵人，乾道中謚忠簡。

太師、大寧郡王、追封衛王吴益〔三六〕，開封人，憲聖后弟，乾道中謚莊簡。

中奉大夫、寶文閣學士李植，臨淮人，乾道中謚忠襄。

岳陽軍節度使、贈太尉韓公裔，開封人，乾道中謚恭榮。

秘書少監、權禮部侍郎曾幾，贛州人，乾道中謚文清。

敷文閣學士、贈太師、温國公李燾，眉州人〔三七〕，乾道中謚文簡。

禮部尚書、資政殿學士李𡌴，燾子，謚文肅。

端明殿學士、贈資政殿學士李壁，燾第三子，嘉定十五年謚文懿。

端明殿學士、贈吏部侍郎蔡襄，仙遊人，乾道時以曾孫洸請，追謚忠惠。

寧州觀察使、兼同虢州制置使、贈彰武軍節度使李彦仙，寧州人，乾道八年謚忠威。

彦仙投河死，金人屠其家，張浚承制贈以官，建廟商州，號忠烈。宣撫使周聿請即陝州立廟，號義烈。後以商、陝與金，徙其廟閬中。

清遠軍節度副使、贈太傅、豐國公趙鼎，聞喜人，孝宗時謚忠簡。

少師、醴泉觀使、贈太師、魏國公張浚，廣漢人，孝宗時謚忠獻。

横貴廉三州都巡檢使、贈太尉毛炳，富川人，死於交寇之難，乾道中謚忠順武烈〔三八〕。

資政殿學士李光，上虞人，孝宗時謚莊簡。

太師、蘄王韓世忠，延安人，孝宗時謚忠武。

御史中丞、知樞密院事湯鵬舉，金壇人，孝宗時謚敏肅。

湖北經略安撫使王庶，慶陽人，孝宗時追謚敏節。

觀文殿學士、贈特進葉顒，仙遊人，乾道中謚正簡。

左僕射、同中書門下三品、兼樞密使、贈太師、魯國公陳康伯，弋陽人，乾道中謚文恭，慶元初改謚文正。

少保、鄂王岳飛，相州湯陰人，淳熙中謚武穆。

太尉、贈開府儀同三司李顯忠，青澗人，淳熙時謚忠襄。

顯忠與父永奇俱陷於金，後歸朝，爲金人追及，家人二百口皆遇害。

觀文殿學士、贈銀青光禄大夫錢端禮，臨安人，淳熙中謚忠肅。

資政殿大學士、贈特進魏杞，壽春人，淳熙中謚文節。

資政殿大學士、贈正奉大夫、太傅周葵，宜興人，淳熙中謚惠簡。

資政殿學士龔茂良，莆田人，淳熙中謚莊敏。

同知樞密院事黄祖舜，福清人，孝宗時謚莊定。

同知樞密院事、贈資政殿大學士、光禄大夫王剛中，樂平人，孝宗時謚恭簡。

端明殿學士、知平江府汪應辰，玉山人〔三九〕，淳熙中謚文定。

資政殿大學士、贈開府儀同三司宇文虚中，成都人，初受金人僞官，爲國師，既以謀歸朝被殺，淳熙中追謚肅愍。

資政殿學士、贈少師宇文紹節，虚中族姪，嘉定六年謚忠惠。

端明殿學士、贈正議大夫黄中，邵武人，淳熙中謚簡肅。

少保、武安軍節度使、四川宣撫使、贈太傅、雍國公虞允文，仁壽人，淳熙中謚忠肅。

右丞相、贈少師、儀國公梁克家，晉江人，淳熙中謚文靖。

資政殿學士、提舉杭州洞霄宫李邴，任城人，孝宗時謚文敏。

少師、贈太保、魏國公陳俊卿，莆田人，孝宗時謚正獻。

中書舍人、贈直龍圖閣、諫議大夫任伯雨，眉山人，淳熙時謚忠敏。

龍圖閣學士、提舉興國宫胡沂〔四〇〕，餘姚人，淳熙中謚獻肅。

資政殿學士、贈光禄大夫劉章，龍游人，淳熙中謚靖文。

資政殿學士、知婺州張綱，丹陽人，初謚文定，孝宗時改謚章簡。

觀文殿大學士、提舉洞霄宫、贈少師王淮，金華人，孝宗時謚文定。

知衢州彭汝方，饒州鄱陽人，汝礪弟，罵賊而死，謚忠毅。

觀文殿學士、贈太師鄭僑，莆田人，謚忠惠。

秘閣修撰吴執柔，宣州寧國人，潛之父，謚正肅。

【校勘記】

〔一〕景靈宫使　『靈』原作『陵』，據《續通考》卷一四四、《宋史》卷四六四《王貽永傳》、《東都事略》卷一八《王貽永傳》改。

〔二〕天禧中謚武懿　『禧』原作『僖』，據《宋史》卷二五八《曹璨傳》改。按，北宋年號有天禧而無天僖。

〔三〕天聖中謚武穆　『天聖』原作『天僖』，據《續資治通鑑長編》卷一〇九載，曹瑋卒於天聖八年正月甲戌，又《宋會要》禮四一之五二載，天聖八年正月爲曹瑋輟朝，則曹瑋賜謚當在天聖八年初，故改。

〔四〕曹誘佾子　『佾』原作『份』，據《續通考》卷一四四、《宋史》卷四六九《曹佾傳》改。

〔五〕滎國公劉從德真宗后兄　據《宋史》卷四六三《劉美傳》、《續資治通鑑長編》卷一〇九天聖八年六月乙巳條，劉從德乃真宗劉后兄劉美之子，此稱『后兄』誤。

〔六〕贈昭慶軍節度使劉從廣真宗后兄　據《宋史》卷四六三《劉美傳》，劉從廣乃真宗劉后兄劉美次子，此稱『后弟』誤。

〔七〕贈崇信軍節度使劉永年　『崇』原作『從』，據《宋史》卷四六三《劉永年傳》、《續資治通鑑長編》卷三四三元豐七年二月丁亥條改。

〔八〕英宗時謚莊恪　按《續資治通鑑長編》三四三元豐七年二月丁亥載，劉永年卒及贈謚，應在元豐七年，此稱『英宗時』，蓋因《宋史》本傳記時不明而致誤。『莊恪』當亦據《宋史》本傳，《長編》及《宋會要・禮》五八之一〇八均作『壯恪』。

〔九〕同群牧制置使　『群』原作『郡』，據《宋史》卷二八八《高若訥傳》改。

〔一〇〕紹興中爲金人所攻力屈而死　按《宋史》卷四四六《張克戩傳》，其人死於靖康元年，『紹興中謚忠確』。《靖康要録》卷九、《東都事略》卷一一二、《北盟會編》卷五七記其死事亦皆在靖康元年十月。此誤以賜謚之時爲死事之時。

〔一一〕知封州曹覲修禮子　『禮』原作『理』，據《宋史》卷四四六《曹覲傳》改。

〔一二〕侍衛親軍馬軍副都指揮使　『衛』原作『御』，據《宋史》卷二五五《王凱傳》、《宋會要》帝系八之五〇改。

〔一三〕宋昪　《宋史》卷三五六本傳載其名作『昪』，且稱其『字景裕』。疑作『昪』是。

〔一四〕張昪　『昪』原作『昇』，按《宋史》卷三一八本傳、《東都事略》卷七一本傳載其名皆作『昪』，司馬光《涑水紀聞》卷三『張昪』條且注云『音便』，知當作『昪』是，故改。

〔一五〕安德軍節度使贈開府儀同三司高誘宣仁后姪　據《宋史》卷四六四《曹佾傳附曹誘傳》，此條所記實爲宋神宗慈聖光憲曹后姪曹誘謚典，此稱『高誘宣仁后姪』誤。

〔一六〕薛向萬泉人　『泉』原作『全』。按《宋史》卷三二八《薛向傳》載薛向祖父名顏，《宋史》卷二九九《薛顏傳》、《東都事略》卷一一二《薛顏傳》均稱其爲『河中萬泉人』。北宋河中府有萬泉縣而無萬全縣，當作『泉』是，故改。

〔一七〕鄧潤甫新城人　按《宋史》卷三四三《鄧潤甫傳》、《東都事略》卷九六《鄧潤甫傳》及《續資治通鑑長編》卷二一七等均稱鄧潤甫爲『建昌人』。據《直講李先生外集》末附《直講李先生門人録》、《蘇魏公文集》卷六二《仁壽郡太君陳氏墓志銘》考之，鄧氏實爲建昌軍南城縣人。此處『新城』應爲『南城』之誤。

〔一八〕謫黔徙戎　『戎』原作『戍』，按《宋史》卷四四四《黄庭堅傳》載，黄庭堅先責『黔州安置』，後『移戎州』，此處『戍』當是『戎』之形誤，故改。

〔一九〕瀘川軍節度使　『川』原作『州』，據《宋史》卷三五〇《劉仲武傳》、《宋會要》儀制一一之二〇改。

〔二〇〕劉錡　『錡』原作『琦』，據《續通考》卷一四五、《宋史》卷三六六《劉錡傳》、《繫年要録》卷一九七紹興三十二年二月丁未條改。

〔二一〕安靜軍節度使　『安靜』原作『靜安』，據《宋史》卷三五一《劉正夫傳》、《東都事略》卷一〇二《劉正夫傳》、《宋會要》職官七七之六一乙。

〔二二〕尚書左丞贈龍圖閣直學士李邦彦懷州人宣和三年謚宣簡　按《宋史》卷三五二《李邦彦傳》載，邦彦『宣和三年拜尚書右丞，五年轉左丞』，『建炎初以主和誤國，責建武軍節度副使，潯州安置』，又稱其父浦卒於宣和末，『贈龍圖閣直學士，謚曰宣簡』。此段文字蓋自《宋史》本傳而來，而將李浦宣和末『贈龍圖閣直學士』、『謚宣簡』等事竄入李邦彦名下，其誤殊甚。據《繫年要録》卷三八建炎四年十月庚寅載：『詔故特進李邦彦贈觀文殿大學士，……後謚和文。』

〔二三〕少保莘國公贈太傅鄧洵武汝陰人　『武』字原脱，據《宋史》卷三二九《鄧洵武傳》、《東都事略》卷九八《鄧洵武傳》補。按，洵武父名綰，子名雍，據《宋史》卷三二九《鄧綰傳》載綰爲

『成都雙流人』，《中興小曆》卷一稱鄧雍爲『開封人』，則洵武似應舊貫成都雙流，後徙籍開封。此稱『汝陰人』，未知何據。

〔二四〕李若水曲周人　『周』原作『州』，《宋史》卷四四六《李若水傳》、《東都事略》卷一一一《李若水傳》、《北盟會編》卷八一引《靖康忠愍曲周縣李公事迹》改。

〔二五〕建炎中使金遇害謚忠愍　此處記事有誤。據《宋史》卷三五三《聶昌傳》載，聶昌係靖康元年奉命前往河東割地時被宋人殺害於絳州，建炎四年贈官賜謚。

〔二六〕建炎中謚忠定　按孫傅賜謚時間，《宋史》卷三五三《孫傅傳》作『紹興中』，《繫年要録》卷五三繫之紹興二年四月癸未，此稱『建炎中』誤。

〔二七〕建炎中謚忠定　按《宋史》卷四七三《汪伯彦傳》、《繫年要録》卷一四〇紹興十一年五月丙辰條載，汪伯彦卒於紹興十一年五月，此處『建炎』二字誤。

〔二八〕葛勝仲　『勝仲』原作『仲勝』，據《宋史》卷四四五《葛勝仲傳》、《丹陽集》卷二四《文康葛公行狀》、《海陵集》卷二三《葛文康公神道碑》乙。下文同乙。

〔二九〕四川宣撫使　『四川』原作『泗州』，據《宋史》卷二九《高宗紀六》、卷三六六《吴玠傳》、《繫年要録》卷一二五紹興九年正月己亥條改。

〔三〇〕万俟卨　『俟』原作『侯』，據《宋史》卷四七四《万俟卨傳》、《繫年要録》卷一二建炎二年正月末『是月』條改。

〔三一〕知金州　『知』字原脱，據《宋史》卷三六七《郭浩傳》補。

〔三二〕紹興中爲張浚所殺　按史載曲端被誅於紹興元年，此稱『紹興中』不確。

〔三三〕右正言贈直徽猷閣張庭堅　『右』原作『左』，據《宋史》卷三四六《張庭堅傳》、《東都事略》卷一〇〇《張庭堅傳》、《宋會要》儀制一一之一三改。『直徽猷閣』，『猷』字原脱，據上引《宋史》、《東都事略》本傳及《續通考》卷一四五補。按上引《宋會要》及《繫年要録》卷四六紹興元年八月壬申條載張庭堅所贈職名均作『直龍圖閣』。

〔三四〕使金不屈而死　按《宋史》卷四四七《李邈傳》，邈爲真定守，城破被俘，不屈而死。此云『使金』誤。

〔三五〕湖北副總管　『湖』原作『河』，據《宋史》卷四六五《李道傳》改。

〔三六〕太師大寧郡王追封衛王吴益　『大』原作『太』，『益』原作『蓋』，據《宋史》卷八六《地理志二》、卷四六五《吴益傳》、《宋會要》職官七七之八二、儀制一二之一〇、周必大《文忠集》卷一一七《太師大寧郡王吴益出殯祭文》改。

〔三七〕李燾眉州人　『眉』原作『靖』，據《宋史》卷三八八《李燾傳》、周必大《文忠集》卷六六《敷文閣學士李文簡公燾神道碑》改。

〔三八〕乾道中謚忠順武烈　按，宋臣謚號無四字者，此不知何據。查《嘉靖南寧府志》卷六《毛炳傳》稱其『累贈太尉、忠順武烈公』，《雍正廣西通志》卷八一引舊志之載稱其『贈太尉、謚忠順武烈』，而《萬曆粤大記》卷七、《雍正廣東通志》卷三九止稱其『謚武烈』。

〔三九〕汪應辰玉山人　『玉』原作『全』，據《宋史》卷三八七《汪應辰傳》、《繫年要録》卷六三紹興三年三月甲子條改。

〔四〇〕提舉興國宫胡沂　『宫』原作『公』，據《續通考》卷一四五、《宋史》卷三八八《胡沂傳》改。

# 卷之十二

雲間王圻編輯
巴郡趙可懷校正
平湖孫成泰　郢中朱一龍
龍江王應麟　西陵吴化參閲

## 宋諸臣謚下

華文閣直學士程叔達，黟人，謚莊節。

敷文閣直學士、提舉太平宫陳良翰，臨海人，光宗時謚獻肅。

龍圖閣學士王十朋〔一〕，樂清人，光宗紹熙三年謚忠文。

簽判建康府事陳亮，永康人，光宗時謚文毅。

同知樞密院事、贈資政殿學士胡晉臣，蜀州人，光宗時謚文靖。

龍圖閣學士、正議大夫、贈銀青光禄大夫張大經，南城人，寧宗慶元中謚簡肅。

觀文殿學士、提舉洞霄宫、贈少傅陳騤，臨海人，寧宗嘉泰二年謚文簡。

龍圖閣直學士、知泉州顔師魯〔二〕，龍溪人，嘉泰中謚定肅。

荊湖南路兵馬副都監、贈容州觀察使姚興〔三〕，相州人，與金亮戰而死，開禧中追謚忠毅。

少傅、贈太師、益國公周必大，字子充，一字弘道，盧陵人，寧宗時謚文忠。

必大嘗建三忠堂于鄉，謂歐陽文忠脩、楊忠襄邦乂、胡忠簡銓，皆盧陵人也。而必大卒，獲文忠之謚，蓋符其素志云。

寶謨閣待制、贈直學士彭龜年，清江人，謚忠肅。

章穎等請易名，寧宗曰：『龜年忠鯁可嘉，宜應得謚。使人人如此，必能納君無過之地。』

龍圖閣學士葉時，仁和人，寧宗時謚文康。

吏部尚書彭方，都昌人，謚文定。

參知政事、臨海侯應繇，昌國人，嘉定中進士，謚文敏。

武泰軍節度使〔四〕、贈太尉鄭興裔，開封人，寧宗時謚忠肅。

端明殿學士、簽書樞密院事、贈太保羅點，崇仁人，寧宗時謚文恭。

直龍圖閣李祥，無錫人，嘉定元年謚肅簡。

端明殿學士、簽書樞密院事、贈資政殿學士、正奉大夫林大中，永康人，嘉定元年謚正惠。

寧武軍節度使、開府儀同三司、衛國公、贈少師趙雄，資州人，嘉定二年謚文定。

禮部尚書、正奉大夫、贈金紫光禄大夫尤袤，無錫人，嘉定五年謚文簡。

資政殿學士、知徽州、提舉江州太平興國宮何鑄，餘杭人，初謚通惠，嘉定初改謚恭敏。

兵部侍郎、知明州林栗，福清人，謚簡肅。

端明殿學士鄭丙，長樂人，謚簡肅。

左丞相、贈太保京鏜，南昌人，寧宗時謚莊定。

鏜初謚文穆，其子請避家諱，謚文忠。御史段千里言：『楊億謚文，欲加一忠字，竟不與。鏜那得謚忠？』乃改謚莊定。

知樞密院事沈复，德清人，謚簡肅。

龍圖閣學士、兼江淮制置使楊輔，遂寧人，謚莊惠。

資政殿大學士、提舉萬壽觀、贈少師樓鑰，鄞縣人，嘉定六年謚宣獻。

武信軍節度使、贈太師畢再遇，兖州人，嘉定中謚忠毅。

禮部尚書、兼侍讀、贈光禄大夫章穎，臨江人，嘉定中謚文肅。

端明殿學士、正議大夫、贈太師趙方，衡山人，寧宗時謚忠肅。

少師、武安軍節度使、贈太傅、冀國公趙葵，方子，咸淳二年謚忠靖。

吏部侍郎、知太平州孫逢吉，龍泉人，寧宗時謚獻簡。

寶謨閣學士、贈光禄大夫楊萬里，吉水人，寧宗時，見邊釁驟開，知必誤國，憤烈不食死，謚文節。

寶謨閣待制、知隆興府徐誼，平陽人，寧宗時謚文忠。

禮部尚書、兼侍讀、贈資政殿大學士黄裳，劍浦人，嘉定中謚忠文。

寶謨閣學士、提舉嵩山崇福宫倪思，歸安人，嘉定十三年謚文節。

端明殿學士、兼侍讀、贈銀青光禄大夫薛叔似，河東人，嘉定十四年始謚文節。駁者謂功名富貴，未免溺意。改謚恭翼。

太師、會稽郡王史浩，鄞縣人，寧宗初謚文惠，嘉定十四年追封越王，改謚忠定。

禮部侍郎史彌大，浩長子，理宗時謚獻文。

太師、左丞相，兼樞密使、保寧昭信軍節度使、充醴泉觀使、贈中書令、衛王史彌遠，浩次子，理宗時謚忠獻。

資政殿學士、光禄大夫史彌堅，浩幼子，理宗時謚忠宣。

觀文殿大學士、贈少師、安德軍節度使、魯國公史嵩之，彌遠姪，理宗時謚莊肅。

嵩之初謚忠簡，以家諱改莊肅。德祐初，右正言徐直方劾嵩之不宜賜謚，乃奪之。

寶謨閣待制陳傅良，瑞安人，寧宗時謚文節。

寶謨閣學士、通議大夫、贈光禄大夫葉適，永嘉人，寧宗時謚忠定。

宣奉大夫、龍圖閣學士、贈特進、端明殿學士戴溪，永嘉人，寧宗時謚文端。

知果州李道傳〔五〕，隆州人，寧宗時謚文節。

權兵部尚書、兼太子詹事蔡幼學，瑞安人，寧宗時謚文懿。

沿江制置使，兼知鄂州吴愈，德安人，謚文肅。

刑部尚書吴革，愈姪，謚清惠。

顯謨閣直學士、提舉西京嵩山崇福宫、華文閣學士劉光祖，簡州人，嘉定十五年謚文節。

少保、贈太傅、郇國公余端禮，龍游人，寧宗時謚忠肅。

同知樞密院事、贈太師丘崈，江陰人，寧宗時謚忠定。

少師、觀文殿大學士、贈太師、魏國公留正，永春人，理宗寶慶三年謚忠宣。

工部侍郎、贈少師曾漸，南城人，謚文莊。

吏部侍郎聶子述，南城人，謚文定。

秘閣修撰、贈少師吴柔勝，溧水人，理宗時謚正肅。

利路提點刑獄、中奉大夫游仲鴻，南充人，紹定五年謚忠。

右丞相、兼樞密使、南充公游似，仲鴻子，淳祐中謚清憲。

國子祭酒、吏部尚書袁甫，鄞縣人，燮之子，理宗時謚正肅。

知慶元府、兼沿海制置使、贈中大夫、寶章閣待制王介，金華人，端平三年以郡守趙汝談請，謚忠簡。

刑部侍郎、贈端明殿學士程振，樂平人，從車駕至金營，爲金人所殺。端平初以曾孫東請，謚剛愍。

右文殿修撰柴中行，餘干人，謚憲肅。

保寧軍節度使、少傅、贈少師安丙，廣安人，理宗時謚忠定。

立廟沔州，額爲英惠。

朝奉郎、四川宣撫使司參議官、贈寶謨閣直學士、太中大夫楊巨源，益昌人，理宗時謚忠愍。

巨源有誅吴曦功，安丙殺之。

權知大安軍、贈朝奉大夫、直寶謨閣楊震仲，成都人，以不從吴曦叛而死，理宗時謚節毅。

中軍統制、知西和州、贈檢校少保李好義，下邽人，以誅吴曦有功，理宗時謚忠壯。

工部侍郎家大酉，眉山人，謚文節。

大酉不從吴曦之招，理宗召用之。

大理評事胡夢昱，吉水人，理宗時謚剛簡。

校書郎葉賀孫，龍泉人，理宗時謚文修。

敷文閣學士、四川安撫制置使、兼知成都府吴獵，醴陵人，理宗時謚文定。

寶謨閣學士、權四川制置使劉甲，龍游人，理宗時謚清惠。

太常少卿王萬，浦江人，理宗時謚忠惠。

兵部尚書黄伯固，將樂人，理宗時謚忠簡。

寧遠節度使、都總管、贈太尉宋景陽，貴州人，謚忠成。

寶謨閣待制徐邦憲，義烏人，理宗時謚文肅。

光禄大夫、觀文殿大學士、贈少師李宗勉，富陽人，理宗時謚文清。

觀文殿大學士、提舉洞霄宫、南海郡公崔與之，增城人，理宗時謚清獻。

侍御史劉漢弼，上虞人，理宗時謚忠。

右丞相、贈少傅杜範，黄巖人，理宗時謚清獻。

權工部侍郎、兼國子祭酒張虙，慈谿人，理宗時謚文靖。

寶章閣待制吴昌裔，中江人，理宗時謚忠肅。

兵部尚書曹彦約，都昌人，嘉熙初謚文簡。

成都府制置使丁黼，石埭人，嘉熙三年死節，謚恭敏。

參知政事、贈太師衛涇，華亭人，理宗時謚文節。

刑部侍郎、贈朝請大夫蔣重珍，無錫人，理宗時謚忠文。

檢校少師、武寧軍節度使、贈太師、吉國公孟珙，棗陽人，理宗時謚忠襄。

司農少卿陳咸，升卿次子，理宗時謚勤節。　時牟子才上奏曰：『周制，太史掌小喪賜謚，小史掌卿大夫之喪賜謚讀誄。夫曰賜曰讀，出于有司之舉行明矣。乃若公叔文子卒，其子戌請謚者，蓋春秋時周禮盡廢，有司不知舉行舊典禮經，故不免于戌之請，然非成周初意也。夫定于太常，覆于考功，集議于尚書省，我國家禮亦宜之，初何待于子若孫陳請耶？竊見近年有官品人品俱不應謚者，紛然祈請，至委轉要官，以必遂其志，遂使國家節惠之典，幾爲無用贅疣之物，其何以彰善癉惡、激濁揚清哉？臣愚欲望陛下推行周制，詔有司自今官品合該議謚，及一節一行有關於國家，法應節惠者，有司並舉行之，不必候本家陳請，使爲惡者無所遷避，以伸國家懲惡之公，而使庸碌無聞之人知所懲勸，不敢妄有所陳，以紊公朝褒賢之典，此非小補也。』

知西和州、贈華文閣待制陳寅〔六〕，咸子，元兵至，力不能支，與妻同死，理宗時謚襄節。

左丞相、兼樞密使、贈少師、東陽郡公范鍾，蘭谿人，嘉熙中謚文肅。

秘書郎、兼考功郎、贈直龍圖閣曾三聘，新淦人，嘉熙間謚忠節。

知信州、贈特進陶崇，全州人，理宗時謚文肅。

吏部侍郎鄧均，一名坰，建昌人，謚清惠。

太傅、保寧軍節度使〔七〕、齊國公、贈尚書令、魏郡王鄭清之，鄞縣人，理宗時謚忠定。

觀文殿大學士、判福州、福建路安撫大使、贈太子少師、許國公董槐，定遠人，理宗時謚文清。

參知政事、觀文殿大學士〔八〕、贈太師、信國公葛洪，東陽人，理宗時謚端憲。

金紫光禄大夫馬光祖，金華人，理宗時謚莊敏。

少師、保寧軍節度使、醴泉觀使、贈太師、魯國公喬行簡，東陽人，淳祐中謚文惠。

權禮部侍郎、兼權刑部侍郎、贈太師、崇國公張九成，錢塘人，理宗時追謚文忠。

觀文殿大學士、贈太師宣繒，鄞人，理宗時謚忠靖。

觀文殿學士、贈太師、奉化郡公余天錫，昌國人，理宗時謚忠惠。

簽書樞密院事、資政殿學士、知慶元府、兼沿海制置使、提舉洞霄宫、贈少保鄒應龍，泰寧人，淳祐中謚文靖。

吏部侍郎李昴英，番禺人，理宗時謚忠簡。

知臨江軍、贈寶章閣待制陳元桂，撫州人。開慶初，元兵陷臨江軍，桂叱罵遇害，謚正節。

知樞密院事、福建安撫大使、兼知福州、提舉佑神觀、贈少師陳韡，侯官人，景定二年謚忠肅。

焕章閣學士徐應龍，浦城人，理宗時謚文肅。

資政殿學士、提舉洞霄宫徐榮叟，應龍子，謚文清。

知樞密院、兼參知政事、提舉佑神觀、贈少師、晋寧郡公徐清叟，應龍次子，景定中謚忠簡。

端明殿學士、提舉洞霄宫蔡杭〔九〕，建陽人，元定孫，理宗時謚文肅。

杭初謚文簡，以犯祖諱更謚。

直秘閣趙蕃，鄭州人，景定中謚文節。

寶謨閣待制徐僑，義烏人，理宗時謚文清。

禮部侍郎徐鹿卿，豐城人，理宗時謚清正。

端明殿學士、贈正議大夫洪天錫，晋江人，理宗時謚文毅。

工部侍郎徐元杰，上饒人，理宗時謚忠愍。

元杰論嵩之不可起復〔一〇〕，一日忽暴疾卒，時以爲中毒。

叙州守、贈武節大夫、眉州防禦使楊大全，元兵入蜀，戰死，謚愍忠。

通判海州侯畐，樂清人，理宗時，與賊李松壽力戰而死，謚節毅。

少傅、追封衛王謝深甫，台州人，理宗后祖父，理宗時追謚惠正。

端明殿學士、知平江府、贈開府儀同三司、豫章郡公李大性，四會人，理宗時謚文惠。

端明殿學士、簽書樞密院事、兼權參知政事、提舉洞霄宫、少師任希夷，邵武人，理宗時謚宣獻。

權知沔州、贈龍圖閣學士曹友聞，栗亭人，理宗時死于蜀雞冠隘，謚節。

直秘閣、知沔利二州、提點刑獄、贈正議大夫、龍圖閣直學士高稼，蒲江人，理宗時死節，謚忠。

端明殿學士陳塏，崇德人，咸淳中謚清毅。

簽書樞密院事陳卓，咸寧人，度宗時以孫定孫請，謚清敏。《寧波府志》作鄞人。

池州通判、兼華文閣待制趙昴發〔一一〕，昌州人，咸淳中謚文節。

侍衛馬軍司統制、贈静江軍節度使牛富，霍丘人，度宗時樊城陷，死之，謚忠烈。

顯文閣待制、提舉玉隆萬壽宫、贈中奉大夫趙景緯，於潛人，度宗時謚文安。

時太常博士陳塤亢直不阿，獨爲袁燮議謚，餘皆閣筆歎曰：『幽、厲雖百世不改。謚有美惡，豈諛墓比哉？』會朱端常子乞謚，塤曰：『端常居臺諫則逐善類，爲藩牧則務刻剥，宜得惡謚，以戒後來。』乃謚曰榮愿。議出，宰相而下，皆肅然改容。又衛涇繳裴良士乞父謚奏曰：『臣聞《傳》曰：「惟名與器，不可以與人。」《禮》曰：「謚以尊名。」君子耻名之浮于行。蓋士大夫竭忠盡節于國家者，生則有爵禄以榮其身，没則有褒謚以傳于世，所以示激勸之公，非以殉人情之私也。裴希稷者，臣不知其何如人，徒聞以貲起家，甲于京邑，中興記録，無所登載。據其子良士陳述，不過泛舉制詞數語，便謂曾有戰功。又稱嘗蒙高宗皇帝召到，詢及邊事，敷陳韜略，一無實跡可考。不惟法不該謚，且不知所以易其名者。又輒引姚興爲比。興死節著在國史，已經贈官立廟，昨因趙善堅論奏，再與賜謚。希稷可謂擬非其倫。兼朝廷比年以來褒表忠義，如岳飛、劉光世等追贈王爵，中外有志功名之士，聞風興起，誠以義理人心所同，固易於感發也。今若以裴希稷比姚興例得謚典，駑驥同槽，薰蕕共器，凡前所以褒表之意，人反得而輕視之矣。事體所繫，顧不重歟？伏望聖慈，將裴希稷賜謚指揮，特與寢罷，庶協公論，在臣守官之義，得以少安，不勝幸甚。』

知饒州、贈華文閣待制唐震，會稽人，度宗時不屈於元而死，謚忠介。

簽書樞密院事、贈資政殿學士、少保、南城郡侯包恢，建昌南城人，度宗時謚文肅。

權參知政事、贈開府儀同三司、盱江侯陳宗禮，南豐人，度宗時謚文定。

左丞相、兼樞密使，湖南安撫大使、特進、贈太師、益國公江萬里，都昌人，咸淳九年死節，謚文忠。

端明殿學士、贈正奉大夫湯漢，安仁人，度宗時謚文清。

龍圖閣待制、贈少師辛棄疾，歷城人，德祐初以謝枋得請，謚忠敏。

守潭州、兼湖南按撫使、贈端明殿大學士李芾，衡州人，德祐時謚忠節。

衡陽知縣、贈敷文閣學士陳繼周，寧都人，德祐時欲與文天祥興復，力屈而死，謚忠節。

御史方大琮，莆田人，謚忠惠。

吏部侍郎、江西安撫使汪大猷，鄞縣人，謚莊靖。

樞密副使孫沔，會稽人，謚威敏。

知光化軍游九言，建陽人，謚文清。

徽猷閣待制曹叔遠，瑞安人，紹熙初進士，謚文肅。

寶章閣待制曹豳，叔遠族子，嘉泰初進士，謚文恭。

大理少卿范應鈴，豐城人，開禧初進士，謚清敏。

端明殿學士、豐城伯徐經孫，豐城人，寶慶初進士，謚文惠。

## 西夏僞謚

李繼遷，德明時，追上尊號曰應運法天神智仁聖至道光德孝光皇帝，廟號武宗。元昊時，追謚神武，廟號太祖。　配野利氏，謚順成懿孝皇后。

李德明，繼遷子，追謚光聖皇帝，廟號太宗。　配衛慕氏，謚惠慈敦愛皇后。

李元昊，德明子，謚武烈皇帝，廟號景宗。　配没藏氏，謚宣穆惠文皇后。　野力氏，謚憲成皇后。

李諒祚，元昊子，謚昭英皇帝，廟號毅宗。　配梁氏，謚恭肅章憲皇后。

李秉常，諒祚子，謚康靖皇帝，廟號惠宗。　配梁氏，謚昭簡文穆皇后。

李乾順，秉常子，謚聖文皇帝，廟號崇宗。　配曹氏。

李仁孝，乾順子，謚聖德皇帝，廟號仁宗。　配羅氏，謚章憲欽慈皇后。

李純祐，仁孝子，謚昭簡皇帝，廟號桓宗。

李安全，乾順孫，越王仁友子，廢純祐自立，謚敬穆皇帝，廟號襄宗。

李遵頊，宗室子，謚英文皇帝，廟號神宗。

李德旺，遵頊孫，無謚，廟號獻宗。

## 遼帝后謚

肅祖，姓耶律氏〔一二〕，謚昭烈皇帝。　后蕭氏，謚昭烈皇后。

懿祖，謚莊敬皇帝。　后蕭氏，謚莊敬皇后。　二祖二后俱乾統三年追謚。

玄祖，謚簡獻皇帝。　后蕭氏，謚簡獻皇后。

德祖，謚宣簡皇帝。　后蕭氏，謚宣簡皇后。　二祖二后俱重熙二十一年追謚。

太祖，名億，字阿保機，德祖長子，謚大聖大明神烈天皇帝。　后述律氏，初謚貞烈，重熙二十一年改謚淳欽。

太宗，名德光，太祖次子，謚孝武惠文皇帝。　后蕭氏，初謚彰德，重熙二十一年改謚靖安。

世宗，名阮，讓國皇帝長子，謚孝和莊獻皇帝。　后蕭氏，初謚孝烈，重熙二十一年改謚懷節。

穆宗名璟，太宗長子，爲近侍所弑，謚孝安敬正皇帝。　后蕭氏，無謚。

景宗，名賢，世宗第二子，謚孝成康靖皇帝。　后蕭氏，初謚仁聖宣獻皇后，重熙二十一年改謚睿智。

聖宗，名隆緒，景宗長子，謚文武大孝宣皇帝。　后蕭氏，謚仁德。　又蕭氏，謚欽哀。

興宗，名宗真，聖宗子，謚仁聖孝章皇帝。　后蕭氏，謚仁懿。

道宗，名隆基，興宗長子，謚仁聖大孝文皇帝。　后蕭氏，謚宣懿。

天祚帝，諱延禧，道宗之孫，國亡，并二后二妃俱無謚。

道宗太子濬，謚昭懷。　乾統初，追尊大孝順聖皇帝，廟號順宗。　妃蕭氏，謚貞順皇后。

按：天祚時，有興宗第四孫耶律淳自立，僞謚孝章皇帝，廟號宣宗。有耶律大石，太祖之孫，亦自立，世號爲西遼，尊號天祐皇帝，追謚祖父爲嗣元皇帝，祖母爲宣義皇后，册元妃蕭氏爲昭德皇后。没後廟號德宗。子夷列嗣，母后攝國政，號感天皇后。没後號仁宗。子幼，以妹普速完權國，號承天太后，普速完傳仁宗次子直魯古，爲乃蠻王屈出律所擒，而遼絶。

## 遼宗室謚

義宗，名倍，太祖長子，以國讓弟德光，太宗謚文武元皇帝。世宗統和中，更謚文獻皇帝。重熙二十一年，增謚文獻欽義皇帝。　二后俱不知何氏，一謚端順，一謚柔貞。

李胡，太祖第三子，統和中追謚欽順皇帝，重熙二十一年更謚章肅皇帝。　后謚和敬。

齊王、贈皇太叔罨撒葛〔一三〕，太宗子，謚欽順。
追册皇太子吼阿不，世宗第三子，謚莊聖。
齊王隆祐，景宗子，謚仁孝，重熙間改謚孝靖。
陳王阿璉初，興宗子，謚欽正。

## 遼諸臣謚

大丞相、贈尚書、晉王耶律隆運，幽州人，興宗重熙中謚文忠。

隆運本姓韓，名德讓，匡嗣子。統和中賜名德昌，又賜姓耶律，名隆運。

北院樞密使、贈大丞相、晉國王蕭孝穆，淳欽皇后弟，重熙中謚貞。
南京留守、晉王蕭孝先，孝穆弟，重熙中謚忠肅。
西南面招討使、贈侍中撻不野，孟父房後，道宗時謚貞閔。
右丞相、加尚父、贈中書令杜防，涿州人，道宗清寧中謚元肅。
中京留守、遼西郡王耶律良，著帳郎君後，咸雍中謚忠成。
上京留守、太師、遼西郡王姚景行，興中人，咸雍中謚文憲。
同知樞密院事、兼南府宰相、門下侍郎、平章事、贈中書令趙徽，南京人，咸雍中謚文憲。
南院樞密使、韓國公耶律仲禧，析津人，咸雍中謚欽惠。

北院樞密使、太師、推誠贊治功臣、混同郡王耶律斡特剌，許國王寅底石六世孫，大安中謚敬肅。

中京留守、陳國公竇景庸，中京人，大安中謚肅憲。

北府宰相、贈司空楊遵勗，范陽人，大安中謚康懿。

知樞密院事、經邦佐運功臣、贈尚父、漆水郡王耶律儼，仲禧子，天祚天慶中謚忠懿。

北府宰相、兼侍中蕭常哥，國舅族，天慶中謚欽肅。

南院樞密使、司徒、兼侍中馬人望，醫巫閭人，天祚時謚文獻。

遼之臣，賢而有功者亦多，但賜謚者止此，故據史録之。其耶律姓者大抵宗室疏屬，蕭姓者大抵外戚疎屬也。

## 金帝后謚

始祖，姓完顔氏，諱普函，天會十三年追謚景元，皇統五年增謚獻景元皇帝。　后不知何氏，謚明懿。

德祖，名烏魯，始祖子，天會時追謚德，皇統時增謚淵默玄德皇帝。　后不知何氏，謚思。

安祖，名跋海，德祖子，天會時追謚安，皇統時增謚和靖慶安皇帝。　后不知何氏，謚節。

獻祖，名綏可，安帝子，天會時追謚定昭，皇統時增謚純烈定昭皇帝。　后不知何氏，謚恭靖。

昭祖，名石魯，獻祖子，天會時追謚成襄，皇統時增謚武惠成襄皇帝。　后徒單氏，謚威順。

景祖，名烏古，昭祖子，天會時追謚惠桓，皇統時增謚英烈惠桓皇帝。　后唐括氏，謚昭肅。

世祖，名劾里鉢，景祖子，謚神武聖肅皇帝。　后拏懶氏，謚翼簡。

肅祖，名頗次淑，景祖第四子，謚明睿穆憲皇帝。　后不知何氏，謚宣靜。

穆宗，名盈哥，景祖第五子，謚章順孝平皇帝。　后不知何氏，謚貞惠。

康宗，名烏雅束，世祖長子，謚獻敏恭簡皇帝。　后不知何氏，謚敬僖。

太祖，名旻，世祖第二子，謚應乾興運昭德定功睿神章孝仁明大聖武元皇帝。　后唐括氏，謚聖穆。　裴滿氏，謚光懿。　紇石烈氏，謚欽憲〔一四〕。　烏古論氏，謚宣獻。

太宗名晟，世祖第四子，謚體元應運世德昭功哲惠仁聖文烈皇帝。　后唐括氏，謚欽仁。

熙宗，名亶，太祖孫，謚弘基纘武莊靖孝成皇帝。　后裴滿氏，謚悼平。

初，海陵廢帝爲東昏。世宗即位，追復帝號，謚武靈，廟號閔宗。後改熙宗。

海陵，名亮，遼王宗幹第二子〔一五〕，後廢爲庶人，謚煬。　后徒單氏，無謚。

世宗，名烏禄，太祖孫，睿宗子，謚光天興運文德武功聖明仁孝皇帝。　后烏林答氏，謚昭德，章宗時改明德。　妃李氏，衛紹王時追謚光獻皇后。

章宗，名璟，顯宗子，謚憲天光運仁文義武神聖英孝皇帝。　后蒲察氏，謚欽懷。

衛王，名永濟，世宗第七子，謚紹。　后徒單氏，無謚。

宣宗，名珣，顯宗長子，謚繼天興統述道勤仁英武聖孝皇帝。　后王氏，謚明惠。

哀宗，名守緒，又名寧申速，宣宗第三子，自縊於蔡州城，末帝謚爲哀。

熙宗太子濟安，謚英悼。

宣宗太子守忠，謚莊獻〔一六〕。

## 金宗室尊帝后謚

徽宗，名宗峻，太祖第二子，熙宗之父，熙宗即位，追謚景宣。　后蒲察氏，謚惠昭。

睿宗，名宗堯，太祖第八子，世宗之父，謚立德顯仁啓聖廣運文武簡肅皇帝。　后蒲察氏，謚欽慈。　李氏，謚貞懿。

顯宗，名允恭，世宗第二子，章宗之父，初謚宣孝太子，章宗即位，追謚體道弘仁英文睿德光孝皇帝。　后徒單氏，謚孝懿。　劉氏，謚昭聖。

海陵父宗幹〔一七〕，太祖長子，遼王也，海陵即位，追謚憲古弘道文昭武烈章孝睿明皇帝，廟號德宗。　後海陵貶黜爲庶人，猶稱明肅皇帝。　大定二十二年，皇太子允恭言宗幹不宜稱帝，乃復降遼王，謚忠烈。　其母大氏，謚慈憲皇后，後亦降。

## 金宗室謚

同中書門下平章事、贈開府儀同三司婆盧火，安帝五世孫，天眷元年謚剛毅。

行臺左丞相、兼左副元帥、金源郡王杲，即撒離喝，安帝六世孫，大定三年謚莊襄。

贈開府儀同三司、金源郡王習不失，昭祖孫，大定三年謚忠毅。

左丞相、兼都元帥宗浩〔一八〕，昭祖四世孫，昂子，章宗時追謚通敏。

司空、領左丞相、南陽郡王襄，昭祖五世孫，泰和二年謚武昭。

贈開府儀同三司、隋國公阿離合懣，景祖第八子，大定中謚剛憲。

參議國政、鄭國公謾都訶，景祖第九子，明昌五年謚定濟。

贈金源郡王撒改，景祖曾孫，大定中謚忠毅。

贈金紫光禄大夫謾都本，景祖孫，麻頗子，天眷中謚英毅。

太保、尚書令、領三省事、贈秦王宗翰，景祖曾孫，即粘没喝，大定中謚桓忠。

禆將、追封儀同三司、魏王斡带，世祖第三子，天會十五年謚定肅。

都元帥、遼王杲，世祖第三子，即斜也，大定十五年謚智烈。

元帥左都監、魯王闍母，世祖第七子，大定二年謚莊襄。

右丞相、贈開府儀同三司、太尉、尚書令、廣平郡王承暉，世祖曾孫，貞祐三年謚忠肅。

太師、楚王謀良虎，康宗長子，又名宗雅，大定二年追謚威敏。

趙王宗傑，太宗子，謚孝悼。

贈太師、宋王宗望，太祖子，即斡離不，大定三年謚桓肅。

太師、领三省事、都元帥、瀋王宗弼，太祖子，即兀朮，大定十五年謚忠烈。

鎬王永忠，世宗子，以罪死，泰和中追謚厲。

越王永功，世宗子，興定中謚忠簡。

豫王永成，世宗子，泰和四年謚忠獻。

鄭王永蹈，世宗子，以罪死，泰和中謚剌。

鄆王琮，顯宗子，明昌中謚莊靖，後改爲莊。

瀛王瓌，顯宗子，明昌中謚文敬。

瀛王琦，顯宗子，泰和中謚敦懿。

温王玠，顯宗子，明昌三年謚悼敏。

皇太孫鏗，宣宗孫，謚冲懷。

贈特進閣哥，宗室子，不知世次，大定十五年謚莊翼。

## 金諸臣謚

知樞密院事、贈開府儀同三司、兖國公劉彦宗，宛平人，太宗天會中謚英敏。

元帥、金吾衛上將軍拔離速，天會中謚敏定。

猛安、贈銀青光禄大夫麻吉，皇統中謚毅敏。

中書令、贈金源郡王銀术可，麻吉兄，大定十五年謚武襄。

贈開府儀同三司、金源郡王婁室，完顔部人，熙宗皇統中謚莊義。

京兆尹、隨國公活女，婁室子，天會中謚貞濟。

太傅、領三省事、贈太師、晉國王撻不野，遼陽人，海陵王貞元中謚傑忠〔一九〕。

太師、梁晉王徒單恭，上京人，海陵徒單后父，貞元二年謚忠〔二〇〕。

特進、韓國公斜卯阿里，父渾怛，穆宗時内附，不知何所人。海陵正隆中謚智敏。

翰林侍講學士〔二一〕、贈特進、濮國公虞仲文，寧遠人，正隆中謚文正。

右丞相、儀同三司、吴國公蔡松年，真定人，正隆中謚文簡。

樞密副使、舒國公高彪，渤海人，正隆中謚桓壯。

左丞相、兼都元帥僕散忠義，上京人，宣獻皇后兄，海陵大定六年謚武莊〔二二〕。

平章政事、濟國公僕散揆，忠義子，泰和七年謚武肅。

大興尹、榮國公赤盞輝〔二三〕，張皇人，大定中謚武康。

尚書、齊國公韓企先〔二四〕，玉田人，大定十五年謚簡懿。

太師、尚書令、南陽郡王張浩，渤海人，本姓高，東明王之後，大定中謚文康。

參知政事張汝霖，浩子，明昌元年謚文襄。

鎮撫懷孟、贈特進習失，完顔部人，大定中謚威敏。

右丞相、金源郡王紇石烈志寧，上京人，大定中謚武定。

右丞相、金源郡王紇石烈良弼，本名婁室，回怕川人，大定十五年謚誠敏，後圖像衍慶宮，更謚武定。

太保、廣平郡王李石，遼陽人，貞懿皇后弟，大定十六年謚襄簡。

右丞相石琚，定州人，大定中謚文獻。

參知政事、尚書右丞董師中，洺州人，大定中謚文定。

河中尹楊伯雄，藁城人，大定中謚莊獻。

禮部侍郎、兼左補缺、汾陽軍節度使許安仁，交河人，大定中謚文簡。

吏部尚書梁肅，奉聖州人，大定中謚正憲。

刑部尚書、隴西郡公李愈，正平人，大定中謚清獻。

太師、淄王徒單克寧，萊州人，大定末謚忠烈。

尚書右丞移剌履，遼東丹王七世孫，明昌二年謚文獻。

翰林待制、贈翰林學士承旨温迪罕締達，女直人，明昌五年謚文成。

詳穩、贈開府儀同三司、代國公歡魯，完顔部人，章宗明昌五年謚忠敏。

左丞相、兼侍中、贈儀同三司、金源郡王完顔希尹，歡魯子，大定十五年謚貞憲。

太尉、尚書左丞相、兼太子太師完顔守道，希尹孫，明昌四年謚簡憲，更謚簡靖。

平章政事、芮國公蒲察通，中都路人，明昌中謚成肅〔二五〕。

尚書右丞劉瑋，咸平人，明昌中謚安敏。

參知政事程輝，蔚州人，章宗承安元年謚忠簡。

禮部尚書、兼翰林學士承旨李晏，高平人，承安二年謚文簡。

吏部侍郎、山東按察使、贈朝列大夫李仲略，晏子，泰和五年謚襄獻。

乾州節度使、贈侍中、道國公康公弼，應州人，謚忠肅。

此出《尚古類氏編》，《金史》康元弼無謚〔二六〕。

知河中府馬百禄，三河人，承安四年謚貞忠。

平章政事、英國公夾谷衡，山東西路人，承安中謚貞獻。

樞密副使胥持國，繁峙人，承安中謚通敏。

工部侍郎、安武軍節度使楊伯元，尉氏人，泰和三年謚達。

參知政事〔二七〕、崇進、金紫光禄大夫、贈儀同三司、壽國公張萬公，東阿人〔二八〕，泰和七年謚文貞。

臨潢尹、贈太師、廣平郡王徒單貞，上京人，章宗時謚莊簡。

貞尚海陵妹，與弑熙宗者，以女爲章宗母，故得謚。

太醫使、贈資政大夫祁宰，江淮人，力諫海陵南伐被殺，泰和中謚忠毅〔二九〕。章宗詔定功臣謚，尚書省掾李秉鈞上言：『事有宜緩而急，若輕而重者，名教是也。伏見故贈資政大夫祁宰忠言被誅，慕義之士，盡傷厥心。世宗贈之以官，陛下録用其子，大惠也。雖武王封比干之墓，孔子譽夷齊之仁，何以異此？徒以職非三品，不在議謚之例，臣竊疑之。若職至三品方謚，當時居高官、食厚禄者，不爲無人，皆畏罪淟涊，不伸一喙〔三〇〕、畫一策以爲社稷計，卒使立名死節之士顧出醫卜流，亦可少愧矣。臣以爲非常之人，當以非常之禮待。乞詔特賜謚，以旌其忠，斯亦助名教之一端也。』制曰可。

翰林學士承旨党懷英，馮翊人，衛紹王大安三年謚文獻。

左丞相、都元帥僕散端，中都路人，宣宗時謚忠正。

御史中丞、贈通奉大夫李英，益都人，宣宗時謚剛貞。

東北路招討使、兼德昌軍節度使完顔鐵哥，速頻路人，貞祐中謚勇毅。

宣差都提控孟奎，貞祐初謚莊肅。

户部尚書張翰，秀容人，貞祐中謚達義。

户部尚書任天寵，定陶人，貞祐中謚純肅。

太子太傅、贈銀青榮禄大夫張行簡，日照人，貞祐中謚文正。

禮部尚書、兼侍讀楊雲翼，樂平人，正大五年謚文獻。

權陝西東路轉運使、行六部尚書王擴，永平人，興定中謚剛毅。

泰安州刺史、贈泰定軍節度使和速嘉安禮〔三二〕，大名路人，興定中謚堅貞。

金紫光禄大夫、元帥左都監紇石烈鶴壽，河北西路人，興定五年謚勇果。

孟州防禦使、贈資德大夫、定國軍節度使蒲察婁室，東北路人，興定中謚襄勇。

鳳翔府路兵馬都總管府判官、贈輔國上將軍、恒州刺史馬慶祥，其先西域人，徙狄道。元兵攻鳳翔，率兵殊死戰，矢盡被執，不屈而死，謚忠閔。

禮部尚書、贈梁郡侯馬正卿，慶祥子，金末謚忠懿。

參知政事尼龐古鑑，曷速館人，謚文肅。

定國軍節度使、太孫太師、同判大睦親院事、定國公徒單公弼，河北東路人，尚世宗女息國公主，興定五年謚愿恪。

中都路轉運使王寂，玉田人，謚文肅。

户部尚書蕭貢，咸陽人，元光二年謚文簡。

燕京留守、儀同三司、鄭國公蕭仲恭，遼宣宗甥，謚貞簡。

中都留守高霖，東平人，金末謚文簡。

參知政事、右丞耶律履，上京人，謚文獻〔三一〕。

觀州刺史、贈崇義軍節度使高守約，遼陽人，金末謚忠敬。

威勝軍節度使趙慤，女直人，金末謚忠愍。

翰林修撰魏璠，元世祖徵至和林，卒謚靖肅。

補缺李大節，元世祖謚貞肅。

## 劉豫僞謚

祖謚毅文皇帝，號徽祖。

父謚睿文皇帝，號衍祖。

## 元帝后謚

烈祖，姓渥奇温氏，諱也速改，謚神元。　后月倫氏，謚宣懿。

太祖，名鐵木真，烈祖長子，謚法天啓運聖武皇帝。　后弘吉剌氏，謚光獻翼聖。

太宗，名窩闊台，太祖第三子〔三三〕，謚英文皇帝。　后乃馬真氏，謚昭慈。

定宗，名貴由，太宗長子，謚簡平皇帝。　后海迷失氏，謚欽淑。

憲宗，名蒙哥，睿宗拖雷長子，謚桓肅皇帝。　后弘吉剌氏，謚貞節。

世祖，名忽必烈，睿宗第四子，謚聖德神功文武皇帝。　后弘吉剌氏，謚昭睿順聖。

成宗，名鐵穆耳，世祖孫，裕宗真金第三子，謚欽明廣孝皇帝。　后弘吉剌氏，謚貞慈懿靜。

武宗，名海山，順宗長子，謚仁惠孝宣皇帝。　后弘吉剌氏，謚宣慈惠聖。　妃亦乞烈氏，子明宗追謚仁獻章聖皇后。　又妃唐兀氏，子文宗追謚文獻昭聖皇后。

仁宗，名愛育黎拔刀八達，順宗次子，謚聖文欽孝皇帝。　后弘吉剌氏，謚莊懿慈聖。　時翰林承旨賈元用，以累朝皇后既崩者，猶以名稱而未有謚號，乃上言：『后爲天下母，豈可直稱其名？宜加徽號，以彰懿德。』從之。

英宗，名碩德八剌，仁宗嫡子，謚睿聖文孝皇帝。　后亦啓烈氏，謚莊靜懿聖。

泰定皇帝，名也孫鐵木臺，裕宗嫡孫，顯宗長子，與后弘吉剌氏俱無謚。

明宗，名和世㻋，武宗長子，謚翼獻景孝皇帝。　后姓無考，謚貞裕徽聖。

文宗，名圖帖睦爾，武宗次子，謚聖明元孝皇帝。　后弘吉剌氏，無謚。

寧宗，名懿憐真班，明宗第二子，謚冲聖嗣孝皇帝。　后弘吉剌氏，無謚。

順帝，名妥懽帖睦爾，明宗長子，殂于沙漠。我太祖高皇帝以其知順天命，謚曰順。　后欽察氏，無謚。

## 元宗室尊帝后謚

睿宗，名拖雷，太祖之第四子，憲宗與世祖之父，早卒，謚景襄皇帝。　后怯烈氏，即憲宗、世祖母〔三四〕，謚顯懿莊聖。

裕宗，名真金，世祖之子，成宗之父，謚文惠明孝皇帝。　后弘吉剌氏，即成宗母，謚徽仁裕聖。

顯宗，名甘麻剌，裕宗之子，泰定之父，初謚獻武太子，後謚光聖仁孝皇帝。　后弘吉剌氏，即泰定母，謚宣懿淑聖。

順宗，名答剌麻剌，裕宗之子，武宗、仁宗之父，謚昭聖衍孝皇帝。　后弘吉剌氏，即武宗、仁宗母，英宗祖母，謚昭獻元聖。

元宗室，惟北安王乃世祖第四子，大德五年薨，延祐七年賜謚昭定；順帝時，贈宗室忽都答兒爲雲安王，謚忠武，羅羅歹爲保寧王，謚昭勇，又加荆王脱脱木兒元德上輔廣忠宣義正節振武佐運功臣之號。餘未詳。

## 【校勘記】

〔一〕龍圖閣學士王十朋　「閣」字原脱，據《續通考》卷一四五、《宋史》卷三八七《王十朋傳》補。

〔二〕顔師魯　「師」原作「思」，據《宋史》卷三八九《顔師魯傳》改。

〔三〕贈容州觀察使姚興　「州」原作「川」，據《宋史》卷四五三《姚興傳》改。

〔四〕武泰軍節度使　「武泰」原作「泰武」，據《宋史》卷四六五《鄭興裔傳》乙。

〔五〕李道傳　「傳」原作「傅」，據《宋史》卷四三六《李道傳傳》改。

〔六〕贈華文閣待制陳寅　「華文」原作「文華」，據《宋史》卷四四九《陳寅傳》乙。

〔七〕保寧軍節度使　「寧」原作「定」，據《宋史》卷四一四《鄭清之傳》、《後村先生大全集》卷一七〇《丞相忠定鄭公行狀》改。

〔八〕參知政事觀文殿大學士　宋制，觀文殿大學士非曾任宰相者不除。又據《宋史》卷四二《理宗紀二》、卷二一四《宰輔表五》、卷四一五《葛洪傳》考之，葛洪生前未曾拜相，職名止於資政殿大學士。此處「觀文殿」應爲「資政殿」之誤。

〔九〕蔡杭　「杭」原作「抗」，蓋承《宋史》卷四二〇本傳之誤，據《嘉靖建寧府志》卷一五、卷一八、《萬曆金華府志》卷一四、《閩書》卷九六、《宋元學案》卷六七《九峰學案》改。下文同改。

按，此人乃蔡元定孫、蔡沈子，福建建陽人，文獻載蔡沈三子，長模、幼權，皆聯木字，則中子之名亦當從木作『杭』，今見文獻作『抗』者皆誤。

〔一〇〕元杰論嵩之不可起復　『元』字原脱，據上文補。

〔一一〕兼華文閣待制趙昻發　『華文』原作『文華』，據《宋史》卷四五〇《趙昻發傳》乙。又《宋史》本傳稱昻發卒『贈華文閣待制』，此處『兼』字亦誤。

〔一二〕肅祖姓耶律氏　『祖』原作『宗』，據《續通考》卷一四六、《遼史》卷二七《天祚紀一》改。

〔一三〕齊王贈皇太叔罨撒葛　『撒』原作『撤』，據《遼史》卷八《興宗紀上》改。

〔一四〕紇石烈氏謚欽憲　『紇』原作『統』，據《續通考》卷一四六、《金史》卷六三《后妃上》改。

〔一五〕遼王宗幹第二子　『幹』原作『斡』，據《續通考》卷一四六、《金史》卷五《海陵紀》、卷七六《宗幹傳》改。

〔一六〕宣宗太子守忠謚莊獻　『宣』原作『寧』，據《金史》卷九三《莊獻太子傳》改。

〔一七〕海陵父宗幹　『幹』原作『斡』，據《續通考》卷一四六、《金史》卷五《海陵紀》、卷七六《宗幹傳》改。下文同改。

〔一八〕宗浩　『浩』原作『誥』，據《金史》卷九三《宗浩傳》、《宋史》卷三九五《方信孺傳》改。

〔一九〕海陵王貞元中謚傑忠　『貞元』原作『元貞』，據《續通考》卷一四六、《金史》卷八〇《大臭传》乙。

〔二〇〕貞元二年謚忠　『貞元』原作『元貞』，據《續通考》卷一四六、《金史》卷一二〇《徒單恭传》乙。

〔二一〕翰林侍講學士　『講』原作『讀』，據《續通考》卷一四六、《金史》卷七五《虞仲文傳》改。

〔二二〕海陵大定六年謚武莊　按，大定乃金世宗年號，《金史》卷六《世宗紀上》、卷八七《僕散忠義傳》均稱僕散中義薨於大定六年，此處『海陵』二字誤。

〔二三〕赤盞輝　『輝』，《金史》卷八〇本傳作『暉』。

〔二四〕尚書齊國公韓企先　『尚書』，《續通考》卷一四六作『尚書宰相』。按《金史》卷七八《韓企先傳》，企先以天會七年遷尚書左僕射兼侍中、封楚國公，十二年爲尚書右丞相，此稱『尚書』誤，當從《續通考》作『尚書宰相』。

〔二五〕平章政事芮國公蒲察通中都路人明昌中謚成肅　『芮』原作『苪』，據《續通考》卷一四六、《金史》卷九五《粘割斡特剌傳》改。按《金史》卷九五《蒲察通傳》，蒲察通無謚。此處文字，除『中都路人』確爲蒲察通鄉貫信息外，其餘官爵謚號等均是誤從《蒲察通傳》下接之《粘割斡特剌傳》抄入，與蒲察通無關。

〔二六〕金史康元弼無謚　按《金史》卷七五有《康公弼傳》，卷九七有《康元弼傳》，俱無謚，前者名與仕履均與本條正文相符，後者則皆不合。此處『元』當是『公』之誤。

〔二七〕參知政事　據《金史》卷九五《張萬公傳》，應作『平章政事』。

〔二八〕東阿人　『阿』原作『河』，據《金史》卷九五《張萬公傳》改。

〔二九〕泰和中謚忠毅　『泰』原作『太』，據《金史》卷一一《章宗紀三》、卷八三《祁宰傳》改。

〔三〇〕不伸一喙　『喙』原作『啄』，據《續通考》卷一四六、《金史》卷八三《祁宰傳》改。

〔三一〕贈泰定軍節度使和速嘉安禮　『定』原作『安』，『和』字原脱，據《金史》卷一二一《和速嘉安禮傳》改、補。

〔三二〕參知政事耶律履上京人謚文獻　『獻』原作『憲』，據上文移剌履條、《金史》卷九五《移剌履傳》、《元文類》卷五七《故金尚書右丞耶律公神道碑》改。按，耶律履即移剌履，作者不察，致此處以『耶律履』之名重出。

〔三三〕太宗名窩闊台太祖第三子　『台』字原脱，『三』原作『二』，據《元史》卷二《太宗紀》補、改。

〔三四〕即憲宗世祖母　『世祖』原作『世宗』，據《續通考》卷一四七、《元史》卷四《世祖紀一》改。

# 卷之十三

雲間王　圻　編輯
巴郡趙可懷　校正
平湖孫成泰　郢中朱一龍
龍江王應麟　西陵吴　化　參閲

## 元臣謚上

河西王、追封濟寧王特薛禅，姓弘吉剌氏，朔漠人，太祖后父，謚忠武。

駙馬都尉、贈推忠宣力佐命功臣、太師、開府儀同三司、上柱國、進封昌王亦乞烈思氏孛秃，太祖時謚忠武。

駙馬都尉、昌王鎖兒哈，孛秃子，謚忠靖〔一〕。

駙馬都尉、贈推誠靖宣佐運贊治功臣、太師、開府儀同三司、上柱國、昌王札忽爾陳，鎖兒哈子，尚親王女也孫真公主，謚武靖〔二〕。

駙馬都尉、贈效忠保德輔運佐理功臣、太師、開府儀同三司、上柱國、昌王忽憐，爾陳子，尚憲宗女伯雅倫公主，謚忠宣。

駙馬都尉、高唐王、贈宣忠協力翊衛果毅功臣、太傅、儀同三司、上柱國、越王孛要合，尚太祖女阿剌海別吉公主，太祖時謚武毅。

天下都達魯花赤、贈推忠佐命功臣、太傅、開府儀同三司、上柱國、涼國公札八兒，西域人，太祖時謚武定。

湖廣宣慰使、贈推誠保德功臣、金紫光禄大夫、司徒、涼國公阿里罕，札八兒子，憲宗時謚安惠〔三〕。

太僕寺丞〔四〕、贈開府儀同三司、上柱國、涼國公明里察，札八兒子，謚康懿。

鎮撫白霫諸郡、行省都元帥、贈推誠定遠佐運功臣、太師、開府儀同三司、上柱國、營國公塔本，太祖時謚忠武。

興平等處行省都元帥、贈宣忠輔義功臣、榮禄大夫、平章政事、柱國、營國公阿里乞失帖木兒，塔本子，謚武襄。

平灤路達魯花赤、昭武大將軍、贈宣力功臣、資德大夫、中書右丞、上護軍、永平郡公阿台，帖木兒子，世祖時謚忠亮。

西京留守、兼兵馬副元帥、贈太師、秦國公劉伯林，濟南人，太祖時謚忠順。

都總管萬户、兼成都路軍民經略使、贈太傅、秦國公黑馬，伯林子，世祖時謚忠惠。

兵馬都元帥、贈推忠宣力保德功臣、太尉、開府儀同三司、上柱國、興國公移剌捏兒，契丹人，太祖時謚武毅。

鎮國上將軍、征東大元帥、贈推誠效義功臣、榮禄大夫、平章政事、興國公買奴，揑兒子，太宗時謚顯懿。

簽湖廣行樞密院、贈安遠功臣、龍虎衛上將軍、同知樞密院事、興國公元臣，買奴子，世祖時謚忠靖。

河東北路行省萬户、贈太保、儀同三司、冀國公郝和尚拔都，太原人，太宗時謚忠定。

百户、贈效忠宣力佐命功臣、開府儀同三司、上柱國、河南王速不台，蒙古人，定宗時謚忠定。

都元帥、兼領尚書省事、贈推忠開濟翊運功臣、開府儀同三司、上柱國、河南王察罕，唐兀人，憲宗時謚武宣。

萬户、贈推誠宣力功臣、榮禄大夫、平章政事、柱國梁國公木花里，察罕子，世祖時謚武毅。

資德大夫、湖廣行省左丞、贈推誠亮節崇德贊治功臣、榮禄大夫、中書平章政事、柱國、秦國公立智理威，木花里從孫，至大中謚忠惠。

高麗歸附軍民長官、贈嘉議大夫、瀋陽侯洪福源，高麗人，憲宗時謚忠獻。

山西大達魯花赤、贈推忠翊運同德功臣、太師、開府儀同三司、上柱國、宣寧王速哥，蒙古人，元初謚忠襄。

山西大達魯花赤、贈太保、金紫光禄大夫、上柱國、雲國公忽蘭，速哥子，元初謚康忠。

山西大達魯花赤、贈太傅、儀同三司、上柱國、雲國公天德于思，忽蘭子，世祖時謚顯毅。

東平路行軍萬户、魯國公嚴實，長清人，世祖中統初謚武惠。

資德大夫、中書左丞、行江浙省事嚴忠濟，實子，謚莊孝。

秦鞏等州便宜總帥、隴右王汪世顯，鞏昌人，中統二年謚義武。

鞏昌等路便宜都總帥、隴西公汪德臣，世顯子，中統三年謚忠烈。

資善大夫、中書左丞、行四川中書省事、贈推誠保德宣力功臣、儀同三司、陝西等處行省平章政事、柱國、梁國公汪良臣，德臣弟，世祖時謚忠惠。

資德大夫、陝西行中書省左丞汪惟正，良臣子，世祖時謚貞肅。

昭勇大將軍、大名路總管兼府尹、贈昭勇大將軍、僉樞密院事、上輕車都尉、清河郡侯張子良，范陽人，中統中謚翼敏。

懷遠大將軍、吉州路總管、贈昭勇大將軍、龍興路總管、上輕車都尉、清河郡侯張懋，子良子，世祖時謚宣敏。

元帥都總管、贈宣力功臣、銀青榮禄大夫、大司徒、營國公高宣，遼陽人，謚簡僖。

嘉議大夫、兵部尚書、贈推誠保義功臣〔五〕、太保、儀同三司、上柱國、營國公高天錫，宣子，中統時謚莊懿。

嘉議大夫、兵部尚書、贈推誠保德贊治功臣、太師、開府儀同三司、上柱國、營國公高諒，天錫子，仁宗時謚宣靖。

開府儀同三司、平章軍國重事、贈太師、鎮陽王史天澤，永清人，世祖時謚忠武。

光禄大夫、太保、參預中書省事，贈太師，趙國公劉秉忠，邢臺人，世祖時謚文貞，成宗時贈太師，謚文正。

樞密副使，贈推誠同德佐運功臣、太師、開府儀同三司、上柱國、魏國公張文謙，沙河人，世祖時謚忠宣。

御史中丞，贈陝西行省平章政事、魏國公張晏，文謙子，謚文靖。

翰林侍讀學士郝經，陵川人，世祖時謚文忠。

翰林學士承旨姚樞，柳城人，世祖時謚文獻。

榮禄大夫、翰林學士承旨、知制誥、兼修國史姚燧，樞子〔六〕，武宗時謚文。

光禄大夫、湖廣行省左丞，贈開府儀同三司、上柱國、楚國公阿里海牙，畏吾兒人，世祖時謚武定。

總帥行省監軍，贈太師、衛國公撒吉思卜華，世祖時謚忠武。

卜華與金師戰没。

蒙古漢軍萬户，贈太保、衛國公明安答兒，卜華弟，世祖時謚武毅。

答兒南伐死于鈞州。

臨洮鎮元帥趙阿哥潘，狄道人，以戰死謚桓勇。

先是，勳臣子孫爲祖父請謚者，世祖每靳之。至是，敕大臣加以美謚。

鞏昌二十四處宣慰使趙重喜，阿哥潘子，世祖時謚桓襄。

故東平權萬户吕義，死王事，世祖賜謚貞節。

昭勇大將軍、欽察親軍都指揮使、贈金吾衛上將軍、成武郡公艾貌拔都，至元中謚顯敏〔七〕。

易州等處軍民總管、贈儀同三司、太保、上柱國、易國公何伯祥，易縣人，世祖時謚武昌。

河南行尚書省平章政事、贈太傅、開府儀同三司、上柱國、梁國公何瑋，伯祥子，至大中謚文正。

太師、行中書省事耶律阿海，遼故族，世祖時謚忠武。

行江西中書省事、贈推忠翊運宣力功臣、開府儀同三司、太師、上柱國、順昌郡王阿塔海，遜都思人，世祖時謚武敏。

中書右丞、行省占城、贈榮禄大夫唆都，札剌兒氏，世祖時謚襄愍。

資善大夫、中書左丞、贈推誠靖遠功臣、太保、儀同三司、滕國公李恒，西夏人，世祖時謚武愍。

江浙行省右丞、趙國公鄭温，靈壽人，世祖時謚武毅。

大名路達魯花赤、贈太師昔里鈐部，唐兀人，世祖時孫教化請于朝，賜謚貞獻。

行尚書右丞、鎮南王、贈平章政事愛魯，鈐部子，世祖初謚毅敏，後以子教化請于朝，加贈太師、魏國公，改謚忠節。

愛魯征交趾，感瘴癘卒。

管軍百户、贈竭忠宣力功臣、資德大夫、中書右丞、上護軍、況國公忽都思，伯牙吾台氏，世祖時謚武愍。

江南浙西道提刑按察使、贈宣忠守正功臣、銀青榮禄大夫、况國公和尚，忽都思子，世祖時謚莊肅。

榮禄大夫、平章政事、商議樞密院事、左翼萬户府達魯花赤、提調屯田事、贈推忠輔治功臣、光禄大夫、河南江北等處行省平章政事、上柱國、衛國公千奴，和尚子，延祐中謚景憲。

禮部尚書、贈推忠宣力翊運功臣、正議大夫、僉書樞密院事、上輕車都尉、梁郡侯月合乃〔八〕，狄道人，世祖時謚忠懿。

山東經略統軍二使、兼益都路達魯花赤、贈安邊經遠宣惠功臣撒吉思〔九〕，回鶻人，世祖時謚襄惠。

廣東都轉運鹽使〔一〇〕、贈户部尚書、守忠全節功臣合剌普華，益都人，謚忠愍。

時世祖征占城、交趾，普華護餉，道遇賊，欲奉爲主，不屈而死。

吉安路達魯花赤、贈宣惠安遠功臣、禮部尚書、雲中郡侯僾文質，普華子，與父同死，世祖時謚忠襄。

知樞密院事、贈推忠保節功臣、資善大夫、甘肅等處行省右丞、上護軍、寧夏郡公暗伯，唐兀人，世祖時謚忠遂。

中奉大夫、四川等處行省參知政事、贈推忠宣力定遠功臣、資善大夫、陝西行省左丞、護軍、威寧郡公月舉連赤海牙，畏兀人，世祖時謚襄靖〔一一〕。

檀順昌平萬户、追封順國公蕭醜奴，契丹人，世祖時謚忠毅。
湖北提刑按察使、追封順國公蕭青山，醜奴子，世祖時謚武定。
檀州知州、追封順國公哈剌帖木兒，青山子，世祖時謚康惠。
銀青榮禄大夫、崇祥院使、贈守正佐治功臣、太保、儀同三司、柱國、薊國公蕭拜住，帖木兒子，泰定中謚忠愍。
兵刑部尚書、贈中奉大夫、參知政事、東平郡公張昉，汶上人，世祖時謚莊憲。
昭文館大學士、平章政事、贈光禄大夫、大司徒、柱國、趙國公何榮祖，永年人，世祖時謚文憲。
浙東道宣慰使、贈推忠秉義全節功臣、江浙等處行省左丞、河南郡公陳祐，寧晋人，世祖時謚忠定。
中書右丞、議樞密院事、贈推忠正義全德佐理功臣、河南江北等處行省平章政事、趙國公陳天祥，祐弟，延祐三年謚文忠。
榮禄大夫、御史中丞、贈宣猷秉憲佐治功臣、翰林學士承旨、榮禄大夫、柱國、魯國公陳思謙，祐孫，至正中謚通敏。
安豐路總管、贈昭文館大學士、正奉大夫、清河郡公張礎，通州人，世祖時謚文敏。
總管京兆諸軍奥魯、贈輸忠立義功臣、銀青榮禄大夫、大司徒、雍國公賀賁，隰州人，世祖時謚貞獻。

光禄大夫、平章政事、贈推誠宣力翊運功臣、太師、開府儀同三司、上柱國、奉元王賀仁傑，賁子，謚忠貞。

光禄大夫、左丞相、行上都留守、兼本路總管府達魯花赤、開府儀同三司、上柱國、贈推忠宣力保德功臣、太傅、開府儀同三司、上柱國、秦國公賀勝，仁傑子，謚惠愍。至正三年，加贈推忠亮節同德翊戴功臣、太師開府儀同三司、上柱國、涇陽王，改謚忠宣。

提點尚食尚藥局事、追封聞喜郡侯賈昔剌〔一二〕，大興人，世祖時謚敬懿。

追封臨汾郡公丑妮子，昔剌子，世祖時謚顯毅。

金紫光禄大夫、贈推忠宣力守諒功臣、太傅、開府儀同三司、上柱國、冀國公禿堅不花，英宗時謚忠隱。

丑妮子孫〔一三〕，爲帖失譖殺。帖失以大逆誅，事乃白。

翰林集賢大學士、贈推誠廣德協恭翊亮功臣、翰林學士承旨、上柱國、薊國公許國禎，曲沃人，世祖時謚忠憲。

時大臣非有勳德、爲帝所知者，罕得贈謚，而國禎得之，人以爲榮。

榮禄大夫、大司徒、贈推忠守正佐理功臣、光禄大夫、陝西等處行省平章政事、柱國、趙國公許扆，國禎子，仁宗時謚僖簡。

安遠大將軍、沂郯上副萬户、定海郡侯隋世昌，萊陽人，世祖時謚忠勇。

金符水軍萬户、贈推忠宣力功臣、龍虎衛上將軍、同知樞密院事、上護軍、易國公解誠，定興人，世祖時謚武定。

龍虎衛上將軍、贈推忠效節功臣、資德大夫、中書右丞、上護軍、易國公解汝楫，誠子，謚忠毅。

廣東道宣慰使、贈資德大夫、河南江北等處行省左丞、上護軍、平陽郡公解帖哥，汝楫子，謚武宣。

江西行尚書省左丞、贈江西行省左丞、平昌郡公管如德，黄陂人，世祖時謚武襄。

昭勇大將軍、河南諸翼征行萬户、贈宣忠秉義功臣、資善大夫、湖廣等處行中書省左丞、上護軍、齊郡公張弘綱〔一四〕，東安州人，世祖時謚武宣〔一五〕。

江南行御史臺中丞、贈魯國公王博文，東魯人，世祖時謚文定。

議陝西五路四川行中書省事、贈翰林學士承旨、資德大夫、上護軍、平原郡公孟攀鱗，雲内人，世祖時謚文定。

懷孟路總管楊果，蒲陰人，世祖時謚文獻。

果，金正大中進士，歷偃師、蒲城、陝令，金亡，歸元。

東川都元帥、閬中郡公楊大淵，天水人，世祖時謚肅翼。

驃騎衛上將軍、行中書左丞、贈龍虎衛上將軍、中書左丞劉整〔一六〕，鄧州人，世祖時謚武敏。

中奉大夫、安西王相、贈中書左丞相趙炳，灤陽人〔一七〕，世祖時謚忠愍。

翰林學士承旨、贈端貞雅亮佐治功臣、太傅、開府儀同三司、洛國公王磐，永平人〔一八〕，世祖時謚文忠，一謚文定。

翰林學士承旨、資善大夫王鶚，東明人，世祖時謚文康。

左三部尚書、兼商議中書省事、贈推忠贊治功臣、榮禄大夫、上柱國、大司徒、邢國公劉肅，威州人，世祖時謚文獻。

翰林學士承旨、資善大夫、贈翰林學士承旨、資德大夫、河南江北等處行中書省右丞、上護軍、恒山郡公王思廉，獲鹿人，世祖時謚文恭〔一九〕。

浙東海右道提刑按察使、贈宣忠安遠功臣、中奉大夫、參知政事、護軍、魯郡公孟祺，符離人，世祖時謚文襄。

昭文館大學士、贈太師、魏國公竇默，廣平人，世祖時謚文正。

千户、贈中書左丞〔二〇〕、恒山郡公焦用，雄州人，以子貴，謚正毅。

福建行省參知政事、贈榮禄大夫、平章政事、恒國公焦德裕，用子，世祖時謚忠肅。

參議京兆宣撫司事楊奂，奉天人，世祖時謚文憲。

同簽書樞密院事、贈推忠翊運功臣、太保、儀同三司、韓國公趙良弼，女直人，世祖時謚文正。

濟南新舊軍萬户、贈中奉大夫、參知政事、護軍、彭城郡公劉斌，歷城人，謚武莊。

正奉大夫、江西行省參知政事、贈推忠宣力果毅功臣、平章政事、柱國、濱國公劉思敬，斌子，世祖時謚忠肅。

中書左丞相、西河杜思敬〔二一〕，不知何所人，世祖時謚文定。

榮禄大夫、判行工部事、蔡國公，贈推忠宣力翊運功臣、太師、開府儀同三司、上柱國張柔，定興人，世祖時謚武康，後加封汝南王，謚忠武。

蒙古漢軍都元帥、贈銀青榮禄大夫〔一二〕、平章政事張弘範，柔子，世祖時謚武烈。至大中，加贈推忠效節翊運功臣、太師、開府儀同三司、上柱國、齊國公，改謚忠武。延祐中，改謚獻武。

江南行省參知政事、贈推忠佐理功臣、銀青榮禄大夫、平章政事、上柱國、蔡國公張弘略，柔子，元貞中謚忠毅。

龍虎衛上將軍、行元帥府事、累贈推忠翊運效節功臣、太傅、開府儀同三司、上柱國、趙國公董俊，藁城人，謚忠烈。

中書左丞、簽書樞密院事、贈金紫光禄大夫、平章政事董文炳，俊長子，世祖時謚忠獻。

資德大夫、知制誥、兼修國史、贈銀青榮禄大夫〔一三〕、少保、壽國公董文用，俊第三子，世祖時謚忠穆。

資德大夫、簽書樞密院事、贈光禄大夫、司徒、壽國公董文忠，文用弟，世祖時謚忠貞，一謚正獻。

武節將軍、贈鎮國上將軍、簽書樞密院事董士元，文炳子，至大元年謚節閔，後加贈推誠效節功臣、資德大夫、中書左丞、護軍、趙郡公，改謚忠愍。

太傅董士珍，文忠子，謚清獻。

西夏中興等路提刑按察使、贈崇文贊治功臣、金紫光禄大夫、司徒、柱國、寧國公高智曜，河西人，至元中謚文忠。

南臺御史中丞、贈推忠佐理功臣、太傅、開府儀同三司、上柱國、寧國公高睿，智曜子，延祐元年謚貞簡。

般陽路總管、贈河南行省左丞、淄川張名德，至元時謚忠襄。

毛貴攻城，名德死節，故加贈謚。

駙馬都尉、趙王愛不花，拜哈子，尚世祖女月烈公主，謚武襄。

駙馬都尉、鄃王木忽難，爱不花子，尚阿失秃魯公主，謚忠襄。

駙馬都尉、趙王君不花，孛答子，尚定宗女葉里迷失公主，謚忠襄。

駙馬都尉、趙王闊里吉思，君不花子，尚裕宗女忽答迭迷失公主，謚忠獻。

駙馬都尉、趙王囊家台，君不花子，尚亦怜真公主，謚忠烈。

駙馬都尉、趙王喬憐察，君不花子，尚回紇公主，謚康僖。

湖北道宣慰使、贈中書右丞鄭鼎，陽城人，至元時謚忠毅，後加贈宣忠保節功臣、平章政事、柱國、潞國公，謚忠肅。

大都留守、領少府監、兼武衛親軍都指揮使、贈推忠贊治功臣、銀青榮禄大夫、平章政事、澤國公鄭制宜，鼎子，大德中謚忠宣。

禮部尚書、贈正議大夫、太原郡侯王倚，宛平人，至元末謚忠肅。

【校勘記】

〔一〕昌王鎖兒哈孛秃子謚忠靖　『忠靖』，《續通考》卷一四七作『武定』。按《元史》卷一一八《孛秃傳》未載鎖兒哈之謚，而稱鎖兒哈子札忽兒臣謚忠靖，此處當是誤書其子之謚。

〔二〕謚武靖　按《元史》卷一一八《孛秃傳》載，鎖兒哈子札忽兒臣謚忠靖。

〔三〕湖廣宣慰使贈推誠保德功臣金紫光禄大夫司徒涼國公阿里罕札八兒子憲宗時謚安惠　按《元史》卷一二〇《札八兒傳》載，阿里罕『生哈只，終湖南宣慰使，贈推誠保德功臣、金紫光禄大夫、司徒，追封涼國公，謚安惠』。此處誤將哈只生前官職及死後封贈、賜謚等竄歸阿里罕名下。

〔四〕太僕寺丞　按《元史》卷一二〇《札八兒傳》稱，阿里罕有孫『太僕寺丞補孛』，又有曾孫阿葩實，官『太僕寺卿』，而無一字言及明里察生前仕宦情況。此處『太僕寺丞』四字，當是誤將補孛或阿葩實官職竄入明里察名下。

〔五〕推誠保義功臣　『誠』，《元史》卷一五三《高宣傳附高天錫傳》作『忠』。

〔六〕姚燧樞子　按《元史》卷一五八《姚樞傳》稱燧爲樞從子。據《牧庵集》卷一五《中書左丞姚文獻公神道碑》、《圭塘小稿》卷六《雪齋書院記》考之，當以《元史·姚樞傳》爲是。

〔七〕昭勇大將軍欽察親軍都指揮使贈金吾衛上將軍成武郡公艾貌拔都至元中謚顯敏　『艾貌拔都』下原有『人』字，據《續通考》卷一四七、《元史》卷一二三《艾貌傳》删。按《元史》本傳，此處所録生前身後官爵封贈賜謚等，皆屬艾貌拔都之子也速台兒，與本人無關。

〔八〕月合乃　原作『月乃合』，蓋承舊本《元史》卷一三四《月乃合傳》之誤，中華書局點校本《元史》已據該書卷一四三《馬祖常傳》及《石田集》附《馬祖常神道碑銘》乙爲『月合乃』，今亦據乙。按《滋溪文稿》卷一九《元故奉訓大夫昭功萬户府知事馬君墓碣銘》亦作『月合乃』，可爲證。

〔九〕贈安邊經遠宣惠功臣　『惠』原作『慰』，據《元史》卷一三四《撒吉思傳》、《元文類》卷七〇《高昌偰氏家傳》改。

〔一〇〕廣東都轉運鹽使　『都』字原脱，據《元史》卷一九三《合剌普華傳》補。

〔一一〕世祖時謚襄靖　按《元史》卷一三五《月舉連赤海牙傳》，追謚襄靖在『至順中』，此稱『世祖時』誤。

〔一二〕聞喜郡侯賈昔剌　『侯』原作『公』，據《元史》卷一六九《賈昔剌傳》、《道園類稿》卷四〇《賈忠隱公神道碑》改。

〔一三〕丑妮子孫　『子』字原脱，據上文及《元史》卷一六九《賈昔剌傳》、《道園類稿》卷四〇《賈忠隱公神道碑》補。

〔一四〕張弘綱　『弘』原作『宏』，據《續通考》卷一四七、《元史》卷一六五《張禧傳附張弘綱傳》改。

〔一五〕世祖時謚武宣　『武宣』，蓋承舊本《元史》卷一六五《張禧傳附張弘綱傳》之誤，中華書局點校本《元史》已據《吴文正集》卷三五《張弘綱墓表》、《至正集》卷三〇《左丞張文定公挽詩序》校改爲『武定』。

〔一六〕贈龍虎衛上將軍中書左丞劉整　按《元史》卷一六一《劉整傳》，整卒後贈中書右丞，此處『左』字誤。

〔一七〕贈中書左丞相趙炳灤陽人　『灤』原作『欒』，據《續通考》卷一四七、《元史》卷一六三《趙炳傳》改。按《元史》本傳稱，炳卒後贈中書左丞，此處『相』字衍。

〔一八〕洺國公王磐永平人　『洺』原作『洛』，據《元史》卷一六〇《王磐傳》改。又『永平』二字亦誤。據《元史》本傳及《元朝名臣事略》卷一二，王磐實爲廣平永年人。

〔一九〕世祖時謚文恭　『世祖』二字誤。《元史》卷一六〇《王思廉傳》稱其仁宗時致仕，『延祐七年卒』，則其賜謚必不早於延祐七年。

〔二〇〕贈中書左丞　『書』原作『山』，據《元史》卷一五三《焦德裕傳》改。

〔二一〕中書左丞相西河杜思敬　據《元史》卷二一《成宗紀四》、卷一五一《杜豐傳附杜思敬傳》，杜思敬於大德十年閏正月甲午自四川行省左丞遷中書左丞，其後未嘗再遷丞相。此處『相』字衍。

〔二二〕贈銀青榮禄大夫　『榮』原作『光』，據《元史》卷一五六《張弘範傳》、《道園類稿》卷三七《淮南〔獻〕（憲）武王廟堂碑》、《牧庵集》卷一《張弘範贈齊國忠武公制》改。

〔二三〕贈銀青榮禄大夫　『榮』原作『光』，蓋承舊本《元史》卷一四八《董文用傳》之誤。沈濤《常山貞石志·董文用神道碑跋》云：『碑題贈銀青榮禄大夫。考元制，文散官第三十八階爲金紫光禄大夫，第三十七階爲銀青榮禄大夫，並正一品，無銀青光禄之階，則本傳誤也。』中華書局點校本《元史》據改爲『榮』。今按《吴文正集》卷六七《加贈宣猷佐理功臣銀青榮禄大夫少保趙國董忠穆公墓表》亦作『榮』，與碑文合，故改。

# 卷之十四

雲間王　圻　編輯
巴郡趙可懷　校正
平湖孫成泰　郢中朱一龍
龍江王應麟　西陵吴　化　參閲



## 元臣謚下

領迦葉彌兒萬户、代國公斡脱赤，成宗元貞元年謚忠遂。

脱赤崇浮圖教，欲諭迦葉彌兒臣服，爲所殺。脱赤乃迦葉彌兒人也。

開府儀同三司、太傅、録軍國重事、贈太師、上柱國、秦國公鐵哥，斡脱赤子，皇慶中謚忠穆，後加贈推誠守正佐理翊戴功臣、延安王，改謚忠獻。

光禄大夫、湖廣行省平章政事、贈推忠效力定遠功臣、光禄大夫、司徒、柱國、齊國公劉國傑，女直人，元貞中謚武宣〔一〕。

河東山西廉訪使程思廉，東勝人，成宗時謚敬肅。

雲南行省平章政事、贈守仁佐運安遠濟美功臣、太師、開府儀同三司、上柱國、咸陽王賽典赤贍思丁〔二〕，回回人，成宗大德元年謚忠惠。

榮禄大夫、江西行省平章政事、贈守德宣惠敏政功臣、上柱國、雍國公忽辛，贍思丁子，天曆元年謚忠簡。

中書平章政事、佩金虎符、贈太師、開府儀同三司、上柱國、中書左丞相、奉元王伯顔察兒，贍思丁孫，謚忠憲。

集賢大學士、兼國子祭酒、領太史院事、贈榮禄大夫、司徒、正學垂憲佐運功臣、太傅、開府儀同三司、魏國公許衡，河内人，大德二年謚文正〔三〕。

平章政事、贈大司徒趙璧，雲中人，大德三年謚忠亮。

太傅、録軍國重事、興元王完澤，土别燕氏，成宗時謚忠憲。

皇國舅、濟寧王按只那演，成宗時謚忠武。

順德等路宣慰使、贈儀同三司、大司徒、魏國公布魯海牙，畏吾人，大德初謚孝懿。

中書平章政事、贈推忠佐理翊運功臣、太師、開府儀同三司、上柱國、恒陽王廉希憲，布魯海牙子，大德八年謚文正。

右萬户、贈推忠協謀佐運功臣、太師、開府儀同三司、廣平郡王、博爾朮〔四〕，大德五年謚武忠。

萬户、贈推誠宣力保順功臣、太師、開府儀同三司、廣平王孛欒台，博爾朮子，大德五年追謚忠定。

太師、贈宣忠同德弼亮功臣、太師、開府儀同三司、録軍國重事、御史大夫、廣平王玉昔帖木兒，博爾朮孫，大德五年追謚貞憲。

開府儀同三司、録軍國重事、贈宣忠佐命開濟翊戴功臣、太師、開府儀同三司、淮安王伯顔，蒙古人，大德八年謚忠武。

翰林學士、中奉大夫、贈翰林學士承旨、資善大夫、太原郡公王惲，汲縣人，大德中謚文定。

昭文館大學士、兼國子祭酒、中奉大夫耶律有尚，東平人，大德中謚文正。

集賢學士、贈通奉大夫、河南江北等處行省參知政事、護軍、馮翊郡公雷膺，渾源人，大德中謚文穆。

陝西行省參知政事、贈河南行省參知政事、開封郡公田滋，開封人，大德中謚莊肅。

鎮國上將軍、都元帥、贈輔國上將軍、北庭元帥府都元帥、護軍、高陽郡公邸順，行唐人，大德中謚襄敏。

通議大夫、僉河南江北等處行中書省事、贈正議大夫、吏部尚書、上輕車都尉、潁川郡侯陳思濟，柘城人，大德中謚文肅。

翰林學士、贈通議大夫、禮部尚書、上輕車都尉、天水郡侯趙與票，黄巖人，大德中謚文簡。

翰林學士暢淳夫，襄陽人，謚文肅。

翰林學士張伯淳，崇德人，大德中謚文穆。

伯淳在宋咸淳中舉童子科。

江西行省參政賈居貞，獲鹿人，謚文正。

集賢大學士、贈平章、興國公安祐，磁州人，謚文康。

銀青榮禄大夫、上柱國、同知樞密院事、欽察親軍都指揮使〔五〕、贈金紫光禄大夫、司空、延國公土土哈，欽察人，大德中謚武毅。

樞密副使、贈推忠翊亮佐理功臣、榮禄大夫、江浙等處行省平章政事、柱國、大司徒、趙國公禿忽魯，蒙古人，大德中謚文肅。

翰林學士承旨、資善大夫、知制誥、兼修國史、贈榮禄大夫、平章政事、洹國公唐仁祖，畏兀人，大德中謚文貞。

嘉議大夫、婺州路達魯花赤、贈榮禄大夫、江浙行省平章政事、柱國、封雲國公鐵哥术，高昌人，大德中謚簡肅。

太中大夫、杭州路達魯花赤、贈翰林直學士、范陽郡侯海壽，鐵哥孫，世祖時謚惠敏。

光禄大夫、上柱國、江浙等處行省平章政事、贈推忠宣力贊運功臣、太師、開府儀同三司、上柱國、泰安郡王博羅懽〔六〕，蒙古人，大德中謚武穆。

光禄大夫、上柱國、江西等處行省平章政事、贈金紫光禄大夫、大司徒、上柱國、鄭國公奥魯赤，札剌台人，大德中謚忠宣。

榮禄大夫、江浙行省平章政事、贈效忠宣力定遠功臣、開府儀同三司、太尉、上柱國、林國公完者都拔都〔七〕，欽察人，大德中謚武宣。

榮禄大夫、平章政事、贈推誠履正功臣、太傅、開府儀同三司、鄭國公崔彧，弘州人，武宗至大元年謚忠肅。

西征先鋒、贈效忠宣力佐命功臣、開府儀同三司、上柱國、河南王雪不台，蒙古人，至大元年謚忠定。

和林等處行省右丞、太師、録軍國重事、淇陽王、贈宣忠安遠佐運弼亮功臣月赤察兒〔八〕，博爾忽曾孫，至大四年謚忠武。

集賢大學士、贈資德大夫、河南等處行省右丞焦養直〔九〕，堂邑人，至大元年謚文靖。

榮禄大夫、平章政事、商議樞密院事、贈推忠翊衛功臣、儀同三司、太保、上柱國、益國公李庭，壽光人，至大二年謚武毅。

昭文館大學士、平章軍國事、贈純誠佐理功臣、太傅、開府儀同三司、上柱國、魯國公不忽木，康里部人，武宗時謚文貞。

丞相孟速思，畏吾人，世祖特謚敏惠。武宗朝，贈推忠同德佐理功臣、太師、開府儀同三司、上柱國，武都王，改謚智敏。

資善大夫、河南行省左丞〔一〇〕、贈推忠保節功臣、太傅、開府儀同三司、鄭國公崔斌，馬邑人，謚忠毅。

爲阿合馬誣害，至大初贈謚。

太傅、録軍國重事、贈推誠履政佐運功臣、太師、開府儀同三司、上柱國、順德王哈剌哈孫，漠北人，至大中謚忠獻。

福建廉訪使烏古孫澤，臨潢人，至大中謚正憲。

真定等路萬户府參謀、贈推忠協力秉義功臣、金紫光禄大夫、大司徒、上柱國王守道，真定人，至大中以子顒貴，謚忠惠。

御史中丞、集賢大學士、贈銀青榮禄大夫、平章政事、上柱國、薊國公王壽，新城人，至大中謚文正。

雲南諸路行中書省左丞、行大理金齒等處宣慰使、都元帥事、贈龍虎衛上將軍、平章政事、濮國公忙古帶，契丹人，至大時謚威愍。

平章政事、贈推誠宣力保德翊戴功臣、開府儀同三司、太師、上柱國、冀國公石天麟，順州人，至大中謚忠宣。

龍虎衛上將軍、紹慶珍州南平等處沿邊宣慰使、播州安撫使、贈推誠效順功臣、平章政事、播國公楊邦憲，謚惠敏。

侍衛親軍都指揮使、資德大夫、上護軍、贈推誠秉義功臣、銀青榮禄大夫、平章政事、柱國、播國公楊賽因不花，即楊漢英，至大中謚忠宣。

江西行省參知政事、追封閩國公王積翁，福寧人，謚忠愍。

積翁仕宋爲福建制置使，宋亡，以閩圖籍獻元，累遷官。後使日本，遇害，武宗時追謚。

江浙行省參知政事、贈昭文館大學士王都中，積翁子，至正元年謚清獻。

太子賓客、贈榮禄大夫、柱國、中書平章政事、潞國公王利用，潞縣人，武宗時謚文貞。

太師國王前鋒、贈太傅、衛國公槊直腯魯華，蒙古克烈氏，武宗時謚武敏。

魯華攻大名，中流矢卒。

翰林學士承旨、榮禄大夫、遥授平章政事閻復，高唐人，仁宗皇慶元年謚文康。

河南總軍、贈推忠宣力功臣、金紫光禄大夫、上柱國、温國公純只海，皇慶初謚忠襄。

左丞相、商議河南省事、贈太師、開府儀同三司、上柱國、梁國公高興，蔡州人，皇慶二年謚武宣。

集賢侍講學士、兼國子祭酒、贈通奉大夫、太常禮儀院使、護軍、上黨郡公尚野，保定人，皇慶中謚文懿。

御史中丞、贈光禄大夫、中書平章政事、柱國、冀國公郝天挺，安肅人，皇慶中謚文定。

金吾衛大將軍、左副元帥、知中山府、贈銀青榮禄大夫、司徒、冀國公王善，藁城人，皇慶中謚武靖。

河南道提刑按察使、贈儀同三司、太保、上柱國、定國公趙瑨，蔚州人，皇慶中謚襄穆。

昭文館大學士、贈金紫光禄大夫、司徒、雲國公趙秉温，瑨子，皇慶中謚文昭。

征行大元帥、贈推忠佐運功臣、太保、儀同三司、上柱國、秦國公按竺邇，雲中人，仁宗延祐元年謚武宣。

參知政事、贈推誠協謀佐運功臣、太師、開府儀同三司、上柱國、魯國公商挺，濟陰人，延祐初謚文定。

嘉議大夫、太史令、贈推忠守正功臣、光禄大夫、司徒、上柱國、定國公王恂，唐縣人，延祐二年謚文肅。

資國院使、贈資政大夫、江浙左丞拜降，北庭人，延祐二年謚貞惠。

湖廣行省參知政事、贈江西等處行中書省左丞、武威郡公賈文備〔一一〕，蒲陰人，延祐四年謚莊武。

行臺御史中丞、贈資善大夫、御史中丞、上護軍、彭城郡公劉宣，太原人，延祐四年謚忠憲。

贈保德功臣、銀青榮禄大夫、司徒、柱國、趙國公阿台薩理，畏吾人，延祐中謚端愿。

正議大夫、同知總制院事、資德大夫、統制使、贈純誠守正功臣、太保、儀同三司、上柱國、趙國公乞台薩理，阿台薩理子，延祐中謚通敏。

中書平章政事、贈推忠佐理翊亮功臣、太師、開府儀同三司、上柱國、趙國公阿魯渾薩理，乞台薩理子，延祐四年謚文定。

河南浙西提刑按察使、贈禮部尚書胡祗遹，武安人，延祐五年謚文靖。

東昌路總管、贈太中大夫、清河郡侯張炤，濟南人，延祐五年謚敬惠。

翰林侍讀學士、贈陝西行省參政、東平郡公吕域，河内人，延祐中謚文穆。

同知樞密院事、贈推誠保節翊運功臣、金紫光禄大夫、行中書省左丞相、上柱國、趙國公野訥，畏吾人，延祐中謚忠靖。

榮禄大夫、大司農、贈推誠宣力保德功臣、太師、開府儀同三司、上柱國、薊國公曷剌，漠北人，延祐中謚安穆。

資德大夫、雲南行省右丞、贈榮禄大夫、平章政事、鞏國公哈剌觧，皇慶中謚武惠〔一二〕。

翰林學士承旨、贈光禄大夫、柱國、齊國公劉敏，章丘人，延祐中謚文簡。

資政大夫、崇祥院使、贈榮禄大夫、平章政事、柱國、薊國公吴鼎，燕人，延祐中謚孝敏。

贈翰林學士、資善大夫、護軍、容城郡公劉因，容城人，延祐中謚文靖。

中書右丞、贈宣力贊治功臣、光禄大夫、司徒、柱國、趙國公劉正，青州人，延祐中謚忠宣。

侍御史、贈正奉大夫、河南行省參知政事、陳留郡公謝讓，潁昌人，仁宗時謚憲穆。

贈翊運宣力保大功臣、太尉唆海，鐵木迭兒曾祖，仁宗時，迭兒以奸佞有寵，賜謚武烈。

贈推誠保德定遠功臣、太尉不憐吉帶，鐵木迭兒祖，仁宗時謚忠武。

贈推忠佐理同德功臣、太師木兒火赤，鐵木迭兒父，仁宗時謚忠貞。

光禄大夫、領太常禮儀院、贈推忠守正佐運功臣、太師、開府儀同三司、上柱國、趙國公田中良，中山人，仁宗時謚忠獻。

忠良以陰陽家進，能預占吉凶，而頗持正，亦方技之賢者也。

贈集賢大學士、大名靳祥，德進父，仁宗時謚安靖。

資德大夫、中書右丞、議通政院事、領太史院、贈推誠贊治功臣、榮禄大夫、大司徒、柱國、魏國公靳德進，仁宗時謚文穆。

德進精于星曆，與田忠良歷世祖至仁宗，榮貴者累世。

平章政事、秦國公、贈太師、開府儀同三司、上柱國、拂林王愛薛，西域人，仁宗時謚忠獻。

集賢大學士、贈思順佐理功臣、金紫光禄大夫、司徒、上柱國、夏國公楊朵兒只，寧夏人，英宗時謚襄愍。

推誠效節保大佐運功臣、太師、開府儀同三司、上柱國、魯國王孔温窟哇，木華黎父，英宗至治元年謚武宣。

體仁開國輔世佐命功臣、太師、開府儀同三司、上柱國、魯國王木華黎，至治元年謚忠武。

純誠開濬保德輔運功臣、太師、開府儀同三司、上柱國、魯國王孛魯，木華黎子，至治元年謚忠定。

總中都行省、贈宣忠同德翊運功臣、太師、開府儀同三司、東平王速渾察，孛魯子，延祐三年謚忠宣。

先鋒元帥、贈推誠宣力翊衛功臣、太師、開府儀同三司、上柱國、東平王霸突魯，孛魯子，大德八年謚武靖。

莒王阿里吉失，孛魯子，謚忠惠。

中書右丞相、金紫光禄大夫、贈推忠同德翊運功臣、太師、開府儀同三司、上柱國、東平王安童，木華黎四世孫，霸突魯長子，大德七年謚忠憲。

銀青光禄大夫、大司徒、贈輸誠保德翊運功臣、太師、開府儀同三司、上柱國、東平王兀秃帶，安童子，至大二年謚忠簡。

中書省丞相、贈清忠一德功臣、太師、開府儀同三司、上柱國、追封東平王拜住，安童孫，泰定初謚忠獻。

遼陽行省左丞相、贈攄忠宣惠綏遠輔治功臣、太師、開府儀同三司、上柱國魯王乃蠻台，木華黎五世孫，至正八年謚忠穆。

同知通政院事、贈推忠宣惠寧遠功臣、資善大夫、嶺北等處行省右丞、上護軍、魯郡公碩德，木華黎五世孫，謚忠敏。

中書平章政事、贈推忠守正佐理功臣〔一三〕、太傅、開府儀同三司、上柱國、徐國公徹里，燕人，大德九年謚忠肅〔一四〕。

至治二年，加贈宣忠同德弼亮功臣、太師、開府儀同三司、上柱國、武寧王，謚正憲。

集賢侍講學士、嘉議大夫、贈同德翊戴輔治功臣、太保、儀同三司、上柱國、魏國公李孟，上黨人，至治中謚文忠。

集賢直學士貢奎，宣城人，至治中謚文靖。

翰林學士承旨、榮祿大夫、魏國公趙孟頫，歸安人，至治中謚文敏。

定襄王阿來，英宗乳母夫，謚忠愍。

蘄黃道宣慰使、贈樂安郡公孫嗣，鄧州人，謚武康。

資德大夫、陝西等處行省右丞李忽蘭吉，隴西人，泰定元年謚襄敏。

福建道肅政廉訪使、贈嘉議大夫、禮部尚書、上輕車都尉、天水郡侯趙宏偉，甘陵人，泰定三年謚貞獻。

監察御史、贈資德大夫、御史中丞、上護軍、永平郡公鎖咬兒哈的迷失，謚貞愍。

阿台孫，英宗時被讒而殺，泰定初追謚。

翰林學士、資德大夫、贈推忠守正亮節功臣、魏國公暢師文，南陽人，泰定時謚文肅。

翰林侍講學士、贈中奉大夫、江浙等處行中書省參知政事、護軍、陳留郡公袁桷，鄞縣人，泰定中謚文清。

武衛親軍都指揮使、大都留守、翊忠宣力保惠功臣、太保、金紫光禄大夫、上柱國、薊國公王伯勝，文安人，泰定中謚忠敏。

榮禄大夫、知樞密院事〔一五〕、贈光禄大夫、河南等處行省平章政事、柱國、趙國公吴元珪，廣平人，泰定中謚忠簡。

翰林學士承旨、光禄大夫、贈大司徒、柱國、楚國公程鉅夫，建昌人，泰定中謚文憲。

翰林學士、贈資善大夫、河南行省左丞、清河郡公元明善，清河人，泰定中謚文憲。

楚王貫只哥〔一六〕，畏吾人，謚忠惠。

翰林侍讀學士、中奉大夫、知制誥、同脩國史、贈集賢學士、中奉大夫、護軍、京兆郡公小雲石海涯，只哥子，泰定中謚文靖。

上柱國、銀青榮禄大夫、湖廣等處行省左丞相〔一七〕、贈推忠守正佐運翊戴功臣、太師、開府儀同三司、上柱國、恒陽王也先不花，蒙古人，天曆中謚文貞。

銀青榮禄大夫〔一八〕、湖廣等處行省左丞相、贈推誠輔治宣化保德功臣、太傅、開府儀同三司、上柱國、武昌王亦憐真，也先不花長子，天曆中謚忠定。

資德大夫、中書右丞、行浙江道宣慰使司都元帥、贈秉義效忠著節佐治功臣、太保、開府儀同三司、上柱國、特進、趙國公、中書左丞相按攤，也先不花第五子，天曆中謚貞孝。

中奉大夫、翰林侍講學士、贈正奉大夫、江浙等處行中書省參知政事、護軍、東平郡公曹元用，汶上人，天曆中謚文獻。

威楚路知事董文彦，通海人，謚莊愍。

天曆間，中慶路敗狐叛，不屈而死。

中書平章政事、贈翰林學士承旨、光禄大夫、柱國、魯國公敬儼，易州人，天曆中謚文忠。

翰林學士、資善大夫、贈江西行省左丞、上護軍、臨川郡公吴澄，崇仁人，天曆中謚文正。

淮南江北道廉訪使、贈資德大夫、江浙等處行省左丞、上護軍、南陽郡公韓若愚，保定人，天曆中謚貞肅。

龍虎衛上將軍、真定涿等路兵馬都元帥、金紫光禄大夫、天水郡公趙柔，涞水人，至順元年謚莊靖〔一九〕。

荆湖占城行中書省參知政事、贈推忠宣力效節功臣、資德大夫、江浙行省右丞、上黨郡公樊楫，冠州人，至順元年謚忠定。

中書令、贈經國議制寅亮佐運功臣、太師、上柱國、廣寧王耶律楚材，遼東丹王八世孫，至順元年謚文正。

中書左丞相、贈推忠保德宣力佐治功臣、太師、開府儀同三司、上柱國、懿寧王耶律鑄，楚材子，至順元年謚文忠。

翰林學士承旨、知制誥、兼脩國史、贈推忠輔義守正功臣、資善大夫、集賢學士、上護軍、漆水郡公耶律希亮，楚材孫，泰定中謚忠嘉。

陝西行臺中丞、贈攄誠宣惠功臣、榮禄大夫、陝西等處行中書省平章政事、柱國、濱國公張養浩，濟南人，至順中謚文忠。

嶺北湖南道肅政廉訪使、贈江浙行省參知政事鄧文原，綿州人，至順中謚文肅。

太史院使、贈翰林學士、資善大夫、上護軍、汝南郡公齊履謙，史失載地，至順中謚文懿。

通議大夫、永平路總管、贈正議大夫、禮部尚書、上輕車都尉、彭城郡侯劉德温，大興人，至順中謚清惠。

翰林學士承旨、贈光禄大夫、河南行省平章政事、柱國、蔡國公郭貫，保定人，至順中謚文憲。

通政使、贈宣力守義功臣、榮禄大夫、上柱國、中書平章政事、冀國公脱因納，漠北人，文宗時謚忠景。

集賢侍講學士〔二〇〕、贈翰林直學士、京兆郡侯同恕，奉元人，至順中謚文貞。

山南廉訪使、贈通議大夫、禮部侍郎〔一一〕、上輕車都尉、河南郡侯卜天璋，洛陽人，至順中謚正獻。

太保、雲國公斡羅思，文宗保母夫，謚忠懿。

開府儀同三司、上柱國、太師、太平王、答剌罕、中書右丞相、録軍國重事、監脩國史、提調燕王宫相府事、大都督、領龍翔親軍都指揮使司事〔一二〕、兼奎章閣大學士、贈太師、公忠開濟弘謨同德協運佐命功臣、開府儀同三司、太師、中書右丞相、上柱國、德王燕鐵木兒，欽察人，元統中謚忠武。

時伯顔之姪脱脱有功于國，而被讒以死，御史乞封一字王爵、定謚及加功臣之號，朝廷雖是之，而不暇行。

江浙行省參知政事、贈中奉大夫、陝西等處行省參知政事、梁郡公王克敬，大寧人，元統二年謚文肅〔一三〕。

翰林直學士〔一四〕、兼國子祭酒、知經筵事宋本，大都人，元統中謚正獻。

翰林直學士宋褧，本弟，謚文清。

翰林侍講學士、贈通奉大夫、陝西行省參政、護軍、南陽郡公孛朮魯翀，順陽人，順帝至元四年謚文靖。

禮部尚書、追封譙郡侯曹鑑，宛平人，順帝至元中謚文穆。

吏部尚書、贈嘉議大夫、上輕車都尉、隴西侯李傑，益都人，至元時謚宣靖。

河間路轉運鹽使、贈嘉議大夫、禮部尚書、天水郡侯趙思魯，文安人，順帝時謚文清。

中書左丞、贈資善大夫〔二五〕、河南江北等處行省右丞、護軍、太原郡公王結，定興人，順帝時謚文忠。

知樞密院事、贈純誠一德正憲保大功臣、開府儀同三司、中書右丞相、上柱國、順寧王阿沙不花，康里國人，至正元年謚忠烈。

江西行臺御史大夫、贈推誠全德守義佐運功臣、太師、開府儀同三司、上柱國、和寧王康里脱脱，阿沙不花弟，泰定中謚忠獻〔二六〕。

奎章閣大學士、資善大夫、知經筵事、贈資德大夫、河南等處行省左丞張昇，平州人，至正初謚文憲。

翰林學士承旨夔夔〔二七〕，康里人，至正五年謚文忠。

中書左丞相、贈弘仁輔治秉文守正寅亮同德功臣、開府儀同三司、上柱國、太師、冀王别兒怯不花，至正中謚忠宣。

怯不花以罪謫居勃海縣，後子達世帖木兒用于朝，遂得贈謚，其祖居乃燕只吉解氏也。

中書左丞相、贈開誠濟美同德翊運功臣、太師、中書右丞相、冀寧王鐵木兒塔識，國王脱脱子，至正中謚文忠。

中書平章政事、知河南山東行樞密院事、陝西行臺御史中丞、贈推誠定遠宣忠亮節功臣、開府儀同三司、上柱國、河南行省左丞相、忠襄王察罕帖木兒，北庭人，至正中謚獻武，後改贈宣忠興運弘仁效節功臣、潁川王，謚忠襄。

御史中丞、贈攄忠宣憲協正功臣、河南行省右丞、上護軍、魏郡公馬祖常，靖州人，至正中謚文貞。

集賢大學士、贈攄誠秉義佐理功臣、光禄大夫、河南江北等處行中書省平章政事、柱國、薊國公陳顥，清州人，順帝時謚文忠。

中書左丞、贈推忠翊治守義功臣、中書左丞、上護軍、清河郡公張思明，輝州人，順帝時謚貞敏。

江西行省左丞相、贈推忠佐運正憲秉義同德功臣、齊王亦憐真斑，西夏人，至正中謚忠獻。

山南道廉訪使、贈攄忠宣武正憲徇義功臣、銀青榮禄大夫、遼陽等處行中書省平章政事、上柱國月魯不花，蒙古人，至正中死于倭賊，謚忠肅。

樂平義士許則祖，至正中恢復德興縣，遇害，謚忠顯。

江西廉訪僉事伯顏，至正中謚文節。

時伯顏家居，結濮陽鄉民禦寇，死事，故太常謚議曰：『以城守論之，伯顏無城守之責而死，可與江州守李黼一律；以風紀論之，伯顏無在官之責而死，可與西臺御史張桓並駕。以平生有用之學，成臨義不奪之節，乃古之所謂君子人乎？』時以爲確論。

山南湖北道提刑按察使、贈司徒、孟國公蕭讓，武陟人，謚忠肅。

奎章閣大學士、翰林學士承旨、中書平章政事、魯國公、贈執法佐運翊亮功臣、太保、金紫光禄大夫、上柱國、魯國公趙世延，成都人，至正時謚文忠。

夔州路總管、贈推忠秉義效節功臣、資善大夫、中書右丞、上護軍、蜀郡公趙伯忽，世延子，天曆初，囊加台據蜀叛，死於難，謚忠愍。

四川行省參政、贈榮禄大夫、陝西行省平章政事、柱國、凉國公野唆台〔二七〕，世延子，爲賊所害，至正中謚忠壯。

嘉議大夫、衍聖公孔思晦，孔子五十四世孫，至正中謚文簡。　一謚文肅。

集賢院掾史、追封梁郡公張惟敏，鞏縣人，至正中謚文定。

通奉大夫、翰林直學士、兼國子祭酒、贈江西行省參政、護軍、仁壽郡公虞集，臨川人，至正中謚文靖。

翰林侍講學士、同知經筵事、中奉大夫、贈護軍、豫章郡公揭傒斯，龍興人，至正中謚文安。

翰林侍講學士、知制誥、同修國史、贈中奉大夫、江西行省參知政事、護軍、江夏郡公黄溍，義烏人，至正中謚文獻。

翰林學士承旨、榮禄大夫張起巖，章丘人，至正中謚文穆。

翰林學士承旨、光禄大夫、贈崇仁昭德推忠守正功臣、大司徒、柱國、楚國公歐陽玄，瀏陽人，至正中謚文。

光禄大夫、集賢大學士、兼太子左諭德許有壬，湯陰人，至正中謚文忠。

成都路軍民經略使、秦國公劉嶷，濟南人，謚忠惠。

昭文館大學士、贈右丞、魏郡公韓從益，安陽人，謚文肅。

山東路總管〔二八〕、贈户部尚書邢温，安陽人，謚康肅。

資政大夫、河南行省左丞王守誠，陽曲人，至正時謚文昭。

通議大夫、國子監祭酒王思誠，嵫陽人，至正時謚獻肅。

陝西諸道行臺御史中丞、贈體忠守憲功臣、行省左丞、魯郡公曹甫，碭山人，謚文貞。

翰林直學士、贈中書參知政事、汝南郡公袁遵道，豐縣人，謚文靖。

江浙行省左丞、贈資善大夫崔敬，大寧惠州人，至正中謚忠敏。

光禄大夫、大司農吕思誠，平定人，至正中謚忠肅。

嘉議大夫、禮部尚書、贈資善大夫、江浙行省左丞、譙國郡公汪澤民，婺源人，至正中謚文節。

山東廉訪使、贈推忠贊理正憲功臣、集賢大學士、榮禄大夫、柱國、齊國公李稷，滕人，至正中謚文穆。

浙江行省平章政事李術，薊丘人，謚文簡。

陝西行御史臺中丞、贈攄誠贊治功臣、中書左丞、上護軍、魏國公蓋苗，元城人，至正中謚文獻。

中書平章政事、晉國公王泰亨，平陽人，順帝時謚清憲。

舊令，三品以上官，立朝有大節，及有大功勳于王室者，得賜功臣號及謚，時寢冗濫失實。惟泰亭在中書時，安南請佛書，乞以《九經》賜之，使高麗不受禮儀，爲尚書貧不能自給，故順帝特追賜是謚。

太師、追封兖王汪家奴，不知何所人，謚忠靖。

湖廣行省平章政事、贈推誠翊運安邊制勝功臣〔二九〕、太傅、開府儀同三司、上柱國、永平王燕赤，不知何所人，謚忠襄。

贈守誠佐治安惠世美功臣、太師、開府儀同三司、上柱國、奉元王伯顏察兒，蒙古人，至正中謚忠宣〔三〇〕。

太保、贈推忠翊運保寧一德功臣、太師、開府儀同三司、上柱國、廣陽王曲出，不知何所人，至正中謚忠惠。

平章、贈宣忠濟美協誠正德功臣、太傅、開府儀同三司、上柱國、文安王伯帖木兒，蒙古人，至正中謚忠憲。

追封宣誠戡難翊運致美功臣、太師、開府儀同三司、上柱國、晉寧王闊兒吉思，蒙古人，至正中謚忠襄〔三一〕。

河南行省右丞、贈宣忠守正保節功臣、榮禄大夫、河南行省平章政事、魏國公董摶霄〔三二〕，磁州人，至正中謚忠定。

淮南行樞密院判官、贈推誠孝節功臣、嘉議大夫、禮部尚書、上輕車都尉、隴西郡侯董昂霄，至正中謚忠毅。

兄弟同死于賊。

江浙行省參知政事、中奉大夫、贈推誠宣力效節功臣、集賢大學士、榮禄大夫、上柱國、越國公石秣宜孫，桓州人，至正中謚忠愍。

西臺中丞傅起巖，汾西人，謚正獻。

奎章閣大學士郭思貞，蒲州人，謚文憲。

浙東道宣慰使費寀，上海人，謚榮敏。

秘書少監、贈嘉議大夫、禮部尚書、上輕車都尉、恒山郡侯贍思〔三三〕，真定人，至正中謚文孝。

御史中丞、追封平陽郡公徐毅，趙城人，謚文靖。

同知建寧路、贈懷遠大將軍、浙東道宣慰司同知、副都元帥、追封潁川郡侯陳君用，延平人，至正中謚忠毅。

君用以庶民御紅巾賊，復建陽等城，後力戰而死。

浙東海右道廉訪使、隴西郡侯李謙亨，曲沃人，至正時謚忠肅。

兩淮鹽運使同知、贈工部尚書邢飛翰，霍州人，至正時死於寇，謚忠毅。

江浙行省參知政事、贈榮禄大夫、江浙行省平章政事、柱國、魏國公泰不華，蒙古人，至正時死於方國珍，謚忠介。

建興汀福四路總管、贈兵部尚書、渤海郡侯吴恭祖，孟州人，謚正肅。

江浙行省參政完者，蒙古人，至正中謚忠愍。弟伯顔，謚忠烈。

二人皆爲張士誠所殺。時知樞密院事賀太平考求，凡死節之臣，雖布衣亦加贈謚，有官者就官其子孫，人人感動。

淮東廉訪使、追封衛國公褚不華，字君實，石樓人，至正中謚忠肅。

不華守淮安，城陷，爲賊所臠，人比之張巡。

淮南行省右丞、贈攄誠守正清忠諒節功臣、榮禄大夫、淮南江北等處平章政事、柱國、豳國公余闕，合肥人，至正時死於陳友諒之難，謚文忠。皇朝賜謚忠宣。

河南省左丞、追封魏國公李伯述，應州人，至正時死於賊，謚忠愍。

江西行臺御史、贈金紫光禄大夫、江浙行省左丞相、上柱國、衛國公福壽，唐兀人，至正中謚忠肅。

江西行省平章政事、大司徒、開府道童，高昌人，至正中死於陳友諒，謚忠烈。

知河中府、贈推誠秉節功臣、中奉大夫、河東山西道宣慰使、護軍、彭城郡侯劉天孚，大名人，至正中阿思罕爲亂，投水死，謚忠毅。

陝西行臺監察御史、贈禮部尚書張桓，藁城人。至正中汝寧盜起，請桓爲帥，不從而死，謚忠潔。

江西行省參政、贈攄忠秉義效節功臣、資德大夫、淮南江北等處行中書省左丞、上護軍、隴西郡公李黼，潁川人，至正中拒賊而死，謚忠文。

廣寧路總管、贈崇化宣力效忠功臣、資善大夫、河南江北等處行省左丞、上護軍、太原郡公郭嘉，濮陽人，至正中守遼，力戰而死，謚忠烈。

贈臨汾縣尹喬彝，晉寧人。至正中，賊陷晉寧，彝令妻子循次投井，而已隨之，謚純潔。

亳州義士曹彦可，至正時不爲賊寫旗而死，謚節愍。

集賢待制、贈翰林侍讀學士、中奉大夫、護軍、曹南郡公孫撝，曹州人，至正中，奉使諭張士誠，被殺，謚忠烈。

江東道廉訪副使伯顔不花的斤，畏吾兒人，至正中守信州，與陳友諒相拒而死，謚桓敏。

江西行省參政全普庵撒里，高昌人，至正中守贛州，死於陳友諒，謚儆哀。

同知福建道宣慰使司、副都元帥彭庭堅，瑞安人，至正中，麾下岳煥害之，謚忠愍。

順天安平懷州河南平陽諸路工匠都總管、贈中奉大夫、武備院使、神川郡公孫威，渾源人，謚忠惠。

威有巧思，善爲甲。

益都路總管、兼府尹、贈大司農、神川郡公孫拱，謚文莊。

威子，巧思如其父。

光禄大夫、大司徒、贈太師、開府儀同三司、凉國公、上柱國阿尼哥，尼波羅國人〔三四〕，謚敏慧。

尼哥善鑄銅器，又織錦爲諸帝御容，圖畫弗及。

贈司徒、雲國公瑣乃，斡羅思子，謚貞閔。

贈銀青光禄大夫、司徒李頤，杭州人，謚敬懿。

贈儀同三司、大司徒李德懋，頤子，謚忠獻。

贈太保、開府儀同三司李撝，德懋子，以子邦寧爲宦者有寵，追謚文穆。

湖廣行省平章高昉，元城人，謚文貞。

集賢大學士傅立，德興人，謚文懿。

國子祭酒、贈莒國公江學庭，南城人，謚文正。

陝西行省平章政事、贈協恭保節功臣、太保、儀同三司、上柱國、鞏國公葉仙鼐〔三五〕，畏吾人，謚敏忠。

江西行省參知政事、趙國公阿剌不花，開平人，謚襄惠。

兵部尚書秦起宗，廣平人，謚昭肅。

郢城王三寶奴，不知何許人，謚榮敏。

陝西行中書省右丞李廷玉〔三六〕，隴西人，謚襄敏。

集賢院大學士、榮禄大夫、柱國、信國公張宏綱，貴溪人，謚安惠。

中書左丞相、贈太尉、魏國公粘合重山，金源人，謚忠武。

中書平章政事、魏國公南合，重山子，謚宣昭。

江淮荆湖南北路宣撫使楊惟中，弘州人，謚忠肅。

順元同知宣撫事、平章政事、柱國、順元侯，追封貴國公宋阿重，貴州人，謚忠宣。

浙西廉訪使陸垕，江陰人，謚莊簡。

監河南等處軍民、贈宣力保德功臣、山東宣慰使岳璘帖穆爾，回鶻人，謚莊簡。

【校勘記】

〔一〕元貞中謚武宣　按《元史》卷一六二《劉國傑傳》載其卒於大德八年二月，《金華黄先生文集》卷二五《劉國傑神道碑》、《至正集》卷四八《劉國傑神道碑》均稱其卒於大德九年二月。此稱「元貞中」誤。

〔二〕賽典赤贍思丁　「贍」原作「瞻」，據《元史》卷一二五《賽曲赤贍思丁傳》改。下文同改。

〔三〕大德二年謚文正　此蓋承舊本《元史》卷一五八《許衡傳》之誤，中華書局點校本《元史》已據《許文正公遺書》卷首《元朝詔誥》、《考歲略》及卷末《許衡神道碑》校改「二年」爲「元年」。

〔四〕博爾朮　「朮」原作「木」，據《元史》卷一一九《博爾朮傳》改。下文同改。

〔五〕欽察親軍都指揮使　「使」原作「事」，據《元史》卷一二八《土土哈傳》、《元朝名臣事略》卷三《樞密句容武毅王》、《道園類稿》卷三八《句容郡王世績碑》改。

〔六〕泰安郡王博羅懽　「泰」原作「秦」，據《元史》卷一二一《博羅懽傳》、《雪樓集》卷三《故父某官贈推忠宣力贊運功臣太傅開府儀同三司上柱國追封泰安郡王謚武穆博爾歡加贈推忠宣力贊運功臣太師開府儀同三司上柱國追封泰安王仍謚武穆制》改。

〔七〕完者都拔都　上一「都」字原脱，蓋承舊本《元史》卷一三三《完者拔都傳》之誤。按其人本名

『完者都』，賜號『拔都兒』，中華書局點校本《元史》已據該書卷一三一《完者都傳》、《雪樓集》卷六《林國武宣公神道碑》校補爲『完者都拔都』，今亦據補。《雪樓集》卷二《完者都特贈效忠宣力定遠功臣開府儀同三司太尉上柱國追封林國公謚武宣制》亦可爲證。

〔八〕月赤察兒　原作『月察赤兒』，據《元史》卷一一九《博爾忽傳》、《元朝名臣事略》卷三《太師淇陽忠武王》乙。

〔九〕焦養直　『焦』原作『集』，據《續通考》卷一四七、《元史》卷一四六《焦養直傳》改。

〔一〇〕河南行省左丞　『河南』，《元史》卷一七三《崔斌傳》作『江淮』。

〔一一〕武威郡公賈文備　『武威』原作『威武』，據《元史》卷一六五《賈文備傳》乙。

〔一二〕皇慶中謚武惠　『皇慶』原作『延祐』，據《元史》卷一三二《哈剌䚟傳》、《巴西集》卷上《故榮禄大夫平章政事鞏國武惠公神道碑銘》改。

〔一三〕推忠守正佐理功臣　『忠』原作『誠』，據《元史》卷一三〇《徹里傳》、《元文類》卷五九姚燧《平章政事徐國公神道碑》改。

〔一四〕大德九年謚忠肅　《續通考》卷一四七作『至大中謚忠肅』。按《元史》卷一三〇《徹里傳》稱其大德『九年召入爲中書平章政事，十月以疾薨』，當爲此所本。據《元文類》卷五九姚燧《平章政事徐國公神道碑》載，其人以大德『九年召入平章中書』，『纔一暑寒』，『以十月八日薨』，則其死當在大德十年。碑文又稱：『後公薨之三年，當至大之元，制贈推忠守正佐理功臣、太傅、開府儀同三司、上柱國、徐國公，謚忠肅。』則其封贈賜謚均應在至大二年。

〔一五〕知樞密院事　據《滋溪文稿》卷二二《榮禄大夫樞密副使吴公行狀》、《元史》卷一七七《吴元珪傳》載，吴元珪生前官至樞密副使，未嘗任知樞密院事。

〔一六〕楚王贯只哥　《元史》卷一四三《小雲石海涯傳》稱其爲『楚國忠惠公』，則應爲公爵，此處『王』字誤。

〔一七〕湖廣等處行省左丞相　『相』字原脱，據《元史》卷一三四《也先不花傳》補。

〔一八〕銀青榮禄大夫　『榮』原作『光』，據《元史》卷一三四《也先不花傳》改。

〔一九〕至順元年謚莊靖　『謚』原作『靖』，據《續通考》卷一四七、《元史》卷一五二《趙柔傳》改。

〔二〇〕集賢侍講學士　『講』，《元史》卷一八九《同恕傳》及《大明一統志》卷三三、《元儒考略》卷二本傳均作『讀』。

〔二一〕贈通議大夫禮部侍郎　『侍郎』，《元史》卷一九一《卜天璋傳》作『尚書』。

〔二二〕領龍翔親軍都指揮使司事　『領』字原脱，據《元史》卷一三八《燕鐵木兒傳》補。

〔二三〕元統二年謚文肅　《元史》卷一八四《王克敬傳》稱其『元統三年卒』，疑此處『二』爲『三』之形誤。

〔二四〕翰林直學士　據《元史》卷一八二《宋本傳》、《燕石集》卷一五《宋本行狀》，當作『集賢直學士』。

〔二五〕贈資善大夫　據《滋溪文稿》卷二三《元故資政大夫中書左丞知經筵事王公行狀》、《元史》卷一七八《王結傳》，王結生前階官已轉至資善大夫，卒贈資政大夫，此處『善』應爲『政』之誤字。

〔二六〕泰定中謚忠獻　按《元史》卷一三八《康里脱脱傳》，『至正初』謚忠獻，此稱『泰定中』誤。

〔二七〕野唆台　『唆』，《元史》卷一八〇《趙世延傳》、卷一九五《野峻台傳》均作『峻』。

〔二八〕山東路總管　《大明一統志》卷二八《邢温傳》作『東昌路總管』。

〔二九〕推誠翊運安邊制勝功臣　『運』，《元史》卷三九《順帝紀二》作『戴』。

〔三〇〕至正中謚忠宣　此蓋從《元史》卷三九《順帝紀二》，《元史》卷一二五《納速剌丁傳》作『謚忠憲』。

〔三一〕至正中謚忠襄　按《元史》卷四〇《順帝紀三》，闊兒吉思賜謚在至元六年正月。

〔三二〕董摶霄　『摶』原作『搏』，據《元史》卷四五《順帝紀八》、卷一八八《董摶霄傳》、《大明一統志》卷三八改。

〔三三〕贍思　《元儒考略》卷二本傳、《正德姑蘇志》卷四二本傳、《大明一統志》卷三、卷三九同，《元史》卷一九〇本傳作『贍思』。

〔三四〕尼波羅國人　『尼』字原脱，據《元史》卷二〇三《阿尼哥傳》補。

〔三五〕葉仙鼐　『鼐』原作『鼎』，據《元史》卷一三三《葉仙鼐傳》改。

〔三六〕陝西行中書省右丞李廷玉　按此人即李忽蘭吉，一名庭玉，見《元史》卷一六二本傳。本條與本卷上文『李忽蘭吉』條重複，又誤『庭』爲『廷』。

# 卷之十五

雲間王　圻　編輯
巴郡趙可懷　校正
平湖孫成泰　郢中朱一龍
龍江王應麟　西陵吴　化　參閲



## 皇明帝后列妃太子公主謚

德祖，即伯六公，重八公第三子，高皇帝四世祖，世家句容朱家巷，初贈吴國公，洪武元年追謚玄皇帝，廟號德祖。

玄皇后，姓胡氏。

懿祖，即四九公，德祖第二子，小明王龍鳳九年贈吴國公，洪武元年追謚恒皇帝，廟號懿祖。

恒皇后，姓侯氏，初贈吴國夫人，洪武元年追謚。

熙祖，即初一公，懿祖長子，宋末移家泗州，葬本州祖陵基運山，龍鳳九年贈吴國公，洪武元年追謚裕皇帝，廟號熙祖。

裕皇后，姓王氏，初贈吴國夫人，洪武元年追謚。

仁祖，即五四公，諱世珍〔一〕，熙祖第三子，元時由泗州遷居鍾離之太平鄉，葬中都英陵，龍鳳九年贈吴國公，洪武元年追謚淳皇帝，廟號仁祖。

淳皇后，揚王陳公女〔二〕，洪武元年追謚。

太祖高皇帝，諱元璋〔三〕，字國瑞，仁祖第四子，淳皇后陳氏生，元至正十二年起兵，我大明洪武元年即皇帝位，三十一年崩，葬孝陵。永樂元年，上尊謚曰聖神文武欽明啓運峻德成功統天大孝高皇帝，廟號太祖。嘉靖十七年，加謚開天行道肇紀立極大聖至神仁文義武峻德成功高皇帝。是年推太廟爲始祖，大禘，以太祖配。

高皇后，宿州新豐里人，徐王馬公女，洪武元年册立爲皇后，十五年崩，合葬孝陵。永樂元年，上尊謚曰孝慈昭憲至仁文德承天順聖高皇后。嘉靖十七年，加謚孝慈貞化哲仁順徽成天育聖至德高皇后，祔廟。　元妃胡氏，謚昭敬。　貴妃孫氏，洪武中謚成穆。　惠妃崔氏，永樂中謚莊靜安榮。

孝康皇帝，即懿文太子，諱標〔四〕，高皇帝長子，洪武元年册立爲太子，二十五年薨，謚懿文。建文元年，追謚孝康皇帝，廟號興宗。靖難後，復稱懿文皇太子。

孝康皇后，濠州人，開平王常遇春女，爲皇太子妃，先卒，謚懿敬。建文即位，追謚孝康皇后。靖難後，復稱懿敬皇太子妃。

繼配后吕氏，壽州人，太常卿吕本女，洪武末尊爲皇太后〔五〕，靖難後仍故號。

建文君諱允炆〔六〕，太祖之孫，懿文太子次子，繼妃吕氏生。六年而其兄雄英卒，又十年而懿文卒。洪武二十五年，册立爲皇太孫。洪武三十一年即皇帝位。建文四年，靖難兵入金川門，宫中火起，傳言崩。成祖即位，革除建文年，仍稱洪武。萬曆間，纂修正史，疏請復用建文年號。

建文后，光禄卿馬全女，洪武二十八年册爲皇太孫妃，建文元年册立爲皇后，四年殂于火。

成祖文皇帝，諱棣〔七〕太祖第四子，高皇后馬氏生。洪武三年，册封爲燕王。洪武三十五年，即皇帝位。永樂二十二年，崩於榆木川，葬長陵。是年，上尊謚曰體天弘道高明廣運聖武神功純仁至孝文皇帝，廟號太宗。嘉靖十七年，加謚啓天弘道高明肇運聖武神功純仁至孝文皇帝，廟號成祖。

文皇后，中山武寧王徐達女，洪武九年册封爲燕王妃，洪武三十五年册立爲皇后，永樂五年崩，合葬長陵。二十二年，上尊謚曰仁孝慈懿誠明莊獻配天齊聖文皇后，祔廟。　惠妃吴氏，永樂中謚康穆懿恭。　麗妃韓氏，永樂中謚康惠莊肅。　賢妃喻氏，永樂中謚昭順。　貴妃王氏，永樂中謚昭獻。　賢妃權氏，永樂中謚恭獻。　美人王氏，永樂中謚恭榮。　順妃張氏，永樂末年謚貞靜。　順妃郭氏，永樂中謚惠穆。　美人盧氏，永樂中謚景惠。　賢妃王氏，永樂中謚恭和榮順。　麗妃陳氏，永樂中謚恭順榮穆。　賢妃王氏，永樂中謚昭肅靖惠。　順妃王氏，永樂中謚昭惠恭懿。　賢妃喻氏，永樂中謚昭敬忠順。

仁宗昭皇帝，諱高熾〔八〕，成祖第一子，文皇后徐氏生，洪武二十八年封爲燕世子，永樂二年册立爲皇太子，二十二年即皇帝位，洪熙元年崩，葬獻陵，上尊謚曰敬天體道純誠至德弘文欽武章聖達孝昭皇帝，廟號仁宗。

昭皇后，永城人，彭城伯張麟女。洪武二十八年，册封爲燕世子妃。永樂二年，册封爲皇太子妃，二十二年，册立爲皇后。宣宗即位，上尊號曰皇太后。英宗即位，加號太皇太后。正統七年崩，合葬獻陵，上尊謚曰孝誠恭肅明德弘仁順天啓聖昭皇后。初，仁宗在東宫，非昭皇后，禍且不測。歷宣德、正統二朝，天下治平，昭皇后之力居多。順妃譚氏，洪熙中謚恭僖。貴妃郭氏，洪熙中謚恭肅。充妃王氏，洪熙中謚恭靖。敬妃張氏，景泰中謚貞靜。淑妃王氏，洪熙中謚貞惠。麗妃王氏，洪熙中謚惠安。麗妃李氏，永樂中謚悼僖。

德安公主，仁宗第四女，永樂末年謚悼簡。

宣宗章皇帝，諱瞻基〔九〕，仁宗第一子，昭皇后張氏生，洪熙元年即皇帝位，宣德十年崩，葬景陵，是年上尊謚曰憲天崇道英明神聖欽文昭武寬仁純孝章皇帝〔一〇〕，廟號宣宗。

恭讓章皇后，濟寧人，都督胡榮女。永樂十五年，册封爲皇太孫妃。二十二年，册封爲皇太子妃。洪熙元年，册立爲皇后。宣德三年，以多疾無子，上表請閒居别宫。正統八年薨，謚靜慈仙師，葬金山之原。天順七年，加上尊謚曰恭讓誠順康穆靜慈章皇后，不祔廟。

章皇后，英宗生母，太保、安國公孫忠女。宣德元年册封爲貴妃〔一一〕，三年册立爲皇后。英宗即位，上尊號曰皇太后。景皇帝即位，加號上聖皇太后。英宗復辟，加號聖烈慈壽皇太后。六年崩，合葬景陵，上尊謚曰孝恭懿憲慈仁莊烈齊天配聖章皇后，祔廟。

吴太后，丹徒人，都督吴彦名女，景帝生母，景泰中上尊號爲皇太后，天順元年復稱皇賢妃。惠妃趙氏，景泰中謚恭懿。賢妃吴氏，天順中謚榮思。

正統初，贈皇庶母惠妃何氏爲貴妃，謚端靜。　趙氏爲賢妃，謚純靜。　吴氏爲惠妃，謚貞順。　焦氏爲淑妃，謚莊靜。　曹氏爲敬妃，謚莊順。　徐氏爲順妃，謚貞惠。　袁氏爲麗妃，謚恭定。　諸氏爲恭妃，謚貞靖。　李氏爲充妃，謚恭順。　何氏爲成妃，謚肅僖。

按謚文有『委身蹈義，隨馭上賓』之語，此十妃者，似皆殉葬人數。

英宗睿皇帝，諱祁鎮〔二〕，宣宗第一子，章皇后孫氏生，正統十四年北狩，尊爲太上皇帝，景泰元年還居南宫，天順元年復皇帝位，八年崩，葬裕陵，上尊謚曰法天立道仁明誠敬昭文憲武至德廣孝睿皇帝，廟號英宗。

睿皇后，中軍都督、追贈安昌伯錢貴女。　憲宗即位，上尊號曰慈懿皇太后。　成化四年崩，合葬裕陵，上尊謚曰孝莊獻穆弘惠顯仁恭天欽聖睿皇后，祔廟。

孝肅皇后，憲宗生母，慶雲侯周能女。　天順元年，册封爲皇貴妃。　憲宗即位，上尊號曰皇太后。　成化二十三年，加號聖慈仁壽皇太后。　孝宗即位，加號聖慈仁壽太皇太后。　弘治十七年崩，合葬裕陵，上尊謚曰孝肅貞順康懿光烈輔天成聖太皇太后。　德妃魏氏，錦衣衛都指揮同知忠女，天順中册爲德妃，成化中謚恭莊端惠。　宸妃萬氏，錦衣衛千户聚女，天順初册爲宸妃，成化中謚靖莊安穆。　順妃樊氏，成化中謚恭和安靜。　惠妃王氏，成化中謚端靜安和。　淑妃高氏，正德中謚莊靜安榮。　安妃楊氏，成化中謚莊僖端肅。　賢妃王氏，成化中謚昭肅靖端。　敬妃劉氏，天順中謚貞順懿恭。　昭妃武氏，錦衣衛百户寬女，天順初册爲昭妃，成化初謚端莊。　和妃宫氏，錦衣衛百户純女，天順初册爲和妃，成化中謚恭安。　恭妃劉氏，弘治中謚昭靜。　麗妃劉氏，濟寧人，天順中册爲麗妃，正德中謚安和榮靖。　麗妃章氏，弘治中謚昭順。　賢妃李氏，謚昭懿。　莊妃趙氏，仁和人，天順中選爲妃，正德中謚恭靖。　成妃張氏，弘治中謚恭僖。　和妃梁氏，嘉靖中謚恭惠。　充妃余氏，弘治中謚僖恪。　麗妃陳氏，弘治中謚惠和。　貞妃王氏，弘治中謚榮靖。　靜妃岳氏，謚和惠。

景皇帝，諱祁鈺〔一三〕，宣宗第二子，賢妃吴氏生。宣德十年，册封爲郕王。正統十四年，英宗北狩，九月初六日即皇帝位。景泰八年，英宗復辟，復爲郕王。天順元年薨，謚曰戾，葬金山。成化十一年，復皇帝號，上尊謚曰恭仁康定景皇帝。　時御史楊守隨言五事，其一明謚法，謂：『郕王奉命監國，不得已而即位，威虜以甲兵，啗虜以金幣，迎回大駕，尊養南宮。信任大臣，聽納忠諫，興學勸士，加惠恤民。雖末年少有過愆，豈可以一眚揜衆善？况惡謚非出先帝本意，乃一二造釁倖功奸臣之邪意，至今公論爲之不平。乞敕廷臣會議而改正之。』

景皇后，中兵馬指揮汪英女。正統十年，册封爲郕王妃。景皇帝即位，册立爲皇后，尋以諫易儲廢居别宫。天順元年，復爲郕王妃。正德元年薨，合葬金山。二年，上尊謚曰貞惠安和景皇后。

杭皇后，見濟生母，景泰三年，廢汪后，册立。天順元年仍廢。　賢妃李氏，景泰中謚恭靖。

皇太子見濟，景泰中謚懷獻。

憲宗純皇帝，諱見深〔一四〕，英宗第一子，孝肅太后周氏生。正統十四年，郕王攝政，皇太后命册立爲皇太子。景泰三年，易封沂王。天順八年，即皇帝位。成化二十三年崩，葬茂陵，上尊謚曰繼天凝道誠明仁敬宗文肅武宏德至孝純皇帝，廟號憲宗。

純皇后，中軍都督、追贈臯國公王鎮女。孝宗即位，上尊號曰皇太后。武宗即位，加號太皇太后。正德五年，加號慈聖康壽太皇太后。十三年崩，合葬茂陵，上尊謚曰孝貞莊懿恭靖仁慈欽天輔聖純皇后，祔廟。

孝穆皇后，孝宗生母，中軍都督紀福斌女。成化十一年崩，謚恭恪莊僖淑妃，葬金山。孝宗即位，加謚孝穆慈惠恭恪莊僖崇天承聖皇太后，遷葬茂陵。

孝惠皇后，睿宗生母，贈昌化伯邵林女。成化十二年，册封爲宸妃。二十三年，册封爲貴妃。世宗即位，進稱皇太后。嘉靖元年，上尊號曰壽安皇太后。是年崩，葬金山，後遷茂陵。二年，上尊謚曰孝惠康肅温仁懿順協天祐聖太皇太后。　賢妃柏氏，嘉靖初謚端順。　敬妃王氏，山東登州人，成化丁未册立爲敬妃，正德五年謚恭懿。　淑妃紀氏，成化中謚恭恪莊僖。夫人韓氏，成化中謚恭順。　德妃張氏，成化中謚莊懿。　順妃王氏，弘治中謚莊靖。　端妃潘氏，嘉靖中謚康順。　恭妃楊氏，嘉靖中謚榮惠。　榮妃唐氏，嘉靖中謚靖僖。　安妃姚氏，弘治中謚端懿。

皇太子祐極〔一五〕，成化中謚悼恭。

孝宗敬皇帝，諱祐樘〔一六〕，憲宗第三子，孝穆皇后紀氏生於西宮，弘治十八年崩，本年上尊謚曰達天明道純誠中正聖文神武至仁大德敬皇帝，葬泰陵，廟號孝宗。

敬皇后，壽寧侯張巒女。武宗即位，上尊號曰皇太后。正德五年，加號慈壽皇太后。世宗即位，加號昭聖慈壽皇太后。三年，加號昭聖康惠慈壽皇太后。十五年，加號昭聖恭安康惠慈壽皇太后。二十年崩，上尊謚曰孝康靖肅莊慈哲懿翊天贊聖敬皇后，合葬泰陵，祔廟。　夫人邵氏，弘治中謚敬順。　夫人周氏，弘治中謚安和。　夫人劉氏，弘治中謚安順。　夫人孟氏，弘治中謚榮順。　夫人項氏，弘治中謚榮善。

睿宗獻皇帝，諱祐杬〔一七〕，憲宗第四子，孝惠太后邵氏生。二十三年，册封爲興王。正德十四年薨，謚曰獻，葬純德山。世宗即位，上尊謚興獻帝，陵號顯陵。二年，加謚恭穆獻皇帝。七年，加謚恭睿淵仁寬穆純聖獻皇帝。十七年，加上尊謚曰知天守道洪德淵仁寬穆純聖恭儉敬文獻皇帝，廟號睿宗。

獻皇后，贈玉田伯蔣效女。弘治五年，册爲興王妃。世宗即位，上尊號曰興國太后。三年，加號章聖皇太后。七年，加號章聖慈仁皇太后。十五年，加號章聖慈仁康靜貞壽皇太后。十七年崩，上尊謚曰慈孝貞順仁敬誠一安天誕聖獻皇后，合葬顯陵，祔太廟。　淑妃王氏，嘉靖中謚溫靜。　夫人胡氏，弘治中謚崇善。　夫人姚氏，弘治中謚崇敬。

武宗毅皇帝，諱厚照〔一八〕，孝宗第一子，敬皇后張氏生，正德十六年崩於豹房。世宗即位，上尊謚曰承天達道英肅睿哲昭德顯功宏文思孝毅皇帝，葬康陵，廟號武宗。

毅皇后，慶陽伯夏儒女。嘉靖元年，上尊號曰莊肅皇后。十四年崩，上尊謚曰孝靜莊惠安肅溫誠順天偕聖毅皇后，合葬康陵，祔廟。　初，禮官以莊肅皇后謚爲請，上令集議。大學士張孚敬議，止宜二字、四字。禮部尚書夏言、大學士李時議，二字、四字太少，須得八字。都御史王廷相、吏部左侍郎霍韜等議，列聖元后謚皆十二字，不當稍異。世宗不悦，命復會議。成國公朱鳳等、吏部尚書汪鋐等議，莊肅皇后大行，固上同於列后，大分則上壓於兩宫，止宜二字。上言皇嫂謚用六字，曰孝静莊惠安肅毅皇后。至十五年，世宗親定加全謚。　德妃吴氏，嘉靖中謚淑惠。　賢妃沈氏，嘉靖廿一年謚榮淑。

世宗肅皇帝，諱厚熜〔一九〕，睿宗第二子，獻皇后蔣氏生于興邸。十六年，襲封興王。三月十五日，奉迎入繼大統。嘉靖四十五年崩。隆慶元年，上尊謚曰欽天履道英毅聖神宣文廣武洪仁大孝肅皇帝，葬永陵，廟號世宗。

肅皇后，泰和伯陳萬言女。嘉靖元年，册立爲皇后。七年崩，謚悼靈皇后，葬天壽山。十五年，改謚孝潔皇后。穆宗即位，加謚孝潔恭懿慈睿安莊相天翊聖肅皇后，遷葬永陵，祔廟。

繼后，錦衣衛指揮僉事張楫女。嘉靖元年册封順妃，七年册爲后。十三年廢〔二〇〕，十五年薨，十九年改曰繼后，葬金山。

孝烈皇后，安平伯方鋭女。嘉靖十年，册封爲德妃。十三年，册立爲皇后。二十六年崩，謚孝烈皇后，先入永陵玄宫，祔太廟。穆宗即位，加謚孝烈端慎敏惠恭誠祇天衛聖皇后，遷主祀别殿。

孝恪皇后，穆宗生母，慶都伯杜林女。嘉靖十年，册封爲康嬪。十五年，進封康妃。三十三年薨，謚榮淑，葬金山。穆宗即位，加謚孝恪淵純慈懿恭順贊天開聖皇太后，遷葬永陵。　賢妃鄭氏，嘉靖十五年謚懷榮。　貴妃萬氏，嘉靖中謚恭肅端順榮靖。　貞妃馬氏，嘉靖中謚榮。

貴妃王氏，嘉靖中謚端和恭順温僖。　貴妃閻氏，嘉靖中謚榮安惠順端僖。　淑妃楊氏，嘉靖中追謚端靜恭惠。　恭妃楊氏，嘉靖中追謚恭淑安僖。　恭妃文氏，嘉靖中謚悼隱。　恭奉夫人高氏，嘉靖中謚端勤。　麗妃王氏，嘉靖中謚恭僖。　貴妃馬氏，嘉靖中謚榮安。　康妃杜氏，嘉靖中謚榮淑〔二一〕。

哀冲太子，諱載基〔二二〕，世宗第一子，貴妃閻氏生，嘉靖初謚哀冲。

莊敬太子，諱載壡〔二三〕，世宗第二子，貴妃王氏生，嘉靖中謚莊敬。

永嘉大長公主，嘉靖中謚貞懿。

穆宗莊皇帝，諱載垕〔二四〕，世宗第三子，孝恪太后杜氏生。十八年，册封爲裕王。四十五年，即皇帝位。隆慶六年崩，是年上尊謚曰契天隆道淵懿寬仁顯文光武純德弘孝莊皇帝，葬昭陵，廟號穆宗。

莊皇后，德平伯李銘女。嘉靖三十二年，册封爲裕王妃。三十七年薨，葬金山。隆慶元年，謚孝懿皇后。六年，加謚孝懿貞惠順哲恭仁儷天襄聖莊皇后，合葬昭陵，袝廟。

仁聖皇后，通州人，固安伯陳景行女。嘉靖末，册封爲裕王繼妃〔二五〕。隆慶元年，册立爲皇后。萬曆元年，上尊號曰仁聖。六年，加號懿安。十年，加號康靖。二十四年崩，是年，上尊謚曰孝安貞懿恭純温惠佐天弘聖皇太后。

皇太子諱翊釴〔二六〕，穆宗長子，莊皇后李氏生，初贈裕世子，隆慶元年追謚憲懷。

## 皇明親王謚

秦王諱樉〔二七〕，高帝第二子，馬皇后生，洪武中謚愍。　妃王氏，洪武中以死殉，謚愍烈。

愍王子尚炳，永樂中謚隱。

隱王子志埴，永樂中謚僖。

僖王弟渭南王志均嗣，永樂中謚懷。

懷王弟富平王志𡐓嗣，景泰中謚康。

康王子公錫，成化中謚惠。

惠王子鎮安王誠泳嗣，弘治中謚簡。

臨潼王秉欆嗣，弘治中謚昭。

昭王子惟焯，嘉靖中謚定。

定王姪懷埢嗣，嘉靖末謚宣。

晉王諱棡，高帝第三子，馬皇后生，洪武年謚恭。

恭王子濟熺，宣德中謚定。

定王子平陽王美圭嗣，正統中謚憲。　夫人孫氏、石氏，正統中俱謚貞節。

榆社王鍾鉉嗣，弘治中謚莊。

莊王世子奇源，弘治中謚靖和。

靖和王子表榮，弘治中謚懷。
懷王子知烊，嘉靖中謚端。
新化王知㷂子新㙺嗣，萬曆中謚簡。
簡王子慎鏡〔二八〕，萬曆中謚敬。
周王諱橚，高帝第五子，馬皇后育子，孫貴妃生，以吴王改封，洪熙元年謚定。
定王子有燉，正統中謚憲。　妃鞏氏，王薨，以死殉，謚忠烈夫人。　施氏、歐氏、陳氏、韓氏、張氏、李氏，同日卒，俱正統中謚貞順。
按憲王博學善書，所著有《誠齋集》，自臨《東書堂法帖》，真賢王也。　謚憲允宜。
憲王弟祥符王有爋嗣，景泰中謚簡。
簡王子子垕，景泰中謚靖。
靖王弟通許王子埅嗣，成化中謚懿。
懿王子睢陽王同鑣嗣〔二九〕，弘治中謚惠。
惠王世子安潢，弘治中謚榮悼，後以子睦㰘請，改悼。
悼王子睦㰘，嘉靖中謚恭。
恭王世子勤熄，嘉靖中謚悼康，後改康。
康王子朝㘌，一云朝堈，嘉靖中謚莊。
楚王諱楨，高帝第六子，胡妃生，永樂中薨，建文年謚昭。

昭王子孟烷，正統中謚莊。

莊王子季垸，正統中謚憲。

憲王弟季埱嗣，天順中謚康。

永安王均鈋嗣，正德中謚靖。

靖王子榮減，嘉靖初謚端。

端王子顯榕，嘉靖中謚愍。

愍王子英燧嗣，隆慶中謚恭。

魯王諱檀，高帝第十子，郭寧妃生，洪武年以服金石藥薨，謚荒。

初，魯王之薨也，高皇帝謚册有云：『爾檀昵比匪人，怠於政事，不知愛身之道，以致夭折。父子，天性也；謚法，公議也。朕於爾親雖父子，詎得以私恩廢公議？特謚爾爲荒。』

荒王子肇煇，宣德末謚靖。

靖王子泰堪，成化初謚惠。

惠王子陽鑄，弘治中謚莊。

莊王世子當漎，正德初謚懷簡，後追謚懷。

懷王子健杙，嘉靖初謚悼。

悼王以莊王嫡長曾孫觀熄嗣，嘉靖中謚端。

端王子壽鏳〔三〇〕，隆慶中謚温肅。

蜀王諱椿，高帝第十一子，郭惠妃生，永樂年謚獻。　繼妃徐氏，天順中謚靖節。

獻王世子悦熑，永樂中謚悼莊。

悼莊王子友堉，宣德中謚靖。

靖王弟羅江王友壎嗣〔三一〕，宣德末謚僖。

僖王無子，以叔保寧王悦㷬嗣〔三二〕，天順中謚和。

和王子友垓，天順末謚定。

定王子申鈙，成化中謚懷。

懷王弟通江王申鑿嗣，弘治中謚惠。

惠王子賓瀚，正德初謚昭。

昭王子讓栩，嘉靖中謚成。

成王子承爚〔三三〕，嘉靖末謚康。

湘王諱柏，高帝第十二子，胡順妃生。　建文年，或告王反，王懼，自焚。　建文中謚戾，永樂初改謚獻，無子，國除。

代王諱桂，高帝第十三子，郭妃生，初封豫王，洪武中改封代，正統中謚簡。

簡王子遜煓，正統末謚悼戾。

悼戾王子仕壥，天順中謚隱。

隱王子成鍊，弘治中謚惠。

惠王子聰沬〔三四〕，弘治中謚思。

思王子俊杕〔三五〕，嘉靖初謚懿。

懿王子泰順王充燿嗣，嘉靖中謚昭。

昭王子廷埼，萬曆中謚恭。

肅王諱楧，高帝第十四子，郜妃生，初封漢王，洪武中改封肅，永樂中謚莊。

莊王子贍焰，成化初謚康。

康王庶子洵陽王禄埤嗣，成化末謚簡。

汾川王貢錝嗣〔三六〕，嘉靖中謚恭。

恭王子真淤，嘉靖中謚安和，後改謚靖。

靖王子弼桄，嘉靖末謚定。

定王世子縉炯，嘉靖末謚昭憲。

昭憲王子紳堵，嘉靖末謚懷。

遼王諱植，高帝第十五子，韓妃生，封國遼東廣寧州，永樂年遷荆州，謚簡。

簡王子興山王貴烸嗣，成化中謚肅。

肅王子豪墭，成化中謚靖。

靖王世子恩鑛，成化中謚榮穆。

榮穆王弟恩鐕嗣，弘治中謚惠。

惠王子寵涭，嘉靖初謚恭。
恭王子致格，嘉靖中謚莊。
句容王子憲熾嗣，犯辜，錮高墻，削世封。
慶王諱㮵，高帝第十六子，余妃生，封國韋州，徙寧夏，正統年謚靖。
靖王子秩煃，成化中謚康。
平涼王邃壍嗣，成化中謚懷。
岐陽王邃塀嗣，弘治中謚莊。
洛交王寘鍫嗣，弘治中謚恭。
恭王子台浤，嘉靖末謚定。
定王世子鼒櫝〔三七〕，嘉靖中謚端和。
端和王弟鼒枋嗣〔三八〕，萬曆中謚惠。
寧王諱權，高帝第十七子，楊妃生，封國大寧，永樂年移江西，正統中謚獻。
獻王世子盤烒，正統中謚莊惠，景泰中追謚惠。
惠王子奠培，弘治中謚靖。
靖王子覲鈞，弘治中謚康。
上高王宸濠嗣，反逆，國除。
岷王諱楩，高帝第十八子，周妃生，封國雲南，有罪削爵，永樂年復，尋移武岡，景泰年謚莊。

莊王子徵𤒾，天順年謚恭。

恭王子音埑〔三九〕，成化中謚順。

順王子膺鉟，弘治中謚簡。

簡王子彦汰，嘉靖中謚靖。

靖王子譽榮，嘉靖末謚康。

韓王諱松，高帝第二十子，周妃生，未之國薨，永樂中謚憲。

憲王子冲𤏡，永樂中謚恭。

開城王範圮嗣，正統中謚懷。

懷王弟西鄉王範𡊮嗣〔四〇〕，景泰中謚靖。　妃劉氏，景泰中謚貞烈。

靖王子高陵王徵釙嗣，成化初謚惠。

廣安王偕㳅嗣，成化中謚悼。

悼王弟彰化王偕灪嗣，弘治中謚康。

康王子渭源王旭櫏嗣，嘉靖中謚昭。

昭王子融燧，嘉靖末謚定。

定王子謨埂，蚤薨，初謚悼恭，隆慶初追謚安。

瀋王諱模，高帝第二十一子，趙貴妃生，宣德年謚簡。

簡王子佶焞，天順末謚康。

康王子幼壆，正德中謚莊。

莊王無子，正德初以西陽王詮鉦嗣〔四一〕，嘉靖初謚恭。

恭王孫胤榿，嘉靖中追謚懷。

靈川王胤栘嗣，嘉靖中謚憲。

安王諱楹，高帝第二十二子，永樂年謚惠，無子，國除。

唐王諱桱，《弇州集》作樫，高帝第二十三子，李妃生，永樂年謚定。

定王子瓊炟，宣德中謚靖。

靖王弟瓊炟，成化中謚憲。

憲王子芝壛，正統中謚悼簡。

悼簡王弟芝址嗣，弘治中謚莊。

莊王子彌鍗，嘉靖初謚成。

成王子宇温〔四二〕，嘉靖末謚敬。

敬王子宙栐，嘉靖末謚順。

悼簡世子妃胡氏，正統中謚肅貞。

郢王諱棟，高帝第二十四子，劉惠妃生，永樂年謚靖，無子，國除。

伊王諱㰘，高帝第二十五子，葛麗妃生，永樂年謚厲。

厲王子顒炔，天順中謚簡。

簡王子勉埕，天順中謚安〔四三〕。

安王子諟釟〔四四〕，成化中謚悼，改謚安。

郟城王諟鎶嗣，正德中謚定。

定王子訏淵，嘉靖初謚莊。

莊王弟訏淳嗣，嘉靖中謚敬。

敬王子典楧，嘉靖末罪除。

靖江王贊儀，永樂中謚悼僖。初，父守謙以高皇帝從姪孫始封，後罪廢。

悼僖王子佐敬，成化中謚莊簡。

莊簡王子相承，成化中謚懷順。

懷順王子規裕，弘治初謚昭和。

昭和王子約麟〔四五〕，正德中謚端懿。

端懿王子經扶，嘉靖末謚安肅。

安肅王子邦寧〔四六〕，萬曆中謚恭惠。

虞王諱雄英，懿文太子長子，早薨，洪武五年謚懷。

吴王諱允熥，懿文太子第二子，洪武中封，永樂中降廣澤王，尋廢爲庶人。

衡王諱允熞，懿文太子第四子，洪武中封，永樂中降懷恩王，尋廢爲庶人。

徐王諱允熙，懿文太子第五子，洪武中封，永樂中降爲甌寧王，尋暴卒，謚哀簡。

漢王諱高煦，成祖第二子，徐皇后生，宣德年坐不軌縶逍遥城，覆以銅缸焚死，國除。　世子瞻坦，蚤薨，永樂中謚懿莊。

趙王諱高燧，成祖第三子，徐皇后生，宣德年謚簡。　妃沐氏，永樂中謚恭惠。

簡王世子瞻坺，宣德中謚悼僖。

簡王次子瞻塙嗣，景泰中謚惠。　繼妃邵氏，景泰中謚貞順。

惠王子祁鎡，天順中謚悼。

悼王子見灂，弘治中謚靖。

清流王祐棌嗣，正德中謚莊。

莊王子厚煜，嘉靖末謚康。

康王子載培，嘉靖中謚恭。

恭王孫翊鎦，嘉靖中追謚安。

鄭王諱瞻埈，仁宗第二子，李妃生，封陝西鳳翔，正統年移懷慶，成化年謚靖。

靖王子祁鍈，弘治中謚簡。

簡王世子見滋，成化中謚悼僖，弘治中追謚僖。

僖王子祐枔，正德初謚康。

東垣王祐檡嗣，正德末謚懿。

懿王子厚烷，嘉靖末以諫事玄削爵，隆慶初復國。

越王諱瞻墉，仁宗第三子，未之國，正統年謚靖，無子，國除。　妃吴氏，王薨，死殉，正統中謚貞惠。

蘄王諱瞻垠，仁宗第四子，洪熙初追謚莊獻。

襄王諱瞻墡，仁宗第五子，張皇后生，封湖廣長沙，正統中遷襄陽，成化中謚憲。

憲王子祁鏞，弘治初謚定。

定王子見淑，弘治中謚簡。

簡王子祐材，早薨，弘治中謚懷惠，後追謚懷。

光化王祐櫝嗣，嘉靖中謚康。

康王姪陽山王厚熲嗣，隆慶初謚莊。

荆王諱瞻堈，仁宗第六子，張順妃生，封建昌，正統年遷蘄州，景泰年謚憲。

憲王子祁鎬，天順中謚靖。

靖王孫都梁王祐橺嗣，弘治年謚和。

和王子厚烇，嘉靖末謚端。

永定王載墭子翊鉅嗣，隆慶中謚恭。

恭王子常泠。

淮王諱瞻墺，仁宗第七子，李賢妃生，封廣東韶州，正統初移饒州，謚靖。

靖王子祁銓，弘治中謚康。

康王子見濂，弘治中謚安懿，正德初追謚安。

安王無子，清江王見潩攝府事，謚端裕。

端裕王子祐棨〔四七〕，嘉靖初謚定。

定王弟祐楑嗣，嘉靖年謚莊。

莊王子厚燾，嘉靖末謚憲。

滕王諱瞻塏，仁宗第八子，郭貴妃生，洪熙年謚懷，無子，國除。

梁王諱瞻垍，仁宗第九子，郭貴妃生，正統年謚莊，無子，國除。

衛王諱瞻埏，仁宗第十子，郭貴妃生，正統年謚恭，無子，國除。妃楊氏，王薨，自經，正統中謚貞烈。

榮王諱見清，英宗第二子，未之國薨，嘉靖初追謚昭。

許王諱見淳，英宗第三子，王惠妃生，景泰中謚悼，無子，國除。

德王諱見潾，英宗第四子，萬宸妃生，正德末謚莊。

莊王子祐榕，嘉靖中謚懿。

懿王世子厚熾，嘉靖初謚懷慎，後追謚懷。

秀王諱見澍，英宗第五子，高淑妃生，成化年謚懷，無子，國除。

崇王諱見澤，英宗第六子，周皇后生，弘治年謚簡。

簡王子祐樒，正德中謚靖。

靖王子厚燿，嘉靖中謚恭。
恭王子載境，嘉靖末謚莊。
忻王諱見治，英宗第七子，萬宸妃生，成化中謚穆，無子，國除。
吉王諱見浚，英宗第八子，萬宸妃生，嘉靖中謚簡。
簡王世子祐枎，弘治中謚悼莊，後贈悼。
悼王子厚焆，嘉靖中謚定。
光化王載均嗣，嘉靖末謚端。
端王子翊鎮，隆慶中謚莊。
莊王無子，龍陽王翊鑾嗣。
徽王諱見沛，英宗第九子，韋妃生，弘治年謚莊。
興化王祐檯嗣，嘉靖初謚簡。
簡王子厚爝，嘉靖中謚恭。
恭王子載埨，嘉靖中以罪削世封。
岐王諱祐棆，憲宗第四子，邵皇后生，弘治年謚惠，無子，國除。
益王諱祐檳，憲宗第五子，張德妃生，嘉靖中謚端。
端王子厚燁，嘉靖中謚莊。
莊王無子，弟崇仁王厚炫嗣，萬曆初謚恭。

恭王子載增，先恭王卒，其子嗣封，追謚昭。

衡王諱祐楎，憲宗第六子，張德妃生，嘉靖年謚恭。　妃楊氏，正統中謚貞烈。

恭王子厚燆，萬曆年謚莊。

莊王弟厚熞嗣，無子，東昌王載圭嗣。

雍王諱祐橒，憲宗第八子，邵皇后生，正德年謚靖，無子，國除。

壽王諱祐榰，憲宗第九子，嘉靖末薨，謚定，無子，國除。

汝王諱祐梈，憲宗第十子，嘉靖年謚安，無子，國除。

涇王諱祐橓，憲宗第十一子，楊恭妃生，嘉靖中謚簡，無子，國除。

榮王諱祐樞，憲宗第十二子，潘端妃生，嘉靖年謚莊。

莊王世子厚爋薨，嘉靖中謚悼穆，後追謚懷。

申王諱祐楷，憲宗第十三子，楊恭妃生，弘治年謚懿，無子，國除。

蔚王諱厚煒，孝宗第三子，孝康皇后生，弘治年謚悼，無子，國除。

岳王諱厚熙，睿宗第一子，世宗兄，章聖皇太后生，未名薨，嘉靖末追封，謚懷。

景王諱載圳，世宗第四子，盧靖妃生，嘉靖年謚恭，無子，國除。

穎王諱載㙺，世宗第五子，肅妃江氏生，嘉靖中謚殤。

戚王諱載𡑻，世宗第六子，懿妃趙氏生，嘉靖中謚懷。

薊王諱載墤，世宗第七子，雍妃陳氏生，嘉靖中謚哀。

均王諱載烱〔四八〕，世宗第八子，嘉靖年謚思。
靖王諱翊鈴〔四九〕，穆宗第三子，謚悼。
潞王諱翊鏐〔五〇〕，穆宗第四子，慈聖太后生。
邠王諱常溆〔五一〕，今上第二子，萬曆中謚哀。

## 皇明郡王謚

秦永興王尚烈，永樂中謚懿簡。
懿簡王嗣志壏，成化中謚恭憲。
恭憲王子公銘〔五二〕，弘治初謚昭僖。
昭僖王子誠瀾，正德中謚榮惠。
榮惠王再從姪秉欅嗣，嘉靖中謚莊定。
秦保安王尚煜，永樂中謚懷僖。
懷僖王子志堌，成化中謚悼順。
悼順王子公錸，成化中謚莊簡。
莊簡王子誠潢，弘治中謚榮穆。
榮穆王弟誠淥嗣，弘治中謚昭和。

昭和王弟誠潡嗣，正德末謚靖和。

靖和王子秉棧，嘉靖中謚恭懿。

秦興平王尚烐，永樂中謚恭簡。《弇州集》作恭靖。

恭簡王子志塓，天順中謚莊惠。

莊惠王子公鑠，成化中謚安僖。

秦永壽王尚炌，永樂中謚懷簡。

懷簡王子志埴，成化中謚安惠。

安惠王子公鋌，成化中謚康定。

康定王子誠淋，弘治中謚莊僖。

莊僖王子秉櫄，嘉靖中謚恭和。

恭和王孫懷墻，嘉靖末謚榮靖。

榮靖王子惟燿〔五三〕，嘉靖中謚懷順。

秦富平王志㙍，謚榮康。

秦宜川王志垛，成化中謚莊靖。

莊靖王子公鋺，成化中謚榮順。

榮順王子誠灌，弘治中謚康僖。

康僖王子秉楀，嘉靖初謚思裕。

秦臨潼王公銘，成化中謚惠簡，後以孫貴，追謚安。

安王子誠濲，一云誠深，弘治中謚和僖，後以子貴，追謚莊。

秦郃陽王公鏜〔五四〕，成化中謚惠恭。

惠恭王子誠泓，弘治中謚温穆。

温穆王庶弟誠澮嗣，弘治中謚悼安。

悼安王子秉檄嗣，正德中謚安僖。

秦汧陽王公鐕，弘治中謚端懿。

端懿王子誠洌，弘治末謚温穆。

温穆王弟誠潤嗣，正德中謚安裕，嘉靖中追謚恭。

恭王子秉榛，嘉靖中謚莊靖。

晉慶成王濟炫，宣德中謚莊惠。

莊惠王子美埥，正統中謚恭僖。

恭僖王子鍾鎰，弘治中謚温穆。

温穆王子奇湞，嘉靖中謚端順。

端順王子表欒，嘉靖中謚恭裕。

恭裕王子知爀，隆慶初謚安穆。

安穆王子新堤，隆慶中謚悼懷。

晉高平王濟熚，永樂中謚懷簡。

懷簡王子美□〔五五〕，嘉靖初謚昭簡。

晉永和王濟烺，正統初謚昭定。

昭定王子美塢，降庶人。孫鍾鋏，成化中謚順僖。

順僖王子奇湞，弘治初謚榮懷。

榮懷王子表栙，正德末謚靖惠。

靖惠王子知燠，嘉靖中謚安簡。

晉寧化王濟煥，景泰中謚懿簡。

懿簡王子美壤，成化中謚僖順。

僖順王子奇灄〔五六〕，嘉靖中謚悼康。

悼康王子表檏，隆慶中謚康和。

晉廣昌王濟熇，宣德中謚悼平。

悼平王子美堅，景泰中謚安僖。

安僖王兄子鍾鉚，□□□謚簡靜〔五七〕。

晉交城王美垸，成化中謚榮順。

榮順王子鍾鐻，弘治中謚莊僖。

莊僖王子奇湒，弘治中謚榮惠。

榮惠王弟奇浄，嘉靖中以子貴，謚恭簡。

恭簡王子表杋，正德中謚榮端。

奇溓，以子貴，正德中謚榮僖。

表栢嗣，隆慶中謚端和。

晉陽曲王美垙，成化中謚榮靖。

晉西河王美埻，景泰中謚靖恭。

靖恭王子鍾鑠，成化中謚順簡。

順簡王子奇溯，嘉靖末謚順簡。《弇州集》云謚恭定。

晉方山王美垣，成化中謚莊憲。

莊憲王子鍾鋋，初謚昭僖，正德中追奪。

晉臨泉王美塎，正統中謚莊簡。

莊簡王子鍾鏶，成化中謚悼昭。

悼昭王子奇湒，正德中謚榮穆。

榮穆王子知烒〔五八〕，正德中追謚莊靖。

晉雲丘王美堣，成化中謚簡靖。

簡靖王子鍾鋌，弘治中謚端惠。

端惠王孫奇渲，正德末謚恭僖。

晉寧河王美堛，成化中謚康僖。

康僖王子鍾鏤，弘治中謚安憲。

安憲王子奇沄，嘉靖末謚温簡。

温簡王子表楠，嘉靖中謚榮莊。

晉徐溝王鍾鐸，景泰中謚悼僖。

晉河東王鍾鐻，成化中謚昭靖。

昭靖王子奇淮，正德中謚榮安。

榮安王子表枋，正德末謚恭憲。

恭憲王子知烱，嘉靖末謚榮懿。

榮懿王子新墤，隆慶中謚端穆。

晉太谷王鍾鉉，天順中謚懷僖。

晉義寧王奇渶，弘治中謚榮康。

榮康王子表槻，正德中謚僖裕。

僖裕王子知㷻，嘉靖中謚榮康。

《弇州集》作端靖。

榮康王子新㙞，隆慶中謚康定。

晉河中王奇溶，成化中謚悼懷。

悼懷王子表桲〔五九〕，嘉靖中謚康簡。

晉靖安王表栿，嘉靖末謚端僖。

端僖王子新壥，嘉靖末謚康定。

晉襄陰王奇瀴，弘治中謚安惠。

安惠王子表楗，正德中謚宣懿。

晉新化王表槏，正德中謚恭裕，嘉靖中以孫嗣晉王，改謚安。

安王子知⿰火鄉，嘉靖初謚端和，以子嗣晉王，追謚康。

晉滎澤王表檈〔六〇〕，嘉靖中謚安懿。

安懿王子知⿰火量，嘉靖中謚端簡。

晉旌德王表楷，嘉靖中謚懷安。

懷安王子知燩，隆慶初謚榮穆。

晉安溪王表椈，正德中謚懷僖。

周汝南王有爋，謚悼和。

悼和王子子垗，天順中謚悼和。

周順陽王有烜，永樂中謚懷莊。

周永寧王有光，成化中謚靖僖。

靖僖王子子埸，成化中謚安惠。

安惠王子同銗，弘治中謚莊和。

莊和王子安法，嘉靖初謚榮穆。
榮穆王子睦橪，嘉靖中謚恭定。
恭定王子勤燭，嘉靖中謚端順。
端順王子朝堛，隆慶初謚惠莊，又云謚敏懿。
周汝陽王有煸，正統中謚恭僖。
恭僖王子子壆，成化中謚安憲。
安憲王子同鋌，嘉靖初謚安和。
安和王子安澓，嘉靖中謚康肅。
康肅王子睦槿，嘉靖中謚宣思。
宣思王子勤烝，隆慶初謚榮定。
周鎮平王有爌，成化中謚恭靖。
恭靖王子子堠，成化中謚榮莊。
榮莊王子同鑋，正德中謚端裕。
端裕王子安泭〔六一〕，嘉靖中謚昭順。
周宜陽王有炥，成化中謚憲穆。《弇州集》作康懿。
周遂平王有熲〔六二〕，正統年謚悼恭。
悼恭王子子墌，成化中謚榮靖。

榮靖王子同鐎，弘治中謚恭安。

恭安王子安洛，嘉靖中謚康穆。

康穆王子睦橣，嘉靖中謚端靖。

周封丘王有熅，成化中謚康惠。

康惠王子子埶，弘治中謚溫和。

溫和王子同銘，嘉靖中謚僖順。

僖順王子安湜，嘉靖末謚端惠。

端惠王子睦詠〔六三〕，謚肅安。

周羅山王有熼，宣德中謚悼惠。妃張氏，宣德中謚貞烈。

周内鄉王有燗，成化中謚恭莊。

恭莊王子子埈，成化中謚懷靖。

懷靖王子同鋇，弘治中謚溫穆。

溫穆王子安湩，嘉靖中謚溫定。

溫定王子睦檝，嘉靖末謚莊順。

周胙城王有燆，景泰中謚莊簡。

莊簡王子子墟，成化中謚榮順。

榮順王子同鑿，弘治初謚昭僖。

昭僖王子安瀏，嘉靖初謚宣靖。

宣靖王子睦梔，嘉靖中謚恭懿。

周原武王子埘，成化中謚安懿。

安懿王子同鐵，弘治中謚康僖。

康僖王子安淇，嘉靖末謚恭順。

周鄢陵王子塈，成化中謚安懿。《弇州集》作安僖。

安懿王子同綏，正德中謚靖簡。

靖簡王子安沅，嘉靖中謚端僖。《弇州集》作宣僖。

周河陰王子壔，正統中謚懷僖。妃鞏氏，正德中謚貞肅[六四]，以王薨自盡也。

懷僖王子同鑣，弘治中謚康簡。

康簡王子安沠，嘉靖末謚莊定。

莊定王子睦橘，隆慶中謚恭肅。

周項城王子堰，成化中謚恭和。

周潁川王子墟，成化中謚溫僖。

溫僖王子同鐔，嘉靖中謚榮莊。

榮莊王孫睦棌。

周義陽王子圪，弘治中謚康靖。

康靖王子同鏁，嘉靖初謚榮安。

榮安王子安汥，嘉靖中謚恭端。

周汝陰王子埯，成化中謚懷僖。《弇州集》作懷懿。

周臨汝王子塼，弘治中謚端懿。

端懿王子同銜，嘉靖中謚恭康。

恭康王子安浔，嘉靖中謚康裕。

周上洛王同鉌，弘治中謚莊惠。

莊惠王子安瀼，嘉靖中謚康裕。

康裕王子睦楹。

周河清王同鏞，《弇州集》作同鏞〔六五〕，弘治初謚昭和。

昭和王子安氿，弘治中謚端穆。

端穆王弟安泗嗣，嘉靖中謚莊憲。

莊憲王子睦棱，嘉靖末謚榮僖。

周新會王同鏘，嘉靖中謚恭簡。

恭簡王子安渤，嘉靖末謚康惠。

周沈丘王同鐩，正德中謚榮戾。

榮戾王子安涪，嘉靖初謚靖和。

靖和王子睦桍，嘉靖中謚榮定。

周臨淄王同鈎，弘治中謚榮惠。

榮惠王子安瀺，正德末謚簡端。

簡端王子睦檠，嘉靖中謚莊懿。

莊懿王子勤緂，嘉靖中謚端靖。

周魯陽王同鈮，嘉靖初謚恭惠。

恭惠王子安泳，嘉靖中謚靖肅。

靖肅王子睦杜，嘉靖中謚安定。

周堵陽王同鉱，嘉靖中謚昭安。

《弇州集》作安僖。

昭安王子安灦，嘉靖中謚榮憲。

榮憲王子睦檯，嘉靖中謚康裕。

康裕王子勤炈。

周義寧王安涘，謚昭安。

昭安王子睦欅，嘉靖中謚榮懿。

周崇善王安涫，正德末謚恭順。

恭順王子睦槤，嘉靖中謚端憲。

端憲王子勤爁，嘉靖中謚懷康。

懷康王子朝墉，嘉靖中謚端憲。

周海陽王安漨，正德中薨，嘉靖初謚康隱。

康隱王子睦杲，嘉靖中謚端康。

周定安王安瀰，弘治中謚懷簡。

周曲江王安藻，嘉靖初謚恭和。

恭和王子睦梒〔六六〕，嘉靖中謚榮定。

周博平王安淢〔六七〕，嘉靖中謚恭裕。

周浦江王安涇〔六八〕，嘉靖中謚懷隱。

懷隱王子睦椢〔六九〕，嘉靖中謚安簡。

周會稽王安澡，嘉靖中謚康敬。

康敬王子睦杉，隆慶中謚宣懿。

宣懿王子勤遂。

周富陽王安濯，嘉靖初謚安穆。《弇州集》作昭穆。

安穆王子睦桴，嘉靖中謚端僖。

周東會王安瀉，嘉靖中謚莊僖。

周萊陽王安潏，嘉靖中謚榮康。

榮康王子睦桄，嘉靖中謚端定。

周邵陵王安瀶，嘉靖中謚恭順。

周信陵王安滜，正德中謚懿簡。

懿簡王子睦楃，嘉靖中謚莊安。

莊安王子勤熩，嘉靖中謚端和。

周聊城王安潪，弘治中謚懷和。

周汾西王安漕，嘉靖中謚靖安。

靖安王子睦桍，嘉靖中謚端惠。

端惠王子勤熼，嘉靖末謚康懿。

康懿王子朝垧，嘉靖中謚榮靖。

周魯山王安澲，嘉靖中謚康和。

康和王子睦欏，嘉靖末謚榮安。

榮安王子勤烅，嘉靖中謚康憲。

周麗水王安汾，正德末謚靖恭。

周應城王睦桎，嘉靖末謚恭穆。《弇州集》作康定。

周益陽王睦楮，嘉靖中謚康定。

康定王子勤煜，嘉靖中謚恭憲。

周奉新王睦椔，隆慶中謚榮憲。

周南陵王睦楧，隆慶中謚莊裕。
周修武王勤烶，隆慶中謚康簡。
康簡王子朝堋。
周京山王勤炫，隆慶初謚温惠。
周華亭王勤熫，嘉靖末謚榮安。
榮安王子朝垣。
周湯溪王勤烶，嘉靖末謚榮憲。
榮憲王子朝型。
周瑞金王勤焕，嘉靖末謚榮簡。
周商城王勤烒，隆慶初謚榮簡。
周汝寧王勤然，隆慶中謚端恪。
周保寧王朝楮，嘉靖中謚恭簡。
楚巴陵王孟熜，洪武中謚悼簡。
楚永安王孟烔，宣德中謚懿簡。
懿簡王子季塾，成化中謚莊惠。
莊惠王子均鏁，成化中追謚悼懷。
悼懷王子榮澮，嘉靖初謚安懿。《弇州集》作靖懿。

安懿王子顯梧，嘉靖中謚昭定。
昭定王子英焌，嘉靖中謚恭順。
楚壽昌王孟焯，正統中謚安僖。
安僖王子季玗，弘治中謚靖和。
靖和王子均鐵，正德中謚莊穆。
楚崇陽王孟煒，正統中謚靖簡。
靖簡王子季堞，謚莊僖。
莊僖王子均鐓〔七〇〕，正德中謚端懿。
端懿王子榮灑，嘉靖中謚悼隱。
楚通山王孟熗，正統中謚靖恭。
靖恭王子季垟，成化中謚莊簡。
莊簡王子均鏼，正德中謚安惠。
安惠王子顯楀〔七一〕，嘉靖中謚端穆。
楚通城王孟燦，景泰中謚莊靖。
莊靖王子季塏，成化中謚榮順。
榮順王子均钃，弘治中謚僖穆。
僖穆王子榮渡，嘉靖初謚温惠。

温惠王子顯柜，嘉靖中謚懷簡。
楚景陵王孟炤，正統中謚順靖。
楚岳陽王孟爟，宣德中謚悼惠。
悼惠王子季境嗣封，天順中謚恭僖。
楚江夏王孟炬，成化中謚康靖。
康靖王子季墪，成化中謚悼順。
悼順王子均鋷，弘治中謚安惠。
安惠王子榮漠〔七二〕，嘉靖中謚端僖。
楚東安王季堜，天順中謚恭定。
恭定王子均鉔，嘉靖中謚昭簡。
昭簡王子榮淑，嘉靖末謚恭懿。
楚緡雲王榮淋，正德初謚懷僖。
楚大冶王季堧，景泰中謚悼僖。
楚保康王顯樟，嘉靖中謚榮靖。
魯安丘王泰埪，成化中謚靖恭。
靖恭王子陽鑒，成化中謚莊簡。
莊簡王子當潾，正德初謚榮順。

榮順王子健樸，嘉靖中謚端惠。

端惠王子觀熑，嘉靖中謚榮恪。

魯鄒平王泰塍，天順中謚莊靖。

莊靖王子陽鏞，正德中謚恭懿。

恭懿王子當潩，嘉靖中謚莊定。

莊定王子健櫧，嘉靖中追謚榮安。

榮安王子觀熾，嘉靖末謚恭靖。

魯鉅野王泰墱，成化初謚僖順。

僖順王子陽鍪，弘治中謚懿安。《弇州集》作恭定，《實録》云陽鍪謚恭定。

懿安王子當涵〔七三〕，嘉靖中謚莊憲。

莊憲王子健𣟴，嘉靖中謚端肅。

端肅王子觀熻，隆慶中謚惠榮。

魯東阿王泰壂，弘治中謚端懿。

端懿王子陽鏢，正德中謚榮靖。

榮靖王子當澆，嘉靖末謚康惠。

魯高密王當湄，正德中謚康穆。

康穆王子健杙，嘉靖中謚安簡。

安簡王子觀熿，嘉靖中謚昭和。

魯樂陵王泰壂，成化中謚恭惠。

恭惠王子陽錧，正德中謚宣懿。

宣懿王子當淙，嘉靖中謚端簡。

端簡王子健概，嘉靖年謚莊康。

莊康王子觀燔，嘉靖中謚恭僖。

魯滋陽王當漬，嘉靖中謚榮莊。

榮莊王子觀煒，嘉靖末謚恭裕。

魯郯城王當滋，謚康僖。

魯陽信王當涾，嘉靖中謚安僖。

安僖王子健杫，嘉靖中謚安懿。

安懿王子觀燃，嘉靖末謚榮康。

榮康王子頤埔，隆慶中謚恭簡。

魯翼城王當澐，嘉靖中謚恭安。

魯歸善王當沍，革爵。子健柶〔七四〕，嘉靖中謚康肅。

魯館陶王當潓，嘉靖中謚宣思。

魯新蔡王當泙，嘉靖中謚端穆。

端穆王子健栁，隆慶中謚昭和。

魯東甌王當沘，嘉靖中謚端肅。

端肅王子健楸，隆慶中謚恭恪。

蜀華陽王悦燿，宣德中謚悼隱。

悼隱王子友堚，成化中謚康簡。

康簡王子申鏠，革爵，嘉靖中謚悼康。

悼康王子賓浾，嘉靖中謚恭順。

恭順王子讓核，謚康僖。

蜀永川王悦烯，天順中謚莊簡。妃何氏，天順中謚貞順。

蜀黔江王友埘，宣德中謚悼懷。

蜀内江王友墦，正德中謚莊懿。

莊懿王子賓沚，嘉靖中謚康靜。

蜀德陽王友城，成化中謚僖安。

僖安王子申鉒〔七五〕，嘉靖初謚恭裕。

恭裕王子賓灘，嘉靖中謚榮康。

蜀石泉王友塡，正德中謚榮穆。

榮穆王子申鏄，嘉靖中謚恭簡。

恭簡王子賓清，嘉靖末謚康惠。
蜀汶川王友㙴，成化中謚懿簡。
懿簡王子申銷，嘉靖中謚榮康。
榮康王子賓沙，嘉靖末謚恭僖。
蜀慶符王友墂，正德中謚恭僖。
恭僖王子申鐓，嘉靖中謚端慎。
端慎王子賓沾，嘉靖末謚恭和。
蜀南川王申鋸，嘉靖中謚安靖。
代寶豐王充炕，嘉靖中謚悼順。
代廣靈王遜𤆼〔七六〕，天順中謚榮康。《弇州集》作榮虛。
榮康王子仕𡐕，弘治中謚榮康。《弇州集》作莊裕。
榮康王子成𨯦〔七七〕，嘉靖中謚順簡。
順簡王子聰漢，嘉靖中謚宣和。
宣和王子俊槻，嘉靖末謚康定。
康定王子充㶶，隆慶中謚榮昭。
代潞城王遜炵〔七八〕，成化中謚僖順。
僖順王子仕堜，弘治中謚安簡。

安簡王子成鐳，弘治中謚恭安。
恭安王子聰蒗，嘉靖初謚宣惠。
宣惠王子俊梭，嘉靖末謚端憲。
代進賢王俊櫃，嘉靖中謚莊惠。
莊惠王子充烗，嘉靖中謚恭懿。
代山陰王遜煁，成化中謚康惠。
康惠王子仕堸，弘治中謚端裕。
端裕王子成鏊，嘉靖中謚榮靖。
榮靖王子聰澍，嘉靖中謚僖順。
代襄垣王遜燂，天順中謚恭簡。
恭簡王子仕壇，革爵。弟仕坯嗣，嘉靖中謚安惠。
安惠王子成鍨，罪廢。
代靈丘王遜烇，成化中謚榮順。
榮順王子仕壣，弘治中謚僖靖。
僖靖王子成鈠，弘治中謚莊和。
莊和王子聰溈，嘉靖末謚端懿。
端懿王子俊格〔七九〕，嘉靖中謚康悼。

康悼王子充熿，嘉靖中謚悼懿。
悼懿王子廷址，嘉靖中謚懷僖。
代宣寧王遜炓，成化中謚靖莊。
靖莊王子仕贏〔八〇〕，弘治中謚和僖。
和僖王子成鈷，正德中謚恭安。
恭安王子聰瀗，嘉靖中謚康靖。
康靖王子俊相，隆慶中謚昭榮。
代懷仁王遜煪，弘治初謚榮定。
榮定王子仕璙，弘治中謚安僖。
安僖王子成鈀，弘治中謚恭和。
恭和王子聰洌，嘉靖中謚僖康。
僖康王弟聰淑，隆慶中謚温惠。
温惠王子俊榭，萬曆中謚莊簡。
代隰川王遜熮，成化中謚懿安。
懿安王子仕墜，成化中謚恭僖。
恭僖王子成鈍，弘治中謚莊隱。
莊隱王子聰漨，正德末謚康肅。

康肅王子俊栢，隆慶中謚莊惠。

代吉陽王聰注，嘉靖末謚恭順。

恭順王子俊槿。

代昌化王仕壜，成化中謚温憲。

温憲王子成鍰，正德中謚榮僖。《實録》作悼僖。

榮僖王子聰瀘，嘉靖中謚端襄。

代饒陽王成鋈，成化中謚悼昭。

悼昭王子聰瀓〔八一〕，嘉靖中謚榮莊。

榮莊王子俊榬〔八二〕，謚康僖。

代博野王聰溱〔八三〕，弘治中謚端穆。

端穆王子成鐭，成化中謚悼恭。

悼恭王子俊櫝，嘉靖年謚莊憲。

代和川王成鏝，成化中謚悼僖。

悼僖王子聰溜，正德初謚宣懿。

宣懿王子俊龔〔八四〕，嘉靖中謚恭惠。

恭惠王子充烀，嘉靖中謚榮康。

代寧津王成鉖，成化中謚懷康。

懷康王子聰滴〔八五〕，弘治中謚懷莊。

懷莊王弟聰泠，正德中謚温穆。

代定安王成鏻，成化中謚悼隱。

代武邑王聰沬，革爵。弘治中復爵，謚懷隱。後追封代王，謚思。

代樂昌王聰涓，嘉靖中謚康懿。

康懿王子俊榀，嘉靖中謚榮簡。

代溧陽王聰渹，嘉靖末謚榮定。

榮定王子俊椐。

代棗强王成釪，弘治中謚靖安。

靖安王子聰滋，嘉靖中謚康惠。

康惠王子俊棟，嘉靖中謚榮和。

代河内王充㦬〔八六〕，嘉靖中謚莊安。

莊安王子廷垷，嘉靖末謚恭憲。

代碭山王充炌，嘉靖中謚悼懷。

代富川王充熤，嘉靖中謚悼定。

悼定王子廷埣，隆慶中謚康簡。

肅淳化王真泓，嘉靖末謚端惠。

肅鉛山王真瀞〔八七〕，嘉靖末謚榮和。
榮和王子弼榦〔八八〕。
肅金壇王真洵，嘉靖中謚恭裕。
恭裕王子弼樦，革。
肅延安王縉炌，嘉靖末謚恭靖。
遼松滋王貴行，正統年謚安惠。
安惠王子豪㙐〔八九〕，弘治中謚靖簡。
靖簡王子恩釪，嘉靖初謚榮和。
榮和王子寵洌，嘉靖中謚昭憲。
遼廣元王致椹，嘉靖中謚康僖。
遼益陽王貴烰，正統中謚安僖。
安僖王子豪㙈，成化中謚懿簡。
懿簡王子恩銅，嘉靖中謚恭和。
恭和子寵淄，嘉靖中謚康恪。
康恪王子致橀，嘉靖末謚榮惠。
遼湘陰王貴熶〔九〇〕，成化中謚安僖。
安僖王子豪𡑞，弘治中謚康懿。

康懿王子恩鍖，正德中謚恭簡。
恭簡王子寵湳，嘉靖中謚端靖。
端靖王子致梠，嘉靖末謚恭定。
遼衡陽王貴煲，天順中謚莊和。
莊和王子豪㙦，弘治中謚僖靖。
僖靖王子恩鐠，弘治中謚悼僖。
悼僖王子寵淹，嘉靖中謚安懿。
遼應山王貴爈，正統中謚悼恭。
悼恭王子豪環，弘治初謚端順。
端順王子恩鑞，弘治中謚和僖。
遼宜城王貴爀，成化中謚康簡。
康簡王子豪玪，弘治中謚榮僖。
榮僖王子恩銑〔九一〕，嘉靖初謚懷靜。
懷靜王子寵濱，謚懿定。
懿定王子致棖，隆慶中謚榮昭。
遼枝江王貴熠，景泰中謚莊惠。
莊惠王子豪壂，天順中謚靖僖。

靖僖王子恩錢，弘治中謚温穆。

温穆王子寵潤，嘉靖初謚悼懷。

悼懷王子致樨，隆慶中謚端懿。

遼光澤王寵瀼〔九二〕，嘉靖中謚榮端。

榮端王子致榠，《弇州集》作致榞，隆慶中謚恭僖。

遼沅陵王貴熵，成化中謚恭憲。

恭憲王子豪㸒，弘治中謚昭安。

昭安王子恩鉓，弘治中謚宣穆。

宣穆王弟恩鉅嗣，弘治中謚莊恪。

莊恪王子寵浹，嘉靖末謚榮簡。

遼麻陽王貴煥，正統中謚悼僖。

遼衡山王貴烕，成化中謚恭惠。

遼蘄水王貴熡，成化中謚靖和。

靖和王子豪垚〔九三〕，弘治中謚安穆。

安穆王子恩鉅〔九四〕，嘉靖中謚康順。

康順王子寵澍，嘉靖中謚僖簡。

遼長陽王豪堨，正德中謚昭和。

昭和王子恩鈉，嘉靖中謚安靖。
安靖王子寵游，隆慶中謚恭裕。
遼肅寧王恩鉹，成化中謚悼靖。
悼靖王子寵汕，嘉靖中謚榮順。
遼長垣王恩鉀，正德中謚恭順。
慶真寧王秩熒，景泰中謚莊惠。
莊惠王子邃塀，成化中謚康簡。
康簡王子寘鐃，弘治中謚温穆。
温穆王子台洊，正德中謚榮僖。
榮僖王子鼒樺〔九五〕，嘉靖末謚安惠。
慶安化王秩炵，弘治中謚惠懿。
惠懿王子邃墁，弘治中謚恭和。
慶岐山王秩煉，正統初謚悼莊。
慶安塞王秩炅，成化中謚宣靖。
慶豐林王邃垙，正德中謚温僖。
温僖王子寘鏷，嘉靖中謚安簡。
安簡王子台瀚，嘉靖中謚端康。

慶弘農王邃坱，弘治初謚安僖。

安僖王子寘鑭，正德中謚榮惠。

榮惠王子台泙，嘉靖中謚恭定。

恭定王子鼒楹〔九六〕，萬曆中謚康僖。

慶壽陽王台濠，正德末謚和靖。

和靖王子鼒棉〔九七〕，嘉靖中謚端懿。

慶延川王鼒櫝〔九八〕，嘉靖中謚端穆。

寧石城王奠堵，成化中謚恭靖。

恭靖王子覲鏑〔九九〕，弘治中謚端隱。

端隱王子宸浮，嘉靖中謚安恪。

寧弋陽王奠壏〔一〇〇〕，罪廢。子覲鏁，謚榮莊〔一〇一〕。《弇州集》作弘治謚僖順。

僖順王子宸汭〔一〇二〕，正德中謚莊僖。

莊僖王子拱樻〔一〇三〕，嘉靖中謚端惠。

寧臨川王磐燁〔一〇四〕，謚康僖。

寧信豐王磐熿，正統中謚悼惠。妃劉氏，正統中謚貞烈。王薨，自經也。

寧宜春王磐烑，弘治中謚安簡。

安簡王子奠坫，弘治中謚宣和。

宣和王子覲鏄，弘治中謚懷簡。

懷簡王子宸澮，弘治中謚康僖。子拱樤[一〇五]，從逆，誅。

寧新昌王磐炷，天順中謚安僖。

寧瑞昌王奠墠，成化中謚恭僖。

恭僖王子覲鍚，弘治初謚榮安。

榮安王子宸瀩，弘治中謚悼順。子拱栟[一〇六]，從逆，除。

寧樂安王奠壘，弘治初謚昭定。

昭定王子覲鐳，弘治中謚温隱。

温隱王子宸湔，嘉靖中謚靖莊。

靖莊王子拱欏，嘉靖中謚端簡。

寧建安王覲鍊，嘉靖中謚簡定。

簡定王子宸瀟，嘉靖中謚莊順。

莊順王子拱棖，隆慶中謚昭靖。

岷江川王徽煝，成化中謚恭惠。

恭惠王子音坄嗣，成化中謚莊僖。

莊僖王弟音墊嗣，嘉靖中謚榮懿。

岷安昌王膺鋪，成化中謚懷僖。

懷僖王子彦溶，正德中謚榮和。

岷唐年王膺録，嘉靖中謚恭裕。

岷黎山王膺終，弘治中謚安懿。

安懿王子彦淪〔一〇七〕，嘉靖中謚康靖。

康靖王子譽枚，隆慶中謚榮僖。

岷沙陽王膺鉋，正德中謚端靖。

岷南渭王音塈，弘治中謚榮順。

榮順王子膺釲，正德中謚懷簡。

懷簡王子彦濱，正德中謚安和。

安和王子譽橎，嘉靖末謚莊順。

岷建德王譽樞，嘉靖中謚榮安。

谷宜春王磐烑，謚安簡〔一〇八〕。

谷新昌王磐炷，謚安僖〔一〇九〕。

安僖王子厚熕，隆慶中謚端僖〔一一〇〕。

谷信豐王磐熯，謚悼惠〔一一一〕。

谷弋陽王奠壏，謚榮莊〔一一二〕。

榮莊王子覲鏁，嘉靖初謚莊僖〔一一三〕。

韓襄陵王冲烋，成化中謚莊穆。

莊穆王子範址，正德初謚恭惠。

恭惠王子徵鈐，嘉靖中謚安穆。

安穆王子偕涮，嘉靖中謚端和。

端和王孫旭橦，嘉靖中謚懿簡。

韓樂平王冲㶿，成化中謚定肅。

定肅王子範埸，弘治中謚僖安。

僖安王子徵鋞，嘉靖中謚恭安。

恭安王子偕淵，嘉靖末謚温定。

温定王子旭樞，嘉靖中謚安和。

韓平利王範壑，景泰中謚懷簡。

韓褒成王範塄，成化初謚昭裕。

昭裕王子徵鉅，弘治中謚宣惠。

宣惠王子偕沺，正德中謚安僖。

安僖王子旭欄，嘉靖中謚康順。

康順王子榮承〔一一四〕，嘉靖中謚温靖。

韓通渭王範墅，成化中謚莊簡。

莊簡王子徵錸，弘治中謚榮靖。

榮靖王子偕洹，正德中謚恭裕。

恭裕王子旭楊，嘉靖中謚安定。

安定王子融烑〔一一五〕，嘉靖中謚端順。

韓漢陰王徵鍉，成化中謚恭懷。子偕注，成化中，以乞養異姓冒封，降爲庶人。

韓高平王偕灤，正德中謚榮和。

榮和王子旭樽，嘉靖初謚昭簡。

韓西德王偕瀞，正德中謚昭僖。

昭僖王子旭樅，嘉靖中謚悼昭。

悼昭王子融熣。

韓隴西王旭林〔一一六〕，嘉靖中謚安懿。

韓寧遠王旭栓，正德末謚宣和。

宣和王子融煥，嘉靖末謚恭懿。

恭懿王子謨垙，嘉靖中謚恭靖。

韓長泰王旭横，嘉靖中謚榮順。

韓永福王旭橝，嘉靖中謚端僖。

韓建寧王旭椭，嘉靖中謚恭安。

韓長洲王融焌，嘉靖中謚定恭。
韓長樂王融焞，嘉靖末謚康懿。
韓崑山王融炆，隆慶中謚榮康。
韓高淳王謨滋，嘉靖中謚莊懿。
韓休寧王謨塨，嘉靖中謚安靖。
韓慶陽王謨墊，嘉靖中謚莊懿。
瀋陵川王佶烇，成化中謚康肅。
康肅王子幼堅，成化中謚懷懿。
懷懿王子詮鏤，嘉靖中謚康簡。
康簡王子勛瀼，嘉靖中謚悼康。
瀋平遥王佶熠，正統中謚僖靖。
僖靖王子幼壃，成化中謚惠恭。《弇州集》作懿安。
瀋黎城王佶燆，正統中謚昭僖。
昭僖王子幼𡍼，成化中謚莊惠。
瀋稷山王佶焆，正統中謚悼靖。
悼靖王子幼垬，成化中謚莊靖。
莊靖王子詮鍌，正德中謚榮和。

榮和王子勛沂〔一一七〕，嘉靖中謚端簡。
端簡王子胤柯，隆慶初謚昭靖。
瀋沁水王佶熅〔一一八〕，正統中謚悼懷。
悼懷王子幼埥，成化中謚安惠。
安惠王子詮鐕，正德中謚端懿。
端懿王子勛灄，正德末謚榮穆。
榮穆王子胤櫰，嘉靖中謚莊和。
莊和王子恬炘，嘉靖末謚昭定。
瀋沁源王佶焯，正統中謚恭定。
恭定王子幼埼，成化中謚端憲。
端憲王子詮鍾，正德中謚榮靖。
榮靖王子勛溱，嘉靖中謚康僖。
康僖王子胤楊，嘉靖中謚悼和。
瀋清源王幼圩，弘治中謚莊簡。
莊簡王子詮鏴，正德中謚榮僖。
榮僖王子勛瀳〔一一九〕，嘉靖末謚端和。
瀋遼山王幼墬，弘治中謚宣穆。

宣穆王子詮鉞，嘉靖中謚端和。

潘内丘王幼墳，正德中謚恭僖。

恭僖王子詮鋷，嘉靖初謚恭僖。《弇州集》作悼順。

恭僖王子勛漴，嘉靖中謚端靖。

端靖王孫胤柲，嘉靖中謚安裕。

潘廣宗王幼坏〔一二〇〕，天順中謚懷靖。

潘唐山王幼墧，成化中謚悼僖。

悼僖王子詮鈹，弘治中謚榮康。

榮康王子勛澂，嘉靖中謚恭懿。

潘永年王幼埭，正德初謚榮安。

榮安王子詮鐍，正德中謚懷僖。

懷僖王子勛浚，正德末謚悼順。

悼順王子胤橚，嘉靖中謚恭裕。

恭裕王子恬炡，嘉靖末謚莊憲。

潘福山王勛泔，嘉靖初謚恭和，改謚靖。

潘靈川王詮鉌，正德中謚榮懿，後以孫貴，改謚安。

安王子勛潪，謚恭裕，嘉靖中以子貴，追謚惠。

惠王子胤栘，嘉靖中嗣潘王。以胤杲嗣，嘉靖中謚莊安。
潘宜山王詮鏽〔一二〕，隆慶中謚康僖。
潘定陶王詮鑨，嘉靖末謚恭靖。
潘吴江王詮鏗〔一三〕，正德中謚昭和。
潘宿遷王詮鏥，嘉靖中謚榮簡。
榮簡王子勛澤，嘉靖中謚端惠。
唐新野王瓊熚，正統中謚悼懷。
悼懷王嗣芝城，成化中謚恭簡。
恭簡王子彌鍋，弘治中謚宣懿。
宣懿王子宇滬，嘉靖末謚榮僖。
唐承休王芝埌，正德末謚榮和。
榮和王子彌鋠，嘉靖中謚昭毅。
唐蕩陰王芝坻，嘉靖初謚昭安。
昭安王子彌鍔，嘉靖末謚端肅。
唐浙陽王彌鎈，正德中謚温僖。
唐文成王彌鉗，正德中謚恭靖。
唐三成王芝垝，正德中謚康穆。

唐衛輝王彌鍦，嘉靖中謚恭懿。

恭懿王子宇漳，嘉靖末謚端順。

端順王子宙桐，隆慶中謚榮昭。

榮昭王子碩焕，隆慶初謚温懿。

唐鄖城王彌鋠，嘉靖末謚恭端。

恭端王子宇清，嘉靖中謚昭憲。

昭憲王子宙桃，嘉靖中謚榮康。

伊洛陽王勉堻，成化中謚安惠。

伊光陽王勉坤〔一二三〕，正德中謚榮靖，無嗣。

伊方城王諟鏞，成化中謚懷僖。《實録》作悼僖。

懷僖王子訏洼〔一二四〕，嘉靖中謚昭和。

昭和王子典榕，嘉靖中謚懷順。

懷順王子褒熇，正德中謚温僖。

伊西鄂王諟鉠〔一二五〕，成化中謚安僖。

安僖王子訏潹，正德中謚恭靖。

伊萬安王典櫝，嘉靖中謚康懿。

趙南樂王祁鉷，弘治中謚安懿。

安懿王子見灡，嘉靖初謚榮僖。

榮僖王子祐櫍，嘉靖中謚宣靖。

趙懷仁王俊榭，隆慶中謚莊簡〔一二六〕。

趙臨漳王祁鋆，成化中謚恭安。

恭安王子見渲，正德末謚榮和。

榮和王子祐杙，嘉靖中謚懷悼。

懷悼王子厚炣，嘉靖中謚康端。

趙洛川王祁鋹，成化中謚靖懿。

靖懿王子見渥，正德末謚榮恪。

榮恪王子祐𣏌〔一二七〕，嘉靖中謚康定。

康定王子厚焴，嘉靖中謚懷順。

懷順王子載墝，嘉靖中謚恭簡。

恭簡王子翊鏴，嘉靖中謚莊憲。

趙平鄉王祁鍃〔一二八〕，成化中謚榮順。

榮順王子見洸，嘉靖中謚榮康。

榮康王子祐楸，嘉靖中謚僖穆。

趙襄邑王祁鋥，成化中謚恭定。

恭定王子見瀚，成化年謚懷簡。

懷簡王弟見沂嗣，弘治中謚榮惠。

榮惠王子祐櫸，嘉靖初謚昭和。

昭和王子厚燔，嘉靖中謚端順。

趙湯陰王祁鏘〔一二九〕，成化中謚莊僖。　子見準，罪死。

趙汝源王見淇，嘉靖中謚榮昭。

榮昭王子祐桐，嘉靖中謚懷和。

懷和王子厚焆，嘉靖中謚端僖。

趙昆陽王見洽，正德中謚温穆。

趙光山王厚煇，嘉靖末謚康靖。

趙廣安王祐枳，弘治中謚靖裕。《弇州集》作端裕。

靖裕王子厚熽，嘉靖末謚温懿。

温懿王子載堂，隆慶中謚康裕。

趙秀水王厚炯〔一三〇〕，嘉靖中謚宣穆。

趙獲嘉王載培，嘉靖中謚昭定。

趙江寧王厚煉，嘉靖末謚恭懿。

鄭新平王祁鋭，景泰中謚懷僖。　妃巫氏，景泰中謚貞順。

鄭涇陽王祁銑，弘治初謚安靖。　子見溢，革爵。

鄭朝邑王祁鎔，弘治初謚榮簡。

鄭河陽王見滆，成化中謚懷簡。

鄭東垣王見湞，弘治中謚端惠，以子貴，追謚定。

定王孫厚烔嗣，嘉靖中謚榮昭。

鄭信陽王見浪，《弇州集》作見派，成化中謚悼簡。　《弇州集》作悼懷。

鄭宜章王見㴰，弘治中謚懷順。

鄭繁昌王見寖，嘉靖中謚恭定。

鄭崇德王載陞，嘉靖中謚恭簡。

鄭廬江王見滳，嘉靖中謚懿簡。

懿簡王子祐棉，嘉靖中謚榮繆。

鄭盟津王見濍，嘉靖中謚恭懿。

恭懿王子祐橲。

鄭真丘王見湝，正德末謚榮隱。

鄭丹陽王見涬，正德末謚靖和。

襄寧鄉王祁鐄，成化中謚莊憲。

襄棗陽王祁鉦，成化中謚安穆。

安穆王子見沔，弘治中謚僖順。

僖順王子祐櫘，嘉靖末謚榮肅。

襄陽山王見滂，正德末謚恭和，嘉靖中以子貴，追謚恭。

恭王子祐楬，嘉靖中謚榮康，以子厚熉嗣襄王，追謚惠。

襄鎮寧王見瀷，嘉靖初謚恭順。

荆都梁王見溥〔一三〕，成化中謚悼惠。子祐閒，弘治中嗣荆王。

荆都昌王祁鑑，成化中謚惠靖。

惠靖王子見潭，成化中謚懷順。

懷順王子祐槁，弘治中謚悼僖。

荆樊山王見澋，正德初謚温懿。

温懿王子祐構，嘉靖中謚莊和。

莊和王子厚焌，嘉靖末謚恭裕。

荆桐城王祐樿，弘治初謚懷僖。

荆岷青王祐櫔，成化中謚悼懷。

荆永新王厚熿，嘉靖末謚安莊。

荆永定王載墭，嘉靖中謚端穆。

淮鄱陽王祁鑌，正德中謚懷僖。

淮永豐王祁鉞，成化中謚恭和。
恭和王子見瀞，弘治中謚懷順。
懷順王子祐梱〔一三二〕，嘉靖中謚榮和。
榮和王子厚炑〔一三三〕，嘉靖中謚安僖。
淮崇安王見洵，嘉靖初謚榮穆。
榮穆王子祐榦〔一三四〕，嘉靖中謚昭和。
淮南康王見淓，嘉靖末謚莊惠。
莊惠王子祐柌，隆慶中謚榮僖。
淮德興王見漷，正德末謚莊僖。
莊僖王子祐樋，嘉靖中謚恭簡。
徽景寧王祐椀，萬曆年謚恭裕。
徽太和王祐樣，嘉靖中謚端僖。
徽慶雲王厚燦，嘉靖中謚康僖。
康僖王子載壂，嘉靖中謚莊靖。
徽新昌王厚熂，隆慶中謚端僖。
徽陽城王祐欒，嘉靖中謚恭僖。
恭僖王子厚爌。

徽隆平王厚熉，嘉靖中謚悼康。
徽嘉定王厚㶸，嘉靖中謚宣惠。
徽景寧王厚焮，成化中謚莊僖。
崇慶元王祐椐，嘉靖中謚榮康。
榮康王子厚焞，嘉靖中謚端穆。
端穆王子載圿，嘉靖中謚莊懿。
崇瑞安王祐桓，嘉靖初謚恭簡。
恭簡王子載埴，嘉靖中謚莊惠。
榮惠安王厚煦，嘉靖中謚康和。
康和王子載塾，嘉靖中謚宣懿。
榮福寧王厚熹，嘉靖中謚懷僖。
淮順昌王見漽，嘉靖中謚恭懿。
淮高安王厚炅，嘉靖末謚恭僖。
淮吉安王厚燔，嘉靖末謚肅簡。
淮南康王祐桐，隆慶初以長子載坮請，謚恭僖。
齊樂安王賢�，永樂中謚悼隱。　見《弇州集》，《實録》無。
德泰安王祐櫄，正德中謚恭簡。

恭簡王子厚熿，嘉靖中謚端懿。

端懿王子載堬，嘉靖中謚康惠。

德濟寧王祐樢，正德年謚安僖。

德歷城王厚⿰火鄉，嘉靖中謚榮和。

德東平王厚燉，嘉靖中謚懷順。

德臨朐王厚爔，嘉靖末謚榮簡。

榮簡王子載堠，嘉靖末謚懷莊。

德寧海王載⿰土予，隆慶中謚恭和。

徽建德王祐槿，嘉靖中謚康和。

徽遂昌王祐檟，嘉靖中謚恭惠。

恭惠王子載⿰土予[一三五]。

徽建德王厚⿰火定，嘉靖中謚安簡。

益玉山王厚⿰火巽，嘉靖末謚恭安，無嗣。《弇州集》作恭靖。

益金谿王厚煌，嘉靖中謚莊惠。

莊惠王子載⿰土學，隆慶中謚榮靖。

益銅陵王載壤，嘉靖中謚恭簡。

恭簡王子翊鈓[一三六]。

衡玉田王厚熞，嘉靖中謚懷簡。
衡新樂王厚熑，嘉靖末謚端惠。
端惠王子載壐。
衡齊東王厚炳，嘉靖中謚温惠。
温惠王子載垢，萬曆中謚安和。
裕藍田王翊鈐〔一三七〕，隆慶初謚靖悼。
榮福寧王厚熹，嘉靖中謚懷僖〔一三八〕。
榮惠安王厚煦，嘉靖中謚康和。
康和王子載塾，嘉靖中謚宣懿。

【校勘記】

〔一〕諱世珍　『珍』原缺省作『㐱』，據《明史》卷一《太祖紀一》回改。
〔二〕淳皇后揚王陳公女　『揚』原作『楊』，據《明太祖實録》卷四二、《明史》卷一八《陳公傳》改。
〔三〕諱元璋　『璋』原缺省作『章』，據《明史》卷一《太祖紀一》回改。
〔四〕諱標　『標』原缺省作『票』，據《明史》卷三《太祖紀三》回改。
〔五〕洪武末尊爲皇太后　《續通考》卷一四八作『建文即位尊爲皇太后』。據《明史》卷四《恭閔帝紀》，當在建文元年二月。

〔六〕諱允炆　『炆』原缺省作『文』，據《明史》卷四《恭閔帝紀》回改。

〔七〕諱棣　『棣』原缺省作『隶』，據《明史》卷五《成祖紀一》回改。

〔八〕諱高熾　『熾』原缺省作『戠』，據《明史》卷八《仁宗紀》回改。

〔九〕宣宗章皇帝諱瞻基　『帝』原作『后』，據《續通考》卷一四八、《明史》卷九《宣宗紀》改。『基』原缺省作『其』，據《明史·宣宗紀》回改。

〔一〇〕憲天崇道　『道』原作『號』，據《續通考》卷一四八、《明史》卷九《宣宗紀》改。

〔一一〕宣德元年册封爲貴妃　『妃』原作『祀』，據《續通考》卷一四八、《明史》卷一一三《宣宗孝恭皇后孫氏傳》改。

〔一二〕英宗睿皇帝諱祁鎮　『鎮』原缺省作『真』，據《明史》卷一〇《英宗前紀》回改。

〔一三〕景皇帝諱祁鈺　『鈺』原缺省作『玉』，據《明史》卷一一《景帝紀》回改。

〔一四〕憲宗純皇帝諱見深　『深』原缺省作『罙』，據《明史》卷一三《憲宗紀一》回改。

〔一五〕皇太子祐極　『極』原缺省作『亟』，據《明史》卷一一九《悼恭太子祐極傳》回改。

〔一六〕孝宗敬皇帝諱祐樘　『樘』原缺省作『堂』，據《明史》卷一五《孝宗紀》回改。

〔一七〕睿宗獻皇帝諱祐杬　『杬』原缺省而誤作『亢』，據《明史》卷一一五《睿宗獻皇帝傳》回改。

〔一八〕武宗毅皇帝諱厚照　『照』原作缺省作『昭』，據《明史》卷一六《武宗紀》回改。

〔一九〕世宗肅皇帝諱厚熜　『熜』原缺省作『悤』，據《明史》卷一七《世宗紀一》回改。

〔二〇〕十三年廢　『三』原作『二』，疑承《弇山堂別集》卷三二之誤，據《明世宗實録》卷一五八、

《明史》卷一七《世宗紀一》、卷一一四《世宗廢后張氏傳》改。

〔二一〕康妃杜氏嘉靖中謚榮淑　按此人應即孝恪杜皇后，本書誤作二人而重出此條。

〔二二〕哀冲太子諱載基　『基』字原無，當因避諱而致脱誤，據《明史》卷一二〇《哀冲太子載基傳》補。

〔二三〕莊敬太子諱載壡　『壡』原缺省作『叡』，據《明史》卷一二〇《莊敬太子載壡傳》回改。

〔二四〕穆宗莊皇帝諱載垕　『垕』原缺省而誤作『元』，據《明史》卷一九《穆宗紀》回改。

〔二五〕册封爲裕王繼妃　『裕』原作『裕裕』，據《續通考》卷一四八、《明史》卷一一四《孝安陳皇后傳》删其一。

〔二六〕皇太子諱翊釴　『釴』原缺省作『弋』，據《明史》卷一二〇《憲懷太子翊釴傳》回改。

〔二七〕秦王諱樉　『樉』原缺省作『爽』，據《明史》卷一〇〇《諸王世表一》、卷一一六《秦王樉傳》回改。按，自此以下至卷終，所列明朝親王之名，除個别罪廢者外，悉皆避諱缺省，今據其行輩取名連字規律及《明史》、《弇山堂别集》、《明謚紀彙編》等書直接回改，一般不再出校。

〔二八〕簡王子慎鏡　『鏡』原缺省而誤作『賁』，據《明史》卷一〇〇《諸王世表一》、卷一一六《晉王棡傳》、《明謚紀彙編》卷一〇回改。按，《弇山堂别集》卷三二《同姓諸王表》載，晉簡王朱新㙟無子，以弟朱新墧之子朱慎鏡嗣位，卒謚敬。

〔二九〕睢陽王同鑣　『鑣』原缺省而誤作『塵』，據《明史》卷一〇〇《諸王世表一》、卷一一六《周王橚傳》回改。

〔三〇〕端王子壽鐍　『鐍』原缺省作『爵』，據《明史》卷一〇一《諸王世表二》、卷一一六《魯王檀傳》、《明謚紀彙編》卷一二回改。按《明史》本傳稱，壽鏳爲端王觀烓子頤坦之子，則應爲端王孫，此稱「子」誤。

〔三一〕靖王弟羅江王友壎　「壎」原缺省作「熏」，據《弇山堂別集》卷三二《同姓諸王表》、《明謚紀彙編》卷一〇回改。按《明史》卷一〇一《諸王世表二》、卷一一七《蜀王椿傳》皆作「壋」。

〔三二〕保寧王悅㸂　「㸂」原缺省作「邵」，據《明史》卷一一七《蜀王椿傳》、《弇山堂別集》卷三二《同姓諸王表》、《明謚紀彙編》卷一〇回改。

〔三三〕成王子承爚　「承爚」原作「丞龠」，據《明史》卷一〇一《諸王世表二》、卷一一七《蜀王椿傳》、《弇山堂別集》卷三二《同姓諸王表》、《明謚紀彙編》卷一〇回改。

〔三四〕惠王子聰沶　「沶」原缺省作「禾」，據《弇山堂別集》卷三二、《明謚紀彙編》卷一〇、卷一二回改。按《明史》卷一〇一《諸王世表二》作「沫」，卷一一七《蜀王椿傳》作「沫」。

〔三五〕思王子俊杕　「杕」原缺省作「大」，據《弇山堂別集》卷三二《同姓諸王表》、卷七〇回改。按《明史》卷一〇一《諸王世表二》、卷一一七《蜀王椿傳》、《明謚紀彙編》卷一〇均作「杖」。

〔三六〕汾川王貢綜　「錝」原作「綜」，據《明史》卷一〇一《諸王世表二》、卷一一七《肅王楧傳》、《弇山堂別集》卷三二《同姓諸王表》、《明謚紀彙編》卷一〇改。

〔三七〕定王世子鼒櫍　「鼒」原作「鼐」，據《明史》卷一〇二《諸王世表三》、卷一一七《慶王㮵傳》、《弇山堂別集》卷三二《同姓諸王表》、《明謚紀彙編》卷一一改。

〔三八〕端和王弟鼒枋　『鼒』原作『鼐』，據《明史》卷一〇二《諸王世表三》、卷一一七《慶王㮵傳》、《弇山堂別集》卷三二《同姓諸王表》、《明謚紀彙編》卷一〇改。

〔三九〕恭王子音垽　『垽』原缺省作『沂』，據《弇山堂別集》卷三二、卷七〇、《明謚紀彙編》卷一〇、《禮部志稿》卷七七、卷七八、《明史表稿》卷三《諸王世表》、《明憲宗實録》卷二〇一成化十六年三月乙未條回改。按《明史》卷一〇二《諸王世表三》、卷一一八《岷王楩傳》作『埑』，疑誤。

〔四〇〕西鄉王範𡊅　『𡊅』原缺省作『卯』，今回改。按《明史》卷一〇二《諸王世表三》、卷一一八《韓王松傳》皆作『𡊅』。

〔四一〕西陽王詮鉦　『詮鉦』原作『全正』，據《明史》卷一〇二《諸王世表三》、卷一一八《韓王松傳》、《弇山堂別集》卷三二、卷七〇、《明謚紀彙編》卷一〇、《禮部志稿》卷七四改。

〔四二〕成王子宇温　按《明史》卷一〇二《諸王世表三》、卷一一八《韓王松傳》，宇温實爲成王彌鍗弟彌鉗之子，即成王之姪。

〔四三〕簡王子勉湼天順中謚安　『湼』原缺省作『涅』，據《明謚紀彙編》卷一〇、卷一二回改。按《明史》卷一〇二《諸王世表三》、《弇山堂別集》卷三二、卷三五、七〇、卷七四均作『堡』。又《明謚紀彙編》卷一〇、卷一二、《弇山堂別集》卷七〇、卷七四載，天順中謚安惠，成化中追謚安，此稱『天順中謚安』誤。

〔四四〕安王子諟釠　『釠』原作缺省作『几』，據《明史》卷一〇二《諸王世表三》、《明史稿》傳四《伊厲王㰘傳》回改。按《明史》卷一一八《伊王㰘傳》、《弇山堂別集》卷三二、三五、七〇作『釚』。

〔四五〕昭和王子約麟　『麟』，《明史》卷一〇二《諸王世表三》、卷一一八《靖江王守謙傳》、《弇山堂別集》卷三三、《明謚紀彙編》卷一一均作『麒』。

〔四六〕安肅王子邦寧　『寧』，《明史》卷一〇二《諸王世表三》、卷一一八《靖江王守謙傳》、《弇山堂別集》卷三三、卷七二、《明謚紀彙編》卷一一均作『薴』。

〔四七〕端裕王子祐棨　『棨』原作『啓』，據《明史》卷一〇三《諸王世表四》、卷一一九《淮王瞻墺傳》改。

〔四八〕均王諱載堸　『堸』原缺省作『凨』，據《明謚紀彙編》卷一〇回改。按《明史》卷一二〇《均王載堸傳》、《弇山堂別集》卷三三皆作『堸』。

〔四九〕靖王諱翊鈐　『鈐』字原缺，據《明史》卷一二〇《靖王翊鈐傳》、《明謚紀彙編》卷一〇補。

〔五〇〕潞王諱翊鏐　『鏐』字原缺，據《明史》卷一二〇《潞王翊鏐傳》、《明謚紀彙編》卷一〇補。

〔五一〕邠王諱常潡　『潡』字原缺，據《明史》卷一二〇《邠王常潡傳》、《明謚紀彙編》卷一〇補。

〔五二〕恭憲王子公鉐　『鉐』原缺省而誤作『名』，據《明史》卷一〇〇《諸王世表一》、《弇山堂別集》卷三四、卷七二、《明謚紀彙編》卷一一回改。按公銘別是一人，爲臨潼惠簡王。

〔五三〕滎靖王子惟燿　『燿』原缺省作『翟』，據《明史》卷一〇〇《諸王世表一》、《弇山堂別集》卷三四回改。又據上引二書載，惟燿應爲恭和王秉欜之子、滎靖王懷埥之孫。

〔五四〕秦郃陽王公鏜　『郃』原作『部』，據《明史》卷一〇〇《諸王世表一》、《弇山堂別集》卷三四、卷七四、《明謚紀彙編》卷一二改。

〔五五〕懷簡王子美□　『美』下原爲一空格，當缺一字。

〔五六〕僖順王子奇灦　據《明史》卷一〇〇《諸王世表一》、《弇山堂別集》卷三四，奇灦應爲僖順王美壤之孫，此處『子』字疑誤。

〔五七〕安僖王兄子鍾錏嗣□□□謚簡靜　按《弇山堂別集》卷三四稱，安僖王美堅卒後『無子國除』，與此不同。又『嗣』下原爲三空格，當缺三字。

〔五八〕滎穆王子知炪　據《明史》卷一〇〇《諸王世表一》、《弇山堂別集》卷三四，知炪應爲滎穆王奇淠之孫，此處『子』字疑誤。

〔五九〕悼懷王子表桲　『桲』原缺省而誤作『孛』，據《明史》卷一〇〇《諸王世系表一》、《弇山堂別集》卷三四、卷七三、《明謚紀彙編》卷一二回改。

〔六〇〕晉滎澤王表櫰　『滎』原作『榮』，據《明史》卷一〇〇《諸王世表一》、《弇山堂別集》卷七四、《明謚紀彙編》卷一二改。

〔六一〕端裕王子安洑　『洑』原作『附』，據《明史》卷一〇〇《諸王世表一》、《弇山堂別集》卷三四、卷七二改。

〔六二〕周遂平王有熲　『熲』原作『頃』，據《明史》卷一〇〇《諸王世表一》、《弇山堂別集》卷三四、卷七五、《明謚紀彙編》卷一二改。

〔六三〕端惠王子睦詠　『詠』原缺省而誤作『朱』，據《明史》卷一〇〇《諸王世表一》、《弇山堂別集》卷三四、《明謚紀彙編》卷一一回改。

〔六四〕正德中謚貞肅　『謚』字原缺，據《續通考》卷一四九補。

〔六五〕周河清王同鏞弇州集作同鏞　『鏞』字原缺，據《弇山堂别集》卷三四、卷七二補。按《明史》卷一〇〇《諸王世表一》、《明謚紀彙編》卷一一載其名亦作『同鏞』。

〔六六〕恭和王子睦榕　『榕』原缺省而誤作『舍』，据《明史》卷一〇〇《諸王世表一》、《弇山堂别集》卷七四、《明謚紀彙編》卷一二回改。《弇山堂别集》卷三四作『榕』。

〔六七〕周博平王安減　『減』原缺省而誤作『戒』，據《明史》卷一〇〇《諸王世表一》、《弇山堂别集》卷三四、《明謚紀彙編》卷一一回改。《弇山堂别集》卷七二作『減』。

〔六八〕周浦江王安涇　『涇』原缺省而誤作『𡍼』，據《明史》卷一〇〇《諸王世表一》、《弇山堂别集》卷三四、卷七四、《明謚紀彙編》卷一二回改。

〔六九〕懷隱王子睦楫　『楫』原缺省而誤作『咠』，據《明史》卷一〇〇《諸王世表一》、《弇山堂别集》卷三四、卷七四、《明謚紀彙編》卷一二回改。

〔七〇〕莊僖王子均鐓　『鐓』原缺省而誤作『亨』，據《明史》卷一〇〇《諸王世表一》、《弇山堂别集》卷三四、卷七五、《明謚紀彙編》卷一一回改。

〔七一〕安惠王子顯樇　按據《明史》卷一〇〇《諸王世表一》、《弇山堂别集》卷三四，顯樇乃安惠王均鐐之孫，此處『子』字誤。

〔七二〕安惠王子榮漠　『漠』原缺省而誤作『賀』，據《明史》卷一〇〇《諸王世表一》、《弇山堂别集》卷三四、卷七五、《明謚紀彙編》卷一一回改。

〔七三〕懿安王子當涵　『涵』原缺省而誤作『亟』，據《明史》卷一〇〇《諸王世表一》、《禮部志稿》卷七四、《弇山堂别集》卷三四、《明謚紀彙編》卷一一回改。

〔七四〕子健柟　『柟』原缺省而誤作『由』，據《明史》卷一〇〇《諸王世表一》、《弇山堂別集》卷三四、《明謚紀彙編》卷一二回改。

〔七五〕僖安王子申鞋　『申鞋』原作『曰圭』，據《明史》卷一〇〇《諸王世表一》、《弇山堂別集》卷三四、卷七二、《明謚紀彙編》卷一一改。

〔七六〕代廣靈王遜焜　『靈』原作『陵』，據《明史》卷一〇一《諸王世表二》、《弇山堂別集》卷三五、《明謚紀彙編》卷一二改。

〔七七〕榮康王子成鍱　『鍱』原缺省而誤作『款』，據《明史》卷一〇一《諸王世表二》、《弇山堂別集》卷三五、卷七二回改。

〔七八〕代潞城王遜炘　『城』原作『成』，據《明史》卷一〇一《諸王世表二》、《弇山堂別集》卷三五、《明謚紀彙編》卷一一改。

〔七九〕端懿王子俊格　『格』原缺省而誤作『名』，據《明史》卷一〇一《諸王世表二》、卷一一七《代簡王桂傳》、《禮部志稿》卷七七、《弇山堂別集》卷三五、卷七三、《明謚紀彙編》卷一二回改。

〔八〇〕靖莊王子仕贏　『贏』原作『嬴』，據《明史》卷一〇一《諸王世表二》、卷一一七《代王桂傳》、《弇山堂別集》卷三五、卷七五、《明謚紀彙編》卷一一改。

〔八一〕悼昭王子聰瀓　『瀓』原缺省作『徵』，據《明謚紀彙編》卷一二回改。按《明史》卷一〇一《諸王世表二》、《弇山堂別集》卷三五、卷七四皆作『瀓』。

〔八二〕榮莊王子俊檈　『檈』原缺省而誤作『睘』，據《明史》卷一〇一《諸王世表二》、《弇山堂別集》卷三五、卷七三、《明謚紀彙編》卷一二回改。

〔八三〕代博野王聰溱　「溱」原缺省作「秦」，《弇山堂別集》卷七五作「溱」回改。按《明史》卷一〇一《諸王世表二》、《弇山堂別集》卷三五、《明謚紀彙編》卷一一皆作「溙」。

〔八四〕宣懿王子俊櫱　「櫱」原作「襲」，據《明史》卷一〇一《諸王世表二》、《弇山堂別集》卷三五、卷七二、《明謚紀彙編》卷一一改。

〔八五〕懷康王子聰滴　「滴」原缺省而誤作「啇」，據《明史》卷一〇一《諸王世表二》、《弇山堂別集》卷三五、卷七四、《明謚紀彙編》卷一二回改。

〔八六〕代河内王充𤓰　「𤓰」原缺省作「義」，《續通考》卷一四九作「義」，據《明史》卷一〇一《諸王世表二》、《弇山堂別集》卷三五回改。按《弇山堂別集》卷七三、《明謚紀彙編》卷一一作「爔」。

〔八七〕肅鉛山王真瀞　「鉛」原作「沿」，據《明史》卷一〇一《諸王世表二》、《弇山堂別集》卷三五、卷七四、《明謚紀彙編》卷一二改。

〔八八〕榮和王子弼榦　「榦」原作「幹」，據《明史》卷一〇一《諸王世系表二》、《弇山堂別集》卷三五、《明謚紀彙編》卷一二改。

〔八九〕安惠王子豪堙　「堙」原缺省作「西」，據《明史》卷一〇一《諸王世表二》、《弇山堂別集》卷三五、卷七五、《明謚紀彙編》卷一一回改。

〔九〇〕遼湘陰王貴熠　「熠」原缺省作「胃」，據《明謚紀彙編》卷一二回改。按《明史》卷一〇一《諸王世表二》、《弇山堂別集》卷三五皆作「焻」。

〔九一〕榮僖王子恩銑　『銑』原缺省而誤作『光』，據《明史》卷一〇一《諸王世表二》、《弇山堂別集》卷三五、卷七四、《明謚紀彙編》卷一二回改。

〔九二〕遼光澤王寵瀼　『瀼』原缺省作『襄』，據《明謚紀彙編》卷一二回改。按《明史》卷一〇一《諸王世表二》、《弇山堂別集》卷三五皆作『瀼』。

〔九三〕靖和王子豪垚　『垚』原作『六』，據《弇山堂別集》卷三五、卷七四、《明謚紀彙編》卷一二改。按《明史》卷一〇一《諸王世表二》作『榁』。

〔九四〕安穆王子恩鉅　『鉅』原缺省而誤作『臣』，據《明史》卷一〇一《諸王世表二》、《弇山堂別集》卷三五、卷七三、《明謚紀彙編》卷一二回改。

〔九五〕榮僖王子鼒樺　『鼒』原作『鼐』，據《明史》卷一〇二《諸王世表三》、《弇山堂別集》卷三五、卷七四、《明謚紀彙編》卷一二改。

〔九六〕恭定王子鼒楹　『王』字原無，據文例及《續通考》卷一四九補。『鼒』原作『鼐』，據《明史》卷一〇二《諸王世表三》、《弇山堂別集》卷三五、卷七三、《明謚紀彙編》卷一二改。『楹』原缺省作『盈』，今回改。按《明史》卷一〇二《諸王世表三》、《弇山堂別集》卷三五、《明謚紀彙編》卷一二均作『櫸』，《弇山堂別集》卷七三作『櫳』。

〔九七〕和靖王子鼒棉　『鼒』原作『鼐』，據《明史》卷一〇二《諸王世表三》、《弇山堂別集》卷三五、卷七五、《明謚紀彙編》卷一二改。『棉』原缺省而誤作『帛』，據上引諸書回改。

〔九八〕慶延川王鼒櫝　『鼒』原作『鼐』，據《明史》卷一〇二《諸王世表三》、《弇山堂別集》卷三五、卷七五、《明謚紀彙編》卷一一改。

〔九九〕恭靖王子覲鏑　『鏑』原缺省作『商』，據《弇山堂别集》卷三五、卷七五、《明謚紀彙編》卷一一回改。按《明史》卷一〇二《諸王世表三》、卷一一七《寧王權傳》皆作『鏑』。

〔一〇〇〕寧弋陽王奠壏　『壏』原缺省而誤作『益』，據《明史》卷一〇二《諸王世表三》、卷一一七《寧王權傳》、卷三〇七《門達傳》、《弇山堂别集》卷三五、卷七四、《明謚紀彙編》卷一二改。

〔一〇一〕子覲鏁謚榮莊　『鏁』原缺省作『桑』，據《弇山堂别集》卷三五、卷七四、《禮部志稿》卷七四、《明謚紀彙編》卷一一回改。按《明史》卷一〇二《諸王世表三》作『鍒』。又據上引諸書載，『榮莊』乃奠壏死後所得追謚。其子覲鏁之謚，應從《明史》卷一〇二《諸王世表三》、《弇山堂别集》卷七四、《明謚紀彙編》卷一一作『僖順』是。

〔一〇二〕僖順王子宸汭　『汭』原缺省作『内』，據《明謚紀彙編》卷一一回改。按《明史》卷一〇二《諸王世表三》、《弇山堂别集》卷三五、卷七三皆作『洒』。

〔一〇三〕莊僖王子拱樻　『拱樻』原作『洪匱』，據《明史》卷一〇二《諸王世表三》、卷一一七《寧王權傳》、《弇山堂别集》卷三五、卷七五、《明謚紀彙編》卷一一改。

〔一〇四〕寧臨川王磐熚　『熚』原缺省作『畢』，據《弇山堂别集》卷三五、卷七三、《明謚紀彙編》卷一二回改。按《明史》卷一〇二《諸王世表三》作『熚』。

〔一〇五〕子拱樤　『子』原作『至』，據《續通考》卷一四九、《明史》卷一〇二《諸王世系表三》、《弇山堂别集》卷三五改。

〔一〇六〕子拱栟　『栟』原作『拼』，據《明史》卷一〇二《諸王世表三》、《弇山堂别集》卷三五、

《禮部志稿》卷七九校改。

〔一〇七〕安懿王子彦淪　『淪』原缺省作『侖』，今回改。按《明史》卷一〇二《諸王世系表三》作『濮』，《弇山堂别集》卷三五、卷七三作『濮』，《明謚紀彙編》卷一三作『漠』。

〔一〇八〕谷宜春王磐烑謚安簡　『磐烑』原作『盤兆』，據《明史》卷一〇二《諸王世表三》、《弇山堂别集》卷三五、卷七四、《明謚紀彙編》卷一二改。按據上引諸書載，宜春王磐烑應爲寧府郡王，本卷前文所列寧府郡王，已有『寧宜春王磐烑弘治中謚安簡』，此又誤爲谷府郡王，遂致重出。

〔一〇九〕谷新昌王磐炷謚安僖　『磐』原作『盤』，『炷』字原爲一墨丁，據《明史》卷一〇二《諸王世表三》、《弇山堂别集》卷三五、卷七四、《明謚紀彙編》卷一二改、補。按據上引諸書載，新昌王磐炷應爲寧府郡王，本卷前文所列寧府郡王，已有『寧新昌王磐炷天順中謚安僖』，此又誤爲谷府郡王，遂致重出。

〔一一〇〕安僖王子厚熥隆慶中謚端僖　『熥』原缺省作『尊』，據《明史》卷一〇四《諸王世表五》、《弇山堂别集》卷三六、《明謚紀彙編》卷一一回改。按據上引諸書載，厚熥乃徽府新昌王，《禮部志稿》卷七八亦稱厚熥乃徽簡王祐檯次子。本卷後文所列徽府郡王，亦有『徽新昌王厚熥隆慶中謚端僖』。本條列置寧府新昌安僖王磐炷條下，且稱『安僖王子』，殊誤。

〔一一一〕谷信豐王磐熂謚悼惠　『信』原作『新』，『磐熂』原作『盤莫』，據《明史》卷一〇二《諸王世表三》、《弇山堂别集》卷三五、卷七五、《明謚紀彙編》卷一二改。按據上引諸書載，信豐王磐熂應爲寧府郡王，本卷前文所列寧府郡王，已有『寧信豐王磐熂正統中謚悼惠』，此又誤爲谷府郡王，遂致重出。

〔一一二〕谷弋陽王奠壏謚榮莊　『壏』原作『堅』，據《明史》卷一〇二《諸王世表三》、卷一一七《寧王權傳》、卷三〇七《門達傳》、《弇山堂別集》卷三五、卷七四、《明謚紀彙編》卷一二改。按據上引諸書載，弋陽王奠壏乃寧府郡王，本卷前文所列寧府郡王，已有『寧弋陽王奠壏罪廢子覲鏁謚榮莊』，此又誤爲谷府郡王，遂致重出。

〔一一三〕榮莊王子覲鏁嘉靖初謚莊僖　『莊僖』，《弇山堂別集》卷三五同。《明史》卷一〇二《諸王世表三》、《弇山堂別集》卷七四、《明謚紀彙編》卷一一皆作『僖順』，疑是。

〔一一四〕康順王子榮承　『榮承』誤。據《明史》卷一〇二《諸王世表三》、《弇山堂別集》卷三五、卷七四、《明謚紀彙編》卷一二，當作『融烝』。

〔一一五〕安定王子融烑　『烑』原缺省作『光』，據《弇山堂別集》卷三五回改。按《明史》卷一〇二《諸王世表三》、《弇山堂別集》卷七五、《明謚紀彙編》卷一二皆作『烑』，疑是。

〔一一六〕韓隴西王旭林　『林』原缺省作『本』，據《明史》卷一〇二《諸王世表三》、《弇山堂別集》卷七四回改。按《禮部志稿》卷七六、《弇山堂別集》卷三五、《明謚紀彙編》卷一二作『林』。

〔一一七〕榮和王子勛浤　『浤』原缺省而誤作『缶』，據《明史》卷一〇二《諸王世表三》、《弇山堂別集》卷三五、《明謚紀彙編》卷一一回改。

〔一一八〕瀋沁水王佶熐　『熐』原缺省而誤作『縣』，據《明史》卷一〇二《諸王世表三》、《弇山堂別集》卷三五、卷七五、《明謚紀彙編》卷一二回改。

〔一一九〕榮僖王子勛瀌　『瀌』原缺省而誤作『廉』,據《明史》卷一〇二《諸王世表三》、《弇山堂別集》卷三五、卷七五、《明謚紀彙編》卷一二回改。

〔一二〇〕潘廣宗王幼垊　『垊』原缺省而誤作『禾』,據《明史》卷一〇二《諸王世表三》、《弇山堂別集》卷三五、卷七四、《明謚紀彙編》卷一二回改。

〔一二一〕潘宜山王詮鏋　『鏋』原缺省而誤作『蒳』,據《明史》卷一〇二《諸王世系表三》、《弇山堂別集》卷三五、卷七三、《明謚紀彙編》卷一二回改。

〔一二二〕潘吴江王詮鑑　『鑑』原缺省而誤作『監』,據《明史》卷一〇二《諸王世表三》、《弇山堂別集》卷三五、卷七二、《明謚紀彙編》卷一一回改。

〔一二三〕伊光陽王勉坍　『坍』原缺省作『冉』,據《弇山堂別集》卷七四回改。按《明史》卷一〇二《諸王世表三》、《弇山堂別集》卷三五、《明謚紀彙編》卷一一皆作『坍』。

〔一二四〕懷僖王子訏洼　『洼』原缺省作『圭』,據《弇山堂別集》卷七二回改。按《明史》卷一〇二《諸王世表三》、《弇山堂別集》卷三五、《明謚紀彙編》卷一一皆作『注』。

〔一二五〕伊西鄂王諟鈌　『鈌』原缺省作『夬』,今回改。按《明史》卷一〇二《諸王世表三》、《弇山堂別集》卷三五、卷七四皆作『欽』,《明謚紀彙編》卷一二作『鈌』。

〔一二六〕趙懷仁王俊榭隆慶中謚莊簡　按據《明史》卷《明史》卷一〇一《諸王世表二》、《弇山堂別集》卷三五、卷七三、《明謚紀彙編》卷一一載,懷仁王俊榭爲代府郡王,萬曆中謚莊簡。本卷前文所列代府懷仁王,已有『温惠王子俊榭萬曆中謚莊簡』。此又誤爲趙府郡王,遂致重出,謚年亦誤爲隆慶。

〔一二七〕榮恪王子祐橥　『橥』原缺省作『啓』，今回改。按《明史》卷一〇三《諸王世表四》、《弇山堂別集》卷三六、卷七三皆作『架』，《明謚紀彙編》卷一一作『桀』。

〔一二八〕趙平鄉王祁鏓　『鏓』原缺省而誤作『息』，據《明史》卷《明史》卷一〇三《諸王世表四》、《弇山堂別集》卷一六、卷三六、卷七四、《明謚紀彙編》卷一二回改。

〔一二九〕趙湯陰王祁鏋　『鏋』原缺省作『芮』，據《明史》卷《明史》卷一〇三《諸王世系表四》、《弇山堂別集》卷一六、卷三六、卷七三回改。按《禮部志稿》卷七七、《明謚紀彙編》卷一一皆作『鏋』。

〔一三〇〕趙秀水王厚烔　『烔』原缺省作『向』，今回改。按《明史》卷《明史》卷一〇三《諸王世系表四》、《弇山堂別集》卷七二皆作『烱』。

〔一三一〕荆都梁王見溥　『溥』原缺省而誤作『專』，據《明史》卷《明史》卷一〇三《諸王世表四》、卷一一九《荆王瞻堈傳》、《弇山堂別集》卷三六、卷七五、《明謚紀彙編》卷一二回改。

〔一三二〕懷順王子祐梱　『梱』原缺省作『困』，今回改。按《明史》卷《明史》卷一〇三《諸王世表四》、《弇山堂別集》卷七四、《明謚紀彙編》卷一二皆作『梱』，《弇山堂別集》卷三六作『相』。

〔一三三〕榮和王子厚炑　『炑』原缺省作『本』，今回改。按《明史》卷一〇三《諸王世表四》作『炑』，《弇山堂別集》卷三六、卷七四、《明謚紀彙編》卷一二皆作『炑』。

〔一三四〕榮穆王子祐榦　『榦』原作『幹』，據《明史》卷一〇三《諸王世表四》、《弇山堂別集》卷三六、卷七二、《明謚紀彙編》卷一一改。

〔一三五〕恭惠王子載圩　據《明史》卷一〇三《諸王世表四》、《弇山堂别集》卷三六載，載予應爲恭惠王祐櫍之孫，此稱「子」誤。

〔一三六〕恭簡王子翊鈺　「鈺」原缺省而誤作「玉」，據《明史》卷一〇四《諸王世表五》、《弇山堂别集》卷三六、《明謚紀彙編》卷一一回改。

〔一三七〕裕藍田王翊鈐　「鈐」原缺省而誤作「舍」，據《明史》卷一二〇《靖王翊鈐傳》、《弇山堂别集》卷一、卷七〇回改。

〔一三八〕榮福寧王厚熹嘉靖中謚懷僖　按：本條及下接榮惠安王厚煦、康和王子載塾二條已見本卷前文，此係重出。

# 卷之十六

雲間王　圻　編輯
巴郡趙可懷　校正
平湖孫成泰　郢中朱一龍
龍江王應麟　西陵吴　化　參閲

## 皇明名臣謚

魏國公、贈中山王徐達，直隸鳳陽人，洪武年謚武寧。

鄂國公、贈開平王常遇春，直隸懷遠人，洪武年謚忠武。是年，又追謚其曾祖常四三爲莊簡，祖重五爲安穆，父六六爲靖懿。此歷朝以來所未有之殊典。

信國公、贈東甌王湯和，直隸鳳陽人，洪武年謚襄武。

曹國公、贈岐陽王李文忠，直隸盱眙人，洪武年謚武靖。

衛國公、贈寧河王鄧愈，直隸虹縣人，洪武年謚武順。

西平侯、贈黔寧王沐英，直隸定遠人，洪武年謚昭靖。

江南分省參政、贈越國公胡大海，字王甫〔一〕，直隸虹縣人，洪武初謚武壯〔二〕。

中書平章事、贈虢國公俞通海，字碧泉，直隸巢縣人，洪武中謚忠烈。
樞密、贈蔡國公張德勝，直隸合肥人，洪武中謚忠毅。
江陰侯、贈江國公吴良，直隸定遠人，洪武年謚襄烈。
靖海侯、贈海國公吴禎，直隸定遠人，良弟，洪武年謚襄毅。
鞏昌侯、贈陜國公郭子興，直隸臨淮人，洪武年謚宣武。
宣德侯、贈沂國公金朝興，直隸巢縣人，洪武年以征雲南功謚武毅。
營陽侯、贈芮國公楊璟〔三〕，直隸合肥人，洪武年謚武信。
樞密、贈梁國公趙德勝，直隸鳳陽人，洪武年謚武桓。
元帥、贈泗國公耿再成，直隸五河人，洪武年謚武莊。
廣德侯、贈巢國公華高，直隸舍山人，洪武年謚武莊。
樞密、贈楚國公、改贈鄖國公廖永安，字彦敬，直隸巢縣人，洪武中謚武愍。
都督同知、贈蘄國公康茂才，湖廣蘄人，洪武年以開國功謚武襄〔四〕。
蘄春侯、贈蘄國公康鐸，茂才子，洪武年以征雲南卒，謚忠愍。
宣寧侯、贈安國公曹良臣，安豐人，洪武年以開國功謚忠壯。
駙馬都尉、曹國公、贈隴西王李貞，直隸盱眙人，洪武年謚恭獻。
臨江侯、贈杞國公陳德，直隸臨淮人，洪武年以開國功謚定襄。
行中書省參知政事、贈安遠侯蔡遷〔五〕，洪武中謚武襄。

航海侯、贈恩國公張赫，直隸臨淮人，洪武年以海運功謚莊簡。

安慶侯、贈皖國公仇成，直隸舍山人，洪武年以征南功謚莊襄。

雄武侯、贈汝國公周武，開州人，後遷江陰，洪武中謚勇襄。

濟寧侯、贈滕國公顧時，直隸臨淮人，洪武年以開國功謚襄靖。

六安侯、贈許國公王志，直隸臨淮人，洪武年以開國功謚襄簡。

安陸侯、贈黔國公吴復，直隸合肥人，洪武年以征西功謚威毅。

永城侯、贈永國公薛顯，直隸蕭縣人，洪武年以開國功謚桓襄。

翰林待制〔六〕、贈學士王禕，字子充，浙江義烏人，洪武年謚文節，正統年改忠文。

禕使雲南，伏節死，後子紳以事聞，始得贈典。開國以來，文臣有謚自禕始。

武賁衛指揮使、贈荥陽伯潘毅，直隸臨淮人，洪武中謚武肅。

都督僉事、贈霍山侯王簡，直隸壽州人，洪武中謚忠毅。

副使孫興，洪武中謚忠義〔七〕。

都督僉事、贈富春侯孫世，直隸巢縣人，洪武年謚忠勇。

都督僉事、贈金山侯、加贈樂浪公濮英，直隸合肥人，洪武年以征納哈出被執，自剖腹死，謚忠襄。

帳前萬户、贈安定郡伯程國勝，直隸休寧人，洪武年謚忠愍。

廣西都指揮使、贈臨沂侯王貞，壽春人，洪武中謚桓義。

都督僉事、贈東海侯陳文，直隸合肥人，洪武年謚孝勇。

都督僉事、贈汝陰侯高顯，廬州巢縣人，洪武中謚武肅。

都督僉事、贈廬江侯何德，河南光州人，洪武年謚壯毅。

都督僉事、贈英山侯於顯，黄梅人，洪武中謚襄武。

燕府左傅、贈昌樂侯丘廣，直隸定遠人，洪武中謚景成。

臨江侯趙鹹，洪武中謚壯毅。

孝貞皇后父、都督同知、贈阜國公王鎮，應天上元人，洪武年謚康穆。

都督僉事、贈合浦侯陳清，直隸巢縣人，洪武年謚崇武。

大學士、贈少師胡廣，江西廬陵人，永樂年謚文穆。

武城侯、贈漳國公王聰，湖廣蘄水人，永樂年以死戰，謚武毅〔八〕。

鎮遠侯、贈夏國公顧成，湘潭人，僑居江都，永樂年以靖難功謚武毅。

初，成往來江淮間，好自文其身以誇異人。國初歸附，充帳前親兵，常槊蓋侍左右。初授百户，累升右都督。建文初，令從盛庸至真定扼靖難兵，戰敗降。成祖命庸守山東，成侍仁宗居守北平。永樂初，以功封侯。庸削爵，暴卒。

成國公、贈東平王朱能，直隸懷遠人，永樂年謚武烈。

武定侯、贈營國公郭英，直隸濠州人，永樂初以平雲南功謚武襄〔九〕。

都督同知、贈平陰伯朱崇，永樂年謚武襄。

廣寧伯、贈廣寧侯劉榮，直隸宿遷人，永樂年謚忠武。

左都督、贈威遠伯方政，直隸全椒人，永樂中從靖難，正統初征麓川陣殁，宣德年謚忠毅。

永康侯、贈蔡國公徐忠，直隸合肥人，永樂年以靖難功謚忠烈。

燕府長史、贈刑部尚書朱復，永樂年謚忠定。

都督、贈萊陽侯周長，湖廣瀏陽人，永樂年謚忠毅。

成陽侯、贈潞國公張武，湖廣瀏陽人，永樂初以靖難功第三，謚忠毅。

都督、贈安陽伯曹隆，永樂年謚忠毅。

保定侯、贈滕國公孟善，山東海豐人，永樂年以靖難功謚忠勇。

大寧行軍都督、贈成武伯陳亨，直隸和州人，永樂初從靖難兵，爲平安所殺，贈涇國公，謚忠勇。

泰寧侯、贈靖國公陳珪，直隸泰州人，永樂年以靖難功謚忠襄。

燕山護衛百户、贈金鄉侯、加封寧國公王真，陝西咸寧人，永樂初以靖難功謚忠壯。

安平侯、贈莒國公李遠，直隸懷遠人，初以靖難功封伯，後出塞戰殁，永樂年謚忠壯。

西寧侯、贈鄆國公宋晟，直隸定遠人，永樂年謚忠順〔一〇〕。

都督僉事、贈保昌伯程寬，永樂年謚忠威。

右都督、贈武陽侯，再贈定國公徐增壽，直隸鳳陽人，達子，永樂初謚忠愍。

增壽，武寧王第三子。靖難兵起，建文君疑增壽，繫禁中。及兵入金川門，建文君捽至左順門殺之。故贈謚加厚。

榮國公姚廣孝，直隸長洲人，永樂年謚恭靖。

富陽侯、贈景國公李讓，直隸舒城人，永樂年謚恭敏。

初，讓爲燕邸儀賓，父申留守指揮。靖難兵起，讓佐仁宗居守，防禦有功。建文欲宥申以致讓，讓不顧，戰益力。遂殺申，没其家。永樂初，進駙馬都尉，封侯，掌北京刑部事。卒，封公，賜謚。

豐城侯、贈茂國公李彬，直隸定遠人，永樂年以靖難功謚剛毅。

都督僉事、贈新泰伯張欽，永樂年謚剛勇。

右都督、贈景城伯馬榮，直隸順天人，永樂年謚壯武。

都指揮使、贈崇安侯譚淵，直隸清河人，永樂年以靖難功謚壯節。

贈廬江侯何海，謚壯毅〔一一〕。

應城伯、贈翼城侯孫巖，直隸鳳陽人，永樂年以靖難功謚威武。

鎮撫、贈右都督王忠，永樂中謚恭靖。即保聖賢順夫人馮氏夫。

駙馬都尉梅殷，河南夏邑人，汝南侯思祖子，永樂年謚榮定。

禮部侍郎、贈太子少師儀智，山東高密人，洪熙年謚文簡。

刑部侍郎、贈少傅馬京，陝西武功人，洪熙年謚文簡。

右贊善、贈太子少保徐善述，浙江天台人，洪熙年謚文肅。

贊善、贈太子賓客王汝玉，直隸長洲人，洪熙年謚文靖。

禮部尚書、贈太子少師鄭賜，福建甌寧人，洪熙年謚文安。

少詹事、贈太子少保鄒濟，浙江餘杭人，洪熙年謚文敏。

都指揮同知、贈河間王張玉，河南祥符人，永樂中封榮國公，謚忠顯，洪熙初加封河間王，改謚忠武。

武進伯、贈武進侯朱榮，山東沂州人，洪熙年以征胡功謚忠靖。

成安侯、贈興國公郭亮，直隸合肥人，洪熙年以靖難功謚忠壯。

兵部尚書、贈少師金忠，浙江鄞人，洪熙中謚忠襄。

時吕震、楊士奇擬忠及賀銀謚，上曰：『銀之勞可贈官，而行不應美謚。如加惡謚，又過。不若無謚。』人不得議焉，遂罷銀謚。

兵部尚書、贈太子少傅劉儁，湖廣江陵人，洪熙年謚節愍。〔一二〕

太醫院判、贈院使蔣用文，句容人，洪熙年謚恭靖。

昭皇后父、彭城伯、贈彭城侯張麟，河南永城人，洪熙年謚恭靖。

衛聖夫人楊氏夫、保昌伯蔣廷圭，洪熙元年謚莊靖。

工部侍郎、贈工部尚書陳壽，湖廣隨州人，洪熙年謚敏肅。

户部侍郎、贈太子太保王鍾，直隸華亭人，洪熙年謚僖敏。

兵部侍郎、贈少保墨麟，陝西高安人，洪熙年謚恭毅〔一三〕。

刑部尚書朱濬，直隸壽州人，洪熙年謚榮愿。

户部尚書、贈湯陰伯郭資，河南武安人，宣德年謚忠襄。

兵部尚書、贈少保陳洽，直隸武進人，宣德初以死交趾謚節愍。

大學士、贈少保金幼孜，江西新淦人，宣德年謚文靖。

都督、贈營山伯高成，直隸順天人，宣德年謚武毅。

日南州知州、贈南寧府同知何忠，湖廣江陵人，宣德年以交趾死節謚忠節。

初，給事姚夔請同王禕例追謚，禮部尚書胡濙等議阻。後復謚之。

平鄉伯、贈平鄉侯陳懷，直隸合肥人，以從靖難，又征胡有功，封，宣德年謚忠毅。

武安侯、贈漳國公鄭亨，直隸合肥人，宣德年謚忠毅。

户部尚書、贈太師夏原吉，字惟喆，湖廣湘陰人，宣德年謚忠靖。

廣平侯、贈汴國公袁容，直隸壽州人，宣德年謚忠穆。

初，容爲燕府儀賓。永樂初，進駙馬都尉，以靖難功封侯。洪熙年停侯，宣德中復爵，仍與贈謚。《弇州集》作沂國公。

恭順伯、贈邠國公吴允誠，以胡人來附，永樂中護駕征虜有功，宣德年謚忠壯。

安順侯、贈濱國公薛貴，舊名脱火赤，順天昌平人，初從靖難，再從征胡有功，宣德年謚忠勇。《弇州集》作忠壯〔一四〕。

右都督、贈清源伯冀傑，直隸東安人〔一五〕，宣德年謚忠壯。

永順伯薛斌，順天昌平人，靖難、北征俱有功，宣德年謚忠壯。
都督僉事、贈榆次伯張廉，直隸順天人，宣德年謚忠敏。
兵部侍郎、贈尚書盧淵，江西新建人，宣德年謚恭順。
平江伯、贈平江侯陳瑄，直隸合肥人，宣德年謚恭襄。
會寧伯李英，西垂人，宣德年謚襄毅。
都督、贈臨漳伯郭義，直隸泰安人，宣德年謚襄敏。
少詹事、學士、贈禮部侍郎曾棨，字子啓，江西永豐人，宣德年謚襄敏。
安遠侯、贈融國公柳昇，直隸懷遠人，宣德年征交南敗死，謚襄愍。
都督僉事、贈西和伯吴守義，舊名把敦，杭海山降附人，永樂中以北征有功，宣德年謚僖順。
清平侯、贈梁國公吴成，遼陽人，宣德年以征胡有功，謚壯勇。
都督梁來，宣德年謚壯勇〔一六〕。
左都督、贈邵陽伯馬聚，山東武定人，宣德年以從北征陣亡，謚壯勇。
陽武侯、贈鄞國公薛禄，山東膠州人，宣德年謚忠武。
大學士、贈太師楊士奇，江西泰和人，正統年謚文貞。
大學士黄淮，浙江永嘉人，正統年謚文簡。
大學士、贈太師楊溥，湖廣石首人，正統年謚文定。
大學士、贈太師楊榮，福建建安人，正統年謚文敏。

吏部尚書、贈太師蹇義，四川巴縣人，正統年謚忠定。

定西侯、贈涇國公蔣貴，直隸江都人，正統年以征番功謚武勇。

西平侯沐春，直隸定遠人，英長子，宣德年謚惠襄。

左都督、贈懷遠伯山雲，直隸徐州人，正統年謚忠毅。

黔國公、贈定遠王沐晟，直隸定遠人，英次子，正統年謚忠敬。

左都督、贈定邊伯沐昂，直隸定遠人，晟弟，正統年謚武襄。

左都督、贈邢臺伯馬斌，正統年謚襄武。

永寧伯、贈永寧侯譚廣，直隸丹徒人，正統年以靖難功謚襄毅。

禮部侍郎、直閣、贈尚書馬愉，山東臨朐人，正統年謚襄敏。

刑部侍郎、贈户部尚書楊泰，直隸山陽人，正統年謚襄敏。

太醫院判、贈院使袁寶，正統年謚襄敏。

隆平侯、贈鄖國公張信，直隸臨淮人，正統年以靖難功謚恭僖。

脩武伯沈清，直隸滁州人，正統年謚襄榮。

清無軍功，徒以阿附王振，假營造功，生叨伯爵，殁冒謚典。

左都督、贈臨武伯蕭綬，正統年謚靖襄。

右都督、贈綿谷伯高文，正統年謚壯靖。

招遠流伯馬亮，河南淇縣人，初從靖難，又以征虜功封，正統年謚榮毅。

工部尚書、贈茌平伯吴中，山東武城人，正統年謚榮襄。

永樂中以衛經歷迎駕得幸，後又諂事中貴，黷貨貪色，假營建功虚冒爵秩，謚之曰榮，亦已過矣。

都督、贈泌陽伯韓僖，正統中謚榮襄。

都督、贈宣良伯冉保，正統年謚榮壯。

右都督、贈睢寧伯陳政，正統年謚榮靖。

新建伯、贈新建侯李玉，交河人，初以大寧歸附，後又以靖難功封伯，正統年謚榮僖。

南禮部尚書王英，江西金谿人，景泰年謚文安，天順年改文忠。

吏部侍郎、直閣、贈少傅曹鼐，字萬鍾，直隸寧晉人，景泰年謚文襄，天順初改文忠。

工部尚書周忱，字恂如，江西吉水人，景泰年謚文襄。

兵部尚書、贈少保苗衷，直隸定遠人，景泰年謚文康。

禮部侍郎、贈太子太保、禮部尚書王一寧，浙江仙居人，景泰年謚文通。

翰林侍講、贈翰林學士劉球，字求樂，江西安福人，景泰初謚忠愍。

昌平侯、贈潁國公楊洪，陝西漢中人，景泰中以征胡功謚武襄。

洪姪信，又稱六合人。

英國公、贈定興王張輔，字文弼，河南祥符人，玉子，景泰年謚忠烈。

都督僉事、贈蒙陰伯李英，景泰年謚襄毅。

左都督、贈懷遠伯武興，景泰年以征蠻功謚忠毅。

恭順侯、贈邠國公吴克忠，陝西涼州人，允誠子，景泰年以征兀良哈有功，且殁于土木，謚壯勇。

都督、贈遵化伯吴克勤，涼州人，克忠弟，同死土木，景泰年謚僖敏。

兵部尚書、贈太師儀銘，山東高密人，景泰初謚忠襄。

南兵部尚書徐錡，陝西寧夏人，景泰年謚貞襄。

永豐知縣、贈光禄少卿鄧顒，景泰年謚恭毅。

工部侍郎、贈尚書王永和，直隸崑山人，景泰年謚襄敏。

副都御史、贈右都御史鄧棨，江西南城人，景泰年謚襄敏。

刑部侍郎、贈尚書丁鉉，江西豐城人，景泰年謚襄愍。

章皇后父、會昌伯、贈會昌侯孫忠，山東鄒平人，景泰年謚康靖，後天順年贈安國公，改謚恭憲。

左都御史、贈少保陳鑑，字有鑑，直隸吴縣人，景泰年謚僖敏。鑑一作鑑〔一七〕。

右都督、贈溧陽伯紀廣，句容人，景泰年謚僖順。

都督、贈任丘伯梁成，景泰年謚壯勇。

户部尚書、贈沭陽伯金濂，直隸山陽人，景泰年謚榮襄。

黔國公沐斌，直隸定遠人，昂子，景泰年謚榮康。

少傅、吏部尚書、贈太保王直，字行儉，江西泰和人，天順年謚文端。

忠勇伯、贈忠勇侯蔣信，以胡人來降，征北有功，土木之敗，降也先，後從天順歸，謚僖順。

侍讀學士、贈禮部侍郎劉儼，字宣化，江西吉水人，天順年謚文介。

禮部侍郎錢習禮，江西吉水人，天順年謚文肅。

學士、直閣、贈禮部侍郎吕原，浙江秀水人，天順年謚文懿。

侍講學士、直閣、贈本院學士張益，直隸吴縣人，天順年謚文僖。

寧陽侯、贈濬國公陳懋，直隸壽州人，亨子，天順初謚武靖。

永順伯、贈永順侯薛綬，直隸昌平人，斌子，正統末殁于土木，天順年謚武毅。

前太傅、安遠侯柳溥，直隸懷遠人，天順年謚武肅。

興安伯徐亨，湖廣大冶人，天順年以征胡功謚武襄。

父徐祥，以靖難功封興安伯。

恭順侯、贈凉國公吴瑾，陝西凉州人，克忠子，天順時曹欽反，劫瑾，不從，死謚忠壯。

兵部尚書、靖遠伯王驥，直隸束鹿人，天順年謚忠毅。

成國公、贈平陰王朱勇，直隸懷遠人，天順年謚武愍。

元帥、贈燕山侯孫興祖，直隸臨淮人，謚武愍〔一八〕。

禮部尚書、贈太保胡濙，直隸武進人，天順年謚忠安。

南和侯方英，直隸全椒人，政子，天順年以征蠻功謚忠襄。

南寧伯、贈南寧侯毛勝，順天人，天順初以征蠻功謚忠壯〔一九〕。

左都御史、封興濟伯楊善，順天大興人，天順年以奪門功封，謚忠敏。

贈阜城伯王貴，天順中謚武僖。

駙馬、西寧侯、贈鄆國公宋瑛，直隸定遠人，天順年謚忠順。

武進伯、贈武進侯朱冕，山東沂州人，天順年以大同戰殁謚忠懿。《弇州集》作忠愨〔二〇〕。

文安伯、贈文安侯張輗，輔弟，忠武王第三子，天順年以奪門功謚忠僖。

太平侯、贈裕國公張軏，輗弟，天順年以奪門功謚勇襄。

户部尚書年富，字大有，直隸懷遠人，天順年謚恭定。

泰寧侯、贈寧國公陳瀛，天順年謚恭愍。

南寧伯、贈南寧侯毛福壽，河南祥符人，天順年謚壯毅〔二一〕。

豐潤伯、贈豐潤侯曹義，直隸儀真人，天順年以禦虜功謚莊武。

左都御史、贈少保寇深，直隸唐縣人，天順年謚莊愍。

東寧伯、贈東寧侯焦禮，山後人，天順年以禦胡功謚襄毅。

南禮部侍郎、贈尚書許彬，山東寧陽人，天順年謚襄敏。

脩武伯、贈脩武侯沈榮，直隸滁州人，正統年殁于土木，削爵，天順年謚僖敏〔二二〕。

懷柔伯、贈懷柔侯施聚，北通州人，天順初以北狩時帥兵西援封，謚威靖。

遂安伯、贈遂安侯陳塤，四川巴縣人，天順年謚榮懷。

駙馬都尉、贈鉅鹿侯井源，天順年謚榮愍。

贈襄城侯李珍，天順年謚悼僖。

少詹事、贈禮部侍郎劉鉉，直隸長洲人，成化年謚文恭。

吏部侍郎葉盛，字與中，直隸崑山人，成化年謚文莊。

禮部侍郎、直閣、贈禮部尚書劉定之，字主靜，江西永新人，成化年謚文安。

大學士、贈太傅商輅，浙江淳安人，成化年謚文毅。

大學士、贈太師彭時，江西安福人，成化年謚文憲。

大學士、贈太保高穀，直隸興化人，成化年謚文義。

吏部尚書、贈少保姚夔，浙江桐廬人，成化年謚文敏。

南吏部尚書魏驥，浙江蕭山人，成化年謚文靖。

大學士、贈太師李賢，河南鄧州人，成化年謚文達。

定襄伯、贈定襄侯郭登，直隸臨淮人，成化年謚忠武。

國子祭酒李時勉，江西安福人，景泰年謚文毅，成化年以孫顒奏，改謚忠文。

豐城侯、贈豐國公李賢，直隸定遠人，景泰初以鎮守南京功封，成化中謚忠憲。

時賢子勇陳乞，故有是命。

平江伯、贈黔國公陳豫，直隸合肥人，成化中以子鋭請，追謚莊敏。

户部尚書、贈少保馬昂，直隸滄州人，成化年謚恭襄。

保定侯、贈蠡國公梁瑶〔一三〕，河南汝陽人，成化初以平蠻功謚襄靖。

南禮部尚書、贈太子少保倪謙，應天上元人，成化年謚文僖。

南兵部尚書蕭維禎，江西廬陵人，成化年謚文昭。

彰武伯、贈彰武侯楊信，直隸六合人，洪之姪，成化年以征胡功謚武毅。

都督、贈大同伯陶瑾，成化年謚武毅。

伏羌伯、贈侯毛忠，陝西凉州人，成化初征番陣殁，謚武勇。

撫寧伯、贈撫寧侯朱謙，河南夏邑人，景泰中以征胡功封，成化年以子永乞謚，謚武襄。

靖安伯、贈侯和勇，降胡阿魯台之孫，成化年以征蠻功謚武敏。

懷寧侯、贈淶國公孫鏜，山西東勝人，成化年以討曹欽功贈公，謚武敏。

武平侯、贈沔國公陳友，直隸全椒人，成化年以征苗功謚武僖。

從其孫綱請也。

南户部尚書、贈太保黄福，字如錫，山東昌邑人，成化年謚忠宣。

吏部尚書、贈太保王翺，直隸鹽山人，成化年謚忠肅。

廣寧侯、贈嶧國公劉安，直隸宿遷人，成化年謚忠僖。

廣東按察司副使、贈按察使毛吉，字宗吉，浙江餘姚人，成化中謚忠襄。

南刑部尚書耿九疇，字禹範，河南盧氏人，成化年以子裕撰裕陳乞，謚清惠。

憲宗時諭禮部：臣謚法當時自有公論，今後已往者不許陳請。

左都督、贈固安伯劉玉，河南磁州人，成化年謚毅敏。
户部尚書、贈少保王佐，山東海豐人，成化初追論土木隨駕功，謚忠簡。
刑部尚書王槩，江西廬陵人，成化年謚恭毅。
南禮部左侍郎、贈尚書章綸，字大經，浙江樂清人，成化年謚恭毅。
武靖侯、贈容國公趙輔，直隸鳳陽人，成化末以征蠻功謚恭肅。
右都御史、贈太子太保朱英，成化年謚恭簡。
左副都御史賈銓，直隸邯鄲人，成化年謚恭靖。
刑部侍郎、贈尚書廖莊，江西吉水人，成化年謚恭敏。
兵部尚書、贈少傅白圭，直隸南宫人，成化年謚恭敏。
御史、大理寺丞鍾同，江西廬陵人，成化年謚恭愍。
南刑部尚書、贈太子少保周瑄，山西陽曲人，成化年謚莊懿。
大學士、贈少傅陳文，江西廬陵人，成化年謚莊靖。以避名不用文。

時禮部主事陸淵之奏：文貪德彰聞，縱子爲惡，乞敕廷臣會議，削其美名，更以惡謚。御史謝文祥亦以爲言。俱不聽。

南吏部尚書、贈太子少保崔恭，字克讓，直隸廣宗人，成化年謚莊敏。
户部尚書、贈太子太保楊鼎，陝西咸寧人，成化年謚莊敏。
南兵部尚書、兼大理卿、贈太子少保程信，字彦實，河間衛籍，休寧人，成化年謚襄毅。

吏部尚書、贈太子少保李秉，字執中，山東曹州人，成化年謚襄敏。

刑部尚書、贈太子少保董方，順天漷縣人，成化年謚襄敏。

户部尚書、贈太子少傅翁世資，福建莆田人，成化年謚襄敏〔一四〕。

南户部尚書、贈太子少保黄鎬，福建閩縣人，成化年謚襄敏。

工部尚書、贈太子少保謝一夔，江西新建人，成化年謚襄敏。

正德時以子麟請，改謚文莊〔一五〕。

南兵部尚書、贈太子少保原傑，山西陽城人，成化年謚襄敏〔一六〕。

左都御史、贈太子太保李賓，直隸順義人，成化年謚襄敏。

太常寺卿、學士、贈禮部侍郎孫賢，河南杞縣人，成化年謚襄敏〔一七〕。

太常寺卿、學士、贈禮部侍郎王獻，浙江仁和人，成化年謚襄敏。

太常少卿、學士、贈禮部侍郎林文，福建莆田人，成化年謚襄敏。

兵部尚書、贈少保鄺埜，字孟質，湖廣宜章人，成化初追論土木隨駕功，謚忠肅。

定西侯、贈涼國公蔣琬，直隸江都人，貴孫，成化末以征胡功謚敏毅。

左都御史楊信民，浙江新昌人，成化年以子瑗請，謚恭惠。

寧遠伯、贈寧遠侯任禮，河南臨漳人〔一八〕，初起靖難，再征虜有功，成化初追謚僖武。

昌寧流伯、贈昌寧侯趙勝，直隸遷安人，以捕虜功封，成化年謚壯敏。

寧晉伯、贈寧晉侯劉聚，直隸清豐人，成化年謚威勇。

永誠封謚，大學士彭時言無舊例，乃寢。孝宗十三年，召輔臣議諸將去留，獨罷其子福，則公論固自在也。

《吾學編》云謚威武。史言聚以勢家冒功獲封，然亦屢經戰陣。尋復奏乞故叔太監劉

章皇后兄、會昌侯、贈郯國公孫繼宗，忠季子，山東鄒平人，成化年謚榮襄。

時奪門功俱革，獨繼宗以戚里特免。

順義伯羅秉忠，沙河衛人，成化年以征蠻功謚榮壯。

孝肅太后父、慶雲伯、贈慶雲侯周能，順天昌平人，成化年謚榮靖。

刑部侍郎、贈刑部尚書段民〔二九〕，字時舉，直隸武進人，成化年謚恭肅。

禮部尚書周洪謨，四川長寧人，弘治年謚文安。

禮部尚書、贈太子太保吴寬，字原博，直隸長洲人，弘治年謚文定。

吏部尚書、贈少保倪岳，謙子，應天上元人，弘治年謚文毅。

南禮部尚書、贈太子太保王㒺，直隸武進人，弘治年謚文肅。

大學士、贈太師徐溥，直隸宜興人，弘治年謚文靖。

孝貞皇后父、瑞安侯、贈阜國公王鎮，直隸上元人，弘治中追謚康穆。

南副都御史吴訥，直隸常熟人，弘治年謚文恪。

吏部尚書、贈太保耿裕，九疇子，河南盧氏人，弘治年謚文恪。

大學士、贈太傅丘濬，字仲深，廣東瓊山人，弘治年謚文莊。

大學士、贈太師劉吉，直隸博野人，弘治年謚文穆。
禮部尚書、贈太子太保傅瀚，江西新喻人，弘治年謚文穆。
大學士、贈太師萬安，四川眉州人，弘治年謚文康。
大理寺少卿李奎，江西弋陽人，弘治年謚文通。
南吏部尚書、贈太子少保錢溥，直隸華亭人，弘治年謚文通。
南工部尚書、贈太子少保董鉞，江西寧都人，弘治年謚文僖。
南禮部尚書黎淳，湖廣華容人，弘治年謚文僖。
保國公、贈宣平王朱永，謙之子，河南夏邑人，弘治年以征胡功謚武毅。
永初謚武襄，子暉上言謚與祖謙同，故改。
右都督周玉，直隸滁州人，弘治年謚武僖。
黔國公、贈太師沐琮，直隸定遠人，英之後，弘治年謚武僖。
刑部尚書、贈少保林聰，福建寧德人，弘治年謚莊敏。
大學士、贈太保王文，直隸束鹿人，弘治年謚毅愍。
以避名不用文。時有子少司馬宗彝乞恩，故追謚之。
少保、兵部尚書、贈太傅于謙，字廷益，浙江錢塘人，弘治年謚肅愍。
户部尚書、贈太子少保李敏，河南襄城人，弘治年謚恭靖。
南兵部尚書、贈太子太保張悦，字時敏，直隸華亭人，弘治年謚莊簡。

贈開平王常四三，直隸懷遠人，弘治年謚莊簡〔三〇〕。

工部尚書、贈太子太保王復，順天固安人，弘治年謚莊簡。

成國公、贈太師朱儀，直隸懷遠人，弘治年謚莊簡。

敬皇后父、壽寧侯、贈太保、昌國公張巒，直隸興濟人，弘治初謚莊肅。

南兵部尚書、贈太子太保張鎣，直隸華亭人，弘治年謚莊懿。

襄城侯、贈芮國公李瑾，直隸和州人，弘治初以平蠻功謚莊武。

刑部尚書、湖廣行省參政吴友雲〔三一〕，直隸宜興人。國初，元餘孽梁王招諭〔三二〕，不屈死難，葬德安之應山〔三三〕。弘治年追謚忠節。

大學士、贈太保劉珝，山東壽光人，弘治年謚文和。

吏部侍郎、贈禮部尚書楊守陳，字維新，浙江鄞人，弘治年謚文懿。

禮部尚書、直閣、贈太子少保彭華，江西安福人，弘治年謚文思。

兵部尚書、贈太保余子俊，字士英，四川青神人，弘治年謚肅敏。

吏部尚書、贈太保尹旻，山東歷城人，弘治年謚恭簡。

兵部尚書、威寧伯、贈太傅王越，直隸濬縣人，弘治年謚襄敏。

南禮部尚書陳俊，福建莆田人，弘治年謚康懿。

兵部尚書、贈太子太保項忠，字藎臣，浙江嘉興人，弘治年謚襄毅。

吏部尚書、贈太保屠鏞，浙江鄞縣人，弘治年謚襄惠。

鎮遠侯顧溥，成之孫，南直隸江都人，弘治年以平蠻功謚襄恪。
左都御史、贈太子少保鄧廷瓚，字宗器，湖廣巴陵人，弘治年謚襄敏。
刑部尚書、贈太子太保彭韶，字鳳儀，福建莆田人，弘治年謚惠安。
兵部尚書張鵬，直隸淶水人，弘治年謚懿簡。
禮部尚書、贈太子太保鄒幹，浙江餘杭人，弘治年謚康靖。
工部尚書、贈少保徐貫，浙江淳安人，弘治年謚康懿。
刑部尚書、贈太保白昂，直隸武進人，弘治年謚康敏。
刑部尚書陸瑜，浙江鄞縣人，弘治年謚康僖。
宣城伯、贈宣城侯衛穎，直隸華亭人，天順中以奪門功封，弘治中謚壯勇。
御史中丞、贈太師、誠意伯劉基，字伯温，浙江青田人，正德年以九世孫愉請，追謚文成。
翰林學士承旨宋濂，字景濂，浙江浦江人，成化中，四川巡撫黄琛請賜謚，至正德中追謚文憲〔三四〕。
南户部尚書王鴻儒，河南南陽人，正德年謚文莊。
南刑部尚書、贈太子少保樊瑩，字廷璧，浙江常山人，正德年謚清簡。
左都御史、贈太子少保戴珊，字廷珍，江西浮梁人，正德年謚恭簡。
左都御史、贈太子少保張敷華，字公實，江西安福人，正德年謚簡肅。
吏部尚書、贈太師王恕，字宗實，陝西三原人，正德年謚端毅。

禮部尚書、贈太保周經，山西陽曲人，正德年謚文端。

禮部尚書、贈太子太保劉春，四川巴縣人，正德年謚文簡。

禮部尚書、贈太子太保李遜學，河南上蔡人，正德年謚文簡。

刑部尚書、贈太子少傅何喬新，字廷秀，江西廣昌人，正德年謚文肅。

初，有論喬新議法深刻、勸父引決以自全者。至是卒，都御史林俊爲請謚，并援葉晟例言謚當以文。或沮之。給事吴世忠論曰：『蔣之奇嘗誣奏歐陽脩，後日太師、文忠之贈謚，之奇不能奪。胡紘輩嘗誣奏朱熹，後日太師、文公之贈謚，胡紘輩亦不能奪。蓋誣善者，羣小之私，贈謚者，萬世之公也』。遂與贈謚。

禮部侍郎、贈尚書謝鐸，字鳴治，浙江太平人，正德年謚文肅。

南禮部尚書、贈太子少保吴儼，直隸宜興人，正德年謚文肅。

祭酒宋訥，直隸滑縣人，正德年謚文恪。

南兵部尚書、贈太子太保林瀚，福建閩縣人，正德年謚文安。

禮部尚書、贈太子太保白鉞，直隸南宫人，圭子，正德年謚文裕。

户部尚書、直閣尹直，江西泰和人，正德年謚文和。

南工部尚書劉宣，江西安福人，正德年謚文懿。

吏部尚書、贈太師馬文升，字負圖，河南均州人，正德年謚端肅。

江西副使、贈廉使周憲，湖廣承天人，正德年謚節愍。

南京糧儲副都御史、贈右都御史馬炳然，四川内江人，正德年謚毅愍。

孝肅太后弟、慶雲侯、贈宣國公周壽，順天昌平人，正德初謚恭和。

兵部尚書、贈太子少保王竑，字公度，陝西河州人，正德年謚莊毅。

南户部尚書、贈太子少傅秦民悦，直隸舒城人，正德年謚莊簡。

黔國公、贈太師沐崑，直隸定遠人，英之後，正德年卒，嘉靖初謚莊襄。

南工部尚書、贈太子少傅胡拱辰，浙江淳安人，正德年謚莊懿。一作周拱辰，係南兵，贈太子少保。

刑部尚書、贈太保閔珪，浙江烏程人，正德年謚莊懿。

贈廉使馮傑，正德年謚恪愍。

右都御史韓雍，字永熙，直隸長洲人，正德年謚襄毅。

户部尚書、贈少保秦紘，山東單縣人，正德年謚襄毅。

總制尚書、贈太子少保才寬，直隸遷安人，正德年謚襄愍。

都督僉事、贈洛南伯馮禎，直隸舒城人，正德年以死流賊難，謚襄愍。

工部右侍郎、兼都御史、贈工部尚書劉丙，江西安福人，正德中謚恭襄。

贈開平王常重五〔三五〕，遇春祖，直隸懷遠人，洪武年謚安穆。

孝肅太后弟、長寧伯周彧，順天府昌平人，正德年謚榮僖。

大學士朱善，字備萬，江西豐城人，正德年追謚文恪。

大學士、贈太師李東陽，湖廣茶陵人，正德末謚文正。

大學士、贈太傅靳貴，直隸丹徒人，正德末謚文僖。

都督同知、贈左都督安國，綏德衛人，正德末謚武敏。

兵部尚書、贈太保劉大夏，字時雍，湖廣鞏容人，正德末謚忠宣。

英國公、贈寧陽王張懋，河南祥符人，正德末謚恭靖。

廣東左布政、贈光禄卿陳選，字士賢，浙江臨海人，正德末以言官請，謚恭愍。

右都御史、贈南刑部尚書熊繡，字汝明，湖廣道州人，正德末謚莊簡。《吾學編》作清簡。

魏國公、贈太傅徐俌，直隸鳳陽人，達五世孫，正德末謚莊靖。

工部尚書、贈太子少保楊守隨，浙江鄞縣人，守陳弟，正德末謚康簡。

南禮部尚書王宗彝，直隸束鹿人，文子，正德末謚安簡。

禮部尚書、贈太子少保傅珪，直隸清苑人，嘉靖初謚文毅。

禮部尚書、贈少保毛澄，字憲清，直隸崑山人，嘉靖初謚文簡。

大學士、贈太保劉忠，河南陳留人，嘉靖初謚文肅。

南禮部尚書、贈太子少保邵寶，直隸無錫人，嘉靖初謚文莊。

户部尚書、贈太傅韓文，山西洪洞人，嘉靖初謚忠定。

吏部尚書、贈太子太保許進，字季升，河南靈寶人，嘉靖初補謚襄毅。

南户部尚書、贈太子少保胡富，直隸績溪人，嘉靖初謚康惠。

大學士、贈太師劉健，字希賢，河南洛陽人，嘉靖初謚文靖。

南禮部尚書、贈太子太保楊濂，字方震，江西豐城人，嘉靖初謚文恪。
大學士、贈太傅席書，四川遂寧人，嘉靖初謚文襄。
大學士、贈太師梁儲，廣東順德人，嘉靖初謚文康。
　　時儲子鈞請謚，部議其立身輔政有干公議，世宗念迎立之勳，且係先朝舊臣，特謚文康。
南禮部尚書、贈太子少保章懋，浙江蘭谿人，嘉靖初謚文懿。
禮部尚書、贈太子太傅張昇，江西南城人，正德年卒，嘉靖初以建昌知府曹璵請，謚文僖。
副都御史、贈禮部尚書孫燧，字德成，浙江餘姚人，嘉靖初謚忠烈。
副使、贈禮部尚書許逵，字汝登，河南靈寶人，嘉靖初謚忠節。
工部尚書、贈少保李鐩，河南湯陰人，嘉靖初謚恭敏。
　　後給事中劉世揚論鐩營求楊一清得謚，遂奪謚贈。
成國公、贈太傅朱輔，直隸懷遠人，嘉靖初謚恭僖。
刑部尚書洪鍾，浙江錢塘人，嘉靖初謚襄惠。
兵部尚書、贈少保王軾，湖廣公安人，嘉靖初謚襄簡。
兵部尚書、贈太子太保李鉞，河南祥符人，正德年卒，嘉靖初以子楙功請，補謚恭簡。
刑部尚書、贈太保屠勳，浙江平湖人，嘉靖初以子應埏請，謚康僖。
大學士、贈太子太保袁宗皋，湖廣石首人，嘉靖初以興府長史舊勞，謚榮襄。

孝貞皇后弟、瑞安侯、贈太師王源，上元人，嘉靖初謚榮靖。

鎮遠侯、贈太傅顧士隆，直隸江都人，嘉靖初以京營轉漕功謚榮靖。

獻皇后弟、玉田伯、贈太保蔣輪，直隸徐州人，嘉靖初謚榮僖。

惠安伯張偉，河南永城人，昇之曾孫。正德中征流賊，失律論死，會赦。嘉靖初復爵，爲京營總兵，卒贈惠安侯、太傅，謚靖襄。

睿皇后從孫、安昌伯錢承宗，直隸海州人，嘉靖初謚榮僖〔三六〕。

孝惠太后父、昌化伯邵善，浙江昌化人，嘉靖初謚榮和。

大學士、贈太師張孚敬，浙江永嘉人，嘉靖中謚文忠。

初，孚敬卒，禮官請所以易其名者，世宗親按謚法，以能危身奉上，特謚曰忠。

南吏部尚書、贈太子太保吴一鵬，直隸長洲人，嘉靖中謚文端。

南禮部侍郎、贈尚書王瓚，浙江永嘉人，嘗議大禮，嘉靖中子健請，補謚文定。

南兵部尚書、贈太子太保張邦奇，浙江鄞縣人，嘉靖中謚文定。

大學士、贈太保毛紀，山東掖縣人，嘉靖中謚文簡。

大學士、贈少保張璧，湖廣石首人，嘉靖中謚文簡。

禮部侍郎、贈禮部尚書馬汝驥，陜西綏德人，嘉靖中謚文簡。

南太常寺卿、贈禮部侍郎穆孔暉，山東堂邑人，嘉靖中以講讀勞謚文簡。

大學士、贈少師許讚，河南靈寶人，進子，嘉靖中以子與請，謚文簡。

大學士、贈太保賈詠，河南臨潁人，嘉靖中謚文靖。
國子監祭酒魯鐸，湖廣景陵人，嘉靖中謚文恪。
　按：國朝四品文臣例無祭葬贈謚，世宗以鐸清節著聞，特與之。
禮部尚書、贈太子太保温仁和，四川華陽人，嘉靖中謚文恪。
吏部尚書、贈太子太保羅欽順，江西泰和人，嘉靖中謚文莊。
大學士、贈太保費宏，江西鉛山人，嘉靖中謚文憲。
大學士、贈太傅桂萼，江西安仁人，嘉靖中謚文襄。
大學士、贈太保楊一清，字應寧，雲南安寧州人，嘉靖中謚文襄。
大學士、贈太保方獻夫，廣東南海人，嘉靖中謚文襄。
大學士、贈太保顧鼎臣，直隸崑山人，嘉靖中謚文康。
南禮部侍郎、贈尚書崔銑，河南安陽人，嘉靖中謚文敏。
户部尚書、贈太子少保李廷相，山東濮州人，嘉靖中謚文敏。
禮部尚書、贈太子太保霍韜，廣東南海人，嘉靖中謚文敏。
詹事府詹事、贈禮部侍郎陸深，直隸上海人，嘉靖中謚文裕。
禮部尚書費寀，江西鉛山人，嘉靖中謚文通。
　時給事中趙釴言：寀與總兵郤永數經論列，不宜錫謚。奉旨：謚法原有美惡，今後所司定擬，務合公論。

南禮部尚書、贈太子少保黃珣，浙江餘姚人，嘉靖中謚文僖。

南禮部尚書顧清，直隸華亭人，嘉靖中謚文僖。

兵部尚書、贈少保陶琰，山西絳州人，嘉靖中謚恭介。

南吏部右侍郎、贈南禮部尚書林文俊，莆田人，嘉靖中謚文脩。

大學士、贈少保石珤〔三七〕，字邦彥，直隸藁城人，嘉靖中謚文隱。隆慶中以卹録例改謚文介。

左都督、贈太保梁震，陝西榆林衛人，嘉靖中以征西功謚武壯。一作河南新野人。

撫寧侯、贈太傅朱麒，河南夏邑人，嘉靖中謚武莊。

豐城侯、贈太傅李旻，直隸和州人，嘉靖中謚武襄。

安遠侯、贈太保柳珣，直隸懷遠人，嘉靖中謚武襄。

山西西路參將、贈右都督張世忠，嘉靖中以虜戰陣亡，謚忠愍。

兵部尚書、贈少保胡世寧，字永清，浙江仁和人，嘉靖中謚端敏。

吏部尚書、贈太子太保周用，直隸吴江人，嘉靖中謚恭肅。

刑部侍郎、贈刑部尚書林鶚，字一鶚，浙江太平人，嘉靖中補謚恭肅。

太常寺卿、贈禮部侍郎魏校，直隸崑山人，嘉靖中謚恭簡。

吏部侍郎、贈工部尚書歐陽鐸，江西泰和人，嘉靖中謚恭簡。

南工部尚書、贈太子少保洪遠，直隸歙縣人，嘉靖中謚恭靖。

吏部尚書、贈少保王瓊，山西太原人，嘉靖中謚恭襄。

襄城伯、贈太子少保李全禮，直隸和州人，嘉靖中謚恭敏。

掌太醫院事、太子太保、禮部尚書、贈少保許紳，太醫院籍，嘉靖中，其妻援洪熙蔣用文例，謚恭僖。

黔國公、贈太保沐朝輔，直隸定遠人，英之後，嘉靖中謚恭僖。

户部尚書、贈太子少保鄒文盛，湖廣公安人，嘉靖中謚莊簡。

禮部尚書、贈太子太保李浩，山西曲沃人，嘉靖中謚莊簡。

兵部尚書、贈少保劉天和，湖廣麻城人，嘉靖中謚莊襄。

工部尚書、贈太子少保趙璜，江西安福人，嘉靖中謚莊靖。

左都御史、贈太子少保、吏部尚書宋景，江西奉新人，嘉靖中謚莊靖。

兵部左侍郎、贈兵部尚書陶諧，浙江會稽人，嘉靖中卒，隆慶初以卹録例賜謚莊敏。

南户部尚書、贈太子太保許誥，河南靈寶人，進子，嘉靖中謚莊敏。

大學士、贈太保楊廷和，字介夫，四川新都人，嘉靖中卒，隆慶初以卹録謚文忠。

兩廣右都御史、兼兵部尚書潘鑑，直隸婺源人，嘉靖中謚襄毅。《實録》作襄敏。

刑部尚書、贈太子少保高友璣，浙江樂清人，嘉靖中謚襄簡。《實録》作恭簡。

南户部尚書、贈太子太保周金，直隸武進人，嘉靖中謚襄敏。

左副都御史、贈户部侍郎唐澤，直隸歙縣人，嘉靖中以子請，追謚襄敏。

兵部尚書、贈少保王憲，山東東平州人，嘉靖中謚康毅。
南工部尚書、贈太子少保崔文奎，山東新泰人，嘉靖中謚康簡。
兵部尚書、贈少保李承勛，字立卿，湖廣嘉魚人，嘉靖中謚康惠。
刑部尚書、贈太子太保楊志學，湖廣長沙人，嘉靖中謚康惠。
太僕寺卿、贈右都御史邵鋭，浙江仁和人，嘉靖中謚康敏。
刑部尚書、贈太子太保趙鑑，山東壽光人，嘉靖中謚康僖。
南刑部尚書、贈太子少保周倫，直隸崑山人，嘉靖中謚康僖。
駙馬、贈太保蔡震，嘉靖中謚康僖。
吏部尚書、贈少傅廖紀，直隸東光人，嘉靖中謚僖靖。
副都御史、贈右都御史周季麟，江西寧州人，嘉靖中謚僖敏。
刑部尚書、贈太子少保聶賢，四川長壽人，嘉靖中謚榮襄。
孝烈皇后父、安平侯、贈太保方鋭，應天江寧人，嘉靖中謚榮靖。
會昌侯孫杲，山東鄒平人，嘉靖中謚榮僖。
定國公徐光祚，直隸臨淮人，達之後，嘉靖初謚榮僖。
吏部尚書、贈少保汪鋐，直隸婺源人，嘉靖中謚榮和。
成國公、贈太保朱鳳，直隸懷遠人，嘉靖中謚榮康。
南京右都御史、贈工部尚書何塘，河南懷慶衛人，嘉靖中卒，隆慶年以給事王治奏，補謚文定。

南禮部侍郎、贈禮部尚書吕柟，字仲木，陝西高陵人，嘉靖中卒，隆慶年以卹録例追謚文簡。

南工部侍郎、贈禮部尚書何孟春，湖廣郴州人，嘉靖中卒，隆慶初以卹録例追謚文簡。

吏部侍郎、贈禮部尚書董玘，浙江會稽人，嘉靖中卒，隆慶初以卹録例追謚文簡。

工部尚書、贈太子少保章拯，浙江蘭谿人，懋姪，嘉靖中謚恭惠。

禮部尚書、贈太子太保孫承恩，直隸華亭人，嘉靖末謚文簡。

南禮部尚書、贈太子少保孫陞，浙江餘姚人，燧子，嘉靖末謚文恪。

禮部尚書、贈太子少保歐陽德，江西泰和人，嘉靖末謚文莊。

吏部尚書、贈少保唐龍，浙江蘭谿人，嘉靖末謚文襄。

龍在吏部，世宗謂其稱老忘君，褫職爲民，出都門遂卒。後數年，子汝楫疏明不欺，故有是賜。

大學士翟鑾，山東諸城人，初削職，嘉靖末以子生員汝忠奏，賜謚文懿。

大學士、贈少師袁煒，浙江慈谿人，嘉靖末謚文榮。

平江伯、贈太傅陳圭，直隸合肥人，嘉靖末謚武襄。

掌錦衣衛事、左都督、贈忠誠伯陸炳，浙江平湖人，嘉靖末謚武惠。

炳以父松從龍，起自校尉。及駕幸承天時，出世宗于火厄，遂得寵終其身。然嘉靖中屢起大獄，炳保護縉紳，多所全活，故無有發其奸者。至隆慶言官論劾，亦止褫其子繹、緒官，籍其家。

工部尚書、贈太子太保劉麟，江西安仁籍，南京廣洋衛人，僑居長興，嘉靖末謚清惠。

南吏部尚書、贈太子少保張潤，山西臨汾人，嘉靖末謚恭肅。

南兵部尚書、贈太子少保屠楷，廣西臨桂人，嘉靖末謚恭肅。

南兵部尚書、贈太子少保韓邦奇，陝西朝邑人，嘉靖末以地震卒，謚恭簡。

工部尚書、贈太子太保蔣瑶，浙江歸安人，嘉靖末謚恭靖。

兵部尚書、贈少保江東，山東朝城人，嘉靖末謚恭襄。

吏部尚書、贈少保聞淵，浙江鄞縣人，嘉靖末謚莊簡。

左都御史、贈太子太保周延，江西吉水人，嘉靖末謚簡肅。

左都御史、贈少保屠僑，浙江鄞縣人，鏞姪，嘉靖末謚簡肅。

兵部尚書、贈太子少保王邦瑞，河南宜陽人，嘉靖末謚襄毅。

户部尚書、贈太子少保馬森，福建閩縣人，嘉靖中謚恭敏。

右都御史、贈太子少保張岳，福建惠安人，嘉靖末謚襄惠。

兵部侍郎、贈工部尚書張珩，山西石州人，嘉靖末謚襄敏。

兵部尚書、贈少保王以旂，應天江寧人，嘉靖末謚襄敏。

禮部尚書顧可學，直隸無錫人，嘉靖末謚榮僖。

初，可學以參議病免，嚴嵩薦其能煉秋石却老，得起，歷位宗伯。隆慶改元，褫其官，削謚。

南工部尚書、贈太子少保王釪，浙江奉化人，嘉靖末謚恭簡。

兵部員外、贈太常少卿楊繼盛，直隸容城人，嘉靖末以劾嚴嵩死西市，隆慶年以卹録例追謚忠愍。

楊忠愍劾嚴嵩疏，情詞憤激，至今猶有生氣。獨疏末以召問二王一語，致激聖怒，竟死西市。吁，可惜哉！

吏部尚書、贈少保熊浹，江西南昌人，嘉靖中卒，隆慶初謚恭肅。

浹以諫箕仙削籍，故卒後十三年始復官賜贈謚。

南吏部侍郎、贈禮部尚書羅玘，江西南城人，嘉靖年以不應宸濠聘，謚文肅。

大學士、贈太傅謝遷，字于喬，浙江餘姚人，嘉靖年謚文正。

南祭酒、贈禮部侍郎陳敬宗，字光世，浙江慈谿人，嘉靖年以玄孫志學陳乞，追謚文定。

南工部侍郎、贈禮部尚書黄孔昭，字世顯，浙江黄巖人，嘉靖年謚文毅。

脩撰、贈左諭德羅倫，字彝正，江西永豐人，嘉靖年謚文毅。

脩撰、歷知府、贈太常寺卿岳正，字季方〔三八〕，順天漷縣人〔三九〕，嘉靖年謚文肅。

大學士、贈太傅王鏊，直隸吴縣人，嘉靖年謚文恪。

南兵部尚書、贈太子太保劉龍，山西襄垣人，嘉靖年謚文安。

禮部尚書、贈太子太保李傑，直隸常熟人，嘉靖年謚文安。

大學士、贈太傅李時，直隸任丘人，嘉靖年謚文康。

吏部侍郎徐縉，直隸吴縣人，嘉靖年謚文敏。

南吏部侍郎儲瓘，直隸泰州人，嘉靖年謚文懿。

一作儲巏，字靜夫，浙江海寧人。

南禮部尚書、贈太子少保江瀾，浙江仁和人，嘉靖年謚文昭。

大學士、贈少保張治，湖廣茶陵人，嘉靖年謚文隱，隆慶中以湖廣撫按奏，改文毅。

時世宗尚玄脩，輔臣悉供玄撰，治殊不自得，邑邑以卒。世宗不悦，詔加中謚。隆慶改元，始更今謚。

都督同知劉文，嘉靖年謚武襄。

都督王効，嘉靖年謚武襄。

副總兵、贈都督同知林椿，嘉靖年謚忠勇。

副總兵、贈都督同知黑春，嘉靖年謚忠勇。

總兵、贈左都督、少保殷尚質〔四〇〕，嘉靖年謚忠勇。

征西前將軍、贈左都督張達，嘉靖年謚忠剛。

參將、贈都督同知宗禮，嘉靖年謚忠壯。

副總兵、贈左都督趙傾葵，嘉靖年謚忠壯。

都指揮僉事、贈都督同知郭都，嘉靖年謚忠壯。

副總兵、贈都督同知張紘，嘉靖年謚忠壯。

都指揮使、贈都督李彬，嘉靖年謚忠愍。

副總兵、贈都督李梅，嘉靖年謚忠愍。

左都督、贈少保李淶〔四一〕，嘉靖年謚忠愍。

南兵部尚書、贈少保秦金，直隸無錫人，嘉靖年謚端敏。

南吏部尚書、贈太子太保孫需，江西德興人，嘉靖年謚清簡。

都指揮、贈都督同知丁碧，嘉靖年謚節愍。

都督同知、贈左都督李啓光，嘉靖年謚節愍。

都督僉事、贈右都督李桂，嘉靖年謚毅勇。

南吏部尚書、贈太子太保朱希周，直隸崑山人，嘉靖年謚恭靖。　以避父名不用文。

左都御史、贈少保王璟，山東沂州人，嘉靖年謚恭靖。

副都御史范鏞，直隸華亭人，嘉靖年謚恭襄。

興府左長史、贈太子少保、禮部尚書、文淵閣大學士張景明，嘉靖年謚恭僖。

右都御史、贈太子太保俞諫，浙江桐廬人，嘉靖年謚莊襄。

刑部尚書韓邦問，湖廣襄陽衛人，嘉靖年謚莊僖。

新寧伯譚佑，直隸清河人，嘉靖初以久典京營謚莊僖。

東寧伯、贈太子太保焦棟，山後人，嘉靖年謚莊僖。

南工部尚書、贈太子少保黄珂，四川遂寧人，嘉靖年謚簡肅。

南刑部尚書方良永，福建莆田人，嘉靖年謚簡肅。
户部侍郎鄒守愚，福建莆田人，嘉靖年謚襄惠。
黔國公、贈太師沐紹勛，直隸定遠人，英之後，嘉靖年謚敏靖。
刑部侍郎、贈尚書胡紹，江西鄱陽人，嘉靖年謚康簡。
宣城伯、贈太傅衛錞，直隸華亭人，嘉靖年謚康靖。
工部尚書、贈少保林廷棉，福建閩縣人，瀚子，嘉靖年謚康懿。
右都御史、贈刑部尚書周季鳳，江西寧州人，嘉靖年謚康惠。
南兵部尚書、贈太子太保李充嗣，四川内江人，嘉靖年謚康和。
南户部尚書、贈太子少保王承裕，陝西三原人，恕之子，嘉靖年謚康僖。
崇信伯費栻，直隸定遠人，嘉靖年謚康僖。
南和伯方壽祥，直隸全椒人，嘉靖年謚康順。
廣寧伯劉泰，直隸宿遷人，嘉靖年謚康順。
贈開平王常六六，遇春父，懷遠人，洪武中謚靖懿。
贈都督僉事馮恩，嘉靖年謚莊愍。
都督同知、贈少保、左都督岳懋，嘉靖年謚壯愍。
伏羌伯、贈太傅毛鋭，陝西凉州人，嘉靖年謚威襄。
駙馬都尉、京山侯崔元，山西代州人，嘉靖年謚榮恭。

元以奉符迎立功，故贈典獨隆，史稱國壻。封侯不以軍功，自元始。

禮部尚書、贈太子太保盛端明，廣東饒平人，嘉靖年謚榮簡。

隆慶元年，以其方術致榮顯，追奪贈謚。

南刑部尚書翁溥，嘉靖年謚榮靖。

孝靜皇后父、慶陽伯夏儒，應天上元人，嘉靖年謚榮靖。

户部尚書、贈少保孫交，湖廣鍾祥人，嘉靖年謚榮僖。

孝潔皇后父、泰和伯、贈太子太保陳萬言，直隸元城人，嘉靖年謚榮僖。

英國公、贈太保張崙，河南祥符人，嘉靖年謚榮和。

都督同知郤永，嘉靖年謚隱懷。

新建伯、贈新建侯王守仁，字伯安，浙江餘姚人，隆慶初以卹録例追謚文成。

大學士、贈少師蔣冕，廣西全州人，隆慶初以卹録例追謚文定。

吏部侍郎、贈禮部尚書王道，山東武城人，隆慶初謚文定。

南兵部尚書、贈太子少保湛若水，廣東增城人，隆慶初謚文簡。

贊善、贈光禄寺少卿羅洪先，字達夫，江西吉水人，隆慶初以卹録例追謚文恭。

禮部尚書、贈太子少保汪俊，江西弋陽人，隆慶初以卹録例追謚文莊。

南祭酒、贈禮部侍郎鄒守益，江西安福人，隆慶初追謚文莊。

南禮部侍郎、贈禮部尚書陳陞，浙江餘姚人，隆慶初謚文僖。

太僕寺卿、贈副都御史楊最，四川射洪人，嘉靖中卒，隆慶初以卹録例追謚忠節。

總兵、贈少保、左都督李涞，隆慶中謚忠愍。

左都督、贈少保王治道，隆慶初謚忠愍。

刑部左侍郎、贈尚書劉玉，江西安福人，嘉靖中以大獄罷官，隆慶初追謚端毅。

刑部尚書、贈太子少保鄭曉，浙江海鹽人，隆慶初謚端簡。

兵部侍郎、贈尚書商大節，湖廣鍾詳人，隆慶初以卹録例追謚端愍。

兵部尚書、贈少保聶豹，江西永豐人，隆慶初追謚貞襄。

刑部尚書、贈太子少保林俊，福建莆田人，隆慶初以卹録例追謚貞肅。

南工部尚書、贈太子少保吴廷舉，廣西蒼梧人，隆慶初以卹録例謚清惠。

副都御史、贈兵部侍郎孫繼魯，雲南人，隆慶初以卹録例追謚清愍。

吏部尚書、贈少傅喬宇，山西樂平人，隆慶初以卹録例追謚莊簡。

南户部尚書、贈太子少保徐問，直隸武進人，隆慶初以卹録例追謚莊裕。

兵部侍郎、贈尚書楊守謙，湖廣長沙人，隆慶初以卹録例追謚恪愍。

兵部尚書、贈少保彭澤，湖廣長沙人，嘉靖中卒，隆慶初以卹録例追謚襄毅。

兵部侍郎、贈尚書曾銑，浙江黄巖人，隆慶初以卹録例追謚襄愍。

駙馬鄔景和，崑山人，寄籍錦衣衛，嘉靖年卒，隆慶初謚榮簡。

世宗時奉旨入直，會當撰文，景和辭以不諳玄理，上心不悦。尋以疏中有褻屍語爲不祥，坐怨訕削職爲民。至隆慶中，始復爵賜謚。

少詹事、贈禮部侍郎黄佐，廣東香山人，隆慶中以撫按奏，追謚文裕。

禮部左侍郎、贈禮部尚書瞿景淳，直隸常熟人，隆慶中謚文懿。

吏部尚書、贈太子少保胡松，直隸滁州人，隆慶中謚莊肅。

大學士夏言，江西貴溪人，隆慶中以孫朝輔奏，賜謚文愍。

南刑部右侍郎、贈刑部尚書曾鈞，江西進賢人，隆慶中謚恭肅。

兵部尚書、贈太子太保趙炳然，四川劍州人，隆慶中謚恭襄。

兵部尚書、贈太子少保翁萬達，廣東揭陽人，隆慶中追謚襄敏，一云襄毅〔四二〕。

萬達曉暢邊情，一時談兵者無出其右。以嚴嵩媒孽罷官，憂懼而卒，故卒于嘉靖末，而謚在隆慶年。

南禮部侍郎、贈尚書劉瑞，四川内江人，隆慶年謚文肅。

南工部左侍郎〔四三〕、贈禮部尚書程文德，浙江永康人，嘉靖中卒，隆慶年謚文恭。

文德初論汪鋐調外，後以撰玄不稱旨調南京，上疏勸養安静和平之福，世宗怒爲謗訕，削籍爲民，故卒後數年，始得贈謚。

左都督、贈太傅周尚文，陜西西安衛人，嘉靖中卒，隆慶年以征西功，用卹録例追謚武襄。

副都御史、贈户部侍郎朱裳，直隸沙河人，隆慶年謚端簡。

户部尚書、贈太子太保梁材，順天府大城縣人，嘉靖中卒，隆慶年以卹録例追謚端肅。

副都御史、贈工部侍郎婁志德，河南項城人，隆慶年謚莊簡。
兵部尚書、贈太保王廷相，河南儀封人，隆慶初追謚肅愍。
鎮遠侯顧寰，直隸江都人，隆慶中謚榮僖。
左都御史、贈太子少保張永明，浙江烏程人，隆慶年謚莊僖。
兵部尚書許論，河南靈寶人，進子，隆慶年謚恭襄。
南兵部尚書、贈太子少保潘潢，南直隸婺源人，隆慶年謚簡肅。
南兵部尚書、贈太子太保李遂，江西豐城人，隆慶年謚襄敏。
大學士張居正，湖廣荆州人，萬曆十年謚文忠。本年削。
大學士、贈太師徐階，直隸華亭人，萬曆年謚文貞。
大學士、贈太子太保高儀，浙江錢塘人，萬曆年謚文端。
禮部尚書贈太保吴山，江西高安人，萬曆年謚文端。
大學士、贈少保趙貞吉，四川内江人，萬曆年謚文肅。
吏部侍郎、贈禮部尚書丁士美，直隸清河人，萬曆年謚文恪。
吏部侍郎、贈禮部尚書陶大臨，浙江會稽人，諧子，萬曆年謚文僖。
大學士、贈太傅李春芳，直隸興化人，萬曆年謚文定。
都督、贈太傅朱希孝，直隸懷遠人，萬曆年謚忠僖。
南兵部尚書、贈太子少保劉寀，湖廣麻城人，萬曆年謚端肅〔四四〕。

南刑部尚書、贈太子少保林雲同，福建莆田人，萬曆年謚端簡。
右都御史、贈少保顧佐，河南太康人，萬曆年謚端肅。
南吏部尚書、贈太子少保吴嶽，山東汶上人，萬曆年謚介肅。
左都御史、贈太子少保潘恩，字子仁，直隸上海人，萬曆年謚恭定。
成國公、贈定襄王朱希忠，直隸懷遠人，希孝兄，萬曆年謚恭靖。
南吏部尚書、贈太子少保王學夔，江西安福人，萬曆年謚莊簡。
大學士、贈太保吕調陽，廣西臨桂人，萬曆年謚文簡。
户部尚書、贈太子少保方鈍，湖廣巴陵人，萬曆年謚簡肅。
南刑部尚書陳壽，遼東寧遠衛人，萬曆年謚簡襄。
吏部尚書、贈太傅楊博，山西蒲州人，萬曆年謚襄毅。
兵部尚書、贈太子太保譚綸，江西宜黄人，萬曆年謚襄敏。
工部尚書、贈太子太保宋禮，河南永寧人，萬曆年謚康惠。
吏部右侍郎、贈禮部尚書諸大綬，字端甫，浙江山陰人，萬曆年謚文懿。
南刑部尚書、贈太子少保黄光昇，福建晉江人，萬曆中謚恭肅。
大學士、贈太師張四維，山西蒲州人，萬曆中謚文毅。
大學士、贈少保馬自强，陝西同州人，萬曆年謚文莊。
脩撰、贈左諭德舒芬，字國裳，萬曆中謚文節。

南京都察院左都御史、贈太子少保海瑞，廣東瓊州人，萬曆中謚忠介。

資德大夫、正治上卿、南京刑部尚書孫植，字斯立，浙江平湖人，萬曆中謚簡肅。

大學士、贈少保嚴訥，直隸常熟人，萬曆年謚文靖。

掌詹事府、吏部左侍郎、贈禮部尚書周子義，直隸無錫人，萬曆中謚文恪。

禮部尚書、贈太子少保萬士和，直隸宜興人，萬曆年謚文恭。

大學士、贈太保余有丁，浙江鄞縣人，萬曆中謚文敏。

左都御史、贈□□□□王廷〔四五〕，四川南充人，萬曆中謚恭節。

大學士、贈太保殷士儋，山東歷城人，萬曆年謚文通，改謚文莊。

大學士、贈太傅呂本，浙江餘姚人，萬曆年謚文安。

大學士、贈太傅陳以勤，四川南充人，萬曆中謚文端。

兵部尚書、贈太子少保石茂華，山東益都人，萬曆中謚恭襄。

刑部尚書、贈太子少保王用汲，福建晉江人，萬曆中謚忠肅〔四六〕。

彰武伯、贈太保楊炳，直隸六安人，萬曆中謚恭襄。

左都御史、贈太子少保陳瓚，河間獻縣人，萬曆中謚簡肅。

禮部尚書、贈□□羅萬化〔四七〕，字一甫，浙江會稽人，萬曆二十三年謚文懿。

國子監祭酒蔡清，字介夫，福建晉江人，萬曆十三年從言官請，謚文莊。

## 【校勘記】

〔一〕胡大海字王甫　『王甫』，《今獻備遺》卷四《胡大海傳》同。《明史》卷一三三《胡大海傳》、方孝孺撰《越國公新廟碑》（載《遜志齋集》卷二二，又見宋濂《文憲集》卷一六、《明名臣琬琰録》卷四）皆稱其字『通甫』。此誤。

〔二〕洪武初謚武壯　《明臣謚考·訂誤》、《明謚紀彙編》卷二五《考誤》：『越國公胡大海，正史、《言行録》謚武莊，《謚法通考》又作武壯。按謚法，武而不遂曰壯，亦曰莊；威而不猛曰莊，亦曰壯。二謚釋義並同，未詳孰是。』今檢其謚之見於《明史》、《今獻備遺》、《弇山堂別集》、《禮部志稿》、《大明會典》者皆作『武莊』，《大明一統志》卷七《胡大海傳》又作『武順』。

〔三〕贈芮國公楊璟　『芮』原作『苪』，據《續通考》卷一五〇、《明史》卷一二九《楊璟傳》、《弇山堂別集》卷四〇改。

〔四〕洪武年以開國功謚武襄　『武襄』誤，《明史》卷一三〇《康茂才傳》作『武康』亦誤。當從宋濂撰《康茂才神道碑》（《宋學士文集》卷二，又見《明文衡》卷六九、《明名臣琬琰録》卷六）、《弇山堂別集》卷七一、《明臣謚考》卷上、《明謚紀彙編》卷一七作『武義』是。

〔五〕蔡遷　《明史》卷一三四《蔡遷傳》同，《明史》卷一〇五《功臣世表》、《太祖實録》卷五五洪武三年八月丙子條、卷五六洪武三年九月丙午條均作『蔡僊』，《弇山堂別集》卷九、卷四〇、卷七一、《明臣謚考》卷上、《明謚紀彙編》卷一七亦作『蔡僊』。疑『遷』爲『僊』之形誤。

〔六〕翰林待制　『待』原作『侍』，據《明史》卷二八九《王禕傳》、卷三一三《雲南傳》、《明名臣琬琰集》卷一〇《翰林待制王公墓表》改。

〔七〕副使孫興洪武中謚忠義　本條上接都督僉事王簡條，『副使』當指都督府副使。《明臣謚考·訂誤》、《明謚紀彙編》卷二五《考誤》云：『按正史不載此事，《弇山堂集》亦無之，恐因都督府副使孫興祖而訛脱也。』據《明史》卷一三三《孫興祖傳》、《明臣謚考》卷上、《明謚紀彙編》卷一七載，都督府副使孫興祖，洪武時謚忠愍，本卷下文已輯録。

〔八〕永樂年以死戰謚武毅　『死戰』，《續通考》卷一五〇、《明史》卷一四五《王聰傳》作『戰死』。『武毅』，《明史》本傳同，《弇山堂別集》卷七五、《明臣謚考》卷下、《明謚紀彙編》卷一八作『威毅』。《明臣謚考·訂誤》、《明謚紀彙編》卷二五《考誤》云：『武城侯王聰，按正史謚威毅，閣籍具存，《臣謚類鈔》、《封爵考》、《謚法考》、《謚法通考》俱誤作武毅。』

〔九〕永樂初以平雲南功謚武襄　『武襄』，《明史》卷一三〇《郭英傳》、楊榮撰《威襄郭公神道碑銘》（《文敏集》卷一七，又見《明名臣琬琰録》卷五、《明文衡》卷七七）、《弇山堂別集》卷七五、《明臣謚考》卷下、《明謚紀彙編》卷一八皆作『威襄』。《明臣謚考·訂誤》、《明謚紀彙編》卷二五《考誤》云：『《謚法通考》誤作武襄。』

〔一〇〕西寧侯贈鄆國公宋晟直隸定遠人永樂年謚忠順　本卷下文重出宋晟子宋瑛條云：『駙馬、西寧侯，贈鄆國公宋瑛，直隸定遠人，天順年謚忠順。』據《明史》卷一五五《宋瑛傳》、《弇山堂別集》卷七一、《明臣謚考》卷上、《明謚紀彙編》卷一七，贈鄆國公謚忠順者當是宋瑛而非宋晟。《謚法纂》卷一〇《考誤》、《明臣謚考·訂誤》辨云：『西寧侯謚忠順者，按正史乃宋瑛，閣籍具存，晟之子也。《類鈔》、《封爵考》誤作晟，《謚法通考》晟、瑛凡兩見，尤誤。』

〔一一〕贈廬江侯何海謚壯毅　本卷上文云：『都督僉事贈廬江侯何德，河南光州人，洪武年謚壯毅。』

據《明臣謚考·訂誤》、《明謚紀彙編》卷二五《考誤》，本條別作『何海』，『當是重出而訛』。

〔一二〕劉儁湖廣江陵人洪熙年謚節愍　『節愍』，《明史》卷一五四《劉儁傳》、《禮部志稿》卷三《憫忠之訓》、《弇山堂別集》卷七三同，《大明一統志》卷六二、《明臣謚考》卷下、《明謚紀彙編》卷一六作『愍節』。《明臣謚考·訂誤》、《明謚紀彙編》卷二五《考誤》云：『劉尚書儁，按閣籍謚愍節，釋義具存，《謚法考》、《通考》、《類鈔》倒作節愍者誤。』

〔一三〕洪熙年謚恭毅　『恭毅』，《弇山堂別集》卷七四、《明臣謚考》卷下、《明謚紀彙編》卷一六作『榮毅』。《明臣謚考·訂誤》、《明謚紀彙編》卷二五《考誤》：『墨侍郎麟，按正史謚榮毅，閣籍具存，《謚法通考》誤作恭毅。』

〔一四〕宣德年謚忠勇弇州集作忠壯　『弇州集』當指《弇山堂別集》卷七一。今檢《明臣謚考》卷上、《明謚紀彙編》卷一七亦作『忠壯』。《明臣謚考·訂誤》、《明謚紀彙編》卷二五《考誤》云：『安順侯薛貴。按正史、閣籍謚忠壯，釋義具存，《封爵考》、《謚法通考》作忠勇者誤。』

〔一五〕直隸東安人　『直』原作『真』，據《續通考》卷一五〇改。

〔一六〕都督梁來宣德年謚壯勇　《弇山堂別集》卷七二、《明臣謚考》卷上、《明謚紀彙編》卷一八均不載此事，別有都督梁成，景泰年謚壯勇。《明臣謚考·訂誤》、《明謚紀彙編》卷二五《考誤》辨云：『考正史、閣籍俱無之，《弇州集》亦不載，疑即梁成之訛誤，復收之耳。』

〔一七〕鑑一作鑑　後一『鑑』字誤，疑應作『監』。

〔一八〕孫興祖直隸臨淮人謚武愍　『武愍』，《明史》卷一三三《孫興祖傳》、《明臣謚考》卷上、《明謚紀彙編》卷一七皆作『忠愍』。

〔一九〕天順初以征蠻功謚忠壯　『忠壯』，《明史》卷一五六《毛勝傳》、《國朝獻徵録》卷九《南寧伯贈南寧侯謚莊毅毛公勝神道碑》、《弇山堂别集》卷七三、《明臣謚考》卷下、《明謚紀彙編》卷一七均作『莊毅』。《明臣謚考·訂誤》、《明謚紀彙編》卷二五《考誤》云：『南寧伯毛勝，按正史謚莊毅，閣籍具存。』此作『忠壯』誤。

〔二〇〕天順年以大同戰殁謚忠懿弇州集作忠愨　『弇州集』當指《弇山堂别集》卷七一。今檢《明史》卷一五五《朱榮傳附朱冕傳》、《明臣謚考》卷上、《明謚紀彙編》卷一七亦作『忠愨』。《明臣謚考·訂誤》、《明謚紀彙編》卷二五《考誤》云：『武進伯朱冕，按正史謚忠愨，閣籍具存，《謚法通考》作忠懿者誤。』

〔二一〕天順年謚壯毅　『壯毅』當是『莊毅』之誤，參本卷校記〔一九〕。按毛福壽即毛勝，已見前文，此蓋不察而重輯之。

〔二二〕天順年謚僖敏　『僖敏』，《弇山堂别集》卷七四、《明臣謚考》卷下、《明謚紀彙編》卷一八皆作『僖愍』。《明臣謚考·訂誤》、《明謚紀彙編》卷二五《考誤》云：『修武伯沈榮，按正史謚僖愍，閣籍具存，《臣謚類鈔》、《謚法通考》誤作僖敏。』

〔二三〕梁瑶　《明臣謚考》卷下同，《弇山堂别集》卷三八、卷七三、《明謚紀彙編》卷一八皆作『梁珤』，今見載籍如《明史》等亦多作『梁珤』。

〔二四〕翁世資福建莆田人成化年謚襄敏　『資』原作『賢』，據《明史》卷一五七《楊鼎傳附翁世資傳》、《大明一統志》卷七七《翁世資傳》、《八閩通志》卷七一《翁世資傳》、《閩書》卷一一〇《翁世資傳》改。上引諸書本傳均不載其有謚，《明臣謚考·訂誤》、《明謚紀彙編》卷二五

《考誤》云：『按正史……有贈無謚，此必誤也。』

〔二五〕成化年謚襄敏正德時以子麟請改謚文莊　《明臣謚考·訂誤》、《明謚紀彙編》卷二五《考誤》云：『謝尚書一夔，成化時有贈無謚，正德六年追謚文莊。《臣謚類鈔》作襄敏，《謚法通考》謂初謚襄敏，後以子麟請改文莊，並誤。』

〔二六〕成化年謚襄敏　按《明史》卷一五九《原傑傳》、《國朝獻徵録》卷四二《原傑傳》均不載其謚。《弇山堂別集》卷二七《史乘考誤八》云，原氏身後本無謚，自《名臣言行録》誤刻『襄敏公』，始成此誤。

〔二七〕孫賢河南杞縣人成化年謚襄敏　本條及下接王獻、林文二條，俱稱成化年謚襄敏。按《弇山堂別集》卷二五《史乘考誤六》、《明臣謚考·訂誤》、《明謚紀彙編》卷二五《考誤》辨云，國史、家乘、閣籍皆無之，此處三條皆誤。

〔二八〕任禮河南臨漳人　『漳』原作『章』，據《明史》卷一五五《任禮傳》、卷四二《地理志三》、《明臣謚考》卷下、《明謚紀彙編》卷一八改。《弇山堂別集》卷三八稱其爲『河南彰德人』。按明時河南彰德府有臨漳縣而無臨章縣。

〔二九〕贈刑部尚書段民　『段』原作『叚』，據《明史》卷一五八《段民傳》、《東里集》續集卷三七《故嘉議大夫刑部右侍郎段君墓誌銘》、《抑庵文集》後集卷二四《刑部右侍郎段公神道碑》改。

〔三〇〕贈開平王常四三直隸懷遠人弘治年謚莊簡　按常四三追謚於洪武年間，已見本卷首常玉春條附注，此處重出且誤作『弘治年』。

〔三一〕吴友雲　《明史》卷一二四《把匝剌瓦爾密傳》、卷二八九《王禕傳附吴雲傳》、《弇山堂别集》卷五〇、卷七一、《明臣謚考》卷上、《明謚紀彙編》卷一五均作「吴雲」。《明名臣琬琰録》卷一〇《吴尚書傳》、《滇略》卷五稱吴雲「字友雲」。

〔三二〕元餘孽梁王招諭　《續通考》卷一五〇作「招諭元餘孽梁王」。據《明名臣琬琰録》卷一〇《吴尚書傳》、《明史》卷一二四《把匝剌瓦爾密傳》、卷二八九《王禕傳附吴雲傳》，當以《續通考》爲是。

〔三三〕葬德安之應山　《國朝獻徵録》卷四四《吴公雲傳》、《明名臣琬琰録》卷一〇《吴尚書傳》：「葬江夏縣金口鎮。」《乾隆雲南通志》卷二九之七録有明彭綱撰《二忠祠記》，亦稱「歸葬於湖廣江夏之金口鎮」，「吴公墓在江夏」。按《明史》卷四四《地理志五》，德安府有應山縣，而江夏縣屬武昌府。《雍正湖廣通志》卷一三武昌府江夏縣：「金口鎮在縣南六十里。」此稱「葬德安之應山」當誤。

〔三四〕追謚文憲　「憲」原作「惠」，據《明史》卷一二八《宋濂傳》、《弇山堂别集》卷七一、《謚法纂》卷八、《明臣謚考》卷上、《明謚紀彙編》卷一四改。

〔三五〕贈開平王常重五　「常重五」三字原脱，據《弇山堂别集》卷七四、《明臣謚考》卷下、《明謚紀彙編》卷一八補。按常重五追謚信息已見本卷首常玉春條附注，此處重出且有脱誤。

〔三六〕嘉靖初謚榮僖　「榮」原作「營」，據《續通考》卷一五〇、《明史》卷三〇〇《錢貴傳》、《弇山堂别集》卷七四、《明臣謚考》卷下、《明謚紀彙編》卷一八改。

〔三七〕石琉　原作「石瑶」，據《明史》卷一九〇《石琉傳》、《今獻備遺》卷四〇《石琉傳》、《禮部志稿》卷五六《石瑶傳》、《弇山堂别集》卷四五改。

〔三八〕岳正字季方　『季』原作『秀』，據岳正《類博稿》卷九《岳母述》、《懷麓堂集》卷七一《蒙泉公補傳》、《未軒文集》卷三《興化郡守蒙泉岳公祠記》、《弇山堂别集》卷四五、《今獻備遺》卷一八《岳正傳》改。按《明史》卷一七六《岳正傳》同誤。

〔三九〕順天漷縣人　『漷』原作『淳』，據《明史》卷一七六《岳正傳》、岳正《類博稿》卷九《岳母述》、《懷麓堂集》卷七一《蒙泉公補傳》、《未軒文集》卷三《興化郡守蒙泉岳公祠記》、《弇山堂别集》卷四五、《今獻備遺》卷一八《岳正傳》改。按明代順天府有漷縣而無淳縣。

〔四〇〕殷尚質　『質』原作『賓』，據《弇山堂别集》卷七一、《謚法纂》卷八、《明臣謚考》卷上、《明謚紀彙編》卷一七改。

〔四一〕李湅　原作『李深』，據本卷下文李湅條及《弇山堂别集》卷七一、《明臣謚考》卷上、《明謚紀彙編》卷一七改。《明臣謚考・訂誤》、《明謚紀彙編》卷二五《考誤》云：『嘉靖中都督謚忠愍者李湅，無李深。《臣謚類鈔》誤以湅爲深。《謚法通考》李湅凡兩見，尤誤。』本條疑承《臣謚類鈔》之誤，遂以爲李深别是一人。

〔四二〕追謚襄敏一云襄毅　《續通考》卷一五一無『一云襄毅』四字。按《明史》卷一九八《翁萬達傳》稱其『隆慶中追謚襄毅』，而《弇山堂别集》卷七三、《謚法纂》卷九、《明臣謚考》卷上皆作『襄敏』。《明臣謚考・訂誤》、《明謚紀彙編》卷二五《考誤》云：『翁尚書萬達，按閣籍謚襄敏，釋義具存，《謚法通考》一作襄毅者誤。』

〔四三〕南工部左侍郎　『左侍郎』，《弇山堂别集》卷七一、《明史》本傳均作『右侍郎』。『郎』下原衍『爲民』二字，據《續通考》卷一五一、《明史》卷二八三《程文德傳》刪。

〔四四〕劉寀湖廣麻城人萬曆年謚端肅　『寀』一作『采』。『端肅』，《弇山堂別集》卷七五、《明臣謚考》卷上、《明謚紀彙編》卷一五、《弇州山人四部稿》卷一〇四《祭大司馬劉端簡公文》、《耿天台先生文集》卷一五《劉端簡公外傳》皆作『端肅』。《明臣謚考・訂誤》、《明謚紀彙編》卷二五《考誤》云：『劉尚書采，按閣籍謚端簡，釋義具存，《謚法通考》誤作端肅。』

〔四五〕贈□□□□王廷　『贈』下原爲四空格。據《明臣謚考》卷上、《明謚紀彙編》卷一五，所缺四字應爲『太子少保』。

〔四六〕萬曆中謚忠肅　『忠肅』，《明史》卷二二九《王用汲傳》、《閩書》卷八七《王用汲傳》、《明臣謚考》卷上、《明謚紀彙編》卷一五、《閩中理學淵源考》卷六九《恭質王麟泉先生用汲》均作『恭質』。《明臣謚考・訂誤》、《明謚紀彙編》卷二五《考誤》云：『王尚書用汲，按閣籍謚恭質，釋義具存，《謚法通考》誤作忠肅。』

〔四七〕禮部尚書贈□□羅萬化　『贈』下原爲墨丁，占兩格。羅萬化死後贈官，《明臣謚考》卷上、《明詩綜》卷五六《羅萬化小傳》作『太子少保』，《明謚紀彙編》卷一四作『太子太保』。

# 卷之十七

雲間王　圻　編輯
巴郡趙可懷
平湖孫成泰　郢中朱一龍　校正
龍江王應麟　西陵吴　化　參閲



## 先聖先賢先儒謚

孔子,名丘,字仲尼,其先宋人。生魯昌平鄉陬邑,仕魯宰中都,歷官司空、大司寇,攝行相事。漢元始元年,追謚褒成宣尼公。元魏太和十六年,謚文聖尼父。唐貞觀十一年,尊爲宣尼父。開元二十七年,追謚文宣王。宋大中祥符元年,加謚玄聖文宣王。五年,以玄字犯聖祖諱,改謚至聖文宣王。西夏李仁孝人慶五年,尊爲文宣帝。元大德十一年,加號大成至聖文宣王。皇明嘉靖初,尊爲至聖先師孔子。嘉靖九年十一月,大學士張璁奏,奉欽定改正祀典。十年,禮部勘合通行欽遵:自兩京國子監及天下儒學,凡文廟俱撤塑像,止用木主。先師去大成至聖文宣王封號,題稱『至聖先師孔子』。配享、從祀去公侯伯封號。四配題稱『復聖顔子』、『宗聖曾子』、『述聖子思子』、『亞聖孟子』。十哲及兩廡門弟子題稱『先賢某子』。左丘明以下題稱

『先儒某氏』。凡『神位』改稱『之位』，大成殿額改稱『先師廟』，戟門稱『文廟之門』。遵復國初舊制祭器，國子監用十籩十豆，天下學用八籩八豆，樂舞通用六佾。其四配籩豆六，哲廡四，仍舊。祝文中改『惟王』爲『惟師』，樂章中改『宣聖』爲『孔聖』，『惟王』爲『惟師』，『聖王』爲『聖師』，餘文仍舊。兩廡從祀内，申黨即申棖，去申黨，止存申棖一位。公伯寮、秦冉、顔何、荀況、戴聖、劉向、賈逵、馬融、何休、王肅、王弼、杜預、吴澄，十三人俱罷祀，林放、蘧瑗、鄭衆、盧植、鄭玄、服虔、范甯，七人各祀于其鄉外，后蒼、王通、歐陽修、胡瑗、陸九淵五人俱增入從祀。

顔無繇，顔子之父，元文宗至順三年追封杞國公，謚文裕。

周子，名惇頤，字茂叔，道州營道人，號濂溪先生，以舅蔭仕，終知南康軍。寧宗嘉定九年，因潼川運判魏了翁請，謚元。

程伯子，名顥，字伯淳，河南人，號明道先生，以進士仕宗正丞，嘉定十三年謚純。

程叔子，名頤，字正叔，號伊川先生，以荐舉仕直秘閣，嘉定十三年謚正。

張子，名載，字子厚，長安人，號横渠先生，以進士仕崇文院校書，嘉定十四年謚明。

初，張載之門人欲私謚載，程子以書問司馬温公，公答曰：『承問及張子厚謚，倉卒奉對，以漢、魏以來，此類甚多，無不可者。退而思之，有所未盡。竊惟子厚平生用心，欲率今世之人復三代之禮者也，漢、魏以下蓋不足法。《郊特牲》曰：「古者生無爵，死無謚。」爵謂大夫以上也。《檀弓》記禮所由失，以爲士之有誄自縣賁父始。子厚官比諸侯之大夫則已貴，宜有謚矣。然《曾子問》曰：「賤不誄貴，幼不誄長，禮也。惟天子稱天以誄之。」諸侯相誄，猶爲非禮，况弟子而誄其師乎？孔子之没，哀公誄之，不聞弟子復爲之謚也。君子愛人以禮。今關中諸君欲謚子厚，而不合于古禮，非子厚之志。與其以陳文範、陶靖節、王文中子、孟貞曜爲比，曷若以孔子爲比乎？』

邵子，名雍，字堯夫，河南人，熙寧十年贈秘書省著作郎，元祐中謚康節。

楊時，字中立，南劍將樂人，號龜山先生，熙寧九年進士，後以荐舉仕龍圖閣直學士，紹興中謚文靖。

胡安國，字康侯，崇安人，號武夷先生，官至中書舍人，謚文定。

羅從彦，字仲素，南劍人，號豫章先生，淳祐間謚文質。

李侗，字愿中，南劍州劍浦人，號延平先生，淳祐間謚文靖。

朱子，名熹，字仲晦，徽州婺源人，號晦庵，又號紫陽。以進士仕華文閣待制，初謚文忠，嘉定二年改謚文。

張栻，字敬夫，廣漢人，浚之子，號南軒先生，以蔭仕右文殿修撰，嘉定七年謚宣。衛涇疏曰：『臣竊仰惟聖明加惠臣下，生有爵秩，没有易名。至于勳德節義，聲實彰著，不以官品，亦特命謚。其藴德丘園，雖無官爵，聽所屬奏賜。如邵康節之在元祐，徐節孝之在政和〔一〕，官不過學校，而特得賜謚者，以其學術重于時，孝行推于鄉，道尊德隆，貴視品秩，所以崇儒學、奬操行、勵風俗也。臣竊見故承事郎、右文殿修撰張栻，魏國忠獻公浚之子，師事南嶽胡氏，盡傳伊洛之秘，遂以其道鳴于西南，著書立言，開迪後進，四方士子，皆宗師之，至今尊其道德，相與私號爲南軒先生。官未及謚，其家既不敢自請，門人弟子又無通顯于朝者爲之請，士論堙鬱，三十餘年。臣愚謂宜下太常考其行實，錫以美名，使天下後世，知儒學節義之貴，過于品秩，於以激勵，誠非小補。』

吕祖謙，字伯恭，金華人，夷簡五世孫，號東萊先生，以進士官著作郎、兼國史院編修，嘉定八年謚成。

蔡元定，字季通，建陽人，號西山先生，贈迪功郎，謚文節。

陸九齡，字子壽，撫州金谿人，號梭山先生，以進士官全州教授，寶慶二年特贈朝奉郎、直秘閣，謚文達。

陸九淵，字子靜，九齡弟，號象山先生，以進士官將作監，謚文安。

真德秀，字景希，浦城人，號西山先生，以進士官資政殿學士、提舉萬壽觀兼侍讀，贈銀青光禄大夫，謚文忠。

魏了翁，字華父，邛州蒲江人，理宗賜第宅於蘇州，遂爲長洲人。講學臨邛白鶴山下，號鶴山先生。以進士官資政殿學士、通奉大夫，贈太師、秦國公，謚文靖。

劉爚，字晦伯，建陽人，號雲莊，以進士官權工部尚書，兼太子右庶子、光禄大夫，謚文簡。

李燔，字敬子，南康建昌人，號弘齋，以進士官直秘閣，贈直華文閣，謚文定。

黄榦〔二〕，字直卿，閩縣人，號勉齋，贈朝奉郎，謚文肅。

蔡沉，字仲默，元定子，號九峯，謚文正。

何基，字子恭，金華人，謚文定。

王柏，字會之，金華人，自號魯齋，德祐間謚文憲。

袁燮，字和叔，鄞縣人，官寶文閣學士，謚正獻。

楊簡，字敬仲，慈谿人，官寶謨閣學士，謚文元。

舒燐，字元質，一字元賓，奉化人，官宜州通判，謚文靖。

沈焕，字叔晦，定海人，官舒州通判，贈直華文閣，謚端憲。

元金履祥，字吉父，蘭溪人，自號仁山，魯齋門人也，至正中謚文安。

許謙，字益之，金華人，受業於仁山之門，人稱白雲先生，至元三年卒，謚文懿。

皇明薛瑄，字德温，山西河津人，仕至禮部侍郎、直内閣。其學主於實踐，不爲空言，人稱薛夫子。天順中謚文清。

王文成守仁亦以理學從祀先聖，然謚以事功，不專以理學，故第列於名臣謚中。

## 隱逸謚

晉范平，錢塘人，研窮墳典，守臨淮有異政，太康中召不起，卒謚文正先生[二]。

張忠，字巨和，中山人，永嘉之亂，隱于泰山，卒謚安道先生。

郭荷，字承休，略陽人，明究經籍，特善史書，不應州郡之命，卒謚玄德先生。

苻秦公孫永，字子陽，襄陽人，好學恬靜，隱于平郭，卒謚崇虛先生。

梁劉𤅢，平原人，儒業冠時。梁武少嘗師之，天監元年下詔爲𤅢立碑，謚貞簡先生。

庾詵，字彦寶，新野人，聰警篤學，爲人犯而不校，專掩匿人過失，徵辟不起，年七十八卒，武帝謚貞節處士。

北魏刁冲，勃海饒安人〔四〕，有學行，不仕，卒謚安憲先生。

魏質，字懷素，曲陽人，幼篤學，通諸經大義，後爲亂賊所害，興和二年謚貞烈先生。

李謐，趙郡人，周覽百氏，隱居不仕，卒年三十二，四門小學博士孔璠等奏其學行，詔曰：『謐屢辭徵辟，志守冲素，儒隱之操，深足嘉美。可遠彷惠康，近準玄晏，謚曰貞靜處士，并表其閭，以旌高節。』

宋徐積，山陽人。以父名石，遇石不踐。母卒，置靈几，奉養如生時，有靈芝甘露之異。爲楚州教授，除宣德郎，監中岳廟。卒，賜謚節孝先生。

葛書思，江陰人，爲泗州教授，監新市鎮。欲養父，棄官不仕。卒，贈朝奉郎，特謚清孝。

林逋，杭州人，結廬西湖孤山，有詩諷封禪之失。卒謚和靖先生。

王庠，榮州人，孝宗賜號處士，卒謚賢節。

張舉，字子厚，常州人，登進士甲科，以無他兄弟，獨養其親。范祖禹、蘇軾荐之，終不出。崇寧四年卒，謚正素先生。

劉宰，金壇人，登進士第，遷太常卿，知寧國府，皆不就。理宗嘉其節，謚文清。

元李俊民，澤州人，棄官不仕，隱于嵩山，卒謚莊靖先生。

揭來成，曼碩之父，以邃學篤行見推前輩，卒謚貞文先生。

梁陟，良鄉人，金進士，入元，以名儒徵，領燕京編脩，卒謚通獻先生。

韓性，字明善，紹興人，博綜經史，於儒先性理之説，尤深探其閫域。憲府嘗舉爲教官，辭不受。卒謚莊節先生。

孟夢恂，字長文，黄岩人，泰定時嘗爲本郡學録，以設策禦寇衛鄉邦有功，授宜興判官，未受命而卒，謚康靖先生。

黄超然，黄巖人，精于《易》學，自號壽雲，謚康敏。

杜英，字文玉，避地河南緱氏山中，世祖嘗召見，辭歸。天曆中，贈資德大夫、翰林學士、上護軍，追封魏國公，謚文獻。

黄鎮成，邵武人，年弱冠，慨然以聖賢道學自任，學者號曰存齋先生。至正間以壽終，謚貞文處士。

胡炳文，婺源人，爲信州書院山長，再調蘭溪州學正，隱于雲峯山，世號雲峯先生，卒謚文通。

## 歷代私謚

春秋黔婁先生，私謚康。　初，黔婁既卒，曾子吊之，曰：『先生之卒也，何以爲謚？』其妻曰：『以康爲謚。』曾子曰：『先生在時，食不充口，衣不蓋形。死則手足不斂，旁無酒肉。生不得其美，死不得其榮，何樂于此而謚爲康？』其妻曰：『昔先生，君嘗授之以政以爲國相，辭而不受，是有餘貴也；君嘗賜之粟三千鍾，辭而不受，是有餘富也。若先生者，甘天下之淡味，安天下之卑位，不戚戚于貧賤，不欣欣于富貴，求仁而得仁，求義而得義，謚之曰康，不亦宜乎？』曾子曰：『唯。斯人也，而有斯婦。』

展禽，私謚惠。　初，展禽既卒，門人將誄之，其妻曰：『將誄夫子之德耶？則不如妾知之深也。』乃誄曰：『夫子之不伐兮，夫子之不竭兮，夫子之信誠而與人無害兮。柔屈從俗，不彊察兮。蒙耻救民，德彌大兮。雖遇三黜，終不蔽兮。豈弟君子，永無厲兮。嗚呼惜哉，乃下世兮。庶幾遐年，今遂逝兮。嗚呼哀哉，魂神洩兮。夫子之謚，宜爲惠兮。』門人從之以爲誄，莫能竄一字。

柳下惠爲魯大夫，宜有公謚，而謚乃出于其妻，豈當三黜後，不在其位耶？

東漢蔡稜，即邕之父，陳留圉人，清白有行，私謚貞定。

荀靖，字叔慈，潁川人，淑子，私謚玄行先生。

夏恭，字敬公，梁國蒙人，習《韓詩》、《孟氏易》，門徒千餘人。卒，私謚宣明。子牙，少習家學，舉孝廉，鄉人私謚文德。

婁壽，字元考，南陽人，州縣屢辟，不應，私謚玄儒先生。

王懷，常爲潁川太守，卒，私謚昭定先生。

陳寔，字仲弓，潁川許人，太丘長，居鄉恂恂有禮教，人化其德，私謚文範先生。

朱頡，南陽宛人，暉之子，有德行，卒，子穆與諸儒考依古誼，私謚貞宣先生。

朱穆，禄仕數十年，蔬食布衣，家無餘財，蔡邕與門人共述其行，私謚文忠先生。

張覇，字伯饒，成都人，以學顯。嘗爲會稽太守，又爲侍中，卒後，將作大匠翟酺等與門人私謚憲文。

法真，漢郿人，爲關西大儒，四徵不屈，私謚玄德先生。

楊厚，字仲桓，廣漢新都人，順帝時拜議郎，後稱病教授門人，上名録者至三千餘人，卒後私謚文。

范冊，字史雲，陳留人，桓帝朝爲萊蕪長，卒，何進移書陳留太守，累行論謚，私謚貞節先生。

晉宋纖，字令艾，燉煌人，隱居不仕，人稱爲人中龍，年八十卒，私謚玄虚先生。

索襲，字偉祖，燉煌人，虚靖好學，卒，私謚玄居先生。

陶潛，字元亮，柴桑人。嘗爲彭澤令，不肯折腰鄉里小兒，解官歸。卒于宋元嘉中，私謚靖節先生。

梁劉峻，字孝標，平原人，博通群書，文藻秀出，普通三年卒，門人私謚玄靖先生。

劉歊，字士元，平原人，隱居不仕，親故誄其行跡，私謚貞節先生。

劉訏，歊族弟，祖孝標稱曰：『訏超超越俗，如半天朱霞；歊矯矯出塵，如雲中白鶴。』宗人至友私謚玄貞處士。

阮孝緒，陳留人，博極群書，操履介潔，私謚文貞處士。蕭眎素，南蘭陵人，爲諸暨令，到縣十餘日，縣衣冠于縣門而去，獨居屏事，非親戚不得見，私謚貞文先生。

隋劉焯，少與劉炫爲友，嘗以造僞書獲罪，及卒，門人私謚宣德先生。

王通，龍門人，以孔子自擬，門人私謚文中子。

唐楊播，炎之父，高蹈丘園，卒，私謚玄靖先生。

元德秀，字紫芝，河南人，貧而孝，私謚文行先生。

元延祖，洛陽人，辟安禄山亂〔五〕，棄官不出，私謚太先生。

陳融，廣陵人，不學不仕，孝友化人，貞元中私謚貞晦。

方干，字雄飛，桐廬人，隱居鏡湖，長於詩翰，私謚玄英。

蕭穎士，字茂挺，梁鄱陽王恢七世孫，樂聞人善，推引後進，人號蕭夫子，崔圓薦授揚州功曹參軍，客死汝南，門人私謚文元先生。

陸質，一名淳，字伯冲，師事趙、啖，受《春秋》〔六〕，門人私謚文通。

崔元翰，日用從昆弟，母喪不仕，隱白鹿之陽，鄉人私謚貞文孝父。

徐師道，字太真，會稽人，少有志行，不干仕進，裴行儉辟爲幕賓，棄官歸隱，私謚文行先生。

孟郊，字東野，武康人，登貞元間進士，授溧陽尉，後爲興元鎮趙餘慶參謀，卒，門人私謚貞曜先生。

趙元，字貞固，河間人，爲小邑令，彈琴蒔藥如隱者操。卒，其友魏元忠、孟詵、宋之問、崔璩等私謚昭夷先生。

賈會，京兆人，有高節，不答辟署，里中號一龍。親喪，負土成墳，又號關中曾子。卒，私謚廣孝徵君。

朱仁軌，字德容，亳州永城人。隱居養親，孝感赤烏白鵲，巢所居樹。卒，員半千、魏元忠共私謚爲孝友先生。

虞九臯，字鳴鶴，慈谿人，登貞元間進士，卒於京師，一時名流相與丐柳宗元誄之，私謚曰恭肅。

宋戚同文，楚丘人，隱居授徒，門人私謚堅素先生。

賈同，字希德，臨淄人，天聖中，累官殿中丞、知棣州，門人私謚存道先生。

丁明，金壇人，閉門讀書，手編《事類》百餘卷，卒，鄉里私謚博雅先生。

蕭楚，太和人。紹聖間遊太學，時蔡氏專國，禁《春秋》學，楚誓不復出仕。著《經辨》四十九篇，弟子百餘人，趙暘、馮澥、胡銓皆師之，自號三顧隱客。既殁，門人私謚清節先生。

曾元忠，永豐人，大觀間登第，累官廣州教授，所著有《春秋曆法》、《論語解》、《周易解》等書，門人私謚文節先生。

朱昂，南陽人，人目爲小萬卷，不樂仕進。景德中卒，鄉人私謚正裕先生。

劉蒙，渤海人。王安石創新法，蒙與議不合，退居田里。卒，親友及門人私謚正思先生。

劉敞，字原父，袁州人，慶曆中舉進士第一，歐陽脩稱其博學。及卒，弟貢父私謚公是先生。

劉攽，字貢父，敞之弟，兄弟皆好諧謔。素與王荆公善，坐是相失。卒，弟子私謚公非先生。

吴戭，龍泉人，以行義見推。康定中，郡守孫沔奏以教授州學，部使者薦於朝，賜粟帛，授將作監主簿。卒，門人私謚冲和先生。

戚如琥，浙江人，門人私謚貞白先生。

楊滙，成都人，杜門著書，人無知者。邵伯温爲部使者，荐其學行甚高，節甚苦，不報。卒，學者私謚静恭先生。

朱牧，字子文，閩縣人，第進士，死難。鄉人稱存以文鳴，没以節顯，私謚文貞先生。

林公遇，字養正，閩人，性孝謹恬退，荐辟不起，研思道理，深入趣奥，學者私謚文隱先生。

褚承亮，字茂先，真定人，宣和五年鄉試第一。後爲斡離不所拘，策問非宋帝，不對而出。年七十終，門人私謚玄貞先生。

翟汝文，字公巽，丹陽人，紹興中爲參政。制誥古雅，氣格渾厚，近世罕及。卒，門人私謚忠惠。

胡憲，崇安人，文定公姪，朱文公嘗從受學，人號籍溪先生。卒，門人私謚靖簡。

林光朝，字謙之，莆田人，登隆興進士，官至中書舍人。其學專心踐履，不爲訓詁，南渡後，以伊洛之學倡東南，與朱晦庵、張南軒、吕東萊、陸象山俱以道學名。卒，私謚文節。

陳藻，字元藻，福清人，家貧篤學，得林光朝經學之傳。景定間以門人林希逸請，追贈迪功郎。私謚文遠先生。

黄裕，字公裕，莆田人，通經有名，創義齋，立五規。没後，皇甫泌私謚之曰義成逸士。

黄震，字東發，慈谿人，度宗時進士，有《日抄》百卷行世，門人私謚文潔先生。

陸正行，浙江人，門人私謚靖獻先生。

鄭君老，字邦壽，長溪人，登咸淳進士，乞歸養親，宋亡不仕，學者私謚靖節先生。

劉安世，安福人。舉進士，知雩都縣，有郡官求羡餘，遂不仕。遠近受業者踵至，楊萬里從而師之。安世没，萬里爲制服。及葬，門人私謚清純先生。

饒魯，餘干人。幼從黄榦游，學術精明，累荐不起，號雙峯。卒，門人私謚文元先生。

徐應獬，江山人，德祐時爲太學生，元兵入，携子女同死于尊經閣，同舍生私謚正節先生。時有閩人衛富益，亦私謚正節先生。

劉愚，字必明，龍游人，弱冠入太學，有聲。受業者甚衆。後棄官歸家，丞相余端禮挽之，不顧。著書自適，門人私謚謙靖先生。

元李友端，郢州人，隱居不仕，訓誨子弟，從者甚衆，門人私謚貞隱先生。

徐俊，德清人，至元中累徵不起。卒，門人私謚安節先生。

吴萊，浦江人，門人私謚淵穎先生。

聞人夢吉，金華人，隱居自樂，門人宋濂、吴履仁輩私謚凝熙先生。

宇文公諒，字子貞，吴興人，通經史百家言，弱冠有操行，常官嶺南，以疾請老，檢飭甚嚴，門人私謚純節先生。

陳忠，寧晉人，陳祐祖。博究經史，鄉黨皆尊師之，既没，門人私謚茂行先生。

第五居仁，字士安，博通經史，躬率子弟致力農畝，鄉里高其行義，率多化服，門人私謚静安先生。

何中，字太虚，樂安人，聚書萬卷，手自校讐，徵辟皆不就，隱于紫霞山中，士友私謚貞白先生。

危復之，字見心，撫州樂安人，博覽群書，好讀《易》，尤攻《詩》，徵聘皆不就，至元時隱于紫霞山，私謚貞白先生。

劉德淵，字道濟，襄國内丘人，至元中私謚卓行先生。

顧權，字用衡，崑山人，博通群典，遭時多艱，隱居不仕，爲鄉校師，門人私謚靖夷先生。

杜瓊，字用嘉，吴縣人，性至孝，博綜古今，徵召皆不就，學者稱東原先生，私謚淵孝先生。

## 婦人私謚

唐巢剌王乳媪陳善意，私謚慈訓。　初，剌王之生也，太穆后惡其貌，不舉，善意私乳之。

後刺王好與奴客諸妾被甲習戰，因中創，善意以爲言，刺王怒，命壯士拉殺之，而加謚。

## 皇明私謚

蕭尚仁，江西泰和人，洪武中以賢良召。卒，門人私謚貞固先生。

卓敬，浙江瑞安人，革除中户部侍郎。嘗密奏裁抑宗藩，永樂中論死。宣德中，劉球作傳，私謚忠貞。

王賓，字用賓，鄞人。洪武六年舉茂才，以母老不赴，後以文學薦，授休寧教諭。秩滿考績，廷試《鍾山雨霽》及《豢鶴》兩賦，上奇之，命供奉翰林，以老辭。教授潯郡卒，門人私謚清節先生。

劉履，字坦之，沛郡人，後徙金華，劉忠公漢弼玄孫，洪武中私謚貞恭先生。

龔翊，字大章，崑山人，年十七，爲金川門卒，靖難兵入，大慟，還鄉里。巡撫周忱薦爲崑山太倉學官，辭不就，曰：『恐負城門一慟。』卒，門人私謚安節先生。

張璹，字仲圭，别號定菴，華亭人。起家山東黄縣訓導，後以子貴，封都御史，贈尚書。有賢行，學者私謚貞孝先生。

秦旭景，字暘父，無錫人。嘗讀《論語》，至『君子脩己以敬』，曰：『此萬金良藥也。』凡行己接物，一以是爲準。及卒，友人李舜民等私謚貞靖先生。

王稌，義烏人，褘之孫，至孝有學，門人私謚孝莊先生。

盧觀，字彦達，崑山人，讀書有至行，門人私謚夷孝。

陸震，字汝亨，金華人，正德中舉進士，歷官兵部，以諫南巡杖死，贈太常少卿，門人私謚忠定先生。

何震，字汝元，華亭人，以《春秋》教授生徒，德行聞於督學使者，應貢官教諭。嘉靖中，知府何繼之、知縣朱執中立祠祀之，私謚孝康先生。

馮海，華亭人，性至孝。母浦氏寢疾累月，每夜叩斗求代，母幸瘥〔七〕，而身以勞斃。里人私謚苦孝先生。

顔鯨，字應雷，别號冲宇，慈谿人。起家嘉靖丙辰進士，累官行太僕寺卿。休致日嘗講學於慈湖書院，啓迪後進甚衆。卒，鄉人立懷德祠祀之，私謚正道先生。

王問，字子裕，别號仲山，無錫人。起家嘉靖戊戌進士，累官廣東按察司僉事，乞終養，遂不起。退居湖上，以詩文翰墨自娱，四方學者爭事之。教人以立身行己爲先，忠孝爲本。所著有《仲山詩選》、《祇役稿》、《原筮齋集》、《崇文稿》若干卷。門人私謚文靜先生。

張緒，字文倫，别號甑山，漢陽人。以《毛詩》舉楚第三人，累官南京吏部員外郎。嘉靖末，奉大行詔，慟哭失聲，一時姍以爲迂。因棄官歸，與大司徒天臺耿先生講學天窩山中，迪誨後學，輒至涕泣道之。家徒四壁〔八〕，不問。友人私謚介肅先生。

### 婦人私謚

閩縣林參政允中女，名萊，許字長樂陳中丞省子長源，早卒，林絶食死殉，邦人私謚曰貞女。

鄞縣楊孟惠女，甫八歲，許字俞氏子。未幾，俞氏子卒，請以仲繼，楊氏父母許之，女邑邑不樂。比請婚期，以死自誓，父母不之强。遂守一閣，絶不與家人相通，年六十四卒，楊氏私謚爲守貞娘子。

## 歷代婦人謚

魯顔無繇妻齊姜氏，元文宗至順三年封杞國夫人，謚端憲。

顔子妻宋戴氏，至順三年封兖國夫人，謚貞素。

大夫穆伯娶於莒，謚戴，曰戴己。其姊謚聲〔九〕，爲聲己。

大夫妻妾有謚始見此。

晉大夫趙莊子娶公女，謚莊姬。

鄒孟子母，元至順三年封聊國夫人，謚宣獻。

西漢上官安妻霍氏，昭帝后母，謚敬。

王迺始妻博平君，宣帝外祖母，謚昭成。

後漢鄧太后母，新野君，謚敬。

晉文明皇太后母羊氏，平陽君，謚靖。

景獻后母蔡氏，濟陽縣君，即邕女文姬，謚穆。

虞潭母孫氏，權族孫女。蘇峻之亂，貿所服環佩以充軍資，又遣其子楚與王允之合勢討峻，成帝賢之。卒，遣使弔祭，謚定。

桓温母孔氏，贈臨賀太夫人，謚敬。

賈充妻、宜城君郭氏，惠帝后母，謚宣。

陜婦人，不知其氏。嫠居守節，事叔姑甚謹。叔姑女誣殺其母，有司不能察，戮之，經歲不雨。劉曜遣呼延謨爲太守，廉其寃，斬誣者，祭以太牢，謚貞孝烈婦。

南齊高帝外祖母胡氏，永昌縣君，謚靖。

梁王僧辯母魏氏，謚貞敬。

追封吴郡嘉興縣君許氏，陳高祖霸先之祖母，敬帝太平二年追謚敬。

陳世祖文皇帝后母，綏安縣君，沈法深之妻，天嘉初追謚宣。

駱文牙母凌氏，文帝永定三年贈常安國太夫人，謚恭。初，陳文帝避地臨安，文牙母知非常人，賓待甚厚，故加贈謚。

北魏文成帝保母常氏，尊爲皇太后，謚昭。

胡靈皇后母、太上君皇甫氏，謚孝穆。

河間公元丕妻段氏〔一〇〕，靈太后時謚恭。

任城康王元雲妃，謚烈懿。任城王澄遭太妃憂[一一]，臣寮爲立碑頌，題碑欲云『康王元妃之碑』。澄訪於張普惠，普惠答曰：『謹尋朝典，但有王妃，而無元字。魯夫人孟子稱元妃者，欲下與繼室聲子相對。今烈懿太妃作配先王，更無聲子、仲子之嫌，竊謂不假元字以别各位。且以氏配姓，愚以爲在生之稱。故春秋夫人姜氏至自齊，既葬，以謚配姓。故經書「葬我小君文姜」，又曰「來歸夫人成風之禭」，皆以謚配姓。古者婦人從夫謚，今烈懿太妃德冠一世，故特蒙褒錫，乃萬代之高事，豈容於定名之重而不稱烈懿乎？』從之。

高平公李順妻，謚孝。

盧元禮妻李氏，性至孝。父卒，號慟幾絶者數四。母卒，馳驅奔喪，號慟而卒。謚貞孝女宗。

北齊趙郡王高琛妃，謚貞昭。

陳元康後母李氏，以元康卒，哀感發病而終，贈廣宗郡君，謚貞昭。

隋馮寶妻、譙國夫人洗氏，盡忠貞於累朝，仁壽初卒，謚誠敬。

唐上官昭容母鄭氏，謚節義夫人。

高彦昭女妹妹，德宗時謚愍。

女七歲，李納屠其家，母憐其幼，請免死爲婢女，不肯。問父所在，西向哭，再拜，死。

宋池州通判趙昴發妻雍氏，與夫同死節，謚順義夫人。

金同州婦師氏，夫亡，孝養舅姑。舅姑既没，兄師逵與姪規其財産，僞爲媒聘。致之官，官不能辨〔一二〕。師投縣署井中死。明昌三年，詔有司祭其墓，謚節。

監察御史李英妻張氏，居濰州。貞祐元年，元兵取濰州，謂張：『汝品官妻，當復爲夫人。』張曰：『我爲李氏鬼耳。』遂殺之。追封隴西郡夫人，謚莊潔。

許古妻劉氏，定海軍節度仲洙之女。貞祐初，僑居蒲城。元兵圍蒲時，古仕於朝，劉與二女相繼死。追封爲郡君，謚貞潔。長女謚定姜，次女謚肅姜。

相琪妻欒氏，有姿色。貞祐三年，紅襖賊陷掖縣，琪與欒及子俱爲賊所得。賊殺琪與子，而誘欒氏，欒氏奮罵，賊怒，殺之。封西河縣君，謚莊潔。

王維翰妻姚氏，與夫同死於定海軍，贈芮國夫人〔一三〕，謚貞潔。

元買哥妻移剌氏，買哥死，氏哀毁亦死，世祖特謚貞靜。

闞文興妻王氏〔一四〕，與夫同死於漳州，至順三年謚貞烈夫人。

王時妻安氏，磁州人，名正同。時以參知政事分省太原，安氏從之。賊陷太原，安與妾李氏同赴井死。贈安氏梁國夫人，謚莊潔。

## 皇明婦人謚

故元太尉、平章政事李思齊妾鄭氏，洪武中追贈淑人，謚貞烈。

安陸侯吴復妾楊氏，宣德中贈淑人，謚貞烈。

陝西指揮使王俶妾時氏，贈淑人，宣德中謚忠烈。

俶方戰殁，時年二十八，自以身殉。

衛聖保母尹氏，宣德中謚惠靖。

佑聖保母張氏，正統中謚恭靖。

輔聖夫人藺氏，天順中謚莊懿。

輔聖夫人魏氏，成化中謚恭和。

佑聖夫人張氏，成化中謚莊靖。

崇聖夫人申氏，弘治中謚榮和。

保聖夫人孫氏，嘉靖中謚榮和。

五夫人俱保母。

## 異代追謚

咎繇，唐天寶二年追號德明皇帝。

周上御大夫李敬，老子之父，天寶二年追號先天太皇。

比干，貞觀十九年謚忠烈，元至元二年追封仁顯忠烈公。

箕子，元至元六年追封仁獻公。

周文王，武后謚爲文皇帝，號始祖。　妣姒氏，謚文定皇后。

平王少子武，武后推爲四十世祖，謚爲康皇帝，號睿祖。　妣姜氏，謚康惠皇后。

杜甫，字子美，唐襄陽人，官拾遺，元至元二年追謚文貞。

劉蕡，唐昌平人，元至正十七年追謚文節。

朱松，宋徽州婺源人，朱子之父，至正二十二年謚獻靖。

鄧文進，唐始興人，官韶州刺史，累立戰功，廟食樂昌，皇朝賜謚忠襄。

紀信，漢滎澤侯，皇朝賜謚忠烈。

譚必，宋樂昌人，官邕州推官，贈金紫光禄大夫，皇朝賜謚忠愍。

文天祥，廬陵人，官少保，封信國公，皇朝賜謚忠節，一謚忠烈〔一五〕。

謝枋得，信州人，官江西招諭使、知信州，皇朝賜謚文節。

## 【校勘記】

〔一〕徐節孝之在政和　『節孝』原作『孝節』，據《宋史》卷四五九《徐積傳》、《後樂集》卷一二《乞賜張栻謚劄子》乙。

〔二〕黄榦　『榦』原作『幹』，據《宋史》卷四三〇《黄榦傳》改。

〔三〕卒謚文正先生　按《晉書》卷九一《范平傳》、《册府元龜》卷八二〇、《通志》卷一七三《范平傳》、《吴郡志》卷二三、《名賢氏族言行類稿》卷四一《范平傳》皆稱其謚『文貞』。此作『文正』，當是所據史籍避宋仁宗名諱追改所致。

〔四〕勃海饒安人　勃海，即渤海。《續通考》卷一五二、《魏書》卷八四《刁冲傳》皆作『渤海』。

〔五〕辟安禄山亂　『辟』，《續通考》卷一五二作『避』。按辟舊通避。

〔六〕師事趙啖受春秋　『受』字原脱，據《續通考》卷一五二補。

〔七〕母幸瘥　『瘥』原作『差』，不通。按《崇禎松江府志》卷四一《馮海傳》記其事作『迄半載始瘥』，《江南通志》卷一五八記其事作『半載始痊』。瘥、痊義同。今據改爲『瘥』。

〔八〕家徒四壁　『徒』字原脱，據《續通考》卷一五二補。

〔九〕其姊謚聲　姊，據《左傳》文公七年應作『娣』。

〔一〇〕河間公元丕妻段氏　『段』原作『叚』，據《魏書》卷一四《元丕傳》、《北史》卷一五《元丕傳》改。

〔一一〕任城王澄遭太妃憂　『城』原作『成』，據上文及《續通考》卷一五二、《魏書》卷七八《張普惠傳》改。

〔一二〕官不能辨　『辨』原作『辦』，據《續通考》卷一五二改。按，辨古通辦。

〔一三〕贈芮國夫人　『芮』原作『苪』，據《金史》卷一二一《王維翰傳》改。

〔一四〕闞文興妻王氏　『闞』原作『閻』，據《續通考》卷一五二、《元史》卷一九《成宗紀二》、卷二〇〇《闞文興妻王氏傳》、《古今列女傳》卷二改。

〔一五〕皇朝賜謚忠節一謚忠烈　《謚法纂》卷九、《明臣謚考》卷下、《明謚紀彙編》卷二一、《明史》卷一七八《韓雍傳》均作賜謚『忠烈』，《謚法纂》、《明臣謚考》、《明謚紀彙編》且注明下字釋義爲『秉德遵業』。當作『忠烈』是。

# 卷之十八

雲間王　圻　編輯
巴郡趙可懷　校正
平湖孫成泰　郢中朱一龍
龍江王應麟　西陵吴　化　參閲

## 宦者謚

前漢許廣漢，昌邑人。少時爲昌邑王郎，從武帝上甘泉，誤取他郎鞍以被其馬。發覺，下蠶室。後爲宦者丞。宣帝以其女爲后，封平恩侯。薨，謚戴。

後漢浮陽侯孫程，謚剛。

北魏仇洛齊，中山人。本姓侯氏，生而無陰，舅氏仇高養爲己子。後入宫，以平凉功超遷散騎常侍，加中書令，進爵零陵公，又拜侍中、冀州刺史、内都大官。卒謚康。

趙默，字文静，凉州隸户。凉州平，入爲奄人。恭謹小心，賜爵關内侯，累官鎮南大將軍、儀同三司、定州刺史，進爵爲王。後卒于冀州刺史，追贈司空，謚康。

王琚，太原人，泰恒中被刑入宫，歷位冀州刺史，爵高平王，卒年九十，謚靖。

張祐，字安福，安定人，坐事充腐刑，累官尚書左僕射、新平王，卒贈司空，謚恭。

成軌，字共義，上谷居庸人，少以腐刑入宫，後以光禄大夫進爵爲侯，卒于衛將軍，贈雍州刺史，謚孝惠。

封津，字醜漢，北海蓨人，以外祖連罪受刑，給事宫掖，累官侍中、大長秋卿、開府儀同三司，薨贈司徒、冀州刺史，謚孝惠。

張宗之，字益宗，河南鞏人。初，父孟舒爲宗文邕逼之反，文邕敗，宗之被執，充腐刑。以忠厚謹慎，擢爲侍御中散，累官至散騎常侍、鎮東將軍、冀州刺史，爵彭城郡侯。太和二十年卒，贈建節將軍、懷州刺史，謚敬。

封磨奴，字君明，勃海蓨人，以崔浩故刑爲宦者，後卒於懷州刺史，贈勃海公，謚定。

秦松，不知其所由，宣武時領長秋卿，出爲散騎常侍、安北將軍、并州刺史，爵高都子，卒贈大將軍、肆州刺史，謚定。

唐楊復光，閩人，與忠武節度周岌定誓斬賊，位開府儀同三司、同華制置使、弘農郡公，又賜號資忠輝武匡國平難功臣，謚忠肅。

李輔國，幼以閹人入侍肅宗，擅權自恣，代宗令人刺殺之，謚醜。

張承業，字繼元，唐僖宗宦者。朱温篡唐，承業以興復望莊宗。及莊宗即帝位，非其心，因不食卒。同光元年，贈左武衛上將軍，謚正憲。

宋劉承規，字大方，楚州山陽人，太宗時官檢校太傅、左驍衛上將軍、安遠軍節度觀察留後，卒贈左衛上將軍、鎮江軍節度使，謚忠肅。

藍繼宗，字承祖，廣州南海人。年十二，從劉鋹歸朝，以景福殿使、邕州觀察使歷事四朝，家居卒，仁宗贈安德軍節度使，謚僖靖。

張惟吉，字祐之，開封人，仁宗時爲果州團練使，領皇城司。張貴妃薨，治喪凰儀殿，宰相不能執禮，深以爲非。卒後贈保順軍節度使，謚忠安。

石全彬，真定人，仁宗時以破儂智高功，累遷延福宫使〔一〕、提點奉先院，卒贈太尉、定武軍節度使，謚恭僖。

盧守懃，字君錫，開封祥符人，仁宗時以左衛大將軍致仕，卒贈保順軍節度使，謚安恪。

李憲，字子範，開封祥符人。哲宗初年，貶右千牛衛將軍、分司南京，卒。紹聖中，贈武泰軍節度使，初謚敏恪，後改忠敏。

宋用臣，字正卿，開封人，徽宗時爲永泰陵修奉鈐轄，卒贈安化軍節度使，謚僖敏。

李舜舉，字公輔，開封人，神宗時爲嘉州團練使，卒贈昭信軍節度使，謚忠敏。

梁從吉，字君祐，開封人，仕至永州團練使，爲副都知，元祐中卒，贈成德軍節度使〔二〕，謚敏恪。

馮世寧，字靜之，政和初以内客省使、彰化軍留後致仕，卒贈開封儀同三司，謚恭節。

蘇利涉，字公濟，慶曆中以衛士之變衛護有勞，累轉海州團練使，卒贈奉國節度使，謚勤僖。

康履，爲康王府都監，死于苗劉之變，苗劉誅，贈官，謚榮節。

藍安石，高宗時爲内侍省副都知，至湖州觀察使，卒贈保寧軍節度使，謚良恪。

渡江後，中官贈謚自安石始。

康諝，高宗時爲内侍省押班，累官至均州觀察使，卒贈保信軍節度使，謚忠定。

## 釋家謚

梁寶誌，金城人，天監十三年終，元天曆中累加謚號道林真覺慧感慈應普濟禪師〔三〕。

元魏法果，名僧也，卒後太祖贈老壽將軍，謚趙胡靈公。　此僧賜謚之始。

菩提達磨，南天竺國香至王第三子，自西至中國，止嵩山傳教，爲初祖，卒于莊帝永安元年，唐代宗追謚圓覺大師。

隋慧可，武牢人，姓姬氏，爲禪家二祖，文帝開皇中卒，唐德宗貞元十四年追謚太祖大師。

僧燦，爲禪家三祖，煬帝大業中卒，唐玄宗追謚鑑智禪師。

唐道信，蘄州人，姓司馬氏，爲禪家四祖，太宗時卒，代宗追謚大醫禪師。

南山律師道宣，乾封二年卒，懿宗謚澄照。

弘忍，黄梅人，爲禪家五祖，卒于上元二年，代宗追謚大滿禪師。

南宗慧能，新州人，爲禪家六祖，卒于先天二年，憲宗追謚大鑒禪師。

北宗神秀，開封人，姓李氏，神龍中謚大通禪師。

司空山本淨，絳州人，姓張氏，上元中謚大曉禪師。

三藏菩提流志，南印土國王之子，讓位出家，卒年一百五十有六，玄宗賜謚曰開元一切徧知三藏。

京兆府興善寺胡僧不空，大曆十年賜開府儀同三司、司空，爵肅國公，謚大辯正廣智三藏和尚〔四〕。

一行，張公謹孫，開元中卒，謚大慧禪師。

三藏金剛智，西域人，開元中謚灌頂國師。

南陽慧忠，諸暨人，姓冉氏，大曆中謚大證禪師。

杭州徑山寺僧法欽，貞元九年謚大覺禪師。

南岳石頭希遷，高安陳氏子，德宗謚無際大師。

虢州閿鄉縣龍興寺阿足師宜，貞元十二年謚大圓禪師。

江西馬道一，漢州人，元和中謚大寂禪師。

洪州百丈山懷海，長樂人，姓王氏，元和中謚大智禪師。

杭州鹽官海昌院齊安，海門人，姓李氏，謚悟空禪師。

一宿覺，瑞安人，契曹溪六祖道，賜謚無相大師。

廬山歸宗寺智藏，與懷海、齊安同師，謚至貞禪師。

幽川盤山寶積，亦與懷海、齊安同師，謚凝寂大師。

京兆府章敬寺懷暉，泉州謝氏子，元和中謚大覺禪師。

京兆府興善寺惟寬，衢州祝氏子，元和中謚大徹禪師。

信州鵝湖大義，姓徐氏，元和中謚慧覺禪師。

虔州西堂智藏，虔化廖氏子〔五〕，憲宗謚大宣教禪師，穆宗重謚大覺禪師。

汾陽無業禪師，憲、穆兩朝三召不起，謚大達禪師。

湖州東寺如會，曲江人，長慶中謚傳明大師。

汾州無業，上洛杜氏子，長慶三年謚大覺禪師。

鄧州丹霞天然，長慶中卒，寶曆中謚智通禪師。

河中南際山僧乙，長慶時謚本淨大師。

澧州藥山惟儼〔六〕，絳州韓氏子，文宗謚弘道大師。

潤州岳林寺玄素，文宗太和二年謚大律禪師。

潭州道吾山圓智，豫章海昏人，姓張氏，太和九年謚脩一禪師。

左街僧録、内供奉三教談論引駕大德、安國寺上座端甫，秦人，姓趙氏，文宗開成元年賜謚大達法師。

潭州雲巖曇晟，建昌王氏子，會昌中謚無住大師。

終南山圭峰宗密，果州西充人，姓何氏，會昌中謚定慧禪師。

洪州黄蘗山希運，閩人，大中時謚斷際禪師。

潭州潙山靈祐，長谿趙氏子，大中七年謚大圓禪師。

杭州徑山鑒宗，湖州錢氏子，咸通中謚無上大師。
福州龜山正元，宣州蔡氏子，咸通中謚性空大師。
福州龜山智具，揚州人，姓柳氏，咸通中謚歸寂禪師。
福州芙蓉山靈訓，與鑒宗同法嗣，謚弘照大師。
鼎州德山宣鑒，簡州周氏子，咸通六年謚見性禪師。
鎮州臨濟義玄，南華縣邢氏子，咸通八年謚慧照禪師。
瑞州洞山良价，會稽俞氏子，咸通十年謚悟本禪師。
福州長慶寺大安，福州人，姓陳氏，中和時謚圓智禪師。
杭州大慈山寰中，蒲坂人，姓盧氏，僖宗謚性空大師。
吉州青原山淨居寺行思，吉州劉氏子，僖宗謚弘濟禪師。
潭州石霜山慶諸，新淦陳氏子，僖宗謚普惠大師。
澧州夾山善會〔七〕，廣州廖氏子，中和中謚傳明大師。
邵武軍龍湖普聞，僖宗太子，謚員覺大師。
鄂州巖頭全奯，泉州何氏子，光啓三年謚清嚴禪師。
洪州上藍令超，大順中謚元貞禪師。
趙州觀音院從諗，趙州郝鄉人，姓郝氏，乾寧中謚真際大師。
洪州雲居道膺，玉田王氏子，天復元年謚弘覺禪師。

撫州曹山本寂，莆田黄氏子，天復中謚元證禪師。
鄂州清平安樂院令遵，東平人，天祐中謚法喜禪師。
福州覆船山洪荐，石霜法嗣，謚紹隆大師。
河中府棲巖山木通院存壽，石霜法嗣，謚圓寂禪師。
台州瑞巖師彦，閩之許氏子，巖禪師法嗣，謚空照禪師。
鄧州香巖智閑，青州人，潙山法嗣〔八〕，謚襲燈禪師。
瑞州九峰道虔，福州人，石霜法嗣，謚大覺禪師。
袁州仰山慧寂，懷化葉氏子，南岳下四世法嗣，謚智通禪師。
襄州延慶山法端，南岳下四世法嗣，謚紹真禪師。
五代舒州投子山大同，舒州劉氏子，梁乾化四年謚慈濟大師。
洛州韶山寰普，謚無畏禪師。
京師華嚴寺休靜，唐莊宗謚寶智禪師。
益州北院通禪師，與休靜同爲青原下五世法嗣，謚證貞禪師。
魏府興化存奬，南岳下五世法嗣，唐莊宗謚廣濟禪師。
五臺山三子寺廣法大師誠惠，唐明宗謚爲法雨大師。
河中棲巖寺弘福院僧會鑒請其師謚，明宗詔謚真寂。
師失其名。

京兆永安縣善靜，京兆王氏子，晉開運中謚靜悟禪師。

袁州木平山善道，謚貞寂禪師。

金陵清涼縣文益，餘杭李氏子，周顯德五年謚大法眼禪師，李後主再謚大智藏大法師。

韶州如敏，閩人，廣主劉氏謚靈樹禪師。

宋吉州禾山無殷，福州吴氏子，建隆中謚法性禪師。

韶州雲門山光奉院文偃，嘉興張氏子，乾德七年卒，太宗謚大慈雲匡真弘明禪師〔九〕。　匡一作康。

廬山圓通寺緣德，臨安黄氏子，太平興國二年謚道濟禪師。

南安巖尊者自嚴，姓陳氏，泉州同安人，淳化辛卯謚定光圓應禪師。

智圓法師，錢塘徐氏子，居西湖孤山，乾興元年化，徽宗賜謚法惠大師。

隆興府黄龍寺慧南，信州章氏子，熙寧時謚普覺禪師。

隆興府黄龍寺相心，南雄鄔氏子，黄廷堅曾與之遊〔一〇〕，謚寶覺禪師。

隆興府兜率寺從悦，贛州熊氏子，張商英嘗從之學，元祐六年謚真寂禪師。

越州天衣寺義懷，樂清陳氏子，青原下十世法嗣，崇寧中謚振宗禪師。

明州育王山佛智端裕，吴越王裔，紹興中謚大悟禪師。

真州長蘆真歇清了，左綿雍氏子，紹興時謚悟空禪師。

明州天童正覺，隰州李氏子，紹興時謚宏智禪師。

成都路昭覺寺克勤佛果，彭州駱氏子，紹興五年謚真覺禪師。
臨安府徑山寶印禪師，嘉州李氏子，紹熙中謚慈辯禪師。
臨安府徑山宗杲大慧，宣城奚氏子，隆興中謚普覺禪師。
金海慧，名僧也，皇統五年特謚佛覺佑國大禪師。
元慶壽海雲大士印簡，山西寧遠人，姓宋氏，憲宗時謚佛日圓明大師。
杭州中峰和尚，名明，本杭州人，文宗時賜謚智覺。

## 道家謚

周老子，楚人，姓李，名耳，字伯陽，謚聃。唐高宗乾封元年，追號太上玄元皇帝。玄宗天寶二年，加號大聖祖。

許慎云：名耳，字聃。今作字伯陽，非也。

梁陶洪景，秣陵人，學道術，武帝時卒，賜謚貞白先生。
唐潘師正，居逍遥谷，高宗幸東都，召問所須，對曰：『清泉茂松，臣所須也。』詔即其居作崇虚觀。卒謚體玄先生。
明宗儼，偃師人，能召鬼神，有神術，後爲盜所刺，高宗贈侍中，謚莊。
王知遠，系出瑯琊，學道術，高宗謚升真先生，武后時復改升玄。

吴筠，字貞節，華陰人，弟子謚宗玄先生。

司馬承禎，温人，有辟穀導引之術，隱居桐柏山，玄宗贈銀青光禄大夫，謚貞一先生。

李含光，好黄老道家術，棄人間事，崇虚脩真，卒，玄宗賜謚玄靜。

元張留孫，字師漢，貴溪人，少時入龍虎山爲道士，累朝進封開府儀同三司，加號輔成贊化保運玄教大宗師。至治元年卒，天曆初，追謚道祖神應真君。

國朝致一真人、禮部尚書、贈少師邵元節，龍虎山上清宫道士，貴溪人，嘉靖年謚文康榮靖，隆慶初追奪。

秉一真人、恭誠伯陶仲文，湖廣黄岡人，嘉靖年謚榮康惠肅。

仲文初以吏員爲遼海州庫大使，邵元節且老，薦于世宗，徒以符咒小方稱上意，遂登極品，膺異典。

按：邵元節亦以真人官宗伯，洎死賜謚，内閣擬二字者二，御批俱用。後仲文亦用邵例。至隆慶初，俱追奪。

## 夷狄謚

漢南粤王胡，武帝時謚文。

胡子次公，謚明。

莎車王賢，元帝時謚忠武。
建功懷德王康，賢之子，建武伍年謚宣成。
元魏道武時，高車斛律部帥倍侯利，謚忠壯。
大陽蠻酋桓誕，孝文時謚剛。
誕，玄之子也。玄敗時，年數歲，流竄大陽蠻中。及長，多智謀，爲群蠻所歸，遂爲蠻王。
唐突厥頡利，貞觀八年死，贈歸義王，謚荒。
勃海國王祚榮，開元七年死，私謚高。
祚榮子武藝，謚武。
武藝子欽茂，謚文。
欽茂少子嵩鄰，謚康。
欽茂孫華璵，謚成。
嵩鄰子元瑜，謚定。
元瑜弟言藝，謚僖。
言藝弟明忠，謚簡。
明忠從父仁秀，謚宣。
南詔酋龍，僞謚景莊皇帝。

龍子法，僞謚聖明文武皇帝。

鄭買，嗣唐鄭回之後。昭宗光化五年，滅蒙氏自立，建國號曰大長和，僞謚德桓皇帝。

買嗣子旻，僞謚肅文皇帝。

段思平，武威郡人。初，鄭氏奪於楊氏。已，楊氏又奪於段氏。建國號曰大理，僞謚太祖皇帝。

思平子思英，僞謚文經武略皇帝。

思英叔思良，僞謚應道皇帝。

思良子素英，僞謚昭明皇帝。

素英弟素廉，僞謚敬明皇帝。

素隆，後避位爲僧，僞謚秉義皇帝。

素貞，僞謚聖德皇帝。

思廉，僞謚世宗皇帝。

段氏之裔段正淳，立十三年，避位爲僧，僞謚中宗皇帝。

正淳子正嚴，立四十年，避位爲僧，僞謚憲宗皇帝。

正嚴子正興，避位爲僧，僞謚景宗皇帝。

正興子智興，僞謚宣宗皇帝。

智興子智連，僞謚享天皇帝。

智連弟智祥，僞謚神宗皇帝。

智祥子祥興，僞謚孝義皇帝。

初，素貞傳素興，國人廢興而立思廉。思廉死，復爲楊義貞所篡，段氏中絶。有臣高智昇，遣子昇泰滅義貞而立段壽輝。壽輝後避位爲僧，國人乃奉昇泰爲主，改國號大中。尋欲復續段氏後，故正淳得立，段氏再興。傳至七世興智，始亡於元。

元金紫光禄大夫、儀同三司、安南國王陳益稷，至順元年謚忠懿。

## 皇明賜夷狄謚

蘇禄國東王巴都葛叭答剌，永樂年謚恭定。

朝鮮國王李芳遠，永樂年謚恭定。

朝鮮國權署國事李曔，永樂年謚恭靖。

浡泥國王麻邪惹加那乃，永樂年謚恭順。

日本國王源道義，永樂年謚恭獻。

古麻剌朗國王幹剌義亦敦，永樂中謚康靖。

哇來頓本古麻剌國王，永樂年謚康靖。

朝鮮國王李旦，永樂年謚康獻。

朝鮮國王李珦，景泰年謚恭順。

朝鮮國王李㮚，景泰年謚莊憲。

朝鮮世子李暲，成化中封爲本國王，謚懷簡。

朝鮮國王李瑈，成化年謚惠莊。

朝鮮國王李晄，成化年謚襄悼。

朝鮮國王李娎，弘治年謚康靖。

朝鮮國王李澤，嘉靖年謚恭僖。

朝鮮國王李皓，嘉靖年謚榮靖。

朝鮮國王李峘，隆慶年謚恭憲。

按：國初高麗王王顓謚恭愍，事在李旦之前。

【校勘記】

〔一〕延福宮使　『延福』原作『福延』，據《續資治通鑑長編》卷二一六熙寧三年十月戊辰條、《宋會要》儀制一三之三乙。

〔二〕贈成德軍節度使　『軍』原作『君』，據《續通考》卷一五二、《宋史》卷四六七《梁從吉傳》、《續資治通鑑長編》卷四四九元祐五年十月乙巳條、《宋會要》儀制一三之三改。按上引《長編》、《宋會要》載梁從吉卒贈節鉞名均作『感德軍』，《宋史》本傳作『成德軍』，『成』亦疑爲

『感』之形誤。

〔三〕元天曆中累加謚號道林真覺慧感慈應普濟禪師　『真覺慧感』原作『真覺慧滅真覺』，據《至正金陵新志》卷一三下之下、《道園學古録》卷二四删改。

〔四〕大曆十年賜開府儀同三司司空爵肅國公謚大辯正廣智三藏和尚　據《唐文粹》卷六二《大唐興善寺大廣智不空三藏碑銘》、《册府元龜》卷五二、《資治通鑑》卷二二五載，不空和尚賜官爵謚號時間，當在大曆九年，此稱『十年』誤。

〔五〕虔州西堂智藏虔化廖氏子　兩『虔』字原皆作『處』，據《宋高僧傳》卷一〇、《五燈會元》卷三改。

〔六〕澧州藥山惟儼　『澧』原作『灃』，據《宋高僧傳》卷一七、《五燈會元》卷五、《唐文粹》卷六二《澧州藥山故惟儼大師碑銘》改。

〔七〕澧州夾山善會　『澧』原作『灃』，據《續通考》卷一五二、《五燈會元》卷五、《梁谿集》卷一三三《澧州夾山普慈禪院轉輪藏記》改。

〔八〕潙山法嗣　『潙』原作『爲』，據《續通考》卷一五二、《五燈會元》卷九改。

〔九〕乾德七年卒太宗謚大慈雲匡真弘明禪師　據《禪林僧寶傳》卷二《韶州雲門大慈雲弘明禪師》、《五燈會元》卷一五《雪峯存禪師法嗣》、《佛祖歷代通載》卷一七載，文偃禪師當示寂於南漢乾和七年即後漢乾祐二年己酉歲，獲謚於北宋太祖乾德四年丙寅歲，賜謚者乃南漢主劉鋹而非宋主。此稱『乾德』、『太宗』云云皆誤。

〔一〇〕黄廷堅　當作『黄庭堅』。《冷齋夜話》卷七《觸背關》云：『寶覺禅師老庵于龍峰之北，魯直丁家難，相從甚久。』魯直即黄庭堅。

# 附録　諸書著録題跋

**《見聞録》卷三　［明］陳繼儒**

《謚法通載》，吾鄉王洪［洲］（州）公圻所著也。余覽之，如王麟泉本謚恭質，而曰忠肅；郭襄靖公應聘、辛肅敏公自修、趙端肅公錦、袁安節公洪愈、嚴恭肅公清、楊忠介公爵、郭文簡公朴、宋莊敏公纁、何端恪公維栢、王襄毅公崇古、王文恪公希烈，與于肅愍之改忠肅也，皆不見録。他如霍上蔡恩之節愍，及諸死難者，所稱皆祠額，非謚也。即鄭崑巖以司封郎著《謚抄》，固其職掌，猶認劉寧、劉榮爲兩人，而聶恭襄公賢又稱榮襄，謝文莊公一又稱襄敏，况彼耳食者哉？

**《千頃堂書目》卷九　［清］黄虞稷**

王圻《謚法通考》十八卷。

**《浙江採集遺書總録》丁集**

《謚法通考》十八卷，刊本。右明布政司參議、上海王圻撰。圻於《續文獻通考》中既撰謚法考，又因其例推廣而成是書。

**《欽定續通志》卷一五七**

《謚法通考》十八卷，明王圻撰。

**《乾隆江南通志》卷一九二**

《古今詩話》、《謚法通考》，俱青浦王圻。

**《欽定續文獻通考》卷一六八**

王圻《續文獻通考》二百五十四卷、《謚法通考》十八卷、《重修兩浙鹺志》二十四卷。圻字元翰，上海人，嘉靖進士，官至陝西布政司叅議。《明史·文苑傳》附見《陸深傳》中。

黄虞稷曰：『王圻《續文獻通考》始宋嘉定後，暨遼金元，迄明萬曆，凡二十四門，悉依馬氏前考，又益以節義、書院、氏族、六書、道統、方外等門。

臣等謹按：朱彝尊謂王圻《續通考》本以續鄱陽馬氏之書，乃中間有卷帙者僅十之一二而已，兼之世次之後先紊亂、名字之稱謂錯雜、典籍之篇目重複，其牽率爲已甚矣。王圻此書，誠有如彝尊所譏。然著述之難，馬端臨自序早詳言之，王氏雖疎，而其中可據以拾遺者亦復不少，分别觀之可也。

**《欽定四庫全書總目》卷八三**

《謚法通考》十八卷，浙江朱彝尊家曝書亭藏本，明王圻撰。圻有《東吴水利考》，已著録。圻著《續文獻通考》，於《禮考》之末增《謚法》一目，補馬端臨之缺，然於明代謚典猶未之及。此書所載，上考列朝，下至萬曆，自君后妃主、王公卿相，以逮百官，至於聖賢隱逸，旁及異端、宦寺、篡逆之黨，凡有謚者，皆備書以資考證，其卷首冠以《總紀》《釋義》二目，猶《續通考》之例，又所以自補其缺也。有趙可懷序，稱就《續通考》中抽出謚法一種另梓，殆未詳閲其書歟？

**《傳是樓書目·史部》　［清］徐乾學**

王圻《謚法通考》十八卷。

**《孫氏祠堂書目》　［清］孫星衍**

《謚法通考》十八卷，明王圻撰。

**《廉石居藏書記》卷下　［清］孫星衍**

右《謚法通考》十八卷，明王圻撰。圻爲《續文獻通考》，嘗益《謚法考》一目，而未及明代，是以録刊成書，《四庫》館列在存目中。按《周書》謚法解古本有專行本，復有逸禮謚法，散見傳注，急宜蒐輯，以備禮家之學。宋蘇洵撰《謚法》四卷，取劉熙等六家謚法，以意删定，亦已妄矣。至謂《周書》謚法以鄙野不傳，可知宋人絶不讀古書，其所著必無可觀。圻此書考古之學，亦不能精核，且不載各書出處，是明人之習。然亦頗詳歷代之制。惟後卷厠入釋氏稱謂，應加削除耳。

**《鄭堂讀書记》卷二九　［清］周中孚**

《謚法通考》十八卷，原刊本。明王圻撰。圻字元翰，號［洪］（玄）洲，上海人，嘉靖乙丑進士，官至陝西布政參議。《四庫全書存目》［洪］（玄）洲《續文獻通考》載有《謚法考》十九卷，上自君后臣庶，下及婦寺外國，於歷代暨明嘉隆以前，備載無遺，惟萬曆紀元以來第據仕籍所睹記，尚多缺漏，後復抽出是考，另編爲書，目曰《謚法通考》，并別創《凡例》，冠諸卷端，以掩飾人之耳目。明人之居心如此，無怪近代諸家痛加醜詆也。然前有萬曆丙申應天巡撫趙可懷序，明言其輯有《續文獻通考》凡若干卷，就其中抽謚法一種另梓云云，本不爲其所欺，莫謂明無人也。惟是趙序所云，於本書則甚確當，而於《凡例》則大相剌謬，正可去之以滅其跡，乃反表而出之於前者。蓋此書每卷俱列趙可懷校正一行，以增重其書，烏可不載其序？故併其出身、官階俱列之，以聳人之觀看云。

## 《培林堂書目·史部》　［清］徐秉義

王圻《謚法通考》十八卷。

## 《郋園讀書志》卷四　［民國］葉德輝

《謚法通考》十八卷，明王圻撰，萬曆丙［申］（戌）刻本。每半葉九行，行二十字。王圻著有《續文獻通考》，於《禮考》之末增《謚法》一類，以補馬氏《通考》之闕。但祇録及前代，未載明朝，此則自上古以至萬曆丙申，凡有謚之人，皆備載其全，足資讀史者之考鏡。《四庫全書總目》史部政書存目，而於明鮑應鰲《明臣謚彙考》二卷採列於政書典禮之屬。前代謚法未有專書，鮑書僅紀有明一朝，不如此書之詳備，而《四庫》諸臣一録一不録，誠不知其去取之旨，何所見而云然。若謂圻撰《續通考》已增《謚法》一門，則此不必重出，然二書各自爲用，體例亦不相同，《四庫全書》如此類應互録之書，多所疏略，殊不知《漢書·藝文志》有兩類互見之例，《隋書·經籍志》亦有分載、總載之書，《四庫》昧於前事之師，宜其知有二五、不知有十矣。

**《五十萬卷樓藏書目録初編》卷八　莫伯驥**

《謚法通考》十八卷，明萬曆丙申刻本，孫淵如題識。明王圻撰，萬曆丙［申］（戌）刻本。王圻著有《續文獻通考》，於《禮考》之末增《謚法》一類，以補馬氏《通考》之闕。但祇録及前代，未載明朝，此則自上古以至萬曆丙申，凡有謚之人，皆備載其全，實有益於史。葉氏郎園謂：『《四庫全書總目》史部政書存目，而於明鮑應鰲《明臣謚彙考》二卷採列於政書典禮之屬。前代謚法未有專書，鮑書僅紀有明一朝，不如此書之詳備，而《四庫》諸臣一録一不録，誠不知其去取之旨，何所見而云然。若謂圻撰《續通考》已增《謚法》一門，則此不必重出，然二書各自爲［用］，體例亦不相同，《四庫全書》如此類應互録之書，多所疏略，不知《漢書·藝文志》有兩類互見之例，《隋書·經籍志》亦有分載、總載之書，《四庫》昧於前事之師，宜其知有二五、不知有十』云云。此本爲陽湖孫氏舊藏，首葉有其題記。

圖書在版編目(CIP)數據

謚法通考/(明)王圻撰;高紀春點校.—上海:上海書店出版社,2023.12
(王圻全集/顧宏義,黄純艷,張劍光主編)
ISBN 978-7-5458-2341-7

Ⅰ.①謚… Ⅱ.①王… ②高… Ⅲ.①謚法-中國-古代 Ⅳ.①K892.98

中國國家版本館 CIP 數據核字(2023)第 221839 號

出版統籌 楊英姿
責任編輯 岳霄雪 解永健
裝幀設計 汪 昊

·王圻全集·
謚法通考
(明)王圻 撰
顧宏義 黄純艷 張劍光 主編
高紀春 點校

出 版 上海書店出版社
(201101 上海市閔行區號景路 159 弄 C 座)
發 行 上海人民出版社發行中心
印 刷 蘇州市越洋印刷有限公司
開 本 710×1000 1/16
印 張 49.75
版 次 2023 年 12 月第 1 版
印 次 2023 年 12 月第 1 次印刷
ISBN 978-7-5458-2341-7/K·488
定 價 258.00 圓